Vertrauen und Kreditentscheidungen

Schriften zum Controlling, Finanz- und Risikomanagement

Herausgegeben von Andreas Brieden, Thomas Hartung, Bernhard Hirsch und Andreas Schüler

Band 6

PL ACADEMIC RESEARCH

Matthias Schoen

Vertrauen und Kreditentscheidungen

Eine empirische Analyse zum Einfluss von Vertrauen in Kreditbeziehungen zwischen öffentlichen Banken und kleinen und mittelständischen Unternehmen

PL ACADEMIC RESEARCH

Bibliografische Information der Deutschen Nationalbibliothek
Die Deutsche Nationalbibliothek verzeichnet diese Publikation in der Deutschen Nationalbibliografie; detaillierte bibliografische Daten sind im Internet über http://dnb.d-nb.de abrufbar.

Zugl.: München, Univ. der Bundeswehr, Diss., 2012

Gedruckt auf alterungsbeständigem, säurefreiem Papier.

D 706
ISSN 1867-027X
ISBN 978-3-631-63928-3 (Print)
E-ISBN 978-3-653-02393-0 (E-Book)
DOI 10.3726/978-3-653-02393-0

PL Academic Research ist ein Imprint der Peter Lang GmbH.

Peter Lang – Frankfurt am Main · Bern · Bruxelles · New York · Oxford · Warszawa · Wien

www.peterlang.de

Geleitwort

Sparkassen engagieren sich bei kleinen und mittelständischen Unternehmen ihres Geschäftsgebiets in starkem Maße als Kreditgeber. Aufgrund ihrer regionalen Verankerung und ihrer lokalen Eigenständigkeit haben Sparkassen häufig einen guten Überblick über die Markt- und Finanzlage der Unternehmen ihres Geschäftsgebietes und kennen ihre Kunden oft seit vielen Jahren.

Als Kreditinstitute mit öffentlichem Auftrag nehmen Sparkassen eine Sonderstellung in der deutschen Bankenlandschaft ein. Die Verwurzelung mit der kommunalen Politik und der regionalen Wirtschaft, aber auch der explizite Auftrag, die regionale Wirtschaft zu fördern, lassen vermuten, dass Sparkassen für die Kreditvergabe neben den klassischen „harten" Kriterien zusätzliche „weiche" Faktoren berücksichtigen. Dabei könnte das Vertrauen, das Sparkassen in ihre Kunden und deren Entscheider setzen, eine wichtige Rolle spielen.

An dieser Stelle setzt die Arbeit von Matthias Schoen an. Das Ziel seiner Arbeit ist es, „den Einfluss von Vertrauen in Kreditbeziehungen zwischen öffentlichen Banken und kleinen und mittelgroßen Unternehmen empirisch zu analysieren."[1] Konkret untersucht Schoen am Beispiel zweier Sparkassen, „welchen Einfluss das persönliche Vertrauen des Kundenbetreuers in seinen Ansprechpartner des Unternehmens und das Vertrauen der Bank in das Unternehmens selbst einen Einfluss auf die beziehungsspezifischen Agency-Kosten und die zentralen Parameter der Kreditvergabe (Kreditzinsen, Kreditsicherheiten und Kreditverfügbarkeit) haben"[2].

Die Arbeit ist eingebettet in die Forschungsrichtung des Relationship Bankings, in der zumeist empirisch untersucht wird, inwiefern bspw. die Dauer oder Exklusivität einer Kreditbeziehung, die Rolle der Hausbank oder auch die Cross-Selling Aktivitäten von Banken einen Einfluss auf die Kreditvergabeparameter haben. Ein wesentliches Manko der bisherigen Relationship Banking Forschung ist darin zu sehen, dass der eigentliche Interaktionsprozess in der Beziehung zwischen Bank und Unternehmen kaum untersucht wurde und daher auch nur unzulänglich verstanden wird. Diese Forschungslücke greift Matthias Schoen mit dem Fokus auf die Besonderheiten von Sparkassen auf. Die Arbeit weist darüber hinaus starke Bezüge zur Agency-Theorie und zur Social Embeddedness-Theorie auf. So untersucht Schoen zum einen, welchen Einfluss das persönliche Vertrau-

1 S. 28.
2 S. 28.

en eines Sparkassen-Kundenbetreuers in seinen Ansprechpartner im kreditfinanzierten Unternehmen auf die spezifischen Agency-Kosten der Kreditbeziehung hat. Er betrachtet aber auch den Einfluss des institutionellen Vertrauens der Sparkasse in das Unternehmen.

Methodisch bearbeitet Matthias Schoen die Problemstellung durch die theoriegeleitete Entwicklung und Durchführung einer großzahligen empirischen Studie, die er durch multivariate Regressionsanalysen sowie die Verwendung der Partial Least Square (PLS)-Methode auswertet. Er konnte für seine empirische Studie Einblicke in Kreditakten von zwei Sparkassen erhalten. Daneben hatte er die Möglichkeit, die mit den Kreditanträgen und -entscheidungen betrauten Kundenberater und Kreditsachbearbeiter zu befragen. Diese Datenbasis ist, auch im Vergleich zu bisherigen Studien, als sehr außergewöhnlich zu bezeichnen.

Die Arbeit thematisiert mit der Fokussierung auf die persönliche Beziehungsebene zwischen Sparkassen und ihren Geschäftskunden eine Perspektive, die sowohl in der Relationship Banking-Literatur als auch in der wissenschaftlichen Vertrauensdiskussion bisher vernachlässigt wurde. Dies kann als wichtiger Grund angesehen werden, warum Vertrauen in der finanzwissenschaftlichen Literatur zu Kreditbeziehungen bisher nur wenig Beachtung gefunden hat. Aufgrund der besonderen Rolle, die Sparkassen nicht nur in Deutschland für die Versorgung der Wirtschaft mit Krediten spielen, weist die vorliegende Untersuchung sowohl wissenschaftlich, als auch praktisch eine sehr hohe Relevanz auf. Ihr ist deswegen eine weite Verbreitung in Wissenschaft und Unternehmenspraxis zu wünschen.

Prof. Dr. Bernhard Hirsch, München im August 2012

Vorwort

„Vertrauen ist der Anfang von allem“ – mit diesem Slogan machte die Deutsche Bank in den 90er Jahren Werbung und zielte dabei auf das wohl wichtigste Gut in der Beziehung zwischen einer Bank und einem Kunden ab. Bankprodukte sind meist zwischen Banken wenig differenzierbar und lassen sich durch die Kunden in der Regel nur schwer unterscheiden. Dass dabei das Vertrauen in die Bank als Institution aber auch in den persönlichen Ansprechpartner für Bankkunden eine wichtige Determinante bei Anlageentscheidungen ist, wird von Jedermann als allgemeingültig anerkannt und gilt in Theorie und Praxis als unumstritten. Gerade die in den letzten Jahren immer wieder aufflammende Finanzkrise hat gezeigt, dass mangelndes Vertrauen von Kunden in Banken und das gesamte Bankensystem verheerende Folgen haben kann. Man denke nur an die Beispiele der „Bank-Runs“ in England oder Griechenland, die nur zu eindeutig klar machen, dass die Existenz von Banken auf dem Vertrauen Ihrer Kunden fußt.

Vertrauen in der Beziehung zwischen Banken und Kunden ist jedoch keine Einbahnstraße. So wie Kunden ihren Banken vertrauen, wenn Sie zum Beispiel ihr Geld als Sparguthaben anlegen, gilt umgekehrt auch, dass Banken bei der Kreditvergabe gegenüber ihren Kunden darauf vertrauen müssen, dass Informationen richtig gegeben wurden und Rückzahlungen wie vereinbart erfolgen. Umso erstaunlicher ist es, dass der Einfluss von Vertrauen auf Kreditentscheidungen von Banken in der betriebswirtschaftlichen Forschung sowohl theoretisch als auch empirisch bisher nur eine geringe Beachtung erfahren hat. Diese Lücke war der Ansatzpunkt und die Motivation für mich, in der vorliegenden Dissertation die Fragestellung des Einflusses von Vertrauen auf Kreditscheidungen von Banken zu analysieren.

Die vorliegende Arbeit entstand während meiner Zeit als externer Doktorand an der Professur für Controlling von Prof. Dr. Bernhard Hirsch an der Universität der Bundeswehr in München von Oktober 2008 bis Dezember 2011. Während der Erstellung der Dissertation habe ich Höhen, aber auch diverse Tiefen durchlebt, die ich ohne die Unterstützung einer Vielzahl an Personen wahrscheinlich nicht gemeistert hätte und denen ich dafür danken möchte.

An erster Stelle gilt mein Dank meinem Doktorvater Prof. Dr. Bernhard Hirsch, der über die gesamte Zeit meines Dissertationsvorhabens durch seine Offenheit und wissenschaftliche Neugier stets Antrieb für mich war, die Arbeit weiter voranzubringen und darüberhinaus immer wieder neue wissenschaftliche

Impulse gesetzt hat. Des Weiteren danke ich ganz herzlich Prof. Dr. Thomas Hartung für die Übernahme des Zweitgutachtens.

Während der Erstellung meiner Dissertation hatte ich das Glück, Teil eines tollen Lehrstuhlteams an internen und externen Doktorandenkollegen zu sein, mit denen ich viele schöne Momente erleben durfte und über die ein reger wissenschaftlicher Austausch immer sicher gestellt war. Dafür verantwortlich waren insbesondere Anna Basler, Sandra Bauß, Celina Gisch, Dominik Hammer, Stefan Reemts, Tim Rosengart, Joachim Schauss, Andreas Scherm, Martina Volnhals und Christian Weith. Besonders möchte ich mich an dieser Stelle bei Dr. Christian Nitzl bedanken, mit dem ich bei den häufig sehr diffizilen statistischen Fragestellungen hinsichtlich PLS einen regen Austausch pflegen konnte und der mir über die eine oder andere Klippe hinweggeholfen hat.

Von tiefem Herzen danke ich meinen Eltern, die mich in all den Jahren in jeder Lebenslage immer unterstützt und mich mit all meinen Ecken und Kanten ertragen und akzeptiert haben, und die mich speziell bei der Erstellung dieser Arbeit immer motivert und bei der Kontrolle des Manuskripts tatkräftig unterstützt haben. Des Weiteren gilt ein besonderer Dank auch meinen Schwiegereltern, die mich auf der langen Reise immer mit aufmunternden Worten unterstützt und sich am Ende beim intensiven Korrekturlesen des Manuskripts ebenso verdient gemacht haben.

Abschließend möchte ich meiner lieben Frau Anna danken. Sie hat mich in den mehr als zwei Jahren meiner Forschungstätigkeit durch alle Höhen und Tiefen bedingungslos begleitet und hat dabei auch die eine oder andere wissenschaftliche Diskussion mit viel Geduld über sich ergehen lassen. In all der Zeit war sie permanenter Antrieb und Motivation für mich und damit auch der wesentliche Faktor für die Fertigstellung dieser Arbeit. Dafür danke ich Ihr von ganzem Herzen. Ihr und unserer mittlerweile geborenen Tochter Louisa Josephine sei diese Arbeit gewidmet.

Dipl.-Kfm. Matthias Schoen, Berlin im November 2012

Inhaltsübersicht

Abbildungsverzeichnis ... 17

Tabellenverzeichnis ... 19

Anhangsverzeichnis ... 23

1 Einleitung ... 25

2 Grundlagen ... 31

3 Theoretischer Bezugsrahmen und Hypothesen ... 85

4 Methodik und Datenbasis der Untersuchung ... 125

5 Vertrauen und Agency-Kosten ... 193

6 Vertrauen und Kreditvergabeparameter ... 231

7 Zusammenfassung ... 287

Anhang ... 295

Literaturverzeichnis ... 317

Quellenverzeichnis ... 349

Inhaltsverzeichnis

Abbildungsverzeichnis ... 17

Tabellenverzeichnis ... 19

Anhangsverzeichnis ... 23

1 Einleitung ... 25
1.1 Problemstellung und Relevanz der Arbeit ... 25
1.2 Zielsetzung der Arbeit ... 28
1.3 Aufbau der Arbeit ... 29

2 Grundlagen ... 31
2.1 Grundlagen zu Vertrauen ... 31
2.1.1 Wesen des Vertrauens ... 31
2.1.1.1 Wesensmerkmale von Vertrauen ... 31
2.1.1.2 Begriffsabgrenzungen ... 34
2.1.1.3 Vertrauensverständnis der Ökonomie ... 37
2.1.2 Ebenen von Vertrauen ... 38
2.1.2.1 Handlungs- und Vertrauenssysteme ... 38
2.1.2.2 Organisationale Vertrauensebenen ... 41
2.1.3 Entstehung von Vertrauen ... 43
2.1.3.1 Eigenschaften des Vertrauensgebers und Vertrauensnehmers ... 43
2.1.3.2 Dynamischer und kultureller Kontext der Vertrauensentstehung ... 45
2.1.4 Wirkungen von Vertrauen ... 46
2.1.4.1 Wirkungsweisen in interpersonalen Beziehungen ... 46
2.1.4.2 Wirkungsweisen in interorganisationalen Beziehungen ... 47
2.2 Grundlagen zur Kreditfinanzierung ... 51
2.2.1 Theoretischer Rahmen zur Kreditfinanzierung ... 51
2.2.1.1 Kreditfinanzierung als P-A-Beziehung ... 51
2.2.1.2 P-A-Probleme bei Kreditfinanzierungen ... 54
2.2.1.3 Finanzintermediation ... 57

2.2.1.4 Relationship Banking ... 60
2.2.2 Modelle zur Erklärung der Kreditvergabeparameter ... 62
2.2.2.1 Modelle zur Zinsentwicklung ... 62
2.2.2.2 Modelle zur Sicherheitenstellung ... 65
2.2.2.3 Modelle zur Kreditverfügbarkeit ... 68
2.2.3 Stand der empirischen Forschung zum Relationship Banking .. 70
2.2.3.1 Resultate zu den Kreditzinsen ... 71
2.2.3.2 Resultate zu den Kreditsicherheiten ... 73
2.2.3.3 Resultate zur Kreditverfügbarkeit ... 74
2.2.4 Vertrauen in der Relationship Banking-Forschung ... 75
2.2.4.1 Theoretische Arbeiten zu Vertrauen in Bank-KMU-Beziehungen ... 75
2.2.4.2 Die Studie von Harhoff/Körting (1998) ... 77
2.2.4.3 Die Studie von Uzzi (1999) ... 79
2.2.4.4 Die Studie von Lehmann/Neuberger (2001) ... 81

3 Theoretischer Bezugsrahmen und Hypothesen ... 85
3.1 Soziale Einbettung und Vertrauen ... 85
3.1.1 Soziale Einbettung ökonomischer Beziehungen ... 85
3.1.2 Beziehungsspezifisches Sozialkapital ... 87
3.1.3 Synthese von beziehungsspezifischem Sozialkapital und Vertrauen ... 89
3.2 Beschränkte Rationalität und Vertrauen ... 91
3.2.1 Annahmen des Neo-Institutionalismus ... 91
3.2.2 Beschränkte Rationalität und berechnendes Vertrauen ... 95
3.2.3 Beschränkte Rationalität und Vertrauen als soziale Heuristik .. 98
3.3 Zusammenfassung des theoretischen Bezugsrahmens ... 101
3.4 Ableitung der Hypothesen ... 102
3.4.1 Ableitung des Forschungsmodells ... 102
3.4.2 Organisationale Vertrauensebenen in Bank-KMU-Kreditbeziehungen ... 105
3.4.2.1 Geografische Distanz und Organisationsstruktur ... 105
3.4.2.2 Hypothese zu den organisationalen Vertrauensebenen . 109
3.4.3 Vertrauen und Agency-Kosten ... 111
3.4.3.1 Hypothesen zu Vertrauen und den Agency-Kosten ... 111
3.4.3.2 Hypothesen zu Vertrauen und den Umgang mit Informationsasymmetrien ... 114
3.4.3.3 Hypothesen zum Umgang mit Informations-asymmetrien und der Monitoring-Intensität ... 118
3.4.4 Hypothesen zu Vertrauen und den Kreditvergabeparametern .. 120

4 Methodik und Datenbasis der Untersuchung 125
4.1 Grundlagen der Kausalanalyse 125
4.1.1 Einführung 125
4.1.2 Das Strukturmodell 127
4.1.3 Die Messmodelle 128
4.1.4 Fehlspezifikationen von Messmodellen 131
4.1.5 Kritik am Einsatz formativer Messmodelle 133
4.1.6 Mehrdimensionale Konstrukte 136
4.1.7 Messtechnische Umsetzung von Vertrauen 138
4.2 Grundlagen zur Partial Least Squares (PLS)-Methode 141
4.2.1 Einführung in die PLS-Methode 141
4.2.2 Beurteilungskriterien der Messmodelle 143
4.2.3 Beurteilungskriterien des Strukturmodells 146
4.2.4 Beurteilung von Mediationseffekten in Strukturmodellen 148
4.3 Operationalisierung der Konstrukte 150
4.3.1 Operationalisierung von Vertrauen 151
4.3.2 Operationalisierung der Qualität der Kreditverhandlungen 153
4.3.3 Operationalisierung der Monitoring-Intensität 153
4.3.4 Operationalisierung der Verlässlichkeit der Berichtsinformationen 155
4.3.5 Operationalisierung des Einsatzes harter und weicher Informationen 156
4.4 Datenerhebung 158
4.4.1 Untersuchungsobjekt und Erhebungsmethodik 158
4.4.2 Erhebungskonstellation und befragte Personen 160
4.4.3 Fragebogengestaltung und Pretest 162
4.4.4 Stichprobenauswahl 163
4.5 Umgang mit fehlenden Werten 167
4.5.1 Datenprozesse fehlender Werte 167
4.5.2 Analysemethode bei fehlenden Werten 170
4.6 Datenaggregation 175
4.6.1 Informantenkompetenz 176
4.6.2 Informanten-Bias 177
4.6.3 Informantenkompetenz und Informanten-Bias 181
4.6.4 Methode der Datenaggregation 183
4.7 Datengrundlage 185
4.7.1 Charakteristika der Befragung und der Kreditbeziehungen 186
4.7.2 Charakteristika der Unternehmen 188

5 Vertrauen und Agency-Kosten 193
5.1 Ergebnisse zu Vertrauen 193
5.1.1 Beurteilung der Konzeptualisierung interpersonalen Vertrauens 193
5.1.2 Beurteilung der Konzeptualisierung interorganisationalen Vertrauens 196
5.1.3 Beurteilung der organisationalen Dimensionalität von Vertrauen 198
5.1.4 Überprüfung der Hypothese zu Vertrauen 204
5.2 Ergebnisse zum Einfluss von Vertrauen auf die Agency-Kosten 207
5.2.1 Beurteilung der Messmodelle 207
5.2.2 Beurteilung des Strukturmodells mit interorganisationalem Vertrauen 210
5.2.3 Beurteilung von Mediationseffekten im ersten Strukturmodell 215
5.2.4 Strukturmodell mit interpersonalem Vertrauen als Kontrollvariable 216
5.3 Zusammenfassung und Interpretation der Ergebnisse 221

6 Vertrauen und Kreditvergabeparameter 231
6.1 Vertrauen und Kreditzinsen 231
6.1.1 Datenbasis 231
6.1.2 Einfluss der unternehmens- und kreditspezifischen Faktoren auf die Kreditlinienzinsen 235
6.1.3 Einfluss von Vertrauen und der beziehungsspezifischen Faktoren auf die Kreditlinienzinsen 244
6.1.4 Einfluss der unternehmens- und kreditspezifischen Faktoren auf die Darlehenszinsen 251
6.1.5 Einfluss von Vertrauen und der beziehungsspezifischen Faktoren auf die Darlehenszinsen 258
6.2 Vertrauen und Kreditsicherheiten 261
6.2.1 Datenbasis 261
6.2.2 Einfluss der unternehmens- und kreditspezifischen Faktoren auf die Kreditsicherheiten 262
6.2.3 Einfluss von Vertrauen und beziehungsspezifischen Faktoren auf die Kreditsicherheiten 266
6.3 Vertrauen und Kreditverfügbarkeit 270
6.3.1 Datenbasis 270
6.3.2 Einfluss der unternehmens- und kreditspezifischen Faktoren auf die Kreditverfügbarkeit 274

6.3.3 Einfluss von Vertrauen und der beziehungsspezifischen Faktoren auf die Kreditverfügbarkeit ... 277
6.4 Zusammenfassung und Interpretation der Ergebnisse ... 279

7 Zusammenfassung ... 287
7.1 Zentrale Ergebnisse ... 287
7.2 Limitationen und weiterer Forschungsbedarf ... 291

Anhang ... 295
Anhang 1: Fragenbogen ... 295
Anhang 2: Beurteilung der vollständigen Messmodelle ... 305
Anhang 3: Determinanten der Kreditlinienzinsmarge ... 312
Anhang 4: Ausgewählte Kapitalmarktzinsen im Zeitverlauf ... 313
Anhang 5: Zusammenhang zwischen ausgewählten unabhängigen Variablen ... 314

Literaturverzeichnis ... 317

Quellenverzeichnis ... 349

Abbildungsverzeichnis

Abbildung 1 – Aufbau der Arbeit ... 30
Abbildung 2 – Schema des Vertrauensmechanismus ... 34
Abbildung 3 – Begriffsabgrenzungen zu Vertrauen anhand von Unsicherheit und Risiko ... 36
Abbildung 4 – Handlungssysteme als Ausgangspunkt von Vertrauen in sozialen Systemen ... 40
Abbildung 5 – Organisationale Vertrauensebenen ... 42
Abbildung 6 – Einstellungen des Vertrauensgebers bei der Vertrauensentscheidung ... 44
Abbildung 7 – Modell von Howorth/Moro (2006) zur Rolle von Vertrauen in Kreditbeziehungen zwischen Banken und KMU ... 77
Abbildung 8 – Human- und Sozialkapital in einer Drei-Personen-Struktur .. 88
Abbildung 9 – Entstehung von beziehungsspezifischem Sozialkapital und Vertrauen ... 90
Abbildung 10 – Erklärungsstrategie des methodologischen Individualismus als „Colemansche Badewanne" ... 93
Abbildung 11 – Rationalitätsperspektiven ... 99
Abbildung 12 – Zusammenfassung des theoretischen Bezugsrahmens dieser Arbeit ... 102
Abbildung 13 – Darstellung des Forschungsmodells dieser Arbeit ... 104
Abbildung 14 – Organisationale Ebenen von Vertrauen in Bank-KMU-Kreditbeziehungen ... 110
Abbildung 15 – Aufbau eines Strukturmodells ... 127
Abbildung 16 – Reflektives Messmodell ... 129
Abbildung 17 – Formatives Messmodell ... 130

Abbildung 18 – Mögliche Spezifikationen mehrdimensionaler Konstrukte zweiter Ordnung ... 137
Abbildung 19 – Umsetzung des hierarchischen Komponentenmodells in PLS ... 140
Abbildung 20 – Darstellung eines einfachen Mediationseffektes bei latenten Variablen ... 149
Abbildung 21 – Teststärke des PLS-Modells in Abhängigkeit vom Stichprobenumfang und der Anzahl erklärender Variablen ... 166

Abbildung 22 – Vorgehensweise der Methode der multiplen Imputation 172
Abbildung 23 – Logik des Algorithmus der multiplen Imputation 174
Abbildung 24 – Verteilung der Unternehmen nach Umsatzgrößenklassen ... 189
Abbildung 25 – Verteilung der Unternehmen nach Firmenalter 190
Abbildung 26 – Verteilung der Unternehmen nach Dauer der Kundenbeziehung 191
Abbildung 27 – Verteilung der Unternehmen nach Risikoklassen 192
Abbildung 28 – Verteilung der Unternehmen nach Branchen 192
Abbildung 29 – Hierarchisches Komponentenmodell für interpersonales Vertrauen (FKB) 195
Abbildung 30 – Überprüfung der externen Validität auf Basis der Beziehung von interpersonalem und interorganisationalem Vertrauen 197
Abbildung 31 – Hierarchisches Komponentenmodell interorganisationales Vertrauen (FKB) 198
Abbildung 32 – Hierarchisches Komponentenmodell interorganisationales Vertrauen (KSB) 199
Abbildung 33 – Hierarchisches Komponentenmodell interorganisationales Vertrauen (Bank) 199
Abbildung 34 – Modelle zur Bewertung der organisationalen Dimensionalität von Vertrauen 200
Abbildung 35 – Schätzung der Pfadbeziehung zwischen dem interpersonalen Vertrauen des Firmenkundenbetreuers und dem interorganisationalen Vertrauen der Bank 206
Abbildung 36 – Strukturmodell für den Einfluss der interorganisationalen Vertrauens 213
Abbildung 37 – Strukturmodell für den Einfluss des interorganisationalen Vertrauens mit interpersonalem Vertrauen als Kontrollvariable 217
Abbildung 38 – Boxplot der Kreditlinienzinsmargen nach Ratingklassengruppen 238
Abbildung 39 – Zeitlicher Verlauf der Kunden- und Einstandzinsen bei Kreditlinien 243
Abbildung 40 – OLS-Regression der Bilanzsumme auf die Kreditsumme ... 246
Abbildung 41 – OLS-Regression des Hausbankstatus auf die Bilanzsumme 246
Abbildung 42 – Boxplot der Zinsmargen für Darlehen nach Ratingklassengruppen 252
Abbildung 43 – Zeitlicher Verlauf der Kunden- und Einstandzinsen bei Darlehen 256
Abbildung 44 – Boxplot des Blankoanteils nach Ratingklassengruppen 263

Tabellenverzeichnis

Tabelle 1 – Mögliche Vertrauenswirkungen in interpersonalen Beziehungen 48
Tabelle 2 – Ausgewählte Studien zu Vertrauenswirkungen in interorganisationalen Beziehungen 50
Tabelle 3 – Agency-Kosten des Fremdkapitals 53
Tabelle 4 – Grundtypen von Verhaltensunsicherheit 55
Tabelle 5 – Modellvorhersagen zur Zinsentwicklung im Verlauf von Kreditbeziehungen 63
Tabelle 6 – Modellvorhersagen zur Sicherheitenstellung 65
Tabelle 7 – Modellvorhersagen zur Kreditverfügbarkeit 69
Tabelle 8 – Überblick ausgewählter empirischer Studien zum Relationship Banking 72
Tabelle 9 – Signifikante Ergebnisse in der Studie von Harhoff/Körting (1998) 79
Tabelle 10 – Signifikante Ergebnisse in der Studie von Uzzi (1999) 80
Tabelle 11 – Signifikante Ergebnisse in der Studie von Lehmann/Neuberger (2001) 83
Tabelle 12 – Überblick über die Hypothesen dieser Arbeit 124
Tabelle 13 – Problemstellungen und Erklärungsansätze bei formativen Messmodellen 135
Tabelle 14 – Vergleich zwischen varianz- und kovarianzbasierter Methode 142
Tabelle 15 – Kriterien zur Beurteilung der Güte reflektiver Konstrukte 143
Tabelle 16 – Kriterien zur Beurteilung der Güte des Strukturmodells 147
Tabelle 17 – Items zur Messung des interpersonalen Vertrauens 152
Tabelle 18 – Items zur Messung des interorganisationalen Vertrauens 153
Tabelle 19 – Items zur Messung der Qualität der Kreditverhandlungen 154
Tabelle 20 – Items zur Messung der Monitoring-Intensität 155
Tabelle 21 – Items zur Messung der Verlässlichkeit der Berichtsinformationen 156
Tabelle 22 – Items zur Operationalisierung des Einsatzes harter und weicher Informationen bei Kreditentscheidungen 158
Tabelle 23 – Zusammenhang zwischen Fehler 1. Art, 2. Art und Teststärke 164
Tabelle 24 – Fehlende Werte in den Stichproben der Firmenkundenbetreuung und Kreditsachbearbeitung 168

Tabelle 25 – Muster fehlender Werte in der Stichprobe der Firmenkundenbetreuer ... 169
Tabelle 26 – Muster fehlender Werte in der Stichprobe der Kreditsachbearbeiter ... 169
Tabelle 27 – Ergebnisse des MCAR-Tests für die Stichproben der Firmenkundenbetreuung und Kreditsachbearbeitung ... 170
Tabelle 28 – Bankzugehörigkeit, Tätigkeitsdauer und KMU-Betreuungsdauer der Kundenbetreuer und der Kreditsachbearbeiter ... 176
Tabelle 29 – Analyse des Informanten-Bias auf der Basis substanzieller Bewertungsunterschiede ... 178
Tabelle 30 – Analyse des Informanten-Bias auf der Basis absoluter und relativer Bewertungsunterschiede ... 179
Tabelle 31 – Absolute Skalensummendifferenzen nach Bankzugehörigkeit, Tätigkeitsdauer und KMU-Betreuungsdauer ... 182
Tabelle 32 – Verteilung der Fragebögen nach Mitarbeitern und Sparkassen ... 186
Tabelle 33 – Merkmale der Kreditbeziehungen in Bezug auf Hausbankstatus, Anzahl weiterer Banken und Entfernung der KMU zur Bank ... 187
Tabelle 34 – Unternehmensumsatz, Firmenalter und Dauer der Kreditbeziehung ... 189
Tabelle 35 – Indikatorenkreuzladungen der hierarchischen Komponentenmodelle ... 196
Tabelle 36 – DEV und Korrelationen zwischen den Dimensionen der 1. Ordnungsebene ... 201
Tabelle 37 – Indikatorenkreuzladungen auf die Dimensionen der ersten Ordnungsebene ... 203
Tabelle 38 – Explorative Faktorenanalyse für die Indikatoren im Modell 1 .. 203
Tabelle 39 – Explorative Faktorenanalyse für die Modell-2-Indikatoren ... 205
Tabelle 40 – Faktorladungen der Indikatoren zur Beurteilung der Indikatorreliabilitäten ... 208
Tabelle 41 – Maße zur Beurteilung von Konvergenzvalidität und Konstruktreliabilität ... 209
Tabelle 42 – DEV und quadrierte Korrelationen zwischen Konstrukten ... 211
Tabelle 44 – Effektstärken und relativer Prognoseeinfluss auf die Qualität der Kreditverhandlungen und Monitoring-Intensität ... 214
Tabelle 45 – Ergebnisse der Analyse auf Mediationseffekte ... 215
Tabelle 46 – Effektstärken der Kontrollvariablen interpersonales Vertrauen ... 218

Tabelle 47 – Ergebnisse der Mediationsanalyse für das zweite Strukturmodell mit interpersonalem Vertrauen als Kontrollvariable 219
Tabelle 48 – Übersicht über die Annahme oder Ablehnung der Hypothesen des 1. Hypothesenblocks 223
Tabelle 49 – Anzahl Kreditentscheidungen nach Banken, Kreditarten und Jahren 234
Tabelle 50 – Determinanten der Zinsmarge bei Kreditlinien 239
Tabelle 51 – Unternehmens- und kreditspezifische Parameter nach Hausbankstatus 245
Tabelle 52 – Verteilung von Kreditsumme, KK-Zinsmarge und Anzahl Kreditlinienentscheidungen in Abhängigkeit von Kreditsumme und Vertrauen 248
Tabelle 53 – Determinanten der Darlehenszinsmarge 254
Tabelle 54 – Anzahl Kreditentscheidungen nach Kreditarten und Banken mit unterschiedlichen Besicherungsniveaus 262
Tabelle 55 – Determinanten des Blankoanteils des gesamten Kreditengagements 265
Tabelle 56 – Ergebnisse der explorativen Faktorenanalyse für die Kreditverfügbarkeit 272
Tabelle 57 – Determinanten der Kreditverfügbarkeit 276
Tabelle 58 – Übersicht über die Annahme oder Ablehnung der Hypothesen des 2. Hypothesenblocks 280

Anhangsverzeichnis

Abbildungen

Abbildung AN 1 – 3-Monats-Euribor, 3-Jahres-Bankschuldverschreibungen und 3-Jahres-Bundeswertpapiere von 2006 bis Anfang 2010 313
Abbildung AN 2 – OLS Regression der Bilanzsumme auf den Blankobetrag 314
Abbildung AN 3 – OLS Regression des Hausbankstatus auf das Unternehmensalter 315
Abbildung AN 4 – OLS-Regression des Hausbankstatus auf die Bilanzsumme 315
Abbildung AN 5 – OLS-Regression des Unternehmensalters auf die Kreditbeziehungsdauer 316

Tabellen

Tabelle AN 1 – Faktorladungen der Indikatoren zur Beurteilung der Indikatorreliabilität 306
Tabelle AN 2 – Maße zur Beurteilung von Konvergenzvalidität und Konstruktreliabilität 307
Tabelle AN 3 – DEV und quadrierte Korrelationen zwischen Konstrukten (FKB) 307
Tabelle AN 4 – DEV und quadrierte Korrelationen zwischen Konstrukten (KSB) 308
Tabelle AN 5 – DEV und quadrierte Korrelationen zwischen Konstrukten (Bank) 308
Tabelle AN 6 – Indikatorenkreuzladungen zwischen den Konstrukten (FKB) 309
Tabelle AN 7 – Indikatorenkreuzladungen zwischen den Konstrukten (KSB) 310
Tabelle AN 8 – Indikatorenkreuzladungen zwischen den Konstrukten (Bank) 311
Tabelle AN 9 – Determinanten der Zinsmarge bei Kreditlinien inklusive Einstandszinsen ohne Jahresdummy 312

1. Einleitung

1.1 Problemstellung und Relevanz der Arbeit

Für kleine und mittelständische Unternehmen (KMU) stellen Bankkredite eine der wichtigsten externen Finanzierungsquellen dar. Für diese Unternehmen ist die Finanzierung über den Kapitalmarkt aus betriebswirtschaftlicher Sicht nicht sinnvoll, da sie einerseits zu geringe Kreditvolumina nachfragen und andererseits aufgrund ihrer Größe sich der Einsatz von Ressourcen für die aufwendige Kapitalmarktkommunikation nicht lohnt.[3] Für Banken ist das Geschäft mit dem Mittelstand und dabei insbesondere das Kreditgeschäft trotz eines sich verstärkenden Wettbewerbs ein bedeutendes strategisches Geschäftsfeld.[4] In Deutschland haben vor allem die Sparkassen aufgrund ihrer lokalen Präsenz und dezentralen Entscheidungsstrukturen in diesem Marktsegment eine starke Position.[5] Aufgrund ihrer örtlichen Verankerung besitzen sie sehr gute Kenntnisse in Bezug auf die lokale Wirtschaftsstruktur und sind daher in der Lage, die speziellen Bedürfnisse der Unternehmen zu befriedigen. Für mittelständische Unternehmen führt die zentrale Stellung der Bankfinanzierung dazu, dass sie meistens sehr enge Geschäftsbeziehungen zu ihren Banken unterhalten. Für sie ist daher vor allem die Frage von Relevanz, welche Einflussfaktoren einerseits das Verhalten der Bank in einer Kreditbeziehung sowie andererseits die Kreditvergabeparameter beeinflussen.

Die finanzwissenschaftliche Literatur zur Kreditfinanzierung beleuchtet seit Mitte der siebziger Jahre vor allem die Auswirkungen informationsökonomischer Probleme in der Kreditgeber-Kreditnehmer-Beziehung.[6] Im Kern geht die Forschung dabei der Frage nach, inwiefern Agency-Probleme wie die ex ante Qualitätsunsicherheit in Bezug auf die Kreditnehmer oder das Risiko, dass Kreditnehmer ihr Verhalten ex post zu Lasten des Kreditgebers ändern, die Höhe der Kreditzinsen und der Kreditsicherheiten sowie die Kreditverfügbarkeit (Kreditrationierung) beeinflussen.[7] Während in der Finanzliteratur die Kreditfinan-

3 Vgl. Hommel/Schneider (2003), S. 59 oder Berens et al. (2005), S. 784.

4 Vgl. Berens et al. (2005), S. 784.

5 Vgl. DSGV (2007), S. 20.

6 Vgl. hierfür stellvertretend die Arbeiten von Jensen/Meckling (1976), Stiglitz/Weiss (1981), Diamond (1984), Fama (1985), Diamond (1991) oder Petersen/Rajan (1995).

7 Vgl. Kürsten (2000), S. 167 ff. Zur Kreditrationierung vgl. stellvertretend Stiglitz/Weiss (1981), S. 393 ff. Zum Einfluss von Informationsasymmetrien auf die Höhe von Kreditzinsen und Kre-

zierung anfänglich aus einer statischen Perspektive analysiert wurde, hat sich seit Beginn der neunziger Jahre eine Forschungsrichtung herausgebildet, die sich unter dem Begriff des *Relationship Bankings* subsumieren lässt. Schwerpunkt dieses Forschungszweigs ist die dynamische Analyse des Einflusses der Beziehungsintensität zwischen Bank und Unternehmen auf die zentralen Parameter der Kreditvergabe. Die Arbeiten zum *Relationship Banking* analysieren vor allem empirisch, inwiefern die Dauer oder Exklusivität einer Kreditbeziehung, die Rolle der Hausbank oder auch die Cross-Selling Aktivitäten von Banken einen Einfluss auf die Kreditvergabeparameter haben.[8] Neuere Arbeiten im Bereich des *Relationship Bankings* untersuchen verstärkt die Rolle der geografischen Distanz zwischen Banken und Unternehmen sowie der bankinternen Organisationsstruktur oder auch die Bedeutung weicher Informationen bei der Kreditvergabe.[9]

Ein wesentliches Manko der bisherigen Relationship Banking Forschung ist darin zu sehen, dass der eigentliche Interaktionsprozess in der Beziehung zwischen der Bank und dem Unternehmen bisher kaum untersucht wurde und daher auch nur unzulänglich verstanden wird. Hierzu merken Berger/Udell (2002) an: „*Despite the recent academic focus on relationship lending, there is remarkably absent in the literature a fully satisfying analysis of precisely how bank-borrower relationships work. It is generally left unspecified whether the primary relationship is between the bank and the firm or between the loan officer and the firm's owner* [...]"[10]. Dieses Zitat macht deutlich, dass ein Erklärungsdefizit vor allem hinsichtlich der Rolle der handelnden Akteure wie dem Kundenbetreuer, dem Unternehmer oder dem Management eines Unternehmens besteht. Die Vernachlässigung der persönlichen Beziehungsebene kann daher auch als ein Hauptgrund dafür gesehen werden, dass ein zwischenmenschliches Phänomen wie Vertrauen in der finanzwissenschaftlichen Literatur zu Kreditbeziehungen zwischen Banken und kleinen und mittelständischen Unternehmen sowohl theoretisch als auch empirisch nur wenig Beachtung gefunden hat.[11]

---

ditsicherheiten vgl. stellvertretend die Arbeiten von Bester (1985), Bester (1987a), Besanko/Thakor (1987a), Besanko/Thakor (1987b), Bester (1994) oder Boot/Thakor (1994).

8 Vgl. hierfür stellvertretend die Arbeiten von Petersen/Rajan (1994), Berger/Udell (1995), Cole (1998), Angelini et al. (1998), Elsas/Krahnen (1998), Elsas/Krahnen (1998) oder Machauer/Weber (1998).

9 Vgl. hierfür stellvertretend die Arbeiten von Petersen/Rajan (2002), Berger/Udell (2002), Scott (2004), Degryse/Ongena (2005), Liberti (2006), Berger/Udell (2006) oder Agarwal/Hauswald (2010).

10 Berger/Udell (2002), S. F33.

11 Die Rolle von Vertrauen in Kreditbeziehungen zwischen Banken und Unternehmen wurde in den theoretisch-konzeptionellen Arbeiten von Dei Ottati (1994), Sjögren (1994), Uzzi/Gillespie (1999), Uzzi/Lancaster (2003), Ferrary (2003) oder Howorth/Moro (2006) betrachtet. Empirisch wurde der Einfluss von Vertrauen bisher eher als Randerscheinung in den Arbeiten von Harhoff/Körting (1998), Uzzi (1999) oder Lehmann/Neuberger (2001) untersucht. Im deutsch-

Die mangelnde Berücksichtigung von Vertrauen ist umso erstaunlicher, führt man sich die etymologischen Wurzeln der termini *Kredit* und *Vertrauen* vor Augen. Der Begriff *Kredit* hat seinen Ursprung im lateinischen Wort *creditum* und lässt sich als *ein Ding, das jemanden anvertraut wird* übersetzen, während *creditum* mit dem lateinischen Verb *credere* eng verbunden ist und so viel wie *glauben* oder *jemanden vertrauen* bedeutet.[12] Trotz dieser begrifflichen Nähe zweifeln Forscher wie zum Beispiel Terberger (1987) daran, dass Vertrauen in hoch entwickelten Volkswirtschaften bei der Kreditvergabe einen Einfluss haben kann.[13] Autoren, die im Sinne der neo-institutionalistischen Finanzierungstheorie argumentieren, stellen vielmehr auf das Sammeln von Informationen durch den Kreditgeber oder das Schreiben von Kreditverträgen als ökonomisch effiziente Mechanismen zur Überwindung der Unsicherheit bei der Kreditvergabe ab.[14]

Die Aussagen von Bankmitarbeitern aus der Praxis deuten allerdings darauf hin, dass der Faktor *Mensch* beim Prozess der Kreditvergabeentscheidung eine wichtige Rolle spielt. Der Vorstandsvorsitzende einer französischen Bank äußert sich hierzu folgendermaßen: „*Techniques of scoring, [...] are a useful assistant in the decision-making process, but in no case they can be a substitute for the human evaluation. [...] The banker, like the notary or the family doctor, has to be a trusted person.*"[15] Dass Vertrauen eine wichtige Determinante in den Beziehungen zwischen Unternehmen ist, wurde in der Transaktionskostentheorie mehrfach bestätigt.[16] Die positive Wirkung von Vertrauen manifestiert sich dabei vor allem darin, dass Transaktionskosten gesenkt werden und ökonomische Interaktionen reibungsloser verlaufen. Mit der Frage, inwiefern Vertrauen in den Kreditbeziehungen zwischen Banken und kleinen und mittelständischen Unternehmen eine Rolle spielt, beschäftigt sich die vorliegende Dissertation.

---

sprachigen Raum sind zum Einfluss verhaltenswissenschaftlicher Aspekte in der Bank-KMU-Kreditbeziehung kürzlich die beiden Dissertationen von Segbers (2007) und Püthe (2009) erschienen.

12 Vgl. Howorth/Moro (2010), S. 3.

13 Terberger (1987), S. 2: „Dass auch auf hoch entwickelten Kapitalmärkten Vertrauen eine dominierende Rolle bei der Entscheidung über die Einnahme einer Gläubigerposition spielt, ist zu bezweifeln."

14 Vgl. Terberger (1987), S. 2.

15 Ferrary (2003), S. 697, der den Vorstandsvorsitzenden der Bank Hervet zitiert. Für weitere Aussagen von Bankmitarbeitern zur Rolle von Vertrauen in Bank-Kunde-Kreditbeziehungen sei auf Uzzi (1999), Uzzi/Lancaster (2003) oder Hawke/Heffernan (2006) verwiesen.

16 Vgl. beispielhaft Bradach/Eccles (1989), Ring/van de Ven (1992), Chiles/McMackin (1996), Zaheer et al. (1998), Dyer/Chu (2003) oder Matthes (2007).

1.2 Zielsetzung der Arbeit

Das Ziel dieser Arbeit ist es, den Einfluss von Vertrauen in Kreditbeziehungen zwischen öffentlichen Banken und kleinen und mittelgroßen Unternehmen empirisch zu analysieren. Dabei wird konkret untersucht, welchen Einfluss das persönliche Vertrauen des Kundenbetreuers in seinen Ansprechpartner des Unternehmens und das Vertrauen der Bank in das Unternehmen selbst einen Einfluss auf die beziehungsspezifischen Agency-Kosten und die zentralen Parameter der Kreditvergabe (Kreditzinsen, Kreditsicherheiten und Kreditverfügbarkeit) haben. Im ersten Schritt wird dabei untersucht, wie Vertrauen allgemein in das ökonomische Theoriegebäude eingegliedert werden kann. Ausgangspunkt stellt hierbei die neo-institutionalistische Finanzierungstheorie dar und es wird geklärt, inwiefern Vertrauen mit den Grundannahmen dieses Forschungsprogramms kompatibel ist und wie es schließlich in das Theoriegebäude integriert werden kann. Hieraus lässt sich die erste Forschungsfrage ableiten:

Forschungsfrage 1:
Inwiefern ist Vertrauen mit den Annahmen des Neo-Institutionalismus kompatibel und wie lässt sich das Phänomen in das Theoriegebäude integrieren?

Nach der Erörterung des theoretischen Bezugsrahmens wird im nächsten Schritt konkretisiert, wie Vertrauen in Kreditbeziehungen wirken kann und in Anlehnung an die Transaktionskostentheorie das grundlegende Forschungsmodell dieser Arbeit abgeleitet. Hierfür werden die spezifischen Agency-Kosten einer Kreditbeziehung konzeptualisiert und darauf aufbauend der erste Block an Hypothesen abgeleitet. Die zweite Forschungsfrage ergibt sich somit wie folgt:

Forschungsfrage 2:
Welchen Einfluss hat das Vertrauen des Kundenbetreuers in seinen Ansprechpartner und das Vertrauen der Bank in das Unternehmen auf die Agency-Kosten für öffentliche Banken in Kreditbeziehungen mit kleinen und mittelgroßen Unternehmen?

Die zweite Forschungsfrage schafft Klarheit darüber, ob und inwiefern Vertrauen zu Kosteneinsparungen für die Bank führt. Im letzten Schritt wird dann untersucht, inwiefern Vertrauen ebenso die Höhe der Parameter der Kreditvergabe beeinflusst und ob somit auch die Unternehmen von einer Vertrauensbeziehung profitieren. Damit ergibt sich als dritte Forschungsfrage:

Forschungsfrage 3:
Welchen Einfluss hat das Vertrauen des Kundenbetreuers in seinen Ansprechpartner und das Vertrauen der Bank in das Unternehmen auf die zentralen Parameter der Kreditvergabe[17] in Kreditbeziehungen zwischen öffentlichen Banken und kleinen und mittelgroßen Unternehmen?

1.3 Aufbau der Arbeit

Die vorliegende Arbeit ist in sieben Kapitel gegliedert und orientiert sich im Kern an der Reihenfolge der Forschungsfragen. Abbildung 1 stellt den Aufbau der Arbeit dar.

Zur Erreichung der Ziele dieser Untersuchung werden im zweiten Kapitel die für die Analyse notwendigen theoretischen Grundlagen gelegt. In Kapitel 2.1 werden zuerst die wesentlichen Grundlagen zu Vertrauen erörtert. Hierbei wird im Einzelnen auf das Wesen von Vertrauen, die organisationalen Ebenen von Vertrauen, die Entstehung von Vertrauen sowie die Wirkungen von Vertrauen in interpersonalen oder interorganisationalen Beziehungen eingegangen. Kapitel 2.2 gibt einen Überblick über die theoretischen Grundlagen zur Kreditfinanzierung. Dabei werden die theoretischen Grundlagen zur Kreditfinanzierungsbeziehung auf Basis der neo-institutionalistischen Finanzierungstheorie dargestellt. Im Anschluss daran werden Modelle zur Erklärung der Entwicklung der Kreditvergabeparameter präsentiert, der Stand der empirischen Forschung im Relationship Banking dargelegt und abschließend die bisherigen Erkenntnisse zu Vertrauen vorgestellt.

Im dritten Kapitel werden zuerst die theoretischen Grundlagen zur Vereinbarkeit von Vertrauen mit dem Forschungsprogramm des Neo-Institutionalismus erörtert. Hierfür wird in Kapitel 3.1 wird auf die soziale Einbettung ökonomischer Austauschbeziehungen als eine notwendige Bedingung für die Analyse von Vertrauen eingegangen. Anschließend wird in Kapitel 3.2 die Auslegung beschränkter Rationalität im Neo-Institutionalismus und deren Vereinbarkeit mit Vertrauen analysiert. Danach wird in Kapitel 3.3 eine kurze Zusammenfassung des theoretischen Bezugsrahmens gegeben und abschließend in Kapitel 3.4 die Hypothesen dieser Arbeit abgeleitet.

Ziel des vierten Kapitels ist es, die angewandte statistische Methodik sowie die Datenbasis dieser Untersuchung vorzustellen. Hierfür werden in den Kapiteln 4.1 und 4.2 die Grundlagen zur Kausalanalyse und zur PLS-Methode gelegt. In Kapitel 4.3 erfolgt die Operationalisierung der in dieser Arbeit verwendeten

17 Kreditzinsen, Kreditsicherheiten und Kreditverfügbarkeit.

Konstrukte. In den Kapiteln 4.4 und 4.5 werden das Vorgehen bei der Datenerhebung und der Umgang mit fehlenden Werten beschrieben. Abschließend werden in den Kapiteln 4.6 und 4.7 die Methode zur Datenaggregation sowie die Datengrundlage vorgestellt.

In den Kapiteln 5 und 6 werden die Ergebnisse dieser Arbeit präsentiert. Dabei werden in den Kapiteln 5.1 und 5.2 die Ergebnisse zum Zusammenspiel des interpersonalen Vertrauens des Kundenbetreuers und dem interorganisationalen Vertrauen der Bank in das Unternehmen sowie zum Einfluss von Vertrauen auf die Agency-Kosten dargestellt. Die Diskussion der Annahme und Ablehnung der Hypothesen sowie die Interpretation der Ergebnisse erfolgt in Kapitel 5.3. In den Kapiteln 6.1 bis 6.3 werden die Ergebnisse zum Einfluss von Vertrauen auf die Kreditzinsen, die Kreditsicherheiten sowie die Kreditverfügbarkeit erörtert. Abschließend werdn in Kapitel 6.4 die Annahme und Ablehnung der Hypothesen diskutiert und die Ergebnisse interpretiert.

Das siebte Kapitel fasst die zentralen Ergebnisse dieser Arbeit zusammen. Dabei wird sowohl auf die theoretischen als auch auf die praktischen Implikationen der Ergebnisse eingegangen und abschließend die Limitationen dieser Arbeit erörtert und der zukünftige Forschungsbedarf aufgezeigt.

Abbildung 1 – Aufbau der Arbeit

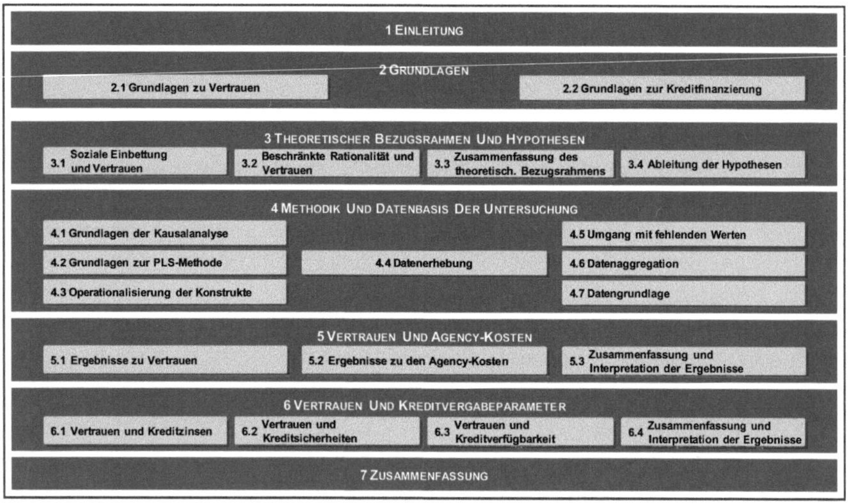

2. Grundlagen

2.1 Grundlagen zu Vertrauen

Das Ziel dieses Kapitels ist es, die Grundlagen zu Vertrauen zu erörtern. Dabei wird im ersten Unterkapitel auf das Wesen von Vertrauen eingegangen. Im Anschluss daran werden die organisationalen Ebenen von Vertrauen vorgestellt. Das dritte Unterkapitel gibt einen Überblick über die wesentlichen Aspekte der Vertrauensentstehung. Abschließend wird auf die möglichen Wirkungsweisen von Vertrauen in ökonomischen Austauschbeziehungen auf interpersonaler und interorganisationaler Ebene eingegangen.

2.1.1 Wesen des Vertrauens

2.1.1.1 Wesensmerkmale von Vertrauen

Vertrauen ist ein interdisziplinäres Phänomen, das sowohl in der Psychologie, der Sozialpsychologie, der Soziologie, den Wirtschaftswissenschaften, der Philosophie oder auch in der Politikwissenschaft untersucht wird.[18] Eine klare begriffliche Festlegung von Vertrauen ist vor allem deshalb schwierig, weil das an sich schon schwer greifbare Wesen von Vertrauen je nach Disziplin und Autor unterschiedliche Definitionen erfährt.[19] Grundsätzlich sind Vertrauensbeziehungen dadurch gekennzeichnet, dass immer zwei Parteien, der Vertrauensgeber und der Vertrauensnehmer, involviert sind.[20] Voraussetzung für Vertrauensentscheidungen sind einerseits die Existenz von Risiko auf Seiten des Vertrauensgebers und andererseits die gegenseitige Abhängigkeit der Partner.[21] Das in einer Ver-

---

18 Vgl. für die Psychologie Cook/Wall (1980), Johnson-George/Swap (1982) oder Rotter (1967), für die Sozialpsychologie Deutsch (1973), die Soziologie Barber (1983), Granovetter (1985), Lewis/Weigert (1985), Luhmann (2000) oder Shapiro (1987), die Wirtschaftswissenschaften Albach (1980), Arrow (1974) oder Williamson (1993), die Philosophie Baier (1986) und die Politikwissenschaften Axelrod (1991) oder Fukuyama (1995).

19 Vgl. Hosmer (1995), S. 379 f. Für einen Überblick an Vertrauensdefinitionen vgl. Castaldo (2007), S. 245 ff.

20 Vgl. Coleman (1990), S. 96.

21 Vgl. Rousseau et al. (1998), S. 395.

trauensbeziehung inhärente Risiko entsteht durch die Unsicherheit des Vertrauensgebers in Bezug auf das Verhalten des Vertrauensnehmers.[22] In Beziehungen mit vollständiger Sicherheit wäre Vertrauen überflüssig, da das Verhaltensrisiko des Vertrauensnehmers gleich Null ist.[23] Die Bedingung der gegenseitigen Abhängigkeit ergibt sich daraus, dass der Vertrauensgeber seine Interessen nicht ohne den Vertrauensnehmer durchsetzen kann.[24] Aufbauend auf der Auswahl bekanntester Vertrauensdefinitionen lassen sich die wichtigsten Wesensmerkmale von Vertrauen wie folgt zusammenfassen:[25]

- **Zukunftsorientierung:**[26] Vertrauenshandlungen sind in die Zukunft gerichtet. Zwischen der Handlung des Vertrauensgebers und der Vertrauensbestätigung durch den Vertrauensnehmer klafft eine zeitliche Lücke.[27]
- **Erwartung und Handlung:**[28] Der Vertrauensgeber bildet sich in Bezug auf das Verhalten des Vertrauensnehmers eine positive Erwartungshaltung. Auf Basis dieser Erwartung trifft er seine Vertrauensentscheidung, die sich in der Vertrauenshandlung manifestiert.
- **Freiwilligkeit:**[29] Vertrauensgeber und Vertrauensnehmer können frei über ihre Strategien entscheiden. Der Vertrauensgeber unterliegt keinen Zwängen bei der Entscheidung, Vertrauen zu platzieren, genau wie der Vertrauensnehmer freie Wahl zwischen den Alternativen Vertrauensbestätigung oder Vertrauensbruch hat.
- **Fehlende Kontrolle:** Der Vertrauensgeber verzichtet auf Maßnahmen der Kontrolle[30] oder besitzt keine Möglichkeit, die Handlungen des Vertrauensnehmers zu überwachen[31].
- **Verletzbarkeit:**[32] Der Vertrauensgeber setzt sich durch seine Handlung der Möglichkeit eines Vertrauensbruchs aus. Daraus entsteht für ihn ein Verlustrisiko, das er explizit nicht begrenzt.

---

22 Vgl. Rousseau et al. (1998), S. 395.

23 Vgl. Lewis/Weigert (1985), S. 970.

24 Vgl. Rousseau et al. (1998), S. 395.

25 Vgl. hierfür Deutsch (1958), S. 266, Zand (1972), S. 230, Gambetta (1988), S. 217, Dasgupta (1988), S. 51, Barney/Hansen (1994), S. 176, McAllister (1995), S. 25, Mayer et al. (1995), S. 712, Rousseau et al. (1998), S. 395 oder Ripperger (1998), S. 45.

26 Luhmann (2000), S. 23: „Demgegenüber ist Vertrauen in die Zukunft gerichtet."

27 Vgl. Coleman (1990), S. 98.

28 Vgl. Ripperger (1998), S. 43 f., die zwischen Vertrauenserwartung und Vertrauenshandlung unterscheidet. Siehe auch Luhmann (2000), S. 28: „*Ein Fall von Vertrauen liegt nur dann vor, wenn die vertrauensvolle Erwartung bei einer Entscheidung den Ausschlag gibt* [...]".

29 Vgl. Coleman (1990), S. 98 oder Ripperger (1998), S. 45.

30 Vgl. Ripperger (1998), S. 45.

31 Vg. Zand (1972), S. 230.

32 Vertrauen lässt sich für Luhmann (2000), S. 27, als das Problem der *riskanten Vorleistung* sehen, welches die Verlustgefahr, der sich ein Vertrauensgeber aussetzt, beschreibt.

- **„Glaubenssprung":**[33] Bei der Vertrauenshandlung bezieht sich der Vertrauensgeber auf gute Gründe, geht dabei jedoch ein Stück über objektive Tatsachen hinaus und setzt zu einem „*Glaubenssprung*" an, indem er so handelt, *als ob* Unsicherheit für ihn nicht bestünde.[34]

Das Zustandekommen einer positiven Vertrauensentscheidung bei einem Akteur lässt sich anhand des Schemas des Vertrauensmechanismus, der in Abbildung 2 dargestellt ist, veranschaulichen. Der Vertrauensgeber handelt im Wissen einer komplexen und unsicheren Zukunft. Erfahrungen hinsichtlich des Vertrauensnehmers oder hinsichtlich der jeweiligen Handlungssituation sind die Basis, von der er mittels Extrapolation den Raum zukünftiger Kontingenzen eingrenzt und somit für sich selbst eine mögliche Zukunft vergegenwärtigt.[35] Der Vertrauensgeber handelt auf Basis seiner positiven Erwartungshaltung, wobei er zwar die Möglichkeit des Vertrauensbruchs durch den Vertrauensnehmer nicht ausschließt, jedoch auf Kontrollmaßnahmen explizit verzichtet.[36] Vertrauenshandlungen stellen somit Entscheidungen dar, die zwischen absoluten Nichtwissen und völligem Wissen getroffen werden.[37] In der Möglichkeit des Vertrauensbruchs spiegelt sich für den Vertrauensgeber die Verlustgefahr wider.[38] Häufig wird in der Literatur nur dann von Vertrauensentscheidungen gesprochen, wenn der potenzielle Verlust größer als der mögliche Gewinn für den Vertrauensgeber ist.[39] Handeln soziale Akteure permanent vertrauensvoll, ungeachtet der Charakteristika von Situationen oder der jeweiligen Handlungskonsequenzen, wird auch von pathologischem oder blindem Vertrauen gesprochen.[40]

---

33 Gilbert (2007), S. 75: „Wer vertraut, glaubt, bestimmte Risiken eingehen zu können, obwohl er die wahren Absichten und Motive seines Gegenüber nie ganz erkennen bzw. nicht unmittelbar beobachten kann." Vgl. hierzu ebenso Luhmann (2000), S. 31 oder Lewis/Weigert (1985), S. 970.

34 Möllering (2006), S. 371, sieht im hegelianischen Konzept des Aufhebens den Kern von Vertrauen. Gemäß Hegel ([1807], 1973) hat Aufheben eine Doppelbedeutung und meint das gleichzeitige *Negieren* und *Aufbewahren.* Als Kern von Vertrauen steht somit das Aufheben von Ungewissheit, die subjektiv überwunden, objektiv jedoch nicht reduziert oder eliminiert wird. Die Ungewissheit kann jederzeit wieder zurückkehren, was sich in der Gefahr des Vertrauensbruchs durch den Vertrauensnehmer widergespiegelt.

35 Siehe Luhmann (2000), S. 15: Vertrauen „versucht, Zukunft zu vergegenwärtigen und nicht etwa, künftige Gegenwarten zu verwirklichen."

36 Vgl. Ripperger (1998), S. 43 f.

37 Siehe Möllering (2006), S. 109, der sich auf Simmel (1950), S. 318, bezieht, gemäß dem eine Vertrauensentscheidung ein "[...] *intermediate between knowledge and ignorance about a man*" ist.

38 Für Luhmann (2000), S. 27, stellt Vertrauen das Problem der *riskanten Vorleistung* dar.

39 Vgl. Deutsch (1960), S. 124 oder Luhmann (2000), S. 28 f. Für Coleman (1990), S. 99, liegen Vertrauensentscheidungen bereits dann vor, wenn das Produkt aus Gewinn und Gewinnwahrscheinlichkeit größer ist als das Produkt aus Verlust und Verlustwahrscheinlichkeit. Dagegen bezeichnet Deutsch (1960) den Fall, bei dem Gewinne größer als Verluste sind, als reines Wetten oder Risikonahme.

40 Vgl. Deutsch (1973), S. 170 f.

Abbildung 2 – Schema des Vertrauensmechanismus[41]

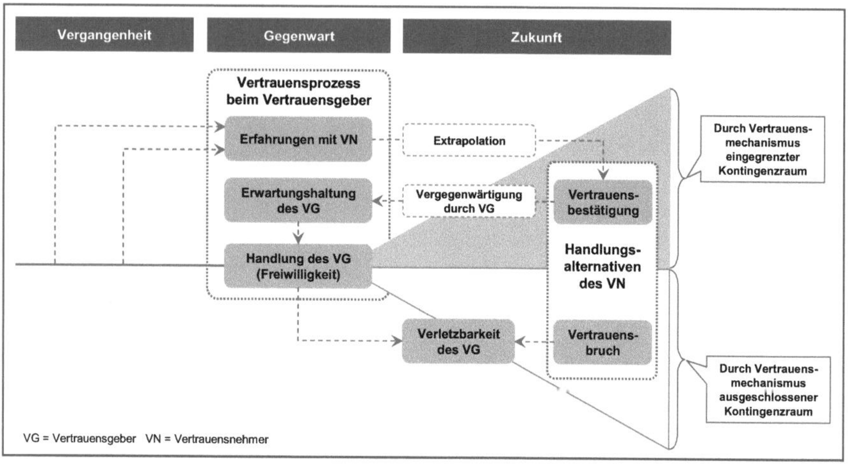

2.1.1.2 Begriffsabgrenzungen

Vertrauen steht in einer engen Beziehung zu einer Vielzahl ähnlicher Begriffe und wird daher häufig missverständlich verwendet. Um eine präzise Analyse zu gewährleisten, wird im Folgenden eine Abgrenzung zu anderen Begriffen vorgenommen. Im engen Zusammenhang zueinander stehen die Begriffe *Vertrauen* und *Misstrauen*, wobei Misstrauen häufig als Gegenpol von Vertrauen verstanden wird.[42] Dies stellt jedoch eine verkürzte Sichtweise dar. Vertrauen und Misstrauen lassen sich als funktionale Äquivalente verstehen, die beide entweder in sozialen Beziehungen oder sozialen Systemen Komplexität reduzieren.[43] Im Fall von Misstrauen besitzt der Vertrauensgeber eine negative Erwartungshaltung hinsichtlich des Vertrauensnehmers und wird dementsprechend seine Handlungen durch explizite Sicherungsmaßnahmen flankieren.[44] Im Extremfall ist es sogar vorstellbar, dass innerhalb der gleichen Handlungssituation sowohl Vertrauen als auch Misstrauen in einer Art Dualität abhängig vom jeweiligen Beziehungsaspekt und den damit verbundenen Risiken existieren können.[45]

41 In Anlehnung an Luhmann (2000), S. 9 ff. und Ripperger (1998), S. 46 ff.

42 Vgl. Grunwald (1995), 74. oder Ripperger (1998), S. 89 f.

43 Vgl. Luhmann (2000), S. 92.

44 Vgl. Lewicki/McAllister (1998), S. 439.

45 Vgl. Lewicki/McAllister (1998), S. 454, die anhand eines Beispiels von Dawes/Thaler (1988) zeigen, dass Vertrauen und Misstrauen gleichzeitig in einer Handlungssituation auftreten können: In ländlichen Gegenden in den USA preisen Bauern ihre Erzeugnisse ohne Aufsicht zum

Voraussetzung von Vertrauen und Misstrauen ist die *Vertrautheit* mit der Umwelt. Vertrautheit stellt für soziale Akteure die individuelle Wahrnehmung und Beschreibung der derzeitigen Struktur ihrer jeweiligen Existenz dar.[46] Ohne jeglichen Anhaltspunkt könnte man weder Vertrauen noch Misstrauen schenken. *Vertrautheit* entsteht, da der Mensch sich an der Vergangenheit orientiert und unterstellt, „*dass das Vertraute bleiben, das Bewährte sich wiederholen, die bekannte Welt sich in die Zukunft hinein fortsetzen wird*"[47]. Die Basis einer jeden Vertrauens- oder Misstrauensentscheidung ist Vertrautheit, wobei diese nur im Einklang mit dem meist unbewusst ablaufendem *Vertrautmachen* funktionieren kann.[48] Für das Vorliegen von Vertrautem (Vertrautheit) muss ein sozialer Akteur sich zuerst vertraut machen – für das Vertrautmachen ist allerdings auch ein gewisses Niveau an Vertrautheit notwendig.[49]

Neben Vertrautheit und Vertrautmachen wird ebenso eine enge Beziehung zwischen *Glauben* und *Vertrauen* gesehen.[50] Das Vertrauen in '*Gott als den Erlöser*' ist Bestandteil sämtlicher Religionen und Baustein des religiösen Lebens. Noch heute steht auf amerikanischen Banknoten geschrieben „*In God we trust*". Bestandteil von Vertrauen ist zweifelsohne immer auch ein Stück Glaube an den Anderen. Der Vertrauensgeber handelt gerade so, als ob er sich des Verhaltens seines Gegenübers sicher ist.[51] Im Gegensatz zum reinen Glauben wie zum Beispiel an eine höhere Macht wie Gott, setzt Vertrauen jedoch immer ein Mindestmaß an Rationalität voraus.[52] Ohne gute Gründe ist nur reiner Glauben, nicht jedoch Vertrauen möglich.

Darüber hinaus wird Vertrauen auch als eine Unterkategorie von Unsicherheit oder Risiko gesehen.[53] Im Rahmen dieses Verständnisses lässt sich Vertrauen von weiteren Begriffen abgrenzen (siehe Abbildung 3). Liegen Situationen von Unsicherheit vor, so ist vom Prinzip der *Zuversicht* anstatt von Vertrauen zu sprechen.[54] Wie Vertrauen bezieht sich auch die Zuversicht auf Erwartungen, die

---

Verkauf auf einem Tisch direkt neben der Straße an. Von Käufern wird erwartet, dass sie im Gegenzug für die Produkte das Geld in eine dafür vorgesehene Box werfen. Die Box ist dabei fest mit dem Tisch verankert und so gebaut, dass man das Geld nur einwerfen, nicht jedoch wieder herausnehmen kann.

46 Vgl. Luhmann (2000), S. 22 f.

47 Luhmann (2000), S. 23.

48 Vgl. Möllering (2002), S. 84 oder Möllering (2006), S. 368 f.

49 Vgl. Möllering (2002), S. 84.

50 Vgl. Misztal (1998), S. 15.

51 Vgl. die Ausführungen von Möllering (2006) in Kapitel 5.2.

52 Vgl. Lewis/Weigert (1985), S. 973.

53 Vgl. Coleman (1990), S. 91.

54 Gemäß Ripperger (1998), S. 36 f, beschreibt Unsicherheit jene Situationen, in denen objektive Möglichkeiten nicht mehr in das subjektive Bewusstsein der Menschen gerufen werden. So vernachlässigen Menschen bspw. die Wahrscheinlichkeit, beim Überqueren einer Straße von

enttäuscht werden können.[55] Bei Zuversicht wird jedoch die Möglichkeit der Enttäuschung vernachlässigt, da sonst „[...] *permanente Angst und Verzweiflung auf Dauer keine sinnvollen Alternativen bilden*"[56] würden.

Abbildung 3 – Begriffsabgrenzungen zu Vertrauen anhand von Unsicherheit und Risiko[57]

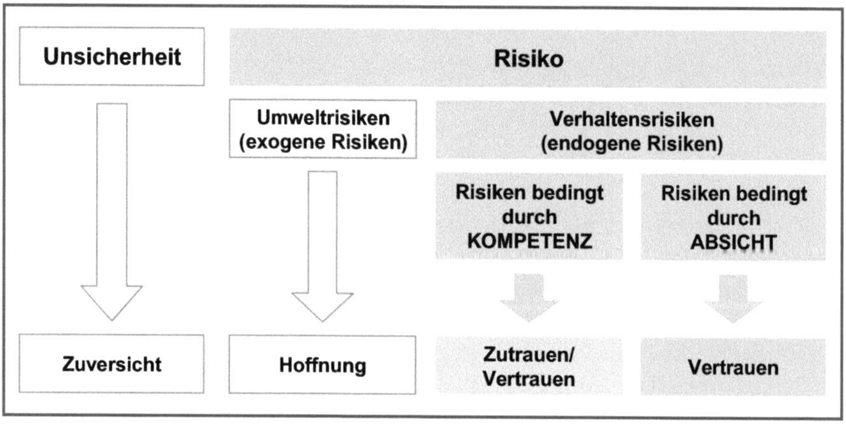

Im Unterschied zu reiner Unsicherheit ist sich ein Akteur in Situationen des Risikos der Möglichkeit eines Schadens bewusst und bezieht diesen in seine Überlegungen mit ein, indem er Risikovermeidung als eine Alternative in Betracht zieht.[58] In Situationen, die nur durch Umweltrisiken geprägt sind, kann nur *Hoffnung* anstatt Vertrauen gelten.[59] Akteure kennen beim Roulettespielen zwar die Wahrscheinlichkeit des Eintretens von Schwarz oder Rot, können beim Spielen jedoch nur hoffen (und nicht vertrauen!), dass die Kugel entsprechend ihres Einsatzes fallen wird. Erst das Auftreten einer Gegenpartei bringt das Verhaltensrisiko mit sich, das die Grundlage einer Vertrauensentscheidung ist. Verhaltensrisiken entstehen dadurch, dass der Vertrauensnehmer durch seine Entscheidungen den Nutzen des Vertrauensgebers beeinflusst.[60] Der Vertrauensgeber kann sowohl auf das *Können* (*Fähigkeiten*) als auch auf die *Motivation* (*Handlungsabsichten*) des Vertrauensnehmers vertrauen. In Teilen der Literatur wird Vertrau-

---

einem Auto angefahren zu werden. In Risikosituationen dagegen sind die objektiven Möglichkeiten im subjektiven Bewusstsein der Akteure verankert.

55 Vgl. Luhmann (1988), S. 97.

56 Vgl. Ripperger (1998), S. 36 oder Luhmann (1988), S. 97.

57 In Anlehnung an Ripperger (1998), S. 40 und Barber (1983), S. 14 f.

58 Vgl. Ripperger (1998), S. 37.

59 Vgl. Ripperger (1998), S. 37 f. oder Luhmann (2000), S. 29.

60 Vgl. Ripperger (1998), S. 38.

en strikt auf die Motivation des Vertrauensnehmers beschränkt.[61] Gemäß dieser Sichtweise sollte bei den Risiken, die sich auf die Fähigkeiten oder Kompetenzen des anderen Akteurs beziehen, nur von *Zutrauen* gesprochen werden. In anderen Teilen der Literatur wird die Trennung zwischen Fähigkeiten und Intentionen des Vertrauensnehmers jedoch nicht vorgenommen und Vertrauen sowohl auf die Kompetenz- als auch auf die Motivationsrisiken bezogen.[62]

Schließlich werden häufig Vertrauen und *Kooperation* als Synonyme verwendet.[63] Der Unterschied zwischen beiden Termini ist darin zu sehen, dass sich in Kooperationen Partner nicht zwangsläufig dem Risiko des Vertrauensbruchs aussetzen.[64] Viele Kooperationssituationen mögen auf den ersten Blick wie Vertrauensbeziehungen erscheinen. Basieren diese Beziehungen jedoch auf der Ausübung von Macht, dem Einsatz von Kontrollmechanismen oder unterliegt der Vertrauensgeber schlichtweg keiner Verletzbarkeit, so kann auch nicht von Vertrauen gesprochen werden.[65] Vertrauen ist demnach nie die notwendige Bedingung für die Existenz von Kooperationen, jedoch können Kooperationen auf der Basis von Vertrauen geführt werden.[66]

2.1.1.3 Vertrauensverständnis der Ökonomie

Der Ökonomie ist es lange nicht gelungen, Vertrauen in ihr theoretisches Gebäude einzuordnen.[67] Erste Ansätze zur Integration von Vertrauen sind gemäß Albach (1980) in der Theorie des akquisitorischen Potenzials von Gutenberg und in der experimentellen Wirtschaftsforschung zu finden.[68] Arrow (1974) erwähnt Vertrauen als ein *wichtiges Schmiermittel* sozialer und ökonomischer Systeme,

---

61 Dasgupta (1988), S. 52, beschränkt Vertrauen nur auf „[...] those circumstances where an individual does not know fully the disposition (or motivation) of the person(s) with whom he is considering a transaction." Vgl. auch Ripperger (1998), S. 39.

62 Vgl. Barber (1983), S. 14 f., Coleman (1990), S. 97 oder Luhmann (2000), S. 29.

63 Vgl. hierzu stellvertretend Gambetta (1988), S. 217.

64 Vgl. Mayer et al. (1995), S. 712.

65 Vgl. Mayer et al. (1995), S. 713.

66 Ripperger (1998), S. 93: „Kooperation ist damit nicht notwendigerweise ein Indikator von Vertrauen und Vertrauen alleine nicht immer eine hinreichende Bedingung für Kooperation."

67 Vgl. Albach (1980), S. 2.

68 Vgl. Albach (1980), S. 2. Das durch Gutenberg (1955) entwickelte *akquisitorische Potenzial* bezieht sich auf die Kundentreue als Ausdruck von Vertrauen. Gemäß Albach (1980), S. 3: *„könnte man akquisitorisches Potenzial als die auf die Gegenwart aufgezinsten Konsumentenrenten der Vergangenheit definieren, die die Käufer bei Inanspruchnahme der Leistungen eines Anbieters erzielt haben."* Für Überblicke zu den Anfängen spieltheoretischer Arbeiten und der experimentellen Wirtschaftsforschung vgl. die Aufsätze von Rapoport (1962) sowie Selten/Tietz (1980).

da es deren Effizienz insgesamt steigert.[69] Die zögerliche Aufnahme von Vertrauen in die ökonomische Forschung ist nicht verwunderlich, da als wesentliche Annahme in der Neoklassik das Analysekonstrukt des Homo oeconomicus unterstellt wird. Dies führt per definitionem dazu, dass die Beherrschung von sozialer Komplexität für die handelnden Akteure als vollkommen angenommen wird.[70] Der Homo oeconomicus muss sich demnach *„lediglich* ***trauen****, kann (sich) jedoch gar nicht erst* ***ver-trauen****“*[71].

Bis zum Ende der Achtziger Jahre wurde Vertrauen in der Ökonomie daher kaum untersucht.[72] Erst das Aufkommen von globalem Wettbewerb, der Aufspaltung von Produktionsprozessen und der Verbreitung neuer Kommunikationstechnologien und Organisationsformen hat zu einer spürbaren Belebung der Vertrauensforschung in der Ökonomie geführt.[73] Weitgehende Einigkeit besteht mittlerweile darin, dass Vertrauen ein elementares Organisationsprinzip ist und dem Phänomen wesentliche Bedeutung für die Zusammenarbeit in und zwischen Unternehmen zukommt.[74] Vor allem in den Theorien des Neo-Institutionalismus wird Vertrauen als ein Mechanismus verstanden, der zur Senkung von Transaktions- oder Agency-Kosten beiträgt.[75] Als ein Schwachpunkt in der ökonomischen Forschung zu Vertrauen ist jedoch die Tatsache zu sehen, dass Vertrauen häufig implizit als ein rationales Kalkül im ökonomischen Sinn begriffen wird.[76] Aus diesem Grund wird im Kapitel 3.2 die Vereinbarkeit von Vertrauen mit dem ökonomischen Rationalitätsverständnis ausführlich diskutiert.

2.1.2 Ebenen von Vertrauen

2.1.2.1 Handlungs- und Vertrauenssysteme

Die Grundlage von Vertrauen in sozialen Systemen, wie zum Beispiel Organisationen, liegt gemäß Coleman (1990) in drei Typen von Handlungssystemen

69 Vgl. Arrow (1974), S. 23.

70 Gilbert (2007), S. 66: „Für den Homo oeconomicus sind alle Partner gleich; Vertrauen spielt bei seinen Entscheidungen dementsprechend keine Rolle. Einzig der Preis ist verantwortlich für die Koordination der Entscheidungen am Markt.“

71 Ripperger (1998), S. 41 (Hervorhebung durch den Verfasser).

72 Vgl. Dasgupta (1988), 49.

73 Vgl. Bachmann et al. 2006, S. 1 oder Lewicki/Bunker (1996b), S. 114.

74 Vgl. Gilbert (2007), S. 76 oder McEvily et al. (2003), S. 92 ff.

75 Vgl. stellvertretend hierfür Chiles/McMackin (1996), Ripperger (1998), Zaheer et al. (1998), Adler (2001), Dyer/Chu (2003) oder Matthes (2007).

76 Vgl. stellvertretend hierfür die Sichtweisen in den Arbeiten von Dasgupta (1988), Coleman (1990), Ripperger (1998), Ensminger (2001) oder McCabe et al. (2003).

begründet (siehe Abbildung 4). Mit Hilfe dieser Handlungssysteme lässt sich die Diffusion von persönlichem Vertrauen auf die Ebene des Systemvertrauens erklären. Im ersten Handlungssystem, den gegenseitigen Vertrauensbeziehungen, nehmen Individuen wechselseitig die Rolle des Vertrauensgebers und des Vertrauensnehmers ein.[77] Die Akteure betrachten Vertrauen als eine dynamische Variable, was zu einem Anstieg der Vertrauenswürdigkeiten und somit des gegenseitigen Vertrauensniveaus führt.[78] Beim zweiten Handlungssystem, den Vertrauensintermediären, stellt ein Akteur die Schnittstelle zwischen Vertrauensgeber und Vertrauensnehmer entweder als „*Ratgeber*", „*Garantiegeber*", oder „*Entrepreneur*" dar[79], wobei in der Praxis häufig die Form des Ratgebers zu beobachten ist[80]. Das Drittpartei-Vertrauen stellt schließlich das dritte Handlungssystem dar, in dem Dritte passiv als Garantiegeber auftreten und das fehlende Vertrauen zwischen zwei Parteien ersetzen.[81] Das Entstehen von Vertrauenssystemen ist durch die Einbeziehung von mehreren, in wechselseitigen Beziehungen zueinander stehenden Individuen gekennzeichnet und kann durch die Verallgemeinerung der dargestellten sozialen Handlungssysteme erklärt werden.[82] Gegenseitiges Vertrauen zwischen Individuen in einer sozialen Gemeinschaft oder das Vertrauen in wichtige Personen (z.B. in einen charismatischen Führer[83]) sind Beispiele für Vertrauenssysteme.

---

77 Vgl. Ripperger (1998), S. 155.

78 Vgl. Coleman (1990), S. 177 f.

79 Vgl. Coleman (1990), S. 180 ff.
„*Ratgeber*": der Vertrauensgeber platziert sein Vertrauen basierend auf der Einschätzung des Ratgebers, da er selbst die Fähigkeiten und die Integrität des Vertrauensnehmers nicht in der gleichen Güte wie der Ratgeber beurteilen kann. Ein Beispiel stellen die an potenzielle Arbeitgeber gerichteten Empfehlungsschreiben von Professoren eigener Studenten im Rahmen eines Bewerbungsprozesses dar.
„*Garantiegeber*": der Vertrauensgeber vertraut dem Intermediär (Garantiegeber) direkt, der wiederum selbst dem Vertrauensnehmer vertraut. Der Garantiegeber hat somit eine Doppelrolle, da er eigene Ressourcen verlieren kann. Die Hausbank eines Unternehmers ist bspw. Garantiegeber, wenn sie ggü. einer Zweitbank, bei der der Unternehmer einen Kredit nachgefragt hat, als Bürge auftritt.
„*Entrepreneur*": mehrere Vertrauensgeber platzieren ihr Vertrauen in einen Intermediär (Entrepreneur) und investieren Ressourcen in ihn. Der Entrepreneur vertraut auf der anderen Seite mehreren Vertrauensnehmern und lenkt deren Ressourcen an diese weiter.

80 Vgl. Coleman (1990), S. 184.

81 Vgl. Coleman (1990), S. 186. Vertraut eine Partei (B) nicht darauf, dass die andere (A) ihren zukünftigen Verpflichtungen nachkommen wird, so kann eine dritte Partei (C) die Verpflichtungen des A übernehmen, wenn B und A jeweils C vertrauen und C auch gleichzeitig in der Schuld von A steht. Diese Handlungslogik begründet das Aufkommen von Papiergeld, welches ein Schuldversprechen der Notenbank (dritte Partei) gegenüber den Menschen ist.

82 Vgl. Coleman (1990), S. 188.

83 Vgl. Coleman (1990), S. 188 f.

Abbildung 4 – Handlungssysteme als Ausgangspunkt von Vertrauen in sozialen Systemen[84]

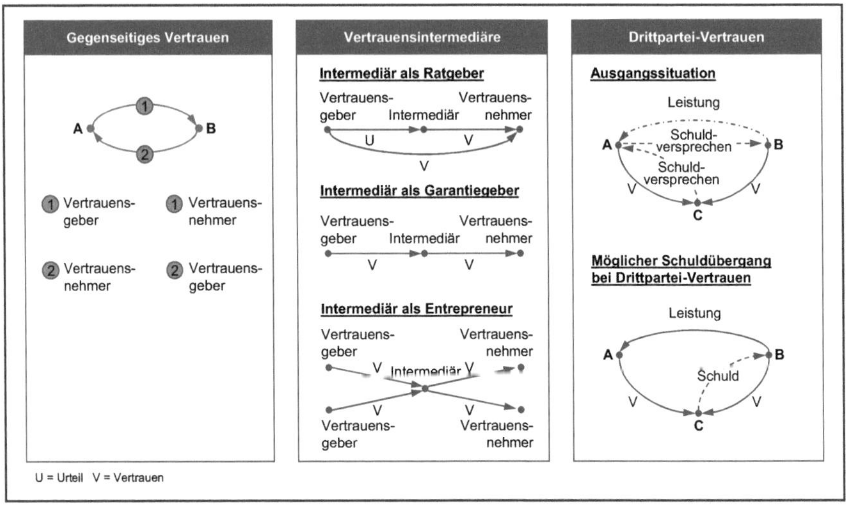

Eine weitere Form eines Vertrauenssystems ist das Systemvertrauen, also das Vertrauen von Individuen in Institutionen.[85] Erlangen soziale Systeme oder auch ganze Gesellschaften einen gewissen Komplexitätsgrad, so reicht das persönliche Vertrauen zwischen den Akteuren nicht mehr aus, *„um das Vertrauensniveau zu erzeugen, welches es z.B. Großunternehmen oder komplexen Unternehmensnetzwerken erlaubt, reibungslos und effizient zu funktionieren"*[86]. Der Entstehung von institutionellem Vertrauen (Systemvertrauen) kommt eine besondere Bedeutung zu, da es das Zustandekommen von Transaktionen ermöglicht. Zum Beispiel treten Institutionen wie Wirtschaftsprüfungsgesellschaften als *Wächter von Vertrauen* auf und ersetzten fehlende persönliche Vertrauensbeziehungen, wenn Investoren über die Börse Geld in Unternehmen investieren und sich bei ihren Entscheidungen auf die geprüften Jahresabschlüsse der Wirtschaftsprüfer verlassen.[87] Allgemein lässt sich festhalten, dass in höher entwickelten Sozialordnungen das persönliche Vertrauen zwischen handelnden Akteuren verstärkt durch Systemvertrauen (institutionelles Vertrauen) ersetzt wird.[88] Dabei ist je-

84 In Anlehnung an Coleman (1990), S. 177 ff.
85 Vgl. Zucker (1986), S. 60.
86 Gilbert (2007), S. 89.
87 Vgl. Shapiro (1987), S. 635 ff., die solche Institutionen als *„guardians of trust"* bezeichnet.
88 Luhmann (2000), S. 64: „ [...] *Durch Umstellung von Personenvertrauen auf Systemvertrauen wird das Leben erleichtert und die Kontrolle erschwert."* Vgl. Zucker (1986), S. 68 ff., die den Wandel von Personenvertrauen zu Systemvertrauen für die USA von 1840 bis 1920 ausführlich analysiert.

doch zu beachten, dass institutionelles Vertrauen den Bedarf an persönlichem Vertrauen verringern, jedoch wahrscheinlich niemals vollständig eliminieren können wird.[89]

2.1.2.2 Organisationale Vertrauensebenen

Das Vertrauen in personale Systeme, wie z.B. Organisation oder Gruppen sozialer Akteure, lässt sich als eine Art Systemvertrauen verstehen.[90] Dabei können sowohl Personen, Gruppen oder Organisationen als Vertrauensgeber oder als Vertrauensnehmer auftreten.[91] Es lassen sich die Grundformen des interpersonalen Vertrauens, des Intergruppenvertrauens oder des interorganisationalen Vertrauens unterscheiden (siehe Abbildung 5). Variationen dieser Grundformen liegen vor, wenn sich die organisationalen Ebenen zwischen Vertrauensgeber und Vertrauensnehmer unterscheiden und bspw. eine Person (P) einer Gruppe (G) oder einer Organisation (F) vertraut (Modelle P → G oder P → F). Dabei kann das interpersonale Vertrauen als Ausgangspunkt für die Entstehung von Vertrauen zwischen Gruppen und Firmen dienen, umgekehrt kann jedoch ebenso das interorganisationale Vertrauen die Basis für Intergruppen- oder interpersonales Vertrauen sein.[92] Die Bewegung von Vertrauen zwischen den Ebenen lässt sich durch sozio-psychologische Institutionalisierungsprozesse und andere organisationsspezifische Faktoren erklären.[93] Darüber hinaus können zwischen den Ebenen ebenso Diskrepanzen hinsichtlich der Vertrauensstärke vorliegen. Starkes interpersonales Vertrauen kann gleichzeitig mit schwachem interorganisationalen Vertrauen einhergehen.[94] Dies tritt zum Beispiel beim Aufbau von Joint Ventures in der Startphase auf, wenn sich interpersonelles Vertrauen zwischen den handelnden Managern etabliert, während auf der interorganisationalen Ebene noch kein Vertrauen vorliegt.[95]

Organisationen als Vertrauensgeber zu betrachten, führt jedoch aus einer handlungsorientierten Sicht zu konzeptionellen und empirischen Schwierigkeiten.[96] Basis von Vertrauen sind in erster Linie immer die Beziehungen zwischen Akteu-

89 Vgl. Gilbert (2007), S. 92.

90 Vgl. Luhmann (2000), S. 27.

91 Vgl. Currall/Inkpen (2006), S. 236. Handlungsorientiertes Vertrauen meint die reine Messung organisationaler Handlungen als Beleg für die Existenz von interorganisationalem oder Intergruppen-Vertrauen.

92 Vgl. Currall/Inkpen (2006), S. 240.

93 Vgl. Zucker (1977), S. 728 f. oder Ring/van de Ven (1994), S. 105 f. Für eine Darstellung spezifischer Faktoren, die förderlich oder hinderlich für die Bewegung von Vertrauen zwischen den organisationalen Ebenen sein können, vgl. Currall/Inkpen (2006), S. 241 ff.

94 Vgl. Barney/Hansen (1994), S. 181.

95 Vgl. Currall/Inkpen (2002), S. 491.

96 Vgl. Janowicz/Noorderhaven (2006), S. 265 ff.

Abbildung 5 – Organisationale Vertrauensebenen[97]

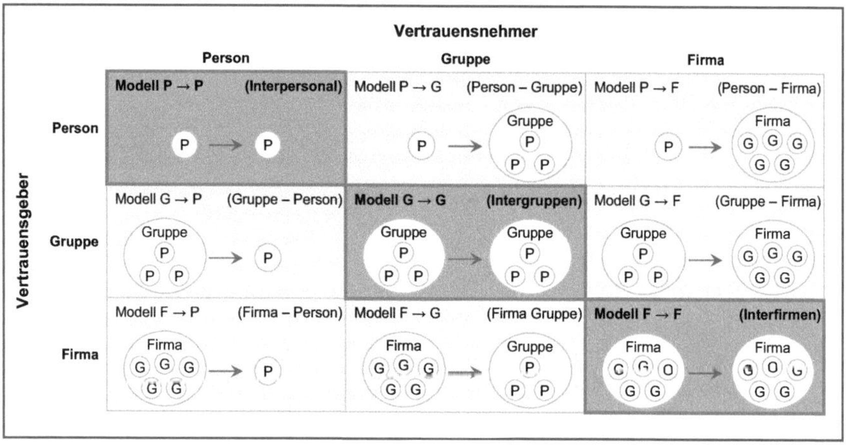

ren.[98] Im strengen Sinn können daher Organisationen keine eigenen Einstellungen oder Erwartungen formen oder besitzen und damit auch nicht vertrauen.[99] In der Praxis stellt darüber hinaus das Messen organisationalen Handelns[100] oder das Festellen, ob Handlungen wirklich auf Vertrauen basieren und nicht möglicherweise durch andere Faktoren verursacht werden, eine messtechnische Herausforderung dar.[101] Aus diesen Gründen lässt sich interorganisationales Vertrauen daher nur als das Ausmaß einer gemeinsamen Vertrauensorientierung von Mitgliedern einer Organisation in Bezug auf einen Vertrauensnehmer verstehen.[102] Laufen Erwartungen oder Einstellungen von Individuen in Bezug auf den Vertrauensnehmer qua unterschiedlicher Rollen innerhalb einer Organisation auseinander, sollte das interorganisationale Vertrauen immer spezifisch in Bezug auf die jeweiligen Mitglieder der Organisation unterschieden werden.[103]

---

97 In Anlehnung an Currall/Inkpen (2006), S. 238.

98 Vgl. van de Ven/Ring (2006), S. 152 f.

99 Vgl. Janowicz/Noorderhaven (2006), S. 268.

100 Gemäß Janowicz/Noorderhaven (2006), S. 268 ff., ist die direkte Beobachtung und Zusammenstellung von Daten zu organisationalem Handeln für empirische Studien mit großem Umfang kaum durchführbar. Darüber hinaus können Interviewdaten einzelner Probanden, die interorganisationalen Einstellungen abfragen, hinsichtlich ihrer Verlässlichkeit und Repräsentativität problembehaftet sein.

101 Vgl. Janowicz/Noorderhaven (2006), S. 268.

102 Vgl. Dyer/Chu (2000), S. 261, Janowicz/Noorderhaven (2006), S. 270, Jeffries/Reed (2000), S. 875 oder Zaheer et al. (1998), S. 142 f.

103 Vgl. Janowicz/Noorderhaven (2006), S. 271 ff., die hier zwischen Mitarbeitern in Organisationen jeweils auf der strategischen und operativen Entscheidungsebene unterscheiden.

2.1.3 Entstehung von Vertrauen

2.1.3.1 Eigenschaften des Vertrauensgebers und Vertrauensnehmers

Der Prozess der Vertrauensentscheidung bei einem Akteur lässt sich anhand der drei Komponenten wahrgenommene Faktoren der Vertrauenswürdigkeit des Vertrauensnehmers, Vertrauenserwartung (subjektives Vertrauen) sowie Vertrauenshandlung (verhaltensorientiertes Vertrauen) erklärten.[104] Auf Basis der wahrgenommenen Vertrauenswürdigkeit des Vertrauensnehmers entwickelt der Vertrauensgeber seine Vertrauenserwartung, welche die Grundlage seiner Vertrauenshandlung ist. In Interaktionsbeziehungen bringen soziale Akteure immer Einstellungen mit, die ihre Handlungen beeinflussen.[105] Im Rahmen von Vertrauensentscheidungen werden dabei die *Bereitschaft zu vertrauen* und die *Risikoneigung* des Vertrauensgebers als die wichtigsten Eigenschaften gesehen.[106] Das Zusammenspiel zwischen den Entstehungskomponenten sowie den Einstellungen des Vertrauensgebers ist in Abbildung 6 dargestellt.

Die Bereitschaft zu vertrauen wird als „[...] *general willingness to trust others*"[107] oder „[...] *one's personal tendency to believe in others' trustworthiness*"[108] verstanden und stellt die Wahrscheinlichkeit dar, inwiefern ein Vertrauensgeber eine positive Vertrauenswartung auf Basis wahrgenommener Faktoren der Vertrauenswürdigkeit des Vertrauensnehmers aufbaut.[109] Je höher die Bereitschaft zum Vertrauen, desto mehr wird er den guten Absichten und Fähigkeiten einer anderen Partei glauben und somit eine hohe Vertrauenserwartung entwickeln.[110] Die Risikoneigung des Vertrauensgebers bezieht sich auf die Verbindung zwischen der Vertrauenserwartung und der Vertrauenshandlung, indem sie das für eine Vertrauenshandlung notwendige Niveau der Vertrauenserwartung beeinflusst.[111] Ein risikofreudiger Vertrauensgeber wird bereits bei einer geringeren Vertrauenserwartung bereit sein, Vertrauenshandlungen zu tätigen. Die *Bereitschaft zu vertrauen* und die *Risikoneigung* sind unabhängige Konstrukte. Ersteres spiegelt die subjektiv unterschiedlichen Einschätzungen hinsichtlich der Unsicherheit in einer Beziehung wider, während

104 Vgl. Kee/Knox (1970), S. 361, Mayer et al. (1995), S. 715, Ripperger (1998), S. 92 ff. oder Das/Teng (2004), S. 95.
105 Vgl. Brühl et al. (2009), S. 99 f.
106 Vgl. Mayer et al. (1995), S. 715.
107 Mayer et al. (1995), S. 715. Zur Bereitschaft zu vertrauen als ein Persönlichkeitsmerkmal vgl. Rotter (1967), S. 653, Rotter (1971), S. 445 f. oder Rotter (1971), S. 445.
108 Das/Teng (2004), S. 109.
109 Vgl. Das/Teng (2004), S. 109.
110 Vgl. Das/Teng (2004), S. 109.
111 Vgl. Das/Teng (2004), S. 108 oder auch Kee/Knox (1970), S. 359 f.

letzteres beschreibt, inwiefern Individuen mit den vorhandenen Unsicherheiten umgehen.[112]

Abbildung 6 – Einstellungen des Vertrauensgebers bei der Vertrauensentscheidung[113]

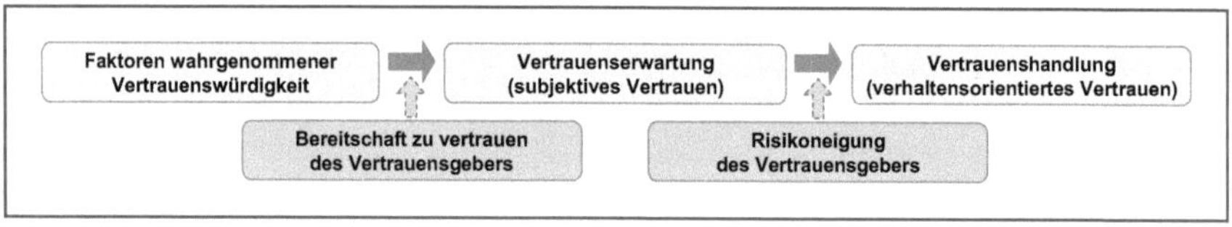

In der Literatur werden neben den Eigenschaften beim Vertrauensgeber ebenso eine Fülle von Bedingungen und Eigenschaften beim Vertrauensnehmer diskutiert, welche die Entstehung von Vertrauen beeinflussen.[114] Butler (1991) ermittelt empirisch zehn unterschiedliche Attribute, welche die Entstehung von Vertrauen in einer sozialen Beziehung fördern.[115] Gemäß Mayer et al. (1995) lassen sich diese Attribute im Wesentlichen in die drei Faktoren Fähigkeit, Wohlwollen und Integrität gliedern.[116] Der Vertrauensgeber bewertet den Vertrauensnehmer entlang dieser drei Faktoren und baut abhängig von der Bereitschaft zum Vertrauen seine Vertrauenserwartung auf. Der Faktor Fähigkeit bezieht sich dabei auf die spezifischen Fertigkeiten und Kompetenzen des Vertrauensnehmers, mit Hilfe derer er die Leistung für den Vertrauensgeber erbringen kann.[117] Das Vertrauen in die Fähigkeit ist dabei auf einen spezifischen Fähigkeitsbereich des Vertrauensnehmers in der jeweiligen Interaktion beschränkt. Im Wohlwollen spiegelt sich wider, inwiefern der Vertrauensnehmer nicht nur seinen eigenen, sondern auch den Interessen des Vertrauensgebers nachgeht.[118] Die Integrität bezieht sich schließlich auf das konsistente Befolgen von Regeln und Prinzipien durch den Vertrauensnehmer, die der Vertrauensgeber seinerseits als moralisch korrekt

112 Vgl. Das/Teng (2004), S. 109. Bspw. können Individuen eine geringe Bereitschaft besitzen, an den guten Willen und die Fähigkeiten anderer zu glauben (geringe Vertrauenserwartung), gleichzeitig jedoch mit einer hohen Risikoneigung ausgestattet sein. In solchen Fällen wird Vertrauen dann nicht auf Basis einer hohen Vertrauenswürdigkeit des Vertrauensnehmers, sondern aufgrund der hohen Risikoneigung des Vertrauensgebers ausgesprochen. Vgl. Mayer et al. (1995), S. 715, die solche Fälle auch als Extremfall von blindem Vertrauen verstehen.

113 In Anlehnung an Das/Teng (2004), S. 107 ff.

114 Vgl. Mayer et al. (1995), S. 718.

115 Vgl. Butler (1991), S. 648, der die Faktoren Verfügbarkeit, Kompetenz, Konsistenz, Verschwiegenheit, Fairness, Integrität, Loyalität, Offenheit, Zuverlässigkeit und Empfänglichkeit des Vertrauensnehmers als wichtige Bausteine zur Entstehung von Vertrauen sieht.

116 Vgl. Mayer et al. (1995), S. 717.

117 Vgl. Mayer et al. (1995), S. 717.

118 Vgl. Mayer et al. (1995), S. 718.

empfindet und in seinem Handeln ebenso teilt.[119] Die drei Dimensionen der Vertrauenswürdigkeit können dabei sowohl auf der interpersonalen, Intergruppen- oder interorganisationalen Ebene eine Rolle spielen.[120]

2.1.3.2 Dynamischer und kultureller Kontext der Vertrauensentstehung

Bisher wurden zur Erklärung der Entstehung von Vertrauen nur die Faktoren beim Vertrauensgeber und Vertrauensnehmer benannt. Die Entwicklung von Vertrauen lässt sich insgesamt jedoch nur aus einer dynamischen Perspektive mit dem Fortschreiten einer Interaktionsbeziehung erklären.[121] Die Dynamik der Vertrauensentstehung ist dabei durch zwei Aspekte begründet. Einerseits muss der Vertrauensgeber zum Anfang einer Beziehung bereit sein, mangelnde Vertrautheit zu überwinden, damit sich mittel- und langfristig Vertrauen zwischen den Akteuren einstellen kann.[122] Das Vertrauen steht dabei in jeder neuen Interaktion auf dem Prüfstein und muss immer wieder neu erworben werden.[123] Andererseits beeinflusst der Vertrauensnehmer durch sein vertrauenswürdiges Verhalten die Wahrnehmung seiner Vertrauenswürdigkeit für zukünftige Transaktionen positiv.[124] Für den Kontext interorganisationaler Firmenbeziehungen konnte die Bedeutung von mehreren aufeinander folgenden Interaktionen zur Herausbildung von Vertrauen empirisch bestätigt werden.[125] Es stellte sich heraus, dass vor allem Faktoren wie die aktive Risikonahme, die faire Verteilung von Kooperationsrenten, die Kommunikation, der Informationsaustausch oder die Anpassungsbereitschaft an die Bedürfnisse des Partners wesentliche Aspekte sind, die die Entstehung von Vertrauen fördern.[126]

Des Weiteren zeigt sich, dass für die Entstehung von Vertrauen auch soziale Parameter eine wichtige Rolle spielen.[127] Die Kultur eines Landes ist ein solcher Faktor. Kultur kann dabei als ein System von Werten und Normen verstanden werden, das durch Gruppen von Menschen geteilt wird und die Form des Zusammenlebens begründet.[128] Je nach Kultur sind die Bereitschaft zum Vertrauen oder die Wahrnehmungen der Vertrauenswürdigkeit bei Vertrauensgebern unter-

---

119 Vg. Burke et al. (2007), S. 617.
120 Vgl. Schoorman et al. (2007), S. 345.
121 Vgl. Lewicki/Bunker (1995a), S. 142.
122 Vgl. Möllering (2002), S. 86.
123 Vgl. Grunwald (1995), S. 74.
124 Vgl. Mayer et al. (1995), S. 728.
125 Vgl. Gulati (1995), S. 102 ff.
126 Vgl. Das/Teng (1998), S. 503 ff.
127 Vgl. Granovetter (1985), S. 490 und Sheppard/Sherman (1998), S. 423.
128 Vgl. Doney et al. (1998), S. 607, die sich auf Hill (1997) beziehen.

schiedlich ausgeprägt.[129] Darüber hinaus hat die Kultur einen Einfluss darauf, welche Vertrauenswürdigkeitsfaktoren einen Einfluss auf die Vertrauensentstehung haben.[130] Gemäß Fukuyama (1995) lassen sich Gesellschaften generell in solche mit hohem oder niedrigen Vertrauensniveau unterteilen, wobei die Kultur eines Landes der bestimmende Einflussfaktor ist.[131] Beziehungen zwischen sozialen Akteuren werden demnach durch das kulturelle Umfeld und weniger durch die Dynamik einer Interaktionsbeziehung bestimmt. Empirisch wurde allerdings festgestellt, dass Vertrauen sich nicht allein historisch aus der Kultur erklären lässt, sondern ebenso vom jeweiligen Ausmaß des Informationsaustausches in einer Gesellschaft bestimmt wird.[132] Dies spricht dafür, dass Vertrauen zwar durch das kulturelle Umfeld eine Beeinflussung erfährt, in Interaktionsbeziehungen zwischen Akteuren immer auch eine Eigendynamik entwickelt.

2.1.4 Wirkungen von Vertrauen

2.1.4.1 Wirkungsweisen in interpersonalen Beziehungen

Vor dem Hintergrund der Zielsetzung dieser Arbeit sind die Wirkungsweisen von Vertrauen von besonderer Bedeutung. Für den Kontext interpersonaler Beziehungen wurden die Wirkungsweisen von Vertrauen empirisch bereits früh in der sozio-psychologischen Forschung untersucht.[133] Im Folgenden wird in einem Auszug ein kurzer Überblick über die möglichen Wirkungsweisen von Vertrauen in interpersonalen Beziehungen am Arbeitsplatz gegeben. Basierend auf den Ergebnissen einer Metastudie zeigen Dirks/Ferrin (2001), dass Vertrauen einen positiven Einfluss sowohl auf das Verhalten und die Ergebnisse sowie auf die Einstellungen und Wahrnehmungen der handelnden Akteure hat (siehe Tabelle 1).[134] Vertrauen fördert vor allem das freiwillige Arbeitsengagement sowie die

---

129 Vgl. Schoorman et al. (2007), S. 351. In Kulturen, die stärker aufgaben- als beziehungsorientiert sind, scheinen höhere Niveaus zur Bereitschaft zum Vertrauen zu existieren. Dies kann dazu führen, dass gegenüber Fremden ein höheres Initialvertrauen an den Tag gelegt wird.

130 Vgl. Doney et al. (1998), S. 609, die feststellen, dass zum Beispiel in wettbewerbsorientierten (maskulinen) Kulturen die Fähigkeit einer anderen Partei einen höheren Stellwert, als in gemeinschaftlich orientierten (femininen) Kulturen hat.

131 Vgl. Fukuyama (1995), S. 61 ff.

132 Vgl. Fisman/Khanna (1999), S. 90.

133 Vgl. hierzu Deutsch (1958), Deutsch (1960) und Deutsch (1973).

134 Für Überblicke empirischer Arbeiten zu Vertrauenswirkungen im Kontext interpersonaler Beziehungen am Arbeitsplatz vgl. Dirks/Ferrin (2001), S. 453 f., Dirks/Ferrin (2002), S. 618 ff. oder auch Burke et al. (2007), S. 623 ff.

Leistungen und die Zufriedenheit der Akteure am Arbeitsplatz.[135] Speziell in den Arbeitsbeziehungen zwischen Führungskräften und Mitarbeitern hat Vertrauen eine positive Wirkung, da es die Arbeitseinstellung und das freiwillige Arbeitsengagement der Mitarbeiter verbessert.[136] Darüber hinaus zeigt sich, dass Vertrauen bei Akteuren vor allem die Offenheit in der Kommunikation fördert, Konflikte reduziert, die Wahrnehmung hinsichtlich der Exaktheit von Informationen verbessert und die Akzeptanz von Entscheidungen oder Zielvorgaben in Unternehmen erhöht.[137]

Die Untersuchung indirekter Vertrauenswirkungen in interpersonalen Beziehungen hat gemäß Dirks/Ferrin (2001) in der Forschung bisher noch wenig Raum eingenommen.[138] Als moderierende Variable kann Vertrauen vor allem die Beziehung zwischen der Motivation und dem Verhalten der handelnden Akteure positiv beeinflussen. Hohes interpersonales Vertrauen kann zum Beispiel dazu führen, dass der Zusammenhang zwischen der individuellen Motivation von Gruppenmitgliedern auf die Prozesse und Ergebnisse einer Gruppe durch Vertrauen positiv beeinflusst wird.[139] Darüber hinaus kann Vertrauen auch den Zusammenhang zwischen den Handlungen einer Person und den Reaktionen Dritter darauf positiv beeinflussen. Ein hohes Maß an interpersonalem Vertrauen kann zum Beispiel dazu führen, dass es trotz restriktiver Einstellungen eines Akteurs in Verhandlungen zu integrativem Verhalten kommt, während bei niedrigem Vertrauen prinzipiell nur ein geringes Zustimmungsniveau zwischen den Akteuren vorliegt und Verhandlungen somit häufig scheitern.[140]

2.1.4.2 Wirkungsweisen in interorganisationalen Beziehungen

Die Rolle von Vertrauen in interorganisationalen Firmenbeziehungen wurde in einer Vielzahl empirischer Studien untersucht. Tabelle 2 gibt einen Überblick über ausgewählte Studien aus der Transaktionskosten-, Management- und Marketingforschung, die die Wirkungsweisen von Vertrauen in diversen Kontexten untersucht haben. Die Studien zur Transaktionskostentheorie kommen einheitlich zu dem Ergebnis, dass Vertrauen die Opportunismusgefahr verringert sowie die Unsicherheit zwischen den

135 Vgl. Dirks/Ferrin (2001), S. 452 und S. 455.
136 Vgl. Dirks/Ferrin (2002), S. 618 und S. 621.
137 Vgl. Dirks/Ferrin (2001), S. 453 f. für einen Überblick über die Ergebnisse empirischer Studien.
138 Gemäß Dirks/Ferrin (2001), S. 450, untersuchen 90% der empirischen Arbeiten die direkten Wirkungsweisen von Vertrauen.
139 Vgl. Dirks/Ferrin (2001), S. 457, die sich auf Dirks (1999) beziehen.
140 Vgl. Dirks/Ferrin (2001), S. 460, die sich auf Schurr/Ozanne (1985) beziehen.

Tabelle 1 – Mögliche Vertrauenswirkungen in interpersonalen Beziehungen[141]

Einflussfaktor	Wirkungs-richtung	Wirkungsweise	Anzahl Studien (# Signifik.)
Direkter Vertrauenseinfluss: Verhalten am Arbeitsplatz und Ergebnisse der Arbeitsleistung			
Kommunikation	Positiv	Vertrauen erhöht die Offenheit in der Kommunikation oder die Menge/Exaktheit geteilter Informationen	10 (6)
Freiwilliges Arbeitsengagement	Positiv	Vertrauen in Vorgesetzte, Mitarbeiter oder Organisation erhöht das freiwillige Arbeitsengagement	6 (5)
Verhandlungsprozesse	Negativ	Vertrauen verringert das distributive und erhöht das integrative Verhalten zwischen Verhandlungspartnern	2 (0)
Konflikte	Negativ	Vertrauen reduziert Konflikte bei Verhandlungen, in Arbeitsteams oder zwischen interorganisationalen Verhandlungspartnern	3 (2)
Weitere Verhaltenweisen	Positiv	Vertrauen erhöht den Arbeitseinsatz, die Einbeziehung von Mitarbeitern in Entscheidungsprozesse oder den Ressourcenaustausch	4 (3)
Einzelleistung	Positiv	Vertrauen in Vorgesetzte oder Organisation erhöht die Arbeitsleistung	4 (4)
Gruppenleistung	Positiv	Vertrauen in Vorgesetzte oder in eine Gruppe erhöht die Leistung von Gruppen oder Geschäftseinheiten	9 (5)
Direkter Vertrauenseinfluss: Einstellungen und Wahrnehmungen am Arbeitsplatz			
Zufriedenheit	Positiv	Vertrauen erhöht die Zufriedenheit mit der Arbeit, Meetings, Kommunikation, Partnern, Arbeitsgruppen, usw.	12 (12)
Weitere Einstellungen	Positiv	Vertrauen in Vorgesetzte oder Verhandlungspartner erhöht die Bindung (commitment) an das Unternehmen oder die Präferenz für einheitliches Verhandeln	3 (3)
Exaktheit von Informationen	Positiv	Vertrauen in Vorgesetzte oder Verhandlungspartner erhöht die wahrgenomme Exaktheit von Informationen.	2 (2)
Akzeptanz von Entscheidungen oder Zielen	Positiv	Vertrauen in Vorgesetzte fördert Exaktheit der Leistungsbewertung sowie die Akzeptanz von Entscheidungen und Zielen	4 (4)
Weitere Wahrnehmungsvariablen	Positiv/ Negativ	Vertrauen fördert z.B. die Wahrnehmungen des Organisationsklimas; Vertrauen verringert z.B. wahrgenommene Verlustwahrscheinlichkeiten oder Vertragsverletzungen	6 (5)
Indirekter Vertrauenseinfluss: Moderierende Variable von Handlungsprozessen am Arbeitsplatz			
Motivationale Konstrukte wirken auf Verhalten/ Ergebnisse	-	Vertrauen moderiert die Beziehung zwischen motivationalen Konstrukten und dem Verhalten oder Ergebnissen am Arbeitsplatz	3 (3)
Handlungen des Partners erzeugen Reaktionen des Vertrauensnehmers	-	Vertrauen moderiert die Beziehung zwischen der Handlung eines Partners und der Reaktion des Vertrauensnehmers	5 (5)

Transaktionspartnern als auch die Komplexität von Beziehungen reduziert.[142] Schätzen Akteure ihre Partner als vertrauenswürdig ein, so installieren sie im Verlauf von Beziehungen flexiblere und weniger kostenintensive Kontrollstrukturen.[143] Die verringerte Opportunismusgefahr und die Installation relationaler Kontrollstrukturen schlagen sich in einer Senkung der Transaktionskosten nieder, die den Wert von Transaktionen und damit den Erfolg interorganisationaler Beziehungen erhöhen.[144]

Darüber hinaus können starke Vertrauensbeziehungen zwischen Partnerfirmen die Quelle für einen nachhaltigen Wettbewerbsvorteil sein.[145] Durch das starke Vertrauen zwischen Partnerfirmen entfällt die Notwendigkeit der Installation kostenintensiver ökonomischer oder sozialer Governance Strukturen, was

141 In Anlehnung an Dirks/Ferrin (2001), S. 453 f.

142 Siehe Bradach/Eccles (1989), S. 104: „Trust is a type of expectation that alleviates the fear that one's exchange partner will act opportunistically" oder vgl. Chiles/McMackin (1996), S. 89 f.

143 Vgl. Bradach/Eccles (1989), S. 104 ff., Ring/van de Ven (1992), S. 491 ff., Ring/van de Ven (1994), S. 105, Gulati (1995), S. 105 f. oder Bromiley/Harris (2006), S. 126.

144 Vgl. Bromiley/Cummings (1995), S. 229 ff., Chiles/McMackin (1996), S. 88, Dyer/Chu (2003), S. 64 f. oder Matthes (2007), S. 145 ff. Vgl. ergänzend McEvily/Zaheer (2006), S. 282 ff., die in einem Review weiterer empirischer Studien in der Transaktionskostentheorie den Zusammenhang von relationalen Governance Strukturen und dem Erfolg interorganisationaler Beziehungen beschreiben.

145 Vgl. hier und im Folgenden Barney/Hansen (1994), S. 184 ff.

einen Kostenvorteil für beide Seiten zur Folge hat. Diesen Preisvorteil können die Parteien unter anderem dadurch nutzen, indem freie Ressourcen in die Erkundung neuer gemeinsamer Geschäftsaktivitäten investiert werden können, was für Firmen in schwachen oder semi-starken Vertrauensbeziehungen so nicht möglich ist. Die Etablierung eines nachhaltigen Wettbewerbsvorteils durch das Eingehen starker Vertrauensbeziehungen kann dabei auf unterschiedlichen positiven Wirkungsweisen von Vertrauen basieren. Zum Beispiel führt Vertrauen zu besseren Verhandlungen und reduziert die Konfliktpotenziale zwischen Firmen, senkt die wahrgenommenen Verlustrisiken in Beziehungen, verbessert den Erfolg firmenübergreifender Projekte, erhöht die Motivation zur Suche nach besseren Lösungen in Vertragsverhandlungen, steigert die Wahrscheinlichkeit für zukünftige Geschäftsaktivitäten zwischen den Partnern oder verringert die Wahrscheinlichkeit, einen Geschäftspartner zu wechseln.[146]

In Studien der Marketingforschung wurde unter anderem festgestellt, dass Vertrauen den Austausch und die Verwendung von Informationen fördert und somit zu einer intensiveren Nutzung angebotener Dienstleistungen beiträgt.[147] Im Kontext von Vertriebsallianzen wurde nachgewiesen, dass Vertrauen die Zufriedenheit der Partnerfirmen erhöht und die Aufgabenerfüllung verbessert.[148] Doney/Cannon (1997) stellen fest, dass das Vertrauen von Einkaufsabteilungen einen positiven Einfluss auf die zukünftigen Interaktionen mit den gleichen Zulieferfirmen hat.[149] Des Weiteren wurde empirisch bestätigt, dass Vertrauen die Bereitschaft zu höheren Investitionen in internationale Joint-Ventures fördert und darüber hinaus die Koordination der Partner im gemeinsamen Unternehmen wesentlich verbessert.[150]

Die empirischen Ergebnisse bei Grayson/Ambler (1999) und Selnes/Sallis (2003) zeigen jedoch auch, dass Vertrauen nicht nur positive, sondern mit dem Fortschreiten einer interorganisationalen Beziehung auch negative Effekte haben kann.[151] So ist es zum Beispiel möglich, dass Vertrauen zwischen Partnerfirmen die Fähigkeit des gemeinsamen Lernens einschränkt.[152] Ursache hierfür sind gewissermaßen versteckte Kosten, die sich die Firmen in längeren Beziehungen nicht mehr bewusst machen und die sich darin äußern können, dass zum Beispiel die

146 Vgl. Zaheer et al. (1998), S. 152 ff., Nooteboom et al. (1997), S. 328 und S. 329 f., Wong/Cheung (2005), S. 77., Jeffries/Reed (2000), S. 876 ff., Doney/Cannon (1997), S. 45 f. sowie Saparito et al. (2004), S. 406 ff.

147 Vgl. Moorman et al. (1992), S. 321 f.

148 Vgl. Smith/Barclay (1997), S. 13 ff.

149 Vgl. Doney/Cannon (1997), S. 45 f.

150 Vgl. Fang et al. (2008), S. 89 ff.

151 Vgl. Grayson/Ambler (1999), S. 135 ff. und Selnes/Sallis (2003), S. 89.

152 Vgl. Selnes/Sallis (2003), S. 89. Zur Darstellung der Kehrseite von Vertrauen im Kontext interorganisationaler Firmenbeziehungen vgl. Jeffries/Reed (2000), S. 876 ff.

Tabelle 2 – Ausgewählte Studien zu Vertrauenswirkungen in interorganisationalen Beziehungen

Verfasser, Jahr	Ansatz	Theoretischer Bezugsrahmen	Kontext der Untersuchung	Ergebnisvariablen	Wirkungen von Vertrauen
Arbeiten im Kontext der Transaktionskosten- und Managementforschung					
Ring/Van de Ven, 1992	Theorie	Einbettung von Transaktionen in soziale Strukturen Transaktionskostentheorie	Untersuchung alternativer Governance Strukturen neben den klassischen Formen von Markt und Hierarchie	Art der Governance Struktur	Vertrauen führt zu relationaler Vertragsschließung und einer Reduktion kostenspieliger '*Safeguards*' Bei geringem Vertrauen sind Markt (geringes Risiko) oder Hierarchie (hohes Risiko) die effizienten Governanceformen
Barney/Hansen, 1994	Theorie	Opportunismusgefahr durch Adverse Selektion, Moral Hazard und Hold Up Soziale Netzwerke	Wettbewerbsvorteile in Interfirmenbeziehungen durch Vertrauen	Wettbewerbsvorteil	Halbstarkes Vertrauen führt bei Heterogenität der Fähigkeiten konkurierender Firmen zu Wettbewerbsvorteilen Starkes Vertrauen führt zu Wettbewerbsvorteilen (Kostenvorteile und Nutzung von Geschäftschancen)
Gulati, 1995	Empirie	Opportunismusgefahr Sozialer Kontext von strategischen Allianzen	Allianzen zwischen Firmen in biopharmazeutischer, Material- und Automobilindustrie	Ausmaß der Eigenkapitalbeteiligung in strategischen Allianzen	Vertrauen ist Ersatz für vertragliche Ausgestaltung (Senkung des Eigenkapitalanteils in Allianzen)
Nooteboom, Berger, Noorderhaven, 1997	Empirie	Opportunismusgefahr Sozialer Kontext in Austauschbeziehungen	Austauschbeziehungen zwischen Herstellern von Mikroelektronik und deren Abnehmern in Holland	Relationales Risiko in der Austauschbeziehung (Wahrscheinlichkeit und Ausmaß des Verlusts)	Vertrauen verringert die wahrgenommene Verlustwahrscheinlichkeit in einer Austauschbeziehung Verlustwahrscheinlichkeit wird auch durch Governance-Strukturen und Beziehungskontinuität verringert
Zaheer/McEvily/ Perrone, 1998	Empirie	Opportunismusgefahr, Relationaler Austausch in sozialen Beziehungen Institutionalisierung und Routinen	Austauschbeziehungen zwischen Herstellern von Elektrogeräten und deren Zulieferer in den USA	Verhandlungskosten, Konfliktniveau, Erfolg der Beziehung	Vertrauen erhöht direkt den Erfolg interorganisationaler Beziehungen und reduziert Verhandlungskosten und Konflikte
Jeffries/ Reed, 2000	Theorie	Beschränkte Rationalität und Opportunismusgefahr Relationale Vertragsschließung	Beziehung zwischen interpersonalem und interorganisationalem Vertrauen, Motivation zur Findung pareto-optimaler Lösungen	Motivation von Verhandlungspartnern, pareto-optimale Lösungen zu finden	Hohes interorganisationales Vertrauen führt bei niedrigem interpersonalen Vertrauen zu besseren Lösungen Bei niedrigem interorganisationalen Vertrauen führt hohes interpersonales Vertrauen zu besseren Lösungen
Dyer/Chu, 2003	Empirie	Formelle und informelle Mechanismen als Governance-Instrumente	Austauschbeziehungen zwischen Zulieferern und Produzenten in der Automobilindustrie (USA, Japan, Korea)	Ex ante und ex post Transaktionskosten, Informationsaustausch	Vertrauen verringert direkt die ex post Transaktionskosten Verringerte Transaktionskosten führen zu einem größeren Erfolg interorganisationaler Beziehungen Vertrauen erhöht den Wert der Beziehung durch verstärkten Informationsaustausch
Saparito/Chen/ Sapienza, 2004	Empirie	Einbettung ökonomischer Transaktionen in sozialen Kontext	Beziehungen zwischen KMU[1] und Banken in den USA	Wahrscheinlichkeit des Bankwechsels durch den Kunden	Relationales Vertrauen senkt die Wahrscheinlichkeit eines Bankwechsels durch den Kunden auch nach Berücksichtung von eigennutzmaximierenden Überlegungen
Arbeiten im Kontext der Marketingforschung					
Moorman/Zaltman/ Desphande, 1992	Theorie, Empirie	Einfluss von Verhaltensfaktoren (Vertrauen) auf Nutzung von Informationen	Beziehungen zwischen Anbietern und Nachfragern von Markt-/ Absatzforschung innerhalb und zwischen Organisationen	Nutzung Marktforschung, Qualität der Interaktion, Involvierung des Anbieters, Commitment der Kunden	Vertrauen ist ein Bestimmungsfaktor von Beziehungsprozessen, es erhöht indirekt die Verwendung von Informationen der Marktforschung (Erhöhung der wahrgenommenen Qualität der Interaktion und des Ausmaßes der gegenseitigen Prozessinvolvierung)
Smith/Barclay, 1997	Empirie	Sozialer Austausch in Beziehungen Organisationale Rahmenbedingungen	Austauschbeziehungen zwischen Repräsentanten von Verkaufsallianzen	Gegenseitige Zufriedenheit, wahrgenommene Aufgabenerfüllung	Wahrgenommene Vertrauenswürdigkeit beeinflusst die gegenseitige Zufriedenheit Vertrauenswürdigkeit beeinflusst die Vertrauenshandlungen positiv (z.B. Beziehungsinvestment, offene Kommunikation und Unterlassung von Opportunismus)
Doney/Cannon, 1997	Empirie	Opportunismusgefahr Relationaler Austausch in Beziehungen	Austauschbeziehungen zwischen Zulieferern (Firma und Vertreter) und Industriegüterunternehmen	Auswahl des aktuellen Zulieferers, zukünftige Kaufabsichten	Vertrauen führt als "Order Qualifier" zur Berücksichtigung von Zulieferern im Bieterprosess Vertrauen erhöht die Wahrscheinlichkeit zukünftiger Interaktionen.
Grayson/Ambler, 1999	Empirie	Beziehungsmarketing: Einfluss relationaler Faktoren auf Ergebnisse einer Beziehung	Beziehungen zwischen Werbeagenturen und ihren Kunden in U.K. (Marketingmanager und Agenturvertreter)	Nutzung der Marketing Services, Involvierung der Agentur, Qualität der Interaktion, Commitment der Kunden	Vertrauen erhöht die Involvierung der Agenturen in die Kundenprozesse, die wahrgenommene Qualität der Interaktion und das Kunden-Commitment Vertrauen kann in langen Beziehungen missbraucht werden
Selnes/Sallis, 2003	Empirie	Organisationale Lerntheorie Interorganisationales Lernen in Beziehungen (Relationship Learning)	Kunden-Lieferanten-Beziehungen in Skandinavien	Beziehungslernen (Relationship Learning) Leistung der Beziehung (Relationship Performance)	Vertrauen hat einen positiven Einfluss auf das Lernen und die Ergebnisse einer Beziehung Hohes Vertrauen geht mit versteckten Kosten einher (z.B. Vermeidung negativer Informationen, Aufheben von Kontrollmechanismen gegen Opportunismus, Verlust an Kreativität
Fang/Palmatier/ Scheer/Li, 2008	Empirie	Resourceneinsatz und -nutzung Organisationale Vertrauensebenen in kooperativen Firmenbeziehungen	Internationale Joint Ventures in China in Industrien der Elektrotechnik	Resourceninvestition in ein IJV[2], Ausmaß der Koordination und Anpassungsfähigkeit in einem IJV[2]	Interorganisationales Vertrauen erhöht das Ausmaß der Investition in ein IJV[2] Vertrauen der Partnerfirmen in ihre Repräsentanten erhöht das Ausmaß der Investition in ein IJV[2] Vertrauen der Repräsentanten untereinander erhöht die Koordination und verringert die Anpassungsfähigkeit im IJV[2]

Anmerkungen: 1. KMU = Kleine und mittlere Unternehmen 2. IJV = Internationales Joint Venture

Übermittlung negativer Informationen durch einen Partner vermieden wird oder die Bereitschaft zur Suche nach kreativen und besseren Lösungen verloren geht.[153]

2.2 Grundlagen zur Kreditfinanzierung

Im folgenden Kapitel werden die Grundlagen zur Kreditfinanzierung erörtert. Dazu wird im ersten Unterkapitel der theoretische Rahmen hinsichtlich der Beziehung zwischen Kreditgeber und Kreditnehmer dargestellt, der mit der Definition des Relationship Banking abschließt. Im zweiten Unterkapitel werden theoretische Modelle, welche die Entwicklung der Kreditzinsen, der Kreditsicherheiten und der Kreditverfügbarkeit in Kreditbeziehungen beschreiben, vorgestellt. Das dritte Unterkapitel gibt einen Überblick zum Stand der empirischen Forschung zum Relationship Banking. Abschließend wird der Forschungsstand hinsichtlich der Rolle von Vertrauen in Bank-KMU-Kreditbeziehungen präsentiert.

2.2.1 Theoretischer Rahmen zur Kreditfinanzierung

2.2.1.1 Kreditfinanzierung als P-A-Beziehung

Die Prinzipal-Agenten-Theorie ist neben der Property-Rights-Theorie oder der Transaktionskostentheorie eine Teilrichtung des Neo-Institutionalismus.[154] Innerhalb der Agency-Theorie lassen sich die beiden Strömungen der verbal argumentierenden positiven Agency-Theorie und der formal orientierten Prinzipal-Agenten-Theorie unterscheiden.[155] Untersuchungsgegenstand der Prinzipal-Agenten-Theorie sind asymmetrische Kooperationen zwischen einem Auftraggeber (Prinzipal) und einem Auftragnehmer (Agent), in denen der Prinzipal

153 Vgl. Selnes/Sallis (2003), S. 91.

154 Vgl. Schmidt/Terberger (1996), S. 392. Begründet wurde die Prinzipal-Agenten-Theorie unter anderem durch die Arbeiten von Arrow (1963), Akerlof (1970), Ross (1973), Spence (1973) oder Jensen/Meckling (1976).

155 Vgl. Eisenhardt (1989), S. 59 ff. Im Fokus der verbal argumentierenden Agency-Theorie steht die Erklärung und somit die positive Analyse von Kooperationsbeziehungen, während die formal ausgerichtete Prinzipal-Agenten-Theorie im Sinne einer normativen Analyse auf die optimale Gestaltung dieser Beziehungen mittels logischer Deduktion auf Basis spezifischer Modellannahmen eingeht. Als Klassiker der verbal argumentierenden Agency-Theorie gelten zum Beispiel die Aufsätze von Jensen/Meckling (1976), Fama (1980), Fama/Jensen (1983b) oder Fama/Jensen (1983a). Einer der bekanntesten Vertreter der formalen Prinzipal-Agenten-Theorie ist unter anderem Ross (1973).

dem Agenten die Verrichtung einer Aufgabe anvertraut.[156] In dieser Beziehung treten Interessenkonflikte auf, wenn zwischen Prinzipal und Agenten Divergenzen hinsichtlich der Ziele und Wünsche vorliegen und es für den Prinzipal kostspielig ist, die Handlungen des Agenten zu überwachen.[157] Liegen Interessenkonflikte vor, kann das Zustandekommen von Transaktionen erschwert oder ganz behindert werden.[158] Im Fokus der P-A-Theorie steht daher die Ausgestaltung effizienter Verträge, die zu einer Einschränkung des opportunistischen Verhaltenspotenzials des Agenten führen sollen.[159]

Die Überlassung von Kreditmitteln lässt sich als eine Prinzipal-Agenten-Beziehung interpretieren, in welcher der Kreditnehmer (Agent) im Auftrag des Kreditgebers (Prinzipal) ein Investitionsprojekt durchführt.[160] Dabei wird angenommen, dass der Kreditnehmer vorteilhafte Investitionsprojekte ausführen kann, selbst aber nicht die Mittel für deren Finanzierung besitzt.[161] Die unsicheren Zahlungsströme aus den Investitionsprojekten werden bei der Kreditvergabe in einer vertraglichen Einigung aufgeteilt (Regel zur Teilung) und dabei sowohl die Höhe des Entgelts als auch die Art und Weise von dessen Bemessung festgelegt.[162]

Ein wesentliches Merkmal von Kreditfinanzierungen ist das zeitliche Auseinanderfallen der Leistung, d.h. der Überlassung des Kreditbetrags und der Gegenleistung, d.h. der Zins- und Tilgungszahlung.[163] Die zeitliche Differenz macht die Gegenleistung unsicher, da entweder das exogene Risiko aus dem Investitionsprojekt oder das Verhalten des Kreditnehmers die zukünftigen Zahlungsströme an den Kreditgeber beeinflussen können.[164] Der Kreditgeber wird deshalb vom Kreditnehmer Informationen einfordern, um das Ausfallrisiko des Kredits besser beurteilen zu können. Dabei muss er allerdings befürchten, dass ihm negative Informationen durch den Kreditnehmer vorenthalten werden.[165]

Aus der mangelnden Fähigkeit des Prinzipals (Kreditgebers), die Handlungen des Agenten (Kreditnehmers) beobachten zu können, ergibt sich für den Agenten ein diskretionärer Handlungsspielraum, der das Verhaltensrisiko für den Prinzipal darstellt. Das Problem der Verhaltensrisiken in Beziehungen zwischen Kapi-

---

156 Vgl. Spremann (1987), S. 341 oder Eisenhardt (1989), S. 58.

157 Vgl. Eisenhardt (1989), S. 58.

158 Vgl. Franke/Hax (1999), S. 410.

159 Vgl. Eisenhardt (1989), S. 58 und Franke/Hax (1999), S. 416.

160 Vgl. Jensen/Meckling (1976), S. 333 ff. oder Binks et al. (1992), S. 36.

161 Vgl. Franke/Hax (1999), S. 418. Da in der vorliegenden Arbeit nur externe Beteiligungsfinanzierung über Kredite untersucht wird, werden sämtliche Fragestellungen zur externen Eigenmittelfinanzierung ausgeklammert. Für eine einführende Darstellung möglicher Probleme der externen Finanzierung über Eigenmittel vgl. Jensen/Meckling (1976), S. 312 ff.

162 Vgl. Schmidt/Terberger (1996), S. 409 und Franke/Hax (1999), S. 418.

163 Vgl. Spremann (1990), S. 564 f.

164 Vgl. Spremann (1990), S. 564 f.

165 Vgl. Schmidt/Terberger (1996), S. 410.

talgebern und Kapitalnehmern wurde erstmalig durch Jensen/Meckling (1976) beschrieben.[166] Die wesentlichen Erkenntnisse dieses Beitrags lassen sich in drei Theoremen zusammenfassen.[167] Erstens entstehen bei jeder Form der externen Finanzierung *Agency-Kosten*, da die Kapitalgeber das Verhalten eines Unternehmers nie vollständig und kostenlos überwachen können. Zweitens verursachen die externen Finanzierungsformen über Eigen- oder Fremdkapital unterschiedliche Arten von *Agency-Kosten*. Und drittens werden im Gleichgewicht die Kapitalstruktur einer Firma, die Monitoringaktivitäten der Kapitalgeber und die Bondingaktivitäten der Unternehmer so gewählt, dass die Summe der *Agency-*, *Monitoring-* und *Bonding-Kosten* minimal ist.[168]

Tabelle 3 – Agency-Kosten des Fremdkapitals

(1)	Opportunitätsverlust durch den Einfluss von Fremdkapital auf die Investititionsentscheidungen des Unternehmens
(2)	Monitoring- und Bonding-Ausgaben des Fremdkapitalgebers und des Unternehmens
(3)	Insolvenz- und Reorganisationskosten
=	**Agency-Kosten des Fremdkapitals**

Bei der Finanzierung über Fremdkapital sind die Kapitalgeber hauptsächlich dem Problem einer Risikoausweitung durch das Unternehmen nach Abschluss des Kreditvertrags ausgesetzt. Das Verhaltensrisiko kann entweder durch Überwachungsaktivitäten der Fremdkapitalgeber eingeengt[169] oder durch Selbstbindungs- oder Garantieleistungen der Kreditnehmer beschränkt werden. Bei der Finanzierung über Fremdkapital fallen somit wie bei der externen Finanzierung über Eigenkapital *Agency-Kosten* an.[170] Die *Agency Kosten* der externen Fremd-

166 Vgl. Jensen/Meckling (1976), S. 333 ff.

167 Vgl. Hellwig (1989), S. 277 f.

168 Der Punkt, an dem die Agency-Kosten einer Firma minimal sind, entspricht nicht der erstbesten Lösung und wird in der Literatur auch als *second-best solution* diskutiert. Vgl. hierzu Hellwig (1989), S. 278. In der erstbesten Lösung existieren keine Verhaltensrisiken und die Kosten einer Prinzipal-Agenten-Beziehung sind gleich Null. Vgl. hierzu Jensen/Meckling (1976), S. 320 f.

169 Gemäß Jensen/Meckling (1976), S. 338, sind prinzipiell Einengungen des Handlungsspielraums des Managements über vertragliche Beschränkungen denkbar. Eine vollständige Kontrolle des Managements erscheint in der Praxis jedoch relativ schwierig, da die Fremdkapitalgeber dann de facto selbst die Managementfunktion ausüben müssten.

170 Jensen/Meckling (1976), S. 333 ff., fragen prinzipiell, warum Firmen in der Praxis ihren externer Kapitalbedarf nicht nur über Fremdkapital befriedigen und somit die Agency-Kosten,

kapitalfinanzierung sind in Tabelle 3[171] dargestellt. Der erste Block stellt den Opportunitäts- oder Wohlfahrtsverlust dar, der dadurch entsteht, dass Kreditnehmer riskantere Projekte mit geringeren Erwartungswerten wählen.[172] Die Kosten, die für das *Monitoring* des Kreditnehmers oder das *Bonding* durch den Kreditnehmer anfallen, bilden den zweiten Block der *Agency-Kosten*. Die Insolvenz- und Reorganisationskosten stellen den dritten Block dar. Die mit der Insolvenz eines Kreditnehmers verbundenen Kosten[173] werden durch die Kapitalgeber bei der Kreditvergabe durch die Forderung höherer Zinsen berücksichtigt. Je höher die Insolvenzgefahr, desto höhere Kreditzinsen werden die Kapitalgeber verlangen.

2.2.1.2 P-A-Probleme bei Kreditfinanzierungen

Die Verhaltensunsicherheiten in einer Prinzipal-Agenten-Beziehung lassen sich anhand der Verhaltensausprägung und des Informationsvorsprungs der Agenten in drei grundsätzliche Typen unterteilen, die in Tabelle 4[174] dargestellt sind.[175]

Der erste Typ der Verhaltensunsicherheit ist die Qualitätsunsicherheit, der auch *hidden characteristics* genannt wird. Sie beschreibt die Unsicherheit des Prinzipals hinsichtlich bestimmter Merkmale des Agenten, die von außen nicht ersichtlich, dem Agenten jedoch bekannt sind. Diese Merkmale können sich zum Beispiel auf die Qualifikation und das Talent eines Unternehmers, als auch auf die Marktrisiken eines geplanten Investitionsprojektes beziehen.[176] Das Problem der Qualitätsunsicherheit tritt zu Tage, wenn bspw. eine Firma vor Abschluss eines Kreditvertrags Informationen zurückhält, um daraus einen Vorteil zu ziehen. So könnte ein Unternehmen zum Beispiel nachteilige Informationen in Bezug auf die Erfolgswahrscheinlichkeit eines Investitionsprojekts zurückhal-

---

die bei externer Eigenkapitalfinanzierung für den Unternehmer (Manager) entstehen, sparen. Der Grund hierfür liegt darin, dass auch die externe Finanzierung mit Fremdkapital Agency-Kosten verursacht.

171 In Anlehnung an Jensen/Meckling (1976), S. 342.

172 Der Wohlfahrtsverlust fällt jedoch nur an, wenn der Erwartungswert des riskanten Projekts geringer ist als bei dem risikoarmen Projekt. Für den Fall, dass die Erwartungswerte beider Projekte gleich sind, kommt es zu keinem Wohlfahrtsverlust. Vgl. hierzu Jensen/Meckling (1976), S. 336 f.

173 Jensen/Meckling (1976), S. 339, stellen auf die Kosten ab, die durch die Neuverteilung von Forderungen an sämtliche Gläubiger (Lieferanten, Mitarbeiter, Fremdkapitalgeber, etc.) anfallen.

174 In Anlehnung an Spremann (1990), S. 567 ff., Kürsten (2000), S. 167 ff. und Hartmann-Wendels et al. (2007), S. 98 ff.

175 Vgl. Spremann (1990), S. 566 f. Bei der Verhaltensausprägung kann die Frage gestellt werden, ob das Verhaltensmerkmal des Agenten feststehend ist oder von seinem Willen beeinflusst wird. Beim Kriterium des Informationsvorsprung lässt sich fragen, ob das Verhalten des Agenten dem Prinzipal ex post beobachtbar ist oder ihm verborgen bleibt.

176 Vgl. Schulz (2000), S. 54.

Tabelle 4 – Grundtypen von Verhaltensunsicherheit

	Qualitätsunsicherheit	Moral Hazard	Hold Up
Verhaltens-ausprägung	Feststehendes Merkmal	Vom Willen des Agenten beeinflusst	Vom Willen des Agenten beeinflusst
Informations-vorsprung	Ex post beobachtbar	Ex post nicht beobachtbar	Ex post beobachtbar
Ursachen	Informationsineffizienz	Ressourcenplastizität	Sunk Costs des Prinzipals
Interpretation	Qualifikation/Qualität	Anstrengung	Fairnes
Verhalten des Agenten	Unterschlagung wesentlicher Information vor Vertragsschluss	Ausnutzen des Freiraums beim Einsatz von Ressourcen	Ausnutzen vertraglicher Freiräume bei Ausgestaltung der Gegenleistung
Beispiele Kreditbeziehung	Kreditgeber kann Qualität des Kreditnehmers nicht einschätzen	Kreditnehmer erhöht das Risiko des Kreditgebers nach Vertragssschluss	Kreditgeber erhöht Zinsen aufgrund eines Informationsmonopols

ten, um dadurch günstigere Kreditkonditionen beim Kreditgeber zu erhalten. Bei dem Problem der Qualitätsunsicherheit muss der Prinzipal somit vorab gute von schlechten Agenten trennen.[177] Gelingt ihm das nicht, so trifft er immer eine Entscheidung, die auf unvollständigen Informationen basiert. Um die Unsicherheit hinsichtlich der Qualität eines Agenten zu verringern, trifft der Prinzipal auf Basis von Kosten-Nutzen Überlegungen eine Vorentscheidung hinsichtlich der Beschaffung von zusätzlichen Informationen. Sind jedoch die Kosten für die Informationsbeschaffung höher als der Informationswert, so bleibt die Informationsasymmetrie bestehen und es kommt zu einem Wohlfahrtsverlust.[178] Dieser Verlust kann jedoch vermieden werden, wenn ein glaubhaftes Signalisieren der Qualität durch den Agenten stattfindet oder der Prinzipal ein geeignetes Selbstwahlschema einsetzt.[179]

Der zweite Typ der Verhaltensunsicherheit ist der Moral Hazard, der auch als *hidden action* bezeichnet wird. Dieser Typ stellt auf das Problem ab, dass ein Prinzipal nicht zwischen exogenen Risiken und dem Verhalten des Agenten unterscheiden kann. Daraus erwächst ein diskretionärer Handlungsspielraum für den Agenten, den dieser in der Form eines reduzierten Leistungseinsatzes (z.B. durch den Verzicht auf Anstrengung), einer Aneignung materieller Vorteile (z.B. durch Konsum am Arbeitsplatz) oder einer nachträglichen Risikoerhöhung bei Investitionsprojekten nutzen kann.[180] Stehen einem Unternehmen zum Beispiel Investitionsprojekte mit unterschiedlichen Risikoprofilen bei gleichen Ertrags-

177 Vgl. Spremann (1990), S. 568.
178 Vgl. Spremann (1990), S. 568.
179 Vgl. Spremann (1990), S. 568 sowie Schulz (2000), S. 55.
180 Vgl. Schmidt/Terberger (1996), S. 412 ff.

aussichten zur Auswahl, kann sich der Unternehmer nach Kreditvergabe durch die Investition in ein riskanteres Projekt besser stellen, da das Verlustrisiko aus dem Investitionsprojekt vollständig durch den Kreditgeber getragen wird, während die Zusatzgewinne dem Agenten zufließen.[181] Das Ausmaß des Handlungsspielraums des Agenten wird durch die Verwendungsmöglichkeiten der durch den Prinzipal überlassenen Ressource bestimmt. Je größer der Freiraum (höhere Ressourcenplastizität[182]), desto höher die Gefahr von Moral Hazard.[183] Aufgrund seiner universellen Verwertbarkeit stellt Geld eine in höchstem Maße plastische Ressource dar.[184] Das Problem des Moral Hazard spielt gerade deshalb in einer Kreditbeziehung eine besondere Rolle.[185] Die Tatsache, dass der Kapitalgeber den tatsächlichen Einsatz der Kreditmittel nur schwer überprüfen kann, eröffnet dem Kreditnehmer einen großen Handlungsspielraum. Der Kapitalgeber kann den Unternehmenserfolg nur ex post beobachten, jedoch nicht feststellen, inwiefern dieser auf veränderte Umweltbedingungen oder auf den Einsatz des Managements zurückzuführen ist. Ein Lösungsmechanismus zur Überwindung von Moral Hazard stellt die Schaffung von Leistungsanreizen in Kreditverträgen dar.[186]

Die dritte Verhaltensunsicherheit ist der Hold Up. Darunter werden jene Situationen zusammengefasst, bei denen ein vertraglicher Freiraum bei der Ausgestaltung der tatsächlichen Gegenleistung in einer Austauschbeziehung besteht.[187] Hold Up-Probleme ergeben sich deshalb, weil die Umweltbedingungen einer Kooperation sehr komplex sein können und es daher nicht möglich ist, sämtliche Kontingenzen vorab vertraglich zu regeln. Darüber hinaus entstehen Hold Up-Situationen dann, wenn der Prinzipal in einer Beziehung mit einem Agenten eine Vorentscheidung trifft und diese für ihn mit irreversiblen Investitionskosten verbunden ist. Diese „*sunk costs*“ wirken sich für den Prinzipal negativ aus, wenn der Agent von der vertraglich vereinbarten Leistung abweicht.[188] In einer Kreditbeziehung kann sich eine Hold Up-Situation zum Beispiel darin manifestieren, dass ein Unternehmen gegenüber dem Kapitalgeber anstelle der vorgesehenen Tilgung die Prolongation eines Darlehens fordert. Der Kapitalgeber ist in dieser

---

181 Zur Darstellung der Verhaltensrisiken bei externer Fremdkapitalfinanzierung vgl. Jensen/Meckling (1976), S. 335 ff.

182 Vgl. Alchian/Woodward (1988), S. 69. Die Autoren bezeichnen jene Ressourcen, bei denen der Agent noch einen hohen diskretionären Handlungsspielraum hat, als „*plastisch*“.

183 Vgl. Spremann (1990), S. 572.

184 Vgl. Spremann (1990), S. 572.

185 Vgl. Schmidt/Terberger (1996), S. 412.

186 Vgl. Schulz (2000), S. 54.

187 Vgl. hier und im Folgenden Spremann (1990), S. 568 ff.

188 So kann zum Beispiel der Vermieter einer Wohnung (Agent) kurz nach dem Einzug eines neuen Mieters (Prinzipal) die Miete erhöhen. Die *sunk costs* stellen in diesem Beispiel die Umzugskosten des Mieters oder die durch die Mieterhöhung entgangenen Konsumausgaben (Opportunitätskosten) dar.

Situation auf die Partnerschaftlichkeit des Kreditnehmers angewiesen, sich an die vertraglichen Vereinbarungen zu halten.

2.2.1.3 Finanzintermediation

In diesem Unterkapitel wird auf die Finanzintermediation eingegangen. Dies erfolgt vor dem Hintergrund, da Finanzintermediäre Institutionen darstellen, die die Lösung von P-A-Problemen ökonomisch effizienter bewerkstelligen können. Die grundlegenden Modelle zur Finanzintermediation wurden durch Leland/Pyle (1977), Diamond (1984), Ramakrishnan/Thakor (1984)[189], Fama (1985) oder Boyd/Prescott (1986) erarbeitet. Im Kern gehen diese Arbeiten der Frage nach, warum in der Beziehung zwischen Kapitalgebern und Kapitalnehmern Intermediäre auftreten.[190] Grundsätzlich lässt sich die Existenz von Intermediären damit erklären, dass die durch die Neoklassik unterstellten Marktmechanismen keine effiziente Aufhebung der Informationsasymmetrien zwischen Kreditgebern und Kreditnehmern erlauben.[191] Die Frage, warum informationsökonomische Probleme besser durch Intermediäre bewältigt werden und welche besonderen Eigenschaften Intermediäre haben, wurde seit dem Erscheinen der oben genannten Arbeiten in einer Vielzahl weiterer theoretischer und empirischer Arbeiten untersucht.[192] Vor dem Hintergrund des Ziels dieser Arbeit werden im Folgenden nur kurz die wesentliche Aspekte der Arbeiten von Diamond (1984) und Fama (1985) skizziert.

Das mit Abstand bekannteste informationsökonomische Modell zur Erklärung der Intermediärsfinanzierung stammt von Diamond (1984).[193] Auf der Basis von Informationsasymmetrien zwischen Kapitalgebern und Kapitalnehmern und den damit verbundenen Anreizproblemen liefert das Modell erstmals eine formal saubere Argumentation für die Existenz von Finanzintermediären.[194] Das

189 Bei Ramakrishnan/Thakor (1984) wird die Existenz von Finanzintermediären damit erklärt, dass diese die Informationssuchkosten verringern. Typische Beispiele für solche Intermediäre sind Kreditbüros oder Ratingagenturen. Der Finanzintermediär übernimmt somit die Rolle eines Finanzgutachters.

190 Vgl. Bhattacharya/Thakor (1993), S. 14.

191 Bhattacharya/Thakor (1993), S. 14: „[...] intermediation is a response to the inability of market-mediated mechanisms to efficiently resolve informational problems."

192 Seit 1990 existiert mit dem *Journal of Financial Intermediation* eine Zeitschrift, in der die verschiedensten Fragestellungen zur Finanzintermediation erörtert werden. Für weitere Arbeiten zur Finanzintermediation vgl. Townsend (1979), Chan (1983), Millon/Thakor (1985), Mookherjee/Png Ivan (1989), Allen (1990), Diamond (1991), Winton (1995), Carey et al. (1998), Dennis/Mullineaux (2000) oder Fishman (2009).

193 Vgl. für das grundlegende Modell Diamond (1984), S. 395 ff.

194 Vgl. Hartmann-Wendels et al. (2007), S. 115.

Grundmodell bezieht sich auf die ex post Unsicherheit der Kapitalgeber, den Verlauf und Erfolg eines finanzierten Projekts nicht direkt beobachten zu können.[195] Die optimale Form zur Finanzierung des Liquiditätsbedarfs eines Unternehmers ist im Modell von Diamond (1984) Fremdkapital, wobei das Schreiben des Finanzierungsvertrags mit Kosten und daher mit Wohlfahrtsverlusten verbunden ist. Alternativ können die Kapitalgeber zur Kostenreduktion Ressourcen zur Überwachung der Unternehmer (Monitoring) einsetzen. Finanzieren jedoch viele Kleininvestoren ein Unternehmen, so treten entweder hohe Monitoringkosten oder *Free Rider*-Probleme auf.[196] Durch die stellvertretende Übernahme der Überwachung („*delegated monitoring*") durch einen Intermediär lassen sich Skaleneffekte realisieren, was zu einer Senkung der Überwachungskosten bei Kreditverträgen führt. Allerdings ergibt sich dabei ein neues Informations- und Anreizproblem zwischen Kapitalgebern und Intermediär, da der Intermediär seine Kapitalgeber („*depositors*") genau wie der Unternehmer hintergehen könnte.[197] Diamond (1984) zeigt jedoch, dass diese Delegationskosten dann stark gesenkt werden, wenn der Intermediär durch Diversifizierung, d.h. die gleichzeitige Finanzierung mehrerer voneinander unabhängiger Projekte, die Ausfallrisiken senkt.[198] Für diesen Fall erhöht die Intermediärsfinanzierung die allgemeine Wohlfahrt und erklärt damit die Existenz von Finanzintermediären in einer Volkswirtschaft.

Die spezifischen Eigenschaften, welche die Existenz von Banken als Finanzintermediäre begründen, werden von Fama (1985) analysiert. Basierend auf einer empirisch-theoretischen Herleitung folgert Fama (1985), dass Kreditnehmer mit demselben Risikoprofil bereit sind, auf Bankkredite höhere Zinsen als auf äquivalente Kapitalmarkttitel zu zahlen.[199] Als wesentliche Ursache hierfür führt Fama (1985) an, dass Banken vor dem Hintergrund der Optimierung von Informationskosten Wettbewerbsvorteile haben.[200] Einerseits erlangen Banken als „*inside debtholder*" private Informationen über die Kreditnehmer, da sie an deren betrieblichen Entscheidungsprozessen partizipieren (z.B. als Mitglied im Beirat oder Aufsichtsrat). Des Weiteren kommen Banken im Gegensatz zu anderen Finanzintermediären über das Einlagengeschäft in den Besitz von proprietärem Wissen, welches sie befähigt, zu niedrigeren Kosten Kreditrisiken zu bewerten und Monitoringaktivitäten durchzuführen. Darüber hinaus argumentiert Fama

195 Zur formalen Beschreibung des Grundmodells vgl. Diamond (1984), S. 395 ff.

196 Vgl. Diamond (1984), S. 394. Die hohen Kosten für das Monitoring ergeben sich deshalb, weil die Einzelkosten für das Monitoring ($K > 0$) als fix angenommen werden und somit je nach Investorenanzahl m Kosten für das Monitoring einer Firma in Höhe von $m \cdot K$ anfallen.

197 Vgl. Hartmann-Wendels et al. (2007), S. 115.

198 Vgl. Diamond (1984), S. 400 ff.

199 Vgl. Fama (1985), S. 29 ff.

200 Vgl. hier und im Folgenden Fama (1985), S. 35 f.

(1985), dass Bankkredite ebenso helfen, die Duplizierung von Informationskosten am Kapitalmarkt zu vermeiden. Die permanente Erneuerung von Kreditlinien bei Kreditnehmern impliziert eine fortlaufende Kreditüberwachung von Seiten der Bank und stellt für Außenstehende ein glaubwürdiges Signal für die Kreditwürdigkeit der überwachten Unternehmen dar.[201] Dies führt dazu, dass andere Agenten auf eine eigene kostspielige Kreditüberwachung verzichten können.[202] Schließlich stellt Fama (1985) heraus, dass die Vertragskosten zur Schließung von Bankkrediten allgemein niedriger sind als die für „*outside debt*" und daher gerade für kleine Unternehmen Bankkredite eine lohnende externe Finanzierung squelle sind.[203]

Das grundlegende Paradigma der theoretischen Arbeiten zur Finanzintermediation ist deren statischer Ansatz zur Analyse informationsökonomischer Probleme.[204] Es wird angenommen, dass bei Transaktionen zwischen Bank und Unternehmen immer das gleiche Ausmaß an Informationsasymmetrien vorliegt. Auf die Tatsache, dass Banken jedoch im Zeitablauf von Kreditbeziehungen Informationen über ihre Kreditnehmer sammeln, weist schon Fama (1985) hin: „*The ongoing history of a borrower as a depositor provides information that allows a bank to identify the risks of loans to depositors and to monitor the loans at lower cost than other lenders.*"[205] Statische Ansätze sind vor allem deshalb unbefriedigend, da sie es nicht erlauben, empirisch beobachtete Phänomene (z.B. sich ändernde Kreditzinsen im Verlauf einer Kreditbeziehung) analysieren zu können. Im Rahmen des Relationship Bankings werden Kreditbeziehungen zwischen Banken und Unternehmen daher aus einer dynamischen Perspektive heraus analysiert.

---

201 Diese Besonderheit von Bankkrediten wird empirische durch die Arbeiten von James (1987) und Lummer/McConnell (1989) bestätigt.

202 Vor allem größere Unternehmen halten bei Banken Kreditlinien häufig mit dem Zweck, dem Kapitalmarkt ein positives Signal über etwaig zu emittierenden Schuldverschreibungen zu geben. Für eine empirische Bestätigung, dass kleinere und risikoreichere Firmen von Ankündigungen ihrer Bank über Kreditverlängerungen oder Neukreditabschlüsse profitierten, vgl. Fields et al. (2006), S. 1205 ff.

203 Fama (1985), S. 37: „[...] outside equity involves high information and contracting costs that make it an uneconomical means of financing for small organizations. A similar argument applies to outside debt [...] For individual and small organizations it's cheaper to give one agent (the banker) direct ac-cess to the organization's decision process than to produce the range of publicly available information that makes outside debt a viable means of financing."

204 Ausnahmen stellen hier die Arbeiten von Haubrich (1989) oder auch Longhofer/Santos (2000) dar, die dynamische Modelle zur Finanzintermediation erarbeiten.

205 Vgl. Fama (1985), S. 37 f.

2.2.1.4 Relationship Banking

Das Konzept des Relationship Bankings, das in der deutschsprachigen Literatur auch als enge Kunde-Bank-Beziehung bezeichnet wird[206], ist in der Finanzliteratur nicht klar definiert.[207] Für Petersen/Rajan (1994) lässt sich Relationship Banking dadurch charakterisieren, dass „[...] *by close and continued interaction, a firm may provide a lender with sufficient information about, and a voice in, the firm's affairs so as to lower the cost and increase the availability of credit.*"[208] Die Merkmale dieser Definition sind die wiederkehrenden Interaktionen zwischen Bank und Unternehmen, die Bereitstellung ausreichender Informationen durch das Unternehmen und das Einräumen von Mitsprachrechten für die Bank sowie der Zusatznutzen für das Unternehmen in Form von geringeren Kreditzinsen und einer erhöhten Kreditverfügbarkeit.

Boot (2000) hebt in seiner Definition zwei wesentliche Charakteristika des Relationship Bankings hervor.[209] Erstens investiert eine Bank in die Gewinnung kundenspezifischer Informationen, die meist vertraulich sind und nur in einer engen Beziehung mit dem Unternehmen gewonnen werden können. Und zweitens bewertet die Bank die Profitabilität dieser Investition nicht auf Basis einer einzelnen Interaktion mit dem Unternehmen, sondern immer aus der Perspektive mehrmaliger Transaktionen sowohl in zeitlicher Hinsicht als auch in Bezug auf mehrere Produkte und Dienstleistungen. Im Unterschied zu Petersen/Rajan (1994) hebt Boot (2000) damit stärker den vertraulichen Charakter der übermittelten Information und die mehrperiodige Profitabilitätskalkulation der Bank hervor.

Noch einen Schritt weiter gehen Berger/Udell (2006), die im Relationship Banking eine von mehreren „*lending technologies*"[210] einer Bank sehen, die dadurch gekennzeichnet ist, dass: „[...] *the financial institution relies primarily on soft information gathered through contact over time with the SME, its owner and the local community to address the opacity problem*"[211]. Im Unterschied zu den ersten beiden Definitionen macht für Berger/Udell (2006) die Sammlung weicher Informationen, die die Bank im Kontakt mit dem Eigentümer, dem Unternehmen oder das lokale Umfeld erlangt, den wesentlichen Aspekt des Relationship Bankings aus.[212] Dabei spielt vor allem der Firmenkundenbetreuer eine wichtige Rolle, da er durch den direkten Kontakt zum Unternehmer oder zu Zulieferern

---

206 Vgl. Hartmann-Wendels et al. (2007), S. 148.

207 Vgl. Boot (2000), S. 9.

208 Petersen/Rajan (1994), S. 5.

209 Vgl. Boot (2000), S. 10.

210 Die weiteren „*lending techniques*" sind zum Beispiel die Bilanzanalyse, die Verwendung von Credit Sores oder die Hereinnahme von Sicherheiten jeglicher Form.

211 Berger/Udell (2006), S. 2951.

212 Vgl. hier und im Folgenden Berger/Udell (2006), S. 2951.

oder Kunden des Unternehmens oder anderen Firmen in der Region wertvolle Hinweise in Bezug auf die zukünftigen Entwicklungschancen des Unternehmens sammelt.

In Deutschland wird die Intensität von Kreditbeziehungen mit dem Hausbank- oder Hauptbankprinzip beschrieben.[213] Das Hausbankprinzip ist dabei eng mit dem Konzept des Relationship Bankings verbunden.[214] Mittelständische Unternehmen unterhalten in Deutschland mit einer Bank langjährige Geschäftsbeziehungen, in deren Verlauf eine Vielzahl an Transaktionen abgewickelt und vertrauliche Informationen des Unternehmens an die Bank übermittelt werden.[215] Die folgenden vier wesentlichen Merkmale charakterisieren eine Hausbankbeziehung:[216]

- Hausbanken haben den größten, in der Regel sogar den dominanten, Anteil am Fremdfinanzierungsgeschäft eines Unternehmens und sind für sämtliche Finanzierungsfragen der erste Ansprechpartner.
- Die Beziehung mit einer Hausbank ist langfristig angelegt. Im Verlauf der Beziehung entsteht aufgrund der persönlichen Kontakte zwischen den Entscheidungsträgern beider Seiten ein besonderes Vertrauensverhältnis und die Hausbank hat einen guten Informationsstand in Bezug auf die Entwicklung des Unternehmens.
- Die Hausbank hat aufgrund ihres guten Informationsstands als Financier eine einflussreiche Position bei dem betreffenden Unternehmen.
- In finanziellen Krisensituationen eines Unternehmens trägt die Hausbank eine besondere Verantwortung für dessen Erhalt oder Sanierung.

Ähnlich wie in den vorangegangenen Definitionen werden die Merkmale der wiederholten Interaktionen, des guten Informationsstands der Bank sowie der einflussreichen Position der Bank im Unternehmen hervorgehoben. Im Unterschied zu den Definitionen von Petersen/Rajan (1994), Boot/Thakor (2000) oder Berger/Udell (2006) wird jedoch erstmals auch das Vertrauensverhältnis, das in den persönlichen Beziehungen zwischen den Entscheidungsträgern von Bank und Unternehmen existiert, als ein explizites Beziehungsmerkmal herausgestellt.

Zusammenfassend lassen sich zur Beschreibung des Relationship Bankings fünf wesentliche Punkte festhalten. Erstens wird die Kreditbeziehung zwischen Bank und Unternehmen aus einer dynamischen Perspektive betrachtet, in der beide Parteien in mehrfachen Interaktionen aufeinander treffen. Zweitens sammeln Banken im Zeitverlauf vertrauliche Informationen und haben daher eine einfluss-

---

213 Vgl. Fischer (1990), S. 4 oder Elsas/Krahnen (1998), S. 1283.

214 Vgl. Elsas/Krahnen (1998), S. 1283.

215 Vgl. Püthe (2009), S. 44.

216 Vgl. Fischer (1990), S. 3 oder Püthe (2009), S. 44.

reiche Position bei den Unternehmen. Drittens sind die durch die Banken verwendeten Informationen vor allem weicher Natur, da sie proprietäres Wissen des Firmenkundenbetreuers darstellen. Viertens übernimmt die Bank ein implizites Versprechen, einem Unternehmen in finanziellen Krisensituationen zur Seite zu stehen. Und schließlich fünftens ist eine enge Kunde-Bank-Beziehung ggf. durch ein Vertrauensverhältnis zwischen den beteiligten Akteuren gekennzeichnet.

2.2.2 Modelle zur Erklärung der Kreditvergabeparameter

Bisher wurde der Aspekt der Informationsproduktion zur Lösung von Problemen, die aus asymmetrisch verteilten Informationen zwischen Kreditnehmern und Kreditgebern resultieren, zur Erklärung der Existenz von Finanzintermediären wie bspw. Banken oder im Rahmen der Entstehung enger Kunde-Bank-Beziehungen erörtert. In den folgenden Unterkapiteln werden ausgewählte theoretische Modelle vorgestellt, die Vorhersagen zum Einfluss dauerhafter Kreditbeziehungen auf die Kreditzinsen, die Kreditsicherheiten und die Kreditverfügbarkeit ermöglichen.

2.2.2.1 Modelle zur Zinsentwicklung

Die theoretischen Arbeiten zur Modellierung der Zinsentwicklung bauen auf den typischen P-A-Problemen der adversen Selektion, des Moral Hazards oder des Hold Up auf.[217] In den meisten Arbeiten werden diese Probleme jedoch nicht immer trennscharf abgebildet. So berücksichtigen zum Beispiel Petersen/Rajan (1995) gleichzeitig die Probleme der adversen Selektion und des Moral Hazards.[218] Hinsichtlich der Entwicklung der Kreditzinsen im Verlauf einer Kreditbeziehung lässt sich aus den Modellen keine einheitliche Aussage ableiten. Tabelle 5[219] zeigt die Ergebnisse ausgewählter Arbeiten, die mit der Dauer der Kreditbeziehung entweder steigende oder sinkende Kreditzinsen vorhersagen.[220]

Im Folgenden wird kurz auf die Ergebnisse der Beiträge von Petersen/Rajan (1995) und Greenbaum et al. (1989) eingegangen, da sich anhand beider Modelle sowohl sinkende als auch steigende Zinsen beispielhaft erklären lassen. Peter-

217 Vgl. Elsas (2001), S. 57.

218 Vgl. Petersen/Rajan (1995), S. 407 ff.

219 In Anlehnung an Püthe (2009), S. 76.

220 Für die Ergebnisse der jeweiligen Arbeit vgl. Greenbaum et al. (1989), S. 223 ff., Sharpe (1990), S. 1071 ff., Fischer (1990), S. 23 ff., Rajan (1992), S. 1370 ff., Boot/Thakor (1994), S. 901 ff., Petersen/Rajan (1995), S. 409 ff. und von Thadden (2004), S. 12 ff.

Tabelle 5 – Modellvorhersagen zur Zinsentwicklung im Verlauf von Kreditbeziehungen

Autor(en) (Jahr)	Prognose Zinsentwicklung
Greenbaum/Kanatas/Venezia (1989)	Steigende Zinsen
Sharpe (1990)	Steigende Zinsen
Fischer (1990)	Sinkende Zinsen
Rajan (1992)	Steigende Zinsen
Boot/Thakor (1994)	Sinkende Zinsen
Petersen/Rajan (1995)	Sinkende Zinsen
Von Thadden (2001)	Steigende Zinsen

sen/Rajan (1995) verwenden ein Zweiperioden-Modell, um die intertemporalen Ertragsverschiebungen in einer Kreditbeziehung abzubilden. Kennzeichen des Modells ist, dass für Banken eine ex ante Unsicherheit hinsichtlich der Qualität der Kreditnehmer in der ersten Periode besteht und die Kreditnehmer ex post riskantere Projekte ausführen können.[221] Darüber hinaus berücksichtigen Petersen/Rajan (1995) Unterschiede in Bezug auf die Marktmacht einer Bank. Petersen/Rajan (1995) leiten drei wesentliche Ergebnisse aus ihrem Modell ab.[222] Erstens ergibt sich, dass die Kreditzinsen für die gerade noch akzeptablen Kreditnehmerqualitäten in Märkten mit hoher Bankenkonzentration zu Beginn einer Kreditbeziehung geringer sind als in Märkten mit hohem Wettbewerb. Zweitens zeigt sich, dass die Kreditzinsen im Zeitablauf einer Kreditbeziehung sinken. Und drittens sinken die Zinsen in jenen Kreditbeziehungen im Zeitverlauf langsamer, bei denen die Bank eine höhere Markmacht besitzt.

Ihre Modellvorhersagen haben Petersen/Rajan (1995) empirisch anhand eines Datensatzes US-amerikanischer mittelständischer Unternehmen überprüft.[223] In Bezug auf den zeitlichen Verlauf der Kreditzinsen bestätigen die empirischen Ergebnisse die theoretischen Modellvorhersagen. Junge Unternehmen zahlen in Märkten mit hoher Bankenkonzentration am Anfang der Kreditbeziehung geringere, im Verlauf jedoch höhere Kreditzinsen, als in Märkten mit höherem Wettbewerb.[224]

Greenbaum et al. (1989) analysieren die zeitliche Zinsentwicklung in einem Mehrperiodenmodell und stellen dabei auf das *Hold Up*-Problem ab.[225] Die Au-

221 Für eine formale Beschreibung des Aufbaus des Modells vgl. Petersen/Rajan (1995), S. 409 f.

222 Für die Ableitung der drei Kernergebnisse vgl. Petersen/Rajan (1995), S. 410 ff. oder auch Hartmann-Wendels et al. (2007), S. 149 ff.

223 Vgl. Petersen/Rajan (1995), S. 418 ff.

224 Vgl. Petersen/Rajan (1995), S. 436 f. und hierbei vor allem Abbildung 2 auf Seite 437.

225 Vgl. Greenbaum et al. (1989), S. 223 ff.
Das Problem der Qualitätsunsicherheit wird durch Greenbaum et al. (1989) aufgrund einer zu hohen Modellkomplexität ausgeschlossen. Hierzu Greenbaum et al. (1989), S. 223: „*Although*

toren kommen zu zwei grundsätzlichen Ergebnissen: erstens steigen die Kreditzinsen im Zeitverlauf und zweitens sinkt die erwartete Restlaufzeit einer Kreditbeziehung mit der Dauer der Kreditbeziehung.[226] Der Spielraum für die Zinserhöhungen begründet sich damit, dass die Suche nach Banken mit geringeren Zinsangeboten für die Unternehmen mit Suchkosten verbunden ist und es somit zu einer Hold Up-Problematik kommt.[227] So lange die Zinsdifferenz zu den Wettbewerbsbanken geringer ist als die Suchkosten, werden die Unternehmen bei ihrer aktuellen Bank verbleiben. Allerdings bewirkt der temporäre Anstieg der Kreditkonditionen, dass die erwartete Restlaufzeit einer Kreditbeziehung abnimmt. Sobald die Zinsdifferenz zu den Wettbewerbsbanken größer ist als die Suchkosten wechseln die Unternehmen zu den Banken mit den günstigeren Konditionen.

Zusammenfassend lassen sich in Bezug auf die Zinsentwicklung somit zwei entgegen gesetzte Effekte festhalten. Einerseits kann der Zinssatz im Zeitablauf einer Kreditbeziehung sinken, da die Bank ab der zweiten Periode einer Kreditbeziehung über die Qualität der Kreditnehmer informiert ist. Dem gegenüber steht jedoch die größer werdende Marktmacht der Bank. Mit fortschreitender Dauer der Kreditbeziehung erlangt die Bank einen Informationsvorteil gegenüber den „*Outside-Banken*", den sie zur Durchsetzung höherer Kreditzinsen ausnutzen kann.

---

it may be more plausible to assume that the credit applicant is better informed than the bank, such an assumption, together with asymmetric information between the (incumbent) bank and the competitor banks, would make the analysis extremely complex. We have simplified the environment in order to focus on what we believe to be the essential aspects of the (incumbent) bank's informational advantage over its competitors."

226 Vgl. Greenbaum et al. (1989), S. 229.

227 Die Modellergebnisse lassen sich wie folgt nachvollziehen: zu Beginn der Kreditbeziehung besteht für die Bank eine hohe Unsicherheit hinsichtlich der Qualität des Kreditnehmers und somit in Bezug auf die zukünftigen Ertragschancen. Greenbaum et al. (1989) unterstellen eine Gewinnfunktion der Bank, in der sowohl der erwartete Gewinn aus *t* sowie die diskontierten erwarteten Gewinne aus *t+1* eingehen. Die erwarteten Gewinne aus *t+1* werden dabei als eine Call-Option interpretiert, die am Anfang einer Kreditbeziehung aufgrund der noch hohen Unsicherheit einen hohen Wert aufweist. Im Verlauf einer Kreditbeziehung kommt die Bank in den Besitz von privaten Informationen, was die Unsicherheit bzgl. der zukünftig erzielbaren Erträge und somit den Wert der Call-Option verringert (eine geringere Varianz bei gleichem Erwartungswert der Erträge führt ceteris paribus zu einem niedrigeren Optionspreis; vgl. allgemein zur Preisfindung bei Optionen Black/Scholes (1973), S. 670 ff.) Aufgrund der unterstellten Gewinnmaximierungsfunktion wird die Bank zum Zeitpunkt t für jene Unternehmen, mit denen bereits eine längere Kredithistorie besteht, relativ höhere Kreditzinsen verlangen. Damit wird klar, dass die Kreditzinsen für ein Unternehmen im Zeitablauf der Kreditbeziehung steigen.

2.2.2.2 Modelle zur Sicherheitenstellung

Kreditsicherheiten im weiteren Sinne[228] umfassen sämtliche Vereinbarungen in Kreditverträgen, die den Glauben des Kapitalgebers in die Rückzahlungsfähigkeit des Kapitalnehmers bestärkt.[229] Aus Sicht der neoklassischen Finanztheorie ist die Besicherungspolitik eines Unternehmens bei vollkommenem Kapitalmarkt für seinen Marktwert irrelevant.[230] Rudolph (1982) beschreibt dies daher auch als *Sicherheitenirrelevanzthese*.[231] Durch die Besicherung der Position eines Gläubigers kommt es zwar zu einer Verlagerung des Risikos zu Lasten der nicht besicherten Gläubiger, jedoch spiegeln sich die Risikounterschiede in den Einzelpositionen in den Marktpreisen exakt wider, mit der Folge, dass eine Risikoverschiebung zwischen den Gläubigern keinen Einfluss auf den Marktwert des gesamten Fremdkapitals hat.[232] Da der Einsatz von Kreditsicherheiten mit relativ hohen Kosten verbunden ist, sollten diese daher in der Praxis nicht zu beobachten sein.[233] Erst mit Hilfe der informationsökonomischen Sichtweise lässt sich die Existenz von Kreditsicherheiten erklären.[234]

Während bei den Zinsmodellen vor allem der Prozess der Informationsgenerierung im Vordergrund steht, analysieren die Modellarbeiten zur Sicherheitenstellung die Frage, welchen Einfluss die Qualität der Kreditnehmer auf die Höhe

Tabelle 6 – Modellvorhersagen zur Sicherheitenstellung

Autor(en) (Jahr)	Sicherheitenstellung
Bester (1985)	Gute Kreditnehmerqualitäten stellen mehr Sicherheiten
Chan/Kanatas (1985)	Gute Kreditnehmerqualitäten stellen mehr Sicherheiten
Besanko/Thakor (1987a)	Gute Kreditnehmerqualitäten stellen mehr Sicherheiten
Besanko/Thakor (1987b)	Gute Kreditnehmerqualitäten stellen mehr Sicherheiten
Bester (1987)	Schlechte Kreditnehmerqualitäten stellen mehr Sicherheiten
Boot/Thakor/Udell (1991)	Schlechte Kreditnehmerqualitäten stellen mehr Sicherheiten
Bester (1994)	Schlechte Kreditnehmerqualitäten stellen mehr Sicherheiten
Boot/Thakor (1994)	Kreditnehmer stellen im Zeitverlauf weniger Sicherheiten

228 Zur Systematik von Kreditsicherheiten vgl. Rudolph (1984), S. 18 ff. oder Hartmann-Wendels et al. (2007), S. 170 ff.
229 Vgl. Schmidt/Terberger (1996), S. 425.
230 Vgl. Hellwig (1981), S. 155 ff.
231 Vgl. Rudolph (1982), S. 322.
232 Vgl. Rudolph (1982), S. 322. oder Rudolph (1984), S. 26 ff.
233 Vgl. Rudolph (1984), S. 31.
234 Vgl. Rudolph (1982), S. 326 ff., Rudolph (1984), S. 31 ff. oder Schmidt/Terberger (1996), S. 426 f.

der Kreditsicherheiten hat. Nur Boot/Thakor (1994) untersuchen den Einfluss der Dauer der Kreditbeziehung auf die Höhe der Kreditsicherheiten.[235] Wie bei den Kreditzinsen liegt auch bei der Sicherheitenstellung kein einheitliches Ergebnis vor. Die Ergebnisse der in Tabelle 6[236] dargestellten Arbeiten zeigen, dass Unternehmen mit guter[237] oder schlechter[238] Bonität jeweils mehr Kreditsicherheiten stellen müssen. Die Ergebnisdifferenzen lassen sich dabei auf die spezifischen Modellannahmen und verschiedenartigen Problemstellungen in den einzelnen Studien zurückführen.[239]

Bei der Kreditvergabe kann es aufgrund der Unsicherheit der Bank hinsichtlich der Qualität (ex ante) und des Verhaltens (ex post) eines Unternehmens zu adverser Selektion oder Moral Hazard kommen.[240] Als typische Probleme des Moral Hazards nennt zum Beispiel Rudolph (1984) die durch den Kreditnehmer nach der Kreditvergabe vorgenommen Änderungen bei der Ausschüttungs-, Kredit- oder Investitionspolitik.[241] Im Kontext von adverser Selektion und Moral Hazard sind Kreditsicherheiten als Bestandteil von Kreditverträgen von besonderer Bedeutung, da sie helfen, diese Probleme zu lindern. Der Einsatz von Kreditsicherheiten lässt sich prinzipiell in die folgenden beiden Funktionen unterteilen:[242]

- Kreditsicherheiten sind ein Signalling-Instrument, mit dem sich gute von schlechten Kreditnehmern trennen lassen (Sortierungseffekt).
- Kreditsicherheiten haben die Wirkung, dass der Schuldner nach Abschluss des Kreditvertrags sich nicht gläubigerschädigend verhält (Anreizeffekt).

Das Problem der adversen Selektion lässt sich lösen, wenn Kreditsicherheiten als ein Selbstselektionsmechanismus eingesetzt werden. Bester (1985) zeigt, dass

---

235 Vgl. Boot/Thakor (1994), S. 899.

236 In Anlehnung an Püthe (2009), S. 84.

237 Vgl. Bester (1985), S. 851 ff., Chan/Kanatas (1985), S. 85 ff. Besanko/Thakor (1987a), S. 672 ff., Besanko/Thakor (1987b), S. 168 ff.

238 Vgl. Bester (1987b), S. 895 ff., Boot et al. (1991), S. 462 ff., Bester (1994), S. 74 ff., Boot/Thakor (1994), S. 899 ff.

239 Für einen Überblick über die Annahmen hinsichtlich der Marktstruktur, der Risikoeinstellung oder der Berücksichtigung von Zinsen in den Modellen, vgl. Schmidt-Mohr (1997), S. 1322 f.

240 Vgl. Hartmann-Wendels et al. (2007), S. 149.

241 Vgl. Rudolph (1984), S. 34 ff. Bei einer Änderung der Ausschüttungspolitik erhöht das kreditnehmende Unternehmen seine Ausschüttungszahlungen (z.B. per Dividende an die Anteilseigner) mit der Folge, dass das Kreditausfallrisiko für die Bank zunimmt. Bei der Änderung der Kreditpolitik löst das kreditnehmende Unternehmen entweder Kreditpositionen anderer Gläubiger vorzeitig auf oder unterlegt die Forderungen anderer Gläubiger mit zusätzlichen Sicherheiten, was in beiden Fällen zu einer Schlechterstellung des ursprünglichen Gläubigers (Bank) führt. Bei der Änderung der Investitionspolitik kommt es zu einer Erhöhung des Ausfallrisikos, da das kreditnehmende Unternehmen nach Kreditvergabe in risikoreichere Projekte investiert.

242 Vgl. Hartmann-Wendels et al. (2007), S. 146.

Banken über Kreditangebote mit unterschiedlichen Zins-Sicherheiten-Kombinationen die Vertragswahl der Kunden steuern und damit eine Risikoklassifizierung vornehmen können.[243] Kreditnehmer mit guter Bonität werden bereit sein, für die Rücknahme des Kreditzinses höhere Sicherheiten anzubieten.[244] Auf der anderen Seite werden Kreditnehmer mit schlechter Bonität Verträge wählen, die höhere Zinsen und geringere Kreditsicherheiten beinhalten. Das Firmenrisiko hängt somit negativ mit der Höhe der Sicherheiten zusammen. Das Problem der adversen Selektion tritt bei Bester (1985) nicht mehr auf, da die Kreditnehmer jeweils ihrer Qualität entsprechend Kreditzinsen zahlen und Sicherheiten stellen. Dieses wenig intuitive Ergebnis hängt allerdings stark von den Modellannahmen ab. In einem weiteren Modell mit Verhaltensunsicherheit und der Möglichkeit zu Nachverhandlungen zeigt Bester (1994), dass zwischen Firmenrisiko und der Höhe der Kreditsicherheiten ein positiver Zusammenhang vorliegen kann.[245]

Boot/Thakor (1994) analysieren in einem Mehrperiodenmodell das Problem des Moral Hazards und damit die Anreizwirkung von Kreditsicherheiten. Das erste Modellergebnis bei Betrachtung von nur einer Periode zeigt, dass der Einsatz von Kreditsicherheiten Moral Hazard-Probleme reduziert.[246] Bei der Simulation mehrerer Perioden wird deutlich, dass im Verlauf der Kreditbeziehung nicht nur die Kreditzinsen sinken, sondern auch die Höhe der durch den Kreditnehmer zu stellenden Sicherheiten.[247] Zu Beginn einer Kreditbeziehung muss der Kreditnehmer höhere Kreditzinsen zahlen und mehr Sicherheiten stellen. Sobald jedoch ein erster Projekterfolg vorliegt, kommt der Kreditnehmer in den Genuss geringerer Zinsen und muss weniger Sicherheiten stellen.

Die Modellergebnisse lassen sich wie folgt nachvollziehen. Wird die Kreditvergabe als ein Mehrperiodenspiel[248] modelliert und darüber hinaus angenommen, dass der Kreditgeber eine intertemporale Gewinnverschiebung vornehmen kann, ist es für beide Parteien optimal, wenn der Kreditgeber zu Beginn der Beziehung einen Kreditvertrag mit relativ höheren Zinsen und Sicherheiten als das Optimum des Einperiodenspiels präsentiert.[249] Liegt nach Abschluss einer Periode ein

243 Vgl. Bester (1985), S. 850 ff.

244 Vgl. Hartmann-Wendels et al. (2007), S. 147.

245 Vgl. Bester (1994), S. 74 ff.

246 Vgl. Boot/Thakor (1994), S. 903.

247 Vgl. hier und im Folgenden Boot/Thakor (1994), S. 904 ff.

248 Aus Gründen der Vereinfachung verwenden Boot/Thakor (1994) einen unendlichen Zeithorizont. Die Modellergebnisse sind allerdings ebenso bei einem endlichen Zeithorizont gültig. Das in diesem Fall mögliche Argument der Rückwärtsinduktion führt zu keiner prinzipiellen Änderung der Aussagen in Bezug auf das optimale Vertragsangebot. Vgl. hierzu Boot/Thakor (1994), S. 909.

249 In Abbildung zwei bei Boot/Thakor (1994) auf S. 908. lässt sich dies grafisch verdeutlichen. Die Gerade *PC* (*participation constraint*) stellt die für den Kreditgeber akzeptablen Zins-Sicherheiten-Kombinationen dar, während die Gerade *IC* (*incentive compatibility constraint*) die

Projekterfolg vor, wird der Kreditgeber dem Kreditnehmer in der nächsten Periode einen besseren Vertag mit geringeren Zinsen und Sicherheiten anbieten.[250] Der Kreditnehmer wird diesen Vertrag akzeptieren, da er durch die geringeren Kreditzinsen einen höheren Anteil an seinem Projekterfolg erwarten kann. Die Aussicht auf zukünftig weiter sinkende Zinsen wird weiterhin dazu führen, dass der Kreditnehmer sein Anstrengungsniveau und somit die Erfolgswahrscheinlichkeit der eigenen Investitionsprojekte erhöht. Im langfristigen Gleichgewicht muss der Kreditnehmer dann gar keine Sicherheiten mehr stellen und zahlt Kreditzinsen, die unterhalb des Marktniveaus liegen. Boot/Thakor (1994) zeigen somit, dass die Sicherheitenstellung mit der Dauer der Kreditbeziehung sinkt.

2.2.2.3 Modelle zur Kreditverfügbarkeit

Als eine weitere wichtige Variable einer Kreditbeziehung wird die Kreditverfügbarkeit gesehen. Wird die Nachfrage nach Kreditmitteln durch die Kapitalgeber beim Marktzinssatz nicht vollständig bedient, spricht man von einer eingeschränkten Kreditverfügbarkeit oder auch von Kreditrationierung.[251] Für Stiglitz/Weiss (1981) ist Kreditrationierung die pauschale Ablehnung von Kreditanträgen auch von solchen Kreditnehmern mit guter Bonität, und selbst dann wenn diese bereit wären, höhere Zinsen zu zahlen und auch sonst die Forderungen der Kreditgeber zu erfüllen.[252] In den meisten theoretischen Ansätzen zur Analyse der Kreditverfügbarkeit wird der Einfluss der Monopolmacht des Kreditgebers oder der Kreditsicherheiten auf die Kreditverfügbarkeit untersucht. Die Ergebnisse der in Tabelle 7[253] dargestellten Studien zeigen, dass Kreditrationierung dann verhindert wird, wenn Kreditsicherheiten als ein Signalling-Instrument[254] verwendet werden oder eine Bank Marktmacht oder ein Informationsmonopol[255] hat.

---

möglichen Zins-Sicherheiten-Kombinationen des Kreditnehmers repräsentiert. Im Mehrperiodenspiel liegt der anfängliche Vertrag auf der Gerade IC und über dem Optimum des Einperiodenspiels (C*, α*) und somit oberhalb der Gerade PC, so dass der Kreditgeber Gewinne erzielt. Boot/Thakor (1994) sprechen hier von einer *Tax*, die der Kreditgeber dem Kreditnehmer zu Beginn der Beziehung berechnet. Der Kreditnehmer wird diesen Vertrag akzeptieren, da er einerseits anreizkompatibel ist und er bei positivem Projektausgang die Aussicht auf zukünftig niedrigere Zinsen und Sicherheiten hat.

250 In Abbildung 2 bei Boot/Thakor (1994) auf S. 908 kommt es zu einer „*Wanderung*" der auf der Gerade *IC* in Richtung des optimalen Vertrag im langfristigen Gleichgewicht (Punkt Z), bei dem der Kreditgeber geringe Sicherheiten und gar keine Sicherheiten mehr fordert.

251 Vgl. Rudolph (1984), S. 32.

252 Vgl. hier und im Folgenden Stiglitz/Weiss (1981), S. 393 ff.

253 In Anlehnung an Püthe (2009), S. 88.

254 Vgl. Bester (1985), S. 850 ff. und Besanko/Thakor (1987a), S. 672 ff.

255 Vgl. Fischer (1990), S. 36 ff. und Petersen/Rajan (1995), S. 409 ff.

Tabelle 7 – Modellvorhersagen zur Kreditverfügbarkeit

Autor(en) (Jahr)	Kreditverfügbarkeit
Stiglitz/Weiss (1981)	Kreditrationierung, da höhere Kreditzinsen zu adverser Selektion oder Moral Hazard führen
Bester (1985)	Keine Kreditrationierung, Einsatz von Kreditsicherheiten als Signalling-Instrument
Besanko/Thakor (1987a)	Keine Kreditrationierung, Einsatz von Kreditsicherheiten als Signalling-Instrument
Fischer (1990)	Höhere Kreditverfügbarkeit mit zunehmenden Informationsmonopol der Bank
Petersen/Rajan (1995)	Höhere Kreditverfügbarkeit mit zunehmender Marktmacht der Bank

Die zentralen Annahmen bei Stiglitz/Weiss (1981) sind die Unfähigkeit des Kreditgebers, die Qualität der Kreditnehmers beurteilen und das Verhalten der Kreditnehmer beobachten zu können. Die Informationsasymmetrien führen dazu, dass der durch einen Kreditgeber angebotene Zinssatz nicht nur einen Einfluss auf die Kapitalnachfrage am Markt, sondern auch auf das Kreditrisiko des Kreditportfolios des Kreditgebers hat. Stiglitz/Weiss (1981) zeigen, dass eine Erhöhung des Kreditzinses einen Anstieg des Anteils der Kreditanträge von potenziellen Kreditnehmern mit schlechter Bonität zur Folge hat und des Weiteren die existierenden Kreditnehmer ihre Projektrisiken erhöhen werden. Aus dem höheren Risiko resultiert für den Kreditgeber ein negativer Ertragseffekt, der die positive Wirkung aus der Zinserhöhung überwiegen kann. Daher kann es für den Kreditgeber sinnvoll sein, ab einem gewissen Niveau die Zinsen nicht mehr zu erhöhen, sondern zusätzliche Kreditnachfrage zu rationieren. Mit ihrem Modell zeigen Stiglitz/Weiss (1981) erstmals, dass an einem Kreditmarkt ein Nachfrageüberhang als ein langfristig stabiles Gleichgewicht existieren kann.[256]

Petersen/Rajan (1995) zeigen, dass die Marktmacht einer Bank positiv mit der Kreditverfügbarkeit für die Unternehmen einhergeht.[257] Da annahmegemäß keine Kreditsicherheiten in dem Modell berücksichtigt werden, verwendet die Bank eine intertemporale Ertragsverschiebung als Mechanismus zur Überwindung der negativen Effekte aus adverser Selektion und Moral Hazard. In der ersten Periode ist die Bank bestrebt, die Zinsforderungen gegenüber den Kreditnehmern so gering wie möglich zu halten. In der zweiten Periode kann die Bank je nach Marktmacht relativ zum Kreditnehmerrisiko höhere Zinsen fordern, die jedoch niedriger sind als der Mischzins aus der ersten Periode. Die Marktmacht einer Bank hat dabei einen entscheidenden Einfluss auf die Möglichkeit, Erträge intertemporal zu verschieben. In Märkten mit geringem Wettbewerb wird kaum Kreditrationierung

256 Für weitere Arbeiten zur Kreditrationierung in Monopol- oder Wettbewerbsmärkten vgl. Jaffee/Russell (1976), S. 652 ff., Kane/Malkiel (1965), S. 114 ff., Bester/Hellwig (1987), S. 135 ff. oder Hellwig (1988), S. 135 ff.

257 Vgl. hier und im Folgenden Petersen/Rajan (1995), S. 409 ff.

auftreten, da die Banken die Verluste aus der ersten Periode über relativ höhere Zinsen in der zweiten Periode kompensieren können. In Märkten mit hohem Wettbewerb kommt es dagegen, wie durch Stiglitz/Weiss (1981) gezeigt, zu Kreditrationierung, da die Banken bereits in Periode eins einen höheren Mischzins von den potenziellen Kreditnehmern verlangen müssen. Somit lässt sich aus dem Modell von Petersen/Rajan (1995) ableiten, dass der Aufbau einer langfristigen Kreditbeziehung einen positiven Einfluss auf die Kreditverfügbarkeit hat.[258]

Das Eingehen einer langfristigen Beziehung bewirkt darüber hinaus, dass die Bank ein Informationsmonopol gegenüber den *„Outside-Banken"* erlangt. Je niedriger der Wettbewerb zwischen den Banken, desto größer ist für die einzelne Bank der Wert der Beschaffung von Informationen in Bezug auf den Kreditnehmer, da sie nicht befürchten muss, dass die getätigten Investitionen durch einen Bankwechsel des Unternehmens verloren gehen. Mit dem Verlauf einer Kreditbeziehung erlangt die Bank somit ein Informationsmonopol in Bezug auf einen Kreditnehmer.[259] Diese Monopolsituation kann für das Unternehmen zwar ein Hold Up-Problem darstellen, allerdings auch dazu führen, dass aufgrund der genauen Kenntnis des Kreditnehmers durch die Bank keine Kreditrationierung auftritt. Fischer (1990) zeigt in seinem Modell, dass Kreditrationierung durch das Eingehen eines ex post Informationsmonopols einer Hausbank überwunden werden kann.[260]

2.2.3 Stand der empirischen Forschung zum Relationship Banking

Nach der Vorstellung der theoretischen Modelle zum Einfluss der Dauer von Kreditbeziehungen auf die Kreditzinsen, die Kreditsicherheiten oder die Kreditverfügbarkeit wird in diesem Unterkapitel der Stand der empirischen Forschung im Relationship Banking dargestellt. Da mittlerweile eine Vielzahl empirischer Studien mit den unterschiedlichsten Fragestellungen für verschiedene Länder vorliegen, welche die Auswirkungen enger Bank-Kunde-Beziehungen[261] auf die Parameter der Kreditvergabe analysieren[262], werden an dieser Stelle nur die

258 Zur Interpretation des Modells von Petersen/Rajan (1995) in Bezug auf die Kreditverfügbarkeit vgl. Hartmann-Wendels et al. (2007), S. 149 ff. oder auch Segbers (2007), S. 157 f.

259 Vgl. Boot (2000), S. 17.

260 Vgl. Fischer (1990), S. 36 ff.

261 Als *Proxies* zur Messung der Beziehungsintensität werden die Dauer der Kreditbeziehung, die Anzahl aktiver Kreditbeziehungen, der Hausbankstatus oder das Ausmaß an Cross-Selling Aktivitäten verwendet.

262 Für weitere Arbeiten zum Relationship Banking vgl. Mayer (1988), Hoshi et al. (1990), Hoshi et al. (1991), Blackwell/Winters (1997), Berlin/Mester (1998), Weinstein/Yafeh (1998), Repetto

Untersuchungen präsentiert, die in der Literatur die größte Rezeption erfahren haben. Die Ergebnisse der Untersuchungen werden dabei jeweils getrennt für die Kreditzinsen, die Kreditsicherheiten und die Kreditverfügbarkeit erörtert. In Tabelle 8 sind die ausgewählten Studien mit ihren wichtigsten Eckpunkten und Ergebnissen zusammen gestellt.

Die analysierten Arbeiten untersuchen Kreditbeziehungen sowohl für den US-amerikanischen als auch den europäischen Kreditmarkt. Petersen/Rajan (1994), Berger/Udell (1995), Cole (1998), Uzzi (1999) und Brick/Palia (2007) verwenden dabei Daten aus der *NSSBF*.[263] Harhoff/Körting (1998), Angelini et al. (1998), Lehmann/Neuberger (2001) und Lehmann et al. (2004) nutzen eigene Umfragen bei Banken oder Unternehmen als Datenbasis. Elsas/Krahnen (1998) und Machauer/Weber (1998) beziehen ihre Daten aus den Kreditakten von fünf deutschen Großbanken[264], während Degryse/van Cayseele (2000) Kreditentscheidungen einer belgischen Großbank verwenden und D'Auria et al. (1999) Daten aus dem nationalen Kreditregister der *Banca d'Italia* nutzen.

2.2.3.1 Resultate zu den Kreditzinsen

Die Ergebnisse hinsichtlich des Einflusses der Dauer der Kreditbeziehung auf die Kreditzinsen sind nicht einheitlich. Berger/Udell (1995), Angelini et al. (1998) sowie Brick/Palia (2007) finden heraus, dass die Länge der Kreditbeziehung zu niedrigeren Kreditzinsen führt, während D'Auria et al. (1999) und Degryse/van Cayseele (2000) eine Erhöhung der Kreditzinsen feststellen. In den anderen Studien hat die Dauer der Kreditbeziehung keinen Einfluss auf die Kreditzinsen.[265] Die empirischen Untersuchungen können damit als Bestätigung der theoretischen Modellvorhersagen gesehen werden, wonach die Dauer der Kreditbeziehung einerseits aufgrund der Monopolmacht und andererseits aufgrund des verbesserten Wissensstands einer Bank zu höheren oder niedrigeren Kreditzinsen führen kann. Bei Angelini et al. (1998) liegen beide Ergebnistypen sogar gleichzeitig vor. KMU, die Mitglied einer kreditgebenden Genossenschaftsbank sind, erhalten im

et al. (2002), Streb et al. (2002), Bodenhorn (2003), Elsas/Krahnen (2003), Ziane (2004), Chakraborty/Hu (2006), Bharath et al. (2007), Memmel et al. (2007) oder Scherone (2010).

263 Die *National Survey of Small Business Finances* (NSSBF) wurden in den Jahren 1988/89 und 1993 jeweils durch die *Federal Reserve Bank* in den USA durchgeführt.

264 Die Daten wurden im Rahmen des Projektes „*Credit Management in Germany*" am Zentrum für Financial Studies der Universität Frankfurt am Main erhoben und aus 200 Kreditakten der Bayerischen Vereinsbank, Deutschen Bank, DG Bank, Dresdner Bank und West LB generiert. Zur Methodik der Datenerhebung vgl. Elsas/Krahnen (1998), S. 1289 ff. oder auch Machauer/Weber (1998), S. 1361 f.

265 Vgl. Elsas/Krahnen (1998), S. 1302, Harhoff/Körting (1998), S. 1342 f., Lehmann/Neuberger (2001), S. 350, Machauer/Weber (1998), S. 1366 sowie Petersen/Rajan (1994), S. 12 f.

Tabelle 8 – Überblick ausgewählter empirischer Studien zum Relationship Banking

Verfasser, Jahr	Ansatz	Theoretischer Bezugsrahmen	Kontext der Untersuchung	Ergebnisvariablen	Wirkungen von Vertrauen
Arbeiten im Kontext der Transaktionskosten- und Managementforschung					
Ring/Van de Ven, 1992	Theorie	Einbettung von Transaktionen in soziale Strukturen Transaktionskostentheorie	Untersuchung alternativer Governance Strukturen neben den klassischen Formen von Markt und Hierarchie	Art der Governance Struktur	Vertrauen führt zu relationaler Vertragsschließung und einer Reduktion kostenspieliger '*Safeguards*' Bei geringem Vertrauen sind Markt (geringes Risiko) oder Hierarchie (hohes Risiko) die effizienten Governanceformen
Barney/Hansen, 1994	Theorie	Opportunismusgefahr durch Adverse Selektion, Moral Hazard und Hold Up Soziale Netzwerke	Wettbewerbsvorteile in Interfirmenbeziehungen durch Vertrauen	Wettbewerbsvorteil	Halbstarkes Vertrauen führt bei Heterogenität der Fähigkeiten konkurierender Firmen zu Wettbewerbsvorteilen Starkes Vertrauen führt zu Wettbewerbsvorteilen (Kostenvorteile und Nutzung von Geschäftschancen)
Gulati, 1995	Empirie	Opportunismusgefahr Sozialer Kontext von strategischen Allianzen	Allianzen zwischen Firmen in biopharmazeutischer, Material- und Automobilindustrie	Ausmaß der Eigenkapitalbeteiligung in strategischen Allianzen	Vertrauen ist Ersatz für vertragliche Ausgestaltung (Senkung des Eigenkapitalanteils in Allianzen)
Nooteboom, Berger, Noorderhaven, 1997	Empirie	Opportunismusgefahr Sozialer Kontext in Austauschbeziehungen	Austauschbeziehungen zwischen Herstellern von Mikroelektronik und deren Abnehmern in Holland	Relationales Risiko in der Austauschbeziehung (Wahrscheinlichkeit und Ausmaß des Verlusts)	Vertrauen verringert die wahrgenommene Verlustwahrscheinlichkeit in einer Austauschbeziehung Verlustwahrscheinlichkeit wird auch durch Governance-Strukturen und Beziehungskontinuität verringert
Zaheer/McEvily/ Perrone, 1998	Empirie	Opportunismusgefahr, Relationaler Austausch in sozialen Beziehungen Institutionalisierung und Routinen	Austauschbeziehungen zwischen Herstellern von Elektrogeräten und deren Zulieferer in den USA	Verhandlungskosten, Konfliktniveau, Erfolg der Beziehung	Vertrauen erhöht direkt den Erfolg interorganisationaler Beziehungen und reduziert Verhandlungskosten und Konflikte
Jeffries/ Reed, 2000	Theorie	Beschränkte Rationalität und Opportunismusgefahr Relationale Vertragsschließung	Beziehung zwischen interpersonalem und interorganisationalem Vertrauen, Motivation zur Findung pareto-optimaler Lösungen	Motivation von Verhandlungspartnern, pareto-optimale Lösungen zu finden	Hohes interorganisationales Vertrauen führt bei niedrigem interpersonalen Vertrauen zu besseren Lösungen Bei niedrigem interorganisationalen Vertrauen führt hohes interpersonales Vertrauen zu besseren Lösungen
Dyer/Chu, 2003	Empirie	Formelle und informelle Mechanismen als Governance-Instrumente	Austauschbeziehungen zwischen Zulieferern und Produzenten in der Automobilindustrie (USA, Japan, Korea)	Ex ante und ex post Transaktionskosten, Informationsaustausch	Vertrauen verringert direkt die ex post Transaktionskosten Verringerte Transaktionskosten führen zu einem größeren Erfolg interorganisationaler Beziehungen Vertrauen erhöht den Wert der Beziehung durch verstärkten Informationsaustausch
Saparito/Chen/ Sapienza, 2004	Empirie	Einbettung ökonomischer Transaktionen in sozialen Kontext	Beziehungen zwischen KMU[1] und Banken in den USA	Wahrscheinlichkeit des Bankwechsels durch den Kunden	Relationales Vertrauen senkt die Wahrscheinlichkeit eines Bankwechsels durch den Kunden auch nach Berücksichtung von eigennutzmaximierenden Überlegungen
Arbeiten im Kontext der Marketingforschung					
Moorman/Zaltman/ Desphande, 1992	Theorie, Empirie	Einfluss von Verhaltensfaktoren (Vertrauen) auf Nutzung von Informationen	Beziehungen zwischen Anbietern und Nachfragern von Markt-/ Absatzforschung innerhalb und zwischen Organisationen	Nutzung Marktforschung, Qualität der Interaktion, Involvierung des Anbieters, Commitment der Kunden	Vertrauen ist ein Bestimmungsfaktor von Beziehungsprozessen, es erhöht indirekt die Verwendung von Informationen der Marktforschung (Erhöhung der wahrgenommenen Qualität der Interaktion und des Ausmaßes der gegenseitigen Prozessinvolvierung)
Smith/Barclay, 1997	Empirie	Sozialer Austausch in Beziehungen Organisationale Rahmenbedingungen	Austauschbeziehungen zwischen Repräsentanten von Verkaufsallianzen	Gegenseitige Zufriedenheit, wahrgenommene Aufgabenerfüllung	Wahrgenommene Vertrauenswürdigkeit beeinflusst die gegenseitige Zufriedenheit Vertrauenswürdigkeit beeinflusst die Vertrauenshandlungen positiv (z.B. Beziehungsinvestment, offene Kommunikation und Unterlassung von Opportunismus)
Doney/Cannon, 1997	Empirie	Opportunismusgefahr Relationaler Austausch in Beziehungen	Austauschbeziehungen zwischen Zulieferern (Firma und Vertreter) und Industriegüterunternehmen	Auswahl des aktuellen Zulieferers, zukünftige Kaufabsichten	Vertrauen führt als "Order Qualifier" zur Berücksichtigung von Zulieferern im Bieterprosess Vertrauen erhöht die Wahrscheinlichkeit zukünftiger Interaktionen.
Grayson/Ambler, 1999	Empirie	Beziehungsmarketing: Einfluss relationaler Faktoren auf Ergebnisse einer Beziehung	Beziehungen zwischen Werbeagenturen und ihren Kunden in U.K. (Marketingmanager und Agenturvertreter)	Nutzung der Marketing Services, Involvierung der Agentur, Qualität der Interaktion, Commitment der Kunden	Vertrauen erhöht die Involvierung der Agenturen in die Kundenprozesse, die wahrgenommene Qualität der Interaktion und das Kunden-Commitment Vertrauen kann in langen Beziehungen missbraucht werden
Selnes/Sallis, 2003	Empirie	Organisationale Lerntheorie Interorganisationales Lernen in Beziehungen (Relationship Learning)	Kunden-Lieferanten-Beziehungen in Skandinavien	Beziehungslernen (Relationship Learning) Leistung der Beziehung (Relationship Performance)	Vertrauen hat einen positiven Einfluss auf das Lernen und die Ergebnisse einer Beziehung Hohes Vertrauen geht mit versteckten Kosten einher (z.B. Vermeidung negativer Informationen, Aufheben von Kontrollmechanismen gegen Opportunismus, Verlust an Kreativität)
Fang/Palmatier/ Scheer/Li, 2008	Empirie	Resourceneinsatz und -nutzung Organisationale Vertrauensebenen in kooperativen Firmenbeziehungen	Internationale Joint Ventures in China in Industrien der Elektrotechnik	Resourceninvestition in ein IJV[2], Ausmaß der Koordination und Anpassungsfähigkeit in einem IJV[2]	Interorganisationales Vertrauen erhöht das Ausmaß der Investition in ein IJV[2] Vertrauen der Partnerfirmen in ihre Repräsentanten erhöht das Ausmaß der Investition in ein IJV[2] Vertrauen der Repräsentanten untereinander erhöht die Koordination und verringert die Anpassungsfähigkeit im IJV[2]

Anmerkungen: 1. KMU = Kleine und mittlere Unternehmen 2. IJV = Internationales Joint Venture

Zeitverlauf geringere Kreditzinsen, während jene KMU ohne Mitgliedschaft mit der Dauer der Kreditbeziehung höhere Zinsen zahlen müssen.[266]

Die Anzahl aktiver Kreditbeziehungen hat in den Studien bei Angelini et al. (1998) und Brick/Palia (2007) für den italienischen Kreditmarkt einen negativen Einfluss auf die Höhe der Kreditzinsen, während Petersen/Rajan (1994) in ihrer Untersuchung des US-amerikanischen Markts einen positiven Effekt nachweisen.[267] Petersen/Rajan (1994) führen den positiven Effekt darauf zurück, dass KMU mit einer höheren Anzahl Kreditgeber eine geringere Kreditnehmerqualität haben und deshalb bei weiteren Banken höhere Kreditzinsen zahlen müssen.[268] D'Auria et al. (1999) begründen den negativen Effekt damit, dass die in ihrer Studie untersuchten mittelgroßen und großen Unternehmen in der Lage sind, durch eine höhere Anzahl aktiver Kreditbeziehungen den Wettbewerb zwischen den Banken zu erhöhen und somit ihre Verhandlungspositionen zu verbessern. Dies ist mit einer Auflösung der Monopolsituationen einzelner Banken verbunden und führt in Folge dessen zu geringeren Kreditkonditionen.[269] Auch Angelini et al. (1998) erklären den negativen Effekt in ihrer Untersuchung mit der verbesserten Verhandlungsposition der Unternehmen, die aus mehreren aktiven Kreditbeziehungen resultiert.[270]

Des Weiteren zahlen Unternehmen mit Hausbankstatus in den Untersuchungen bei Uzzi (1999) und Degryse/van Cayseele (2000) geringere Kreditzinsen, während bei Elsas/Krahnen (1998) und Machauer/Weber (1998) kein signifikanter Einfluss vorliegt. Die ersteren Ergebnisse stehen im Einklang mit den Modellvorhersagen von Fischer (1990), Petersen/Rajan (1995) oder auch Boot/Thakor (1994). Darüber hinaus stellt Uzzi (1999) ebenso fest, dass das „*Cross-Selling*" zu niedrigeren Kreditzinsen führt.[271] Dieses Ergebnis lässt sich damit erklären, dass eine Quersubventionierung der Kreditzinsen erfolgt. Unternehmen, die neben den Kreditfinanzierungen noch weitere Produkte beziehen, kommen in den Genuss geringerer Kreditkonditionen, da die Bank weitere Erträge generiert, die sie bei der Kalkulation der Kreditzinsen berücksichtigen kann.

2.2.3.2 Resultate zu den Kreditsicherheiten

Im Gegensatz zu den Kreditzinsen sind die Ergebnisse hinsichtlich des Einflusses der Dauer der Kreditbeziehung auf die Kreditsicherheiten eindeutig. In fast

266 Vgl. Angelini et al. (1998), S. 938.
267 Vgl. Petersen/Rajan (1994), S. 13.
268 Vgl. Petersen/Rajan (1994), S. 16.
269 Vgl. D'Auria et al. (1999), S. 1088 f. und S. 1091.
270 Vgl. Angelini et al. (1998), S. 942.
271 Vgl. Uzzi (1999), S. 497.

allen Studien geht von der Dauer der Kreditbeziehung ein negativer Einfluss auf die Höhe der Kreditsicherheiten aus.[272] Lediglich Machauer/Weber (1998) weisen einen leicht positiven Effekt nach.[273] Die empirischen Ergebnisse bestätigen somit die theoretischen Modellvorhersagen von Boot/Thakor (1994), wonach die Forderung der Bank nach Kreditsicherheiten im Verlauf einer Kreditbeziehung abnimmt.

Die Anzahl der Kreditgeber eines Unternehmens hat bei Machauer/Weber (1998) einen negativen Effekt auf die zu stellenden Kreditsicherheiten, während bei Harhoff/Körting (1998) ein positiver Effekt vorliegt.[274] Letzteres Ergebnis lässt sich damit erklären, dass Banken bei einer höheren Anzahl von Kreditgebern bestrebt sind, ihr Risiko zu verringern und daher mehr Sicherheiten von einem Kreditnehmer fordern. Auf der anderen Seite kann das Ergebnis bei Machauer/Weber (1998) damit erklärt werden, dass das Repertoire an Sicherheiten eines Unternehmens beschränkt ist, so dass bei einer höheren Anzahl aktiver Kreditgeber ein Unternehmen im Durchschnitt für jeden Kreditgeber weniger Sicherheiten hat. Hinsichtlich des Hausbankstatus sind die Ergebnisse eindeutig. Hausbanken erhalten mehr Kreditsicherheiten als die anderen kreditgebenden Banken.[275] Dies lässt sich damit begründen, dass Hausbanken gegenüber den anderen Kreditinstituten einen Informationsvorteil hinsichtlich der Verfügbarkeit und der Werthaltigkeit der Vermögensgegenstände eines Unternehmens, die zur Sicherheitenstellung in Frage kommen, haben und deshalb ein höheres Besicherungsniveau erzielen können.[276]

2.2.3.3 Resultate zur Kreditverfügbarkeit

Die Ergebnisse hinsichtlich des Einflusses der Kreditbeziehungsdauer auf die Kreditverfügbarkeit sind eindeutig. In vier Studien hat die Dauer der Kreditbeziehung einen positiven Einfluss auf die Kreditverfügbarkeit[277], während bei Harhoff/Körting (1998), Machauer/Weber (1998) oder Uzzi (1999) kein signifikanter Effekt vorliegt. Die empirischen Ergebnisse bestätigen somit die theoretischen Modellvorhersagen von Petersen/Rajan (1995), wonach Banken im Zeitverlauf

---

272 Vgl. Berger/Udell (1995), S. 374 ff., Harhoff/Körting (1998), S. 1337 f., Degryse/van Cayseele (2000), S. 105, Lehmann/Neuberger (2001), S. 351, Lehmann et al. (2004), S. 35 sowie Brick/Palia (2007), S. 465 ff.

273 Vgl. Machauer/Weber (1998), S. 1370 f. Der Effekt ist allerdings ökonomisch sehr gering und nur beim 10%-Niveau signifikant.

274 Vgl. Harhoff/Körting (1998), S. 1337 f. und Machauer/Weber (1998), S. 1370 f.

275 Vgl. Machauer/Weber (1998), S. 1370 f., Degryse/van Cayseele (2000), S. 105 sowie Lehmann/Neuberger (2001), S. 351.

276 Vgl. Machauer/Weber (1998), S. 1371.

277 Vgl. Petersen/Rajan (1994), S. 27, Angelini et al. (1998), S. 945, Cole (1998), S. 974 sowie Lehmann/Neuberger (2001), S. 352.

einer Kreditbeziehung die Kreditnehmerqualität eines Unternehmens besser einschätzen können und demnach keine Kreditrationierung mehr betreiben müssen. Darüber hinaus lässt sich konstatierten, das die Anzahl aktiver Kreditbeziehungen eines Unternehmens einen negativen Einfluss auf die Kreditverfügbarkeit hat.[278] Banken sind demnach eher bereit, Kreditmittel auszureichen, wenn nur wenig weitere Banken Kreditfinanzierungsbeziehungen mit einem Unternehmen unterhalten.

Außerdem zeigen die empirischen Ergebnisse sehr deutlich die besondere Rolle der Hausbank auf. In allen Untersuchungen, die den Hausbankstatus als erklärende Variable berücksichtigen, war der Parameter positiv signifikant.[279] Dieses Ergebnis steht im Einklang im den theoretischen Modellvorhersagen von Fischer (1990), wonach Kreditrationierung durch ein ex post Informationsmonopol der Bank aufgehoben werden kann.[280] Abschließend ist noch festzuhalten, dass auch das Ausmaß an Cross-Selling in einer Kreditbeziehung einen positiven Einfluss auf die Kreditverfügbarkeit hat.[281]

2.2.4 Vertrauen in der Relationship Banking-Forschung

Im folgenden Unterkapitel werden die wesentlichen Eckpunkte zur Rolle von Vertrauen in Bank-KMU-Kreditbeziehungen vorgestellt. Im Anschluss daran werden drei Studien präsentiert, die den Einfluss von Vertrauen in Kreditbeziehungen bereits ansatzweise untersucht haben.

2.2.4.1 Theoretische Arbeiten zu Vertrauen in Bank-KMU-Beziehungen

Die Rolle von Vertrauen in Bank-KMU-Kreditbeziehungen wurde aus durch Dei Ottati (1994), Sjögren (1994), Ferrary (2003) oder Howorth/Moro (2006) approximativ beschrieben. Dei Ottati (1994) stellt in seinem Beitrag heraus, dass Vertrauen zwischen den Unternehmen in einem industriellen Distrikt und in den Beziehungen zwischen Banken und Unternehmen im Speziellen ein wesentlicher

278 Vgl. Petersen/Rajan (1994), S. 27, Harhoff/Körting (1998), S. 1346, Machauer/Weber (1998), S. 1372, Angelini et al. (1998), S. 945 sowie Cole (1998), S. 974.

279 Vgl. Elsas (2001), S. 1310 ff., Machauer/Weber (1998), S. 1372 sowie Lehmann/Neuberger (2001), S. 352.

280 Vgl. Fischer (1990), S. 36 ff.

281 Vgl. Petersen/Rajan (1994), S. 27 f. und Cole (1998), S. 974.

Parameter für den erfolgreichen Verlauf der Geschäftsbeziehungen ist.[282] Durch das wiederholte Aufeinandertreffen der Firmenkundenbetreuer mit Unternehmern kommt es dazu, dass beide Seiten profundes Wissen aufbauen. Das Vertrauen zwischen Bank und Unternehmer hilft, die Risiken der adversen Selektion oder des Moral Hazards zu begrenzen. Dies lässt sich darauf zurückführen, dass der Unternehmer bei einem Fehlverhalten seine persönliche Vertrauensreputation im Distrikt verlieren würde und dementsprechend ebenso mit den anderen Unternehmen keine Geschäfte mehr tätigen könnte.

Für Sjögren (1994) kommt Vertrauen eine besondere Rolle zu, da es hilft, langfristige Kreditbeziehungen zu etablieren, in denen Gepflogenheiten und soziale Routinen positive Wirkungen für die Bank und das kreditnehmende Unternehmen entfalten.[283] Für Ferrary (2003) hat Vertrauen eine besondere Bedeutung, da es neben den klassischen transaktionalen Verfahren eine soziale Kreditwürdigkeitsprüfung für die Bank ermöglicht.[284] Durch die soziale und emotionale Nähe zum Unternehmer erhält der Firmenkundenbetreuer mehr und bessere Informationen und erlangt somit ein besseres Verständnis in Bezug auf die Firma. Vertrauen führt dazu, dass langfristige Beziehungen entstehen, in denen vor allem die Kosten der Informationsbeschaffung für die Bank geringer sind. Für Bank-KMU-Kreditbeziehungen haben erstmalig Howorth/Moro (2006) ein Modell entwickelt, welches die Rolle von Vertrauen umfassend beschreibt (siehe Abbildung 7).[285]

Gemäß des Modells hat Vertrauen einen Einfluss auf die Parameter der Kreditvergabe sowie auf das ex post Verhalten des Kreditnehmers.[286] Zentraler Bestandteil des Modells ist die Bewertung der Vertrauenswürdigkeit des Unternehmers durch die Bank, welche durch den sozialen Kontext, den Charakter der Beziehung sowie durch die Eigenschaften des Unternehmers und des Firmenkundenbetreuers beeinflusst wird. Darüber hinaus spielen auch sekundäre Informationsquellen wie zum Beispiel Jahresabschlüsse oder Informationen durch Dritte bei der Bewertung der Vertrauenswürdigkeit des Unternehmers eine Rolle. Das über die Einschätzung der Vertrauenswürdigkeit gebildete Vertrauen beeinflusst Variablen in zwei Zielgruppen. Zum einen werden die Parameter der Kreditgewährung und zum anderen das ex post Verhalten positiv beeinflusst. In Vertrauensbeziehungen sollten die Unternehmen geringere Kreditzinsen zahlen,

282 Vgl. Dei Ottati (1994), S. 531 ff.

283 Vgl. Sjögren (1994), S. 325.

284 Vgl. hier und im Folgenden Ferrary (2003), S. 682 ff.

285 Vgl. hier und im Folgenden Howorth/Moro (2006), S. 496 ff.

286 Das Modell wurde auf Basis der Erkenntnisse der Relationship Banking Forschung und mittels Feldforschung durch Interviews mit 20 Unternehmern und sechs Bankmanagern von sechs Genossenschaftsbanken in Norditalien in den Regionen Südtirol und Friuli Venezia Giulia entwickelt.

Abbildung 7 – Modell von Howorth/Moro (2006) zur Rolle von Vertrauen in Kreditbeziehungen zwischen Banken und KMU[287]

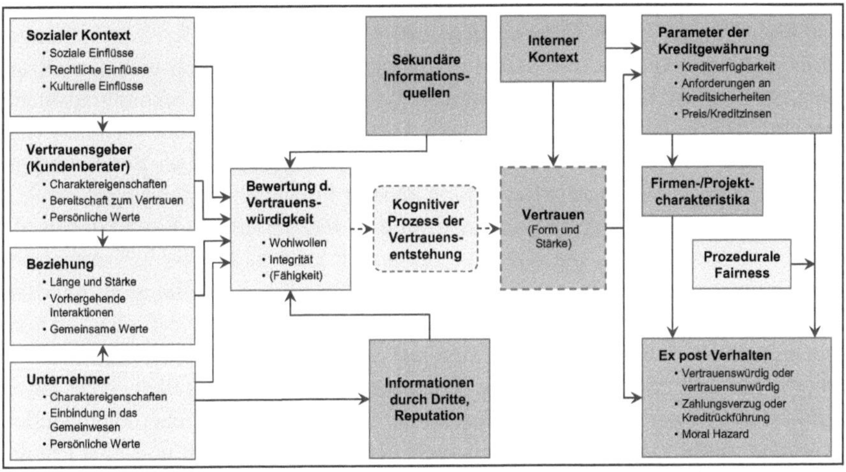

weniger Kreditsicherheiten stellen und eine höhere Verfügbarkeit von Kreditmitteln haben, da für die Bank vor allem das Risiko aus Moral Hazard verringert ist. Darüber hinaus wird der Unternehmer in einer Vertrauensbeziehung immer bestrebt sein, ex post vertrauenswürdig zu handeln und alles tun, um zum Beispiel eine Insolvenz zu vermeiden oder bei anderen Schwierigkeiten die Bank sofort zu informieren.

2.2.4.2 Die Studie von Harhoff/Körting (1998)

Harhoff/Körting (1998) untersuchen den Einfluss enger Bank-KMU-Beziehungen auf die Kreditvergabeparameter für den deutschen Kreditmarkt.[288] Die Intensität der Beziehung wird durch die Dauer der Kreditbeziehung, die Anzahl der Kreditgeber eines Unternehmens sowie das gegenseitige Vertrauen[289] abgebildet. Neben der Beziehungsintensität wird der Einfluss weiterer unabhängiger Variablen ge-

287 In Anlehnung an Howorth/Moro (2006), S. 511.

288 Harhoff/Körting (1998) lehnen ihre Studie methodisch an die Arbeiten von Petersen/Rajan (1994) und Berger/Udell (1995) an. Die Daten wurden von Juli bis Oktober 1997 in einer Umfrage von 1.509 Managern in deutschen KMU erhoben. Für eine Beschreibung der Erhebungsmethodik vgl. Harhoff/Körting (1998), S. 1350 f.

289 Gegenseitiges Vertrauen wird in der Studie über eine einfache Dummyvariable abgebildet. Bei der Datenerhebung wurde vom KMU-Manager eine Einschätzung in Bezug auf das gegenseitige Vertrauensverhältnis zu seiner Hauptbank bei einem Item eingeholt.

testet.[290] Die Ergebnisse der empirischen Studie zeigen, dass die Firmengröße und das Firmenalter einen positiven Effekt auf die Anzahl der aktiven Kreditgeber eines KMU haben. Harhoff/Körting (1998) erklären dieses Ergebnis damit, dass für kleinere und junge Unternehmen der Aufbau mehrerer Kreditbeziehungen aufgrund von Fixkosten unrentabel ist und die Unternehmen sich auch deshalb auf weniger Kreditbeziehungen beschränken, da sie dadurch ihre Verhandlungsmacht bei einer Bank stärken können. Harhoff/Körting (1998) zeigen des Weiteren, dass mit steigender Firmengröße Banken als externe Kapitalgeber an Bedeutung gewinnen, was die verringerte Bedeutung anderer Financiers widerspiegelt.[291]

Die wesentlichen Ergebnisse der Studie in Bezug auf die Kreditzinsen, die Kreditsicherheiten und die Kreditverfügbarkeit sind in Tabelle 9[292] dargestellt. Die Dauer der Kreditbeziehung führt zu einer geringeren Stellung an Kreditsicherheiten, während die Höhe der Kreditzinsen und die Kreditverfügbarkeit nicht beeinflusst werden. Die Konzentration auf wenige Kreditgeber verringert die Sicherheitenstellung und erhöht die Kreditverfügbarkeit. Zusätzlich dazu zahlen größere KMU geringere Kreditzinsen und müssen weniger Sicherheiten stellen, während ältere Firmen ebenso geringere Kreditzinsen zahlen und eine erhöhte Kreditverfügbarkeit aufweisen. Die Einschätzung des KMU-Managers in Bezug auf das gegenseitige Vertrauen zur Bank führt zu niedrigeren Kreditzinsen und einer geringeren Sicherheitenstellung. Entgegen der vielfachen Annahme in den bisherigen Studien weisen Harhoff/Körting (1998) damit erstmals nach, dass Vertrauen neben der Kreditbeziehungsdauer und der Anzahl aktiver Kreditgeber einen eigenen Erklärungsbeitrag auf die Höhe der Kreditzinsen und der Kreditsicherheiten hat.[293]

Ein wesentlicher Kritikpunkt an der Studie von Harhoff/Körting (1998) ist die inhaltliche und messtechnische Umsetzung des Vertrauenskonstrukts. Die in der Studie vorgenommene Vertrauensmessung ist als rudimentär zu bezeichnen, da die Variable lediglich über ein Item erhoben wurde. In anderen empirischen Arbeiten wurde jedoch gezeigt, dass Vertrauen als ein mehrdimensionales Konstrukt zu messen ist.[294] Des Weiteren stellt die Untersuchung von Harhoff/Körting (1998) nicht auf die Sicht der Bank als den eigentliche Kreditentscheidungsträger

290 Diese Variablen umfassen die Firmen-/ Kreditcharakteristika, Management-/ Eigentümerstruktur sowie die Kontrollfaktoren. Vgl. Harhoff/Körting (1998), S. 1328 f. für die Auflistung der Variablen.

291 Vgl. Harhoff/Körting (1998), S. 1331.

292 In Anlehnung an Harhoff/Körting (1998), S. 1331 ff.

293 Harhoff/Körting (1998), S. 1337: „While we do not have information on what determines the evolution of trust in bank-firm relationships, it seems clear that there is more to it than simply time passing by (i.e. duration) or the extent of competition (number of lenders)."

294 Vgl. hierfür beispielhaft die Untersuchungen von Nooteboom et al. (1997) oder Serva et al. (2005).

Tabelle 9 – Signifikante Ergebnisse in der Studie von Harhoff/Körting (1998)[295]

Abhängige Variable	Unabhängige Variable		Wirkung	Erklärungen
	Kategorie	Beschreibung		
Kreditzinsen	Firmen-/Kredit-charakteristika	Firmenalter	Negativ ***	Ältere KMU weisen geringere Kreditzinsen auf
		Anzahl Mitarbeiter	Negativ *	Größere KMU weisen geringere Kreditzinsen auf
		Insolvenzgefahr	Positiv **	KMU mit Insolvenzgefahr (letzten 5 Jahre) weisen höhere Kreditzinsen auf
		Wachstum Mitarbeiterzahl (1995/96)	Positiv ***	Schneller wachsenden KMU weisen höhere Kreditzinsen auf
	Kreditbeziehung	Gegenseitiges Vertrauen	Negativ ***	Gegenseitiges Vertrauen zwischen KMU und Bank reduziert die Kreditzinsen
	Kontroll-variablen	Ostdeutsche Firma	Positiv ***	Ostdeutsche KMU weisen höhere Kreditzinsen auf (noch relativ jung und klein)
		Firma im Stadtgebiet	Positiv **	KMU in städtischen Gebieten weisen höhere Kreditzinsen auf
		Bauindustrie	Positiv **	KMU in diesen Branchen weisen höhere Kreditzinsen auf
		Transportindustrie	Positiv ***	
		Dienstleistungsindustrie	Positiv **	
Kredit-sicherheiten	Firmen-/Kredit-charakteristika	Kreditvolumen	Positiv ***	KMU mit höheren Kreditlinien stellen mehr Sicherheiten
		Anzahl Mitarbeiter	Negativ **	Größere KMU stellen weniger Sicherheiten
		Insolvenzgefahr	Positiv ***	KMU mit Insolvenzgefahr (letzten 5 Jahren) stellen mehr Sicherheiten
		Rechtsform (KG, OHG oder BGB)	Negativ *	KMU als Kapitalgesellschaften stellen weniger Sicherheiten
	Kreditbeziehung	Dauer Kreditbeziehung	Negativ **	KMU in langen Kreditbeziehungen stellen weniger Sicherheiten
		Anzahl Kreditgeber	Positiv **	KMU mit mehreren Kredit-/Bankbeziehungen stellen mehr Sicherheiten
		Gegenseitiges Vertrauen	Negativ **	Gegenseitiges Vertrauen reduziert die Sicherheitenstellung
	Management-/ Eigentümer-struktur	Familieneigener Betrieb	Negativ *	Familieneigene KMU oder KMU mit höherer Anzahl von Top-Managern stellen weniger Kreditsicherheiten
		Anzahl von Top Managern	Negativ *	
	Kontrollfaktoren	Ostdeutsche Firma	Positiv *	KMU aus Ostdeutschland oder aus der Bau- und Handelsindustrie stellen mehr Sicherheiten
		Bauindustrie	Positiv ***	
		Handelsindustrie	Positiv **	
Kredit-verfügbarkeit	Firmen-/Kredit-charakteristika	Firmenalter	Positiv *	Ältere KMU weisen höhere Kreditverfügbarkeit auf
		Insolvenzgefahr	Negativ ***	KMU mit Insolvenzgefahr (letzten 5 Jahre) haben geringere Kreditverfügbarkeit
	Kreditbeziehung	Anzahl Kreditgeber	Negativ **	KMU mit mehreren Bankbeziehungen weisen geringere Kreditverfügbarkeit auf
	Kontrollfaktoren	Ostdeutsche Firma	Negativ **	Ostdeutsche KMU weisen geringere Kreditverfügbarkeit auf
		Firma im Stadtgebiet	Negativ **	KMU in städtischen Gebieten weisen geringere Kreditverfügbarkeit auf
		Handelsindustrie	Positiv ***	KMU in der Handelsindustrie weisen erhöhte Kreditverfügbarkeit auf

Anmerkungen: KMU=Kleine und mittlere Unternehmen; *** Signifikant beim 1% Niveau,** Signifikant beim 5% Niveau,* Signifikant beim 10% Niveau

ab. Aufgrund der fehlenden konzeptionellen und messtechnischen Auseinandersetzung mit dem latenten Konstrukt Vertrauen können daher die Interpretationen bei Harhoff/Körting (1998) nur als oberflächlich bewertet werden.

2.2.4.3 Die Studie von Uzzi (1999)

Uzzi (1999) untersucht in seiner Arbeit, inwiefern die soziale Einbettung von Kreditbeziehungen die Kreditzinsen und die Kreditverfügbarkeit beeinflusst. Die Untersuchung bezieht sich auf Daten aus dem Jahr 1989 für den US-amerikanischen Kreditmarkt.[296] Neben der sozialen Einbettung wird durch Uzzi (1999) die Komplementarität des Bankennetzwerks einer Firma, d.h. die Mischung von sozialen eingebetteten und losen Kreditbeziehungen eines KMU zu weiteren Banken untersucht.[297]

---

295 Darstellung der Ergebnisse in Anlehnung an Harhoff/Körting (1998), S. 1335 ff.

296 Vgl. Uzzi (1999), S. 492. Die Daten stammen aus der *National Survey of Small Business Finances*, die durch die *Federal Reserve Bank* 1989 durchgeführt wurde. Die Untersuchungen von Petersen/Rajan (1994) und Berger/Udell (1995) verwenden den gleichen Datensatz.

297 Vgl. Uzzi (1999), S. 492.

Die signifikanten Ergebnisse bei Uzzi (1999) sind in Tabelle 10[298] dargestellt. Die soziale Einbettung einer Kreditbeziehung führt zu geringeren Kreditzinsen, hat allein aber keinen Einfluss auf die Kreditverfügbarkeit. Uzzi (1999) begründet dies damit, dass ein Unternehmen zuerst die Hürde der Kreditwürdigkeitsprüfung nehmen muss. Erscheint das Kreditrisiko der Bank als akzeptabel, profitieren die Firmen in sozial eingebetteten Beziehungen von geringeren Kreditzinsen, da die Bank eine vielschichtigere Kenntnis in Bezug auf das Unternehmen hat.[299]

Tabelle 10 – Signifikante Ergebnisse in der Studie von Uzzi (1999)

Abhängige Variablen	Unabhängige Variablen		Wirkung	Erklärungen
	Kategorie	Beschreibung		
Kreditzinsen	Einbettung	Dauer der Kreditbeziehung	Negativ **	Längere Kreditbeziehungen weisen geringere Kreditzinsen auf
		Multiplexität der Beziehung[1]	Negativ **	Kreditbeziehungen mit höherer Multiplexität weisen geringere Kreditzinsen auf
		Komplementarität des Banknetzwerks[2]	Negativ ***	Firmen mit hoher Netzwerkkomplementarität weisen geringere Kreditzinsen auf
	Kredit-charakteristika	Kreditsicherheiten	Negativ **	Höher besicherte Kredite weisen geringere Kreditzinsen auf
		Festzinskredit	Positiv ***	Festzinskredite weisen höhere Kreditzinsen auf
	Firmen-charakteristika	Anzahl der Mitarbeiter	Negativ **	Größere Firmen geringere Kreditzinsen
		Umsatzveränderung	Negativ **	Firmen mit höherem Umsatzwachstum haben geringere Kreditzinsen
		Verschuldung 1. Grades	Positiv *	Firmen mit geringerer Liquidität zahlen höhere Kreditzinsen
Kredit-verfügbarkeit	Einbettung	Komplementarität des Banknetzwerks[2]	Positiv **	Firmen mit hoher Netzwerkkomplementarität haben leichteren Zugang zu Bankkapital
		Größe des Banknetzwerks	Positiv **	Firmen mit größerem Banknetzwerk haben leichteren Zugang zu Bankkapital
	Firmen-charakteristika	Durch Frauen geführte Firma	Negativ **	Von Frauen geführte Firmen haben erschwerten Zugang zu Bankkapital
		Alter der Firma	Negativ ***	Jüngere Firmen haben leichteren Zugang zu Bankkapital
		Gesellschaftsform	Negativ **	Kapitalgesellschaften (AG, GmbH) haben erschwerten Zugang zu Bankkapital
		Verschuldung 1. Grades	Negativ ***	Liquidere Firmen haben leichteren Zugang zu Bankkapital
	Regionen-/ Industrie-indikatoren	Ausmaß des Bankenwettbewerbs	Negativ ***	Geringerer Bankenwettbewerb führt zu leichteren Zugang zu Bankkapital
		Nordost	Positiv ***	Firmen in diesen Regionen haben leichteren Zugang zu Bankkapital
		Nord-Zentrum	Positiv ***	
		Süden	Positiv **	

Anmerkungen: 1. Tiefe der Geschäftsverbindung (Anzahl und Art der Services, Konten, usw.) 2. Index errechnet auf Basis des Geschäftsanteils mit einer Bank
*** Signifikant beim 1% Niveau,** Signifikant beim 5% Niveau,* Signifikant bei 10% Niveau

Neben der sozialen Einbettung ist das Bankennetzwerk eines KMU für die Höhe der Kreditzinsen und die Kreditverfügbarkeit von Bedeutung. Ausgewogene Netzwerke, die aus sozial eingebetteten als auch aus losen Beziehungen zu anderen Banken bestehen, führen zu einer erhöhten Kreditverfügbarkeit und niedrigeren Kreditzinsen.[300] Dieses Ergebnis lässt sich so erklären, dass Firmen mit größeren Banknetzwerken über ihre losen Bankverbindungen Marktinformationen hinsichtlich der Verfügbarkeit alternativer Kreditstrukturen und deren Konditionen erlangen. Diese Informationsbasis verbessert für ein Unternehmen den Zugang zu Bankkapitel. Hat ein KMU ein ausgewogenes Banknetzwerk, so kommt es in den Genuss verbesserter Kreditkonditionen, da es zwischen den Informationen aus den losen Beziehungen und den Vorteilen sozial eingebetteter Beziehungen eine Brücke bauen kann. Die Firmen sammeln Marktinformationen über ihre losen Banknetzwerke, wickeln den Großteil ihrer Bankgeschäfte jedoch

298 Darstellung der Ergebnisse in Anlehnung an Uzzi (1999), S. 496 ff.
299 Vgl. Uzzi (1999), S. 497 ff.
300 Die Hypothesen drei und vier werden demnach beide bestätigt.

über ihre Hausbank ab, bei der sie die günstigeren Kreditkonditionen durchsetzen können. Neben der sozialen Einbettung der Kreditbeziehung eines KMU zu einer Bank hat somit die Komplementarität des Banknetzwerks einen wesentlichen Einfluss auf die Kreditverfügbarkeit.

Als ein Hauptkritikpunkt der Studie von Uzzi (1999) muss die messtechnische Umsetzung der sozialen Einbettung genannt werden. Uzzi (1999) verwendet die Dauer der Kreditbeziehung sowie das Cross-Selling als Maße zur Abbildung der sozialen Einbettung.[301] Die Erkenntnis, dass die Dauer der Kreditbeziehung einen Einfluss auf die Kreditzinsen hat, ist jedoch nicht neu. Im Gegenteil, der negative Einfluss der Kreditbeziehungsdauer auf die Kreditzinsen wurde bereits durch Berger/Udell (1995) für den gleichen Datensatz ermittelt.[302] Erstaunlicherweise stellt Uzzi (1999) jeweils für die Dauer der Kreditbeziehung und das Cross-Selling keinen signifikanten Einfluss für die Kreditverfügbarkeit fest, obwohl dies durch Petersen/Rajan (1994) für die Kreditbeziehungsdauer für dieselbe Datenbasis nachgewiesen werden konnte.[303] Zwar reichert Uzzi (1999) seine Untersuchung mit Ergebnissen aus Interviews mit Firmenkundenbetreuern an[304] und findet dabei die besondere Rolle von Vertrauen bestätigt. Da jedoch Harhoff/Körting (1998) bereits feststellt, dass die Kreditbeziehungsdauer nur ein unzureichender Proxy zur Abbildung von Vertrauen ist, sind die Aussagen von Uzzi (1999) hinsichtlich des Einflusses von Vertrauen als empirisch nicht ausreichend fundiert zu bewerten.

2.2.4.4 Die Studie von Lehmann/Neuberger (2001)

Lehmann/Neuberger (2001) untersuchen den Einfluss sozialer Interaktionsparameter auf die Kreditzinsen, die Kreditsicherheiten und die Kreditverfügbarkeit. Die Daten der Untersuchung wurden 1997 in einer Umfrage bei Firmenkundenbetreuern in allen drei Bankensektoren in Deutschland erhoben.[305] Lehmann/Neuberger (2001) testen drei Gruppen unabhängiger Variablen, die jeweils die Kategorien Firmen-/Transak-tionscharakteristika, Beziehungscharakteristika so-

301 Vgl. Uzzi (1999), S. 493.

302 Vgl. Berger/Udell (1995), S. 364.

303 Vgl. Petersen/Rajan (1994), S. 27. Eine mögliche Ursache für die Erkenntnisdiskrepanz kann darin gesehen werden, dass Petersen/Rajan (1994) den Anteil verspätet gezahlter Lieferantenkredit als ein Proxy für die Kreditverfügbarkeit verwendet, während Uzzi (1999) die Annahme oder Ablehnung des Kreditantrags eines KMU als abhängige Variable verwendet. Vgl. Uzzi (1999), S. 492.

304 Vgl. Uzzi (1999), S. 485 ff.

305 Vgl. Lehmann/Neuberger (2001), S. 346. In der Befragung wurden die Leiter aufgefordert, sich auf Kreditanträge von KMU in einer Größenordnung von DM 10 bis DM 100 Mio. zu beziehen.

wie die soziale Interaktion abdecken.[306] Die signifikanten Ergebnisse der Untersuchung sind in Tabelle 11[307] dargestellt. KMU mit besseren Kreditratings zahlen geringere Kreditzinsen und haben eine erhöhte Kreditverfügbarkeit. Größere KMU stellen weniger Sicherheiten und zahlen geringere Kreditzinsen, während jüngere Firmen mehr Sicherheiten stellen müssen. KMU mit schlechteren Kreditratings müssen weniger Kreditsicherheiten stellen. Lehmann/Neuberger (2001) führen hier zwei Erklärungsansätze an: Einerseits sind Kreditnehmer mit guter Bonität eher in der Lage, mehr Sicherheiten zu stellen. Andererseits kann das Kreditrating auch eine endogene Variable darstellen, da Kreditnehmer mit besseren Ratings im Besitz von mehr Sicherheiten sind.[308]

Die beziehungsspezifischen Variablen spielen hinsichtlich der Kreditsicherheiten und der Kreditverfügbarkeit eine Rolle, sind jedoch ohne Einfluss auf die Kreditzinsen. In langen Kreditbeziehungen werden weniger Kreditsicherheiten verlangt, während KMU in kurzen Kreditbeziehungen eine geringere Kreditverfügbarkeit haben. Zusätzlich dazu stellen Lehmann/Neuberger (2001) fest, dass Hausbanken mehr Sicherheiten erhalten und weniger restriktiv bei der Kreditvergabe sind. Sie interpretieren dieses Ergebnis damit, dass Hausbanken für KMU erste Anlaufstelle für die externe Finanzierung sind und sich somit die Wahrscheinlichkeit hinsichtlich der Sicherheitenstellung erhöht.

Die sozialen Interaktionsparameter haben sowohl auf die Kreditzinsen als auch auf die Kreditverfügbarkeit einen Einfluss.[309] Eine hohe Stabilität der Beziehung führt zu niedrigeren Kreditzinsen, während ein stärkerer Informationsfluss zu höheren Kreditzinsen führt. Höhere Kreditzinsen bei stärkerem Informationsaustausch werden durch Lehmann/Neuberger (2001) auf die Erwartungshaltung der Bank hinsichtlich einer höheren Insolvenzgefahr zurückgeführt. Des Weiteren führen die positiven Erfahrungen mit Kreditnehmern als auch der erhöhte Informationsfluss zu einer erhöhten Kreditverfügbarkeit für ein Unternehmen.

Auch wenn Lehmann/Neuberger (2001) die Forschung zum Relationship Banking um verhaltensorientierte Aspekte erweitern, sind die empirische Umsetzung des Vertrauenskonstrukts[310] und teilweise auch die gewählten Ergebnis-

306 Dabei testen Lehmann/Neuberger (2001) drei zentrale Hypothesen, die jeweils die Überlegungen der Theorie der *Financial Intermediation* (Hypothese eins), des *Relationship Bankings* (Hypothese zwei) sowie der *sozialen Interaktionstheorie* (Hypothese drei) abdecken.

307 Vgl. Lehmann/Neuberger (2001), S. 350 ff.

308 Vgl. Lehmann/Neuberger (2001), S. 354.

309 Vgl. Lehmann/Neuberger (2001), S. 353 ff. Die Kreditzinsen werden von der Stabilität der Beziehung und dem Informationsfluss beeinflusst, während die Kreditverfügbarkeit durch Erfahrung und Informationsfluss beeinflusst ist. Hinsichtlich der Kreditsicherheiten lag keine statistische Signifikanz für den gesamten Block der interaktionsbasierten Variablen vor.

310 Dies wird durch Lehmann/Neuberger (2001), S. 357, auch selbst hervorgehoben: „[...] the social dimensions of a lending relationship are more complex than captured by the current variables."

Tabelle 11 – Signifikante Ergebnisse in der Studie von Lehmann/Neuberger (2001)

Abhängige Variablen	Unabhängige Variablen		Wirkung	Erklärungen
	Kategorie	Beschreibung		
Kreditzinsen	**Financial Intermediation**	*Kreditrating*	*(Positiv ***)*	Cluster aller Variablen statistisch nicht signifikant *KMU mit schlechterem Rating zahlen höhere Kreditzinsen*
		Firmengröße	*(Negativ *)*	*Größere KMU zahlen geringere Kreditzinsen*
	Relationship Banking	Kreditnutzung (nicht spezifizierte Verwendung)	Positiv ***	Kredite mit unspezifizierter Verwendung weisen höhere Kreditzinsen auf
		Kreditnutzung (Ersatzinvestition)	Negativ *	Kredite mit spezifizierter Verwendung weisen niedrigere Kreditzinsen auf
		Rückzahlungsflexibilität	Positiv ***	Höhere Flexibilität bei Kreditrückzahlung führt zu höheren Kreditzinsen
	Soziale Interaktion	Stabilität	Negativ **	Stabile Beziehung führt zu niedrigeren Kreditzinsen
		Information	Positiv *	Stärkerer Informationsfluss führt zu höheren Kreditzinsen
	Kontroll-variablen	Westdeutsche Firmen	Negativ **	Ostdeutsche KMU weisen höhere Kreditzinsen auf
		Management Fähigkeiten	Negativ **	KMU mit besserem Management weisen geringere Kreditzinsen auf
Kredit-sicherheiten	**Financial Intermediation**	Kreditrating	Negativ **	KMU mit schlechterem Kreditrating stellen weniger Sicherheiten
		Firmenalter kleiner 2 Jahre	Positiv **	Jüngere KMU (Alter unter 2 Jahre, 2-6 Jahre) stellen mehr Sicherheiten (höheres Kredit Risiko)
		Firmenalter zwischen 2-6 Jahre	Positiv **	
		Firmengröße	Negativ ***	Größere KMU stellen weniger Sicherheiten (geringeres Kreditrisiko)
		Gesellschaftsform	Negativ *	Kapitalgesellschaften stellen mehr Sicherheiten
	Relationship Banking	Kreditnutzung (nicht spezifizierte Verwendung)	Negativ ***	Kredite ohne spezifizierte Verwendung führen zu geringeren Sicherheiten
		Hausbank	Positiv ***	Hausbanken erhalten mehr Sicherheiten
		Dauer Kreditbeziehung (2-6 Jahre)	Negativ **	KMU mit mittlerer Beziehungsdauer stellen weniger Sicherheiten
	Soziale Interaktion	*Stabilität*	*(Positiv **)*	Cluster aller Variablen statistisch nicht signifikant *Stabile Beziehungen führen zu mehr Sicherheiten*
	Kontroll-variablen	Westdeutsche Firmen	Negativ *	Westdeutsche KMU stellen weniger Sicherheiten
Kredit-verfügbarkeit	**Financial Intermediation**	Kreditrating	Negativ ***	Schlechteres Kreditrating führt zu verringerter Wahrscheinlichkeit einer positiven Kreditentscheidung
	Relationship Banking	Dauer Kreditbeziehung (Erster Kontakt)	Negativ ***	KMU mit kurzen Kreditbeziehungen haben eine geringere Wahrscheinlichkeit einer positiven Kreditentscheidung
		Dauer Kreditbeziehung (kleiner 2 Jahre)	Negativ **	
		Sicherheiten	Positiv ***	Verfügbarkeit verwertbarer Sicherheiten erhöht die Wahrscheinlichkeit einer positiven Kreditentscheidung
		Hausbank	Positiv ***	Hausbankstatus erhöht die Wahrscheinlichkeit einer positiven Kreditentscheidung
	Soziale Interaktion	Erfahrung	Positiv **	Positive Erfahrung aus Vergangenheit erhöht die Wahrscheinlichkeit einer positiven Kreditentscheidung
		Information	Positiv ***	Hoher Informationsfluss erhöht die Wahrscheinlichkeit einer positiven Kreditentscheidung
	Kontroll-variablen	Industrie (Handelssektor)	Negativ **	Kreditverfügbarkeit im Handels- und Dienstleistungssektor ist im Vergleich zu anderen Sektoren unterdurchschnittlich
		Industrie (Dienstleistungssektor)	Negativ *	

Anmerkungen: KMU=Kleine und mittlere Unternehmen; *** Signifikant beim 1% Niveau,** Signifikant beim 5% Niveau,* Signifikant beim 10% Niveau

interpretationen zu hinterfragen. Lehmann/Neuberger (2001) messen Vertrauen nicht direkt, sondern verwenden vier Items, die als Proxys für das Ausmaß an sozialer Interaktion herangezogen werden.[311] Das Ausmaß der sozialen Interaktion zwischen Banken und KMU kann aus ihrer Sicht als ein Proxy für Vertrauen interpretiert werden. Hierfür stellen die Autoren einen Zusammenhang zwischen den vier verwendeten Indikatoren mit den drei Arten des abschreckungs-, wissens- und identifikationsbasierten Vertrauens aus der Arbeit von Fisman/Khanna (1999) her.[312] Dieser Zusammenhang wirkt allerdings konstruiert.[313] Es

311 Konkret verwenden sie a) die Einschätzungen der Firmenkundenbetreuer hinsichtlich der positiven Erfahrung mit den Kunden in der Vergangenheit, b) die Verpflichtung gegenüber dem Unternehmen, c) die Bereitschaft einer Firma, sofort über Probleme zu unterrichten sowie d) die Stabilität der Kreditbeziehung. Vgl. Lehmann/Neuberger (2001), S. 345 ff.

312 Vgl. Lehmann/Neuberger (2001), S. 345 f.

313 Dies zeigt sich vor allem bei einem Blick auf das *Working Paper*, in dem die Umfrage deskriptiv ausgewertet wurde. In dieser Arbeit wird noch kein Zusammenhang zwischen den vorgestellten Indikatoren und den Vertrauensarten nach Fisman/Khanna (1999) hergestellt. Dies lässt darauf schließen, dass dieser Zusammenhang erst nach der Datenerhebung konstruiert wurde. Vgl. hierfür Lindner-Lehmann et al. (1998), S. 20 ff.

ist zum Beispiel fraglich, inwiefern die Stabilität einer Beziehung als ein Proxy für abschreckungsbasiertes Vertrauen angesehen werden kann. Darüber hinaus lässt sich auch nur schwer argumentieren, warum die Verpflichtung der Bank gegenüber dem Kreditnehmer als ein Bestandteil von Vertrauen zu werten ist. Schließlich fehlt die bei latenten Konstrukten grundsätzlich gebotene Prüfung von Reliabilität und Validität der Messung. Es bleibt somit offen, inwiefern die verwendeten Items tatsächlich die soziale Interaktion messen und somit als ein Proxy für Vertrauen herangezogen werden können. Zusammenfassend lässt sich damit konstatieren, dass es in der Arbeit von Lehmann/Neuberger (2001) in Bezug auf die Konzeptualisierung und Operationalisierung von Vertrauen an einer umfassenden Fundierung mangelt.

3. Theoretischer Bezugsrahmen und Hypothesen

Im folgenden Kapitel wird der theoretische Bezugsrahmen für die Rolle von Vertrauen in ökonomischen Beziehungen gelegt. Im ersten Unterkapitel wird hierfür die soziale Einbettung ökonomischer Austauschbeziehungen als wichtige Voraussetzung für den Einfluss von Vertrauen erörtert. Im zweiten Unterkapitel wird die Vereinbarkeit von beschränkter Rationalität und Vertrauen erörtert und zu einem für die Problemstellung dieser Arbeit sinnvollem Verständnis zusammengeführt. Im dritten Unterkapitel werden die Ergebnisse der theoretischen Diskussion kurz zusammengefasst bevor dann abschließend im vierten Unterkapitel die Herleitung der Hypothesen dieser Arbeit erfolgt.

3.1 Soziale Einbettung und Vertrauen

Im folgenden Abschnitt wird die soziale Einbettung als notwendige Bedingung für den Einfluss von Vertrauen auf Paramenter in ökonomischen Beziehungen erörtert. Dabei werden zuerst die Wirkungsweisen sozialer Parameter skizziert und gezeigt, dass diese eine wichtige Rolle spielen können. Anschließend wird auf das Konzept des Sozialkapitals als eine wichtige Größe in sozialen Austauschbeziehungen eingegangen und abschließend in einer Synthese das Zusammenspiel dieses Konstrukts mit Vertrauen erörtert.

3.1.1 Soziale Einbettung ökonomischer Beziehungen

Obwohl der sozialen Einbettung ökonomischer Austauschbeziehungen eine wichtige Rolle zugesprochen wird,[314] werden die Auswirkungen sozialer Parameter in den Theorien des Neo-Institutionalismus meist überhaupt nicht berücksichtigt.[315] Die Ausblendung der sozialen Dimension hat jedoch zur Folge, dass ökonomische Beziehungen nur vereinfacht modelliert und wichtige Aspekte wie der soziale Kontext und soziale Netzwerke, soziale Normen und eben auch Ver-

314 Vgl. Granovetter (1985), S. 487 ff. oder Jonsson (2008), S. 43 f.

315 Uzzi (1996), S. 676: „*'Embeddedness* [...]' *affects economic performance in ways that* [...] *neoinstitutional economic schemes do not address.*" Vgl. hierzu ebenso Uzzi (1997), S. 37, Bromiley/Harris (2006), S. 131 f. oder Gilbert (2007), S. 70.

trauen, die einen Einfluss auf die Transaktions- oder Agency-Kosten haben können, ausgeklammert werden.[316]

Soziale Strukturen spielen in ökonomischen Transaktionsbeziehungen unter anderem deshalb eine wichtige Rolle, weil sie den Austausch von Informationen fördern oder eine Quelle von Belohnungs- und Sanktionsmechanismen sein können.[317] Die Bedeutung sozialer Strukturen ist dabei von der Beziehungsintensität zwischen den Akteuren abhängig, die dadurch bestimmt wird, wie viel Zeit diese miteinander verbringen, welche emotionale Intensität zwischen ihnen vorherrscht oder inwiefern Reziprozität in einer Beziehung eine Rolle spielt.[318] Durch die Berücksichtigung sozialer Strukturen lassen sich zum Beispiel die Preisfeststellung auf Märkten, das Ausmaß der Produktivität von Organisationen[319] oder die Entstehung von Innovationen detaillierter und somit umfassender erklären.[320]

Für die Preisbildung auf Optionsmärkten stellt zum Beispiel Baker (1984) fest, dass die Preise sich nicht wie in der Neoklassik angenommen bei steigender Anzahl der Parketthändler schneller stabilisieren, sondern es zu einer Erhöhung der Volatilitäten kommt.[321] Uzzi (1996) zeigt am Beispiel der New Yorker Beklei-

316 Coleman (1988), S. 96: „[...] persons‘ actions are shaped, redirected, constrained by the social context; norms, interpersonal trust, social networks, and social organization are important in the functioning not only of the society but also of the economy." Vgl. Granovetter (2005), S. 47.

317 Vgl. Granovetter (1985), S. 33. Uzzi (1996), S. 681 f., schildert wie ein Bekleidungshersteller, der seine Produktionskapazitäten nach Asien verlegen möchte, seine engsten Vertragspartner davon persönlich neun Monate vor der geplanten Umsiedlung in Kenntnis setzt. Dieses Verhalten widerspricht der strikten Annahme der Eigennutzmaximierung, da der Hersteller sich dem Risiko aussetzt, in der verbleibenden Zeit nur noch minderwertige Aufträge durch seine Partner zu erhalten. Durch die engen Vertrauensbeziehungen fühlte der Bekleidungshersteller sich jedoch verpflichtet, diese Information so zeitig preiszugeben und seinen Partner sogar bei der Suche nach neuen Produzenten behilflich zu sein.

318 Vgl. Granovetter (1973), S. 1361.

319 In den Bereich der Produktivität von Unternehmen fallen auch die Arbeiten in der Transaktionskostentheorie. Siehe hierfür stellvertretend die Arbeiten von Bromiley/Cummings (1995), Chiles/McMackin (1996) oder Matthes (2007), die Vertrauen, als ein Mechanismus, der zur Senkung von Transaktionskosten führt, untersuchen.

320 Für die Darstellung der Ergebnisse ausgewählter sozioökonomischer Arbeiten vgl. Granovetter (2005), S. 36 ff. Für weitere Arbeiten zur Analyse sozialer Einbettung ökonomischer Interaktionsbeziehungen vgl. zum Beispiel Portes/Sensenbrenner (1993), Romo/Schwartz (1995), Uzzi (1997), DiMaggio/Louch (1998), Dacin et al. (1999), Uzzi/Gillespie (1999), Uzzi/Lancaster (2004), Mizruchi et al. (2006) oder Jonsson (2008).

321 Vgl. Baker (1984), S. 800 ff. Ursache für dieses atypische Preisverhalten liegt darin begründet, dass Händler aufgrund ihrer beschränkten Rationalität und der Gefahr von Opportunismus nur mir einer beschränkten Anzahl bekannter Händler Geschäfte tätigen, zu denen Vertrauensbeziehungen bestehen und in denen soziale Kontrolle ausgeübt werden kann. Steigt die Anzahl der Marktteilnehmer an, so kommt es zu einer Cliquenbildung unter den Händlern. Durch die Größe des Marktes und die unterschiedlichen „*Handelscliquen*" wird die effiziente Kommunikation erschwert, was die gestiegenen Optionspreisvolatilitäten in Märkten mit mehr Händlern erklärt.

dungsindustrie, dass Unternehmen, die eine Mischung an sozial eingebetteten und losen Beziehungen zu Lieferanten unterhalten, eine höhere Wettbewerbsfähigkeit haben.[322] Damit liefert er eine Erklärung dafür, warum die Transaktionskosten nicht nur zwischen, sondern auch innerhalb einer Kooperationsform variieren können.[323] Mizruchi/Stearns (2001) untersuchen, wie Kundenbetreuer für den Abschluss von Kundengeschäften ihre bankinternen Mitarbeiternetzwerke verwenden. Sie zeigen, dass diejenigen Kundenbetreuer, die für die Beschaffung von Informationen und die Genehmigung der Geschäfte nur auf ihre Vertrauenspersonen zugehen, eine geringere Erfolgswahrscheinlichkeit für den Abschluss der Kundengeschäfte haben, da kritische Sichtweisen anderer Mitarbeiter ausgeblendet werden.[324] Des Weiteren zeigt Uzzi/Gillespie (1999), dass die soziale Struktur in den Beziehungen zwischen Banken und KMU einen Erklärungsbeitrag für die Finanzierungsstruktur von Unternehmen hat.[325] Ferrary (2003) argumentiert, dass Banken in Kreditbeziehungen die Kreditwürdigkeitsprüfung in sozial eingebetteten Beziehung auf Basis einer sozialen Risikobewertung vornehmen können.[326] Grundlage hierfür ist der Aufbau einer auf Dauer angelegten Beziehung zwischen dem Firmenkundenbetreuer und dem Unternehmer.[327] Zusammenfassend ist festzuhalten, dass durch die Anerkennung sozialer Parameter ein wesentlich höherer Erklärungsgehalt in Bezug auf die Ergebnisse ökonomischer Austauschbeziehungen erzielt werden kann.

3.1.2 Beziehungsspezifisches Sozialkapital

Die Anerkennung der sozialen Dimension als eine Determinante ökonomischer Transaktionsbeziehungen macht die Entstehung von Sozialkapital erklärbar. Sozialkapital ist eine Ressource, die einem Akteur durch eine soziale Struktur zur Verfügung steht.[328] Während Humankapital sich auf die Fähigkeiten und das Wissen von Individuen bezieht, konstituieren die sozialen Verbindungen zwischen Akteuren Sozialkapital, da sie das menschliche Handeln erleichtern (siehe Abbildung 8).[329]

322 Vgl. Uzzi (1996), S. 694.
323 Vgl. Uzzi (1996), S. 676 und S. 689 f.
324 Vgl. Mizruchi/Stearns (2001), S. 657 ff.
325 Vgl. Uzzi/Gillespie (1999), S. 117 ff.
326 Vgl. Ferrary (2003), S. 678 ff.
327 Vgl. Ferrary (2003), S. 682.
328 Vgl. Coleman (1988), S. F98.
329 Vgl. Coleman (1990), S. 304 f.

Abbildung 8 – Human- und Sozialkapital in einer Drei-Personen-Struktur[330]

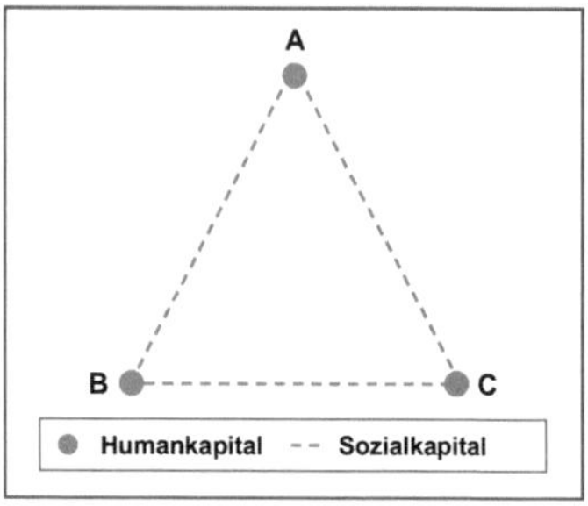

Während das Humankapital sich auf das Wissen eines einzelnen Akteurs bezieht, deckt das Sozialkapital die Beziehungen zwischen den Individuen ab und kann als eine Art „*Rückgriffoption*“ auf das Wissen und die Fähigkeiten anderer Akteure verstanden werden. So wie andere Kapitalformen besitzt auch das Sozialkapital eine produktive Funktion und ermöglicht die Erreichung von Zielen, die sonst nur schwer realisierbar wären.[331] Sozialkapital kann zum Beispiel für die Entstehung des Wissenskapitals in einer Organisation förderlich sein.[332] Darüber hinaus kann Sozialkapital ebenso die Entstehung anderer Kapitalformen wie Humankapital beeinflussen.[333] Im Vergleich zu physischem Kapital ist Sozialkapital nur eingeschränkt fungibel. Die Austauschbarkeit bezieht sich meistens nur auf die Art spezifischer Leistungen und Aktivitäten.[334] Dies lässt sich anhand eines Beispiels verdeutlichen: Verleiht ein Bauer einen Traktor an einen anderen Bauern für die Ausbringung von dessen Saatgut, so begründet er eine Forderung auf zukünftige Gegenleistung gegenüber dem Bauern oder der gesamten Gemeinschaft aller Bauern.[335] Die Austauschbarkeit von Sozialkapital ist in diesem Beispiel deshalb begrenzt, da nur die Bauern innerhalb der Gemeinschaft (und keine Außenstehenden!) Zugriff auf das Sozialkapital haben.

Sozialkapital kann in verschiedenen Ausprägungen vorliegen.[336] So stellen zum Beispiel *interpersonale Obligationen*, die sich aus dem Erbringen von Vor-

330 In Anlehnung an Coleman (1990), S. 305

331 Coleman (1990), S. 302: „Like other forms of capital, social capital is productive, making possible the achievement of certain ends that would not be attainable in its absence.“

332 Vgl. Nahapiet/Ghoshal (1998), S. 250 ff.

333 Vgl. Coleman (1988), S. F109 ff. Kinder bauen zum Beispiel mehr Humankapital auf, wenn sie auf das Sozialkapital in- und außerhalb ihrer Familie zurückgreifen können.

334 Vgl. Coleman (1990), S. 302.

335 Die Gegenleistung kann in einer anderen Form wie zum Beispiel als Unterstützung bei Reparaturarbeiten erbracht werden.

336 Coleman (1990), S. 304 ff. Für eine vertiefende Diskussion zur Entstehung von Sozialkapital über soziale Strukturen vgl. Sandefur/Laumann (1998), S. 485 ff.

leistungen und dem damit abgeleiteten Anspruch auf zukünftige Gegenleistungen ergeben, der *Austausch wertvoller Informationen*, die Handlungsentscheidungen erleichtern oder *Normen und Sanktionsmechanismen*, welche Einzelinteressen von Akteuren hinter die Interessen der Allgemeinheit stellen, unterschiedliche Formen von Sozialkapital dar.[337] Darüber hinaus stellen ökonomische Organisationen selbst eine Form von Sozialkapital dar, da deren Existenz die Erreichung von Zielen zu niedrigeren Kosten ermöglicht, indem in ihr soziale Beziehungen hierarchisch strukturiert und Entscheidungsmacht auf wenige Akteure verteilt wird und potenzielle Trittbrettfahrerprobleme somit durch Autorität gelöst werden.[338] Die ungleiche Verteilung von Macht ist ebenso eine Form von Sozialkapital.[339] Macht manifestiert sich dadurch, dass ein Akteur gegen den Willen anderer Akteure deren Handlungsrestriktionen gestalten oder über deren Ressourcen verfügen kann.[340] Sind soziale Beziehungen durch signifikante Machtunterschiede geprägt, kann allerdings kein Vertrauen in Anschlag gebracht werden, da Macht neben Vertaruen ein funktionales Äquivalent zur Reduktion von Komplexität ist.[341]

3.1.3 Synthese von beziehungsspezifischem Sozialkapital und Vertrauen

Sozialkapital und Vertrauen sind miteinander verknüpft, da sie sich gegenseitig bedingen und durch das Zusammenspiel der beiden Parameter die Entstehung langfristiger, auf Reziprozität angelegter Vertrauensbeziehungen erklärt werden kann.[342] Bezieht sich Sozialkapital auf eine Beziehung und nicht auf ein soziales System, so wird von *beziehungsspezifischem Sozialkapital* gesprochen.[343] Die

337 Vgl. Coleman (1990), S. 306 ff.

338 Coleman (1990), S. 313: „In creating such an organization, an entrepreneur or capitalist transforms financial capital into physical capital in the form of buildings and tools, social capital in the form of the organization of positions, and human capital in the form of persons occupying positions. Like the other forms of capital, social capital requires investment in the designing of the structure of obligations and expectations, responsibility and authority, and norms (or rules) and sanctions which will bring about an effectively functioning organization."

339 Vgl. Coleman (1990), S. 311.

340 Vgl. Ripperger (1998), S. 167.

341 Bachmann (2001), S. 349: „[...] trust is not the only way to reduce complexity and uncertainty. Another mechanism to co-ordinate expectations and to control the dynamics of a social relationship is power." Das Vorliegen unterschiedlicher Machtverteilungen zwischen Akteuren wird in dieser Arbeit nicht analysiert.

342 Vgl. Zand (1972), S. 232 und Coleman (1990), S. 307.

343 Vgl. Ripperger (1998), S. 168.

Entstehung von beziehungsspezifischem Sozialkapital erfolgt im Zusammenspiel mit der Entstehung von gegenseitigem Vertrauen (siehe Abbildung 9).

Abbildung 9 – Entstehung von beziehungsspezifischem Sozialkapital und Vertrauen[344]

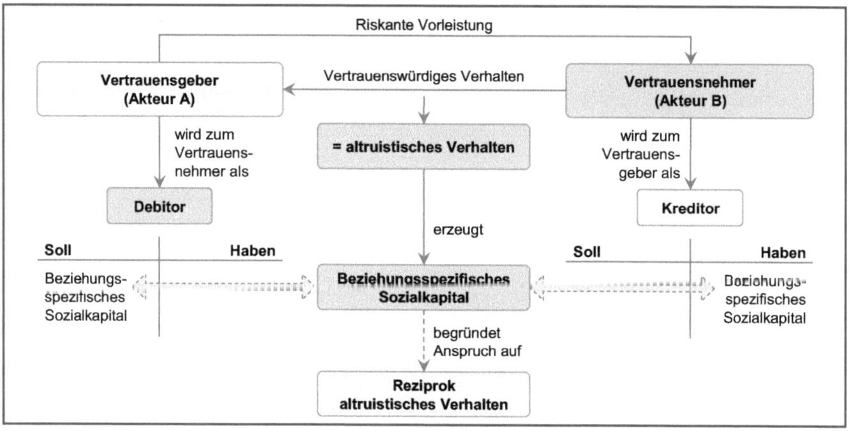

Zu Beginn der Beziehung steht die Platzierung der riskanten Vorleistung durch den Vertrauensgeber und somit das aktive Eingehen von Vertrauen.[345] Bestätigt der Vertrauensnehmer das in ihn gesetzte Vertrauen, so erwirbt er gegenüber dem Vertrauensgeber beziehungsspezifisches Sozialkapital. Die Vertrauensbestätigung durch den Vertrauensnehmer erfolgt dabei unbewusst zum Beispiel aus dem Gefühl der Selbstverpflichtung[346] heraus und führt demnach zur Entstehung von beziehungsspezifischem Sozialkapital.[347] Durch die Bestätigung der riskanten Vorleistung begründet der Vertrauensnehmer den Beginn einer wechselseitigen Vertrauensbeziehung, in der die Rollen des Vertrauensgebers und des Vertrauensnehmers alternieren.[348] Der ursprüngliche Vertrauensnehmer (Akteur B) erlangt hat durch den Erwerb von beziehungsspezifischem Sozialkapital einen Anspruch auf reziprok altruistisches Verhalten gegenüber dem ursprünglichen

344 In Anlehnung an Ripperger (1998), S. 194.

345 Möllering (2002), S. 84 f. sieht in der riskanten Vorleistung aktives Vertrauen: „So besitzt das aktive Vertrauen folgende Eigenschaften: Sein Bezug ist individuell (der einzelne Vertrauensgeber/-nehmer) und seine Gültigkeit ungewiss: es folgt einer innovativen, d.h. experimentellen Methode und geht mit einer hohen Risikowahrnehmung einher, die einen entsprechend aktiven (und schwierigen!) Vertrauenssprung erfordert."

346 Dasgupta (1988), S. 53 merkt hierzu an: „[...] that the mere fact that someone has placed his trust in us makes us feel obligated, and this makes it harder to betray the trust."

347 Vgl. Ripperger (1998), S. 193.

348 Vgl. Coleman (1990), S. 177 ff.

Vertrauensgeber (Akteur A). Als Kreditor nimmt er die Rolle des zukünftigen Vertrauensgebers ein, während Akteur A als Debitor beziehungsspezifischen Sozialkapitals zukünftiger Vertrauensnehmer ist. Ein gleichmäßiger Wechsel zwischen Erwerb und Einlösung beziehungsspezifischen Sozialkapitals muss nicht zwangsläufig erfolgen, sondern es ist möglich, dass ein Akteur dieselbe Rolle über mehrere Perioden ausübt und somit eine Inanspruchnahme *sozialer Konten* erfolgt. Für die dauerhafte Existenz gegenseitiger Vertrauensbeziehungen ist es jedoch notwendig, dass die beanspruchten Konten langfristig durch Gegenleistungen zu einem Ausgleich gebracht werden.[349]

3.2 Beschränkte Rationalität und Vertrauen

In diesem Unterkapitel wird die Auslegung beschränkter Rationalität im Neo-Institutionalismus und deren Vereinbarkeit mit Vertrauen erörtert. Dabei werden zuerst die Annahmen des Neo-Institutionalismus vorgestellt und gezeigt, dass diese nicht im Einklang mit dem Vertrauensphänomen stehen. Im Anschluss wird ein erweitertes Verständnis beschränkter Rationalität dargelegt, um Vertrauen für die Analyse ökonomischer Austauschbeziehungen nutzbar zu machen.

3.2.1 Annahmen des Neo-Institutionalismus

Die Annahmen im Neo-Institutionalismus[350] sind beschränkte Rationalität und Opportunismusgefahr sowie die Anwendung der Forschungsanweisung des methodologischen Individualismus.[351] Mit der Verfolgung des methodologischen Individualismus wird das Ziel ökonomischer Modellbildung verfolgt, Aussagen über soziale Systeme auf einer Makroebene zu generieren.[352] Es handelt sich dabei um eine Forschungsanweisung, gemäß der das Funktionieren von Institutionen oder das Auftreten sozialer Phänomene auf einer Makroebene als Resultat der individuellen Handlungen von Akteuren zu verstehen sind.[353] Zur Analyse

349 Vgl. Sjögren (1994), S. 325.

350 Zum Neo-Institutionalismus werden üblicherweise die Forschungszweige der Property-Rights-Theorie, der Transaktionskostentheorie sowie der Prinzipal-Agenten-Theorie gezählt. Exemplarisch für diese Einteilung vgl. Picot (1991), S. 145 ff.

351 Vgl. Furubotn/Richter (1991), S. 4 f.

352 Vgl. Zayer (2007), S. 81.

353 Vgl. Meyer (2005), S. 2-7.

sozialwissenschaftlicher Phänomene wird auf das Individuum im Rahmen einer Mikrofundierung zurückgegriffen.[354]

Das Zusammenspiel zwischen Makroebene und Mikrofundierung ist in Abbildung 10 veranschaulicht. Es wird deutlich, dass Theorien, die dem methodologischen Individualismus folgen, über eine Mehr-Ebenen-Struktur verfügen.[355] Soziale Phänomene auf der Makroebene werden nicht durch einen Sachverhalt auf der gleichen Ebene erklärt, weshalb auch von einer „*mikrofundierten Makroanalyse*"[356] gesprochen wird. Zum Beispiel erfolgt die Erklärung der „*Steigerung der Inflationsrate*" nicht unmittelbar über die „*Ausdehnung der Geldmenge*", sondern mit Hilfe der tiefer liegenden Mikroebene, indem angenommen wird, dass die „*Ausdehnung der Geldmenge*" zu einer Änderung der Konsumentscheidungen der Akteure führt, die im Aggregat auf der Makroebene eine „*Steigerung der Inflationsrate*" zur Folge hat.[357] Die Forschungsanweisung des methodologischen Individualismus erlaubt es somit, unter Bezugnahme des Akteursverhaltens auf der Mikroebene, inhaltliche Theorien zu entwickeln, die Phänomene auf der Makroebene erklären.[358]

Sämtlichen neoinstitutionalistischen Theorien liegt als Analysekonstrukt des Homo oeconomicus auf der Mikroebene zu Grunde.[359] Es wird unterstellt, dass Akteure ihren Nutzen eigeninteressiert und rational maximieren. Das Analysekonstrukt des Homo oeconomicus, welches auch als ökonomisches Verhaltensmodell bezeichnet wird, lässt sich anhand seiner drei wesentlichen Bestandteile präzisieren: Erstens Individuen haben wahre und stabile Präferenzen, zweitens die Handlungsmöglichkeiten von Individuen werden durch Restriktionen eingeengt und drittens der Entscheidungsprozess eines Individuums ist dann als ratio-

354 Vgl. Zintl (1989), S. 56. Die Mikrofundierung ist strikt von einer Mikrotheorie zu trennen. Eine Mikrotheorie überprüft Hypothesen auf der Mikroebene und hat die Erklärung des individuellen Verhaltens von Akteuren zum Gegenstand. Im Gegensatz dazu ist die Mikrofundierung auf die Generierung und Überprüfung von Hypothesen auf der aggregierten Makroebene zur Erklärung von Makro- bzw. Interaktionsphänomenen ausgerichtet. Der Unterscheidung zwischen Mikrofundierung und Mikrotheorie ist daher von Bedeutung, denn die „[...] *Ansprüche, die an die Mikrofundierung einer Makrotheorie zu stellen sind, sind* [...] *vor allem geringer als die Ansprüche, die man an eine für sich allein betrachtete Mikrotheorie stellen muss.*" (Zintl (1989), S. 57).

355 Vgl. Meyer (2005), S. 6.

356 Gerecke (1998), S. 158. Die Anwendung des methodologischen Individualismus beschränkt sich nicht nur auf Märkte und andere ökonomische Makrophänomene, sondern wird ebenso auf Organisationen ausgedehnt. In diesem Fall lässt sich allgemein von einer *mikrofundierten Interaktionsanalyse* sprechen. Grundsätzlich kann damit die Ökonomik als eine allgemeine Interaktionstheorie aufgefasst werden. Vgl. hierzu Homann/Suchanek (2005), S. 354 ff.

357 Vgl. Meyer (2005), S. 6.

358 Vgl. Lindenberg (1991), S. 50 f.

359 Vgl. Erlei et al. (2007), S. 50 oder Meyer/Heine (2005), .S. 11.

Abbildung 10 – Erklärungsstrategie des methodologischen Individualismus als „Colemansche Badewanne"[360]

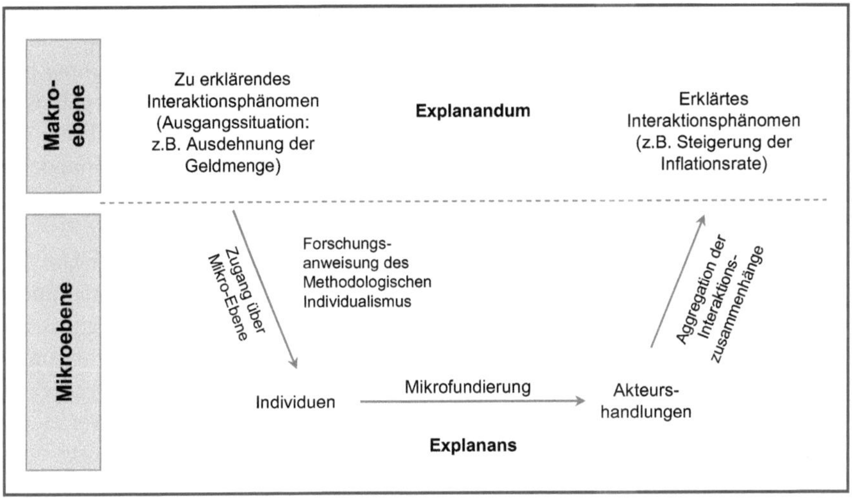

nal zu sehen, wenn die Präferenzen unter den gegebenen Bedingungen bestmöglich erreicht werden.[361]

Im Neo-Institutionalismus gilt die Annahme beschränkter Rationalität[362], die auf institutioneller Ebene (Ebene des Explanandums) beobachtet wird.[363] Ripperger (1998) interpretiert beschränkte Rationalität so, dass „*Individuen in den meisten Entscheidungssituationen nicht alle notwendigen Informationen besitzen* [...]" und „[...] *dass Menschen aufgrund ihrer begrenzten Informationsverarbeitungskapazität nicht fähig sind, Informationen so zu nutzen, dass die resultierenden Entscheidungen grundsätzlich optimal sind.*"[364] Für Hart (1995) äußert sich beschränkte Rationalität darin, dass die Formulierung vollständiger Verträge nicht möglich ist.[365] Aufgrund der unsicheren Zukunft können nicht alle für einen Ver-

360 In Anlehnung an Coleman (1990), S. 10, Gerecke (1998), S. 158, Meyer (2005), S. 5, Heine et al. (2006), S. 4 und Zayer (2007), S. 82.

361 Für eine ausführliche Darstellung der Annahmen des ökonomischen Verhaltensmodells vgl. Hirsch (2007), S. 83 ff.

362 Die Annahme der beschränkten Rationalität wird vor allem in der Transaktionskostentheorie explizit gemacht. Vgl. hierzu Williamson (1993), S. 458.

363 Becker (1993), .S. 402: „Rational individual choice is combined with assumptions about technologies and other determinants of opportunities, equilibrium in market and nonmarket situations, and laws, norms, and traditions to obtain results concerning the behavior of groups."

364 Ripperger (1998), S. 21 f.

365 Vgl. hier und im Folgenden Hart (1995), S. 23.

trag relevanten Kontingenzen vorhergesehen und beim Vertragsschluss berücksichtigt werden. Des Weiteren ist das Schreiben nahezu vollständiger Verträge kostspielig und es besteht das Problem der Verifizierbarkeit des Vertragsinhalts, d.h. die Möglichkeit der Vertragsparteien, den Vertrag so formulieren, dass auch Außenstehende diesen überprüfen und durchsetzen können. Die Annahme beschränkter Rationalität stellt somit darauf ab, dass Akteure Handlungsergebnisse erzielen, die von denen bei Annahme vollständiger Rationalität abweichen. Im Neo-Institutionalismus wird unterstellt, dass Akteure intendiert rational handeln, da sie aufgrund kognitiver oder institutioneller Beschränkungen nicht zu den aus Sicht der Neoklassik objektiv rationalen Handlungsergebnissen gelangen.[366]

Als zweite grundlegende Annahme wird im Neo-Institutionalismus neben der beschränkten Rationalität die Möglichkeit opportunistischen Verhaltens unterstellt. Als Opportunismus wird dabei die Verfolgung von Interessen gegebenenfalls mit List und Tücke verstanden, was sich darin äußern kann, dass Agenten wichtige Informationen bewusst verheimlichen oder nur verzerrt weitergeben oder Aktionen durchführen, um ihren eigenen Nutzen auf Kosten anderer zu erhöhen.[367] Opportunistisches Verhalten kann einerseits vor dem Abschluss von Verträgen durch das gezielte Weglassen von Informationen oder ex post nach Vertragsschluss durch das Ändern geplanter Verhaltensweisen zum Schaden eines Vertragspartners auftreten.[368] Entscheidend bei der Opportunismus-Annahme ist, dass nicht allen Akteuren opportunistisches Verhalten unterstellt wird, sondern es ausreicht, dass nur manche Individuen dauerhaft schädigendes Verhalten an den Tag legen, um Opportunismus zu einer Gefahr werden zu lassen.[369] Zusammenfassend lässt sich festhalten, dass die Möglichkeit zu opportunistischen Verhalten, gepaart mit der Annahme beschränkter Rationalität, das Annahmengerüst im Neo-Institutionalismus bilden, auf dessen Basis die Ausgestaltung optimaler Vertragsstrukturen diskutiert wird.

---

366 Vgl. Williamson (1993), S. 458. Auf der Makroebene lassen sich damit Phänomene erklären, für welche die Neoklassik blind ist. Ein Beispiel hierfür stellt die Existenz von Transaktionskosten dar, deren Höhe über die Abwicklung von Transaktionen am *Markt* oder in der *Hierarchie* entscheidet.

367 Williamson (1993), S. 458: „Opportunism is a self-interest-seeking assumption. By contrast with simple self-interest seeking, according to which economic agents will continuously consult their own preferences but will candidly disclose all pertinent information on inquiry and will reliably discharge all covenants, opportunistic agents are given to self-interest seeking with guile."

368 Vgl. Ripperger (1998), S. 23.

369 Vgl. Ripperger (1998), S. 23.

3.2.2 Beschränkte Rationalität und berechnendes Vertrauen

Die neo-institutionalistische Auslegung beschränkter Rationalität unter Bezugnahme der Forschungsanweisung des methodologischen Individualismus hat dazu geführt, dass Vertrauen in Teilen der Literatur als ein eigennutzmaximierendes und ökonomisch rationales Verhalten von Akteuren verstanden und implizit unterstellt wird, dass es mit der Annahme des Homo oeconomicus im Einklang steht.[370] In diesem Zusammenhang wird von *berechnendem* oder *kalkulierendem Vertrauen* gesprochen. Gemäß diesem Verständnis gelangt der Vertrauensgeber durch die Bewertung der Handlungsabsichten des Vertrauensnehmers zu einer rationalen Erwartungshaltung, die zu einer optimalen Entscheidung führt.[371] Gemäß Ripperger (1998) liegen Vertrauensentscheidungen dann vor, wenn für den Vertrauensgeber der drohende Verlust den möglichen Gewinn in einer Handlungssituation übersteigt und gleichzeitig seine Vertrauenserwartung größer ist als die Erwartung opportunistischen Verhaltens des Vertrauensnehmers.[372]

Williamson (1993) lehnt die Verwendung von *berechnendem Vertrauen* ab, da es für ihn eine *contradictio in adjecto* darstellt.[373] Ökonomische Transaktionen sollten aufgrund der Annahmen von beschränkter Rationalität und Opportunismusgefahr nur mit der Sprache des Risikos und nicht mit der des Vertrauensbegriffs analysiert werden.[374] Vertrauen bleibt für Williamson (1993) auf per-

370 Vgl. beispielhaft Dasgupta (1988), S. 56 ff., Coleman (1990), S. 91 ff., Ripperger (1998), S. 87 ff. oder Ensminger (2001), S. 199.

371 Vgl. Ripperger (1998), S. 114 ff.

372 Vgl. Deutsch (1973), S. 152 ff., Coleman (1990), S. 99 ff. oder Ripperger (1998), S. 89 f.

373 Williamson (1993), S. 463: „Calculative trust is a contradiction in terms."

374 Williamson (1993), S. 485 f.: „[...] calculative relations should be described in calculative terms, to which the language of risk is exactly suited." Ripperger (1998) verteidigt in den Kapiteln 7.1 und 7.2 ihrer Arbeit die Sichtweise des berechnenden Vertrauens gegenüber der Kritik von Williamson (1993). Sie verweist darauf, dass Vertrauen sowohl durch Emotionen oder durch Klugheitserwägungen motiviert sein kann und unterstellt, dass Williamson (1993) Vertrauen auf der Basis von Klugheitserwägungen jegliche moralische Qualität aberkennt. Williamson (1993) trenne, so Ripperger (1998), S. 239, implizit „zwischen moralischen Verhalten und ökonomischen Kalkül." Diese Trennung sei aus moralphilosophischer Sicht jedoch problematisch und lasse eine Ablehnung von berechnendem Vertrauen nicht zu. Der Begründungsansatz von Ripperger (1998) geht allerdings am Kern der Kritik von Williamson (1993) vorbei. Williamson (1993) unterstellt in keiner Weise, dass es einen Widerspruch zwischen moralischem Verhalten und ökonomischem Kalkül gibt, sondern stellt lediglich darauf ab, dass überall dort, wo das ökonomische Verhaltensmodell (Eigennutz- und Rationalitätsannahme) als grundlegende Handlungsprämisse unterstellt wird, Vertrauen als Erklärungsgröße überflüssig wird. Hierzu Williamson (1993), S. 469: „If calculative relations are best described in calculative terms, then diffuse terms, of which trust is one, that have mixed meanings should be avoided when possible." Eine ähnliche Sichtweise zum Spannungsfeld von rationaler Kalkulation und

sönliche Beziehungen wie zum Beispiel Freundschaften beschränkt.[375] Craswell (1993) führt in seiner Replik auf Williamson (1993) an, dass Vertrauen nicht auf der Ebene des Explanans, jedoch als Bestandteil des Explanandums mit Hilfe des *Rational Choice*-Ansatzes analysiert werden kann.[376] Auf der Ebene des Explanans lehnt Craswell (1993) die Erklärung von Verhaltensweisen mittels Vertrauen ebenso wie Williamson (1993) ab, da hier das Eingehen von Risiken anscheinend mittels einer nicht auf rationaler Berechnung fußenden Logik erklärt wird.[377] Als Explanandum ist es aus Sicht von Craswell (1993) jedoch legitim, Vertrauen mit dem *Rational Choice*-Ansatz zu verbinden, da hier die Ursachen von Phänomenen auf der Makroebene analysiert werden.[378]

Die Beschreibung von Vertrauen als einem auf ökonomisch rationaler Berechnung fußendem Verhalten ist in zwei Punkten zu kritisieren. Erstens führt die Verwendung dieses Erklärungsansatzes dazu, dass Situationen beschrieben werden, die im eigentlichen Sinn keine Vertrauensentscheidungen sind, sondern eine reine Risikoabwägung darstellen.[379] Mit diesem Aspekt verknüpft ist die Haltung von Forschern wie Williamson (1993), den Vertrauensbegriff daher gänzlich aus den Analysen ökonomischer Interaktionsbeziehungen zu verbannen, da ex post das Verhalten von Akteuren fast immer als ein ökonomisch rationales Verhalten (als eine Risikoabwägung) interpretiert werden kann. Bei letzterer Argumentation wird jedoch unterstellt, dass der auf ökonomisch-rationaler Berechnung beruhende Ansatz alternativen Erklärungsmustern zum Prozess der Entscheidungsfindung überlegen ist, obwohl in realita Verhaltensmuster wie zum Beispiel Vertrauen auf der Mikroebene vorliegen können.[380] Soziologen wie Lewis/Weigert (1985) oder Luhmann (2000) sehen Vertrauen und rationale

---

Vertrauen wird auch durch Lewis/Weigert (1985) und Luhmann (2000) vertreten. Hierzu Luhmann (2000), S. 116: „Vertrauen ist aber etwas anderes als die begründbare Annahme, richtig zu entscheiden, und deshalb greifen die Kalkülmodelle für richtiges Entscheiden an der Vertrauensfrage vorbei."

375 Williamson (1993), S. 484: „[...] trust, if it obtains at all, is reserved for very special relations between family, friends, and lovers."

376 Vgl. Craswell (1993), S. 488 ff.

377 Vgl. Craswell (1993), S. 487 und S. 492 f. Craswell (1993) lehnt insbesondere den von Lewis/ Weigert (1985) als wesentlichen Bestandteil einer Vertrauensentscheidung beschriebenen *Vertrauenssprung* (*cognitive leap*) ab. Das Verständnis von Vertrauen als Explanans sei überflüssig, da das Verhalten von Vertrauensgebern ex post meist als mit den rationalen Interessen eines Akteurs konform gehendem Handeln interpretiert werden kann.

378 Craswell (1993), S. 489: "[...] in this usage of 'trust,' it is not inconsistent to say that X trusted Y be-cause X calculated that the gains if Y behaved well, discounted by the probability of that outcome, exceeded the expected losses if Y behaved badly."

379 Vgl. Williamson (1993), S. 469 ff., der die von Coleman (1990) genannten Beispiele für Vertrauenssituationen aus der Perspektive rationaler Kalkulation analysiert.

380 Vgl. Bromiley/Harris (2006), S. 133 f.

Vorhersage als funktionale Äquivalente, die beide zur Reduktion von Unsicherheit durch handelnde Akteure Verwendung finden.[381] Vertrauen ist daher nicht als rein nutzenmaximierendes Verhalten im Sinne der klassischen ökonomischen Handlungstheorie zu verstehen, da für Vertrauenshandlungen keine explizite Anreizstruktur notwendig ist und Akteure auch allein auf Basis der Einschätzungen der Vertrauenswürdigkeiten anderer Akteure Entscheidungen treffen können.[382]

Der zweite Kritikpunkt in Bezug auf das Verständnis des *berechnenden Vertrauens* bezieht sich auf die in sich unlogische Auslegung beschränkter Rationalität im Neo-Institutionalismus. Wie in Kapitel 3.2.1 ausgeführt, liegt den neoinstitutionalistischen Theorien der Homo oeconomicus als Analysekonstrukt zu Grunde. Mit dieser Annahme wird Vertrauen jedoch obsolet, da der Homo oeconomicus nicht mit der Vertrauensproblematik konfrontiert werden kann.[383] Der Ansatz, Vertrauen auf der Ebene des Explanandums als ökonomisch *berechnendes Verhalten* zu erklären, ist in sich nicht schlüssig, da die Existenz von Vertrauen auf der Mikroebene per definitionem ausgeschlossen wird und sich auf der Ebene des Explanandums daher auch keine Handlungswirkungen von Vertrauen ableiten lassen können.[384] Zusammenfassend lässt sich damit feststellen, dass Vertrauen kein *berechnendes Verhalten* im Sinne eines ökonomischen rationalen Optimierungskalküls ist und daher nicht im Einklang mit der Auslegung beschränkter Rationalität im Neo-Institutionalismus steht.

---

381 Lewis/Weigert (1985), S. 969: „Trust is a functional alternative to rational prediction for the reduction of complexity. Indeed, trust succeeds where rational prediction alone would fail, because to trust is to live as if certain rationally possible futures will not occur." Luhmann (2000), S. 112 ff., geht in Kapitel 12 seiner Arbeit auf das Verhältnis von Rationalität und Vertrauen ein und streicht heraus, dass der Rationalitätsbegriff der Entscheidungstheorien dem Tatbestand des Vertrauens nicht gerecht wird. Hierzu Luhmann (2000), S. 116: "Vertrauen ist kein auswählbares Mittel zu bestimmten Zwecken und erst recht keine optimierungsfähige Zweck/Mittel-Struktur. Vertrauen ist auch keine Prognose, deren Richtigkeit am Eintreffen des vorausgesagten Geschehens gemessen und nach einigen Erfahrungen auf Wahrscheinlichkeitswerte gebracht werden könnte. Derartige im Rahmen von Kalkülmodellen des Entscheidens sinnvolle Techniken haben, wie das Vertrauen auch, die Funktion, Komplexität zu reduzieren." Vgl. ebenso Gilbert (2007), S. 71.

382 Vgl. James (2002), S. 304.

383 Albach (1980), S. 3: „In der Theorie des vollkommenen Marktes bei Sicherheit braucht man kein Vertrauen. Für den homo oeconomicus sind alle Partner gleich – und gleich gute Optimierungsmaschinen."

384 Dies lässt sich anhand eines Beispiels erläutern. Soll zum Beispiel untersucht werden, welchen Einfluss die Einführung einer Croissant-Steuer auf das Konsumverhalten der Pariser hat (Explanandum), so ist dies nur möglich, wenn die Bäckereien und Supermärkte tatsächlich auch Croissants anbieten. Nimmt man jedoch an, dass sich die Pariser Bäckereien als Reaktion auf die angekündigte Steuer weigern, Croissants herzustellen, so existiert auf der Mikroebene das Untersuchungsobjekt „*Croissant*" nicht mehr und sämtliche Analysen auf der Ebene des Explanandums zur Einführung der Steuer müssen daher ins Leere greifen.

Da die Erklärungsstrategie des methodologischen Individualismus auf das Entdecken von Mustern in sozialen Systemen auf der Markoebene abstellt, ist es zwar nicht das Ziel neoinstitutionalistischer Theorien, menschliches Handeln auf der Mikroebene so realitätsnah wie möglich abzubilden, sondern lediglich auf ein einfaches Modell zu reduzieren, welches es erlaubt, das Akteursverhalten im Aggregat zu erklären.[385] Die Annahme des Homo oeconomicus kann daher so lange aufrechterhalten werden, wie soziologische oder psychologische Phänomene keinen systematischen Einfluss auf der Makroebene haben.[386] Vertrauen ist jedoch ein solches Phänomen, das auf der Makroebene zu systematisch anderen Ergebnissen führen kann. Chiles/McMackin (1996) zeigen, dass Vertrauen zu einer systematischen Reduktion von Governancekosten führen kann und dadurch die Wahl zwischen Markt oder Hierarchie als mögliches Kooperationsdesign beeinflusst.[387] Mit Hilfe der Annahme des intendiert rational handelnden Akteurs[388] ließe sich in einer strikten Interpretation diese Verschiebung nicht erklären. Vor diesem Hintergrund wird im folgenden Unterkapitel ein breiteres Verständnis beschränkter Rationalität aufgegriffen. Akteure werden nicht mehr als strenge Nutzenmaximierer, sondern als Individuen verstanden, die Heuristiken zur Entscheidungsfindung nutzen.

3.2.3 Beschränkte Rationalität und Vertrauen als soziale Heuristik

Aus Sicht von Gigerenzer/Selten (2001) sollte bei der Modellierung beschränkter Rationalität nicht auf die Handlungsergebnisse von Entscheidungen, sondern auf

---

385 Vgl. Meyer (2005), S. 6 f.

386 Hierzu Meyer (2005), S. 7: „Im Beispiel der Benzinsteuer genügt ein einfaches Homo-oeconomicus-Modell, das eine rationale Anpassung an die veränderten Handlungsbedingungen annimmt. Mögliche emotionale Reaktionen der Akteure auf eine Erhöhung der Bezinsteuer mögen vielleicht aus psychologischer Sicht interessant sein. Solange diese aber keinen systematischen Einfluss auf das Explanandum, die erwartete Veränderung des Treibstoffverbrauchs haben, sind sie jedoch für die Modellierung der Akteure irrelevant."

387 Vgl. Chiles/McMackin (1996), S. 90 ff. Die Autoren analysieren auf Basis theoretischer Überlegungen im Rahmen der Transaktionskostentheorie den Einfluss von Vertrauen in Bezug auf die Wahl der Kooperationsdesigns Markt und Hierarchie. In der Transaktionskosten- oder Prinzipal-Agenten-Theorie werden diverse Problemstellungen vor allem durch den Verweis auf Vertrauen gelöst, dabei jedoch die ökonomische Rationalitätsannahme auf der Akteursebene implizit aufgehoben. Vgl. hierzu Möllering (2006), S. 27 und Möllering (2006), S. 356, der die Lockerung der Annahme vollständiger Rationalität beispielhaft an den Arbeiten von Chiles/McMackin (1996) und Ensminger (2001) erörtert.

388 Als intendiert rationales Verhalten wird hierbei das rationale Optimierungsverhalten von Akteuren unter den Restriktionen auf der Makroebene verstanden.

den Entscheidungsfindungsprozess beim Individuum selbst abgestellt werden.[389] Die Rationalitätsperspektiven der vollständigen Rationalität oder der Optimierung unter Nebenbedingungen sind für Gigerenzer *„Dämone"*, die keine realistischen Mechanismen für den Umgang mit beschränkter Rationalität darstellen (siehe Abbildung 11).[390]

Ein wesentlicher Kritikpunkt an der Perspektive der vollständigen Rationalität ist, dass die psychologische Plausibilität von Entscheidungssituationen nicht berücksichtigt wird, d.h. die Tatsache, dass Akteure Zeitbeschränkungen unterliegen, beschränkte Verarbeitungskapazitäten und nur unvollständige Informationen haben.[391] Die Perspektive der Optimierung unter Nebenbedingungen[392] ist problematisch, da hier angenommen wird, dass Akteure einen optimalen Abbruchzeitpunkt bei der Informationssuche berechnen können, bei dem der zu erwartenden Nutzen aus weiterer Suche kleiner ist als die Suchkosten.[393] Auch dieses Konzept beschränkter Rationalität unterstellt extrem hohe kognitive Anforderungen an die Akteure.[394]

Abbildung 11 – Rationalitätsperspektiven[395]

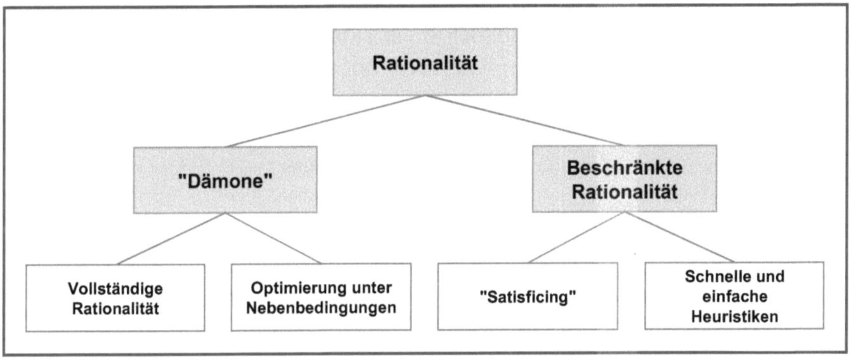

389 Gigerenzer/Selten (2001), S. 4: „[...] models of bounded rationality describe how a judgment or decision is reached (that is, the heuristic processes or proximal mechanism) rather than merely the outcome of the decision [...]".

390 Vgl. Gigerenzer (2001), S. 38 f.

391 Vgl. Selten (1990), S. 651, Gigerenzer (2001), S. 38 oder Bromiley/Harris (2006), S. 136.

392 Der im Neo-Institutionalismus unterstellte intendiert rationale Akteur lässt sich gedanklich dieser Rationalitätsperspektive zuordnen. Vgl. Selten (1990), S. 650.

393 Vgl. Gigerenzer (2001), S. 38.

394 Gigerenzer (2001), S. 38, führt hierzu aus, dass dies zu der paradoxen Annahme führt, dass Akteure mit beschränkter Rationalität das Wissen und auch die ökonometrische Rechenkapazität von statistischen Softwareprogrammen zur Berechnung des optimalen Abbruchszeitpunkts bei der Informationssuche besitzen.

395 In Anlehnung an Gigerenzer (2001), S. 39.

Eine realitätsnähere Auslegung beschränkter Rationalität geht auf Simon zurück, der das Entscheidungsverhalten handelnder Akteure aus einer prozessualen Sicht modelliert und annimmt, dass Akteure nicht optimale, sondern zufrieden stellende Niveaus bei entscheidungsrelevanten Zielvariablen erreichen.[396] Akteure suchen demnach nur so lange nach Alternativen, bis die Anspruchsniveaus bei den relevanten Zielgrößen zu einem ausreichend hohen Maß erfüllt sind. Dieser Prozess der Entscheidungsfindung wird durch Simon (1956, 1978) als *„Satisficing“* bezeichnet.[397]

Neben dem *„Satisficing“* lässt sich gemäß Gigerenzer (2001) beschränkte Rationalität in einem umfassenderen Verständnis als ein *„adaptiver Baukasten“*[398] von schnellen und einfachen Heuristiken verstehen.[399] Heuristiken sind nützliche Abkürzungen, *„Daumenregeln“* oder die Verwendung von Näherungswerten bei der Suche und Auswahl von Entscheidungsalternativen.[400] Sie basieren auf kognitiven und emotionalen Elementen, die den Akteuren das Vorgehen bei der Suche nach Informationen, den Abbruch bei der Informationssuche sowie das Treffen von Entscheidungen erleichtern.[401] Sie zeichnen sich des Weiteren dadurch aus, dass sie meist sehr einfache, jedoch effektive psychologische Algorithmen zur Entscheidungsfindung darstellen, die ggf. auch Regelmäßigkeiten in der Umwelt ausnutzen.[402] Heuristiken sind jedoch nicht situationsübergreifend gültig, sondern jeweils von der spezifischen Aufgaben- oder Problemstellung abhängig.[403]

---

396 Vgl. Simon (1955), S. 99 ff., Simon (1956), S. 129 ff., Simon (1959), S. 272 ff. oder Simon (1978), S. 9 ff. Zu einer kritischen Diskussion der Annahme beschränkter Rationalität vgl. Langlois (1990), S. 691 ff., Hart (1990), S. 696 ff. oder Schlicht (1990), S. 703 ff.

397 Vgl. Simon (1956), S. 129 oder Simon (1978), S. 10. Neben dem *„Satisficing“*, d.h. der Suche von Alternativen mit zufrieden stellenden Anspruchsniveaus, ist ein weiterer Kern des Ansatzes von H.A. Simon die situative Abhängigkeit der Anspruchsniveaus vom Schwierigkeitsgrad der Alternativensuche. Lassen sich Alternativen einfach generieren, so erhöhen Akteure ihre Anspruchsniveaus, während eine schwierige Alternativensuche zu einem Absenken der Anspruchsniveaus führt.

398 Gigerenzer (2001), S. 38, beschreibt dies als eine *„adaptive toolbox“*, die eine Ansammlung spezifischer Heuristiken, welche Akteure je nach Handlungskontext einsetzen, darstellt.

399 Gigerenzer (2001), S. 39 ff.

400 Vgl. Hoffrage/Reimer (2004), S. 439. Eine typische und häufig zitierte Verhaltensheuristik ist die *„Blick-Heuristik“* (*gaze heuristic*), die von Sportlern zum Fangen eines Balls verwendet wird. Nach einem Schuss laufen Sportler sofort grob in die Richtung los, wo sie den Ball ungefähr erwarten. Zum Fangen des Balles passen sie dabei ihre Laufgeschwindigkeit so an, dass der Blickwinkel zum Ball immer konstant bleibt. Diese Heuristik erlaubt es dem Sportler, andere Faktoren wie zum Beispiel die Windrichtung, die Windgeschwindigkeit, den Luftwiderstand oder den Effet des Balles zu ignorieren, da nur der Blickwinkel zum Ball die entscheidende Variable ist.

401 Vgl. Gigerenzer (2001), S. 37 und S. 43 ff.

402 Vgl. Gigerenzer/Selten (2001), S. 7.

403 Vgl. Gigerenzer (2001), S. 42.

Die Auslegung beschränkter Rationalität als ein Set an individuellen Heuristiken steht im Einklang mit dem Verständnis von Vertrauen als einem sozialen Phänomen in Beziehungen zwischen Akteuren.[404] Der Einsatz von Verhaltensheuristiken kann zum einen zur Entstehung positiver Erwartungshaltungen von Akteuren und somit zur Entstehung von Vertrauen beitragen.[405] Auf der anderen Seite lassen sich die Entscheidungs- und Verhaltensmuster, die das Resultat der positiven Vertrauenserwartungen sind, als beziehungsspezifische Verhaltensheuristiken interpretieren.[406] In diesem Sinne lässt sich Vertrauen als eine soziale Heuristik verstehen, die auf spezifischen Routinen, Regeln oder Rollenverständnissen in sozialen Interaktionsbeziehungen basiert.[407] Vertrauen stellt somit eine soziale Entscheidungsheuristik in einer Interaktionsbeziehung dar, die dazu beiträgt, die sich aus beschränkter Rationalität und Opportunismusgefahr ergebende akteursspezifische Unsicherheit zu überwinden.[408]

3.3 Zusammenfassung des theoretischen Bezugsrahmens

In den vorangegangen beiden Unterkapiteln wurde die soziale Einbettung ökonomischer Beziehungen sowie die Auslegung beschränkter Rationalität als Voraussetzungen für die theoretische Analyse von Vertrauen in ökonomischen Interaktionsbeziehungen vorgestellt. Durch die Annahme der sozialen Einbettung wurde gezeigt, dass ein wesentlich höherer Erklärungsbeitrag in der Analyse ökonomischer Austauschbeziehungen erzielt werden kann, da zum Beispiel soziale Normen oder Netzwerke Einklang in das ökonomische Theoriegebäude finden. Des Weiteren ist es mit Hilfe der Erweiterung des Verständnisses beschränkter Rationalität als die Verwendung von einfachen und schnellen Heuristiken durch handelnde Akteure gelungen, Vertrauen in das Theoriegebäude des Neo-Institutionalismus als eine soziale Heuristik zu integrieren. Damit ist der theoretische Bezugsrahmen gelegt, der zusammenfassend in Abbildung 12 überblicksartig dargestellt ist, um im nächsten Schritt das Forschungsmodell zum Einfluss von Vertrauen in Kreditbeziehungen zwischen Banken und kleinen und mittelständischen Unternehmen abzuleiten.

---

404 Vgl. Lewis/Weigert (1985), S. 968.

405 Vgl. Rieskamp/Gigerenzer (2002), S. 43 ff.

406 Vgl. Rotter (1971), S. 445.

407 Möllering (2006), S. 65, führt diesbezüglich an, dass die einer sozialen Beziehung zu Grunde liegenden Regeln, Rollen und Routinen die Grundlage von Vertrauen sind.

408 Vgl. Luhmann (2000), S. 27 f.

Abbildung 12 – Zusammenfassung des theoretischen Bezugsrahmens dieser Arbeit

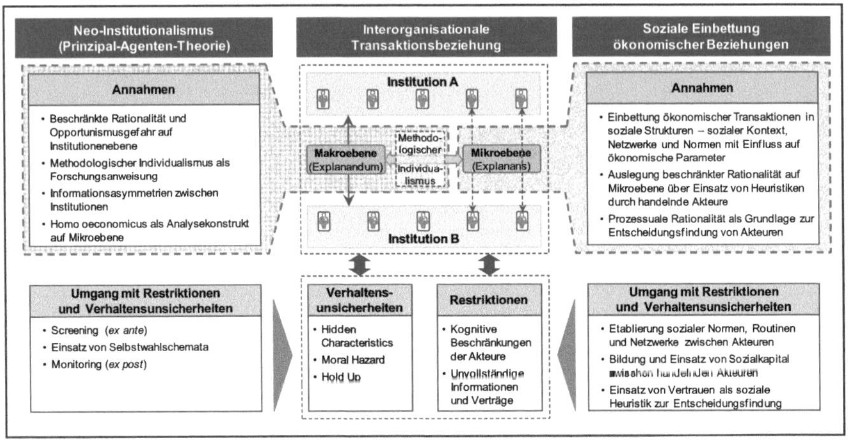

3.4 Ableitung der Hypothesen

In diesem Unterkapitel werden die Hypothesen dieser Untersuchung abgeleitet. Dabei wird im ersten Abschnitt das Forschungsmodell dieser Arbeit kurz beschrieben. Im zweiten Abschnitt wird das Verständnis zu Vertrauen im Kontext von Bank-KMU-Kreditbeziehungen erörtert und darauf aufbauend die erste Hypothese zum Zusammenspiel der organisationalen Vertrauensebenen abgeleitet. Im Anschluss daran erfolgt die Ableitung der Hypothesen zum Einfluss von Vertrauen auf die spezifischen Agency-Kosten von Kreditbeziehungen. Abschließend werden die „*klassischen*" Hypothesen des Relationship Bankings in Bezug auf den Einfluss von Vertrauen auf die Kreditvergabeparameter abgeleitet.

3.4.1 Ableitung des Forschungsmodells

Wie in Kapitel 2.2.1.1 erörtert, treten bei der Finanzierung von Unternehmen über Fremdkapital Agency-Kosten auf, die sich in die drei Blöcke Wohlfahrtsverlust, Monitoring- und Bondingausgaben sowie Insolvenz- und Reorganisationskosten trennen lassen.[409] Des Weiteren wurde in Kapitel 2.2.1.3 gezeigt, dass Banken als Finanzintermediäre deshalb am Kreditmarkt tätig sind, weil für sie

409 Vgl. Jensen/Meckling (1976), S. 342.

die Kosten des Monitorings für einen Kreditnehmer geringer sind, als die Kosten bei Finanzierung durch mehrere Kreditgeber am Kapitalmarkt und sie somit einen komparativen Kostenvorteil haben.[410] Diamond (1984) bezeichnet Banken daher als „*Delegated Monitors*“, die im Auftrag ihrer eigenen Kapitalgeber die Kreditnehmer überwachen.

Darüberhinaus wird Banken die Fähigkeit zugesprochen, Kreditverträge mit Unternehmen im Vergleich zu einzelnen Kreditgebern am Kapitalmarkt, zu niedrigeren Kosten zu verhandeln.[411] Burghof (2000) bezeichnet Banken daher als „*Delegated Contractors*“, die in Anlehnung an die Funktion des „*Delegated Monitors*“ im Auftrag ihrer Kapitalgeber die Kreditverhandlungen zu relativ niedrigeren Kosten durchführen können. Die beiden Rollen des „*Delegated Monitors*“ und „*Delegated Contractors*“ beziehen sich auf den zweiten und wichtigsten Block der Agency-Kosten des Fremdkapitals, die Monitoring- und Bondingausgaben.[412] Dadurch, dass Banken die Kreditverhandlungen und die Monitoringaktivitäten zu relativ niedrigeren Kosten im Vergleich zum Kapitalmarkt durchführen können, kommt es bei der Fremdkapitalfinanzierung über Finanzintermediäre somit übergreifend zu einer Reduktion des Niveaus an Agency-Kosten.[413]

In der bisherigen Argumentation wurde darauf abgestellt, dass Banken die Kreditverhandlungen und das Monitoring im Vergleich zum Kapitalmarkt prinzipiell zu geringeren Kosten durchführen können, hisichtlich einzelner Kreditbeziehungen jedoch keine Unterschiede bestehen. Eine einzelne Kreditbeziehung zwischen einer Bank und einem Unternehmen lässt sich jedoch als eine Prinzipal-Agenten-Beziehung verstehen,[414] in der Verhaltens- oder Ausfallrisiken variieren und daher auch unterschiedlich hohe Kosten bei den Kreditverhandlungen und

---

410 Vgl. Diamond (1984), S. 395 ff.
Darüber hinaus übernehmen Banken weitere Funktionen wie zum Beispiel die Transformation von Liquiditätsflüssen oder die Fristentransformation. Für einen Überblick über die weiteren Funktionen von Banken vgl. Bhattacharya/Thakor (1993), S. 7 ff.

411 Vgl. Burghof (2000), S. 283.

412 Der erste und dritte Kostenblock werden in dieser Arbeit nicht berücksichtigt. Beim ersten Block, dem Wohlfahrtsverlust, wird davon ausgegangen, dass durch die Ausgestaltung der Kreditverträge und das Monitoring der Bank keine nachträglichen Risikoerhöhungen bei den Investitionsprojekten durch die Unternehmen vorgenommen werden. Bei den Insolvenz- und Reorganisationskosten wird davon ausgegangen, dass Vertrauen keinen Einfluss auf die Höhe dieses Kostenblocks hat.

413 An dieser Stelle sei darauf hingewiesen, dass dieses Argument nur dann zutrifft, wenn ein hohes Ausmaß an Informationsasymmetrien zwischen Bank und Unternehmen vorliegt. Ist dies nicht der Fall (wie zum Beispiel bei großen Unternehmen), so verlieren Banken ihren komparativen Kostenvorteil und die Fremdfinanzierung erfolgt verstärkt über Schuldverschreibungen am Kapitalmarkt.

414 Vgl. Binks et al. (1992), S. 36 oder Ferrary (2003), S. 674.

Monitoringaktivitäten implizieren.[415] Aufbauend auf den Funktionen des „*Delegated Contractors*“ und des „*Delegated Monitors*“ lässt sich daher argumentieren, dass für Banken die Agency-Kosten je Kreditbeziehung unterschiedlich sein sollten. Die Konzeptualisierung der in dieser Unterstuchung betrachteten spezifischen Agency-Kosten in Kreditbeziehungen zwischen Banken und KMU ist zusammenfassend in Abbildung 13 (linker Teil) dargestellt.

Des Weiteren wird in der bisherigen Literatur zum Relationship Banking, wie in Kapitel 2.2.4 dargelegt, Vertrauen in Kreditbeziehungen zwischen Banken und Unternehmen als ein Einflussparameter kaum thematisiert. Dies liegt unter anderem daran, dass die Interaktionsbeziehung nicht genau spezifiziert wird und es daher nicht klar ist, ob zwischen der Bank und dem Unternehmern oder zwischen dem Kundenbetreuer und dem Eigentümer (Geschäftsführung) eines Unternehmens die wesentliche Beziehung existiert.[416] In Bezug auf Bank-KMU-Kreditbeziehungen deuten die Ergebnisse anderer Arbeiten darauf hin, dass speziell bei kleineren Banken (wie z.B. Sparkassen) der Firmenkundenbetreuuer bei Kreditentscheidungen eine wichtige Rolle hat, da er neben der Kredit- ebenso die Vertrauenswürdigkeit des Unternehmers einschätzt.[417]

Abbildung 13 – Darstellung des Forschungsmodells dieser Arbeit[418]

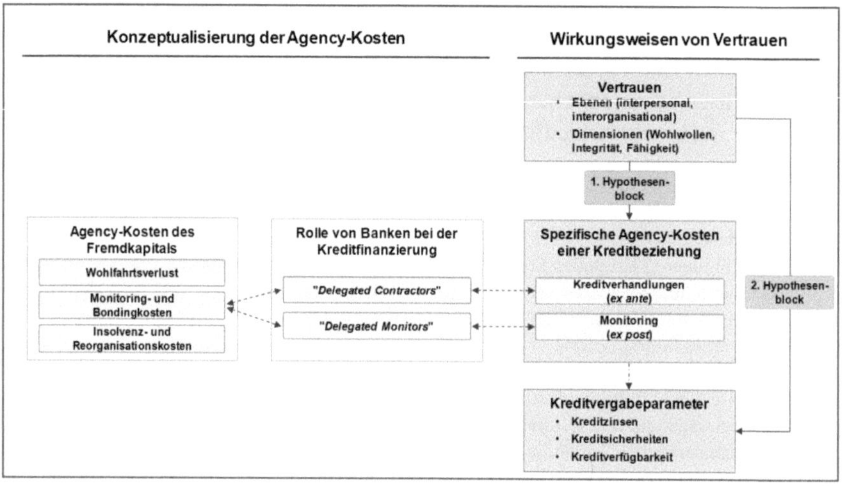

415 Vgl. Blackwell/Winters (1997), S. 277 ff.

416 Vgl. Berger/Udell (2002), S. F33.

417 Vgl. hierfür die Arbeiten von Uzzi (1999), Berger/Udell (2002), Uzzi/Lancaster (2003) oder Howorth/Morro (2006).

418 Aufbauend auf Jensen/Meckling (1976), S. 342, Diamond (1984), S. 398 ff., Burghof (2000), S. 283 und McEvily/Zaheer (2006) (1998), S. 282.

Vertrauen lässt sich allgemein als ein Mechanismus verstehen, der zu einer Reduktion der Agency-Kosten beiträgt.[419] Daher wird angenommen, dass Vertrauen die spezifischen Agency-Kosten in Bank-KMU-Kreditbeziehungen reduziert (Hypothesenblock 1).[420] Des Weiteren führen geringere Agency-Kosten für die Bank zu höheren Gewinnen,[421] was dazu führen sollte, dass die Parameter der Kreditvergabe (Kreditzinsen, Kreditsicherheiten und Kreditverfügbarkeit) in Kreditbeziehungen mit höherem Vertrauen ebenfalls beeinflusst werden sollten.[422] Daher wird im Hypothesenblock 2 der Einfluss von Vertrauen auf die Kreditvergabeparameter analysiert. Das grundlegende Forschungsmodell dieser Arbeit zum Einfluss von Vertrauen in Bank-KMU-Kreditbeziehungen ist gesamthaft noch einmal in Abbildung 13 dargestellt.

3.4.2 Organisationale Vertrauensebenen in Bank-KMU-Kreditbeziehungen

3.4.2.1 Geografische Distanz und Organisationsstruktur

Zur Vergabe von Krediten setzen Banken unterschiedliche „*lending technologies*"[423] ein. Diese Techniken lassen sich in die transaktionsbasierten Verfahren und in das *Relationship Banking* unterteilen.[424] Während bei den transaktionsbasierten Verfahren harte Daten und Fakten verwendet werden, basiert das Relationship Banking auf dem Einsatz weicher Informationen.[425] Die wichtigste Rolle zur Erlangung weicher Informationen und zur Übermittlung harter Informationen hat der Kundenbetreuer.[426] Erst durch seinen regelmäßigen Kontakt zum Unternehmer und den Aufbau einer persönlichen Beziehung kommt die Bank in den Besitz dieser Informationen sowie nützlicher Zusatzerkenntnisse in Bezug auf die harten Fakten, die deren Interpretation erleichtern.

419 Vgl. McEvily/Zaheer, .S. 280 ff.

420 Vgl. McEvily/Zaheer (2006), S. 282 oder Howorth/Moro (2006), S. 512.

421 Howorth/Moro (2006), S. 512: „ From the bank's point of view trust mitigates adverse selection and moral hazard, reduces screening, and monitoring costs and this will lead to increased profits."

422 Vgl. Howorth/Moro (2006), S. 511.

423 Berger/Udell (2006), S. 2947.

424 Vgl. Berger/Udell (2002), S. F36 f., Berger/Udell (2006), S. 2948 ff. oder Howorth/Moro (2010), S. 2 f. Zu den transaktionsbasierten Techniken zählen die Jahresabschlussanalyse, Credit Scoring-Verfahren oder die Kreditvergabe gegen Sicherheiten (Vermögenswerte, Kundenforderungen, usw.).

425 Vgl. Howorth/Moro (2010), .S. 3. Zur Diskussion der Unterschiede zwischen harten und weichen Informationen vgl. Petersen (2004), S. 5 ff. oder Lehmann (2008), S. 25 ff.

426 Vgl. Berger/Udell (2002), S. F39 oder Agarwal/Hauswald (2010), S. 2758.

Damit Banken Relationship Banking betreiben können, müssen zwei grundlegende Strukturparameter erfüllt sein. Erstens sind für den Aufbau persönlicher Beziehungen zwischen dem Kundenbetreuer und dem Unternehmer die geografische Nähe zwischen Bank und Unternehmen sowie eine niedrigere Fluktuation der Kundenbetreuer wichtige Voraussetzungen. Zweitens benötigen Banken dezentrale Entscheidungsstrukturen und wenige hierarchische Ebenen, damit sie bei Kreditentscheidungen weiche Informationen einsetzen können.[427] Auf die Parameter geografische Nähe und Organisationsstruktur wird im Folgenden kurz eingegangen.

Der persönliche Kontakt zwischen dem Kundenbetreuer und dem Unternehmer ist deshalb von großer Bedeutung, da die Bank nur so wertvolle Eindrücke in Bezug auf die Vertrauenswürdigkeit des Unternehmers[428] und hinsichtlich der Charakteristika und Rahmendaten von Finanzierungsvorhaben erlangt.[429] Des Weiteren kann der Kundenbetreuer durch die geografische Nähe der Bank zum Unternehmen ebenso auf Informationen aus lokalen Netzwerken[430] zurückgreifen, um die Reputation eines Unternehmers zu bewerten.[431] Schließlich ist der persönliche Kontakt auch der Baustein zum Aufbau zwischenmenschlicher, von Empathie und Emotionen geprägter Beziehungen, die das Entstehen interpersonaler Vertrauensbeziehungen begründen.[432]

Neben der geografischen Nähe spielt ebenso die Fluktuation der Kundenbetreuer eine wichtige Rolle.[433] Der Wechsel eines Kundenbetreuers geht mit dem Verlust an spezifischem Wissen und Sozialkapital einher, welches durch einen neuen Kundenbetreuers erst wieder aufgebaut werden muss.[434] Eine höhere Fluktuation der Kundenbetreuers in einer Bank hat daher einen negativen Einfluss auf die Stabilität einer Kreditbeziehung, da die Wahrscheinlichkeit eines Bankwechsels durch eine Firma steigt[435] und der Verlust an beziehungsspezifischem Sozialkapital die Kreditverfügbarkeit für das Unternehmen einschränkt.[436]

Mit dem Aufkommen neuer technologischer Verfahren bei der Kreditvergabe wie zum Beispiel bankinterner Firmenkundenratings[437] hat die geografische

---

427 Vgl. Stein (2002), S. 1899 ff. oder Berger/Udell (2002), S. F39.

428 Vgl. Howorth/Moro (2006), S. 504 ff.

429 Vgl. Mattsson (1993), S. 29 und S. 31.

430 Vgl. Berger/Udell (2002), S. 39, Ferrary (2003), S. 678 ff. oder Dei Ottati (1994), S. 541.

431 Vgl. Ferrary (2003), S. 684 f.

432 Vgl. Hawke/Heffernan (2006), S. 150 und Gill et al. (2006), S. 387.

433 Vgl. Ferrary (2003), S. 692 ff. oder Ring/van de Ven (1994), S. 103 f.

434 Vgl. Ferrary (2003), S. 691 ff., Madill et al. (2002), S. 91 f. oder Scott (2006), S. 554 ff.

435 Vgl. Saparito et al. (2004), S. 408 oder Ennew/Binks (1996), S. 11.

436 Vgl. Scott (2006), S. 554 ff. Durch gutes Management der Kundenbetreuerwechsel können Banken jedoch sicherstellen, dass die Zufriedenheit der Unternehmen nicht negativ beeinflusst wird. Vgl. hierzu Madill et al. (2002), S. 92 und S. 95 f.

437 Banken sind gemäß den Mindestanforderungen an das Risikomanagement (MaRisk) aufsichtsrechtlich verpflichtet für jedes Unternehmen aussagekräftige Risikoklassifizierungsverfahren

Nähe zwischen Banken und KMU an Bedeutung verloren.[438] Für den US-amerikanischen Kreditmarkt stellen Petersen/Rajan (2002) fest, dass sich die durchschnittliche Distanz zwischen Banken und Unternehmen von Mitte der 1970er Jahre bis zum Anfang der 1990er Jahre von 16 auf 81 Meilen vergrößert hat und dass ebenso die Kommunikation weniger im persönlichen Gespräch, sondern verstärkt telefonisch oder postalisch stattfindet.[439] Degryse/Ongena (2005) ermitteln für eine belgische Großbank ebenso einen Anstieg der geografischen Distanz um durchschnittlich 30% von 1975 bis 1997.[440] In einer aktuellen empirischen Studie für den US-amerikanischen Kreditmarkt kommen Agarwal/Hauswald (2010) jedoch zum Schluss, dass trotz des verstärkten Einsatzes technischer Verfahren die geografische Nähe und somit der persönliche Kontakt zum Unternehmer zur Erlangung weicher Informationen für Banken noch immer von Bedeutung sind.[441] Im Einklang hiermit stehen die Ergebnisse von Buch (2005) und Corvoisier/Gropp (2009), die beide für den europäischen Kreditmarkt herausfinden, dass eine geringere geografische Distanz zwischen Banken und Unternehmen zu geringeren Kosten bei der Informationsbeschaffung führt.[442]

Neben der geografischen Distanz zwischen Bank und Unternehmen spielt beim Einsatz weicher Informationen auch die Organisationsstruktur[443] und, damit ver-

---

(Firmenkundenrating) einzurichten und auf jährlicher Basis zu aktualisieren. Vgl. hierzu BTO 1.4 (Risikoklassifizierungsverfahren) der MaRisk.

438 Vgl. Petersen/Rajan (2002), S. 2557 ff. oder Degryse/Ongena (2005), S. 242.

439 Vgl. Petersen/Rajan (2002), S. 2537 und S. 2549 ff. Neben den Geschäftsbanken wurden auch andere Kreditgebertypen (z.B. Bausparkassen, Finanzierungsgesellschaften, oder Hypothekenfinanzierer) berücksichtigt. Die geografische Distanz zwischen diesen Kreditgebern und KMU ist größer, hat allerdings auch im Durchschnitt von 51 Meilen in den 1970er Jahren auf 161 Meilen in den 1990er Jahren zugenommen. Petersen/Rajan (2002) zeigen, dass die Zunahme der geografischen Distanz und die unpersönlichere Kommunikation nicht durch die Konsolidierung am Bankenmarkt, Veränderungen am Einlagenmarkt oder gelockerte Kreditvergabepolitiken der Banken erklärt werden kann. Vielmehr führt der Einsatz neuer Informationstechnologien und damit gekoppelt die stärkere Verwendung harter Informationen dazu, dass Banken die Kreditüberwachung auch in größeren Distanzen durchführen und damit auch geografisch weiter entfernte KMU betreuen können.

440 Vgl. Degryse/Ongena (2005), S. 242.

441 Agarwal/Hauswald (2010), S. 2771: „Despite advancements in borrower screening such as credit scoring, banks still rely heavily on soft information gathered through personal contact." Für die Darstellung der empirischen Ergebnisse vgl. Agarwal/Hauswald (2010), S. 2768 ff.

442 Vgl. Corvoisier/Gropp (2009), S. 20 f. und S. 25. Die Studie kommt zu dem Ergebnis, dass die physische Nähe im Kreditgeschäft speziell mit KMU in Europa trotz der Verbreitung des Internets noch von großer Bedeutung ist, da die Informationsbeschaffung für Banken mit hohen *Sunk Costs* verbunden ist (Informationssammlung über lokale Wirtschafts-/Firmenstrukturen). Buch (2005), S. 795 ff., zeigt, dass die geografische Distanz und die damit verbundenen Kosten zur Informationsbeschaffung für Banken bei der Kreditvergabe in das Ausland immer noch von Bedeutung ist und sich im Zeitverlauf (1983-1999) auch nicht geändert hat.

443 Berger/Udell (2002), S. F39.

bunden die Größe[444] einer Bank, eine wesentliche Rolle. Stein (2002) zeigt, dass in Unternehmen mit zentralen Entscheidungsstrukturen die vertikale Diffusion weicher Informationen wesentlich schwieriger ist.[445] Die Konsolidierung und organisationale Neuausrichtung im Bankensektor in den vergangenen Jahren[446] hat dazu geführt, dass größere Institute entstanden sind, in denen die Entscheidungskompetenzen in Zentralen gebündelt wurden und somit die funktionale Distanz in den Banken zwischen Kundenbetreuern und den anderen Kreditentscheidungsträgern zugenommen hat.[447] Eine höhere funktionale Distanz führt dazu, dass größere Banken Kreditentscheidungen auf der Basis harter Informationen und standardisierter Prozesse treffen.[448] Darüber hinaus haben größere Banken eine höhere Anzahl hierarchischer Ebenen und somit komplexere Organisationsstrukturen, was für den Transfer weicher Informationen innerhalb einer Bankorganisation hinderlich ist.[449]

Für den deutschen Kreditmarkt lassen die dargestellten Aspekte den Schluss zu, dass gerade Sparkassen und Genossenschaftsbanken im Gegensatz zu den großen Privatbanken das Relationship Banking als eine Technik der Kreditvergabe einsetzen können. Die Organisationsstruktur der Sparkassen ist dadurch gekennzeichnet, dass die Entscheidungskompetenzen für Kreditbewilligungen dezentral organisiert sind[450] und die funktionale Distanz zwischen den Kundenbetreuern und Sachbearbeitern gering ist.[451] Darüber hinaus ist die geografi-

444 Vgl. Cole et al. (2004), S. 239 ff.

445 Vgl. Stein (2002), S. 1899 ff.

446 Vgl. Goddard et al. (2007), S. 1919 f. für den europäischen sowie Hauswald/Marquez (2006), S. 989, für den US-amerikanischen Bankenmarkt.

447 Vgl. Alessandrini et al. (2009), S. 261 ff. Die größere funktionale Distanz führt dazu, dass aufgrund des möglichen Fehlens ähnlicher kultureller Werte zwischen lokalen Kundenberatern und Mitarbeitern in der Zentrale kein gegenseitiges Vertrauen existiert und somit die Übermittlung weicher Informationen bankintern erschwert wird oder gar nicht mehr möglich ist.

448 Vgl. Berger/Udell (2002), .S. F41. oder Berger/Udell (2006), S. 2952 f.

449 Vgl. Berger et al. (2005), S. 264 ff. oder Liberti (2006), S. 18 ff.

450 Jede Sparkasse hat einen eigenen Vorstand und Verwaltungsrat (siehe Art. 5 (1) bis (3) des bayrischen SpkG) und muss sich als Kreditinstitut (siehe §1 (1) KWG) an die gültigen gesetzlichen Vorgaben bei der Kreditvergabe halten. Hierzu gehören die aufbauorganisatorische Trennung on Markt- und Marktfolgebereichen gepaart mit der Notwendigkeit von mindestens zwei Voten aus Markt- und Marktfolgebereich für Kreditbewilligungen (vgl. BTO 1.1 Abs. 1 und Abs. 2 der MaRisk), die Einrichtung von Prozessen zur Kreditgewährung und Kreditweiterbearbeitung (vgl. BTO 1.2 Abs. 1 der MaRisk) sowie die Bewertung von Adressenaufallrisiken (vgl. BTO 1.2 Abs. 3 bis Abs. 6 der MaRisk).

451 In beiden Sparkassen, die an dieser Untersuchung teilgenommen haben, sind die Abteilungen der Firmenkundenbetreuung und Kreditsachbearbeitung auf derselben Etage angesiedelt und die Zimmer beider Mitarbeitergruppen räumlich häufig nur wenige Meter voneinander entfernt. Im Rahmen der Datenerhebung konnte der Autor dieser Arbeit feststellen, dass zwischen den Firmenkundenbetreuern und Kreditsachbearbeitern ein reger Austausch zu den

sche Distanz zwischen Sparkassen und Unternehmen meistens gering, da die Geschäftsaktivitäten jeder Sparkasse gesetzlich auf den Raum ihres jeweiligen rechtlichen Trägers beschränkt sind (Regionalprinzip).[452] Auf Basis der angeführten strukturellen Parameter lässt sich daher vermuten, dass in den Kreditbeziehungen zwischen Sparkassen und KMU Vertrauen eine wichtige Größe ist.

3.4.2.2 Hypothese zu den organisationalen Vertrauensebenen

Wie in Kapitel 2.1.2.2 ausgeführt, entsteht Vertrauen zuallererst immer in den persönlichen Beziehungen zwischen den handelnden Akteuren. Daher müssen bei der Analyse interorganisationaler Firmenbeziehungen sowohl die persönlichen Vertrauensbeziehungen zwischen den wichtigsten Kontaktpersonen beider Organisationen[453] sowie das Vertrauen der Gruppe von Agenten einer Organisation, die ebenso in der interorganisationalen Beziehung involviert sind, betrachtet werden.[454] Gemäß den rechtlichen Bestimmungen müssen in Banken einer Kreditentscheidung mindestens zwei Personen zustimmen.[455] Neben dem Firmenkundenbetreuer hat dabei der Kreditsachbearbeiter ein Mitspracherecht.[456] Daher werden in dieser Arbeit das interpersonale Vertrauen des Kundenbetreuers in seinen Ansprechpartner sowie das interorganisationale Vertrauen der Bank (abgebildet über die Sichtweisen der Kundenbetreuer und Kreditsachbearbeiter) in das Unternehmen analysiert. Das interorganisationale Vertrauen stellt dabei „[...] *the extent of trust placed in the partner organization by the members of a focal*

---

spezifischen Fragestellungen eines Kreditengagements meist in persönlichen Gesprächen stattfindet.

452 Das Regionalprinzip ist in den Sparkassenordnungen in Verbindung mit den Sparkassengesetzen auf Bundesländerebene verankert. Siehe hierzu beispielhaft § 2 (1) S. 1 der bayrischen SpkO: „*Geschäftsbezirk der Sparkasse ist das Gebiet ihres Trägers, bei Zweckverbandssparkassen der räumliche Wirkungsbereich des Zweckverbands.*“ sowie Art. 1 (1) des bayrischen SpkG: „*Gemeinden, Landkreise sowie Zweckverbände nach dem Gesetz über die kommunale Zusammenarbeit können mit Genehmigung der Aufsichtsbehörde Sparkassen als ihre Unternehmungen nach Maßgabe dieses Gesetzes errichten.*“

453 In der englischsprachigen Literatur werden die in einer interorganisationalen Firmenbeziehung handelnden Agenten auch als *boundary-spanning agents* bezeichnet. Vgl. hierzu beispielhaft Zaheer et al. (1998), S. 142.

454 Vgl. Zaheer et al. (1998), S. 142 ff., Currall/Inkpen (2002), S. 484 ff., McEvily/Zaheer (2006), S. 292 f. oder Janowicz/Noorderhaven (2006), S. 265 ff.

455 Vgl. hierzu BTO 1.1 (Funktionstrennung und Votierung) der MaRisk.

456 Die Entscheidungskompetenzen der Firmenkundenbetreuer und Kreditsachbearbeiter sind in jeder Bank in der jeweiligen Kompetenzordnung geregelt. Je nach Art der Kreditentscheidung (Risikohöhe, Kredithöhe, Blankoanteil, usw.) müssen neben dem Firmenkundenbetreuer und dem Kreditsachbearbeiter ggf. noch die Gruppen- oder die Bereichsleiter, die Vorstände oder in letzter Instanz der Verwaltungsrat einer Sparkasse der Entscheidung zustimmen.

organization.“[457] dar und lässt sich in Bezug auf den Kontext der vorliegenden Arbeit als die geteilte Erwartungshaltung der Kreditentscheidungsträger in ein Unternehmen verstehen.[458] Die in dieser Arbeit betrachteten Vertrauensebenen sind in Abbildung 14[459] dargestellt.

Abbildung 14 – Organisationale Ebenen von Vertrauen in Bank-KMU-Kreditbeziehungen

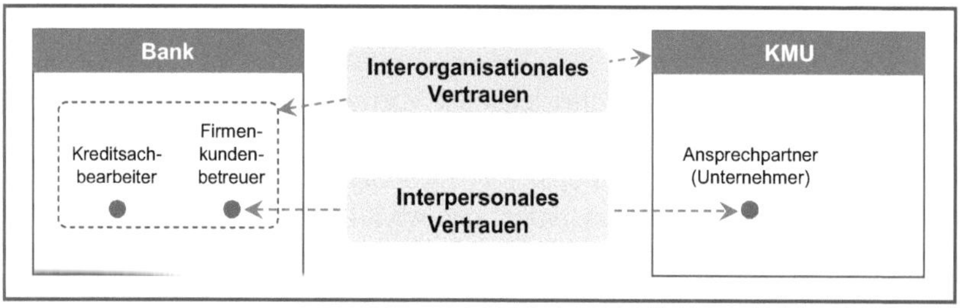

Die Entstehung von interorganisationalem Vertrauen ist dadurch gekennzeichnet, dass der anfänglich formale transaktionale Charakter einer interorganisationalen Firmenbeziehung sich ändert und über die soziale Einbettung der handelnden Akteure es zu einer Institutionalisierung von beziehungsspezifischen Normen und Werten in der Beziehung kommt.[460] Dabei werden die formalen Organisationsrollen der Individuen um persönliche Aspekte erweitert und formelle durch informelle Verträge ersetzt.[461] Innerhalb einer Organisation führen sozio-psychologische Prozesse dazu, dass das interpersonale Vertrauen zwischen den Akteuren das interorganisationale Vertrauen der Bank beeinflusst.[462] Die informellen Routinen zwischen dem Firmenkundenbetreuer und seinem Ansprechpartner werden durch die anderen Entscheidungsträger der Bank (z.B. die Kreditsachbearbeiter oder Gruppenleiter) als spezifische Regeln und Routinen einer Kreditbeziehung übernommen. Im Verlauf der Beziehung verfestigen sich diese informellen Regeln auch über die Dauer der Beschäftigung eines Kundenbetreuers hinaus und werden als beziehungsspezifische Charakteristika durch einen neuen Kundenbetreuer übernommen.[463] In diesem Sinne kann damit auch das interorganisationale Vertrauen das interpersonale Vertrauen beeinflussen. Voraussetzun-

457 Zaheer et al. (1998), S. 142.

458 Zaheer et al. (1998), S. 143: „[…] interorganizational trust describes the extent to which organizational members have a collectively-held trust orientation toward the partner firm […].“

459 In Anlehnung an Zaheer et al. (1998), S. 142.

460 Vgl. Ring/van de Ven (1994), S. 102 ff.

461 Vgl. Ring/van de Ven (1994), S. 102 ff.

462 Vgl. Zucker (1977), S. 727 ff.

463 Vgl. Ring/van de Ven (1994), S. 105 f.

gen für das Zusammenspiel zwischen beiden organisationalen Vertrauensebenen sind einerseits die Stabilisierung der Kreditbeziehung über mehrmalige Interaktionen[464] und andererseits die adäquate organisationale Ausrichtung der Bank, die den Aufbau informeller Routinen ermöglicht.[465] Auf Basis der sachlogischen Überlegungen sowie den Ausführungen in Kapitel 2.1.2.2 lässt sich somit folgende Hypothese formulieren:

Hypothese 1: *Zwischen dem interpersonalen Vertrauen des Kundenbetreuers in seinen Ansprechpartner und dem interorganisationalen Vertrauen der Bank in das KMU existiert eine positive Beziehung.*

3.4.3 Vertrauen und Agency-Kosten

3.4.3.1 Hypothesen zu Vertrauen und den Agency-Kosten

Im folgenden Abschnitt werden die Hypothesen zum Einfluss von Vertrauen auf die Agency-Kosten abgeleitet.[466] Dabei wird in Anlehnung an die Transaktionskostentheorie davon ausgegangen, dass Vertrauen die spezifischen Agency-Kosten in einer Kreditbeziehung reduziert.[467] Die beiden Komponenten der spezifischen Agency-Kosten, die Kreditverhandlungen und das Monitoring, werden dabei über die Qualität (Kosten) der Kreditverhandlungen sowie die Intensität des Monitorings (Kosten) der Bank in Bezug auf ein Unternehmen abgebildet.[468]

Wie im Kapitel 2.1.4.2 erörtert, wird Vertrauen in interorganisationalen Beziehungen, wie zum Beispiel Bank-KMU-Kreditbeziehungen, die Wirkung unterstellt, die Gefahr opportunistischen Verhaltens durch die Partner zu verringern und somit Moral Hazard- und Hold Up-Probleme zu beseitigen.[469] Dies ist darin

464 Vgl. Gulati (1995), S. 92 f.

465 Vgl. Seal (1998), S. 102 f.

466 Da Kreditentscheidungen mindestens immer durch den Firmenkundenbetreuer und den Kreditsachbearbeiter getroffen werden, beziehen sich sämtliche Hypothesen auf das interorganisationale Vertrauen der Bank in das Unternehmen. In Anlehnung an Zaheer et al. (1998), S. 144 ff., wird das interpersonale Vertrauen des Kundenbetreuers in seinen Ansprechpartner als Kontrollvariable in sämtlichen empirischen Analysen berücksichtigt.

467 Zur Senkung der Transaktionskosten durch Vertrauen vgl. beispielhaft Chiles/McMackin (1996), S. 90 ff., Zaheer et al. (1998), S. 153 ff., Dyer/Chu (2003), S. 63 ff., McEvily/Zaheer (2006), S. 280 ff. oder Matthes (2007), S. 145 ff.

468 Zur Diskussion der Kosten (Qualität) von Verhandlungen als ein wesentlicher Bestandteil von Transaktionskosten in interorganisationalen Firmenbeziehungen vgl. Artz (1999), S. 120 und S. 126. Zur Diskussion der Monitoring-Intensität als Bestandteil der Kosten in Kreditbeziehungen vgl. Blackwell/Winters (1997), S. 277 ff.

469 Vgl. Barney/Hansen (1994), S. 177 ff.
Allgemein zu interorganisationalen Firmenbeziehungen

begründet, dass Vertrauen als eine soziale Heuristik die wahrgenommenen Verhaltensspielräume der Partner einengt und beide Seiten sich gegeneinander ein höheres Maß an Vertrauenswürdigkeit unterstellen.[470] Dies führt dazu, dass die Vertragspartner verstärkt relationale anstatt formale Verträge schließen und auf das Schreiben aufwendiger Zusatz- oder Schutzklauseln verzichten.[471] Darüber hinaus führt die verringerte Opportunismusgefahr zu einer Reduktion des wahrgenommenen relationalen Transaktionsrisikos.[472] Auf Basis dieser Überlegungen lässt sich schlussfolgern, dass Vertrauen einen positiven Einfluss auf die Qualität der Kreditverhandlungen haben sollte.[473] Der verringerte Aufwand bei der Ausarbeitung von Kreditverträgen sollte zu einer geringeren Komplexität der Verhandlungen und somit zu einem deutlich beschleunigten Verhandlungsprozess führen. Des Weiteren lässt sich vermuten, dass bei hohem Vertrauen die Notwendigkeit sinkt, Informationen des Partners kritisch zu hinterfragen und ggf. zu überprüfen. Und schließlich wird in einer Vertrauensbeziehung die Bereitschaft, die Vorschläge der anderen Seite schnell und unkompliziert zu akzeptieren, höher sein. Somit lässt sich folgende Hypothese formulieren:

Hypothese 2: *Das interorganisationale Vertrauen der Bank in das KMU hat einen positiven Einfluss auf die Qualität der Kreditverhandlungen.*

In der finanzwissenschaftlichen Literatur wird argumentiert, dass Banken über das Monitoring ihrer Kreditnehmer die Probleme des Moral Hazards und des Hold Ups eingrenzen oder vollständig beseitigen können.[474] Der Begriff des Monitoring wird dabei sehr weit und wenig spezifisch ausgelegt und meistens auf all jene Bankaktivitäten bezogen, die dazu dienen, die Gefahr opportunistischen Verhaltens durch die Kreditnehmer zu verhindern.[475] Wie in Kapitel 2.1.4.2 gezeigt, wird in interorganisationalen Firmenbeziehungen Vertrauen die Wirkung zugesprochen, Moral Hazard- und Hold Up-Probleme zu verringern, da es über ein Framing die Wahrnehmung der Akteure positiv beeinflusst und somit die wahrgenommene Gefahr zu opportunistischem Verhalten verringert. Demnach sollte in Kreditbeziehungen davon auszugehen sein, dass das Vertrauen der Bank in ein Unternehmen die wahrgenommene Opportunismusgefahr verringert und somit zu einem geringeren Kontrollniveau und niedrigeren Monitoringkosten führt.[476]

---

470 Vgl. Luhmann (2000), S. 28 ff.

471 Vgl. Ring/van de Ven (1992), S. 488 ff.

472 Vgl. Nooteboom et al. (1997), S. 320 und S. 324 ff. oder Das/Teng (2001), S. 257.

473 Vgl. Ferrary (2003), S. 685.

474 Vgl. beispielhaft Jensen/Meckling (1976), S. 334 ff., Diamond (1984), S. 394 und S. 409, Diamond (1991), S. 681 ff. Besanko/Kanatas (1993), S. 217 ff. oder Blackwell/Winters (1997), S. 276 f.

475 Vgl. beispielhaft Diamond (1991), S. 690 f., Besanko/Kanatas (1993), S. 214 f. oder Blackwell/ Winters (1997), S. 277 ff.

476 Vgl. Lehmann/Neuberger (2001), S. 345 oder Jonsson (2008), S. 44.

Das Zusammenspiel zwischen Vertrauen und Kontrolle in interorganisationalen Firmenbeziehungen wird in der Literatur jedoch kontrovers diskutiert.[477] Vertrauen wird einerseits als ein Kontrollmechanismus selbst, als ein Substitut für Kontrolle oder als ein komplementäres Konstrukt neben Kontrolle verstanden.[478] Hierbei scheinen vor allem die theoretischen Überlegungen der letzteren Sichtweise durch empirische Ergebnisse Bestätigung zu finden.[479] Die Tatsache, dass Vertrauen neben der Kontrolle ein komplementäres Element darstellt, hat zur Folge, dass für Vertrauen kein direkter Einfluss auf die Art und Anzahl der gewählten Kontrollmechanismen[480] sowie auf das Kontrollniveau selbst unterstellt werden kann.[481] Gemäß Das/Teng (2001) hat Vertrauen einen positiv moderierenden Einfluss auf die Beziehung zwischen dem Einsatz von Kontrollmechanismen und dem durch einen Partner als notwendig erachteten Kontrollniveau.[482] Anders ausgedrückt bedeutet dies, dass Vertrauen die Effektivität der eingesetzten Kontrollmechanismen verbessert.[483] Ausgehend von der Annahme, dass das durch die Bank als notwendig erachtete Kontrollniveau je Kreditnehmer in einer Kreditbeziehung konstant ist, lässt sich damit ceteris paribus folgern, dass höheres Vertrauen die Intensität der Kontroll-/Monitoringaktivitäten verringern sollte. Damit lässt sich für die Wirkung des interorganisationalen Vertrauens der Bank auf die Monitoring-Intensität folgende Hypothese formulieren:

Hypothese 3: *Das interorganisationale Vertrauen der Bank in das KMU hat einen negativen Einfluss auf die Monitoring-Intensität der Bank.*

---

477 Vgl. Das/Teng (1998), S. 495 f., Das/Teng (2001), S. 263 oder Möllering (2005), S. 285 ff.

478 Vgl. Bradach/Eccles (1989), S. 104 ff., Sitkin/Roth (1993), S. 373 ff., Ring/van de Ven (1994), S. 104 f. sowie Das/Teng (1998), S. 495 f.

479 Vgl. Das/Teng (1998), S. 495 ff., Das/Teng (2001), S. 263 f., Woodward/Woodward (2001), S. 357 ff., Lui/Ngo (2004), S. 478 ff. Malhotra/Murnighan (2002), S. 552 ff. oder Gilbert (2007), S. 84.

480 In Bezug auf die Kreditbeziehungen zwischen Banken und KMU bedeutet dies, dass Banken ihre Auswahl an Instrumenten für die Kreditüberwachung (wie z.B. die Jahresabschlussanalyse, die Analyse von Planrechnungen und unterjährigen BWAs oder die Sicherheitenbewertung) nicht vom jeweiligen Vertrauensniveau einer Kreditbeziehung abhängig machen. Dieser Sachverhalt wurde auch in den Interviews mit den Bereichsleitern beider Sparkassen bestätigt.

481 Das/Teng (2001), S. 496:„[...] the level of trust and the level of control may not be related in a strictly inverse manner, if the confidence level fluctuates from partner to partner and from case to case."

482 Vgl. Das/Teng (1998), S. 497 und S. 503.

483 Vgl. Das/Teng (1998), S. 502 f. sowie Das/Teng (2001), S. 264 f. Konkret lässt sich dies so interpretieren, dass die Bank in einer Vertrauensbeziehung zum Beispiel im Rahmen der Jahresabschlussanalyse den durch ein Unternehmen dargelegten Tatsachen mehr Glauben schenkt und daher nicht versucht, das gesamte Zahlenwerk bis ins letzte Detail zu verstehen, sondern sich auf die Analyse der wichtigsten Kennzahlen beschränkt, um die Unternehmensentwicklung nachvollziehen zu können.

3.4.3.2 Hypothesen zu Vertrauen und den Umgang mit Informationsasymmetrien

Wie in Kapitel 2.2.1.1 dargelegt, kann die Beziehung zwischen Kreditgeber und Kreditnehmer als eine Prinzipal-Agenten Beziehung betrachtet werden, bei der für den Kreditgeber aufgrund von Informationsasymmetrien unterschiedliche Verhaltensunsicherheiten (siehe hierzu Kapitel 2.2.1.2) auftreten können. Die Hauptaufgabe von Banken bei der Kreditvergabe ist daher die Beurteilung der Kreditwürdigkeit des Kreditnehmers und somit die Sammlung und Verarbeitung von Informationen, um die Informationsasymmetrien zwischen Bank und Unternehmen zu verringern.[484] Die Informationen über Kreditnehmer können dabei in vielfältigster Weise vorliegen und lassen sich grob als harte oder weiche Informationen klassifizieren.[485] Harte Informationen stellen reine Zahlenwerke dar, für deren Erfassung keine persönliche Interaktion notwendig ist und die frei von der subjektiven Meinung von Akteuren und somit leicht vergleichbar sind.[486] Im Gegensatz dazu gelangt die Bank über den persönlichen Kontakt des Kundenbetreuers mit dem Unternehmer in den Besitz weicher Informationen.[487] Diese Informationen lassen sich meistens nur in Textform oder als ein Zahlenwert auf einer Bewertungsskala speichern.[488] Da weiche Informationen auf der subjektiven Einschätzung eines Kundenbetreuers beruhen, sind sie im Gegensatz zu harten Informationen nur schwer vergleich- und verifizierbar und können daher an andere Entscheidungsträger nur schwer übertragen werden.[489]

Bei der Kreditvergabe können Banken sowohl transaktionsbasierte Verfahren verwenden oder Relationship Banking betreiben.[490] Dies bedeutet jedoch nicht, dass für die Verwendung der einen oder anderen Technik eine strikte Trennung vorliegt. In Abhängigkeit von ihrer strategischen Ausrichtung, den eingesetzten technischen Verfahren oder der jeweiligen Wettbewerbsintensität können Banken in den Kreditbeziehungen jeweils die transaktionsbasierten Verfahren anwenden und Relationship Banking gleichzeitig betreiben.[491] Während die transaktionsbasierten Verfahren ausschließlich auf den Einsatz harter Informationen basieren, verlässt sich die Bank beim Relationship Banking verstärkt auf weiche Informationen. Dabei hat der Kundenbetreuer eine besondere Funktion, da er die harten Fakten am besten interpretieren kann, weiche Informationen besitzt und somit

484 Vgl. Petersen (2004), S. 2.
485 Vgl. Petersen (2004), S. 3 ff.
486 Vgl. Petersen (2004), S. 6 f.
487 Vgl. Berger/Udell (2002), S. F39.
488 Vgl. Petersen (2004), S. 7. Lehmann (2008), S. 23 f.
489 Vgl. Berger/Udell (2002), S. F39.
490 Vgl. Berger/Udell (2002), S. F36 ff. oder Berger/Udell (2006), S. 2948 ff.
491 Vgl. Boot/Thakor (2000), S. 680.

in der Lage ist, beide Informationstypen miteinander sinnvoll zu kombinieren.[492] Mit dem verstärkten Einsatz technischer Verfahren bei der Kreditvergabe und der damit einhergehenden Standardisierung der Entscheidungsprozesse und der Erhöhung der funktionalen Distanzen zwischen den Entscheidungsträgern haben bei größeren Banken die harten Informationen an Bedeutung gewonnen.[493] Dies wurde durch Berger et al. (2005) empirisch bestätigt,[494] während Scott (2004) zeigt, dass kleinere Banken besser in der Lage sind, weiche Informationen zu verwenden und dadurch eine Nischenposition am Kreditmarkt einnehmen.[495]

Wie im Kapitel 3.1 erörtert, ist die Annahme der sozialen Einbettung die wesentliche Voraussetzung dafür, dass Vertrauen auch in ökonomischen Tranksaktionsbeziehungen aus theoretischer Perspektive eine Wirkung haben kann. Vertrauen lässt sich dabei als ein Mechanismus verstehen, der den Austausch von Informationen zwischen Transaktionspartnern fördert.[496] Dies lässt sich unter anderem darauf zurückführen, dass in gegenseitigen Vertrauensbeziehungen die Partner weniger Angst haben, durch die andere Partei übervorteilt zu werden und sie daher dem Anderen vertrauliche Informationen bereitwilliger übermitteln.[497] In Bezug auf interorganisationale Beziehungen bedeutet dies, dass vielfältigste vertrauliche Informationen zwischen den Firmen, zum Beispiel hinsichtlich Ihrer Strategien, internen Produktionsabläufe oder Gewinnmargen, ausgetauscht werden.[498] Uzzi (1999) bezeichnet diese Art des Informationsautauschs als „*fine-grained information transfer*“[499]. In den Beziehungen zwischen Banken und Unternehmen bildet somit die soziale Einbettung der Akteure die Basis für das Entstehen fortlaufender, auf Reziprozität angelegter Vertrauensbeziehungen, in der beide Partner private Informationen zu ihrem beiderseitigen Vorteil austauschen.[500] Dass Vertrauen einen positiven Einfluss auf das Wissen der Bank in Be-

492 Berger/Udell (2002), S. F39: „The loan officer also typically has the most intimate knowledge of the hard data in the loan file and may be in the best position to integrate the two types of information.“

493 Vgl. Berger et al. (2005), Liberti (2006), Scott (2004) oder Stein (2002).

494 Vgl. Berger et al. (2005), S. 240 f. Die wesentlichen Ergebnisse der Studie sind, dass größere Banken: (1) eher an größere Firmen oder an Firmen mit besserer Informationslage Kredite vergeben, (2) Kredite an geografisch weiter entfernte KMU vergeben, (3) mit den KMU unpersönlicher kommunizieren, (4) kürzere und weniger exklusive Kreditbeziehungen haben und (5) mit einer höheren Wahrscheinlichkeit bei kleineren Unternehmen Kredite rationieren.

495 Vgl. Scott (2004), S. 222 ff.

496 Vgl. Zand (1972), S. 30 f., Uzzi (1996), S. 678, Nooteboom (2003), .S. 30 ff., Uzzi (1999), S. 493., Uzzi/Lancaster (2003), S. 390 ff. oder Saparito/Gopalakrishnan (2009), S. 443 ff.

497 Vgl. Zand (1972), S. 230 f. oder Nooteboom (2003), S. 31.

498 Vgl. Helper (1990), S. 154 oder Larson (1992), S. 91 f.

499 Vgl. Uzzi (1999), S. 678.

500 Uzzi/Lancaster (2003), S. 392: „[…] the embedding of commercial exchanges in social attachments created cooperative expectations of trust and ongoing reciprocal exchanges These ex-

zug auf ein Unternehmen hat, wurde empirisch durch Saparito/Gopalakrishnan (2009) bestätigt.[501]

Zur Prüfung der Kreditwürdigkeit von Unternehmen können Banken neben den klassischen instrumentellen Verfahren ebenso eine soziale Risikobewertung anwenden.[502] Diese Art der Risikobewertung liegt dann vor, wenn „[...] *facts used for the evaluation have been obtained through interpersonal relationships and/or through a social network.*"[503] Vor allem kleinere Banken bringen die Voraussetzungen mit, um neben den instrumentellen Verfahren ebenso Aspekte einer sozialen Risikobewertung bei der Kreditvergabe einfließen zu lassen.[504] In sozial eingebetteten Kreditbeziehungen zeigt sich, dass zwischen dem Kundenberater der Bank und dem Unternehmer meist eine gegenseitige Vertrauensbeziehung vorliegt, die durch einen intensiveren Austausch vor allem von privaten und weichen Informationen geprägt ist.[505] Damit lässt sich vermuten, dass in solchen Kreditbeziehungen Banken bei der Kreditwürdigkeitsprüfung verstärkt auch auf weiche Informationen zurückgreifen und die harten Fakten zumindest zu Teilen in den Hintergrund treten. Umgekehrt lässt sich vermuten, dass in Kreditbeziehungen, die eher einen transaktionalen Charakter haben und keiner sozialen Einbettung unterliegen, die harten Informationen eine größere Rolle spielen sollten. Damit lässt sich für Vertrauen in Bezug auf den Einsatz weicher und harter Informationen die folgenden beiden Hypothesen formulieren:

Hypothese 4a: *Das interorganisationale Vertrauen der Bank in das KMU hat einen positiven Einfluss auf den Einsatz (die Bedeutung) weicher Informationen bei Kreditentscheidungen.*

Hypothese 6a: *Das interorganisationale Vertrauen der Bank in das KMU hat einen negativen Einfluss auf den Einsatz (die Bedeutung) harter Informationen bei Kreditentscheidungen.*

Wie in Kapitel 2.2.1.4 erörtert, stellen Banken beim Einsatz des Relationship Bankings vor allem auf das Sammeln von Informationen im Zeitverlauf einer Kreditbeziehung ab. Für Banken spielt dabei vor allem auch die Verlässlichkeit der durch ein Unternehmen übermittelten harten Informationen für eine präzise Risikobeurteilung bei einer Kreditentscheidung eine wichtige Rolle.[506] Gerade

changes enabled banks and borrowers to transfer private information with the conviction that it was shared to their mutual benefit."

501 Vgl. Saparito/Gopalakrishnan (2009), S. 443 ff.

502 Vgl. Ferrary (2003), S. 678 ff.

503 Ferrary (2003), S. 682.

504 Vgl. Scott (2004), S. 227 f. oder Berger/Udell (2006), .S. 2952 f.

505 Vgl. Ferrary (2003), S. 682.

506 Vgl. Binks/Ennew (1997), S. 176 und Petersen (2004), S. 14.

kleine und mittelständische Unternehmen besitzen selten ein externes Rating und haben meistens keine von Wirtschaftsprüfern testierten Jahresabschlüsse.[507] Des Weiteren sind gerade in Deutschland die gesellschaftsrechtlichen Strukturen der KMU aufgrund der umfangreichen Steuergesetzgebung häufig sehr komplex.[508] Dies bedeutet für Banken, dass die Analyse der Jahresabschlüsse schwieriger und mit einem höheren Zeit- und Personalaufwand verbunden ist. In Bezug auf den Einsatz harter Informationen besteht für Banken darüber hinaus die Gefahr, dass Unternehmen ihre Zahlenwerke verfälschen.[509] Wissen die Kreditnehmer, dass Kreditentscheidungen ausschließlich auf der Basis harter Informationen wie zum Beispiel dem Rating getroffen werden und sind die Manipulationskosten relativ gering, liegt für sie theoretisch ein Anreiz zur Datenmanipulation vor, da somit ggf. geringere Kapitalkosten oder eine erhöhte Kreditverfügbarkeit erzielt werden können.[510] Für den Einsatz technischer Verfahren bei der Kreditvergabe hat die Verlässlichkeit der harten Informationen damit eine große Bedeutung.[511]

Die durch die Bank wahrgenommene Verlässlichkeit harter Informationen wird durch Vertrauen in zweierlei Hinsicht beeinflusst. Einerseits erhält die Bank in einer engen Vertrauensbeziehung wertvolle Zusatzinformationen zum Beispiel in Bezug auf das aktuelle Geschäftsumfeld, die Geschäftsaussichten oder die Eigenschaften des Unternehmers (Management), welche allesamt die Interpretation der übermittelten Berichtsinformationen erleichtern.[512] Andererseits führt Vertrauen als soziale Heuristik über ein Framing der Wahrnehmung dazu, dass die Geschäftspartner sich gegenseitig kein opportunistisches Verhalten unterstellen. Dies lässt sich verkürzt auch so zusammenfassen: *„Wer vertrauenswürdig ist, betrügt nicht“*[513]. Darüber hinaus lässt sich vermuten, dass die durch die Bank

507 Vgl. Uzzi/Lancaster (2003), S. 386.

508 Dieser Sachverhalt wurde in einem Interview mit einem Bereichsleiter der Firmenkundenbetreuung einer Sparkasse als ein wichtiger Punkt bei der Bewertung der Kreditwürdigkeit von KMU in Deutschland hervorgehoben.

509 Vgl. Petersen (2004), S. 14.

510 Vgl. Jensen (2003), S. 382 ff., der auf die Bedeutung von Nicht-Linearitäten in an Budgets gekoppelten Vergütungssystemen und den dadurch erzielten Anreiz einer falschen Weitergabe von Informationen durch Manager im Budgetierungsprozess eingeht. Darüber hinaus führt Jensen (2003), S. 404 f. aus, dass für Unternehmen ebenso Anreize einer verfälschten Informationsweitergabe im Zusammenspiel mit dem Kapitalmarkt bestehen.

511 Ein Hauptgrund für das Entstehen der globalen Finanzkrise in 2008 waren die mangelhaft durchgeführten Kreditwürdigkeitsprüfungen amerikanischer Hypothekenbanken. Die durch die Kreditrisikomodelle errechneten Ausfallwahrscheinlichkeiten basierten speziell für das Segment der *subprime loans* zum Großteil auf verzerrten und damit unzuverlässigen Eingangsparametern.

512 Vgl. Chiles/McMackin (1996), S. 89, Berger/Udell (2002), S. F38 f. und Lehmann/Neuberger (2001), S. 345.

513 Matthes (2007), S. 51.

wahrgenommene Verlässlichkeit der harten Informationen einen negativen Einfluss auf den Einsatz harter Informationen hat. Da Vertrauen in Kreditbeziehungen, die einen eher transaktionalen Charakter haben, nur eine untergeordnete Rolle spielet, wird die Bank mehr Ressourcen in die kritische Überprüfung der harten Parameter investieren, da sie dem Unternehmen eine höhere Opportunismusgefahr und damit eine verringerte Verlässlichkeit der harten Berichtsinformationen unterstellt. In gegenseitigen Vertrauensbeziehungen haben im Unterschied dazu die harten Faktoren eine geringere Bedeutung, da sich die Bank ad hoc auf die Richtigkeit der Berichtsinformationen des Unternehmens verlassen kann. Damit lassen sich die folgenden Hypothesen formulieren:

Hypothese 5a: *Das interorganisationale Vertrauen der Bank in das KMU hat einen positiven Einfluss auf die wahrgenommene Verlässlichkeit der harten Informationen (Berichtsinformationen) eines Unternehmens.*

Hypothese 5c: *Die wahrgenommene Verlässlichkeit der harten Informationen (Berichtsinformationen) eines Unternehmens hat einen negativen Einfluss auf den Einsatz (die Bedeutung) harter Informationen bei Kreditentscheidungen.*

3.4.3.3 Hypothesen zum Umgang mit Informationsasymmetrien und der Monitoring-Intensität

In sozial eingebetteten Kreditbeziehungen, die durch soziale Routinen, soziale Normen, gegenseitiges Vertrauen und die Existenz von beziehungsspezifischem Sozialkapital geprägt sind (siehe Kapitel 3.1), gelangt die Bank in den Besitz weicher und privater Informationen.[514] Das Vorliegen von beziehungsspezifischem Sozialkapital führt dazu, dass die Unternehmen zum Beispiel über das Auftreten von Problemen oder über Änderungen beim Verlauf der Geschäftsaktivitäten die Bank von sich aus sofort unterrichten werden. Des Weiteren erhalten Banken, die mit ihren Firmenkunden in dem gleichen lokalen Netzwerk tätig sind, über Dritte nützliche Informationen über den Erfolg der Geschäftaktivitäten ihrer Kunden. Diese kostengünstige und regelmäßige Erlangung privater Informationen erlaubt es der Bank, ihre kostspieligen Monitoringaktivitäten zumindest teilweise zu reduzieren. Die Generierung und der Einsatz weicher Information sollten dazu führen, dass die Bank die Intensität ihrer formalen Monitoringaktivitäten zurücknimmt.[515]

514 Vgl. Uzzi/Gillespie (1999), S. 482 ff., Uzzi/Lancaster (2003), S. 385 oder Ferrary (2003), S. 678 ff.

515 Ähnlich wie bei Vertrauen lässt sich auch für die weichen Informationen argumentieren, dass sie die Effektivität der durch die Bank eingesetzten Kontrollmechanismen steigert. Somit sollte der verstärkte Einsatz weicher Informationen zu einer Reduktion der Monitoring-Intensität führen.

Im Gegensatz dazu stehen in transaktionalen eher marktorientierten Beziehungen den Banken nur die durch die Unternehmen übermittelten harten Informationen für Kreditentscheidungen und das regelmäßige Monitoring zur Verfügung. In solchen Beziehungen leiten die Unternehmen die Informationen zögerlicher und nicht in dem Detaillierungsgrad wie in sozial eingebetteten Beziehungen an die Bank weiter, um zu verhindern, dass die Bank ein Informationsmonopol aufbauen kann und das Unternehmen sich somit einer *Hold Up*-Situation ausgesetzt sieht.[516] Banken sind in transaktionalen Beziehungen daher gezwungen, die harten Informationen sehr detailliert zu überprüfen und permanent die Berichtsinformationen des Unternehmens zu aktualisieren. Somit kann die Bank ihre Monitoringaktivitäten in marktorientierten Kreditbeziehungen nicht einschränken, sondern muss in regelmäßigen Abständen die Geschäftsentwicklung der Unternehmen überwachen. Im Vergleich zu sozial eingebetteten Beziehungen lässt sich daher vermuten, dass der Einsatz harter Informationen einen positiven Einfluss auf die Monitoring-Intensität der Bank hat.

Der Einfluss der wahrgenommenen Verlässlichkeit der harten Informationen auf die Monitoring-Intensität ist mit dem Einfluss von Vertrauen vergleichbar. Eine höhere Verlässlichkeit harter Informationen geht mit einer durch die Bank als geringer eingeschätzten Opportunismusgefahr einher. Dies wiederum impliziert eine höhere Effektivität der Kontrollaktivitäten auf Seiten der Bank. Die Verlässlichkeit der harten Informationen sollte somit die Intensität des Einsatzes der Kontrollmechanismen senken, da die Bank keine umfassenden und detaillierten Analysen zum Beispiel bei der Jahresabschlussanalyse durchführen muss.[517] Auf Basis dieser Überlegungen lassen sich die folgenden Hypothesen formulieren:

Hypothese 4b: *Der Einsatz (die Bedeutung) weicher Informationen hat einen negativen Einfluss auf die Monitoring-Intensität bei Kreditentscheidungen in sozial eingebetteten Kreditbeziehungen.*

Hypothese 5b: *Die wahrgenommene Verlässlichkeit der harten Informationen (Berichtsinformationen) eines Unternehmens hat einen negativen Einfluss auf die Monitoring-Intensität in sozial eingebetteten Kreditbeziehungen.*

Hypothese 6b: *Der Einsatz (die Bedeutung) harter Informationen hat einen positiven Einfluss auf die Monitoring-Intensität bei Kreditentscheidungen in sozial eingebetteten Kreditbeziehungen.*

---

516 Vgl. Burghof (2000), S. 284 f. Zur Vermeidung des Auftretens von Hold Up-Situationen unterhalten vor allem größere Unternehmen gleichzeitig zu mehreren Banken Kreditbeziehungen.

517 Stuft die Bank die harten Informationen als verlässlich ein, so wird sie sich zum Beispiel bei der Analyse Jahresabschlusses lediglich auf die wichtigsten Kennzahlen in der Bilanz und in der GuV stützen und nicht mehr das gesamte Zahlenwerk eines KMU bis ins letzte Detail analysieren.

3.4.4 Hypothesen zu Vertrauen und den Kreditvergabeparametern

In interorganisationalen Beziehungen wird Vertrauen die Wirkung zugesprochen, die Agency-Probleme der adversen Selektion[518] und des Moral Hazards[519] zu verringern. Darüber hinaus hilft Vertrauen, beziehungsspezifische Transaktionskosten[520] zu reduzieren, die Kontroll- und Überwachungsaktivitäten zwischen Partnerneinzudämmen[521] oder das wahrgenommene Transaktionsrisiko zu senken[522]. Somit lässt sich festhalten, dass Vertrauen die Tranksaktionskosten in ökonomischen Austauschbeziehungen senkt. Geringere Tranksaktionskosten (Agency-Kosten) finden daher auch in den Ergebnisparametern einer Austauschbeziehung, wie z.B. der Zufriedenheit der Partner, dem langjährigen Fortbestand der Beziehung, der zügigen Umsetzung neuer Transaktionen oder den finanziellen Kennzahlen, ihren Niederschlag.[523] Wie in Kapitel 2.2.4 dargelegt, sollte Vertrauen daher auch einen Einfluss auf die zentralen Parameter der Kreditvergabe, die Kreditzinsen, die Kreditsicherheiten und die Kreditverfügbarkeit, in Kreditbeziehungen zwischen Banken und KMU haben.

Die Ausführungen in Kapitel 2.2.2.1 haben gezeigt, dass sich aus den typischen P-A-Problemen in einer Kreditbeziehung keine eindeutigen Aussagen bzgl. der Entwicklung der Kreditzinsen mit der Dauer einer Kreditbeziehung ableiten lassen. Unterstellt man, wie im Modell von Petersen/Rajan (1995), die ex ante Untersicherheit hinsichtlich der Qualität eines Kreditnehmers sowie die Gefahr von Moral Hazard, wären tendenziell niedrigere Kreditzinsen in lang etablierten Kreditbeziehungen zu erwarten. Auf der anderen Seite zeigen Greenbaum et al. (1989), dass es bei einem Hold Up durch die Bank auch zu steigende Zinsen kommen kann.

In Bezug auf den Einfluss von Vertrauen auf die Höhe der Kreditzinsen sollte die Tatsache, dass Vertrauen allgemein die Transaktionskosten (Agency-Kosten) senkt, prinzipiell zu niedrigeren Kreditzinsen führen. Die Frage, ob die Höhe der Kreditzinsen in Kreditbeziehungen vom gegenseitigen Vertrauen abhängt, hängt davon ab, ob die Banken die niedrigeren Transaktionskosten tatsächlich an die Unternehmen weitergeben.[524] In Vertrauensbeziehungen ist davon auszu-

---

518 Vgl. beispielhaft Ring/van de Ven (1992), S. 489 oder Dei Ottati (1994), S. 542.

519 Vgl. beispielhaft Howorth/Moro (2006), S. 512 oder Dei Ottati (1994), S. 542.

520 Vgl. beispielhaft Macaulay (1963), S. 58 f., Chiles/McMackin (1996), S. 88 ff., Zaheer et al. (1998), S. 152 ff. oder Matthes (2007), S. 146 ff.

521 Vgl. beispielhaft Zand (1972), S. 230 ff. oder Das/Teng (1998), S. 497 ff.

522 Vgl. beispielhaft Nooteboom et al. (1997), S. 324 ff. oder Das/Teng (2004), S. 101 ff.

523 Vgl. McEvily/Zaheer (2006), S. 282.

524 Mit Hilfe des Modells von Petersen/Rajan (1995), S. 409 ff., lässt sich ableiten, dass eine Verringerung von adverser Selektion und Moral Hazard zu geringeren Kreditzinsen führt, da die

gehen, dass die Bank ihre Marktmacht nicht ausnutzt und durch die Forderung nach höheren Zinsen eine Hold Up-Situation für die Unternehmen herbeiführt.[525] Darüber hinaus lässt sich vermuten, dass Banken in Vertrauensbeziehungen den Unternehmen geringere Ausfallrisiken zuschreiben, was mit niedrigeren Kreditzinsen einhergehen sollte. Hinsichtlich des Einflusses von Vertrauen auf die Kreditzinsen lässt sich somit folgende Hypothese formulieren:

Hypothese 7: *Das interorganisationale Vertrauen der Bank in das KMU hat einen negativen Einfluss auf die Höhe der Kreditzinsen bei der Kreditvergabe.*

Die Präsentation der Modelle zur Sicherheitenstellung in Kapitel 2.2.2.2 hat gezeigt, dass sich keine einheitlichen Aussagen in Bezug auf die Höhe der zu stellenden Sicherheiten in Abhängigkeit von der Qualität der Kreditnehmer ableiten lassen, während Boot/Thakor (1994) in ihrer Arbeit zu dem Ergebnis kommen, dass im Verlauf einer Kreditbeziehung Kreditnehmer weniger Sicherheiten stellen müssen. Der Einsatz von Kreditsicherheiten kann dabei einerseits als Mechanismus zur Sortierung von Kreditnehmerqualitäten erfolgen, um das Problem der adversen Selektion zu beseitigen, oder um die Gefahr von Moral Hazard zu verringern, da sie beim Kreditnehmer eine Anreizwirkung entfalten, sich gegenüber dem Kreditgeber nach Vertragsabschluss nicht schädigend zu verhalten. Zusammenfassend lässt sich somit festhalten, dass je nach Modellannahme gute Kreditnehmerqualitäten entweder mehr oder weniger Kreditsicherheiten stellen müssen.

Da in der vorliegenden Arbeit bereits existierende Kreditbeziehungen zwischen Banken und Unternehmen analysiert werden, ist die Betrachtung von Kreditsicherheiten als ein Selbstwahlschema nicht von Relevanz.[526] In bestehenden Kreditbeziehungen werden Kreditsicherheiten jedoch durch Banken eingesetzt, um einerseits das betragsmäßige Ausfallsrisiko[527] zu verringern und anderer-

Gefahr der Fehleinschätzung der Kreditnehmerqualität durch die Bank nicht mehr gegeben ist. Die Tatsache, dass eine geringere Gefahr adverser Selektion zu niedrigeren Kreditzinsen führt, wurde empirisch durch Agarwal/Hauswald (2010) bestätigt. Vgl. Agarwal/Hauswald (2010), S. 2772 ff.

525 Vgl. Püthe (2009), S. 253.

526 Die theoretischen Arbeiten, die die Kreditsicherheiten als Selbstwahlschema zur Vermeidung von adverser Selektion analysieren, stellen nicht auf die Rolle von Kreditsicherheiten innerhalb von bestehenden Kreditbeziehungen ab, sondern fokussieren auf das Problem der Qualitätsunsicherheit am Kreditmarkt. Sie untersuchen dabei die Wirkung von Kreditsicherheiten als ein Mechanismus zur Überwindung von Informationsasymmetrien und somit von Kreditrationierung. Vgl. hierzu beispielhaft die Arbeiten von Bester (1985), Bester (1987b), Besanko/Thakor (1987a) oder Besanko/Thakor (1987b).

527 Das betragsmäßige Ausfallrisiko wird ebenso als *loss given default* (*LGD*) oder Blankoanteil bezeichnet und stellt den ungesicherten Teil eines Kreditengagements dar. Banken sind aus zwei Gründen bestrebt, diesen Anteil so gering wie möglich zu halten. Einerseits sind an die

seits die Moral Hazard-Gefahr einzuschränken. Das Vertrauen der Bank in das Unternehmen sollte damit dazu führen, dass die durch die Bank wahrgenommene Ausfallwahrscheinlichkeit niedriger und der Anreiz für das Unternehmen zu opportunistischem Verhalten bspw. über eine nachträgliche Risikoerhöhung bei Investitionsprojekten eingeschränkt ist. Beide Effekte sollten dazu führen, dass Banken in Vertrauensbeziehungen geringere Besicherungsniveaus akzeptieren. Damit lässt sich für das Zusammenspiel von Vertrauen und der Stellung von Kreditsicherheiten die folgende Hypothese formulieren:

Hypothese 8: *Das interorganisationale Vertrauen der Bank in das KMU hat einen negativen Einfluss auf das Besicherungsniveau des Kreditengagements eines KMU.*

In Kapitel 2.2.2.3 wurde gezeigt, dass es bei Vorliegen von Informationsaysmmetrien am Kreditmarkt zu Kreditrationierung und somit zu einer eingeschränkten Kreditverfügbarkeit für Kreditnehmer kommen kann.[528] Die präsentierten theoretischen Erkenntnisse zeigen jedoch auch, dass sich Kreditrationierung durch den Einsatz von Kreditsicherheiten als Signalling-Instrument oder durch die Marktmacht bzw. das Informationsmonopol einer Bank verringern oder vermeiden lässt. Petersen/Rajan (1995) leiten aus ihrem Modell die Erkenntnis ab, dass bei abnehmender Unsicherheit für den Kreditgeber hinsichtlich der Qualität und der Erfolgswahrscheinlichkeit der Investitionsprojekte eines Kreditnehmers, sich die Kreditverfügbarkeit für diesen erhöht.[529]

Allgemein lässt sich Vertrauen als ein Mechanismus zur Reduktion von Komplexität und Unsicherheit in sozialen und ökonomischen Austauschbeziehungen verstehen.[530] Wie im Kapitel 2.1.4.2 dargelegt, führt Vertrauen speziell in internorganisationalen Firmenbeziehungen zu einer Verringerung der Gefahr opportunistischen Verhaltens der Transaktionspartner. Des Weiteren haben die Ausführungen in Kapitel 3.1.3 gezeigt, dass in einer Austauschbeziehung die Entstehung von Vertrauen eng mit dem Aufbau von beziehungsspezifischem Sozialkapital verknüpft ist und beide Konstrukte sich einander bedingen. Daher kann vermutet werden, dass in Kreditbeziehungen mit hohem Vertrauen Banken gegenüber den Unternehmen ein höheres Maß an Commitment aufweisen[531] und beziehungsspe-

Höhe des Blankoanteils meistens die bankinternen Kreditüberwachungsprozeduren gekoppelt und es fallen somit bei schlecht besicherten Engagements höhere Monitoringaktivitäten an. Andererseits beanspruchen Kreditengagements mit höheren Blankoanteilen stärker das Eigenkapital einer Bank und schränken damit die für die Neuvergabe von Krediten zur Verfügung stehenden Mittel ein.

528 Vgl. hierfür vor allem die Arbeit von Stiglitz/Weiss (1981).

529 Vgl. Petersen/Rajan (1995), S. 409 ff.

530 Vgl. Luhmann (2000), S. 27 ff.

531 Vgl. Hawke/Heffernan (2006), S. 150 ff.

zifisches Sozialkapital in der Form reziproker Verpflichtungen etabliert wurde[532]. Dies bedeutet, dass sich sowohl die Bank als auch und das Unternehmen als langfristige Partner sehen und voneinander erwarten, dass jeder Partner die Bedürfnisse der anderen Seite schnell und unkompliziert erfüllt.[533] Es lässt sich daher vermuten, dass Vertrauen in einer Kreditbeziehung einerseits aufgrund einer verringerten Unsicherheit in Bezug auf die Qualität eines Unternehmens und andererseits durch die Förderung der Entstehung reziproker Verpflichtungen zwischen Bank und Unternehmen in Summe zu einer erhöhten Kreditverfügbarkeit für das Unternehmen führt. Damit ergibt sich die folgende Hypothese:

Hypothese 9: *Das interorganisationale Vertrauen der Bank in das KMU hat einen positiven Einfluss auf dessen Kreditverfügbarkeit.*

Die in diesem Unterkapitel abgeleiteten Hypothesen sind in Tabelle 12 noch einmal zusammenfassend dargestellt. Die empirische Überprüfung der Hypothesen 1 bis 6 erfolgt in Kapitel 5 mit Hilfe der Analyse von Strukturgleichungsmodellen. Die Hypothesen 7, 8 und 9 werden in Kapitel 6 im Einklang mit der gängigen Praxis in der Relationship Banking Forschung mit Hilfe von Regressionsanalysen getestet.[534]

532 Vgl. Coleman (1990), S. 101 ff., Uzzi (1996), S. 678 oder Jonsson (2008), S. 43.

533 Vgl. Ferrary (2003), S. 683.

534 Vgl. hierzu unter anderem die Arbeiten von Petersen/Rajan (1994), Elsas/Krahnen (1998), Harhoff/Körting (1998) oder Lehmann/Neuberger (2001)

Tabelle 12 – Überblick über die Hypothesen dieser Arbeit

Hypothese	Konstruktbeziehungen	Beschreibung	Zusammenhang	Methodik zur Prüfung der Hypothesen
1	**Interpersonales Vertrauen -> Interorganisationales Vertrauen**	Zwischen dem interpersonalen Vertrauen des Kundenbetreuers in seinen Ansprechpartner und dem interorganisationalen Vertrauen der Bank in das KMU existiert eine positive Beziehung.	**Positiv (+)**	**Hypothesenblock 1** (Überprüfung in **Kapitel 5** mit Hilfe von Strukturgleichungsmodellen)
2	**Interorganisationales Vertrauen -> Qualität der Kreditverhandlungen**	Das interorganisationale Vertrauen der Bank in das KMU hat einen positiven Einfluss auf die Qualität der Kreditverhandlungen.	**Positiv (+)**	
3	**Interorganisationales Vertrauen -> Monitoring-Intensität**	Das interorganisationale Vertrauen der Bank in das KMU hat einen negativen Einfluss auf die Monitoring-Intensität der Bank.	**Negativ (-)**	
4a	**Interorganisationales Vertrauen -> Einsatz weicher Informationen**	Das interorganisationale Vertrauen der Bank in das KMU hat einen positiven Einfluss auf den Einsatz (die Bedeutung) weicher Informationen bei Kreditentscheidungen.	**Positiv (+)**	
4b	**Einsatz weicher Informationen -> Monitoring-Intensität**	Der Einsatz (die Bedeutung) weicher Informationen hat einen negativen Einfluss auf die Monitoring Intensität bei Kreditentscheidungen in sozial eingebetteten Kreditbeziehungen.	**Negativ (-)**	
5a	**Interorganisationales Vertrauen -> Verlässlichkeit harter Informationen**	Das interorganisationale Vertrauen der Bank in das KMU hat einen positiven Einfluss auf die wahrgenommene Verlässlichkeit der harten Informationen (Berichtsinformationen) eines Unternehmens.	**Positiv (+)**	
5b	**Verlässlichkeit harter Informationen -> Monitoring-Intensität**	Die wahrgenommene Verlässlichkeit der harten Informationen (Be-richtsinformationen) eines Unternehmens hat einen negativen Einfluss auf die Monitoring-Intensität in sozial eingebetteten	**Negativ (-)**	
5c	**Verlässlichkeit harter Informationen -> Einsatz harter Informationen**	Die wahrgenommene Verlässlichkeit der harten Informationen (Be-richtsinformationen) eines Unternehmens hat einen negativen Einfluss auf den Einsatz (die Bedeutung) harter Informationen bei	**Negativ (-)**	
6a	**Interorganisationales Vertrauen -> Einsatz harter Informationen**	Das interorganisationale Vertrauen der Bank in das KMU hat einen negativen Einfluss auf den Einsatz (die Bedeutung) harter Informationen bei Kreditentscheidungen.	**Negativ (-)**	
6b	**Einsatz harter Informationen -> Monitoring-Intensität**	Der Einsatz (die Bedeutung) harter Informationen hat einen positiven Einfluss auf die Monitoring Intensität bei Kreditentscheidungen in sozial eingebetteten Kreditbeziehungen.	**Positiv (+)**	
7	**Interorganisationales Vertrauen -> Kreditzinsen**	Das interorganisationale Vertrauen der Bank in das KMU hat einen negativen Einfluss auf die Höhe der Kreditzinsen bei der Kreditvergabe	**Negativ (-)**	**Hypothesenblock 2** (Überprüfung in **Kapitel 6** mit Hilfe von Regressionsanalysen)
8	**Interorganisationales Vertrauen -> Kreditsicherheiten**	Das interorganisationale Vertrauen der Bank in das KMU hat einen negativen Einfluss auf das Besicherungsniveau des Kreditengagements eins KMU	**Negativ (-)**	
9	**Interorganisationales Vertrauen -> Kreditverfügbarkeit**	Das interorganisationale Vertrauen der Bank in das KMU hat einen positiven Einfluss auf dessen Kreditverfügbarkeit	**Positiv (+)**	

4. Methodik und Datenbasis der Untersuchung

In diesem Kapitel werden die methodischen Grundlagen und die Datenbasis der Untersuchung präsentiert. Da ein Großteil der Hypothesen dieser Arbeit mit Hilfe eines Strukturgleichungsmodells überprüft werden soll, werden daher in den Kapiteln 4.1 und 4.2 zuerst die Grundlagen zur Kausalanalyse und zur PLS-Methode gelegt.[535] Im Anschluss erfolgt in Kapitel 4.3 die Operationalisierung der Konstrukte. In Kapitel 4.4 wird dann auf die Datenerhebung eingegangen und in Kapitel 4.5 der Umgang mit fehlenden Werten in dieser Arbeit erörtert. Da in dieser Untersuchung der *Multiple Informant*-Ansatz gewählt wurde, wird in Kapitel 4.6 auf die Aggregation der Daten eingegangen. In Kapitel 4.7 wird abschließend die Datenbasis präsentiert.

4.1 Grundlagen der Kausalanalyse

4.1.1 Einführung

Die Kausalanalyse stellt ein empirisches Instrument in der betriebswirtschaftlichen Forschung dar und hat zum Ziel, Ursache-Wirkungs-Beziehungen zwischen latenten Variablen aufzudecken.[536] In den Sozialwissenschaften wurden vor allem in den letzten Jahrzehnten statistische Verfahren entwickelt, die die empirische Überprüfung von kausalen Beziehungen zwischen latenten Variablen erlauben.[537] Bei der Erforschung komplexer Zusammenhänge sind Strukturgleichungsmodelle mittlerweile zum Quasi-Standard in den Wirtschafts- und Sozialwissenschaften avanciert.[538] Bei der Kausalanalyse werden latente Variablen, d.h. nicht direkt

535 Aufgrund der Bekanntheit und Gängigkeit in der Verwendung wird auf eine Vorstellung der Regressionsanalyse als statistisches Analyseinstrument in diesem Kapitel verzichtet. Für eine detaillierte Einführung zum Verfahren der Regressionsanalyse vgl. zum Beispiel Backhaus et al. (2008), S. 52 ff.

536 Vgl. Homburg/Hildebrandt (1998), S. 17. Für den Begriff Kausalanalyse werden in der Literatur auch andere synonyme Bezeichnungen wie zum Beispiel Strukturgleichungsmethodologie, Kovarianz-Strukturanalyse, SEM (Structural Equation Modeling) oder auch Pfadanalyse verwendet.

537 Vgl. Ringle et al. (2006), S. 81.

538 Vgl. Bliemel et al. (2005), S. 10.

beobachtbare Größen, auf Basis theoretischer und sachlogischer Überlegungen in einem Strukturmodell zueinander in Beziehung gesetzt.[539] Die statistische Überprüfung der Ursache-Wirkungs-Beziehungen zwischen den latenten Variablen ermöglicht den Test von Hypotheseblöcken oder ganzer Theorien.[540] Prinzipiell können zur Untersuchung von Strukturgleichungsmodellen die Kovarianzstrukturanalyse oder die PLS-Pfadanalyse verwendet werden.[541]

Latente Variable beschreiben Phänomene von theoretischem Interesse, die nicht direkt beobachtbar sind und daher nur über Messgrößen erhoben werden können.[542] Vor der Erfassung einer latenten Variable ist diese präzise zu definieren. Dies wird mittels einer attributiven und strukturellen Definition geleistet.[543] Bei der attributiven Definition erfolgt eine genaue Beschreibung der Eigenschaften eines Konstrukts, während die strukturelle Definition die Einbettung des Konstrukts in ein Netz von Aussagen und Beziehungen zu anderen Elementen umfasst. Gemäß Rossiter (2002) sollten darüber hinaus neben den Beschreibungen des Kernobjekts eines Konstrukts und dessen Attributen ebenso die Individuen, die ein Konstrukt bewerten, als integraler Bestandteil einer Konstruktdefinition berücksichtigt werden.[544]

Ausgehend von der Definition eines Konstrukts werden dann geeignete Indikatoren erarbeitet, welche die Messung eines Konstrukts ermöglichen.[545] Dieses Vorgehen geht auf die Zweisprachentheorie von Carnap zurück, in der zwischen Theorie- und Beobachtungssprache unterschieden wird.[546] Die manifesten Variablen bilden als Teil der Beobachtungssprache die realen Gegebenheiten in der Wirklichkeit ab und sind über Korrespondenzregeln mit dem theoretischen Konstrukt verknüpft.[547]

539 Vgl. Ringle et al. (2006), S. 81.

540 Vgl. Weiber/Mühlhaus (2010), S. 3.

541 Vgl. Bliemel et al. (2005), S. 10. Die Kovarianzstrukturanalyse kann z.B. mit Hilfe der Softwarepakete LISREL oder AMOS und die PLS-Pfadanalyse z.B. mit Hilfe der Softwarepakete SmartPLS (vgl. Ringle et al. (2005)) oder PLS Graph erfolgen.

542 Vgl. Edwards/Bagozzi (2000), S. 156 f. oder Diamontopoulus et al. (2008), S. 1204.

543 Vgl. Bagozzi (1984), S. 20 oder Weiber/Mühlhaus (2010), S. 81.

544 Vgl. Rossiter (2002), S. 308 ff. Die Berücksichtigung der Individuen als integraler Bestandteil einer Konstruktdefinition wird in der Literatur jedoch kritisch gesehen. Diamontopoulus (2005), S. 5, merken hierzu an, dass ein solches Vorgehen „[...] *would result in the (surely absurd) situation that a different construct would be involved every time a different individual rater is involved!*“

545 Vgl. Churchill (1979), S. 66 ff.

546 Zum Grundprinzip der Zweisprachentheorie vgl. Carnap (1966), S. 223 ff.

547 Vgl. Fassott/Eggert (2005), S. 35 oder Weiber/Mühlhaus (2010), S. 86.

4.1.2 Das Strukturmodell

Ein auf Basis theoretischer oder sachlogischer Überlegungen hergeleitetes Beziehungsgefüge wird als ein Strukturmodell bezeichnet und spiegelt die Ursache-Wirkungsbeziehungen von abhängigen und unabhängigen Variablen wider.[548] Durch die Modellierung von Strukturmodellen ist es möglich, Zusammenhänge zwischen realen Erscheinungsgrößen einer empirischen Überprüfung zu unterziehen.[549] Die vermuteten Zusammenhänge zwischen Konstrukten werden als Pfadbeziehungen zwischen den Variablen in einem Strukturmodell abgebildet.[550] Abbildung 15 illustriert exemplarisch den Aufbau eines einfachen Strukturmodells.

Abbildung 15 – Aufbau eines Strukturmodells[551]

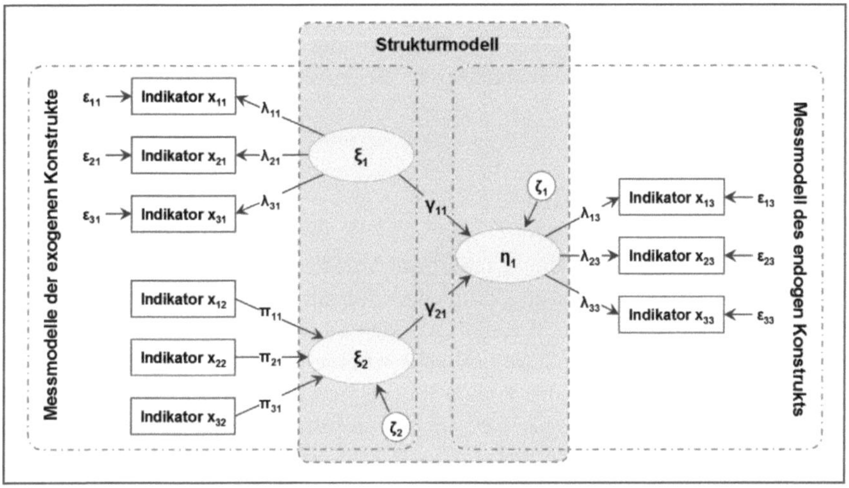

Das dargestellte Strukturmodell weist drei Konstrukte auf, die jeweils als Ellipsen dargestellt sind, wobei zur Messung jedem Konstrukt drei Indikatoren zugeordnet sind. Die abhängige latente Variable η_1 wird als endogene Variable bezeichnet, während die beiden unabhängigen latenten Variablen ξ_1 und ξ_2 die exogenen Variablen des Strukturmodells darstellen. Die Konstrukte stehen in einer Beziehung zueinander, die durch die beiden Pfeile γ_{11} und γ_{21} repräsentiert werden. Bei der Anwendung der PLS-Methode ist darauf zu achten, dass das

548 Vgl. Weiber/Mühlhaus (2010), S. 7.

549 Vgl. Weiber/Mühlhaus (2010), S. 3.

550 Vgl. Götz/Liehr-Gobbers (2004), S. 716.

551 In Anlehnung an Ringle (2004b), S. 9 und Götz/Liehr-Gobbers (2004), S. 716.

Strukturmodell rekursiv ist, d.h. die Beziehungen zwischen den latenten Variablen eine kausale Kette und keine Schleife ergeben.[552] Vollrekursive Modelle lassen sich nicht mit Hilfe des PLS-Verfahrens schätzen.[553] Mathematisch werden die Beziehungen zwischen den Konstrukten in einem System von Strukturgleichungen zusammengefasst, das formal folgende Form besitzt:[554]

(1) $\eta = \mathrm{B}\eta + \Gamma\xi + \zeta.$

Dabei repräsentieren η und ξ die Vektoren der Konstruktwerte der endogenen und exogenen latenten Variablen. Des Weiteren bilden die Elemente b_{ij} und γ_{ij} der Matrizen der Strukturkoeffizienten B und Γ die direkten Effekte der endogenen auf die anderen endogenen Variablen bzw. der exogenen auf die endogenen Variablen und somit die Pfadkoeffizienten im Strukturmodell ab. Der Vektor ζ umfasst die Messfehlervariablen in den Strukturgleichungen. Um die Relationen zwischen den Konstrukten im Strukturmodell abbilden zu konnen, müssen die latenten Variablen mittels geeigneter Messmodelle erfasst werden. Im folgenden Unterkapitel wird auf die messtechnische Erfassung latenter Variablen (Konstrukte) eingegangen.

4.1.3 Die Messmodelle

Latente Variablen werden durch manifeste Variablen, die so genannten Indikatoren gemessen.[555] Die Messung kann entweder mit Hilfe reflektiver oder formativer Messmodelle erfolgen.[556] Reflektive Messmodelle haben ihren Ursprung in der psychologischen Testtheorie und es wird eine hypothetische Wirkungsrichtung von der latenten Variable zu den Indikatoren unterstellt.[557] Die Indikatoren stellen somit die Konsequenz oder auch Manifestation des zugrundeliegenden Konstrukts dar und werden deshalb auch Effektindikatoren genannt.[558] Abbildung 16 illustriert grafisch ein reflektives Messmodell.

Mathematisch lässt sich jeder Indikator als eine lineare Funktion aus dem Wert der latenten Variable und dem jeweiligen Messfehler eines Indikators definieren:[559]

552 Vgl. Tenenhaus et al. (2005), S. 166.
553 Zur Darstellung von Strukturgleichungsmodelltypen vgl. Weiber/Mühlhaus (2010), S. 28.
554 Vgl. Huber et al. (2007), S. 4.
555 Vgl. Ringle et al. (2006), S. 83.
556 Die Erläuterungen in diesem Unterkapitel zu den Messmodellen lehnen sich an die Ausführungen von Bollen/Lennox (1991), S. 305 ff. und Podsakoff et al. (2006), S. 202 ff. an.
557 Vgl. Bollen/Lennox (1991), S. 305 f.
558 Vgl. Bollen/Lennox (1991), S. 305.
559 Vgl. Bollen/Lennox (1991), S. 305.

Abbildung 16 – Reflektives Messmodell[560]

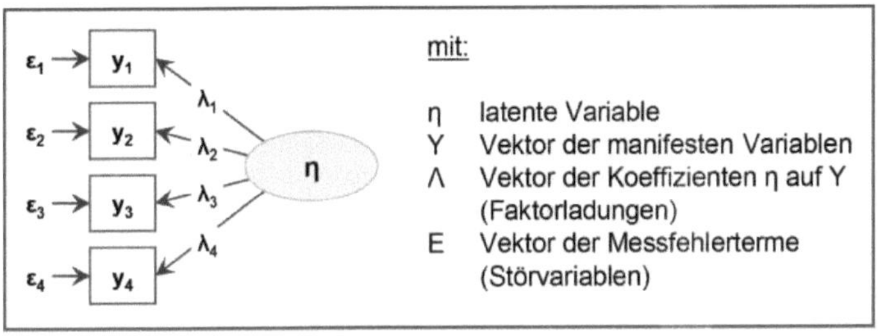

(2) $\gamma_i = \lambda_{i1}\eta_1 + \varepsilon_i, \qquad i = 1,...,n.$

Dabei stellen die γ_i die Indikatoren dar, η_1 ist die latente Variable, welche die Ausprägungen der Indikatoren beeinflusst, ε_i sind die Messfehler jedes Indikators γ_i und λ_{i1} die Koeffizienten oder auch Faktorladungen, die die Höhe des Einflusses der latenten Variable η_1 auf den entsprechenden Indikator γ_i abbildet.[561] Eine Besonderheit reflektiver Messmodelle ist die Tatsache, dass die manifesten Variablen gleichsam verlässlich und somit austauschbar sind.[562] Das Weglassen einzelner Messindikatoren ist möglich und führt zu keiner inhaltlichen Änderung der Konstruktdomäne.[563] Soll zum Beispiel die Fahrtüchtigkeit einer Person erfasst werden, so kann dies über die Indikatoren „*Größe des Sichtfelds*“ und „*Reaktionsfähigkeit*“ erfolgen.[564] Das Weglassen einer der beiden Größen ist für die Messung des Konstrukts prinzipiell zulässig. Allerdings muss beachtet werden, dass sich die Indikatorvarianz sowohl aus der Konstrukt- als auch der Messfehlervarianz zusammensetzt.[565] Für ein reliable und valide Messung eines reflektiven Konstrukts wird daher der Einsatz von mindestens drei Indikatoren empfohlen.[566]

Im Unterschied zu reflektiven wird bei formativen Messmodellen eine hypothetische Wirkungsrichtung von den Indikatoren zum zugrunde liegenden Konstrukt unterstellt.[567] Die manifesten Variablen werden deshalb auch als Kausalin-

560 In Anlehnung an Bollen/Lennox (1991), S. 306 und Podsakoff et al. (2006), S. 203.
561 Vgl. Bollen/Lennox (1991), S. 305.
562 Vgl. Bollen/Lennox (1991), S. 308.
563 Vgl. Diamontopoulus/Winklhofer (2001), S. 271.
564 Vgl. Ringle et al. (2006), S. 83.
565 Vgl. Churchill (1979), S. 65.
566 Vgl. Chin et al. (2003), S. 194, Sarstedt/Wilczynski (2009), S. 219 ff. oder Weiber/Mühlhaus (2010), S. 93.
567 Vgl. MacCallum/Browne (1993), S. 533, Rossiter (2002), S. 314 oder Jarvis et al. (2003), S. 201.

dikatoren[568] bezeichnet. Abbildung 17 stellt ein formatives Messmodell grafisch dar.

Abbildung 17 – Formatives Messmodell[569]

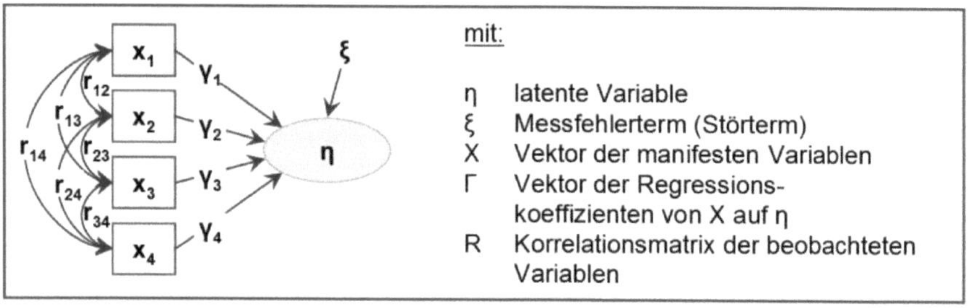

Formative Messmodelle unterscheiden sich von reflektiven dadurch, dass jeder Indikator einen inhaltlich-semantischen Teilaspekt des Konstrukts abdeckt und eine Elimination nicht einfach vorgenommen werden darf, da ansonsten der definitorische Konstruktinhalt verändert wird.[570] Für ein formatives Messmodell wird daher ein „*census of indicators*"[571] gefordert, d.h. eine ausreichend hohe Zahl an Indikatoren, die die relevanten Konstruktdomänen erfassen.[572] Des Weiteren sind a priori bei formativen Modellen keine Aussagen zu den Korrelationen zwischen den Indikatoren möglich; diese können sowohl positiv, negativ oder gar nicht miteinander korrelieren.[573] Darüber hinaus wird auf der Indikatorenebene eine fehlerfreie Messung unterstellt.[574] Der Messfehlerterm auf der Konstruktebene bildet Aspekte eines Konstrukts ab, die nicht durch die Indikatoren erfasst werden.[575]

Mathematisch lässt sich ein formatives Messmodell als eine lineare Funktion aus den Ausprägungen der einzelnen Indikatoren und dem Messfehler auf der Ebene der latenten Variable abbilden:

---

568 Vgl. Bollen/Lennox (1991), S. 306.

569 In Anlehnung an Bollen/Lennox (1991), S. 306 und Podsakoff et al. (2006), S. 203.

570 Jarvis et al. (2003), S. 202: „[…] formative indicators require a census of all concepts that form the construct. Thus, dropping a causal indicator may omit a unique part of the composite latent construct and change the meaning of the variable."

571 Vgl. Bollen/Lennox (1991), S. 308.

572 Ein Beispiel für ein formatives Konstrukt ist der „*sozioökonomische Status einer Person*". Zur Messung dieses Konstrukts können bspw. die Indikatoren „*Bildungsstand*", „*berufliches Ansehen*", „*Höhe des Einkommens*" und der „*Wohnort einer Person*" verwendet werden. Vgl. hierzu Bollen/Lennox (1991), S. 306.

573 Vgl. Bollen/Lennox (1991), S. 307.

574 Vgl. Diamontopoulus/Winklhofer (2001), S. 271.

575 Vgl. Diamontopoulus et al. (2008), S. 1211.

(3) $$\eta_1 = \gamma_{11}x_1 + \gamma_{12}x_2 + ... + \gamma_{1q}x_q + \zeta_1, \quad q = 1,...,n.$$[576]

Dabei ist η_1 die latente Variable, die x_q stellen die Indikatoren dar, die γ_{1q} sind die Regressionskoeffizienten der Indikatoren, welche jeweils die Höhe des Einflusses eines Indikators auf die latente Variable abbilden und ζ_1 ist der Messfehlerterm auf Konstruktebene.

4.1.4 Fehlspezifikationen von Messmodellen

In der empirischen Forschung dominiert bisher der Einsatz reflektiver Messmodelle.[577] Als eine Ursache hierfür lässt sich die Tatsache anführen, dass vor allem in der Marketingliteratur der Entwicklung reflektiver Messskalen bereits früh Beachtung geschenkt wurde,[578] während die konzeptionellen Grundlagen für formative Messmodelle erst später gelegt wurden[579]. Eine weitere Ursache ist darin zu sehen, dass bei Verwendung der kovarianzbasierten Methode der Einsatz formativer Konstrukte aufgrund von statistischen Identifizierungsproblemen mit Schwierigkeiten verbunden ist.[580] Und schließlich ist zu beachten, dass die bekanntesten Softwareprogramme wie LISREL oder AMOS standardmäßig reflektive Messmodelle unterstellen.[581]

Da für die Bildung und den Test von Theorien die valide Erhebung latenter Variablen eine unabdingbare Voraussetzung ist[582], werden in der Literatur seit gewisser Zeit das Auftreten und die Folgen fehlspezifizierter Messmodelle diskutiert[583]. Für die Marketingforschung kommen Jarvis et al. (2003) zu dem Schluss, dass bei 29% der von Ihnen untersuchten Konstrukte Fehlspezifikationen vorlagen, wobei der Großteil, nämlich 28%, reflektive Messmodelle umfasst.[584] Für den Bereich der Managementforschung stellen Podsakoff et al. (2006) fest,

576 Vgl. Bollen/Lennox (1991), S. 306.
577 Vgl. beispielhaft Jarvis et al. (2003), S. 206, Podsakoff et al. (2006), S. 215 oder Fassott (2006), S. 76
578 Vgl. Churchill (1979), S. 66 ff.
579 Vgl. Bollen/Lennox (1991), S. 306 ff., MacCallum/Browne (1993), S. 534 ff. oder Diamontopoulus/Winklhofer (2001), S. 269 ff. oder Diamontopoulus et al. (2008), S. 1205 ff.
580 Vgl. MacCallum/Browne (1993), S. 537 ff. oder Diamontopoulus et al. (2008), S. 1213 ff.
581 Vgl. Fassott (2006), S. 69.
582 Vgl. Schwab (1980), S. 33 oder Podsakoff/Organ (1986), S. 533 f.
583 Vgl. Law/Wong (1999), S. 150 ff., Jarvis et al. (2003), S. 206 ff.,Podsakoff et al. (2003b), S. 625 ff., MacKenzie et al. (2005), S. 716 ff., Podsakoff et al. (2006), S. 212 ff., Fassott (2006), S. 70 ff., Petter et al. (2007), S. 628 ff.
584 Vgl. Jarvis et al. (2003), S. 206.

dass 62% aller reflektiv gemessenen Konstrukte fehlspezifiziert waren.[585] In der Forschung zu Informationssystemen waren gemäß Petter et al. (2007) 30% der reflektiv gemessenen Konstrukte fehlspezifiziert[586], während Podsakoff et al. (2003b) für den Bereich der *Leadership*-Forschung feststellen, dass 47% der reflektiv gemessenen Konstrukte nicht korrekt spezifiziert wurden.[587] Fassott (2006) stellt fest, dass 35% der reflektiven Konstrukte in namhaften deutschsprachigen Zeitschriften fehlspezifiziert waren.[588]

Fehlspezifizierte Messmodelle können unterschiedliche Probleme verursachen. Zum einen führen reflektive Spezifikationen formativer Konstrukte dazu, dass Indikatoren aufgrund mangelnder Reliabilität fälschlicherweise eliminiert werden.[589] Des Weiteren verändert die Wahl des Messmodells die empirische Konstruktbedeutung, da die Indikatorenausprägungen in den Messmodellen verschiedenartig berücksichtigt werden.[590] Schließlich können fehlspezifizierte Messmodelle die Pfadbeziehungen in einem Strukturmodell extrem verzerren.[591] Law/Wong (1999) weisen erstmalig nach, dass bei einem reflektiv fehlspezifizierten exogenen Konstrukt die Pfadbeziehung von diesem zu anderen Konstrukten überschätzt wird und auch *Nachbarpfade* fälschlicherweise statistisch signifikant sind.[592] Auch Jarvis et al. (2003) zeigen, dass die Beziehungen von reflektiv fehlspezifizierten exogenen Konstrukten zu endogenen Konstrukten massiv überschätzt werden.[593] Tritt das fehlspezifizierte Konstrukt als endogene Variable

585 Vgl. Podsakoff et al. (2006), S. 215 ff.

586 Vgl. Petter et al. (2007), S. 633.

587 Vgl. Podsakoff et al. (2003b), S. 649.

588 Vgl. Fassott (2006), S. 76. Der Autor analysiert empirische Arbeiten in der Zeitschrift für Betriebs-wirtschaft, der Zeitschrift für betriebswirtschaftliche Forschung und Die Betriebswirtschaft.

589 Vgl. Fassott (2006), S. 77 f.

590 Vgl. Podsakoff et al. (2006), S. 204 f. Die Veränderung der empirischen Bedeutung eines Konstrukts liegt im statistischen Umgang mit den manifesten Variablen begründet. Bei reflektiven Modellen werden die Messfehler der Indikatoren nicht berücksichtigt, sondern nur die Kovarianzen zwischen den Indikatoren. Bei formativen Modellen wird die gesamte Indikatorvarianz berücksichtigt und versucht, diese auf Konstruktebene durch die Minimierung des Fehlerterms zu replizieren.

591 Vgl. Law/Wong (1999), S. 154 f., Jarvis et al. (2003), S. 207 ff. oder MacKenzie et al. (2005), S. 719 ff.

592 Law/Wong (1999), S. 154 f. Die Autoren zeigen, dass wenn das Konstrukt „*Wahrnehmung von Arbeitsplatzmerkmalen*" fehlspezifiziert ist (reflektiv anstatt formativ), der Pfadkoeffizient auf das Konstrukt „*Zufriedenheit am Arbeitsplatz*" überschätzt wird. Darüber hinaus hat auch das Konstrukt „*Vorliebe*" (*Liking*) einen signifikanten Einfluss auf die „*Zufriedenheit am Arbeitsplatz*", was für den Fall der korrekten formativen Modellierung nicht festgestellt werden kann.

593 Vgl. Jarvis et al. (2003), S. 211. Die Auswirkungen von Fehlspezifikationen werden in der Studie mit Hilfe einer Monte-Carlo-Simulation analysiert.

auf, so werden die Beziehungen zu diesem stark unterschätzt.[594] Fehlspezifizierte Messmodelle bergen somit die Gefahr, dass die theoretischen Schlussfolgerungen, die aus den Ergebnissen eines Strukturgleichungsmodells gezogen werden, stark fehlerbehaftet sein können.[595]

4.1.5 Kritik am Einsatz formativer Messmodelle

Im Zusammenhang mit Fehlspezifikationen wird in der Forschung verstärkt der Einsatz formativer Messmodelle gefordert. Basierend auf methodischen Überlegungen zeigen Howell et al. (2007b) allerdings, dass die Verwendung formativer Messmodelle höchst problematisch ist und stellen deren Einsatz daher prinzipiell in Frage.[596] Einer der wesentlichen Gründe für die Ablehnung formativer Konstrukte besteht darin, dass deren Messmodell statistisch nicht identifiziert ist und für deren Schätzung immer andere abhängige Variablen oder Konstrukte im Strukturmodell notwendig sind.[597] Diese Notwendigkeit führt zu einer Inkongruenz zwischen der empirischen Beobachtung und der nominalen Definition eines Konstrukts („*interpretational confounding*")[598], was eine objektive Erfassung der Konstruktdomäne formativ gemessener Konstrukte nicht ermöglicht.[599] Dies hat zur Folge, dass ein per definitionem identisches Konstrukt studienübergreifend andere empirische Bedeutungen aufweist und somit die Wissensakkumulation in Bezug auf die Wirkungsweise dieses Konstrukts sowie der Test von Theorien und Hypothesen nicht mehr möglich sind.[600]

In seiner Replik auf die Kritik von Howell et al. (2007b) zeigt Bollen (2007), dass nicht die Entscheidung zwischen der Anwendung reflektiver oder formativer Messmodelle, sondern allgemein Fehlspezifikationen in Strukturmodellen

---

594 Vgl. Jarvis et al. (2003), S. 211.

595 Jarvis et al. (2003), S. 212: „Our simulation results provide strong evidence that measurement model misspecification of even one formatively measured construct within a typical structural equation model can have very serious consequences for the theoretical conclusions drawn from that model."

596 Vgl. Howell et al. (2007b), S. 206.

597 Howell et al. (2007b), S. 207: „Although this is a measurement model in the context of formative measurement, it by necessity requires a dependent variable or construct for estimation."

598 Vgl. Howell et al. (2007b), S. 207, die sich auf Burt (1976) beziehen.

599 Howell et al. (2007b), S. 208: „Formative measurement models are subject to interpretational confounding (as are reflective measurement models) […]. With reflective measures, one can examine changes to the measurement parameters for a given construct […] and thus assess the degree of potential interpretational confounding. This is not an option for constructs measured formatively with estimated parameters, because there is no strictly measurement baseline from which to depart."

600 Vgl. Howell et al. (2007b), S. 209 und Howell et al. (2007a), S. 242.

Ursache für das Auftreten des *„interpretational confounding"* sind.[601] Allerdings stehen der theoretischen Argumentation von Bollen (2007) fast immer die praktischen Belange empirischer Studien entgegen. In ihrer Replik auf die Kritik von Bollen (2007) argumentieren Howell et al. (2007a), dass in der Praxis de facto nie feststellbar ist, ob ein Strukturmodell fehlspezifiziert ist, da dem Forscher zur Identifikation eines formativ gemessenen Konstrukts nur das Set an abhängigen Variablen oder Konstrukten seiner spezifischen Untersuchung zur Verfügung steht.[602] Die geschätzten Gewichte der formativen Indikatoren desselben Konstrukts werden damit jeweils in Abhängigkeit eines Strukturmodells zwischen empirischen Studien verschieden sein.[603] Damit besteht prinzipiell das Problem, dass bei einem formativen Messmodell die empirische Bedeutung als das Resultat aus den Beziehungen zu den nachfolgenden Konstrukten oder den reflektiven Indikatoren, wie bspw. in einem MIMIC-Modell[604], von der definitorischen Konstruktdomäne abweicht, während bei reflektiven Modellen dies nur bei systematischen Messfehlern auftritt.[605]

Des Weiteren stellen Wilcox et al. (2008) heraus, dass auch die Umsetzung der diversen Regeln zur Unterscheidung von reflektiv und formativ zu messenden Konstrukten[606] in der Praxis mit erheblichen Schwierigkeiten behaftet ist.[607] Die hierbei wesentlichen Problemstellungen sind in Tabelle 13 dargestellt. Wilcox et al. (2008) argumentieren, dass Konstrukte an sich weder formativer noch reflektiver Natur sind, sondern unabhängig vom Messmodell existieren (erste Problemstellung). Dies wird dadurch deutlich, dass die bei einem formativen Messmodell unterstellte Wirkungsrichtung der Indikatoren zum Konstrukt nur tautologischer Natur ist.[608] Aus der Definition eines Konstrukts ergibt sich somit nicht zwangsläufig das zu wählende Messmodell. Darüber hinaus kann auch nicht davon aus-

601 Vgl. Bollen (2007), S. 223 ff.

602 Vgl. Howell et al. (2007a), S. 240.

603 Vgl. Howell et al. (2007a), S. 242.

604 Vgl. allgemein zu MIMIC-Modellen Bagozzi et al. (1981), S. 443 ff., Diamontopoulus/Winklhofer (2001), S. 272 oder Weiber/Mühlhaus (2010), S. 211 ff.

605 Bagozzi (2007), S. 234: „For a formative latent intervening variable, the gamma parameters will always be a function of the observed relationships between the formative and reflective indicators, whether interpretational confounding occurs or not."

606 Vgl. beispielhaft Edwards/Bagozzi (2000), S. 158 ff, Jarvis et al. (2003), S. 203, Podsakoff et al. (2003b), S. 618, MacKenzie et al. (2005), S. 712 f., Podsakoff et al. (2006), S. 209 ff. oder auch Coltman et al. (2008), S. 1251 f. Andere Autoren schlagen neben dem Heranziehen qualitativer Kriterien eine empiriegeleitete Bestimmung der Spezifikationsart mit Hilfe eines Tetrad-Tests vor. Vgl. hierfür zum Beispiel Eberl (2006), S. 660 ff. oder Gudergan et al. (2008), S. 1239 ff.

607 Vgl. Wilcox et al. (2008), S. 1220 ff.

608 Bagozzi (2007), S. 232: „It is clear that the relationships between the measures and a latent formative construct cannot be causal ones. It also is tautological to say that causes of something are also aspects of that same thing."

gegangen werden, dass die Art der Indikatoren (zweite Problemstellung) sowie deren Beziehungen untereinander[609] (dritte Problemstellung) eine eindeutige Aussage für ein formatives oder reflektives Messmodell ermöglichen. Forscher können demnach frei zwischen formativen oder reflektiven Messmodellen wählen.[610]

Tabelle 13 – Problemstellungen und Erklärungsansätze bei formativen Messmodellen[611]

	Problemstellung	Erklärungsansatz
1.	Sind Konstrukte von Natur aus formativ oder reflektiv?	- Konstrukte sind von Natur aus weder formativ noch reflektiv - Existenz von Konstrukten ist nicht an die Art des Messmodells geknüpft
2.	Zeigen die Indikatoren an, ob ein Konstrukt formativ oder reflektiv ist?	- Konstruktcharakteristika zeigen nicht die zu wählende Konzeptualisierung und die dazugehörigen Items für ein Messmodells an - Gleiche Items können abhängig von der allgemeinen Instruktion zur Beantwortung eines Konstrukt formativ oder reflektiv sein
3.	Zeigen die beobachteten Beziehungen zwischen den Indikatoren an, ob ein Konstrukt formativ oder reflektiv ist?	- Korrelationen zwischen den Indikatoren helfen nicht eindeutig zu bestimmen, ob ein formatives oder reflektives Messmodell vorliegt

Aufgrund der aufgezeigten Probleme, die mit dem Einsatz formativer Messmodelle in Strukturmodellen in Bezug auf die Überprüfung von Theorien und Hypothesen verknüpft sind, geben Howell et al. (2007a) die Empfehlung, auf die Verwendung formativer Messmodelle ganz zu verzichten und Konstrukte stattdessen reflektiv mit mindestens drei Indikatoren zu messen.[612] Die vorliegende Arbeit folgt dieser Aufforderung und misst sämtliche Konstrukte auf der untersten Ordnungsebene mittels reflektiver Modelle. Lediglich beim mehrdimensionalen Konstrukt Vertrauen werden die reflektiv gemessenen Konstruktdimensionen von Vertrauen als Konstrukt der zweiten Ordnungsebene formativ verknüpft (mehrdimensionales Konstrukt von Typ II).[613]

609 Vgl. Fassott (2006), S. 82. Fassott (2006) merkt an, dass auch formative Indikatoren stark miteinander korreliert sein können. Dieses Phänomen tritt dann auf, wenn Probanden sich bei der Einschätzung von einer dominierenden Konstruktfacette leiten lassen. Diese Übertragung des Gesamteindrucks auf die Beurteilung die einzelnen Facetten eines Konstrukts führt dazu, dass die formativen Indikatoren nicht mehr differenziert beurteilt. Bei Existenz eines solchen Antwortmusters, ist dann die im reflektiven Messmodell unterstellte Kausalitätsrichtung gerechtfertigt.

610 Vgl. Wilcox et al. (2008), S. 1221: „If the researcher has a choice regarding the naming of the construct (given the theory), the researcher has a choice in modeling the construct."

611 In Anlehnung an Wilcox et al. (2008), S. 1220 ff.

612 Howell et al. (2007a), S. 216: „In summary, we strongly suggest that when designing a study, researchers should attempt to measure their constructs reflectively with at least three, and preferably as many as is (practically) possible, strongly correlated indicators that are unidimensional for the same construct."

613 Vgl. Serva et al. (2005), S. 97 ff.

4.1.6 Mehrdimensionale Konstrukte

Im Zusammenhang mit der Konzeptualisierung von Konstrukten ist auch deren Dimensionalität zu berücksichtigen.[614] Mehrdimensionale Konstrukte bestehen aus verschiedenen Dimensionen, die gewöhnlich nur moderat miteinander korrelieren und die wesentliche Definitionsbereiche des Konstrukts abbilden.[615] Dimensionen sind dann Bestandteil eines mehrdimensionalen Konstrukts, wenn sie Teil des übergreifenden Konstrukts auf der höheren Ordnungsebene sind.[616] Die Ausprägung der Dimensionalität eines Konstrukts wird durch den gewählten Abstraktionsgrad bei der Konstruktdefinition bestimmt.[617] Je abstrakter die Definition ausfällt, desto höher ist die Wahrscheinlichkeit, dass es sich um ein mehrdimensionales Konstrukt handelt.

Als ein Beispiel für eine mehrdimensionale latente Variable kann die „Zufriedenheit der Privatkunden mit ihrer Bank" gelten.[618] Das Konstrukt stellt das Aggregat aus den Dimensionen „Zufriedenheit mit dem Bankpersonal", „Zufriedenheit mit den Produkten und Dienstleistungen" sowie der „Zufriedenheit mit der Erreichbarkeit der Bank" dar. Zur Messung der globalen Kundenzufriedenheit werden die Dimensionen als eigenständige eindimensionale Konstrukte behandelt und deren Ausprägungen entweder über ein reflektives oder formatives Messmodell erhoben.

Für Konstrukte zweiter Ordnung zeigen Jarvis et al. (2003), dass die Ebene zwischen den Indikatoren und den Konstrukten erster Ordnung sowie die Ebene zwischen den Konstrukten erster Ordnung und dem Konstrukt zweiter Ordnung sowohl reflektive als auch formativ miteinander verknüpft sein können.[619] Kombiniert man die Möglichkeiten miteinander, so ergeben sich vier grundsätzliche Konzeptualisierungen von Konstrukten zweiter Ordnung, die in Abbildung 18 dargestellt sind. Der Einsatz von Konstrukten zweiter Ordnung ist immer dann sinnvoll, wenn abstrakte Sachverhalte im Rahmen einer übergreifenden Theo-

614 Vgl. Law et al. (1998), S. 742 ff., Law/Wong (1999), S. 144 ff. oder Albers/Götz (2006), S. 669 f.

615 Law et al. (1998), S. 741: „In contrast to a set of interrelated unidimensional constructs, the dimensions of a multidimensional construct can be conceptualized under an overall abstraction, and it is theoretically meaningful and parsimonious to use this overall abstraction as a representation of the dimensions."

616 Vgl. Law/Wong (1999), S. 144 oder MacKenzie et al. (2005), S. 714 f.

617 Jarvis et al. (2003), S. 204: „We would argue that whether a construct is viewed as unidimensional or multi-dimensional may depend on the level of abstraction used to define the construct."

618 Vgl. Rust/Zahorik (1993), S. 201. Für weitere Beispiele mehrdimensionaler Konstrukte vgl. Reinartz et al. (2004), S. 298, Agarwal/Karahanna (2000), S. 678 ff., Pavlou/El Sawy (2006), S. 210, Rai et al. (2006), S. 233f., Zhang et al. (2006), S. 5 ff., Bruhn et al. (2008), S. 1297 f. oder Wetzels et al. (2009), S. 182 ff.

619 Vgl. Jarvis et al. (2003), S. 204.

rie getestet werden sollen.[620] Bei anderen Fragestellungen empfiehlt es sich, auf den Einsatz mehrdimensionaler Konstrukte ganz zu verzichten und eine kausale Simplifikation anzustreben. Soll zum Beispiel analysiert werden, inwiefern die Marktdynamik eine moderierende Wirkung auf den Zusammenhang zwischen Kundenzufriedenheit und Kundenloyalität besitzt, so ist es sinnvoll, dies detailliert für die Dimensionen der Kundenloyalität wie zum Beispiel für die Absicht zum Wieder- oder Zusatzkauf durchzuführen.[621]

Abbildung 18 – Mögliche Spezifikationen mehrdimensionaler Konstrukte zweiter Ordnung[622]

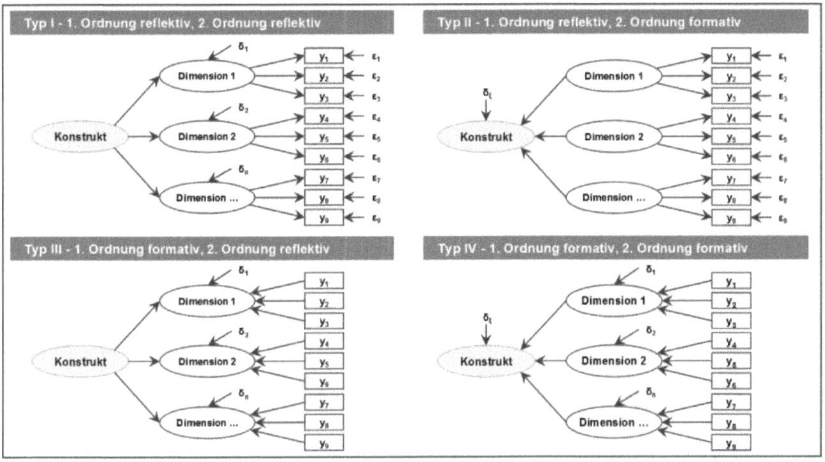

Die Operationalisierung mehrdimensionaler Konstrukte mit höheren Ordnungsgraden und deren empirische Umsetzung fand in der Literatur erst seit Ende der 1990er Jahre verstärkt Beachtung.[623] Ausgangspunkt dieser Entwicklung stellt vor allem die Diskussion um Fehlspezifikationen bei Messmodellen latenter Variablen und den daraus entstehenden Verzerrungen von Pfadschätzungen in Strukturmodellen dar.[624] Beispielhaft für die Erarbeitung mehrdimensionaler Konstrukte, bei denen die Dimensionen und das Konstrukt höherer Ebene formativ spezifiziert wurden[625], sind die Studien von Bruhn et al. (2008), Reinartz et al. (2004), Rai et al. (2006), Höck/Ringle (2007), Guinot et al. (2001) oder auch Witt/Rode (2005)

620 Vgl. Jarvis et al. (2003), S. 204.
621 Vgl. Albers/Götz (2006), S. 672.
622 In Anlehnung an Jarvis et al. (2003), S. 205.
623 Vgl. Law et al. (1998), S. 742 ff., Law/Wong (1999), S. 144 ff. oder Jarvis et al. (2003), S. 204 f.
624 Vgl. hierfür beispielhaft die Studien von Law/Wong (1999) und Jarvis et al. (2003).
625 Dies entspricht bei zwei Ordnungsebenen in der Klassifikation von Jarvis et al. (2003) dem Typ IV. Vgl. Jarvis et al. (2003), S. 205.

zu nennen. Mehrdimensionale Konstrukte, bei denen die Dimensionen und die Indikatoren reflektiv spezifiziert wurden, liegen in den Arbeiten von Agarwal/ Karahanna (2000), Serva et al. (2005), Zhang et al. oder Wetzels et al. (2009) vor.

In der Literatur wurden bisher Konstrukte vom Typ I am häufigsten verwendet.[626] Albers/Götz (2006) argumentieren jedoch, dass in der betriebswirtschaftlichen Forschung nur der Einsatz der Konstrukttypen II oder IV angebracht sei.[627] Aber auch die Verwendung dieser beiden Typen ist mit besonderen Problemen verbunden, da die Existenz des formativen Modells auf der zweiten Ordnungsebene besondere messtechnische Anforderungen hervorruft.[628] Aufgrund der schwierigen messtechnischen Umsetzung und der Tatsache, dass der Einsatz mehrdimensionaler Konstrukte ebenfalls mit einem Informationsverlust verknüpft ist, sollte aus Sicht von Albers/Götz (2006) daher auf den Einsatz von Konstrukten zweiter Ordnung wenn möglich verzichtet werden.[629] Die vorliegende Arbeit folgt diesem Vorschlag und verzichtet auf den Einsatz mehrdimensionaler Konstrukte. Nur bei der Analyse der beziehungsspezifischen Agency-Kosten wird Vertrauen als ein zweidimensionales Konstrukt[630] vom Typ II gemäß der Klassifikation von Jarvis et al. (2003) verwendet.[631] Serva et al. (2005) zeigen, dass es möglich ist, die Vertrauenswürdigkeitsdimensionen mit dem Vertrauenskonstrukt direkt formativ im Sinne eines mehrdimensionalen Konstrukts vom Typ II zu verknüpfen.[632]

4.1.7 Messtechnische Umsetzung von Vertrauen

Empirische Arbeiten zeigen, dass die messtechnische Umsetzung mehrdimensionaler Konstrukte mit hohen Anforderungen verknüpft ist.[633] Auf der einen Seite liegt dies darin begründet, dass neben den Dimensionen der ersten auch

626 Vgl. Albers/Götz (2006), S. 670 f. für einen ausgewählten Überblick verschiedener Arbeiten, die mehrdimensionale Konstrukte verwenden.

627 Vgl. Albers/Götz (2006), S. 673. Die Konstrukte vom Typ I und III sind gemäß den Autoren in der betriebswirtschaftlichen Forschung nicht von Belang, da durch die reflektive Verknüpfung der zweiten mit der ersten Ordnungsebene eigentlich unterstellt wird, dass keine unterschiedlichen Dimensionen vorliegen und das gesamte Konstrukt somit auch direkt durch die aufgeführten Indikatoren (reflektiv bei Typ I und formativ bei Typ III) der ersten Ordnungsebene gemessen werden könnte.

628 Vgl. Albers/Götz (2006), S. 674 f.

629 Vgl. Albers/Götz (2006), S. 675.

630 Vgl. Nooteboom et al. (1997), S. 312 ff.

631 Vgl. für eine ähnliche messtechnische Umsetzung im Kontext des B2C E-Commerce Serva et al. (2005), S. 97 ff. Ein mehrdimensionales Konstrukt vom Typ II wurde ebenso durch Pavlou/ El Sawy (2006) bei drei Konstrukten verwendet.

632 Vgl. die Modelle 3A, 5A und 6A bei Serva et al. (2005) auf den Seiten 97, 101 und 103.

633 Vgl. Albers/Götz (2006), S. 674.

das Konstrukt der zweiten Ordnungsebene empirisch zu erfassen ist. Auf der anderen Seite kann es beim Einsatz des kovarianzbasierten Verfahrens häufig zu Identifizierungsproblemen bei der Spezifikation mehrdimensionaler Konstrukte kommen.[634] Dies tritt jedoch beim Einsatz von PLS nicht auf, da für die latenten Variablen Faktorwerte explizit bestimmt werden und unzulässige Lösungen somit nicht auftreten können.[635]

Zur Umsetzung mehrdimensionaler Konstrukte werden in der Literatur verschiedene Ansätze diskutiert. Eine Möglichkeit stellt die direkte Operationalisierung und Messung des Konstrukts zweiter Ordnung durch manifeste Variablen dar.[636] Bei diesem Ansatz werden sowohl die Dimensionen als auch das Konstrukt der zweiten Ordnungsebene durch eigene Indikatoren operationalisiert. Des Weiteren werden Verfahren diskutiert, die speziell beim Einsatz von PLS besonders geeignet sind.[637] Beim ersten dieser Verfahren, dem Zwei-Schritt-Ansatz, wird das mehrdimensionale Konstrukt durch Elimination der ersten Ordnungsebene handhabbar gemacht. Hierfür werden entweder die Skalensummen oder die extrahierten Faktorwerte der Dimensionen erster Ordnung verwendet und dann als reflektive[638] oder formative[639] Indikatoren zur Operationalisierung des Konstruktes zweiter Ordnung eingesetzt. Das zweite Verfahren ist der Hybridansatz, bei dem die Indikatoren der Dimensionen erster Ordnung in zwei gleichgroße Gruppen geteilt werden und die Gruppe dann jeweils zur Messung der Dimension erster Ordnung und des Konstrukts zweiter Ordnung verwendet werden.[640]

Das dritte Verfahren geht auf Wold (1982) zurück und wird als hierarchischer Komponentenansatz bezeichnet.[641] Das Konstrukt der zweiten Ordnungsebene wird bei diesem Verfahren direkt durch sämtliche Indikatoren der Dimensionen der ersten Ordnungsebene operationalisiert (siehe Abbildung 19). Der aus den Indikatoren zusammengestellte Block wird auch als „*super block*“[642] bezeichnet, der das Konstrukt zweiter Ordnung reflektiv misst.[643] Ebenso wie beim Zwei-

634 Vgl. Wetzels et al. (2009), S. 180.

635 Vgl. Fornell/Bookstein (1982), S. 441 ff.

636 Vgl. Albers/Götz (2006), S. 674. Dieses Vorgehensweise ähnelt dem MIMIC (Multiple Effect Indicators for Multiple Causes)-Modell. Für eine kurze Erläuterung hierzu vgl. Diamontopoulus/Winklhofer (2001), S. 272.

637 Vgl. Wilson/Henseler (2007), S. 791 ff.

638 Vgl. Agarwal/Karahanna (2000), S. 679

639 Vgl. Rai et al. (2006), S. 234.

640 Vgl. Wilson/Henseler (2007), S. 792 f.

641 Vgl. Wold (1982), 41 f. oder auch Lohmöller (1989), S. 130-133. Dieses Verfahren wird auch als der Ansatz wiederholter Indikatoren bezeichnet.

642 Tenenhaus et al. (2005), S. 196.

643 Vgl. Wold (1982), S. 41 ff. Lohmöller (1989) zeigt jedoch, dass auf der Ebene des Messmodells und der Ebene des Strukturmodells beim Ansatz wiederholter Indikatoren sowohl reflektive als auch eine formative Spezifikation gewählt werden kann. Vgl. Lohmöller (1989), S. 132.

Schritt-Verfahren werden beim hierarchischen Komponentenansatz bei der Anwendung von PLS die Faktorwerte für die spätere Analyse der Pfadbeziehungen im Strukturmodell gespeichert.[644] Vorteilhaft ist die Methode der wiederholten Indikatoren deshalb, weil der PLS-Schätzalgorithmus ohne Probleme verwendet werden kann.[645] Darüber hinaus wurde dieser Ansatz bereits in einigen empirischen Arbeiten erfolgreich eingesetzt.[646] Wilson/Henseler (2007) merken in Bezug auf den hierarchischen Komponentenansatz an, dass dieser „[...] *appears to be the one most favoured by analysts when using PLS to model higher constructs.*“[647] Zur Spezifikation des Vertrauenskonstrukts wird in dieser Arbeit daher der hierarchische Komponentenansatz verwendet.

Abbildung 19 – Umsetzung des hierarchischen Komponentenmodells in PLS[648]

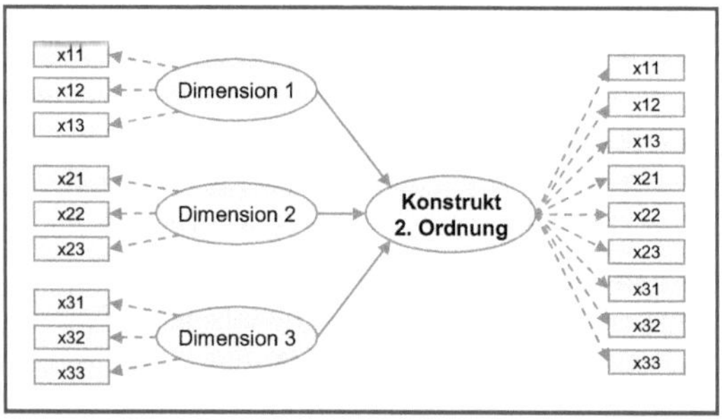

Hinsichtlich der Messung von Vertrauen zeigen Serva et al. (2005), dass Vertrauenswürdigkeit und Vertrauen als zwei eigenständige Konstrukte gemessen werden können. Die Vertrauenswürdigkeit[649] wird dabei als ein dreidimensionales Konstrukt vom Typ I empirisch bestätigt.[650]

644 Vgl. Wilson/Henseler (2007), S. 792.

645 Vgl. Tenenhaus et al. (2005), S. 203 f. und Reinartz et al. (2003) S. 19.

646 Vgl. Pavlou/El Sawy (2006), S. 213 ff., Wetzels et al. (2009), S. 182 ff. oder Zhang et al. (2006), S. 5 f. Der hierarchische Komponentenansatz wird in den Arbeiten für unterschiedliche Spezifikationen mehrdimensionaler Konstrukte verwendet. Zhang et al. (2006) messen zwei mehrdimensionale Konstrukte vom Typ I, während Wetzels et al. (2009) ein Messmodell für ein zwölfdimensionales Konstrukt mit vier Ordnungsebenen etablieren. Pavlou/El Sawy (2006) verwenden den Ansatz zur Messung mehrerer mehrdimensionaler Konstrukte vom Typ II.

647 Wilson/Henseler (2007), S. 792.

648 In Anlehnung an Wold (1982), S. 41 und Lohmöller (1989), S. 131.

649 Die Konzeptualisierung der Vertrauenswürdigkeit wurde auf der Basis der Arbeit von Mayer et al. (1995), S. 715 vorgenommen und umfasst die Dimensionen Wohlwollen, Integrität und Fähigkeit des Vertrauensnehmers.

650 Beim Typ II eines mehrdimensionalen Konstrukts werden die Dimensionen der ersten Ordnungsebene reflektiv und das Konstrukt der zweiten Ordnungsebene formativ gemessen. Vgl. Jarvis et al. (2003), S. 205.

4.2 Grundlagen zur Partial Least Squares (PLS)-Methode

4.2.1 Einführung in die PLS-Methode

Zur Schätzung der Modellparameter von Strukturgleichungsmodellen können kovarianz- oder varianzbasierte Verfahren zur Anwendung kommen.[651] Während bei den kovarianzbasierten Verfahren die Modellparameter dadurch geschätzt werden, dass eine möglichst genaue Reproduktion der empirischen Kovarianzmatrix der Indikatoren erfolgt, zielen die varianzbasierten Verfahren (PLS-Pfadanalyse) auf die bestmögliche Reproduktion der empirische Datenstruktur ab.[652] Während bei der Kausalanalyse in den Anfängen vor allem der kovarianzbasierte Ansatz dominierte, erfreut sich die PLS-Methode, seit Anfang der neunziger Jahre einer immer größeren Beliebtheit.[653] Dies lässt sich darauf zurückführen, dass die PLS-Pfadanalyse entlang verschiedener Dimensionen Vorteile bietet. Tabelle 14 illustriert die prinzipiellen Unterschiede zwischen beiden Methoden entlang ausgewählter Kriterien.

Ein wesentlicher Vorteil der PLS-Pfadanalyse ist die Möglichkeit, bereits mit geringen Stichprobenumfängen arbeiten zu können. Im Extremfall sind Analysen bereits ab einer Stichprobengröße von 30 Beobachtungen durchführbar.[654] Weitere Vorteile der varianzbasierten Methode sind einerseits die Möglichkeit, Modelle mit hoher Komplexität abbilden zu können und andererseits die Tatsache, dass die manifesten Variablen keiner Multinormalverteilung folgen müssen. Als ein Nachteil der PLS-Methode ist die Tatsache zu sehen, dass die Schätzparameter weniger genau sind. Tendenziell werden die Pfade im Strukturmodell unterschätzt und die Ladungen in den Messmodellen überschätzt, was daran liegt, dass das Gesamtmodell in Teilmodelle zerlegt wird und die Schätzungen der Modellparameter in einem Teilmodell immer bei Parameterkonstanz in den anderen Teilmodellen statt-

---

651 Vgl. Bliemel et al. (2005), S. 10, Ringle et al. (2006), S. 81 oder Reinartz et al. (2009), S. 332 f. Henseler et al. (2009), S. 277.

652 Vgl. Herrmann et al. (2006), S. 37.

653 Für eine Auflistung empirischer Studien, welche die PLS-Methode verwenden vgl. Reinartz et al. (2009), S. 333 oder Henseler et al. (2009), S. 279 ff.

654 Chin/Newsted (1999), S. 326 f. Gemäß der Daumenregel von Chin/Newsted (1999) kann der notwendige Umfang einer Stichprobe so errechnet werden, indem man das Konstrukt mit der größten Anzahl an unabhängigen Variablen (auch formative Indikatoren) in einem Strukturmodell identifiziert und diese Anzahl mit dem Faktor 10 multipliziert. Diese Regel bezieht sich jedoch nur auf die Effizienz des PLS-Schätzalgorithmus und impliziert nicht die ausreichende statistische Power eines Strukturmodells. Generell wird empfohlen, ab Stichprobenumfängen mit weniger als 250 Beobachtungen die PLS-Methode zu verwenden. Vgl. hierzu Reinartz et al. (2009), S. 342.

findet.[655] Mit steigender Stichprobengröße und Indikatorenzahl je Konstrukt nähert sich die Schätzgenauigkeit der PLS-Methode jedoch der der kovarianzbasierten Methode an, was als die „*Consistency at large*"-Eigenschaft bezeichnet wird.[656]

Tabelle 14 – Vergleich zwischen varianz- und kovarianzbasierter Methode[657]

Kriterium	Varianzbasierte Methode (PLS)	Kovarianzbasierte Methode (LISREL)
Ziel:	Prognoseorientiert	Parameterorientiert
Annahmen:	Prädiktorspezfikation (nicht parametrisch)	Multinormalverteilung und unabhängige Beobachtungen (parametrisch)
Parameterschätzer:	Konsistent, sofern Indikatorenzahl und Stichprobengröße ausreichend („consistency at large")	Konsistent
Latente Variable:	Werte werden explizit geschätzt	Werte nicht determiniert
Messmodell:	Reflektive und/oder formative Indikatoren möglich	Typischerweise nur reflektive Indikatoren möglich
Modellkomplexität:	Hohe Komplexität (z.B. 100 Konstrukte, 1.000 Indikatoren) darstellbar	Geringe bis moderate Komplexität darstellbar
Stichprobengröße:	Geringe Umfänge möglich (z.B. 30 bis 100 Beobachtungen); Power-Analyse erforderlich	Hohe Stichprobenumfänge notwendig (z.B. 200 bis 800 Beobachtungen empfohlen)
Theorieanforderungen:	Flexibel	Hoch
Implikation:	Optimal für Prognosegenauigkeit	Optimal für Parametergenauigkeit

Im Sinne ihrer Schöpfer sind beide Schätzverfahren als komplementäre Methoden zu betrachten.[658] Die Wahl einer Methode sollte deshalb vom jeweiligen Forschungsziel einer Studie abhängig gemacht werden. Liegt bereits eine gut fundierte theoretische Basis vor und soll ein darauf aufbauendes Modell auf seine Richtigkeit überprüft werden, so stellt der kovarianzbasierte Ansatz das geeignete Instrument dar.[659] Der Einsatz der PLS-Methode ist dagegen angebracht, wenn Studien eher explorativer Natur sind, d.h. die Vorhersage und der Aufbau von Theorien im Mittelpunkt stehen.[660] Aufgrund der Tatsache, dass in dieser Untersuchung ein relativ geringer Stichprobenumfang vorliegt und diese Arbeit einen explorativen Character aufweist, wird zur Überprüfung der Hypothesen 1 bis 6 mit Hilfe des Strukturgleichungsmodells daher die PLS-Methode als statistisches Analyseinstrument angewandt.

655 Vgl. Chin/Newsted (1999), S. 328 f. und Scholderer/Balderjahn (2006), S. 61. Für eine Darstellung des PLS-Schätzalgorithmus vgl. Betzin/Henseler (2005), S. 60 ff. oder Weiber/Mühlhaus (2010), S. 59 ff.

656 Vgl. Chin/Newsted (1999), S. 329.

657 In Anlehnung an Chin/Newsted (1999), S. 314 und Bliemel et al. (2005), S. 11.

658 Vgl. Henseler et al. (2009), S. 296 und Weiber/Mühlhaus (2010), S. 65 ff.

659 Vgl. Lohmöller (1989), S. 211 ff. und Henseler et al. (2009), S. 296.

660 Vgl. Chin/Newsted (1999), S. 337, Reinartz et al. (2009), S. 341 oder Henseler et al. (2009), S. 297.

4.2.2 Beurteilungskriterien der Messmodelle

Nach der Operationalisierung der latenten Variablen und der Datenerhebung ist die Modellschätzung zu beurteilen. Hierzu werden verschieden Kriterien verwendet, die Aufschluss über die Zuverlässigkeit und Gültigkeit der Modellbeziehungen sowie des Gesamtmodells geben, wobei zwischen Parametern zur Beurteilung der Güte der Messmodelle und des Strukturmodells unterschieden wird.[661] Die zur Beurteilung reflektiver Messmodelle wesentlichen Kriterien sind in Tabelle 15 dargestellt.

Tabelle 15 – Kriterien zur Beurteilung der Güte reflektiver Konstrukte[662]

Gütearten	Definition	Methoden (Kriterien)
Inhaltsvalidität	Abbildungsgrad der Konstruktbedeutung durch die Indikatoren	Explorative Faktorenanalyse zur Untersuchung der Eindimensionalität eines Konstrukts
Indikatorreliabilität	Erklärung der Indikatorvarianz durch das Konstrukt	Mehr als 50% der Varianz eines Indikators sollte auf die Varianz des Konstrukts zurückzuführen sein; Ladung eines Indikators sollte größer als 0,7 sein.
Konstruktreliabilität	Erklärungsgrad, wie gut ein Konstrukt durch die ihm zugeordneten Indikatorvariablen gemessen wird	Interne Konsistenz: $IK = \frac{(\sum_i \lambda_{ij})^2}{(\sum_i \lambda_{ij})^2 + \sum_i \text{var}(\varepsilon_i)}$ Interne Konsistenz sollte größer als 0,7 sein.
Durchschnittlich erfasste Varianz (DEV)	Erklärungsgrad, des durch die latente Variable verursachten Varianzanteils	Durchschnittlich erfasste Varianz: $DEV = \frac{\sum_i \lambda_{ij}^2}{\sum_i \lambda_{ij}^2 + \sum_i \text{var}(\varepsilon_i)}$ Die DEV eines Konstrukts sollte größer als 0,5 sein.
Diskriminanz-validität	Unterschiedlichkeitsgrad der Messungen verschiedener Konstrukte mit einem Messinstrument	Die durchscnittlich erfasste Varianz (DEV) eines Konstrukts soll größer sein als die quadrierte Korrelation der latenten Variablen mit allen anderen latenten Variablen.

Als erstes Kriterium kann die Inhaltsvalidität, welche den Grad beschreibt, zu dem die Indikatoren eines Messmodells den inhaltlich-semantischen Bereich des Konstrukts abdecken, herangezogen werden.[663] Eine hierfür geeignete Methode zur Überprüfung der zugrunde liegenden Faktorenstruktur der Indikatoren stellt

661 Vgl. Huber et al. (2007), .S. 35.

662 In Anlehnung an Krafft et al. (2005), S. 75 und Huber et al. (2007), S. 35 f.

663 Vgl. Krafft et al. (2005), S. 73.

die explorative Faktorenanalyse dar.[664] Nach Überprüfung der Eindimensionalität der vorliegenden Indikatoren eines Messmodells lassen sich mittels der weiteren vier Kriterien Aussagen hinsichtlich der Reliabilität und Validität eines reflektiven Messmodells treffen. Als zweites Kriterium zur Beurteilung der Güte einzelner Indikatoren dient die Indikatorreliabilität. Diese gibt den Anteil der Varianz eines Indikators an, der durch die latente Variable und nicht durch den Messfehler verursacht wird, und zeigt, inwiefern ein Indikator zur Messung des ihm zugeordneten Konstrukts geeignet ist.[665] Allgemein wird gefordert, dass mindestens die Hälfte der Varianz eines Indikators durch das Konstrukt erklärt wird, was bei standardisierten Daten einer Faktorladung von mindestens 0,7 entspricht.[666]

Die Konstruktreliabilität stellt den Erklärungsgrad dar, wie gut ein Konstrukt durch sämtliche ihm zugeordneten Indikatoren gemessen wird. Werte von größer als 0,7 werden dabei als akzeptabel angesehen.[667] Das hier dargestellte Kriterium für die interne Konsistenz sollte gegenüber dem traditionellen Cronbach's Alpha Vorrang haben, da letzteres bei der Anwendung von PLS zu einer Unterschätzung der internen Konsistenz von latenten Variablen neigt.[668] Des Weiteren ist zur Beurteilung der Konvergenzvalidität die durchschnittlich erfasste Varianz (DEV) bei einem Konstrukt heranzuziehen. Die DEV zeigt an, wie hoch der durch die latente Variable verursachte Varianzanteil in Relation zum nicht erklärten Varianzanteil ist. Hierbei sollte mindestens die Hälfte der Varianz aller Indikatoren durch die zugrunde liegende latente Variable verursacht werden, was einem Mindestwert für die DEV von 0,5 entspricht.[669] Aufbauend auf der DEV wird abschließend die Diskriminanzvalidität überprüft. Diese gibt an, inwiefern sich die reflektiv gemessenen latenten Variablen in einem Modell voneinander unterscheiden und somit eigenständige Konstrukte darstellen.[670] Gemäß dem Fornell-Larcker-Kriterium ist dies immer dann gegeben, wenn die DEV einer reflektiv gemessenen latenten Variable größer ist als jede quadrierte Korrelation dieser Variable zu den anderen Variablen im Modell.[671] Ergänzend hierzu können als weiterer Test auf das Vorliegen von Diskriminanzvalidität die Indikatorenkreuzladungen überprüft werden. Dabei sollte jeder Indikator immer eine höhere Ladung auf das ihm jeweils zugeordnete Konstrukt als auf die anderen Konstrukte im Strukturmodell besitzen.[672]

664 Vgl. Tenenhaus et al. (2005), S. 163.
665 Vgl. Krafft et al. (2005), S. 73.
666 Vgl. Ringle/Spreen (2007), S. 212.
667 Vgl. Huber et al. (2007), S. 35.
668 Vgl. Henseler et al. (2009), S. 298 f.
669 Vgl. Chin (1998), S. 321.
670 Vgl. Ringle/Spreen (2007), S. 213.
671 Vgl. Fornell/Larcker (1981), S. 46.
672 Vgl. Chin (1998), S. 321.

Aufgrund der Umkehrung der Kausalität zwischen den Indikatoren und dem Konstrukt müssen für die Gütebeurteilung formativer Messmodelle andere Kriterien angewendet werden.[673] Eine erste Beurteilung formativer Indikatoren sollte auf Basis theoretischer Überlegungen und der Meinung von Experten erfolgen.[674] Darüber hinaus stehen zur Beurteilung der Messmodellgüte die Regressionskoeffizienten der formativen Indikatoren im Mittelpunkt.[675] Dabei gibt die Höhe eines Regressionskoeffizienten Auskunft darüber, wie nachhaltig dieser zur Bildung eines Konstrukts beiträgt.[676] Der t-Wert des Regressionskoeffizienten, der in PLS entweder mittels der Bootstrap- oder Jackknife-Prozedur erzeugt wird, erlaubt Aussagen über die Signifikanz eines Indikators und liefert somit einen Anhaltspunkt für dessen Reliabilität.[677] Indikatoren mit einem geringen oder nicht signifikanten Gewicht dürfen jedoch nicht aus dem Messmodell entfernt werden, da ansonsten der definitorische Konstruktinhalt verfälscht wird.[678] Die Eliminierung eines Indikators sollte daher nur auf Basis inhaltlicher Überlegungen erfolgen.[679] Daneben empfiehlt es sich, die formativen Indikatoren auf Multikollinearität zu testen, da die Existenz sehr hoher Korrelationen zwischen den formativen Indikatoren zu starken Verzerrungen bei den Parameterschätzungen führt.[680] Liegt substanzielle Multikollinearität vor, kann der singuläre Einfluss eines Indikators im Messmodell nicht mehr isoliert betrachtet werden und die Varianz der Schätzung von dessen Einflussparameter würde gegen unendlich streben.[681]

Da bei formativen Messmodellen die traditionelle Bewertung der Indikatorreliabilität oder die Konvergenzvalidität eines Konstrukts nicht sinnvoll ist[682], schlagen Reinartz et al. (2004) vor, die externe Validität als ein weiteres Gütekriterium heranzuziehen.[683] Hierzu wird die Höhe des Fehlerterms auf der Ebene

673 Vgl. Ringle/Spreen (2007), S. 213 oder Weiber/Mühlhaus (2010), S. 208. Da in dieser Studie auf den Einsatz formativer Konstrukte verzichtet wird, erfolgt nur eine kurze Darstellung der Gütekriterien zur Beurteilung formativer Messmodelle. Für eine ausführliche Diskussion der Beurteilungskriterien formativer Messmodelle vgl. bspw. Krafft et al. (2005), S. 76 ff. oder Cenfetelli/Bassellier (2009), S. 691 ff.

674 Vgl. Rossiter (2002), S. 319 ff.

675 Vgl. Huber et al. (2007), S. 38.

676 Vgl. Krafft et al. (2005), S. 77.

677 Vgl. Huber et al. (2007), S. 38.

678 Vgl. Jarvis et al. (2003), S. 202.

679 Vgl. Krafft et al. (2005), S. 83 oder Huber et al. (2007), S. 38.

680 Vgl. Krafft et al. (2005), S. 78. oder Cenfetelli/Bassellier (2009), S. 691 ff.

681 Vgl. Diamontopoulus/Winklhofer (2001), S. 272. Multikollinearität wird als problematisch angesehen, wenn der Variance Inflation Factor (VIF) größer als 3,33 ist. Vgl. hierzu Diamontopoulus/Siguaw (2006), S. 270. Zur Berechung des VIF vgl. zum Beispiel Huber et al. (2007), S. 39.

682 Vgl. Hulland (1999), S. 201.

683 Vgl. Reinartz et al. (2004), S. 298 f.

des formativ gemessenen Konstrukts analysiert, indem eine Regression des formativen Index auf ein reflektives Messmodells desselben Konstrukts vorgenommen wird.[684] Praktisch lässt sich dies entweder durch ein MIMIC-Modell oder ein Zwei-Konstrukt-Modell umsetzen.[685] Eine ausreichend hohe externe Validität eines formativ gemessenen Konstrukts liegt gemäß Henseler et al. (2009) dann vor, wenn der Messfehler auf der Ebene des formativen Konstrukts nicht größer als 20% ist, d.h. der formative Messindex mehr als 80% der Varianz des reflektiv gemessenen Konstrukts erklären kann.[686]

4.2.3 Beurteilungskriterien des Strukturmodells

Wie bei den Messmodellen kommen auch bei der Beurteilung des Strukturmodells unterschiedliche Kriterien zum Einsatz. Im Unterschied jedoch zu den kovarianzbasierten Methoden können bei der PLS-Pfadanalyse zur Messung der Gesamtgüte eines Modells keine inferenzstatistischen Tests durchgeführt werden, da die Methode keine restriktiven Verteilungsannahmen der Datenbasis unterstellt.[687] Die wesentlichen Kriterien zur Beurteilung eines Strukturmodells bei Anwendung der PLS-Pfadanalyse sind in Tabelle 16 dargestellt. Ein wesentliches Kriterium zur Beurteilung des inneren Modells stellt das Bestimmtheitsmaß R^2 der endogenen Konstrukte dar.[688] Wie bei einer multiplen Regressionsanalyse gibt es bei einer Variablen den Anteil der erklärten Varianz im Verhältnis zu dessen Gesamtvarianz an.[689] Im Rahmen der PLS-Pfadanalyse zeigen gemäß Chin (1998) Werte für das R^2 von mehr als 0,67 einen substanziellen, zwischen 0,67 und 0,33 einen moderaten und zwischen 0,33 und 0,19 einen schwachen Einfluss an.[690]

Die Pfadkoeffizienten zwischen den Konstrukten können wie standardisierte β-Koeffizienten aus einer OLS-Regression interpretiert werden[691] und werden demnach hinsichtlich ihres Vorzeichens, ihrer Höhe und Signifikanz beurteilt. Signifikante Pfade, die das postulierte Vorzeichen haben, bestätigen die a priori aufgestellten Hypothesen, während insignifikante oder signifikante Pfadkoeffi-

684 Vgl. Henseler et al. (2009), S. 301.
685 Vgl. Diamontopoulus/Winklhofer (2001), S. 272 f.
686 Vgl. Henseler et al. (2009), S. 301.
687 Vgl. Krafft et al. (2005), S. 83.
688 Vgl. Chin/Newsted (1999), S. 316.
689 Vgl. Backhaus et al. (2008), S. 67 ff.
690 Vgl. Chin (1998), S. 323.
691 Vgl. Götz/Liehr-Gobbers (2004), S. 730 oder Henseler et al. (2009), S. 304.

zienten mit umgekehrten Vorzeichen eine aufgestellte Hypothese widerlegen.[692] Die Prognoserelevanz (Q^2) gibt Aufschluss darüber, inwiefern sich ein theoretisch fundiertes Modell durch die empirischen Daten rekonstruieren lässt. Ist die Prognoserelevanz für eine latente Variable größer als Null, so kann dem Modell Schätzrelevanz zugesprochen werden, während andererseits die Bestimmung eines Konstrukts unsicher ist.[693] Die Effektstärke f^2 gibt den Einfluss einer unabhängigen auf eine abhängige latente Variable an, wobei bei Werten ab 0,02; 0,15 oder 0,35 von jeweils geringen, mittleren oder starken Effekten gesprochen wird.[694] Schließlich lässt sich der relative Prognoseeinfluss einer exogenen auf eine endogene latente Variable berechnen.[695] In Analogie zur Effektstärke liegen diesem Kriterium die gleichen Wertebereiche zur Beurteilung des Prognoseeinflusses zu Grunde.

Tabelle 16 – Kriterien zur Beurteilung der Güte des Strukturmodells[696]

Gütearten	Definition	Berechnung	Kriterien	
Bestimmtheitsmaß (R^2)	Beschreibt den Anteil der erklärten Varianz einer endogenen Variable	Berechnung wie bei multipler Regression (interpretierbar als R^2)	$R^2 > 0{,}67$ $0{,}33 < R^2 < 0{,}67$ $0{,}19 < R^2 < 0{,}33$	substanzieller Einfluss moderater Einfluss schwacher Einfluss
Pfadkoeffizient	Zeigt das Ausmaß und die Signifikanz der Wirkungsbeziehungen zwischen den Konstrukten	Berechnung wie bei multipler Regression (interpretierbar als „standardisierte Betas")	$t > 1{,}64$ $t > 2{,}33$	Fehlerwahrscheinlichkeit von 5% (einseitig) Fehlerwahrscheinlichkeit von 1% (einseitig)
Prognoserelevanz (Stone-Geisser-Kriterium)	Zeigt an, wie gut sich ein aufgestelltes Modell durch die empirischen Daten rekonstruieren lässt	$Q^2 = 1 - \frac{\sum_k E_{jk}}{\sum_k O_{ik}}$	$Q^2 > 0$	Prognoserelevanz liegt vor
Effektstärke	Beschreibt die Höhe des Einflusses einer exogenen auf eine endogene Variable	$f^2 = \frac{R^2_{incl} - R^2_{excl}}{1 - R^2_{incl}}$	$f^2 > 0{,}35$ $0{,}15 < f^2 < 0{,}35$ $0{,}02 < f^2 < 0{,}15$	großer Effekt mittelstarker Effekt schwacher Effekt
Relativer Prognoseeinfluss	Beschreibt in Anlehnung an die Effektstärke den relativen Prognoseeinfluss einer Variable auf eine endogene Variable	$q^2 = \frac{Q^2_{incl} - Q^2_{excl}}{1 - Q^2_{incl}}$	$q^2 > 0{,}35$ $0{,}15 < q^2 < 0{,}35$ $0{,}02 < q^2 < 0{,}15$	hohe Prognoserelevanz mittlere Prognoserelevanz schwache Prognoserelevanz

692 Vgl. Krafft et al. (2005), S. 83 f.
693 Vgl. Ringle (2004a), S. 21.
694 Vgl. Chin (1998), S. 312.
695 Vgl. Henseler et al. (2009), S. 305.
696 In Anlehnung an Götz/Liehr-Gobbers (2004), S. 730 f. und Henseler et al. (2009), S. 303.

4.2.4 Beurteilung von Mediationseffekten in Strukturmodellen

Ein Mediationseffekt liegt immer dann vor, wenn der Effekt einer exogenen auf eine endogene Variable durch eine oder mehrere Variablen vermittelt wird.[697] In den Sozial- und Verhaltenswissenschaften kommt der Analyse von Mediationseffekten ein große Bedeutung zu, da dadurch Aufschlüsse über die Prozesse und Mechanismen der Wirkungsbeziehungen zwischen Variablen gewonnen werden können.[698] Im Rahmen von Strukturgleichungsmodellen lässt sich ein Mediationseffekt für latente Variablen anhand des in Abbildung 20 dargestellten Modells untersuchen.[699]

Zur Überprüfung der Existenz eines Mediationseffektes können drei statistische Vorgehensweisen angewendet werden: (a) der Kausalschrittansatz, (b) die Analyse der Differenz zwischen den Koeffizienten $\hat{c} - \hat{c}'$ oder (c) die Analyse des Produkts der Koeffizienten $\hat{a} \times \hat{b}$.[700] Beim Kausalschrittansatz wird das Vorliegen von vier unterschiedlichen Bedingungen geprüft.[701] Bei der ersten Bedingung wird gefordert, dass die Konstrukte X und Y (Pfad $\hat{c}$) ohne Berücksichtigung des Mediators M signifikant miteinander korreliert sein müssen. Im zweiten und dritten Schritt wird geprüft, ob die unabhängige Variable X mit dem Mediator M (Pfad $\hat{a}$) und der Mediator M mit der abhängigen Variable Y (Pfad $\hat{b}$) jeweils einzeln signifikant miteinander korreliert sind. Bei der vierten Bedingung wird gefordert, dass bei Berücksichtigung des Mediators M der Pfad $\hat{c}'$ nicht mehr signifikant von Null verschieden sein darf.[702]

Das strikte Einhalten der vier Bedingungen des Kausalschrittansatzes wird in der Literatur teilweise kritisiert. Stattdessen werden veränderte Vorgehensweisen zur Überprüfung der Existenz von Mediationseffekten vorgeschlagen. Shrout/Bolger (2002) plädieren dafür, die erste Bedingung des Kausalschrittansatzes nur

697 Vgl. Baron/Kenny (1986), S. 1176.

698 Vgl. Hoyle/Kenny (1999), S. 195.

699 Vgl. Eggert et al. (2005), S. 105 f.

700 Vgl. MacKinnon et al. (2007), S. 598 f.

701 Vgl. MacKinnon et al. (2007), S. 598 f. oder Shrout/Bolger (2002), S. 424. Der Kausalschrittansatz ist das am häufigsten verwendete Verfahren und wurde durch Judd/Kenny (1981), Baron/Kenny (1986) und Kenny et al. (1998) etabliert.

702 Für den Test der vier Bedingungen werden gemäß Kenny et al. (1998) drei unterschiedliche Modelle getestet. Für die Bedingungen eins und zwei werden zwei separate Regressionen geschätzt, während die Beurteilung der Bedingungen drei und vier anhand einer Regressionsschätzung erfolgt. Ist die vierte Bedingung (Pfad $\hat{c}'$ ist nicht signifikant von Null verschieden) vollständig erfüllt, so wird von vollständiger Mediation gesprochen. Ist dagegen der Pfad $\hat{c}'$ kleiner als $\hat{c}$, jedoch statistisch signifikant von Null verschieden, so spricht man von partieller Mediation.

Abbildung 20 – Darstellung eines einfachen Mediationseffektes bei latenten Variablen[703]

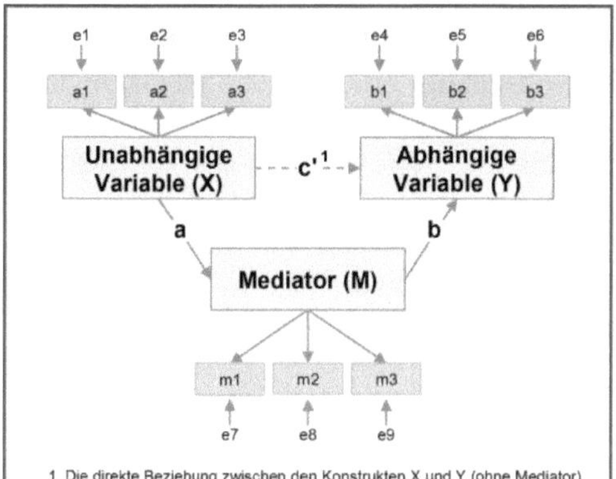

1. Die direkte Beziehung zwischen den Konstrukten X und Y (ohne Mediator) wird mit dem Koeffizienten c bezeichnet

dann zu untersuchen, wenn vermutet werden kann, dass die Variablen X und Y in einem engen Zusammenhang zueinander stehen.[704] Des Weiteren führen MacKinnon et al. (2007) an, dass es für den Nachweis von Mediation ausreichend ist, die Differenz zwischen den Koeffizienten $\hat{c} - \hat{c}'$ oder das Koeffizientenprodukt $\hat{a} \times \hat{b}$ auf Signifikanz zu testen.[705] Bei der Untersuchung von Mediationseffekten im Rahmen von Strukturgleichungsmodellen wird es allgemein als ausreichend betrachtet, das in Abbildung 20 dargestellte Modell zu schätzen und die Signifikanz des indirekten Effekts $\hat{a} \times \hat{b}$ zu belegen.[706]

Zur Überprüfung der statistischen Signifikanz des indirekten Effekts wird normalerweise der von Sobel entwickelte z-Test verwendet.[707] Der Test unterstellt beim Koeffizientenprodukt $\hat{a} \times \hat{b}$ allerdings Normalverteilung und sollte daher

703 In Anlehnung an Baron/Kenny (1986), S. 1176, Hoyle/Kenny (1999), S. 198, Huber et al. (2007), S. 71, MacKinnon et al. (2007), S. 595 und Shrout/Bolger (2002), S. 423.

704 Vgl. Shrout/Bolger (2002), S. 429 f. Die Autoren argumentieren, dass wenn die Variablen X und Y in einem entfernten Zusammenhang zueinander stehen, die erwartete Effektstärke nur sehr gering ist und die bivariaten Tests zur statistischen Analyse eines Zusammenhangs nur noch eine geringe statistische Power aufweisen. Aus diesem Grund sollte die Überprüfung der ersten Bedingung fallen gelassen und nur die Bedingungen zwei bis vier analysiert werden.

705 Vgl. MacKinnon et al. (2007), S. 599.

706 Vgl. Eggert et al. (2005), S. 105.

707 Für die Berechnung des z-Werts können die folgenden beiden Formeln verwendet werden: (1) $z = \frac{\hat{a} \times \hat{b}}{\sqrt{\hat{a}^2 s_{\hat{b}}^2 + \hat{b}^2 s_{\hat{a}}^2}}$ oder (2) $z = \frac{\hat{a} \times \hat{b}}{\sqrt{\hat{a}^2 s_{\hat{b}}^2 + \hat{b}^2 s_{\hat{a}}^2 + s_{\hat{a}}^2 s_{\hat{b}}^2}}$; vgl. hierzu Shrout/Bolger (2002), S. 426. Die zweite Formel wurde insbesondere durch die Arbeit von Baron/Kenny (1986) bekannt. Für große Stichprobenumfänge (>200) liegen die Schätzer der z-Werte beider Formeln nah beieinander und können daher gleichsam für den Signifikanztest des indirekten Effekts eingesetzt werden.

nur bei größeren Stichprobenumfängen zur Anwendung kommen.[708] Bei Stichproben mit kleineren Umfängen empfehlen Shrout/Bolger (2002) den Einsatz des Bootstrapverfahrens zur Ermittlung des Standardfehlers für den indirekten Effekt $\hat{a} \times \hat{b}$.[709] Konnte vollständige oder partielle Mediation nachgewiesen werden, so lässt sich das Ausmaß eines Mediationseffekts über die VAF („*variance accounted for*") quantifizieren.[710] Diese drückt aus, welcher Anteil des Effekts der exogenen auf die endogene Variable durch die Mediatorvariable hervorgerufen wird. Der Effekt kann Werte zwischen Null und Eins annehmen.[711] Liegt jedoch ein statistischer Suppressoreffekt vor, dann ist die VAF größer als eins und eine Berechnung nicht mehr ratsam.[712]

4.3 Operationalisierung der Konstrukte

Nachdem die statistischen Grundlagen zur Kausalanalyse erörtert wurden, erfolgt in diesem Unterkapitel die Operationalisierung der Konstrukte. Als Operationalisierung wird dabei die auf der Konzeptualisierung eines Konstrukts aufbauende Entwicklung geeigneter Messinstrumente bezeichnet.[713] In dieser Arbeit wurden zum Großteil etablierte Skalen anderer empirischer Studien verwendet, wobei diese an den Forschungskontext dieser Arbeit angepasst wurden.[714] Bei den beiden Konstrukten „Einsatz harter und Einsatz weicher Informationen" wurden zwei neue Skalen entwickelt, da keine adäquaten Messskalen identifiziert werden konnten. Die Ergebnisse von Meta-Studien haben jedoch gezeigt, dass auch neu entwickelte Skalen sehr gute Reliabilitätswerte erzielen.[715]

---

708 Vgl. Shrout/Bolger (2002), S. 426. Ursache hierfür ist die Tatsache, dass das Produkt zweier normal verteilter Variablen nicht normal verteilt ist, sondern je nach Vorzeichen der beiden Variablen entweder eine positive oder negative Schiefe aufweist.

709 Vgl. Shrout/Bolger (2002), S. 426 ff.

710 Vgl. Eggert et al. (2005), S. 106.

711 Vgl. Eggert et al. (2005), S. 106. Die VAF wird durch folgende Formel berechnet: $VAF = \frac{ab}{ab + c}$. In dieser Formel bezieht sich der Pfadkoeffizient c auf die direkte Beziehung zwischen der exogenen und endogenen Variable unter Berücksichtigung der Mediatorvariable und entspricht dem Koeffizienten c' in Abbildung 20.

712 Shrout/Bolger (2002), S. 434: „We recommend that the effect ratio be computed only when there is no strong evidence of suppression."

713 Vgl. Homburg/Giering (1998), S. 114.

714 Vgl. Liang et al. (2007), S. 67 f. für das gleiche Vorgehen.

715 Vgl. Churchill/Peter (1984), S. 366 f. und Wilson (1995), S. 363 ff.

4.3.1 Operationalisierung von Vertrauen

Vertrauen wurde in der Literatur bisher auf mannigfaltige Weise konzeptualisiert und gemessen.[716] Aufgrund seiner inhärenten Komplexität ist es mittlerweile anerkannt, dass Vertrauen als ein mehrdimensionales Konstrukt zu verstehen ist.[717] Die Mehrdimensionalität von Vertrauen tritt dabei sowohl auf der organisationalen[718] als auch auf der inhaltlich-semantischen Ebene[719] auf. Eine Herausforderung bei der Untersuchung von interorganisationalem Vertrauen ist die Tatsache, dass Vertrauen primär ein interpersonales Phänomen darstellt und auf den Kontext interorganisationaler Firmenbeziehungen nicht direkt übertragbar ist.[720] In dieser Arbeit wird deshalb in Anlehnung an Zaheer et al. (1998) zwischen dem interpersonalem Vertrauen des Firmenkundenbetreuers in seinen wichtigsten Ansprechpartner im Unternehmen und dem interorganisationalen Vertrauen der Bank in das Unternehmen unterschieden. Das interpersonale Vertrauen stellt dabei „[...] *the extent of a boundary-spanning agent's trust in her counterpart in the partner organization*“[721] und das interorganisationale Vertrauen „[...] *the extent of trust placed in the partner organization by the members of a focal organization*“ [722] dar. Da die Wurzeln des interorganisationalen Vertrauens in den persönlichen Beziehungen zwischen den handelnden Akteure in Transaktionsbeziehungen liegen, wird das interorganisationale Vertrauen als die gemeinsam geteilte Erwartungshaltung mehrerer Mitglieder einer Organisation hinsichtlich eines Partnerunternehmens verstanden.[723]

Auf der inhaltlich-semantischen Ebene wird in dieser Arbeit nur auf die motivationale Disposition der Akteure abgestellt und Vertrauen somit auf jene Erwartungshaltungen eingeschränkt, die sich auf die Handlungsabsichten der Akteure beziehen. Somit wird ausschließlich auf die aus einer Kooperation heraus

---

716 Vgl. Seppänen et al. (2007), S. 252 ff. für eine Auflistung verschiedener Konzeptualisierungen von interorganisationalem Vertrauen in empirischen Studien.

717 Vgl. Corazzini (1977), S. 75 ff, Currall/Judge (1995), S. 151 ff., Seppänen et al. (2007), S. 254 ff., Nooteboom et al. (1997), S. 313 ff., Saparito (2001), S. 8 f. oder Zaheer et al. (1998), S. 150. Die Mehrdimensionalität wird empirisch jedoch nicht immer bestätigt, da je nach Untersuchungsobjekt und -kontext die Dimensionen mitunter stark miteinander verwoben sein können. Vgl. beispielhaft hierfür Doney/Cannon (1997), S. 43.

718 Vgl. Zaheer et al. (1998), S. 150 und McEvily/Zaheer (2006), S. 292 f.

719 Vgl. Nooteboom et al. (1997), S. 313 ff. oder McEvily/Zaheer (2006), S. 287 ff.

720 Zaheer et al. (1998), S. 141: „A fundamental challenge in conceptualizing the role of trust in economic exchange is extending an inherently individual-level phenomenon to the organizational level of analysis.“

721 Zaheer et al. (1998), S. 142.

722 Zaheer et al. (1998), S. 142.

723 Vgl. Zaheer et al. (1998), S. 143 und Janowicz/Noorderhaven (2006), S. 270 f.

resultierenden Verhaltensrisiken abstellt.[724] Dieses Verständnis deckt sich mit denen anderer theoretischer und empirischer Arbeiten.[725] Erwartungshaltungen, die sich auf die Fähigkeiten anderer Akteure beziehen, werden als Zutrauen in deren Fähigkeiten verstanden und beziehen sich somit auf jene Risiken, die mit den Koordinationsproblemen einer Transaktionsbeziehung verknüpft sind.[726] Auf der inhaltlich-semantischen Ebene wird in Anlehnung an Nooteboom et al. (1997) zwischen den Dimensionen Wohlwollen (Habitualisierung) und Integrität (Institutionalisierung) unterschieden.[727] Die wohlwollende Erwartungshaltung bildet sich dabei aus der „[...] *familiarization, habit formation, and bonding generated or confirmed by positive experiences*"[728] heraus, während die integre Erwartungshaltung sich aus der „[...] *institutionalization of values and norms that constitute an ethics of transactional relationships*""[729] ergibt. Zur Messung des interpersonalen und interorganisationalen Vertrauens entlang der beiden Dimensionen wurden Items aus den Vertrauensskalen der Arbeiten von Doney/Cannon (1997), Nooteboom et al. (1997) und Zaheer et al. (1998) verwendet.[730] Die Indikatoren für beide organisationalen Vertrauensebenen sind in Tabelle 17 und Tabelle 18 dargestellt.

Tabelle 17 – Items zur Messung des interpersonalen Vertrauens

Item-kennung	Itemstamm	Dimension	Studie
IPV1	Mein Ansprechpartner hat sich in Verhandlungen mir gegenüber immer fair verhalten.	Wohlwollen[1]	Zaheer et al. (1998)
IPV2	Ich kenne das Verhalten meines Ansprechpartners. Ich kann mich immer darauf verlassen, dass er/sie sich meinen Erwartungen entsprechend verhält.	Wohlwollen[1]	Zaheer et al. (1998)
IPV3	Mein Ansprechpartner respektiert auch unsere Interessen, selbst wenn es ihm/ihr Kosten verursacht.	Integrität[2]	Zaheer et al. (1998)
IPV4	Ich würde mich "betrogen" fühlen, wenn das Verhalten meines Ansprechpartners nicht meinen Erwartungen entspräche.	Integrität[2]	Zaheer et al. (1998)
IPV5	Mein Ansprechpartner war in geschäftlichen Angelegenheiten immer sehr offen zu uns.	Wohlwollen[1]	Doney/Cannon (1997)
IPV6	Mein Ansprechpartner beschäftigt sich auch mit den Bedürfnissen unserer Bank.	Integrität[2]	Doney/Cannon (1997)

1. Diese Items wurden gemäß den Attributen wie Loyalität, Offenheit oder Empfänglichkeit (vgl. Mayer et al. (1995)) der Wohlwollensdimension zugeordnet.
2. Diese Items wurden gemäß den Attributen wie Fairness, Zuverlässigkeit oder kongruente Werte (vgl. Mayer et al. (1995)) der Integritätsdimension zugeordnet.

---

724 Vgl., Ripperger (1998), S. 38 ff.

725 Vgl. Dasgupta (1988), S. 52, Luhmann (1988), S. 107 f., Nooteboom et al. (1997), S. 311 f. oder Ripperger (1998), S. 38 ff.

726 Dasgupta (1988), S. 52: „[...] confidence stems from ability, and trust from a person's underlying disposition or motivation."

727 Vgl. Nooteboom et al. (1997), S. 313 ff. oder auch Mayer et al. (1995), S. 718 ff.

728 Nooteboom et al. (1997), S. 315.

729 Nooteboom et al. (1997), S. 313.

730 Vgl. Doney/Cannon (1997), S. 48 f., Nooteboom et al. (1997), S. 337 und Zaheer et al. (1998), S. 148.

Tabelle 18 – Items zur Messung des interorganisationalen Vertrauens

Itemkennung	Itemstamm	Dimension	Studie
IGV1	Da wir schon lange mit diesem Unternehmen eine Geschäftsbeziehung pflegen, sind sämtliche Abläufe selbstverständlich geworden.	Wohlwollen[1]	Nooteboom et al. (1997)
IGV2	Da wir bereits sehr lange mit diesem Unternehmen eine Geschäftsbeziehung pflegen, verstehen wir uns gegenseitig gut und schnell.	Wohlwollen[1]	Nooteboom et al. (1997)
IGV3	Wir hatten bisher niemals das Gefühl, durch dieses Unternehmen getäuscht worden zu sein.	Wohlwollen[1]	Nooteboom et al. (1997)
IGV4	Beide Seiten erwarten voneinander, keine Forderungen zu stellen, welche die Interessen der anderen Seite ernsthaft gefährden könnten.	Integrität[2]	Nooteboom et al. (1997)
IGV5	Vom stärkeren Partner in dieser Beziehung wird erwartet, dass er seine Interessen nicht um jeden Preis verfolgt.	Integrität[2]	Nooteboom et al. (1997)
IGV6	Informelle Absprachen mit dem Unternehmen haben das gleiche Gewicht wie formale Verträge.	Wohlwollen[1]	Nooteboom et al. (1997)
IGV7	Dieses Unternehmen hält seine Versprechungen uns gegenüber stets ein.	Wohlwollen	Doney/Cannon (1997)
IGV8	Bei wichtigen Enscheidungen berücksichtigt das Unternehmen stets auch das Wohlergehen unserer Bank.	Integrität	Doney/Cannon (1997)

1. Die Autoren benennen diese Dimension als Habitualisierung; diese Bezeichnung geht mit der Wohlwollensdimsion bei Mayer et al. (1995) konform.
2. Die Autoren benennen diese Dimension als Institutionalisierung; diese Bezeichnung geht mit der Integritätsdimension bei Mayer et al. (1995) konform.

4.3.2 Operationalisierung der Qualität der Kreditverhandlungen

Zur Operationalisierung der „*Qualität der Kreditverhandlungen*“ als eine Zielvariable der beziehungsspezifischen Agency-Kosten wurde eine reflektive Messskala aus den Studien von Artz (1999) und Matthes (2007) verwendet.[731] Beide Arbeiten untersuchen empirisch den Einfluss verschiedener Faktoren auf die Transaktionskosten der Vetragspartner. In dieser Studie wird die „*Qualität der Kreditverhandlungen*“ als die durch die Bank wahrgenommene Güte des prozessualen Verlaufs und der Ergebnisse der Kreditverhandlungen mit einem Unternehmen verstanden. Da die „*Qualität der Kreditverhandlungen*“ in dieser Arbeit eine wesentliche Zielvariable in der Kausalanalyse ist, wurden zur Messung alle sechs von Matthes (2007) verwendeten Indikatoren übernommen und an den Kontext dieser Studie angepasst. Die verwendeten Indikatoren sind in Tabelle 19 dargestellt.

4.3.3 Operationalisierung der Monitoring-Intensität

Obwohl der Begriff des Monitorings vor allem durch Jensen/Meckling (1976) oder Diamond (1984) früh in der Finanzliteratur Erwähnung gefunden hat[732],

731 Artz (1999), S. 126 und Matthes (2007), S. 112 f.

732 Vgl. Jensen/Meckling (1976), S. 334 ff. und Diamond (1984), S. 393 ff.

Tabelle 19 – Items zur Messung der Qualität der Kreditverhandlungen

Item-kennung	Itemstamm	Studie
QKV1	Der Kreditverhandlungsprozess mit diesem Unternehmen ist sehr angenehm.	in Anlehnung an Artz (1999), Matthes (2007)
QKV2	Die Kreditverhandlungen führen zu sehr guten Ergebnissen.	in Anlehnung an Matthes (2007)
QKV3	Die Kreditverhandlungen sind kompliziert.	in Anlehnung an Artz (1999), Matthes (2007)
QKV4	Die Kreditverhandlungen mit diesem Unternehmen führen zu keiner schnellen Einigung.	in Anlehnung an Artz (1999), Matthes (2007)
QKV5	Die Kreditverhandlungen erfolgen lösungsorientiert.	in Anlehnung an Artz (1999), Matthes (2007)
QKV6	Mit den Ergebnissen der Kreditverhandlungen sind beide Parteien sehr zufrieden.	in Anlehnung an Matthes (2007)

wurde das spezifische Ausmaß des Monitorings einer Bank in einer Kreditbeziehung empirisch bisher kaum analysiert.[733] Eine allgemein anerkannte Definition für den Begriff des Monitorings hat sich daher auch noch nicht herausgebildet.[734] In der Literatur wird der Begriff Monitoring meist sehr weit gefasst und auf all jene Aktivitäten bezogen, die Banken in Kreditbeziehungen unternehmen, um opportunistisches Verhalten der Kreditnehmer zu unterbinden.[735] In Bezug auf das Monitoring steht in dieser Arbeit vor allem die Intensität der Kontrollaktivitäten der Bank in einer Kreditbeziehung mit einem KMU im Mittelpunkt. Unter dem Konstrukt „*Monitoring-Intensität*" wird daher die durch die Bank wahrgenommene Intensität der im Rahmen des regulären Kreditüberwachungsprozesses typischerweise durchgeführten Kontrollaktivitäten verstanden.[736] Zur Messung dieses Konstrukts wurde eine reflektive Messskala in Anlehnung an die Arbeit von Schäffer/Willauer (2002) verwendet.[737] Da dieses Konstrukt die zweite wesentliche Zielvariable im Strukturmodell darstellt, wurden insgesamt neun Indikatoren zur Konstruktmessung verwendet. Tabelle 20 stellt die verwendeten Indikatoren dar.

733 Eine Ausnahme stellt hier die Arbeit von Burghof (2000) dar, der anhand von sechs Kreditbeziehungen das Ausmaß der Kontrollaktivitäten einer Bank untersucht. Blackwell/Winters (1997), S. 278, setzen die Monitoring-Intensität mit der bankinternen Risikoklassifizierung gleich.

734 Dies mag vor allem daran liegen, dass in der Literatur die spezifischen Teilaspekte der Kreditfinanzierungsbeziehung zwischen Banken und Unternehmen erst allmählich beleuchtet werden. Vgl. hierzu Berger/Udell (2002), S. F33.

735 Vgl. Burghof (2000), S. 283.

736 Das Bündel der typischerweise durchgeführten Kontrollaktivitäten (Jahresabschlussanalyse, Analyse der Wettbewerbsposition, der Wertschöpfungskette, Analyse der Besicherungssituation, Analyse der unterjährigen und prognostizierten Geschäftsentwicklung) wurde in Interviews mit den beiden Bereichsleitern der Kreditsachbearbeitung in jeder Sparkasse validiert.

737 Vgl. Schäffer/Willauer (2002), S. 91.

Tabelle 20 – Items zur Messung der Monitoring-Intensität

Item-kennung	Itemstamm	Studie
INT1	Bei diesem Engagement betreiben wir als Bank eine sehr intensive Kreditüberwachung.	in Anlehnung an Schäffer/Willauer (2002)
INT2	Wir verfolgen als Bank die Geschäftsentwicklung dieses Unternehmens immer sehr genau.	in Anlehnung an Schäffer/Willauer (2002)
INT3	Wir betreiben bei diesem Unternehmen die Kreditüberwachung auf Basis des normalen Jahresturnus.	in Anlehnung an Schäffer/Willauer (2002)
INT4	Bei der Analyse des Jahresabschlusses dieses Unternehmens gehen wir sehr in die Tiefe.	in Anlehnung an Schäffer/Willauer (2002)
INT5	Im Rahmen der Kreditüberwachung analysieren wir die Entwicklung der Wettbewerbsposition dieses Unternehmens sehr intensiv.	in Anlehnung an Schäffer/Willauer (2002)
INT6	Im Rahmen der Kreditüberwachung analysieren wir die Entwicklungen in der Wertschöpfungskette dieses Unternehmens sehr intensiv.	in Anlehnung an Schäffer/Willauer (2002)
INT7	Bei der Analyse der Besicherungssituation dieses Unternehmens gehen wir sehr in die Tiefe.	in Anlehnung an Schäffer/Willauer (2002)
INT8	Wir analysieren als Bank immer die aktuellsten unterjährigen Erfolgsdaten (z.B. BWAs, Quartalsabschlüssen) dieses Unternehmens.	in Anlehnung an Schäffer/Willauer (2002)
INT9	Wir analysieren im Rahmen der Kreditüberwachung auch die prognostizierte Geschäftsentwicklung (Planzahlen) dieses Unternehmens.	in Anlehnung an Schäffer/Willauer (2002)

4.3.4 Operationalisierung der Verlässlichkeit der Berichtsinformationen

Zur Messung des Konstrukts „*Verlässlichkeit der Berichtsinformationen*“ konnte auf eine durch Eckey/Schäffer (2006) entwickelte reflektive Messskala zurückgegriffen werden.[738] In ihrer ursprünglichen Verwendung wurde die Skala dafür eingesetzt, um die durch eine Managementholding wahrgenommene Verlässlichkeit der durch die dezentralen Controllingabteilungen bereitgestellten Informationen zu messen. Diese Konstruktdefinition ist mit dem in der vorliegenden Studie zu untersuchenden Sachverhalt nahezu deckungsgleich. Der einzige Unterschied besteht darin, dass es sich in dieser Untersuchung um den Austausch von Berichtsinformationen zwischen zwei Organisation handelt, während es sich in der Untersuchung von Eckey/Schäffer (2006) um den Informationsaustausch zwischen konzerninternen Abteilungen handelte. Zur Messung der durch die Bank wahrgenommenen Verlässlichkeit der Berichtsinformationen eines Unternehmens kann daher das vorgestellte Konstrukt ohne größere Einschränkungen übernommen werden. Es wurden alle von Eckey/Schäffer (2006) erarbeiteten Indikatoren verwendet und auf den spezifischen Kontext dieser Untersuchung angepasst. Die Items sind in Tabelle 21 dargestellt.

738 Vgl. hier und im Folgenden Eckey/Schäffer (2006), S. 258 f. sowie Eckey/Schäffer (2004), S. 28.

Tabelle 21 – Items zur Messung der Verlässlichkeit der Berichtsinformationen

Item-kennung	Itemstamm	Studie
VHI1	Das Unternehmen fühlt sich stets an Normen einer ehrlichen Berichterstattung gebunden.	Eckey/Schäfer (2006)
VHI2	Die übermittelten Berichtsinformationen sind stets frei von subjektiven Meinungen und Einflüssen.	Eckey/Schäfer (2006)
VHI3	Eine bewusst verzerrte Übermittlung von Berichtsinformationen an uns kommt nie vor.	Eckey/Schäfer (2006)
VHI4	Ich halte die vom Unternehmen übermittelten Berichtsinformationen nicht für glaubwürdig.	Eckey/Schäfer (2006)
VHI5	Die Berichtsinformationen bilden die tatsächlichen Verhältnisse des Unternehmens stets wirklichkeitsgetreu ab.	Eckey/Schäfer (2006)

4.3.5 Operationalisierung des Einsatzes harter und weicher Informationen

Die Sammlung von harten und weichen Informationen über Kreditnehmer ist eine der wesentlichen Aufgaben von Banken in ihrer Rolle als Finanzintermediär zwischen dem Kapitalmarkt und den Unternehmen.[739] Harte Informationen stellen dabei alle objektiven Informationen dar, die von der persönlichen Einschätzung der Firmenkundenbetreuer oder Kreditsachbearbeiter frei sind.[740] Diese sind zum Beispiel Finanzkennzahlen wie die Gesamtkapitalrentabilität, die Eigenmittelquote oder die Finanzlage oder das Zahlungsverhalten eines Unternehmens auf dem Kontokorrentkonto.[741] Im Unterschied dazu stellen die subjektiven Einschätzungen der Firmenkundenbetreuer zum Beispiel hinsichtlich der Fähigkeiten des Unternehmers (Managements) oder der Qualität des Produktangebots eines Unternehmens weiche Informationen dar.[742]

Hinsichtlich der harten Informationen wurde in der Literatur bisher vor allem die Fragestellung untersucht, welche Bestandteile und Typen an Informationen, die bspw. aus öffentlich zugängigen Quellen wie dem Jahresabschluss eines Unternehmens generiert werden, zur Erstellung aussagefähiger Kreditratings verwendet werden sollten.[743] In Bezug auf die Verwendung harter Informationen bei einzelnen Kreditentscheidungen haben die Arbeiten von Elsas/Krahnen (1998), Machauer/Weber (1998) oder Lehmann/Neuberger (2001) ge-

739 Vgl. Petersen (2004), S. 2 ff.

740 Lehmann (2008), S. 19: „*Hard facts, or 'objective information'* [...] *do not involve a personal opinion of a loan officer* [...].“ Vgl. zur Beschreibung harter Informationen ebenso Petersen (2004), S. 6 f.

741 Vgl. Weber et al. (1999), S. 129 und Lehmann (2008), S. 29.

742 Vgl. Weber et al. (1999), S. 129.

743 Vgl. Lehmann (2008), S. 29.

zeigt, dass das Rating und somit die Ausfallwahrscheinlichkeit eines Unternehmens die Kreditvergabeparameter wesentlich beeinflusst. Die Frage allerdings, in welchem Ausmaß und zu welchem Detailgrad Banken bei Kreditentscheidungen harte Informationen verwenden, wurde bisher kaum untersucht.[744] Dies gilt ebenso für die Generierung und den Einsatz weicher Informationen.[745] Da diese Fragestellungen in der Literatur bisher noch nicht erörtert wurden, konnten dementsprechend auch keine Skalen zur Messung für die Konstrukte „Einsatz harter Informationen" und „Einsatz weicher Informationen" identifiziert werden. Darüber hinaus brachte auch eine weiter gefasste Literaturrecherche keine für den spezifischen Kontext dieser Untersuchung geeigneten Messskalen hervor.[746]

Für die beiden Konstrukte „*Einsatz harter Informationen*" und „*Einsatz weicher Informationen*" wurden daher zwei neue reflektive Messskalen entwickelt. Das Konstrukt „*Einsatz harter Informationen*" soll dabei abbilden, welches Ausmaß und welchen Detailgrad an harten Informationen die Bank bei einer Kreditentscheidung bei einem Unternehmen typischerweise verwendet. Zur Messung dieses Konstrukts wurden drei Indikatoren benutzt, die auf die Informationsmenge und den Informationsdetailgrad abstellen. Das zweite Konstrukt „*Einsatz weicher Informationen*" soll abbilden, inwiefern die Kenntnis und die genaue Einschätzbarkeit des Unternehmers (Geschäftsführung) bei Kreditentscheidungen für die Bank von Relevanz sind. Bei diesem Konstrukt wurde nur auf den Teilaspekt des Unternehmers (Geschäftsleitung) als ein Proxy für die weichen Informationen abgestellt. In Interviews mit den beiden Bereichsleitern der Kreditsachbearbeitung stellte sich heraus, dass vor allem der Unternehmer (die Geschäftsleitung) für beide Banken den mit Abstand wichtigsten Bereich der weichen Informationen darstellt, während andere Aspekte wie bspw. die Marktpositionierung oder die Qualität des Produktangebots nur eine untergeordnete Rolle spielen. Aus diesem Grund wurden die letztgenannten Aspekte im Konstrukt nicht berücksichtigt.[747] Der „*Einsatz weicher Informationen*" wurde eben-

744 In der Literatur werden die harten Informationen meistens im Zusammenhang mit der Erarbeitung von Insolvenzprognosemodellen diskutiert und hierbei die allgemeine Bedeutung diverser Kennzahlen (z.B. Verschuldungsgrad, Liquiditäts- oder Rentabilitätskennzahlen) hinsichtlich ihrer Prognosegüte analysiert. Vgl. hierzu beispielhaft Günther/Grüning (2000), S. 46 ff. Die Frage jedoch, zu welchem Ausmaß Banken harte Informationen bei Einzelkreditentscheidungen verwenden, wurde bisher noch nicht untersucht.

745 Lehmann (2008), S. 29: „Since subjective information is inherently private, empirical research on the generation and use of soft facts is scarce. Hardly any data were available for research."

746 Insbesondere wurde hierfür das Skalenhandbuch von Schäffer (2008) herangezogen sowie eine Literaturrecherche in namhaften Zeitschriften mit finanzwissenschaftlichem Bezug vorgenommen.

747 Die übergeordnete Bedeutung der Qualität des Managements wird auch durch andere Studien bestätigt. Grunert et al. (2005), S. 512 merken hierzu an: „*Thirdly, Günther and Grüning's (2000) survey reports that 70 of 145 German banks not only use quantitative but also qualita-*

falls über drei Indikatoren reflektiv operationalisiert. Im Rahmen eines Pretest wurden beide Skalen hinsichtlich der Verständlichkeit Ihrer Formulierungen und der Auskunftsfähigkeit durch die Firmenkundenbetreuer und Kreditsachbearbeiter geprüft und durch die jeweiligen Testpersonen als gut bewertet. Die zur Messung beider Konstrukte verwendeten Indikatoren sind in Tabelle 22 dargestellt.

Tabelle 22 – Items zur Operationalisierung des Einsatzes harter und weicher Informationen bei Kreditentscheidungen

Item-kennung	Itemstamm	Dimension	Studie
IE1	Bei Kreditentscheidungen für dieses Unternehmen spielt es eine große Rolle, wie gut wir den Unternehmer (Geschäftsleitung) kennen.	Weiche Informationen	Eigene Entwicklung
IE2	Dass wir den Unternehmer (Geschäftsleitung) so gut kennen, ist für uns eine wertvolle Information im Rahmen einer Kreditentscheidung.	Weiche Informationen	Eigene Entwicklung
IE3	Eine genaue Einschätzung der Person des Unternehmers (Geschäftsleitung) ist für uns bei Kreditentscheidungen nicht sehr wichtig.	Weiche Informationen	Eigene Entwicklung
IE4	Das detaillierte Vorliegen der harten Faktoren (Rating, wirtschaftliche Verhältnisse, usw.) ist für uns bei Kreditentscheidungen sehr wichtig.	Harte Informationen	Eigene Entwicklung
IE5	Wir analysieren vor Kreditentscheidungen für dieses Unternehmen die Entwicklung sämtlicher harter Faktoren sehr intensiv.	Harte Informationen	Eigene Entwicklung
IE6	Die genaue Einschätzung der harten Faktoren spielt bei Kreditentscheidungen für dieses Unternehmen keine große Rolle.	Harte Informationen	Eigene Entwicklung

4.4 Datenerhebung

Zur Erörterung der Datenerhebung wird auf das Untersuchungsobjekt und die Erhebungsmethodik, die Erhebungskonstellation und die befragten Personen, die Gestaltung des Fragebogens und die Prüfung seiner Eignung mittels Pretest sowie auf die Stichprobenauswahl eingegangen.[748]

4.4.1 Untersuchungsobjekt und Erhebungsmethodik

Das Untersuchungsobjekt der vorliegenden Arbeit bilden die Kreditbeziehungen zwischen öffentlichen Banken (Sparkassen) und kleinen und mittelgroßen Unternehmen in Deutschland. Als KMU gilt dabei ein Unternehmen, das weniger als 500 Mitarbeiter und einen jährlichen Umsatz von nicht mehr als € 50 Mio. aufweist.[749] Bei der Auswahl der KMU wurden gemäß eines vorab definierten Kriterienkatalogs bestimmte Sonderfälle von der Untersuchung ausgeschlossen.

tive factors in credit risk assessment, with management quality being the most important "soft" factor." Für die Ergebnissen der Studie vgl. Günther/Grüning (2000), S. 46 ff.

748 Vgl. zur Vorgehensweise Sorg (2007), S. 132 ff. oder Wallenburg (2004), S. 123 ff.

749 Vgl. (2002b).

Genossenschaften, eingetragene Vereine und freie Berufe wurden in der Untersuchung nicht berücksichtigt.[750] Ebenso wurden Unternehmen, bei denen eine hundertprozentige Beherrschung durch eine Mutter- oder Holdinggesellschaft vorliegt, von der Untersuchung ausgeschlossen.[751] Des Weiteren wurde keine Fokussierung auf bestimmte Branchen, Risikoklassen, Rechtsformen oder Unternehmensgrößen vorgenommen.[752]

Da es das Ziel der vorliegenden Arbeit ist, den Einfluss von Vertrauen sowohl auf die beziehungsspezifische Agency-Kosten einer Kreditbeziehung sowie auf die zentralen Kreditentscheidungsparameter (Kreditzins, Kreditsicherheiten, Kreditverfügbarkeit) zu untersuchen, wurden sowohl Primärdaten als auch unternehmensinterne und -externe Sekundärdaten erhoben.[753] Die Erfassung der unternehmensinternen Sekundärdaten (Kreditentscheidungsparameter und Unternehmenskennzahlen wie z.B. Umsatz, oder Firmenalter) erfolgte durch die Analyse der Kreditakten in zwei mehrwöchigen Phasen.[754] Als unternehmensexterne Sekundärdaten konnten zur Errechnung bankinterner Einstandszinssätze die von der Deutschen Bundesbank veröffentlichen Referenzzinssätze verwendet werden.[755] Die latenten Variablen wurden als Primärdaten durch eine standardisierte schriftliche Befragung mittels Fragebogen generiert.[756] Im Vergleich zur persönlichen wird die schriftliche Befragung als vorteilhaft betrachtet, da einerseits ein Interviewer Bias vermieden wird und andererseits der Informant in Ruhe über die möglichen Antworten nachdenken kann und somit eine präzisere Beantwortung der Fragen sichergestellt ist.[757] Des Weiteren können bei der schriftlichen Befragung die Informanten die Fragebögen flexibel an einem selbst gewählten Ort und Zeitpunkt ausfüllen.[758]

750 Diese juristischen Personen verfolgen keine Gewinnerzielungsabsicht und werden daher in dieser Untersuchung betrachtet.

751 Diese Unternehmen wurden von der Untersuchung ausgeschlossen, da Banken zur Bewertung des Kreditrisikos in diesen Fällen auf das Risiko des gesamten Kreditnehmerverbunds und nicht auf das des Einzelunternehmens abstellen.

752 Unternehmen mit rein objektbezogenen Kreditfinanzierungen (z.B. Bauträger) wurden ebenfalls von der Untersuchung ausgeschlossen, da Banken zur Bewertung der Kreditwürdigkeit zum Großteil auf die Werthaltigkeit der finanzierten Objekte und nicht auf die Ausfallwahrscheinlichkeit des Unternehmens abstellen.

753 Vgl. Homburg/Krohmer (2008), S. 25 ff.

754 Die Datenerhebung in der Sparkasse A wurde im Juni 2009 in einem Zeitraum von 4 Wochen und in der Sparkasse B im Januar 2010 in einem Zeitraum von 3 Wochen durchgeführt.

755 Die Referenzzinssätze werden auf der Homepage der Deutsche Bundesbank unter folgender Adresse zur Verfügung gestellt: http://www.bundesbank.de/statistik/statistik_zeitreihen.php, letzter Abruf am 30.07.2010.

756 Vgl. Homburg/Krohmer (2008), S. 29.

757 Vgl. Homburg/Krohmer (2008), S. 29. Weitere Vorteile der schriftlichen Befragung mittels Fragebogen sind die relativ niedrigen Kosten und der geringere Zeitaufwand.

758 Dieser Aspekt wurde von den vier Bereichsleitern der Firmenkundenbetreuung und Kreditsachbearbeitung als vorteilhaft betrachtet und deshalb keine Online-Befragung vorgenommen.

4.4.2 Erhebungskonstellation und befragte Personen

Für die Untersuchung von Geschäftsbeziehungen wie die Kreditbeziehungen zwischen Banken und KMU kann die Datenerhebung zentral oder dezentral erfolgen.[759] Bei einer zentralen Erhebung werden nur die Geschäftsbeziehungen eines Referenzunternehmens betrachtet. Dies würde für die vorliegende Arbeit bedeuten, dass entweder nur die Beziehungen eines Unternehmens zu seinen Kreditinstituten oder nur die Beziehungen ausschließlich einer Bank zu seinen Firmenkunden analysiert würden. Dagegen würden bei einer vollständig dezentralen Datenerhebung in der vorliegenden Arbeit die Kreditbeziehungen mehrerer KMU zu mehreren öffentlichen Banken betrachtet werden.[760]

Die erste Variante der zentralen Datenerhebung ist für diese Untersuchung ungeeignet, da mittelständische Unternehmen in Deutschland aktive Kreditbeziehungen in der Regel nur zu ein bis zwei Banken unterhalten[761] und somit die Generierung einer großzahligen Datenbasis nicht möglich ist. Dagegen ist die zweite Form vorteilhafter, da eine Bank in der Regel eine Vielzahl an Kreditbeziehungen zu verschiedenen KMU unterhält und somit eine breitere empirische Basis zur Verfügung steht. Allerdings können Spezifika einer Bank wie zum Beispiel die jeweilige Kundenstruktur oder die Kreditvergabepolitik einer Verallgemeinerung der auf der Basis der Stichprobe gewonnenen Aussagen entgegenstehen.[762] Um eine repräsentativere Auswahl an Kreditbeziehungen zwischen öffentlichen Banken und KMU erzielen zu können, wurde eine Kombination aus zentraler und dezentraler Datenerhebung gewählt. Für die Teilnahme an der Untersuchung konnten zwei Sparkassen im Bundesland Bayern gewonnen werden. Bei beiden Banken wurden Daten von Kreditbeziehungen zu 81 KMU erhoben.[763]

Hinsichtlich der Erhebungskonstellation kann des Weiteren zwischen einseitigen oder dyadischen Erhebungsdesigns unterschieden werden.[764] Bei einer dyadischen Erhebung würden sowohl die Unternehmen sowie die beiden Banken befragt werden. Da nicht auf die Unterschiede zwischen den Perspektiven der Bank und der Firmenkunden auf die Kreditbeziehungen fokussiert wird und ein dyadisches Erhebungsdesign auch mit einem erheblichen Aufwand bei der Datenerhebung verbunden ist, wurde in der vorliegenden Arbeit eine einseitige Befragung der Banken zu den untersuchten Kreditbeziehungen vorgenommen.

759 Vgl. Zimmer (2000), S. 130.
760 Vgl. Zimmer (2000),. S. 130.
761 Vgl. Sorg (2007), S. 133.
762 Vgl. Sorg (2007), S. 133.
763 Vgl. Elsas/Krahnen (1998) und Machauer/Weber (1998), die in ihren Studien die Kreditbeziehungen von jeweils 5 Banken in Deutschland untersucht haben.
764 Vgl. Anderson/Narus (1990), S. 46 ff. oder Zimmer (2000), S. 130 f.

Dies steht auch im Einklang mit der in der betriebswirtschaftlichen Forschung üblichen Vorgehensweise zur Untersuchung von Geschäftsbeziehungen.[765]

Zur Datenerhebung können außerdem so genannte Schlüsselinformanten (*Key Informants*) oder mehrere Personen (*Multiple Informants*) befragt werden.[766] Bei den *Key Informants* wird unterstellt, dass sie hinsichtlich der erfragten Sachverhalte einen ausreichend hohen Wissensstand haben und auch bereit sind, diesen ehrlich zu kommunizieren.[767] Schlüsselinformanten sollen dabei jeweils Einschätzungen zu „[...] *properties of organizations, their relationships with other organizations, or other group or aggregate data*“[768] abgeben. In der betriebswirtschaftlichen Forschung ist die Befragung von Schlüsselinformanten die gängige Praxis[769], in der Literatur allerdings umstritten, da systematische Messfehler auftreten können[770]. Einerseits können diese Messfehler auf divergierende Wissensstände, beschränkte Verarbeitungskapazitäten oder unterschiedliche Wahrnehmungen bei den Informanten zurückgeführt werden.[771] Andererseits kann durch einen *Common Method Bias* ein systematischer Messfehler entstehen.[772] Zur Verringerung solcher Messfehler und der damit einhergehenden Erhöhung der Reliabilität und Validität bei der Messung wird in der Literatur daher die Befragung mehrerer Informanten (*Multiple Informants*) gefordert.[773] Aus diesem Grund wurden in der vorliegenden Arbeit die jeweils für die Betreuung eines KMU verantwortlichen Firmenkundenbetreuer und Kreditsachbearbeiter in beiden Sparkassen befragt. Insgesamt konnten für alle 81 KMU die Einschätzungen beider Informantengruppen eingeholt werden.

---

765 Vgl. beispielhaft Homburg (2000), S. 81 ff.

766 Vgl. John/Torger (1982), S. 518 ff., Kumar et al. (1993), S. 1633 f., Ernst (2003), S. 1250 oder Enticott et al. (2009), S. 229 ff.

767 Vgl. John/Torger (1982), S. 519, Bagozzi et al. (1991), S. 423, Kumar et al. (1993), S. 1634.

768 Bagozzi et al. (1991), S. 423.

769 Vgl. hierfür beispielhaft die Arbeiten von Wallenburg (2004), S. 127 f. und Sorg (2007), S. 134 f., oder auch die Quellen bei Ernst (2001), S. 87.

770 Vgl. Kumar et al. (1993), S. 1634 oder Ernst (2003), S. 1251 f.

771 Vgl. Nutt (1986), S. 237 f., Golden (1992), S. 851 ff., Kumar et al. (1993), S. 1635 ff. oder auch Ernst (2001), S. 87 und die dort genannte Literaturquellen.

772 Vgl. Podsakoff/Organ (1986), S. 533 ff. Für eine detaillierte Auflistung möglicher Quelles eines *Common Method Bias* vgl. Podsakoff et al. (2003a), S. 882.

773 Podsakoff/Organ (1986), S. 542: „Ideally, researchers should obtain multiple measures of the conceptually crucial variables from multiple sources using multiple methods.“ Vgl. ebenso Bagozzi et al. (1991), S. 429 ff., Golden (1992), S. 855, Kumar et al. (1993), S. 1634, Podsakoff et al. (2003a), S. 887.

4.4.3 Fragebogengestaltung und Pretest

Zur Erhebung der Primärdaten wurde ein standardisierter Fragebogen entwickelt, der auf den Operationalisierungen der Konstrukte basiert. Die für die Konstruktmessung verwendeten manifesten Variablen wurden als geschlossene Aussagesätze formuliert und der Grad der Zustimmung der Informanten durchgehend anhand einer fünfstufigen Likert-Skala gemessen.[774] Um die Beantwortung des Fragebogens und die Vergleichbarkeit der Antworten zu gewährleisten, sind nur geschlossene Fragen verwendet worden.[775] Des Weiteren wurden verschiedene der von Podsakoff et al. (2003a) vorgeschlagenen prozeduralen Maßnahmen bei der Gestaltung des Fragebogens berücksichtigt.[776] Im Einzelnen wurde dabei erstens den Informanten zugesichert, dass ihre Antworten streng vertraulich behandelt, vollständig anonym ausgewertet und keine der Angaben an die Firmenkunden weitergeleitet würden, zweitens die Anordnung der Frageblöcke und der Items in jedem Frageblock für jeden Firmenkundenbetreuer und Kreditsachbearbeiter zufällig variiert und drittens durch die sorgfältige Formulierung der Items darauf geachtet, dass Mehrdeutigkeiten[777] vermieden werden.

Im Einleitungsteil des Fragenbogens gab es Hinweise zur Untersuchung und zum Fragebogen sowie zur Beantwortung der Fragen. Im Abschnitt A wurden allgemeine Angaben zur Person wie zum Beispiel die Bankzugehörigkeit oder die Dauer der Ausübung der Berufsposition von dem jeweiligen Informanten erfragt. Die Befragung in Bezug auf die Kreditbeziehung mit dem KMU erfolgte im zweiten Abschnitt B. Dazu wurden im ersten Teil allgemeine Fragen wie bspw. die Einschätzung zum Hausbankstatus oder die Betreuungsdauer durch den jeweiligen Mitarbeiter erhoben und im zweiten Teil die Ausprägungen der latenten Variablen über die Itembatterien erfragt.

Vor der endgültigen Fertigstellung wurde der Fragebogen einem Pretest unterzogen. Die Überprüfung des Erhebungsinstruments einer empirischen Untersu-

---

774 Vgl. Bortz et al. (2009), S. 224. Eine Likert-Skala ist eine Ratingskala mit einer ungeraden Anzahl an Antwortmöglichkeiten und einer Mittelkategorie. Bei der Skala wird davon ausgegangen, dass die Kategorien äquidistant sind und mit steigender Ausprägung des zu messenden Konstrukts die Wahrscheinlichkeit einer zustimmenden Antwort durch den Informanten gleichmäßig zunimmt.

775 Vgl. Homburg/Krohmer (2008), S. 44 f.

776 Vgl. Podsakoff et al. (2003a), S. 887 f.

777 Podsakoff et al. (2003a) heben zur Vermeidung von Mehrdeutigkeiten bei der Formulierung von Items folgenden Schritte hervor: (1) mehrdeutige oder unbekannte Begriffe sind zu definieren, (2) wage Konzepte sind zu vermeiden; sofern nicht anders möglich sind erklärende Beispiele zu nennen, (3) die Formulierung von Fragen muss präzise, einfach und spezifisch sein, (4) doppelte Fragestellungen sind zu vermeiden, (5) vielschichtige Fragen sind in einzelne fokussierte Fragen aufzuspalten und (6) eine komplizierte Syntax ist zu vermeiden.

chung durch einen Pretest wird als unabdingbar betrachtet, da selbst ausführlichste Vorüberlegungen durch den Forscher am Ende keinen Ersatz für einen Testlauf bei der zu befragenden Zielgruppe darstellen können.[778] Die Eignung des Fragebogens wurde von Mitte Januar bis Anfang Februar 2010 entlang der Kriterien Verständlichkeit der Formulierungen, Auskunftsfähigkeit der Informanten bzgl. der gestellten Fragen, Aufbau und Länge des Fragebogens sowie Layout und Format der Fragen geprüft.[779] Zur Überprüfung dieser Kriterien wurde der Fragebogen zuerst an vier Wissenschaftler und anschließend in den beiden Sparkassen zuerst an drei Bereichs- und Gruppenleiter und danach an fünf Kreditsachbearbeiter und Firmenkundenbetreuer verteilt.[780] Auf Basis persönlicher Interviews und schriftlicher Rückmeldungen erfolgten geringfügige Anpassungen bei der Formulierung von Fragen und beim Layout des Fragebogens.

4.4.4 Stichprobenauswahl

Hinsichtlich der Ziehung einer geeigneten Stichprobe sind einerseits das Verfahren der Stichprobenauswahl festzulegen und der notwendige Umfang der Stichprobe zu diskutieren.[781] Zur Erzeugung von Stichproben können entweder bewusste oder zufällige Auswahlverfahren verwendet werden. Ziel beider Verfahrensgruppen ist die Erzielung einer repräsentativen Abbildung der Grundgesamtheit in der jeweiligen Stichprobe, um eine Generalisierbarkeit der Ergebnisse zu ermöglichen. Beispiele für eine bewusste Stichprobenauswahl sind das Quoten- oder Cut-off-Verfahren, während die einfache Zufallsauswahl, die geschichtete Auswahl oder die Klumpenauswahl Beispiele für zufällige Auswahlverfahren darstellen.[782]

In der vorliegenden Arbeit wurde zur Erhebung der Sekundärdaten bei beiden Sparkassen die Stichprobe mittels des Verfahrens der einfachen Zufalls-

---

778 Vgl. Hunt et al. (1982), S. 269, Homburg/Krohmer (2008), S. 46 f.

779 Vgl. Hunt et al. (1982), S. 269, Diamontopoulus et al. (1994), S. 296 f.

780 In der Literatur wird keine notwendige Anzahl an Pretest-Interviews vorgeschrieben. Hunt et al. (1982) zitieren verschiedene Quellen, die Samplegrößen von 12 bis 30 als ausreichend ansehen. Die Größe des Pretest Samples sollte vielmehr von der Länge und Komplexität des statistischen Erhebungsinstruments sowie vom Bildungsstand der Informanten abhängig gemacht werden; vgl. Hunt et al. (1982), S. 270. Aus Sicht von Wallenburg (2004) ist eine Beendigung der Pretest-Phase dann angebracht, wenn die Fragebogengestaltung über mehrere Interviews hinweg stabil geblieben ist. Da in dieser Arbeit nach den Interviews mit jeweils einem Firmenkundenberater und Kreditsachbearbeiter kein Änderungsbedarf mehr vorlag, wird davon ausgegangen, dass der Fragebogen die geprüften Kriterien gut erfüllt.

781 Vgl. Homburg/Krohmer (2008), S. 37.

782 Vgl. Homburg/Krohmer (2008), S. 41.

auswahl erhoben. Die Ausgangsbasis für die Ziehung der Stichproben stellten alle durch die Kreditsachbearbeitung aktiv betreuten Firmenkunden dar. Bei der Zufallsauswahl wurde darauf geachtet, dass je Firmenkundenbetreuer oder Kreditsachbearbeiter nicht mehr als acht Kreditengagements[783] in die Stichprobe aufgenommen wurden und bei Bewertung mehrerer Kreditengagements durch den gleichen Firmenkundenbetreuer zum Großteil jeweils die Einschätzungen von unterschiedlichen Kreditsachbearbeitern vorlagen.[784] Die Erhebung der Sekundärdaten erfolgte in der ersten Sparkasse von Anfang bis Ende Juni 2009 und in der zweiten Sparkasse von Mitte Januar bis Anfang Februar 2010.[785] Die Fragebögen zur Erhebung der Primärdaten wurden in der dritten Februarwoche 2010 an beiden Sparkassen verteilt und durch beide Banken Anfang März befüllt zurückgeschickt.[786] Um das spätere Zusammenführen der Antworten der Kundenbetreuer und Kreditsachbearbeiter in Bezug auf die Kreditbeziehungen zu ermöglichen, wurde jeder Fragebogen vorab mit dem Namen des Firmenkunden sowie dem Datum und der Höhe des letzten Kreditentscheids befüllt.

Tabelle 23 – Zusammenhang zwischen Fehler 1. Art, 2. Art und Teststärke[787]

		Realität in Grundgesamtheit	
		H_0: kein Unterschied	**H_1: Unterschied**
Statistische Entscheidung	**H_0: kein Unterschied**	***1-α***	***β*** **(Fehler 2. Art)**
	H_1: Unterschied	***α*** **(Fehler 1. Art)**	***1-β*** **(statistische Power)**

783 Diese Obergrenze wurde deshalb gewählt, um die zeitliche Belastung jedes Mitarbeiters für die Befüllung der Fragebögen auf maximal 2 Stunden zu begrenzen. Der zeitliche Aufwand zur Beantwortung eines Fragebogens lag im Pretest im Mittel bei rund 15 Minuten. Für den Fall von acht Fragebögen ergibt sich somit rechnerisch die maximale Obergrenze von zwei Stunden.

784 Durch diese Maßnahme sollte sichergestellt werden, dass die Validität der empirischen Befunde durch das Auftreten eines systematischen Messfehlers (Informant Bias) aufgrund der Bewertung von Kreditbeziehungen durch gleiche Informantenpaare verringert wird. Vgl. Ernst (2003), S. 1251 ff.

785 Die zeitliche Differenz kam deshalb zustand, da die definitive Kooperationszusage der zweiten Sparkasse erst Ende Oktober 2009 vorlag und der früheste Zeitpunkt zur Erhebung der Sekundärdaten auf Mitte Januar 2010 festgelegt werden konnte.

786 Fragebögen, die aufgrund krankheits- oder urlaubsbedingter Abwesenheiten bei Mitarbeitern nicht befüllt werden konnten, wurden bis Ende März 2010 nachgereicht.

787 In Anlehnung an Hair et al. (1998) S. 11.

Die statistische Power hängt von drei Parametern ab: erstens von der Höhe der festgelegten Irrtumswahrscheinlichkeit α, zweitens von der Stichprobengröße und drittens von der Effektgröße.[788] Die Ergebnisse betriebswirtschaftlicher Studien werden dann als akzeptabel betrachtet, wenn bei einem α von 0,05 eine statistische „Power" von mindestens 0,8 erzielt wird.[789] Die statistische Power des Forschungsmodells der vorliegenden Arbeit wurde auf Basis der Analyse der Teststärke für multiple Regressionen[790] mit Hilfe des Programms *G*Power 3.1.2*[791] *berechnet. Die Berechnung der Teststärke erfolgte schrittweise für die Blöcke abhängiger Variablen und ihrer erklärenden Variablen.*[792] *Die Ergebnisse für die Fälle von einer bis zu vier erklärenden Variablen sind für unterschiedliche Stichprobengrößen in Abbildung 21 dargestellt.*

Um von den Erkenntnissen aus der Stichprobe auf die Grundgesamtheit schließen zu können, muss ein ausreichend großer Stichprobenumfang vorliegen. In Bezug auf einen geeigneten Stichprobenumfang werden in der betriebswirtschaftlichen Literatur häufig nur pauschale Aussagen getroffen.[793] *Ein geeignetes Maß zur Beurteilung der Stichprobengröße stellt die Teststärke (auch statistische „Power" genannt) dar. Statistische Tests mit einer niedrigen Teststärke haben allgemein eine geringe Aussagekraft, da zwischen den Hypothesen* H_0 und H_1 keine verlässliche Unterscheidung möglich ist.[794] Neben der Wahrscheinlichkeit α, die das Toleranzniveau für das irrtümliche Ablehnen einer Nullhypothese festlegt (Fehler 1. Art), existiert bei jedem statistischen Test die Wahrscheinlichkeit β (Fehler 2. Art), dass die Nullhypothese nicht abgelehnt wird, obwohl in der Grundgesamtheit ein Unterschied vorliegt (siehe Tabelle 23).[795] Die Teststärke (statistische „Power") $1-\beta$ eines statistischen Tests ist definiert als die Wahrscheinlichkeit, dass eine Nullhypothese abgelehnt wird, unter der Bedingung, dass in der Grundgesamtheit ein tatsächlicher Unterschied existiert.[796]

---

788 Vgl. Faul et al. (2007), S. 176 oder auch Hair et al. (1998), S. 11 f.

789 Vgl. Hair et al. (1998), S. 12.

790 Vgl. Liang et al. (2007), S. 69.

791 Vgl. Faul (2009). Zur Nutzung des Programms vgl. Faul et al. (2007) und Faul et al. (2009). Für die Berechnung der Teststärke wurde folgende Einstellung verwendet: *„F test" (Test family)*; *„Multiple regression: Fixed model, R^2 deviation from zero"* (*Statistical test*) und *„Post hoc: Compute achieved power – given α, sample size, and effect size"* (*Type of power analysis*).

792 Vgl. Liang et al. (2007), S. 69.

793 Vgl. Homburg/Krohmer (2008), S. 39, die eine Mindestanzahl von 50 Objekten für jede betrachtete Gruppe in einer Stichprobe angeben oder Wallenburg (2004), S. 125 und Sorg (2007), S. 132, die beide sogar nur eine ausreichend „große" Stichprobe fordern.

794 Faul et al. (2007), S. 175: „[...] significance tests that lack statistical power are of limited use because they cannot reliably discriminate between H_0 and the alternative hypothesis (H_1) of interest."

795 Vgl. Hair et al. (1998), S. 10 f.

796 Vgl. Faul et al. (2007), S. 175 oder Hair et al. (1998), S. 11.

Abbildung 21 – Teststärke des PLS-Modells in Abhängigkeit vom Stichprobenumfang und der Anzahl erklärender Variablen[797]

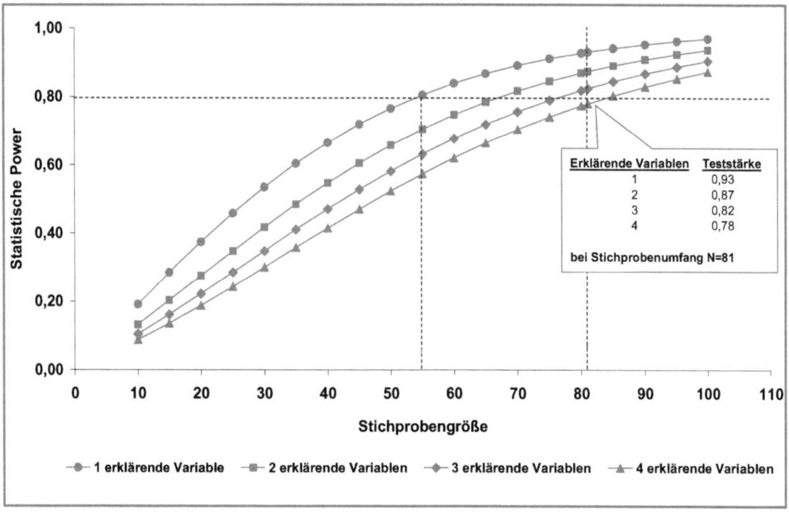

Unterstellte man eine erklärende Variable, eine moderate Effektgröße von 0,15 und ein α von 0,05, so würde die notwendige statistische Power von 0,8 bereits bei einem Stichprobenumfang von N=55 erzielt werden (oberste Kurve in Abbildung 21).[798] Im PLS-Modell dieser Arbeit variiert für die Blöcke der unabhängigen Variablen die Anzahl der erklärenden Variablen zwischen eins und vier.[799] Für den Stichprobenumfang dieser Untersuchung (N=81) liegt die statistische *Power* zwischen 0,78 und 0,93 und erfüllt bis auf die leichte Unterschreitung beim Fall von vier erklärenden Variablen damit das geforderte Niveau von 0,8. Wird bei einem α von 0,05 anstelle eines moderaten (0,15) ein starker Effekt von 0,35 in der Grundgesamtheit unterstellt, liegt die Teststärke für die vier Blöcke unabhängiger Variablen bei Werten zwischen 0,993 und 0,999.[800] Zusammenfassend lässt sich festhalten, dass der Stichprobenumfang dieser Untersuchung mit N=81

797 Errechnet auf Basis einer Effektgröße=0,15 und α=5%.

798 Vgl. hierzu auch die Schätzungen bei Green (1991), S. 503.

799 Die höchste Anzahl von vier erklärenden Variablen tritt beim Konstrukt „*Monitoring-Intensität*" auf. Gemäß den formulierten Hypothesen wird für „*Vertrauen*", den „*Einsatz harter Informationen*", den „*Einsatz weicher Informationen*" und die „*Verlässlichkeit harter Informationen*" ein direkter Einfluss auf die „*Monitoring Intensität*" unterstellt.

800 Für schwache Effektgröße (0,02) in der Grundgesamtheit ist in der vorliegenden Arbeit keine verlässliche Unterscheidung zwischen H_0 und H_1 möglich. Für die vier verschiedenen Blöcke unabhängiger Variablen variiert die statistische „Power" zwischen 0,14 und 0,24.

gut geeignet ist, um bei der Analyse der beziehungsspezifischen Agency-Kosten im Forschungsmodell auf moderate und starke Effekte in der Grundgesamtheit schließen zu können.

4.5 Umgang mit fehlenden Werten

In sozialwissenschaftlichen Studien sind fehlende Werte ein häufig auftretendes Phänomen.[801] Die für den Ersatz fehlender Datenpunkte in der Praxis oft verwendeten ad hoc Verfahren können jedoch zu erheblichen Verzerrungen der Schätzergebnisse führen.[802] In diesem Kapitel werden daher zuerst das Auftreten der fehlenden Werte in dieser Arbeit und deren zu Grunde liegenden Datenprozesse analysiert. Anschließend wird die Methode der multiplen Imputation als geeignetes Verfahren für den Ersatz fehlender Werte erörtert und ihr konkreter Einsatz beschrieben.

4.5.1 Datenprozesse fehlender Werte

Beim Datensample der Firmenkundenbetreuung liegen drei und bei dem der Kreditsachbearbeitung 30 fehlende Werte vor (siehe Tabelle 24). Der Anteil der fehlenden Werte liegt in Bezug auf den gesamten Datensatz somit bei 0,1% und 1,1%. Bei den Firmenkundenbetreuern verteilen sich die fehlenden Werte auf drei Items bei den Konstrukten „*Monitoring-Intensität*" und „*Kreditverfügbarkeit*". Beim Sample der Kreditsachbearbeitung liegen bei acht Items fehlende Werte vor. Diese treten in geringer Anzahl bei den Konstrukten „*Einsatz harter Information*" (zwei fehlende Werte) und „*Qualität der Kreditverhandlungen*" (ein fehlender Wert) und in höherem Ausmaß bei „*Vertrauen*" (27 fehlende Werte) auf. Der Großteil der fehlenden Werte tritt hier bei der Dimension Integrität (25 fehlende Werte) auf, wobei die relativen Anteile der fehlenden Werte bei 6%, 9% und 16% liegen.

---

801 Vgl. Schafer/Olsen (1998), S. 545 oder Rubin (1996), S. 473.

802 Schafer/Graham (2002), S. 147: „Unfortunately, ad hoc edits of missing values [Einfügung des Verfassers] may do more harm than good, producing answers that are biased, inefficient (lacking in power), and unreliable." Solche Ad-hoc-Verfahren sind zum Beispiel der Ersatz durch Mittelwerte oder der listenweise oder paarweise Fallausschluss. In Softwarepaketen z.B. wie PASW 18.0.1 oder Smart PLS (vgl. Ringle et al. (2005)) sind diese Verfahren bereits standardmäßig integriert.

Tabelle 24 – Fehlende Werte in den Stichproben der Firmenkundenbetreuung und Kreditsachbearbeitung

	Vertrauen (Wohlwollen)			Vertrauen (Integrität)			Verlässlichkeit Berichts-informationen			Einsatz weicher Informationen			Einsatz harter Informationen			Qualität Kredit-verhandlungen			Monitoring Intensität			Kredit-verfügbarkeit[2]		
	Items	An-zahl	Anteil in %	Items	An-zahl	Anteil in %	Items	An-zahl	Anteil in %	Items	An-zahl	Anteil in %	Items	An-zahl	Anteil in %	Items	An-zahl	Anteil in %	Items	An-zahl	Anteil in %	Items	An-zahl	Anteil in %
Firmenkunden-betreuung	-	-	-	-	-	-	-	-	-	-	-	-	-	-	-	-	-	-	INT4	1	1,2%	KVB1	1	1,2%
	-	-	-	-	-	-	-	-	-	-	-	-	-	-	-	-	-	-	-	-	-	KVB2	1	1,2%
	-	-	-	-	-	-	-	-	-	-	-	-	-	-	-	-	-	-	-	-	-	-	-	-
Summe[1]	-	**0**	**0,0%**		**0**	**0,0%**		**0**	**0,0%**		**0**	**0,0%**		**0**	**0,0%**		**0**	**0,0%**		**1**	**0,1%**		**2**	**0,8%**
Kreditsach-bearbeitung	IGV2	1	1,2%	IGV4	5	6,2%	-	-	-	-	-	-	IE4	1	1,2%	QKV1	1	1,2%	-	-	-	-	-	-
	IGV3	1	1,2%	IGV5	13	16,0%	-	-	-	-	-	-	IE7	1	1,2%	-	-	-	-	-	-	-	-	-
	-			IGV8	7	8,6%	-	-	-	-	-	-	-	-	-	-	-	-	-	-	-	-	-	-
Summe[1]	-	**2**	**0,5%**		**25**	**10,3%**		**0**	**0,0%**		**0**	**0,0%**		**2**	**0,6%**		**1**	**0,2%**		**0**	**0,0%**		**0**	**0,0%**

1. Anteil bezieht sich auf Anzahl möglicher beobachtbarer Itemwerte je Konstrukt; z.B. bei Vertrauen (Wohlwollen): 2 fehlende Werte bei 405 möglichen Itemwerten (5 Items x 81 Beobachtungen)
2. Konstrukt wird im Rahmen des dritten Hypotheseblocks untersucht

Fehlende Werte können in drei unterschiedlichen Prozessen[803] entweder als *MCAR*-Prozess (*missing completely at random*), als *MAR*-Prozess (*missing at random*) oder als *MNAR*-Prozess (*missing not at random*) auftreten.[804] Für den Fall zweier Variablen *X* und *Y*, bei dem *Y* fehlende Werte aufweist, sind die Abhängigkeiten zwischen den Variablen für jeden Prozess wie folgt definiert: ist die Wahrscheinlichkeit einer Antwort für *Y* unabhängig von *X* und *Y*, so sind die fehlenden Werte *MCAR*. Hängt die Antwortwahrscheinlichkeit für *Y* von *X* nicht jedoch von *Y* ab, so liegt ein *MAR-Prozess* vor. Unterliegen die fehlenden Datenpunkte einem *MNAR-Prozess*, so hängt die Antwortwahrscheinlichkeit für *Y* sowohl von *X* als auch von *Y* ab.[805]

Die Analyse der Muster des Auftretens fehlender Werte liefert erste Anhaltspunkte hinsichtlich der vorliegenden Datenprozesse. Im Sample der Firmenkundenbetreuer liegen 78 Fälle mit vollständigen Daten vor. Die fehlenden Werte sind gleichmäßig auf drei Muster verteilt (Tabelle 25) und scheinen damit einer zufälligen Verteilung (*MCAR*) zu folgen. Beim Sample der Kreditsachbearbeitung liegen 64 Fälle mit vollständigen Daten vor, wobei die fehlenden Werte in acht unterschiedlichen Mustern auftreten (Tabelle 26). Im Gegensatz zur Firmen-

803 In der englischsprachigen Literatur werden diese Prozesse als *missing mechanism*, *distribution of missingness* oder auch *the probabilities of missingness* bezeichnet.

804 Vgl. Little/Rubin (1987), S. 14.

805 Vgl. Little/Rubin (1987), S. 15, der die Prozesse anhand folgenden Beispiels erläutert: gegeben seien *X* = *Alter* und *Y* = *Einkommen*. Werden die Angaben zum Einkommen völlig unabhängig vom Alter und dem Einkommen der Personen erhoben, so sind die fehlenden Werte *MCAR*. Sind die Häufigkeiten der Angaben zum Einkommen je nach Alter verschieden, jedoch unabhängig von der Höhe des Einkommens in einer Altersgruppe, so sind die fehlende Datenpunkten *MAR*. Ist daneben die Antwortwahrscheinlichkeit für das Einkommen ebenso noch in jeder Altersgruppe vom Einkommen selbst abhängig, so sind die fehlenden Werte *MNAR*.

kundenbetreuung treten die fehlenden Werte hier jedoch beim Konstrukt Vertrauen gebündelt auf. Speziell bei der Vertrauensdimension Integrität existieren sechs Fälle[806], bei denen die fehlenden Werte bei mindestens zwei Items gleichzeitig auftreten. Dies lässt vermuten, dass die fehlenden Datenpunkte in diesem Sample nicht vollständig zufällig verteilt sind.

Tabelle 25 – Muster fehlender Werte in der Stichprobe der Firmenkundenbetreuer

Musternummer	KVB1	KVB2	INT4	Restl. Items[1]	Anzahl Fälle	Fehlende Werte je Fall	Summe fehlender Werte
1	1	1	1	1	**78**	**0**	**0**
2	0	1	1	1	**1**	**1**	**1**
3	1	1	0	1	**1**	**1**	**1**
4	1	0	1	1	**1**	**1**	**1**
Fehlende Werte[2]	**1**	**1**	**1**	**0**	**81**	**-**	**3**

1. Restliche Items ohne fehlende Werte
2. Bezogen auf jedes Item

Tabelle 26 – Muster fehlender Werte in der Stichprobe der Kreditsachbearbeiter

Musternummer	IGV2	IGV3	IGV4	IGV5	IGV8	IE4	IE7	QKV1	Restl. Items[1]	Anzahl Fälle	Fehlende Werte je Fall	Summe fehlender Werte
1	1	1	1	1	1	1	1	1	1	**64**	**0**	**0**
2	1	1	1	0	1	1	1	1	1	**7**	**1**	**7**
3	1	1	1	1	0	1	1	1	1	**1**	**1**	**1**
4	1	1	1	1	1	0	1	1	1	**1**	**1**	**1**
5	1	1	1	1	1	1	0	1	1	**1**	**1**	**1**
6	1	0	1	1	1	1	1	1	1	**1**	**1**	**1**
7	0	1	1	0	0	1	1	1	1	**1**	**3**	**3**
8	1	1	0	0	0	1	1	1	1	**4**	**3**	**12**
9	1	1	0	0	0	1	1	0	1	**1**	**4**	**4**
Fehlende Werte[2]	**1**	**1**	**5**	**13**	**7**	**1**	**1**	**1**	**0**	**81**	**-**	**30**

1. Restliche Items ohne fehlende Werte
2. Bezogen auf jedes Item

Zur Beurteilung der vorliegenden Datenprozesse wurde bei beiden Stichproben der MCAR-Test nach Little/Rubin (1987) durchgeführt.[807] Die Ergebnisse des Tests zeigen, dass in der Stichprobe der Firmenkundenbetreuung die fehlenden Werte *MCAR* sind (siehe Tabelle 27), da das Signifikanzniveau mit einem Wert von 0,5 keine Ablehnung der Nullhypothese (fehlende Werte sind *MCAR*) zu-

806 Die sechs Fälle ergeben sich als Summe aus der Anzahl der Fälle für die Muster sieben, acht und neun. Ursache für das gebündelte Auftreten ist die Nichtbefüllung dieser Items durch zwei Kreditsachbearbeiter.

807 Vgl. Little/Rubin (1987), S. 41 und S. 175. Der Test wurde mittels PASW 18.0.1 gerechnet.

lässt. Für die Stichprobe der Kreditsachbearbeitung wird die Nullhypothese nicht bestätigt, da der p-Wert der Teststatistik mit 0,009 kleiner als der kritische Wert von 0,05 ist. Daher wird angenommen, dass für das Sample der Kreditsachbearbeitung die fehlenden Werte einem *MAR*-Prozess folgen.[808]

Tabelle 27 – Ergebnisse des MCAR-Tests für die Stichproben der Firmenkundenbetreuung und Kreditsachbearbeitung[809]

	Firmenkunden-betreuung	Kreditsach-bearbeitung
Chi-Quadrat Testgröße	128,290	348,767
Freiheitsgrade	129	289
Signifikanzniveau (p)[1]	0,501	0,009

1. MCAR liegt vor, wenn p > 0,05

4.5.2 Analysemethode bei fehlenden Werten

In empirischen Studien werden fehlende Werte meist als Randerscheinung betrachtet und daher einfache ad hoc Verfahren zur Analyse unvollständiger Datensätze verwendet.[810] Dabei werden bspw. die Fälle mit unvollständigen Angaben ganz von der Analyse ausgeschlossen[811] oder fehlende Datenpunkte durch einfache Werte[812] substituiert. Die Verwendung solcher ad hoc Verfahren ist jedoch

808 Ob die Daten tatsächlich *MAR* und nicht *MNAR* sind, kann nur angenommen werden. Für die statistischen Analysen ist jedoch nur entscheidend, dass selbst eine fehlerhafte Annahme von *MAR* oft nur geringe Auswirkungen auf die Punktschätzer und Standardfehler haben. Hierzu Schafer/Graham (2002), S. 152: „*When missingness is beyond the researcher's control, its distribution is unknown and MAR is only an assumption. In general, there is no way to test whether MAR holds in a data set* [...] *an erroneous assumption of MAR (e.g. failing to take into account a cause or correlate of missingness) may often have only a minor impact on estimates and standard errors.*"

809 Ergebnisse aus MCAR-Test nach Little/Rubin (1987).

810 Vgl. Schafer/Olsen (1998), S. 546 und Schafer/Graham (2002), S. 147. Ein Beispiel für die Anwendung des listenweisen Fallausschlusses ist die Studie von Höck/Ringle (2007), die 24% (2.453 von 3.240) Fragebögen nicht berücksichtigt haben. Im Gegensatz dazu verwenden z.B. Liang et al. (2007) in ihrer Studie für den Ersatz fehlender Werte die Methode der *multiplen Imputation durch Regression*.

811 Dies kann entweder als listenweiser oder paarweiser Fallausschluss erfolgen.

812 Vgl. Schafer/Olsen (1998), S. 546. Für die Beschreibung einer Auswahl einfacher ad hoc Verfahren wie zum Beispiel *case-/listwise deletion*, *reweighting*, *mean substitution* oder *single imputation* vgl. Hair et al. (1998), S. 51 ff. oder Schafer/Graham (2002), S. 157 ff.

problematisch und wird nicht mehr als *state of the art* betrachtet.[813] Ein grundsätzliches Problem der einfachen ad hoc Verfahren besteht darin, dass diese, wenn überhaupt, nur für den Fall, dass fehlende Werte *MCAR* verteilt sind, statistisch effiziente Ergebnisse liefern.[814] Folgen fehlende Werte einem *MAR*-Prozess, so sind *likelihood*-basierte Verfahren oder die Methode der *multiplen Imputation* für die Ergänzung fehlender Datenpunkte besser geeignet.[815] Beide Verfahren liefern bei Stichproben mit größeren Umfängen gleichermaßen unverzerrte und statistisch effiziente Ergebnisse und kämen somit für diese Arbeit in Frage.[816] Im Vergleich zu den *likelihood*-basierten Verfahren scheint jedoch bei kleineren Stichprobenumfängen die Methode der *multiplen Imputation* besser geeignet zu sein, da sie verlässlichere Schätzungen in Bezug auf die Konfidenzintervalle erzielt.[817] Da in dieser Arbeit ein geringer Stichprobenumfang vorliegt (N=81), wird für die Ergänzung der fehlenden Werte die Methode der *multiplen Imputation* verwendet.

Die Vorgehensweise bei der Methode der multiplen Imputation ist in die drei Schritte Imputation, Analyse und Pooling gegliedert (siehe Abbildung 22).[818] Im ersten Schritt werden ausgehend vom unvollständigen Datensatz alle fehlenden Werte durch eine Anzahl *m>1* simulierter Wertesets ersetzt. Jeder imputierte Datensatz stellt dabei eine plausible Alternativversion eines möglichen vollständigen Datensamples dar.[819] Im zweiten Schritt wird dann jeder Datensatz separat

---

813 Vgl. Little/Rubin (1987), S. 47 und S. 62 oder Schafer/Olsen (1998), S. 546. Zum Beispiel kann es bei der Anwendung des listenweisen Fallausschlusses zu einer starken Reduktion des verfügbaren Datensamples kommen. Darüber hinaus werden die Analyseergebnisse ggf. dadurch verzerrt, dass die Personen mit den vollständigen Datensätzen nicht repräsentativ für das erhobene Datensample sind. Auf der anderen Seite kann die Substitution fehlender Datenpunkte mittels einfacher Mittelwerte eine Abschwächung der Beziehungen zwischen Variablen verursachen.

814 Schafer/Graham (2002), S. 154: „Many of the older data-editing procedures bear no relationship to likelihood and may be valid only under MCAR. Even when MCAR does hold, these methods may be inefficient." Vgl. für eine Bewertung einzelner Verfahren Schafer/Graham (2002), S. 155 ff.

815 Vgl. Schafer/Olsen (1998), S. 546 ff., Schafer/Graham (2002), S. 162 ff. oder Rubin (1996), S. 473. Ein likelihoodbasiertes Verfahren ist *EM-Algorithmus*, der durch Dempster et al. (1977) statistisch formalisiert wurde. Die Methode der *multiplen Imputation* geht auf Rubin zurück; vgl. bspw. Rubin (1977) oder Rubin (1987).

816 Vgl. Schafer/Graham (2002), S. 164 und S. 169 für einen Vergleich der Effizienz beider Verfahren unter den drei Bedingungen *MCAR*, *MAR* und *MNAR*.

817 Vgl. Schafer/Graham (2002), S. 169 und Graham/Schafer (1999), S. 21 ff.

818 Für Darstellungen zum Vorgehen bei der multiplen Imputation vgl. z.B. Schafer/Olsen (1998), S. 547 ff., Graham/Schafer (1999), S. 5 ff. oder Schafer/Graham (2002), S. 165 ff.

819 Im Gegensatz zu Monte Carlo Simulationen, bei denen mehrere tausend Iterationen notwendig sind, reichen bereits drei bis fünf Imputationen für die Erzielung guter statistischer Ergebnisse aus. Vgl. hierzu Schafer/Olsen (1998), S. 165. Rubin (1987) zeigt formal, dass die Effizienz

mit dem beabsichtigten statistischen Verfahren analysiert.[820] Abschließend werden beim Pooling die Ergebnisse Θ_j aus den separaten Analysen zu globalen Schätzgrößen und Varianzen zusammengeführt.[821]

Abbildung 22 – Vorgehensweise der Methode der multiplen Imputation[822]

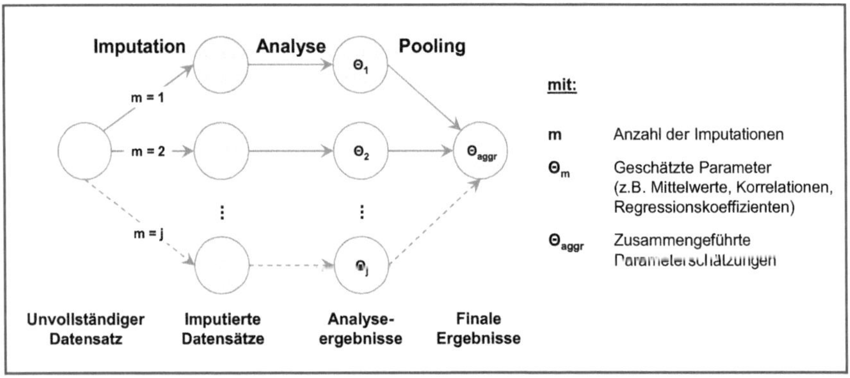

---

einer Schätzung mittels multipler Imputation sich annäherungsweise durch $\left(1+\frac{\gamma}{m}\right)^{-1}$ berechnet, wobei λ der Anteil fehlender Werte und m die Anzahl der Imputationen darstellt. Somit ergibt sich z.B. bei 15% fehlender Werte und einer Anzahl von 5 Imputationen eine Effizienz von 97,1%.

820 Dies betrifft alle statistische Verfahren, die zur Analyse vollständiger Datensätze geeignet sind, wie zum Beispiel Mittelwert- oder Korrelationsanalysen oder multivariate Regressionsanalysen. In dieser Arbeit ist dies die Strukturgleichungsmodellierung mittels des PLS-Ansatzes.

821 Die Methode des Poolings für eindimensionale Parameter wurde durch Rubin (1987) entwickelt. Für eine Beschreibung vgl. z.B. Schafer/Olsen (1998), S. 556 ff. Sind $\hat{Q}_m$ die Punktschätzer (z.B. Regressions- oder Pfadkoeffizienten) und U_m die Varianzen der Punktschätzer aus den m verschiedene Datensets, so ergibt sich der globale Punktschätzer als Mittelwert aus den einzelnen Punktschätzern: $\overline{Q} = \frac{1}{m}\sum_{i=1}^{m}\hat{Q}_i$. Die totale Varianz eines globalen Punktschätzers errechnet sich aus zwei Komponenten und ist wie folgt gegeben: $T = \overline{U} + \left(1+\frac{1}{m}\right)B$. Dabei ist $\overline{U}$ die *within-imputation variance* und durch $\overline{U} = \frac{1}{m}\sum_{i=1}^{m}U_i$ definiert und B die *between-imputation variance* und durch $B = \frac{1}{m-1}\sum_{i=1}^{m}\left(\hat{Q}_i - \overline{Q}\right)^2$ festgelegt. Das 95%-Konfidenzintervall wird durch $\overline{Q} \pm t_{df}\sqrt{T}$ errechnet, wobei t_{df} das Quintil einer t-Studentverteilung mit Freiheitsgraden $df = (m-1)\left(1+\frac{m\overline{U}}{(m+1)B}\right)^2$ ist.

822 In Anlehnung an van Buuren/Oudshoorn (1999), S. 8.

Der statistisch anspruchvollste Schritt bei der Anwendung der Methode der multiplen Imputation ist die Erzeugung der imputierten Datensätze. Für die Errechnung der imputierten Werte muss zuerst die Form des Imputationsmodells und anschließend das für das Modell notwendige Set an Prediktorvariablen spezifiziert werden.[823] Zur Generierung der imputierten Werte kommt ein mehrstufiger Schätzalgorithmus zum Einsatz.[824] Die grundsätzliche Logik des Algorithmus lässt sich anhand des Beispiels für einen Datensatz mit zwei Variablen *X* und *Y*, wobei *Y* fehlende Werte aufweist, darstellen (siehe Abbildung 23).[825] Wird als Imputationsmodell eine lineare Beziehung zwischen *Y* und *X* unterstellt, so lassen sich die fehlenden Werte bei *Y* mittels einer einfachen Regressionsschätzung ersetzen (Abbildung 23, Grafik links oben).[826] Diese Schätzung berücksichtigt allerdings noch nicht, dass die Vorhersage fehlender Werte mit Unsicherheit behaftet ist und liefert somit keine plausiblen Ersatzwerte.[827]

Die mit der Schätzung der fehlenden Werte verbundene Unsicherheit ergibt sich einerseits aus der Schätzung der Regressionskoeffizienten[828] und andererseits aus dem Zufallsfehler der Regressionsschätzung selbst. Durch die Anwendung von Resampling-Prozeduren[829] innerhalb des Algorithmus werden die Varianzen der Regressionskoeffizienten ermittelt und damit die erste Unsicherheitsquelle mo-

823 Vgl. van Buuren et al. (1999), S. 687. Das Imputationsmodell kann z.B. eine lineare, polynomiale oder logistische Regression sein.

824 Vgl. van Buuren et al. (1999), S. 689 für eine Kurzdarstellung des von Rubin (1987) entwickelten Algorithmus. Die Berechnung des Algorithmus kann nur durch geeignete Statistikprogramme geleistet werden. Für eine kurze Beschreibung ausgewählter Programme vgl. z.B. Schafer/Graham (2002), S. 168 ff.

825 Vgl. Graham/Schafer (1999), S. 5 ff. für eine Beschreibung der Erzeugung multipler Imputation mit Hilfe der NORM Software.

826 Dazu würde für die beobachteten Fälle von *X* und *Y* eine Regressionsgleichung geschätzt und mit dieser dann alle fehlenden Werte bei *Y* durch die Punktschätzer $\hat{Y}_i$ ersetzt. Dieses Vorgehen wird auch als *Imputation durch Regression* oder *konditionale Mittelwertimputation* bezeichnet.

827 Vgl. Graham/Schafer (1999), S. 5. Die Vernachlässigung der Unsicherheit bei der Schätzung der fehlenden Werte führt zu einer Unterschätzung der Varianz von *Y* und Überschätzung der Korrelation mit *X*.

828 Vgl. Graham/Schafer (1999), S. 5. Die Koeffizienten einer Regressionsschätzung stellen immer nur die bestmögliche Schätzung für die jeweilige Stichprobe dar, nicht jedoch für die der Grundgesamtheit. Die Schätzer für die Koeffizienten variieren daher mit jeder neuen Stichprobenziehung.

829 Das Resampling kann über die Prozeduren des Bootstraps oder der Data Augmentation erfolgen. Auf eine Beschreibung der Funktionsweise beider Verfahren wird hier aufgrund der hohen Komplexität speziell bei der Data Augmentation Prozedur verzichtet. Einen guten Einblick in die allgemeine Vorgehensweise beim Bootstrap liefert z.B. Efron/Tibshirani (1993), S. 10 ff. Kurze Erläuterungen zur Anwendung der Data Augmentation Prozedur im Rahmen der multiplen Imputation geben Schafer/Olsen (1998), S. 554 ff. oder Graham/Schafer (1999), S. 6 f.

Abbildung 23 – Logik des Algorithmus der multiplen Imputation[830]

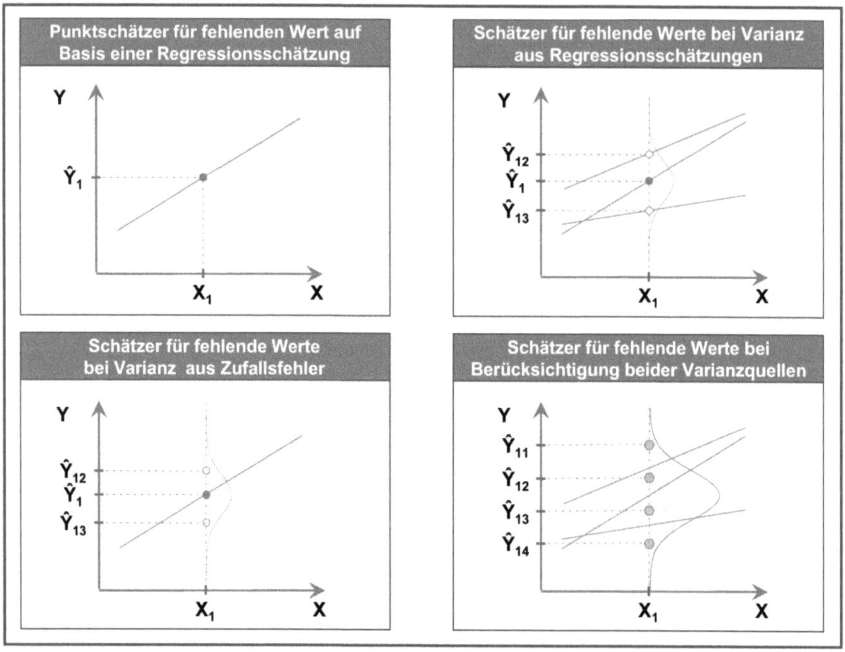

delliert (Abbildung 23, Grafik rechts oben). Die Schätzung der fehlenden Werte erfolgt bei jedem Durchlauf des Algorithmus auf Basis einer neuen Regressionsschätzung. Im Vergleich zur einfachen Regressionsschätzung ergeben sich daher für den fehlenden Wert von Y an der Stelle X_l nunmehr i verschiedene plausible Werte $\hat{Y}_{li}$ (Abbildung 23, Grafik rechts oben). Die zweite Quelle der Unsicherheit wird durch die Addition eines zufällig verteilten Residuums zum Punktschätzer abgebildet (Abbildung 23, Grafik links unten).[831] Auch dadurch ergeben sich mehrere plausible Alternativen für den fehlenden Wert Y an der Stelle X_l. Durch die Modellierung dieser beiden Unsicherheitsquellen ergeben sich in jedem imputierten Datensatz plausible Schätzer für die fehlenden Werte (Abbildung 23, Grafik rechts unten).

Zur Erzeugung imputierter Datensätze steht eine Vielzahl an Computerprogrammen zur Verfügung.[832] Da die Annahme der Normalverteilung bei den ma-

830 In Anlehnung an die Beschreibungen von Graham/Schafer (1999), S. 5 ff.
831 Vgl. Graham/Schafer (1999), S. 5.
832 Vgl. Schafer/Graham (2002), S. 168 f.

nifesten Variablen dieser Arbeit nicht zutrifft, wird die *MICE*-Methode[833] als Imputationsverfahren verwendet. In dieser Untersuchung wird dabei das Verfahren der Imputation mittels linearer Regression angewandt. Dazu wird für jede Variable mit fehlenden Werten ein Set an erklärenden Variablen festgelegt.[834] Für die weiteren Analysen in dieser Arbeit wird für die Firmenkundenbetreuung ein imputierter Datensatz[835] und werden für die Kreditsachbearbeitung fünf imputierte Datensätze verwendet.

4.6 Datenaggregation

Werden die Einschätzungen mehrerer Informanten in Bezug auf das gleiche Untersuchungsobjekt verwendet, so können die Analysen zur Hypothesenprüfung entweder getrennt für jede Informantengruppe[836] oder auf Basis eines aggregierten Datensatzes[837] durchgeführt werden. Der Vorteil eines zusammengeführten Datensatzes besteht darin, dass unter anderem die Gefahr eines *Common Method Bias* verringert wird.[838] In diesem Unterkapitel wird zuerst untersucht, ob die Kundenbetreuer und Kreditsachbearbeiter hinsichtlich der zu beurteilenden KMU-Kreditbeziehungen einen ausreichend hohen Wissensstand haben. Anschließend wird analysiert, ob ein Informanten-Bias zwischen beiden Gruppen vorliegt. Danach wird geprüft, ob zwischen der Kompetenz der Informanten und dem Antwortverhalten ein Zusammenhang besteht.[839] Abschließend wird die Auswahl einer geeigneten Methode für die Datenaggregation erörtert.

---

833 Vgl. van Buuren/Oudshoorn (1999), S. 9 ff. oder van Buuren et al. (1999), S. 689 f. MICE steht für *Muliple Imputation by Chained Equation*. Für die Erzeugung der imputierten Datensätze wurde das Computerprogramm *WinMICE* verwendet. Für eine Beschreibung zur Anwendung des Programms vgl. Jacobusse (2005).

834 Für eine Beschreibung bzgl. des Vorgehens für die Auswahl geeigneter erklärender Variablen vgl. van Buuren et al. (1999), S. 687 f.

835 Dadurch wird der Rechenaufwand für die nachfolgenden Analysen verringert. Für die fehlenden Werte werden die Mittelwerte aus 20 imputatierten Datensätzen verwendet. Dieses vereinfachte Vorgehen erscheint angebracht, da die fehlenden Werte *MCAR* sind und jeweils nur einen sehr geringen Anteil (1,2%) bei den drei Items ausmachen.

836 Vgl. Anderson/Narus (1990), S. 48 ff.

837 Vgl. Kumar et al. (1993), S. 1637 ff. oder Smith/Barclay (1997), S. 7 ff.

838 Vgl. Podsakoff/Organ (1986), S. 541 f.

839 Vgl. Kumar et al. (1993), S. 1639 ff. für die hier angewandte Vorgehensweise.

4.6.1 Informantenkompetenz

Die Kompetenz der Kundenbetreuer und Kreditsachbearbeiter hinsichtlich der Beurteilung der Bank-KMU-Kreditbeziehungen kann durch das Heranziehen globaler oder spezifischer Bewertungskriterien erfolgen.[840] Globale Kriterien sind zum Beispiel die Länge der Betriebszugehörigkeit oder die KMU-Betreuungsdauer jedes Informanten. Spezifische Kriterien beziehen sich dagegen auf den Wissensstand hinsichtlich der untersuchten Variablen und werden bei der Datenerhebung direkt abgefragt.[841] Die Kompetenz der Kundenbetreuer und Kreditsachbearbeiter wird in dieser Arbeit anhand globaler Kompetenzkriterien beurteilt. Dazu werden die Variablen Bankzugehörigkeit, Tätigkeitsdauer sowie die jeweiligen KMU-Betreuungsdauern der Kundenbetreuer und Kreditsachbearbeiter verwendet.

Tabelle 28 – Bankzugehörigkeit, Tätigkeitsdauer und KMU-Betreuungsdauer der Kundenbetreuer und der Kreditsachbearbeiter

	Firmenkundenbetreuung							Kreditsachbearbeitung						
	Deskriptive Statistiken[2]					Korrelationen		Deskriptive Statistiken[2]					Korrelationen	
	Mittelwert[3]	Median[3]	Std.-abweichung[3]	Minimum[3]	Maximum[3]	Bankzugehörigkeit	KMU-Betreuungsdauer	Mittelwert[3]	Median[3]	Std.-abweichung[3]	Minimum[3]	Maximum[3]	Bankzugehörigkeit	KMU-Betreuungsdauer
Bankzugehörigkeit	19,2	18,0	9,5	7,0	43,0	1,00	-	20,4	21,0	8,4	9,0	33,0	1,00	-
Tätigkeitsdauer	8,5[a]	7,0	4,9	1,5	20,0	0,11	0,76***	11,9[a]	11,5	5,4	4,0	23,0	-0,04	0,12
KMU-Betreuungsdauer[1]	6,0	6,0	2,6	1,5	10,5	0,59**	1,00	5,6	5,5	3,1	0,5	12,0	-0,06	1,00

1. Berechnet auf Basis der durchschnittlichen Betreuungsdauer über die im Sample analysierten Kundenbeziehungen (N=81) eines Kundenberaters/Kreditsachbearbeiters 2. Basis der Auswertung: 17 Firmenkundenberater und 16 Kreditsachbearbeiter 3. Alle Angaben in Jahren

a Signifikanter Unterschied zwischen Firmenkundenbetreuung und Kreditsachbearbeitung (p=0,485); berechnet auf Basis eines Bootstraps mit 5.000 Iterationen
*** Signifikant bei 1% (zweiseitig)
** Signifikant bei 5% (zweiseitig)

Tabelle 28 stellt die drei Kriterien für die Firmenkundenbetreuung und Kreditsachbearbeitung dar. Durchschnittlich arbeiten die Firmenkundenbetreuer (Kreditsachbearbeiter) seit 19,2 (20,4) Jahren in der jeweiligen Bank, sind seit 8,5 (11,9) Jahren in ihrem Beruf tätig und weisen eine KMU-Betreuungsdauer von 6,0 (5,6) Jahren auf. Dies zeigt, dass alle drei Kompetenzkriterien für beide Informantengruppen auf einem ähnlich hohen Niveau liegen. Hinsichtlich der Tätigkeitsdauer existiert zwischen der Firmenkundenbetreuung und der Kreditsachbearbeitung ein statistisch signifikanter Unterschied. Bezogen auf das Datensample dieser Untersuchung sind die Kreditsachbearbeiter im Durchschnitt 3,4 Jahre länger in ihrer Berufsposition tätig als die Firmenkundenbetreuer.

840 Vgl. Kumar et al. (1993), S. 1636.

841 Für das Konstrukt Vertrauen könnte auf einer Likert-Skala der Wissensstand eines Informanten mittels folgender Frage erhoben werden: „Wie gut können sie das Vertrauensniveau zwischen ihrer Bank und dem folgenden KMU einschätzen?“ Vgl. Kumar et al. (1993), S. 1636.

Aufgrund der langen Bankzugehörigkeit, Tätigkeitsdauer und KMU-Betreuungsdauer lässt sich sowohl für die Firmenkundenbetreuer als auch für die Kreditsachbearbeiter eine hohe Informantenkompetenz unterstellen. Die lange Bankzugehörigkeit zeigt an, dass bei den Mitarbeitern in beiden Organisationseinheiten ein hoher Wissensstand in Bezug auf die Strukturen der jeweiligen Bankorganisation und auf Bankgeschäfte im Allgemeinen vorliegen sollte. Ebenso kann vermutet werden, dass Firmenkundenbetreuer und Kreditsachbearbeiter aufgrund ihrer langen Tätigkeitsdauer einen hohen Wissensstand bzgl. kreditspezifischer Fragestellungen aufweisen. Des Weiteren lässt die durchschnittlich lange KMU-Betreuungsdauer darauf schließen, dass beide Informantengruppen hinsichtlich der untersuchten KMU-Kreditbeziehungen auskunftsfähig sind.[842]

4.6.2 Informanten-Bias

Bei der Befragung von Informanten bspw. smittels Fragebögen können zufallsbedingte oder systematische Messfehler auftreten.[843] Systematische Messfehler liegen einerseits in einem Methodenfehler (*Informanten-Bias* im weiten Sinn) oder in sonstigen systematischen Fehlern, bspw. als *Common Method Bias*[844] *bei der Datenerhebung, begründet.*[845] *Ein Informaten-Bias* im weiten Sinn kann entweder durch mangelndes Wissen der Informanten in Bezug auf das Untersuchungsobjekt[846], die organisationale Position eines Informanten, wie zum Beispiel die hierarchische Stellung oder funktionale Zugehörigkeit,[847] oder sonstige Ursachen wie fehlerhaftes Erinnerungsvermögen[848] oder Erinnerungs-

842 Vgl. Kumar et al. (1993), S. 1640.

843 Vgl. Podsakoff/Organ (1986), S. 533 ff. oder Ernst (2003), S. 1251 ff.

844 Vgl. Podsakoff et al. (2003a), S. 881 ff., für eine Darstellung möglicher Ursachen eines *Common Method Bias*. Zum Beispiel ist die soziale Erwünschtheit eine mögliche Quelle für einen *Common Method Bias* und kann dazu führen, dass Informanten bei der Beantwortung von Fragen sich in einem besseren Licht darstellen wollen und daher Antworten „*verfälschen*".

845 Vgl. Ernst (2003), S. 1252.

846 Vgl. Kumar et al. (1993), S. 1636.

847 Vgl. Kumar et al. (1993), S. 1636 oder Ernst (2003), S. 1252. Der Einfluss der hierarchischen Stellung auf das Antwortverhalten von Informanten zeigt sich darin, dass Vorstände im Vergleich zu Managern auf der zweiten Führungsebene zum Beispiel eine andere Sichtweise in Bezug auf die strategische Ausrichtung eines Unternehmens haben können. Die funktionale Zugehörigkeit kann sich darin äußern, dass ein in organisationalen Einheiten existierender Konformitätsdruck dazu führt, dass die Führungsqualität des Managements zum Beispiel aufgrund der negativen Stimmung bei den Mitarbeitern schlecht bewertet wird, obwohl sie „*objektiv*" als gut zu bewerten wäre.

848 Vgl. Golden (1992), S. 851 ff.

verzerrungen[849] hervorgerufen werden. Vor allem bei der Erhebung von Konstrukten, die sich nicht auf die Einstellungen oder die Intentionen von Akteuren beziehen, sondern externe Umweltvariablen wie zum Beispiel Einschätzungen in Bezug auf die Führungsqualität von Vorgesetzten oder das Unternehmensklima darstellen, ist die Gefahr des Auftretens systematischer Messfehler hoch.[850] Das Vorliegen solcher Messfehler führt dazu, dass die Einschätzungen von Informanten in Bezug auf dasselbe Untersuchungsobjekt unterschiedlich sind[851] und daher die empirische Überprüfung von Hypothesen erschwert wird. Um festzustellen, ob bei den Daten dieser Arbeit ein *Informanten-Bias* zwischen den Firmenkundenbetreuern und Kreditsachbearbeitern vorliegt, werden zuerst die substanziellen Bewertungsunterschiede zwischen den Einschätzungen beider Informantengruppen analysiert. Aus Sicht von Kumar et al. (1993) liegen substanzielle Bewertungsunterschiede dann vor, wenn sich bei einem Item die Antworten zweier Informanten auf der Likert-Skala um zwei oder mehr Einheiten voneinander unterscheiden.[852]

Tabelle 29 – Analyse des Informanten-Bias auf der Basis substanzieller Bewertungsunterschiede

Skalendifferenzen[1]	Vertrauen (Wohlwollen)	Vertrauen (Integrität)	Verlässlk. Berichtsinformatioinen	Einsatz weicher Informationen (Untern.)	Einsatz harter Informationen	Qualität Kreditverhandlungen	Monitoring Intensität	Gesamtes Sample
keine Skalendifferenz (gleiche Bewertung)	162 (40%)	95 (39%)	181 (45%)	119 (49%)	127 (39%)	210 (43%)	224 (31%)	**1.118 (39%)**
Skalendifferenz von 1	190 (47%)	112 (46%)	194 (48%)	100 (41%)	147 (45%)	216 (44%)	324 (44%)	**1.283 (45%)**
Skalendifferenz von 2	41 (10%)	31 (13%)	26 (6%)	20 (8%)	41 (13%)	53 (11%)	138 (19%)	**350 (12%)**
Skalendifferenz von 3	12 (3%)	5 (2%)	4 (1%)	4 (2%)	9 (3%)	7 (1%)	37 (5%)	**78 (3%)**
Skalendifferenz von 4	0 (0%)	0 (0%)	0 (0%)	0 (0%)	0 (0%)	0 (0%)	6 (1%)	**6 (0%)**
Anzahl aller Items[2]	**405**	**243**	**405**	**243**	**324**	**486**	**729**	**2.835**

1. Absolute Differenz zwischen den Einschätzungen der Firmenkundenbetreuung und der Kreditsachbearbeitung
2. Anzahl der Items je Konstrukt multipliziert mit der Anzahl der Beobachtungen (N=81); Beispielrechnung für Vertrauen (Wohlwollen): 5 x 81 = 405

In der vorliegenden Untersuchung liegen im gesamten Datensample bei 39% aller Indikatoren identische Bewertungen und bei 45% der Items Bewertungsunterschiede mit einer Skalendifferenz von einer Einheit vor (siehe Tabelle 29). Substanziell unterschiedliche Bewertungen liegen demnach bei 15% aller Items

849 Vgl. Nutt (1986), S. 237 f.

850 Vgl. Podsakoff/Organ (1986), S. 532 f.

851 Vgl. Anderson/Narus (1990), .S. 48 ff., John/Torger (1982), S. 521 f., Kumar et al. (1993), S. 1639 ff. oder Ernst (2003), S. 1259 ff.

852 Vgl. Kumar et al. (1993), S. 1637 ff. Die Autoren verwendeten eine 7-Punkte-Likert-Skala in ihrer Studie, während die Daten in dieser Untersuchung auf einer 5-Punkte-Likert-Skalen erhoben wurden.

vor.[853] Entlang der Konstrukte variieren die substanziell unterschiedlichen Bewertungen von 7% für die „*Verlässlichkeit der Berichtsinformationen*" bis zu 25% für die „*Monitoring-Intensität*". Für die Konstrukte „*Vertrauen*" (Wohlwollen 13% und Integrität 15%), „*Einsatz weicher Informationen*" (10%), „*Einsatz harter Informationen*" (16%) und „*Qualität der Kreditverhandlungen*" (12%) liegen die substanziellen Bewertungsunterschiede auf einem ähnlichen Niveau.

Im nächsten Analyseschritt werden die absoluten (Mittelwerte und Skalensummendifferenzen[854]) und relativen Einschätzungen (Antwortkorrelationen) der Kundenbetreuer und Kreditsachbearbeiter untersucht.[855] Durch die Analyse der Mittelwerte und Skalensummendifferenzen lässt sich zeigen, ob die Bewertungen zwischen beiden Informantengruppen voneinander unterschiedlich sind. In Ergänzung dazu liefert die Korrelationsanalyse Erkenntnisse darüber, ob unabhängig von der Höhe der Skalenbewertungen Kundenbetreuer und Kreditsachbearbeiter die KMU-Kreditbeziehungen in der Tendenz ähnlich bewerten.

Tabelle 30 – Analyse des Informanten-Bias auf der Basis absoluter und relativer Bewertungsunterschiede

	Vertrauen (Wohlwollen)		Vertrauen (Integrität)		Verlässlichkeit Berichts-informationen		Einsatz weicher Informationen (Untern.)		Einsatz harter Informa-tionen		Qualität Kredit-verhandlungen		Monitoring Intensität	
	FKB[1]	KSB[2]	FKB[1]	KSB[2]	FKB[1]	KSB[2]	FKB[1]	KSB[2]	FKB[1]	KSB[2]	FKB[1]	KSB[2]	FKB[1]	KSB[2]
Mittelwert	4,10[a]	3,68[a]	3,51[b]	3,30[b]	4,32	4,27	4,06	4,03	3,92	4,05	3,75[a]	3,54[a]	3,03	3,18
Median	4,00	4,00	4,00	3,00	4,00	4,00	4,00	4,00	4,00	4,00	4,00	4,00	3,00	3,00
Standardabweichung	0,78	0,92	0,86	0,92	0,75	0,75	0,67	0,78	0,74	0,93	0,83	0,83	1,06	1,21
Skalensummendifferenz	2,13**		0,62*		0,27		0,10		-0,52		1,27**		-1,37	
Korrelation[3]	0,45***		0,41***		0,26***		0,26***		0,33***		0,47***		0,37***	

1. FKB = Firmenkundenbetreuung 2. KSB = Kreditsachbearbeitung 3. Korrelationen mit Hilfe von SmartPLS berechnet

a,b Statistisch signifikanter Unterschied zwischen Firmenkundenbetreuung und Kreditsachbearbeitung, Berechnung auf Basis eines Bootstraps mit 2.000 Iterationen; a: $p < 0{,}01$, b: $p < 0{,}05$
** Signifikant unterschiedlich von Null bei 1% (zweiseitig), Bootstrap mit N = 2.000
* Signifikant unterschiedlich von Null bei 5% (zweiseitig), Bootstrap mit N = 2.000

Die Ergebnisse der Analysen sind in Tabelle 30 dargestellt. Für die Mittelwerte zeigt sich, dass bei den Konstrukten „*Vertrauen*" (Wohlwollen und Integrität)

---

853 Die Werte dieser Untersuchung weisen insgesamt eine hohe Ähnlichkeit mit den Werten der Studie von Kumar et al. (1993) auf. In der Untersuchung von Kumar et al. (1993) wurden durch die beiden Informantengruppen 31% der Items gleich, 54% mit einer Skalendifferenz von einer Einheit und 15% der Items mit einer Skalendifferenz von größer oder gleich zwei Einheiten bewertet.

854 Die Skalensummendifferenz ergibt sich als Unterschiedsbetrag aus der Skalensumme des Kundenberaters und der Skalensumme des Kreditsachbearbeiters für das gleiche KMU. Hat bspw. bei einer 5-Item-Messung der Kundenberater jedes Item mit drei und der Kreditsachbearbeiter mit vier bewertet, so ergibt sich eine Skalensummendifferenz von minus fünf (15 mius 20).

855 Diese Vorgehensweise wird in Anlehnung an Kumar et al. (1993), S. 1639 ff. vorgenommen.

und „*Qualität der Kreditverhandlungen*" signifikante Unterschiede vorliegen.[856] Die Kundenbetreuer geben bei „*Vertrauen*" (Wohlwollen 4,1 gegenüber 3,7, Integrität 3,5 gegenüber 3,3) und bei der „Qualität der Kreditverhandlungen" (3,8 gegenüber 3,5) signifikant höhere Einschätzungen als die Kreditsachbearbeiter ab.[857] Die Konstrukte „*Verlässlichkeit der Berichtsinformationen*" und „*Einsatz weicher Informationen*" werden ebenso durch die Kundenbetreuer höher bewertet, während bei den Konstrukten „Einsatz *harter Informationen*" und „*Monitoring-Intensität*" die Kreditsachbearbeiter höhere Einschätzungen abgeben.[858] Die Analyse der Skalensummendifferenzen ergibt die gleichen Ergebnisse wie die Analyse der Mittelwerte.[859] Die Korrelationsanalyse zeigt, dass die Einschätzungen beider Gruppen mittelmäßig bis gut (0,26 und 0,47) miteinander korreliert sind. Alle Korrelationen sind signifikant von Null verschieden, allerdings ebenso signifikant kleiner als Eins.

Die Ergebnisse zeigen, dass in dieser Untersuchung ein Informanten-Bias existiert. Bezogen auf die gesamte Stichprobe liegen bei jedem siebten Item substanzielle Bewertungsunterschiede vor, wobei die absoluten Einschätzungen beider Informantengruppen bei drei Konstrukten signifikant voneinander verschieden sind. Die Korrelationsanalyse zeigt darüber hinaus, dass die relativen Bewertungen beider Informantengruppen bei keinem Konstrukt vollständig deckungsgleich sind. Eine mögliche Ursache für die Existenz des Informanten-Bias in der vorliegenden Arbeit kann in den unterschiedlichen organisationalen Rollen und Aufgaben der Kundenbetreuer und Kreditsachbearbeiter gesehen werden.

856 In der vorliegenden Untersuchung wurden Mittelwertvergleiche zum Großteil mit Hilfe des Bootstrapverfahrens berechnet. Zum Bootstrapverfahren vgl. Efron/Tibshirani (1993).

857 Die Ergebnisse stehen im Einklang mit der Untersuchung von Kumar et al. (1993). Vgl. Kumar et al. (1993), S. 1640. Die Angaben der Informanten mit einem häufigeren Kundenkontakt (Vertriebsmanager) lagen über denen mit geringerem Kundenkontakt (Flottenmanager).

858 Hier sei jedoch angemerkt, dass die Mittelwerte statistisch nicht signifikant voneinander unterschiedlich sind und die Feststellungen somit nur Tendenzaussagen widerspiegeln.

859 Im Gegensatz zu Kumar et al. (1993), S. 1641 werden an dieser Stelle nicht die absoluten Skalendifferenzen analysiert, da durch die Verwendung absoluter Skalensummendifferenzen die zufälligen (unsystematischen) Messfehler fälschlicherweise in der Analyse des Informanten-Bias mitberücksichtigt werden. Ein Beispiel soll das Problem verdeutlichen. So könnten bspw. bei einer Datenerhebung ein Kundenberater und ein Kreditsachbearbeiter für einen Kunden A Skalensummen (bei 5-Punkte-Likert-Skalen und fünf Items) von jeweils 22 und 18 und für einen Kunden B von jeweils 19 und 21 angeben. Unterstellt man, dass bei beiden Kunden objektiv die gleiche Ausprägung bei dem gemessenen Konstrukt (latente Variable) mit einer Skalensumme von 20 vorliegt, so wird deutlich, dass die Angaben des Kundenberaters (22 und 19) und des Kreditsachbearbeiters (18 und 21) lediglich um den „objektiv realen" Wert von 20 schwanken und als zufälliger Messfehler interpretiert werden können. Analysierte man in diesem Fall jedoch die absoluten Differenzen (bei Kunde A vier und bei Kunde B zwei Einheiten), so würde der Schluss gezogen, dass ein Informanten-Bias vorliegt, obwohl die absoluten Differenzen lediglich Ausdruck des zufälligen Messfehlers sind.

Ebenso wäre es auch möglich, dass unterschiedliche Wissensstände zwischen den Informantengruppen Ursache für die Wahrnehmungsdivergenzen sind. Aus diesem Grund wird im folgenden Unterkapitel analysiert, ob die Informantenkompetenz den Informanten-Bias bedingt.

4.6.3 Informantenkompetenz und Informanten-Bias

Der Zusammenhang zwischen Informanten-Bias und Informantenkompetenz wird in diesem Unterkapitel durch die Analyse der absoluten Skalensummendifferenzen[860] je Konstrukt entlang der drei Kompetenzkriterien Bankzugehörigkeit, Tätigkeitsdauer und KMU-Betreuungsdauer untersucht. Hierfür werden in Anlehnung an Kumar et al. (1993) im ersten Schritt die Kundenbetreuer und Kreditsachbearbeiter entlang der drei Kompetenzkriterien in zwei Gruppen unterteilt und im Anschluss die KMU in Abhängigkeit der jeweiligen Kompetenzen des Kundbetreuers und Kreditsachbearbeiters in drei Cluster gegliedert.[861] In das erste Cluster werden dabei all jene KMU aufgenommen, bei denen sowohl der Kundenbetreuer und der Kreditsachbearbeiter in der weniger kompetenten Gruppe sind. Das zweite Cluster umfasst jene KMU mit gemischten Informantenpaaren, d.h. wo sich entweder der Kundenbetreuer oder der Kreditsachbearbeiter in der unteren Kompetenzgruppe befindet. In das dritte Cluster (hohe Kompetenz) werden die KMU gegliedert, bei denen sich beide Informanten in den oberen Gruppen befinden. Läge zwischen den Wissensständen der Informanten und dem Informanten-Bias ein positiver Zusammenhang vor, so müssten die Mittelwerte der absoluten Skalensummendifferenzen vom ersten bis zum dritten KMU-Cluster vom Betrag her geringer werden und zwischen den Clustern signifikant voneinander verschieden sein.

Die Mittelwerte der absoluten Skalensummendifferenzen[862] sind geordnet nach Konstrukten und Kompetenzkriterien in Tabelle 31 dargestellt. Bei den Konstrukten „*Verlässlichkeit der Berichtsinformationen*“, „*Einsatz weicher Informationen*“, „*Einsatz harter Informationen*“ und „*Qualität der Kreditverhand-*

860 Die absolute Skalensummendifferenz ergibt sich als absoluter Unterschiedsbetrag zwischen den Werten der Skalensumme eines Kundenberaters und der des Kreditsachbearbeiters für ein Konstrukt bei einem KMU.

861 Vgl. Kumar et al. (1993), S. 1641 f. für dieses Verfahren. Für die Zuweisung in die obere oder untere Gruppe wurde als Trenngröße jeweils der Median verwendet.

862 Die absoluten Skalensummendifferenzen wurden nicht anhand der Anzahl der verwendeten Items je Konstrukt normiert. Daher können Vergleiche zwischen Konstrukten nur dann erfolgen, wenn die gleiche Anzahl an Items vorliegt (bspw. bei drei Items für die Vertrauensdimension Integrität und Einsatz weicher Informationen).

Tabelle 31 – Absolute Skalensummendifferenzen nach Bankzugehörigkeit, Tätigkeitsdauer und KMU-Betreuungsdauer

		Vertrauen (Wohlwollen)			Vertrauen (Integrität)			Verlässlichkeit Berichts-informationen			Einsatz weicher Informationen (Unternehmer)			Einsatz harter Informationen			Qualität Kredit-verhandlungen			Monitoring Intensität		
		Clust. 1	Clust. 2	Clust. 3	Clust. 1	Clust. 2	Clust. 3	Clust. 1	Clust. 2	Clust. 3	Clust. 1	Clust. 2	Clust. 3	Clust. 1	Clust. 2	Clust. 3	Clust. 1	Clust. 2	Clust. 3	Clust. 1	Clust. 2	Clust. 3
Bankzuge-hörigkeit	Mittelwert absolute Skalensummendifferenz	**4,1**^{a**}	**3,4**^{a*}	2,3	2,1	1,6	2,0	3,3	2,6	2,8	1,9	1,4	1,9	2,5	2,9	2,6	3,3	3,5	3,7	7,8	7,1	5,0
	Standardabweichung absolute Skalensummendifferenz	1,9	2,6	2,0	2,0	1,4	1,6	2,4	1,9	2,2	1,1	1,7	1,8	1,1	2,8	1,5	2,0	2,5	2,6	6,2	5,6	4,5
Tätigkeits-dauer	Mittelwert absolute Skalensummendifferenz	2,8	3,4	3,2	**1,1**^{ab**}	2,2	2,1	2,5	3,2	2,6	1,9	1,2	1,9	2,3	2,8	3,0	3,6	3,2	3,8	**4,7**^{a*}	6,6	7,8
	Standardabweichung absolute Skalensummendifferenz	2,5	2,3	2,1	1,8	1,2	1,7	2,3	2,0	2,0	1,2	1,9	1,7	1,5	2,8	2,1	2,3	2,5	2,5	5,6	6,0	4,9
KMU-Betreuung sdauer	Mittelwert absolute Skalensummendifferenz	**4,3**^{a*}	3,2	2,4	1,5	1,9	2,0	3,3	2,7	2,5	1,3	1,5	2,0	2,0	2,9	2,9	3,2	3,7	3,6	4,9	6,9	7,1
	Standardabweichung absolute Skalensummendifferenz	2,5	2,1	2,3	1,8	1,1	1,6	2,3	2,1	2,0	1,2	1,9	1,7	1,4	2,7	2,1	2,0	2,5	2,6	5,7	6,0	4,8

Cluster 1: Kundenbeziehungen mit Kundenberatern und Kreditsachbearbeitern in unterer Medianhälfte (bzgl. Bankzugehörigkeit, Tätigkeitsdauer und KMU-Betreuungsdauer)
Cluster 2: Kundenbeziehungen mit Kundenberatern in unterer (oberer) und Kreditsachbearbeitern in oberer (unterer) Medianhälfte (bzgl. Bankzugehörigkeit, Tätigkeitsdauer und KMU-Betreuungsdauer)
Cluster 3: Kundenbeziehungen mit sowohl Kundenberatern und Kreditsachbearbeitern in oberer Medianhälfte (bzgl. Bankzugehörigkeit, Tätigkeitsdauer und KMU-Betreuungsdauer)

Bankzugehörigkeit: N (Cluster 1) = 16, N (Cluster 2) = 38, N (Cluster 3) = 27
Tätigkeitsdauer: N (Cluster 1) = 24, N (Cluster 2) = 25, N (Cluster 3) = 32
KMU-Betreuungsdauer: N (Cluster 1) = 20, N (Cluster 2) = 26, N (Cluster 3) = 35

a Signifikant unterschiedlich zu Cluster 3; b Signifikant unterschiedlich zu Cluster 2; ** 1% (zweiseitig), Bootstrap mit N = 2.000; * 5% (zweiseitig), Bootstrap mit N = 2.000

lungen“ sind die absoluten Skalensummendifferenzen für die drei Kompetenzkriterien zwischen keinem der Cluster signifikant voneinander verschieden.[863] Signifikante Unterschiede der Skalensummendifferenzen liegen dagegen für die Konstrukte „*Vertrauen*“ (Dimensionen Wohlwollen und Integrität) sowie „*Monitoring-Intensität*“ vor.

Bei der „*Monitoring-Intensität*“ sind für die Tätigkeitsdauer die Bewertungsunterschiede zwischen beiden Informantengruppen im ersten Cluster signifikant kleiner als jene im dritten Cluster. Dieses Ergebnis steht im Widerspruch zur formulierten Annahme, dass bei Vorliegen eines Zusammenhangs zwischen Informantenkompetenz und Informanten-Bias die Skalensummendifferenzen von Cluster eins zu Cluster drei kleiner werden müssten. Bei der „*Monitoring-Intensität*“ nehmen die absoluten Bewertungsunterschiede mit zunehmender Tätigkeitsdauer entlang der Cluster zu (von 4,7 auf 6,6 hinzu 7,8).[864] Daher lässt sich

863 Lesebeispiel für „*Verlässlichkeit der Berichtsinformation*“ und Tätigkeitsdauer: die Mittelwerte der absoluten Skalensummendifferenzen liegen im Cluster 1 bei 2,5, im Cluster 2 bei 3,2 und im Cluster 3 bei 2,6. Die drei Skalensummendifferenzen sind nicht signifikant voneinander verschieden.

864 Ein möglicher Erklärungsansatz für dieses Phänomen kann in der mit zunehmender Tätigkeitsdauer stärker werdenden Identifikation jeder Informantengruppe mit der jeweiligen organisationalen Rolle gesehen werden. Den Kreditsachbearbeitern kommt in der Bank die Rolle zu, die KMU-Kreditbeziehungen aus der Risikoperspektive zu bewerten, während die Kundenberater eher die Ertragspotenziale der Bank im Blickfeld haben. Nimmt die Tätigkeitsdauer zu, so ist anzunehmen, dass sich diese organisationalen Rollen verfestigen und die Wahrnehmungsdivergenzen daher beim Konstrukt Monitoring Intensität mit der Tätigkeitsdauer zunehmen.

schlussfolgern, dass der Informanten-Bias in diesem Fall nicht auf Divergenzen in der Informantenkompetenz zurückzuführen ist. Bei der Vertrauensdimension „*Integrität*" liegt ein ähnliches Ergebnis wie beim Konstrukt „*Monitoring-Intensität*" vor. Die absoluten Bewertungsunterschiede sind im ersten KMU-Cluster signifikant kleiner als jene im zweiten und dritten Cluster. Auch in diesem Fall werden die Wahrnehmungsdivergenzen größer (von 1,1 auf 2,2 hinzu 2,1) und lassen sich somit ebenfalls nicht durch divergierende Kompetenzen der Kundenbetreuer und Kreditsachbearbeiter erklären.

Für die Vertrauensdimension „*Wohlwollen*" liegt ein positiver Zusammenhang zwischen Informanten-Bias und den Kompetenzkriterien Bankzugehörigkeit und KMU-Betreuungsdauer vor. Bei beiden Kompetenzparametern nehmen die absoluten Skalensummendifferenzen entlang der drei Cluster ab und sind teilweise signifikant voneinander verschieden. Dies bedeutet, dass die Einschätzungen bzgl. der KMU-Kreditbeziehungen durch die Kundenbetreuer und Kreditsachbearbeiter mit längerer Bankzugehörigkeit oder KMU-Betreuungsdauer tendenziell ähnlicher werden. Dieses Ergebnis lässt darauf schließen, dass beide Parameter eine wichtige Rolle bei der Entstehung von interorganisationalem Vertrauen in ein Unternehmen haben. Die Tatsache, dass mit fortschreitender Dauer der Bankzugehörigkeit sowie der Betreuungsdauer eines KMU, die Einschätzungen beider Informatengruppen ähnlicher werden, lässt darauf schließen, dass das organisationale Wissen der Bank in Bezug auf die Vertrauensbeziehung zu einem KMU (Wohlwollen) durch die Firmenkundenbetreuer und Kreditsachbearbeiter im Laufe der Zeit besser verinnerlicht werden.

In Bezug auf den allgemeinen Zusammenhang von Informantenkompetenz und Informanten-Bias lässt sich abschließend festhalten, dass der in dieser Arbeit festgestellte Informanten-Bias nicht durch divergierende Kompetenzen und Rollen der beiden Informantengruppen hervorgerufen wird, da bei dem Großteil der Konstrukte entlang der Kompetenzkriterien keine Abhängigkeiten festgestellt wurden.

4.6.4 Methode der Datenaggregation

Das Vorliegen divergierender Einschätzungen zwischen Informantengruppen bedeutet, dass die Sichtweisen entweder beider oder jeweils nur einer Informantengruppe in Bezug auf die „*wahre*" organisationale Sicht der Bank verzerrt sind.[865] Die Zusammenführung der Einschätzungen von Informantengruppen zu einem

865 Inwiefern die Einschätzungen der einen oder anderen Informantengruppe jeweils näher an der tatsächlichen organisationalen Banksicht liegen, lässt sich nicht bestimmen.

aggregierten Datensatz sollte daher zu einer Erhöhung der Validität und Reliabilität bei der Konstruktmessung führen.[866] In Bezug auf die Methode der Datenaggregation werden in der Literatur der *Latent-Trait-Ansatz*[867]*, der Konsensansatz*[868] *sowie Aggregationsansätze*[869] *diskutiert.*

Beim Latent-Trait-Ansatz werden die Antworten der Informanten jeweils als reflektive Indikatoren auf die latenten Variablen in Strukturgleichungsmodellen analysiert. Durch dieses Verfahren wird die Gesamtvarianz bei jedem Konstrukt in ihre Bestandteile, Konstruktvarianz, Methodenvarianz und Messfehlervarianz aufgespaltet. Resultat dieses Verfahrens ist die Extraktion des Informanten-Bias aus der Datenstruktur, was eine isolierte Betrachtung der durch die Konstrukte verursachten Effekte möglich macht. Beim *Konsensansatz* erfolgt die Datenaggregation bereits beim Prozess der Datenerhebung.[870] Dabei wird bei den manifesten Variablen, bei denen nach der Erstbefragung substanzielle Bewertungsunterschiede vorliegen, durch nochmaliges Befragen der Informanten eine gemeinsame Konsensantwort generiert. Im Vergleich zu diesen beiden Methoden werden bei den *Aggregationsansätzen* die Antworten entweder durch *Bildung von Mittelwerten*[871] *oder multiplikative Verknüpfung*[872] *zusammengeführt.*

Sowohl der Latent-Trait-Ansatz als auch der *Konsensansatz* sind mit verschiedenen Anforderungen behaftet, die eine Anwendung für diese Untersuchung erschweren. Beim *Latent-Trait-Ansatz* werden verschiedene Strukturgleichungsmodelle mit Hilfe des Softwareprogramms LISREL geschätzt und über das globale Goodness-of-Fit-Kriterium miteinander verglichen. Untersuchungen mit kleinen Samplegrößen sind für diesen Ansatz jedoch nicht geeignet, da die Auskunftsfähigkeit des globalen Goodness-of-Fit-Kriteriums in diesen Fällen nicht

866 Vgl. Schwab (1980), S. 16, Podsakoff/Organ (1986), S. 541 f. oder Podsakoff et al. (2003a), S. 891 ff.

867 Vgl. Bagozzi et al. (1991), S. 429 ff.

868 Vgl. Kumar et al. (1993), S. 1637 f. oder zu einem ähnlichen Vorgehen Nutt (1986), S. 237 f.

869 Vgl. Enticott et al. (2009), S. 235 f. oder Vgl. Smith/Barclay (1997), S. 8.

870 Vgl. Kumar et al. (1993), S. 1638 oder Nutt (1986), S. 238.

871 Vgl. Enticott et al. (2009), S. 235 f. Bei der Bildung von Mittelwerten können je nach Art der Datenerhebung verschiedene Vorgehensweisen verwendet werden. Zum Beispiel ist eine stufenweise Zusammenführung möglich. Dabei werden zuerst die Antworten einer Hierarchieebene (bspw. die Antworten aus verschiedenen Abteilungen) innerhalb einer Organisation zu Mittelwerten verdichtet und diese Mittelwerte dann anschließend zu einem globalen Mittelwert verdichtet, der die Sicht der gesamten Organisation widerspiegelt.

872 Bei der multiplikativen Verknüpfung werden die Antworten der Informanten miteinander multipliziert und danach die entsprechende Wurzel aus diesem Produkt errechnet. Durch die Verwendung des Wurzelterms anstelle des Antwortprodukts wird die ursprüngliche Skalenmetrik beibehalten und somit Interpretationen erleichtert sowie die Gefahr künstlich überhöhter Korrelationen verringert. Für eine Anwendung dieses Verfahrens vgl. Smith/Barclay (1997), S. 8.

mehr gegeben ist.[873] Der *Konsensansatz* dagegen stellt hohe Anforderungen an die Informanten und bedarf eines hohen zeitlichen Aufwands bei der Datenerhebung. Darüber hinaus kann auch durch dieses Verfahren ebenso wenig verhindert werden, dass die im Konsens ermittelten Antworten der Informanten noch immer einer Verzerrung unterliegen.[874]

Wegen der genannten Nachteile des *Latent-Trait-* sowie des *Konsensansatz*es wurde in dieser Arbeit ein *Aggregationsansatz* verwendet. Beide Informantengruppen (Kundenbetreuer und Kreditsachbearbeiter) bekleiden innerhalb der Bank verschiedene organisationale Positionen und Rollen. Dabei ist der Kundenbetreuer für die Pflege der Geschäftsbeziehung verantwortlich und steht im regelmäßigen Kontakt zu seinem Ansprechpartner im Unternehmen (zum Beispiel dem Unternehmer oder die Geschäftsführung), während der Kreditsachbearbeiter vor allem für die Analyse der Geschäftsentwicklung (zum Beispiel Jahresabschlussanalyse) eines Unternehmens verantwortlich ist und somit als eine Art „kritischer Kontrolleur“ operiert. Bei Kreditentscheidungen für die Unternehmen sind jeweils beide Parteien gleichsam am Entscheidungsprozess beteiligt, um alle für die Bank relevanten Risikofaktoren und Aspekte umfassend zu berücksichtigen.[875] Aus diesem Grund wurde für die Zusammenführung der Einschätzungen der Kundenbetreuer und Kreditsachbearbeiter in dieser Arbeit der Aggregationsansatz über einfache Mittelwertbildung verwendet.[876] Dabei wird unterstellt, dass die erzeugte aggregierte Sicht der Konstrukteinschätzungen durchschnittlich näher an der objektiv *„wahren“* Sicht der Bank liegt.

4.7 Datengrundlage

In diesem Unterkapitel wird die Datengrundlage dieser Arbeit dargestellt. Dabei werden die Charakteristika der Befragung und der Kreditbeziehungen sowie die Charakteristika der Unternehmen präsentiert.

---

873 Vgl. Bagozzi et al. (1991), S. 436 f. Bei kleinen Samplegrößen tendiert das globale Goodness-of-Fit Kriterium (Chi Quadrat Statistik) dazu, jeden Modelltyp unabhängig vom tatsächlichen Datenfit zu akzeptieren.

874 Machtunterschiede zwischen den Informanten oder ein allgemeiner Konformitätsdruck können dazu führen, dass es bei der Findung der Konsensantworten dennoch zu Verzerrungen kommt.

875 In Gesprächen mit Kundenbetreuern und Kreditsachbearbeitern während der Datenerhebung bestätigten beide Seiten, dass die Erstellung eines Kreditantrags in enger Zusammenarbeit zwischen dem jeweils verantwortlichen Kundenbetreuer und Kreditsachbearbeiter erfolgt. Dabei sind beide Seiten immer bestrebt, hinsichltich der Votierung eines Kreditantrags einen Konsens zu erzielen, der, sofern notwendig, dem jeweils nächsthöheren Entscheidungsträger vorgelegt wird.

876 Vgl. Enticott et al. (2009), S. 235 f.

4.7.1 Charakteristika der Befragung und der Kreditbeziehungen

Insgesamt wurden 17 Firmenkundenbetreuer und 16 Kreditsachbearbeiter zu den 81 Kreditbeziehungen befragt (Tabelle 32). In der Sparkasse A wurden die Einschätzungen von jeweils elf Firmenkundenbetreuern und Kreditsachbearbeitern und in der Sparkasse B von sechs Firmenkundenbetreuern und von fünf Kreditsachbearbeitern eingeholt. Bei der Firmenkundenbetreuung liegt eine gleichmäßige Verteilung der Mitarbeiteranzahl hinsichtlich der zu beantwortenden Fragebögen je Mitarbeiter vor[877]. Bei der Kreditsachbearbeitung ist die Kategorie mit sieben bis acht Fragebögen je Mitarbeiter mit in Summe sieben Mitarbeitern (44%) leicht überrepräsentiert.[878] Von den jeweils 81 Fragebögen wurden 39 (48%) in der Firmenkundenbetreuung und 51 (63%) in der Kreditsachbearbeitung durch Mitarbeiter beantwortet, die sich in der obersten Kategorie (sieben bis acht Fragebögen) befinden.

Tabelle 32 – Verteilung der Fragebögen nach Mitarbeitern und Sparkassen

		Firmenkundenbetreuung				Kreditsachbearbeitung			
		Anzahl Fragebögen je Mitarbeiter			Gesamt	Anzahl Fragebögen je Mitarbeiter			Gesamt
		1-3	4-6	7-8		1-3	4-6	7-8	
Gesamte Stichprobe	Anzahl Mitarbeiter	**6** **(35,3%)**	**6** **(35,3%)**	**5** **(29,4%)**	**17** **(100%)**	**5** **(31,3%)**	**4** **(25%)**	**7** **(43,8%)**	**16** **(100%)**
	Anzahl Fragebögen	**10** **(12,3%)**	**32** **(39,5%)**	**39** **(48,1%)**	**81** **(100%)**	**6** **(7,4%)**	**24** **(29,6%)**	**51** **(63%)**	**81** **(100%)**
Sparkasse A	Anzahl Mitarbeiter	5 *(45,5%)*	4 *(36,4%)*	2 *(18,2%)*	**11** **(100%)**	5 *(45,5%)*	3 *(27,3%)*	3 *(27,3%)*	**11** **(100%)**
	Anzahl Fragebögen	9 *(19,6%)*	21 *(45,7%)*	16 *(34,8%)*	**46** **(100%)**	6 *(13%)*	18 *(39,1%)*	22 *(47,8%)*	**46** **(100%)**
Sparkasse B	Anzahl Mitarbeiter	1 *(16,7%)*	2 *(33,3%)*	3 *(50%)*	**6** **(100%)**	0 *(0%)*	1 *(20%)*	4 *(80%)*	**5** **(100%)**
	Anzahl Fragebögen	1 *(2,9%)*	11 *(31,4%)*	23 *(65,7%)*	**35** **(100%)**	0 *(0%)*	6 *(17,1%)*	29 *(82,9%)*	**35** **(100%)**

Kreditbeziehungen lassen sich nach dem Hausbankstatus, der Anzahl weiterer Banken und der geografischen Entfernung des KMU zur Bank charakterisieren. Besonders der deutsche Kreditmarkt ist traditionell durch intensive Beziehungen zwischen Banken und KMU, den so genannten Hausbankbeziehungen geprägt.[879] Dies spiegelt sich auch in der Zusammensetzung der vorliegenden Stichprobe wider (siehe Tabelle 33). Bei 51 Kreditbeziehungen (63%) wurde angegeben, dass

877 Die Anteile ergeben sich wie folgt: 35% der Firmenkundenbetreuer haben ein bis drei, weitere 35% vier bis sechs und 29% sieben bis acht Fragebögen beantwortet.

878 Dies lässt sich dadurch erklären, dass in der Sparkasse B im Vergleich zur Sparkasse A eine stärkere organisatorische Trennung hinsichtlich der Betreuung der KMU in der Kreditsachbearbeitung existiert und somit insgesamt nur 5 Kreditsachbearbeiter befragt werden konnten.

879 Vgl. Elsas/Krahnen (1998), S. 1294 ff. oder Machauer/Weber (1998), S. 1338 ff.

die Bank in jedem Fall die Hausbank des KMU ist. Als mit *„tendenziell ja“* wird der Hausbankstatus bei 24 Firmenkunden (29,6%) bewertet, während bei 6 Kreditbeziehungen (7,4%) die Banken sich nicht als Hausbank sehen. Die Ergebnisse hinsichtlich der Verteilung des Hausbankstatus stehen im Einklang mit der Erhebung von Lindner-Lehmann et al. (1998) aus dem Jahr 1997.[880] Ein weiteres Kriterium zur Messung der Beziehungsintensität zwischen Bank und KMU ist die Anzahl der Kreditbeziehungen zu weiteren Banken.[881] In der vorliegenden Arbeit haben 17 (21%) Unternehmen keine weiteren Kreditbeziehungen zu anderen Banken. Mehr als die Hälfte der Firmenkunden (54,3%) unterhält eine Beziehung zu noch einer weiteren Bank. Darüber hinaus unterhalten 13 Unternehmen (16%) Beziehungen zu weiteren zwei Banken, 6 Unternehmen (7,4%) zu weiteren drei Banken und ein Unternehmen zu mehr als vier weiteren Banken.

Tabelle 33 – Merkmale der Kreditbeziehungen in Bezug auf Hausbankstatus, Anzahl weiterer Banken und Entfernung der KMU zur Bank

		Nein, in keinem Fall	Eher nein	Tendenziell ja	Ja, in jedem Fall	-	-	Gesamt
Hausbank	Gesamte Stichprobe	**1** ***(1,2%)***	**5** ***(6,2%)***	**24** ***(29,6%)***	**51** ***(63%)***	-	-	**81** ***(100%)***
	Sparkasse A	1 *(2,2%)*	3 *(6,5%)*	9 *(19,6%)*	33 *(71,7%)*	-	-	**46** ***(100%)***
	Sparkasse B	0 *(0%)*	2 *(5,7%)*	15 *(42,9%)*	18 *(51,4%)*	-	-	**35** ***(100%)***

		keine	1 Bank	2 Banken	3 Banken	4 Banken	> 4 Banken	Gesamt
Anzahl weitere Banken	Gesamte Stichprobe	**17** ***(21%)***	**44** ***(54,3%)***	**13** ***(16%)***	**6** ***(7,4%)***	**0** ***(0%)***	**1** ***(1,2%)***	**81** ***(100%)***
	Sparkasse A	11 *(23,9%)*	22 *(47,8%)*	10 *(21,7%)*	2 *(4,3%)*	0 *(0%)*	1 *(2,2%)*	**46** ***(100%)***
	Sparkasse B	6 *(17,1%)*	22 *(62,9%)*	3 *(8,6%)*	4 *(11,4%)*	0 *(0%)*	0 *(0%)*	**35** ***(100%)***

		< 20 km	20-50 km	> 50 km	-	-	-	Gesamt
Entfernung des KMU zur Bank[1]	Gesamte Stichprobe	**61** ***(75,3%)***	**15** ***(18,5%)***	**5** ***(6,2%)***	-	-	-	**81** ***(100%)***
	Sparkasse A	38 *(82,6%)*	5 *(10,9%)*	3 *(6,5%)*	-	-	-	**46** ***(100%)***
	Sparkasse B	23 *(65,7%)*	10 *(28,6%)*	2 *(5,7%)*	-	-	-	**35** ***(100%)***

Anmerkung: Bei divergierenden Einschätzungen zwischen Firmenkundenbetreuern und Kreditsachbearbeitern wurden die Einschätzungen des Firmenkundenbetreuers verwendet
1. Entfernung zum Hauptsitz des Unternehmens

Die Sparkassen in Deutschland haben dezentrale Entscheidungsstrukturen und richten ihre Geschäftsaktivitäten auf einen regional begrenzten Raum aus. Dies

880 Vgl. Lindner-Lehmann et al. (1998), S. 130. In der Datenerhebung dieser Autoren liegt der Anteil der Hausbankbeziehungen für Sparkassen bei 75%, für Genossenschaftsbanken bei rund 68% und für Privatbanken bei 39%.

881 Vgl. Petersen/Rajan (1994), S. 16.

spiegelt sich auch im dritten Merkmal, der Entfernung der Bank zum jeweiligen Firmenkunden, wider. Bei 61 Kreditbeziehungen (75,3%) ist die geografische Distanz zwischen der Bank und dem Hauptsitz des Unternehmens kleiner als 20 km. Eine Distanz zwischen Bank und KMU von 20 bis 50 km weisen 15 Kreditbeziehungen (18,5%) auf, während bei 5 Firmenkunden (6,2%) eine geografische Entfernung von mehr als 50 km vorliegt. Diese Ergebnisse bestätigen somit die starke regionale Fokussierung der Geschäftsaktivitäten beider Sparkassen.

4.7.2 Charakteristika der Unternehmen

Die Charakterisierung der Firmenkunden erfolgt anhand der Unternehmensgröße, des Firmenalters, der Dauer der Kreditbeziehung zur Bank, der Risikoklassen und der Branchenzugehörigkeit. Der durchschnittliche Umsatz je Unternehmen beträgt in dieser Stichprobe € 10,7 Mio. (siehe Tabelle 34). In Sparkasse A liegt der durchschnittliche Umsatz bei € 12,5 Mio. und ist damit € 4,1 Mio. größer als bei der Sparkasse B. Hinsichtlich der Verteilung auf die Umsatzklassen lässt sich konstatieren, dass der Großteil der Unternehmen (93%) sich in den Klassen mit einem Umsatz ab € 1 Mio. befindet (siehe Abbildung 24). Die beiden Größenklassen mit Umsätzen bis zu € 1 Mio. sind in der vorliegenden Stichprobe unterrepräsentiert.[882] Diese Tatsache erklärt auch den relativ hohen durchschnittlichen Umsatz von € 10,7 Mio.[883] Vergleicht man diesen Durchschnittswert zum Beispiel mit den Werten aus der Unternehmensgrößenstatistik des Instituts für Mittelstandsforschung, lässt sich konstatieren, dass die in dieser Stichprobe vorliegende durchschnittliche Unternehmensgröße von € 10,7 Mio. als repräsentativ für mittelgroße Unternehmen in Deutschland angesehen werden kann.[884]

Das durchschnittliche Firmenalter der Unternehmen in dieser Untersuchung beträgt 19,4 Jahre und liegt damit leicht über dem Niveau vergleichbarer Stu-

882 Vgl. Lindner-Lehmann et al. (1998), S. 125. Gemäß der Stichprobe von Lindner-Lehmann et al. (1998) bestand das Kreditportefeuille bei Sparkassen 1997 aus rund 43% an Firmenkunden mit einem Umsatz von bis zu € 1 Mio. Die Ursache für die Unterrepräsentativität dieser Größenklassen ist der Ausschluss von Gewerbekunden in der vorliegenden Arbeit. Diese sehr kleinen Unternehmen wurden deshalb ausgeschlossen, da in beiden Sparkassen die Betreuung organisatorisch durch die Filialen erfolgt und die Kreditvergabe ähnlich wie bei Privatkunden in standardisierter Form abgewickelt wird.

883 Vgl. Günterberg/Wolter (2002), S. 18. Gemäß der Unternehmensgrößenstatistik ergibt sich rechnerisch ein durchschnittlicher Unternehmensumsatz von € 0,6 Mio.

884 Vgl. Günterberg/Wolter (2002), S. 18. Gemäß der Unternehmensgrößenstatistik ergibt sich für die Unternehmen aus den Umsatzgrößenklassen von € 2,5 Mio. bis € 50 Mio. rechnerisch ein Durchschnittsumsatz je Unternehmen von € 8,3 Mio.

Tabelle 34 – Unternehmensumsatz, Firmenalter und Dauer der Kreditbeziehung

		Mittelwert	Median	Standard-abweichung	Maximum	Minimum
Unternehmens-umsatz (in € Mio.)	**Gesamte Stichprobe**	**10,7**	**6,4**	**11,9**	**56,5[a]**	**0,3**
	Sparkasse A	12,5	8,3	13,0	56,5[a]	0,5
	Sparkasse B	8,4	4,1	9,8	34,8	0,3
Firmenalter[b] (in Jahren)	**Gesamte Stichprobe**	**19,4**	**18,2**	**12,0**	**59,0**	**0,2**
	Sparkasse A	19,8	18,4	14,0	59,0	0,2
	Sparkasse B	18,8	17,2	8,8	42,2	3,2
Dauer Kunden-beziehung[b] (in Jahren)	**Gesamte Stichprobe**	**18,6**	**17,2**	**10,3**	**55,2**	**0,2**
	Sparkasse A	16,5	15,0	9,0	28,9	0,2
	Sparkasse B	21,3	19,2	11,4	55,2	2,3

a. Die Stichprobe der Sparkasse A enthält durch die Zufallsauswahl 2 KMU mit einem Umsatz von knapp mehr als € 50 Mio.
b. Firmenalter und Dauer der Kundenbeziehung mit Referenzdatum 01.03.2010 berechnet

Abbildung 24 – Verteilung der Unternehmen nach Umsatzgrößenklassen

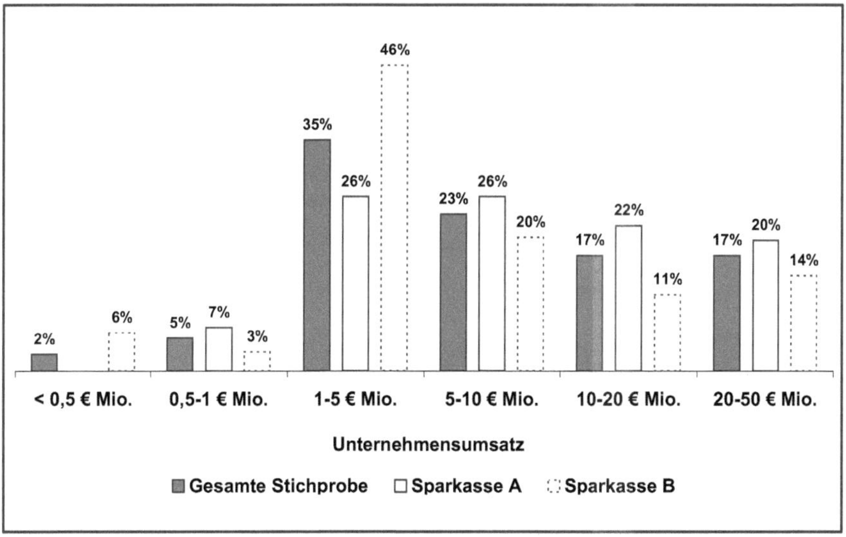

dien.[885] Dementsprechend befinden sich die meisten Unternehmen (25%) in der Alterklasse 15-20 Jahre (Abbildung 25). In der Stichprobe der Sparkasse A liegt das durchschnittliche Firmenalter bei 19,8 Jahren und unterscheidet sich nur gering von dem der Sparkasse B (18,8 Jahre). Zwischen beiden Sparkassen treten bei der Altersklasse von 15-20 Jahren leichte Verteilungsunterschiede (17% bei Sparkasse A und 34% bei Sparkasse B) auf. In den Stichproben beider Sparkassen fällt auf, dass die beiden Alterklassen mit bis zu 7 Jahren nur schwach repräsentiert sind.

Die Dauer der Kundenbeziehung beträgt für die gesamte Stichprobe durchschnittlich 18,6 Jahre, wobei die Kundenbeziehungen in Sparkasse B mit 21,3 Jahren um 4,8 Jahre älter sind als jene in Sparkasse B. Zwischen beiden Sparkassen treten keine erheblichen Unterschiede hinsichtlich der Verteilung über die Altersklassen auf (Abbildung 26). Auffällig ist jedoch, dass ein Großteil der Kreditbeziehungen (33%) eine Dauer von 10 bis zu 30 Jahren aufweist. Dies kann als ein Hinweis auf das Bestehen enger und intensiver Geschäftsbeziehungen gewertet werden.

Abbildung 25 – Verteilung der Unternehmen nach Firmenalter

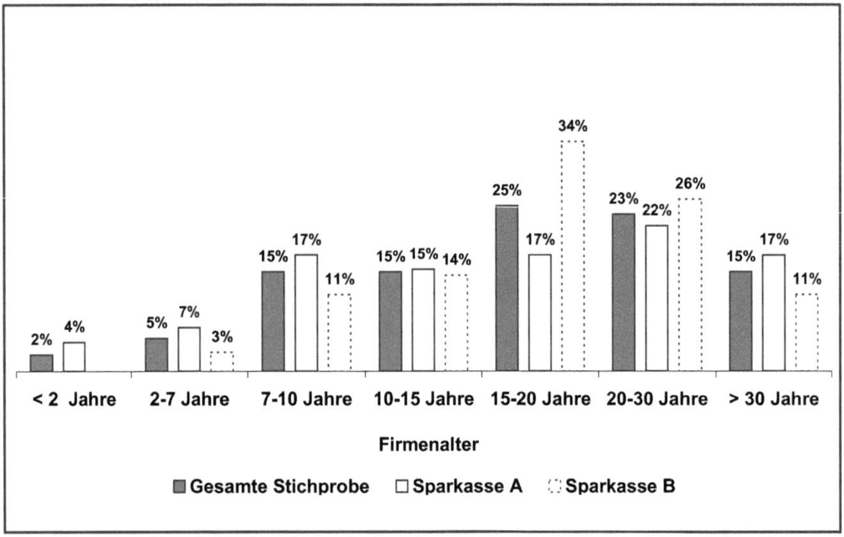

In Bezug auf die Risikoeinstufung der Unternehmen weist die Stichprobe der Sparkasse B eine leicht bessere Risikostruktur auf (Abbildung 27). Bezogen auf

885 Vgl. Petersen/Rajan (1994), S. 7, Tabelle 1 oder Harhoff/Körting (1998), S. 1327, Tabelle 1. Es ergibt sich bei Petersen/Rajan (1994) rechnerisch ein durchschnittliches Firmenalter von 13,9 Jahren. In der Studie von Harhoff/Körting (1998) liegt das durchschnittliche Firmenalter bei 17,3 Jahren.

die gesamte Stichprobe liegt bei den ersten drei Risikoklassen (gute bis mittlere Bonität) eine relativ gleichmäßige Verteilung vor. Die Unternehmen mit einem höheren Ausfallrisiko (Klassen 10-12 und 13-15) dagegen machen nur einen Anteil von 14% aus. Eine ähnliche Verteilung der Risikostruktur lag bei Sparkassen auch in der Untersuchung von Lindner-Lehmann et al. (1998) vor[886] und kann daher als repräsentativ angesehen werden.

Abbildung 26 – Verteilung der Unternehmen nach Dauer der Kundenbeziehung

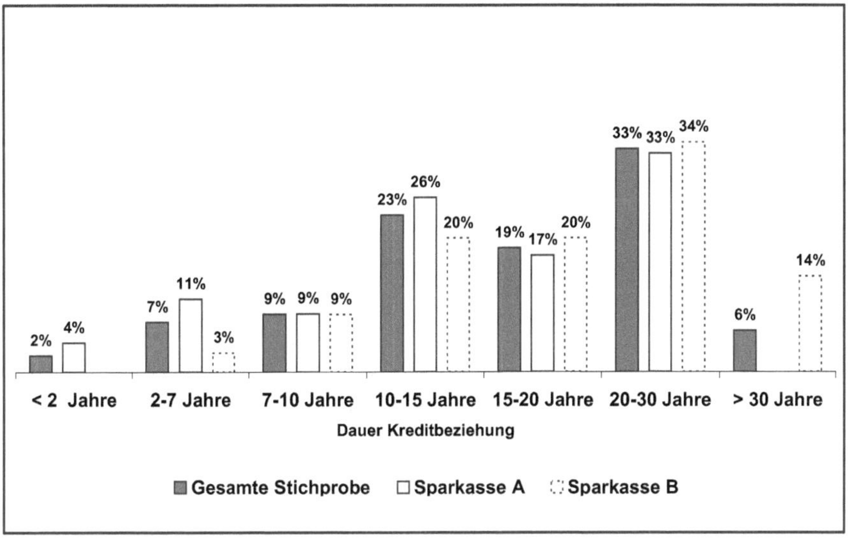

Hinsichtlich der Branchenverteilung ergibt sich folgendes Bild (siehe Abbildung 28): die größte Branche in der gesamten Stichprobe stellt der Handel (26%) dar, gefolgt vom Produktionsgewerbe (22%), dem Dienstleistungssektor (16%), der Bauindustrie (11%) und dem Transportsektor (4%). Die restlichen Branchen (Sonstige) machen einen Anteil von 21% aus. Die Branchenverteilung in den Stichproben beider Sparkassen ist sehr ähnlich und lag so auch in anderen empirischen Arbeiten vor.[887]

886 Vgl. Lindner-Lehmann et al. (1998), S. 96.
887 Vgl. Harhoff/Körting (1998), S. 1333 oder Lindner-Lehmann et al. (1998), S. 127.

Abbildung 27 – Verteilung der Unternehmen nach Risikoklassen[888]

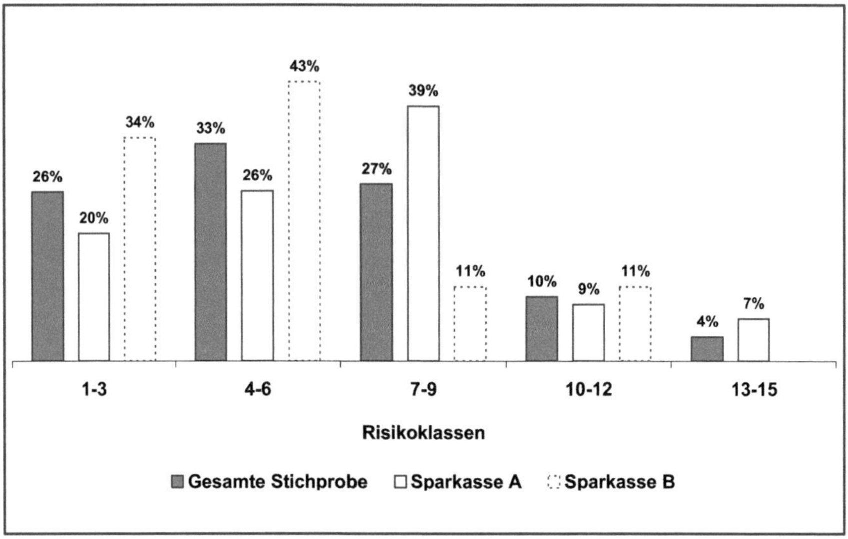

Abbildung 28 – Verteilung der Unternehmen nach Branchen

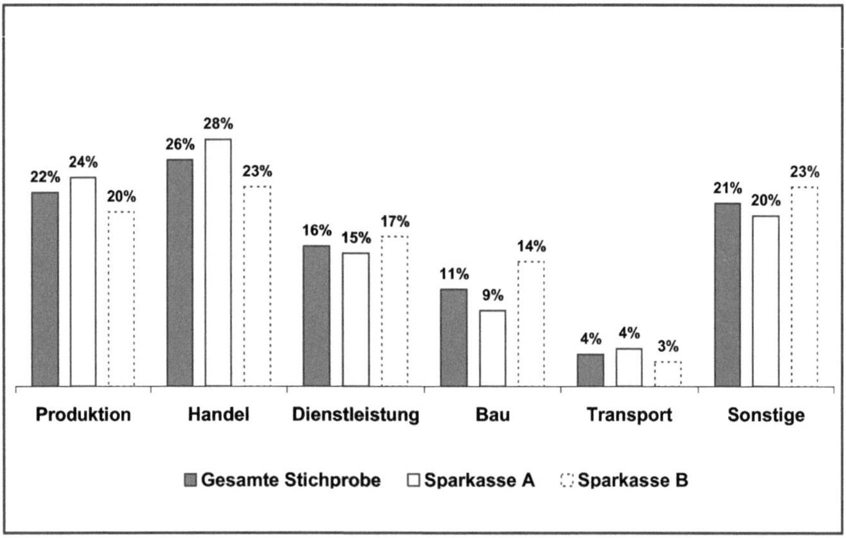

888 Die Risikoklassen entsprechen den Ratings aus der DSGV-Masterskala.

5. Vertrauen und Agency-Kosten

Im folgenden Kapitel werden die Ergebnisse der empirischen Untersuchung hinsichtlich des Einflusses von Vertrauen auf die spezifischen Agency-Kosten in Kreditbeziehungen präsentiert. Dabei wird im Unterkapitel 5.1 die Hypothese zum Zusammenspiel des interpersonalen Vertrauens des Kundenbetreuers und des interorganisationalen Vertrauens der Bank analysiert. Anschließend wird in Unterkapitel 5.2 der erste Hypothesenblock des Forschungsmodells mit Hilfe des PLS-Verfahrens untersucht. Zum Abschluss werden im Unterkapitel 5.3 die Bestätigung der Hypothesen diskutiert und die Ergebnisse interpretiert.

5.1 Ergebnisse zu Vertrauen

Da Vertrauen die zentrale Größe dieser Untersuchung ist, kommt ihrer Messung eine besondere Bedeutung zu. In den ersten drei Unterkapiteln wird daher das Konstrukt Vertrauen auf seine inhaltlich-semantische sowie organisationalen Dimensionalität hin überprüft. Im letzten Unterkapitel erfolgt die Überprüfung der Hypothese zu den organisationalen Vertrauensebenen.

5.1.1 Beurteilung der Konzeptualisierung interpersonalen Vertrauens

Wie in Kapitel 4.1.7 dargelegt, wird zur Schätzung von Vertrauen als mehrdimensionalem Konstrukt das hierarchische Komponentenmodell nach Wold (1982) verwendet.[889] Zur Schätzung des Konstrukts wird die Software SmartPLS verwendet.[890] Die Schätzung des hierarchischen Komponentenmodells für das interpersonale Vertrauen ist in Abbildung 29 dargestellt. Die Dimensionen Wohlwollen und Integrität wurden mit jeweils drei und zwei Indikatoren abgebildet.[891]

889 Vgl. Wold (1982), S. 41 f. oder Lohmöller (1989), S. 130-133.

890 Vgl. Ringle et al. (2005).

891 Der Indikator IPV4 wurde aufgrund einer geringen Indikatorreliabilität (0,33) eliminiert. Dies führt dazu, dass die Anzahl der Indikatoren für beide Vertrauensdimensionen ungleich ist und der Empfehlung aus der Literatur, zur reflektiven Messung beider Dimensionen eine gleiche

Da beide Dimensionen als eigenständige reflektive Konstrukte aufzufassen sind, werden die gängigen Gütekriterien zur Beurteilung reflektiver Messmodelle herangezogen.[892] Die messtechnischen Anforderungen werden für beide Konstruktdimensionen ohne Einschränkungen erfüllt. Sämtliche Indikatoren weisen Ladungen von größer 0,7 auf, die alle beim 1%-Niveau signifikant sind. Die Konstruktreliabilitäten überschreiten mit Werten von 0,89 und 0,84 das Mindestanspruchsniveau von 0,7 und die Werte für Cronbach's Alpha liegen mit 0,81 und 0,63 ebenso auf einem akzeptablen Niveau.[893] Konvergenzvalidität ist bei beiden Konstruktdimensionen gegeben, da die DEV mit einem Wert von jeweils 0,73 über dem geforderten Niveau von 0,5 liegt. Daneben liegt zwischen beiden Dimensionen Diskriminanzvalidität vor, da die Wurzel der DEV mit jeweils 0,85 größer ist als die gemeinsame Korrelation von 0,42 und jeder Indikator gleichzeitig stärker auf die ihm zugeordnete Konstruktdimension lädt (siehe Tabelle 35). Die beiden Konstruktdimensionen stellen somit eigenständige Facetten des interpersonalen Vertrauens dar.

Das interpersonale Vertrauen als Konstrukt der zweiten Ordnungsebene wird anhand der Gütekriterien für formative Messmodelle beurteilt.[894] Die Pfadkoeffizienten der beiden Dimensionen weisen Werte von 0,77 und 0,39 auf und sind beim 1%-Niveau signifikant. Der Varianzinflationsfaktor (VIF) hat jeweils einen Wert von 1,20 und liegt damit unter dem für das Vorliegen von Multikollinearität kritischem Niveau von 3,33.[895] Zur Beurteilung der externen Validität wird das Kriterium der nomologischen Validität herangezogen.[896] Hierbei wird die Beziehung des Konstrukts zu einer anderen latenten Variable analysiert. Als Voraussetzung für die Überprüfung der externen Validität mittels einer weiteren latenten Variablen wird gefordert, dass der Strukturzusammenhang sowohl theoretisch

Anzahl von Indikatoren zu verwenden (vgl. hierzu Huber et al. (2007), S. 33), nicht entsprochen werden kann. Um zu überprüfen, ob es ggf. zu einer Fehlgewichtung der beiden Pfadkoeffizienten kommt, wurde das alternative Modell inklusive des Indikators IPV4 geschätzt. In dem alternativen Modell liegt der Pfadkoeffizient zwischen der Wohlwollensdimension und dem interpersonalen Vertrauen bei 0,75 (signifikant beim 1%-Niveau) und zwischen der Integritätsdimension und dem interpersonalen Vertrauen bei 0,40 (signifikant beim 1%-Niveau). Die Ergebnisse zeigen somit, dass die Eliminierung des Indikators IPV 4 keine wesentlichen Verzerrungen der beiden Pfadkoeffizienten mit sich bringt.

892 Vgl. Wetzels et al. (2009), S. 184 ff.

893 Die leichte Unterschreitung bei der Dimension Integrität vom geforderten Wert von 0,7 ist akzeptabel, da in PLS Cronbach's Alpha zu einer Unterschätzung der internen Konstruktreliabilität neigt. Vgl. hierzu Henseler et al. (2009), S. 298 f.

894 Die Beurteilung des Konstrukts auf der zweiten Ordnungsebene hat auf die gleiche Art wie die Beurteilung der Faktoren/Dimensionen auf der ersten Ordnungsebene zu erfolgen. Für die Darstellung der Kriterien zur Beurteilung formativer Messmodelle siehe Kapitel 4.2.2.

895 Vgl. Diamontopoulus/Siguaw (2006), S. 270.

896 Vgl. Krafft et al. (2005), S. 82 oder Henseler et al. (2009), S. 301.

Abbildung 29 – Hierarchisches Komponentenmodell für interpersonales Vertrauen (FKB)[897]

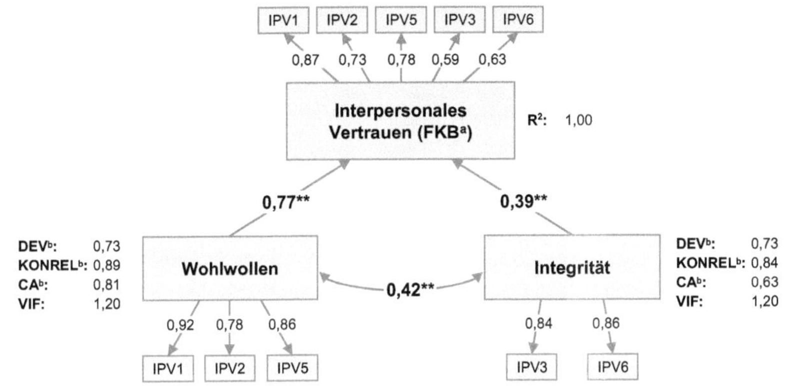

Anmerkung: ** signifikant bei $p < 0,01$, * signifikant bei $p < 0,05$; alle Indikatorladungen signifikant bei $p < 0,01$

a. Firmenkundenbetreuung
b. DEV = durchschnittlich erfasste Varianz, KONREL = Konstruktreliabilität, CA = Cronbach's Alpha

hergeleitet sowie empirisch bereits mindestens einmal bestätigt sein muss.[898] In der vorliegenden Arbeit wird als weitere latente Variable das interorganisationale Vertrauen der Firmenkundenbetreuer verwendet. In der Literatur wurde für den Kontext interorganisationaler Firmenbeziehungen der positive Zusammenhang zwischen interpersonalem und interorganisationalem Vertrauen sowohl theoretisch hergeleitet und auch empirisch bestätigt.[899] Auch in dieser Arbeit wird daher von einem positiven Zusammenhang zwischen beiden Konstrukten ausgegangen.

Die Schätzung zur Überprüfung der externen Validität ist in Abbildung 30 dargestellt. Die formativen Indikatoren Wohlwollen und Integrität sind bei beiden Konstrukten statistisch signifikant.[900] Die Pfadbeziehung zwischen beiden

---

897 FKB = Firmenkundenbetreuung.

898 Vgl. Krafft et al. (2005), S. 82.

899 Vgl. Doney/Cannon (1997), S. 41 ff. sowie Zaheer et al. (1998), S. 144 und S. 153. Doney/Cannon (1997) weisen zwischen beiden Konstrukten Korrelationen von 0,77 (interpersonales zu interorganisationales Vertrauen) und 0,52 (interorganisationales zu interpersonales Vertrauen) nach. Bei Zaheer et al. (1998) liegen die Korrelationen bei 0,55 (interpersonales zu interorganisationalem Vertrauen des ersten Informanten) und 0,44 (vom interpersonalen Vertrauen des ersten Informanten zum interorganisationalem Vertrauen des zweiten Informanten). Alle Korrelationen waren beim 1%-Niveau signifikant.

900 Zur Schätzung des Strukturmodells wurden beide Dimensionen zu formativen Indikatoren umgewandelt. Hierzu wurden für jeden Indikator die Faktorwerte aus den geschätzten hierarchischen Komponentenmodellen verwendet. Dieses Vorgehen ist so erforderlich, da bei mehr-

Tabelle 35 – Indikatorenkreuzladungen der hierarchischen Komponentenmodelle

		Interpersonales Vertrauen (FKB[a])		Interorganisat. Vertrauen (FKB[a])		Interorganisat. Vertrauen (KSB[a])		Interorganisat. Vertrauen (Bank)	
		Wohlwollen	Integrität	Wohlwollen	Integrität	Wohlwollen	Integrität	Wohlwollen	Integrität
Wohlwollen	IPV1/IGV3	**0,92**	0,43	**0,83**	0,11	**0,78**	0,10	**0,83**	0,11
	IPV2/IGV6	**0,78**	0,33	**0,83**	0,31	**0,85**	0,22	**0,88**	0,25
	IPV5/IGV7	**0,86**	0,32	**0,87**	0,16	**0,86**	0,25	**0,88**	0,23
Integrität	IPV3/IGV4	0,34	**0,84**	0,23	**0,81**	0,15	**0,85**	0,16	**0,88**
	IPV6/IGV5	0,38	**0,86**	0,19	**0,84**	0,10	**0,73**	0,16	**0,80**
	- /IGV8	-	-	0,15	**0,76**	0,30	**0,82**	0,26	**0,82**

Anmerkung: Cross Loadings für interorganisationales Vertrauen (Kreditsachbearbeitung und Bank) nicht über Pooling, sondern für Datensatz mit Mittelwerten aus 20 Imputationen errechnet.

a) FKB = Firmenkundenbetreuung; KSB = Kreditsachbearbeitung

Konstrukten weist einen Wert von 0,7 auf und ist beim 1%-Niveau signifikant. Daneben wird die Varianz des interorganisationalen Vertrauens zu 49% durch das interpersonale Vertrauen erklärt. Als Vergleichswerte können hier Bestimmtheitsmaße aus anderen Studien, wie zum Beispiel 47% für das Konstrukt „*Macht durch Ressourcenkontrolle*“ aus der Arbeit von Sorg (2007) oder 57% für das Konstrukt „*Customer Equity Management*“ aus der Arbeit von Bruhn et al. (2008) herangezogen werden.[901] Der in dieser Arbeit erzielte Wert ist somit als gut zu bewerten. Zusammenfassend lässt sich für das interpersonale Vertrauen damit festhalten, dass sowohl die zweidimensionale Konzeptualisierung als auch die Spezifikation als mehrdimensionales Konstrukt vom Typ II bestätigt werden können.

5.1.2 Beurteilung der Konzeptualisierung interorganisationalen Vertrauens

Die Schätzungen für das interorganisationale Vertrauen (Firmenkundenbetreuung, Kreditsachbearbeitung und Bank) sind in Abbildung 31 bis Abbildung 33

dimensionalen Konstrukten vom Typ II, die mit Hilfe der Methode wiederholter Indikatoren geschätzt werden, das Bestimmtheitsmaß (R^2) auf der zweiten Ordnungsebene immer den Wert eins annimmt; vgl. hierzu Lohmöller (1989), S. 131. Würden beide Konstrukte unter Beibehaltung ihrer Dimensionalität mittels des Ansatzes wiederholter Indikatoren geschätzt, so wäre die Pfadbeziehung immer Null.

901 Vgl. Sorg (2007), S. 178 sowie Bruhn et al. (2008), S. 1297. Die hier zitierten Werte wurden jeweils in MIMIC-Modellen erzielt. Aus diesem Grund ist das Bestimmtheitsmaß in der vorliegenden Arbeit als besonders gut zu bewerten.

Abbildung 30 – Überprüfung der externen Validität auf Basis der Beziehung von interpersonalem und interorganisationalem Vertrauen

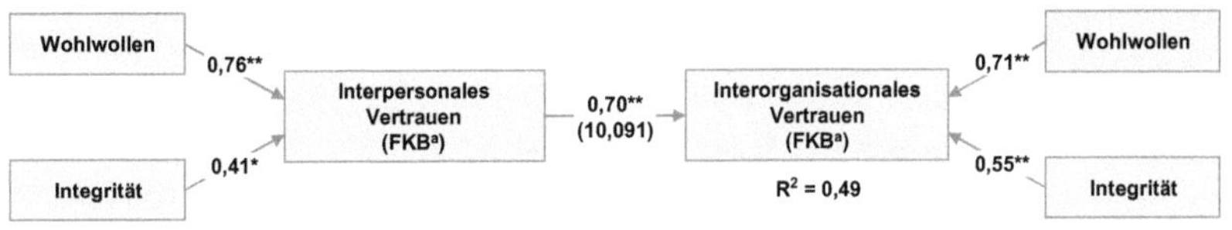

Anmerkung: ** signifikant bei p < 0,01, * signifikant bei p < 0,05; T-Wert für Pfadbeziehung in Klammern
a) Firmenkundenbetreuung

dargestellt. Zur Schätzung wurden für jede Dimension drei Indikatoren verwendet.[902] Die Gütekriterien zur Beurteilung der reflektiv spezifizierten Messmodelle für die Konstruktdimensionen Wohlwollen und Integrität werden bei allen drei Schätzungen vollumfänglich eingehalten. Ebenso wie beim interpersonalen Vertrauen liegt zwischen den beiden Konstruktdimensionen Wohlwollen und Integrität bei allen Modellen Diskriminanzvalidität vor, da sowohl die Wurzelwerte der jeweiligen DEV größer sind als die Korrelationen[903] und gleichzeitig die Indikatoren stärker auf die ihnen zugeordneten Dimensionen laden (Tabelle 35). Des Weiteren werden die Gütekriterien zur Beurteilung von interorganisationalem Vertrauen als formatives Konstrukt der zweiten Ordnungsebene eingehalten. Die Pfadkoeffizienten sind jeweils beim 1%-Niveau signifikant und Multikollinearität liegt nicht vor. Die externe Validität kann aufgrund der nomologischen Validität zum Konstrukt interpersonales Vertrauen als bestätigt (Abbildung 30) angenommen werden.[904]

---

902 Die Indikatoren IGV1 und IVG2, welche der Dimension Wohlwollen zugeordnet sind, wurden für die Schätzung der hierarchischen Komponentenmodelle nicht berücksichtigt, da in der Literatur die Empfehlung gegeben wird, jede Dimension mit einer gleichen Anzahl an Indikatoren zu messen. Vgl. hierzu Huber et al. (2007), S. 33.

903 Die Wurzeln der DEV liegen für das interorganisationale Vertrauen (FKB) bei 0,84 Wohlwollen und bei 0,81 (Integrität), für das interorganisationale Vertrauen (KSB) bei 0,83 (Wohlwollen) und 0,81 (Integrität) und für das interorganisationale Vertrauen (Bank) bei 0,87 (Wohlwollen) und bei 0,85 (Integrität). Alle Wurzelwerte überschreiten die jeweiligen Korrelationen von 0,24, 0,22 und 0,23 und sind somit Indiz für die Existenz von Diskriminanzvalidität zwischen beiden Konstruktdimensionen.

904 Die in Abbildung 30 dargestellten Werte (Pfadkoeffizient=0,7 und R^2=0,49) ergeben sich ebenso für die umgekehrte Strukturbeziehung vom interorganisationalem zum interpersonalen Vertrauen. Da in dieser Arbeit zwischen beiden Informantengruppen ein Informanten-Bias vorliegt, macht die Überprüfung der nomologischen Validität (Analyse der Beziehung zwischen zwei Konstrukten) nur innerhalb derselben Informantengruppe Sinn. Beispielsweise liegt zwischen den Konstrukten interorganisationales Vertrauen (FKB und KSB) der Pfadkoeffizient bei 0,39 und das R^2 bei 0,49. Dies ist jedoch nicht als mangelnde externe Validität des Messmodells zu verstehen, sondern ist Ausdruck des Vorliegens eines Informanten-Bias, der auf die organisationalen Positionen zurückzuführen ist.

Abbildung 31 – Hierarchisches Komponentenmodell interorganisationales Vertrauen (FKB)[905]

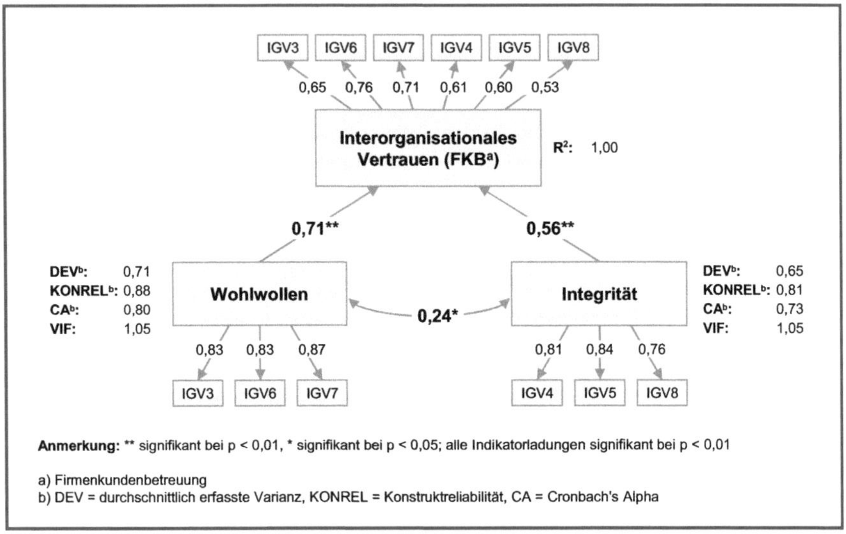

Vergleicht man die drei Modellschätzungen des interorganisationalen Vertrauens miteinander, so lässt sich eine hohe Ähnlichkeit hinsichtlich der geschätzten Parameter feststellen.[906] Die Werte für die Indikatorenladungen, die Pfadkoeffizienten, sowie die Korrelationen zwischen den Konstruktdimensionen liegen alle auf einem ähnlichen Niveau. Damit kann für das interorganisationale Vertrauen ebenso sowohl die zweidimensionale Konzeptualisierung als auch die mehrdimensionale Konstruktspezifikation vom Typ II als bestätigt angesehen werden.

5.1.3 Beurteilung der organisationalen Dimensionalität von Vertrauen

Zur Analyse der organisationalen Dimensionalität von Vertrauen wird geprüft, ob das interpersonale Vertrauen der Firmenkundenbetreuer in den Ansprechpart-

905 FKB = Firmenkundenbetreuung.

906 Des Weiteren ist an dieser Stelle anzumerken, dass das auf der Basis des aggregierten Datensatzes geschätzten Messmodells in sich eine höhere Reliabilität im Vergleich zu den Einzelmodellen (FKB, KSB) aufweist. Die DEV, die Konstruktreliabilitäten und die Cronbach's Alphas sind für beide Konstruktdimensionen größer als in den Schätzungen der einzelnen Datensätze. Darüber hinaus sind mit Ausnahme des Indikators IGV5 die Ladungen der anderen Indikatoren mindestens genauso groß wie in den separaten Modellen.

Abbildung 32 – Hierarchisches Komponentenmodell interorganisationales Vertrauen (KSB)[907]

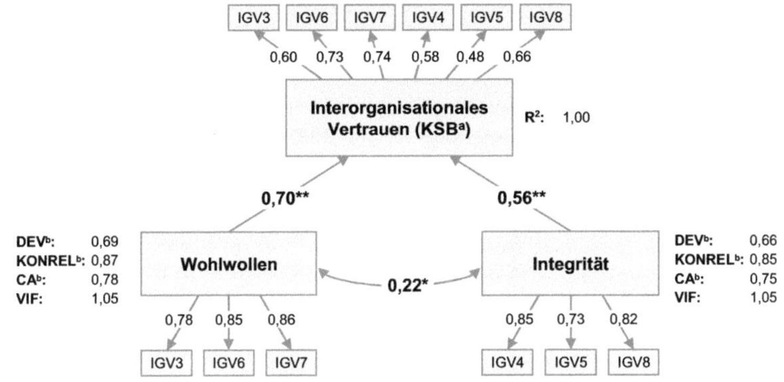

Anmerkung: ** signifikant bei p < 0,01, * signifikant bei p < 0,05; alle Indikatorladungen signifikant bei p < 0,01. Ersatz fehlender Werte mittels multipler Imputation, Schätzer für Faktorladungen und Pfadkoeffizienten sowie deren Standardfehler durch Pooling (Rubin, 1987) der Einzelergebnisse aus 5 imputierten Datensätzen errechnet.

a) Kreditsachbearbeitung
b) DEV = durchschnittlich erfasste Varianz, KONREL = Konstruktreliabilität, CA = Cronbach's Alpha

Abbildung 33 – Hierarchisches Komponentenmodell interorganisationales Vertrauen (Bank)[908]

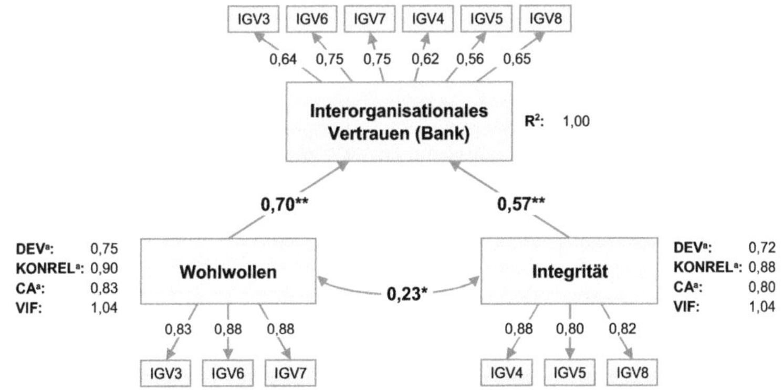

Anmerkung: ** signifikant bei p < 0,01, * signifikant bei p < 0,05; alle Indikatorladungen signifikant bei p < 0,01 Ersatz fehlender Werte mittels multipler Imputation, Schätzer für Faktorladungen und Pfadkoeffizienten sowie deren Standardfehler durch Pooling (Rubin, 1987) der Einzelergebnisse aus 5 imputierten Datensätzen errechnet.

a) DEV = durchschnittlich erfasste Varianz, KONREL = Konstruktreliabilität, CA = Cronbach's Alpha

---

907 KSB = Kreditsachbearbeitung.

908 Aggregierter Datensatz.

ner und das interorganisationale Vertrauen der Bank in das KMU zwei eigenständige Konstrukte darstellen. Die empirische Überprüfung erfolgt mittels einer konfirmatorischen und explorativen Faktorenanalyse. Die konfirmatorische Faktorenanalyse wird verwendet, um beide Konstrukte auf Diskriminanzvalidität zu überprüfen. Hierfür werden zwei Messmodelle dritter Ordnung mittels des hierarchischen Komponentenansatzes geschätzt (Abbildung 34). Im ersten Modell werden das interpersonale Vertrauen sowie das interorganisationale Vertrauen jeweils getrennt nach Informantengruppen als formative Messgrößen auf Vertrauen als Konstrukt der dritten Ordnungsebene modelliert. Im zweiten Modell wird das interorganisationale Vertrauen (Banksicht, aggregierter Datensatz) in der Schätzung verwendet. Abschließend wird zusätzlich zur konfirmatorischen für jedes Modell eine explorative Faktorenanalyse durchgeführt. Diese erlaubt es, eine noch präzisere Aussage in Bezug auf die vorliegende Faktorstruktur und somit die organisationale Dimensionalität zu treffen.

Abbildung 34 – Modelle zur Bewertung der organisationalen Dimensionalität von Vertrauen

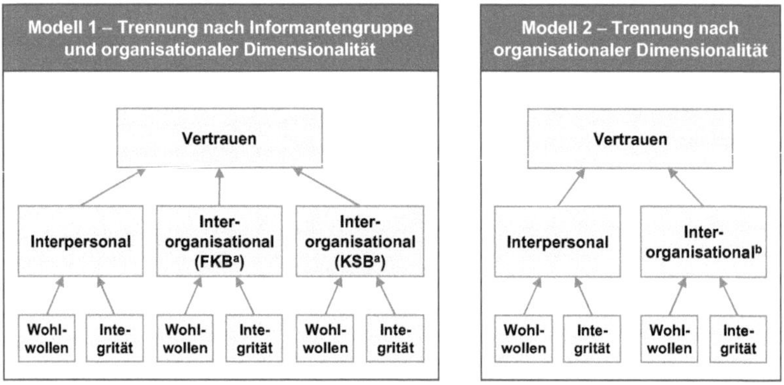

Anmerkung: Aus Platzgründen wurde auf die Darstellung der manifesten Variablen (Indikatoren) verzichtet.

a) FKB = Firmenkundenbetreuung, KSB = Kreditsachbearbeitung
b) Schätzung auf der Basis des aggregierten Datensatzs

Im Rahmen der konfirmatorischen Faktorenanalyse werden zur Beurteilung der Diskriminanzvalidität das Fornell-Larcker-Kriterium und die Indikatorenkreuzladungen herangezogen.[909] Hierfür wird analysiert, ob zwischen den beiden Dimensionen Wohlwollen und Integrität zwischen den organisationalen Ebenen Abhängigkeiten bestehen. Die DEV, Korrelationen und Kreuzladungen der Schät-

909 Vgl. Fornell/Larcker (1981), S. 46. Chin (1998), S. 321 oder Henseler et al. (2009), S. 299 f.

zungen für beide Modelle sind in Tabelle 36 und Tabelle 37 dargestellt. Im ersten Modell wird das Fornell-Larcker-Kriterium für die sechs Konstruktdimensionen der ersten Ordnungsebene erfüllt. Ebenso laden alle Indikatoren stärker auf die ihnen zugewiesenen Konstruktdimensionen. Bei genauerer Betrachtung fällt jedoch auf, dass die Konstruktdimensionen Wohlwollen und Integrität zwischen dem interpersonalen und interorganisationalen Vertrauen der Firmenkundenbetreuer mit Werten[910] von 0,64 und 0,58 relativ stark miteinander korreliert sind (kursive und gelb hinterlegte Werte in Tabelle 36). Ebenso weisen fast alle Indikatoren hohe Kreuzladungen auf ihre jeweiligen *Nachbardimensionen* auf.[911] Dies deutet daraufhin, dass zwischen dem interpersonalen und interorganisationalen Vertrauen der Firmenkundenbetreuer keine Diskriminanzvalidität vorliegt. Im Unterschied dazu wird für das Konstrukt interorganisationales Vertrauen aus Sicht der Kreditsachbearbeitung die Diskriminanzvalidität zu den beiden Vertrauenskonstrukten der Firmenkundenbetreuung vollumfänglich bestätigt.

Tabelle 36 – DEV und Korrelationen zwischen den Dimensionen der 1. Ordnungsebene

		Modell 1						Modell 2			
		Interpers. Vertrauen		Interorganisat. Vertrauen[a]		Interorganisat. Vertrauen[b]		Interpers. Vertrauen		Interorganisat. Vertrauen[c]	
		Wohlwollen	Integrität	Wohlwollen	Integrität	Wohlwollen	Integrität	Wohlwollen	Integrität	Wohlwollen	Integrität
Interpers. Vertrauen	Wohlwollen	0,85						0,85			
	Integrität	0,42	0,85					0,42	0,85		
Interorg. Vertrauen[a c]	Wohlwollen	*0,64*	0,26	0,84				0,44	0,24	0,86	
	Integrität	0,35	*0,58*	0,24	0,80			0,35	0,50	0,23	0,85
Interorg. Vertrauen[b]	Wohlwollen	0,13	0,14	0,38	0,13	0,83					
	Integrität	0,20	0,21	0,02	0,25	0,24	0,81				

Anmerkung: Werte auf der Diagonalen stellen die Wurzeln der jeweiligen DEV dar
a) Modell 1: nur Firmenkundenbetreuung
b) Modell 1: nur Kreditsachbearbeitung
c) Modell 2: aggregierter Datensatz aus den Einschätzungen der Firmenkundenbetreuer und Kreditsachbearbeiter

910 Beide Werte sind hell unterlegt und in kursiver Schriftform in Tabelle 36 dargestellt.

911 Insgesamt haben 10 von 11 Indikatoren beim interpersonalen und interorganisationalen Vertrauen der Firmenkundenbetreuer Kreuzladungen mit Werten größer 0,4. Zum Beispiel weisen die Indikatoren IGV3, IGV6 und IGV7 (Wohlwollen, interorganisationales Vertrauen) Kreuzladungen mit Werten von 0,48, 0,47 und 0,66 auf die Wohlwollensdimension des interpersonalen Vertrauens auf. Umgekehrt gilt dies auch für die Indikatoren IPV1, IPV2 und IPV5 (Wohlwollen, interpersonales Vertrauen), die jeweils Kreuzladungen mit Werten von jeweils 0,63, 0,42 und 0,57 zur Dimension Wohlwollen des interorganisationalen Vertrauens aufweisen.

Die Ergebnisse der explorativen Faktorenanalyse für die manifesten Variablen im Modell 1 sind in Tabelle 38 dargestellt.[912] Die Faktorenanalyse zeigt eine 4-Faktor-Lösung an. Die Eigenwerte jedes Faktors sind größer als Eins und es werden 65% der gesamten Varianz durch die vier Faktoren erklärt. Zur Interpretation der Indikatorladungen auf die einzelnen Faktoren wird die rotierte Komponentenmatrix herangezogen.[913] Auf die ersten beiden Faktoren laden sämtliche Indikatoren des interpersonalen und interorganisationalen Vertrauens der Firmenkundenbetreuung jeweils getrennt nach den Dimensionen Wohlwollen und Integrität (Faktoren 1 und 2). Die Indikatoren des interorganisationalen Vertrauens der Kreditsachbearbeitung laden auf die letzten beiden Faktoren ebenso jeweils getrennt nach den Dimensionen Wohlwollen und Integrität (Faktoren 3 und 4). Dieses Ergebnis lässt den Schluss zu, dass die Firmenkundenbetreuer keine differenzierte Wahrnehmung zwischen ihrem Ansprechpartner und dem jeweiligen Unternehmen haben, sondern beide jeweils als eine Einheit wahrnehmen. Zwischen den beiden Konstrukten „*interpersonales Vertrauen in den Ansprechpartner*" und „*interorganisationales Vertrauen in das KMU*" liegt keine Diskriminanzvalidität vor, was die Existenz von Vertrauen zwischen verschiedenen organisationalen Ebenen (organisationale Dimensionalität) in Bezug auf die Einschätzung der Firmenkundenbetreuer nicht bestätigt. Zu ähnlichen Ergebnissen gelangt auch Püthe (2009) in ihrer Untersuchung von Kreditbeziehungen zwischen Genossenschaftsbanken und KMU in Deutschland.[914] Die Autorin stellt ebenfalls fest, dass die Firmenkundenbetreuer nicht zwischen dem Ansprechpartner im Unternehmen und dem Unternehmen selbst differenzieren.

Im zweiten Modell wird für beide Konstruktdimensionen jeweils für das interpersonale Vertrauens der Firmenkundenbetreuer und das interorganisationale Vertrauen der Bank das Fornell-Larcker-Kriterium erfüllt. Des Weiteren laden alle Indikatoren stärker auf die ihnen zugewiesenen Konstruktdimensionen. Die Korrelationen für die beiden Dimensionen „*Wohlwollen*" und „*Integrität*" zwischen dem interpersonalen und interorganisationalem Vertrauen liegen im zweiten Modell jeweils bei Werten von 0,44 und 0,50 und sind damit geringer als im ersten Modell. Außerdem weisen nur noch 4 von 11 Indikatoren Kreuzladungen mit Werten von größer als 0,4 zu ihren jeweiligen *Nachbardimensionen* auf. Diese Ergebnisse zeigen, dass zwischen dem interpersonalen und dem interorganisationalen Vertrauen ein höheres Maß an Diskriminanzvalidität als im ersten Modell vorliegt.

---

912 Krafft et al. (2005), S. 73 und S. 75. Allgemein zum Vorgehen vgl. Backhaus et al. (2008), S. 324 ff.

913 Vgl. Backhaus et al. (2008), S. 356 ff. oder Costello/Osborne (2005), S. 3.

914 Püthe (2009), S. 293 f.: „Die hohen Korrelationen [...] deuten an, dass die Wahrnehmung hinsichtlich des Unternehmens auf der einen Seite und hinsichtlich des Ansprechpartners auf der anderen Seite in Bezug auf Glaubwürdigkeit und Verbundenheit ähnlich sind."

Tabelle 37 – Indikatorenkreuzladungen auf die Dimensionen der ersten Ordnungsebene

			Interpers. Vertrauen		Interorganisat. Vertrauen[a]		Interorganisat. Vertrauen[b]					
			Wohl-wollen	Inte-grität	Wohl-wollen	Inte-grität	Wohl-wollen	Inte-grität	Wohl-wollen	Inte-grität	Wohl-wollen	Inte-grität
Interpers. Vertrauen	Wohl-wollen	IPV1	**0,92**	0,43	***0,63***	0,32	0,15	0,16	**0,92**	0,43	***0,45***	0,30
		IPV2	**0,78**	0,33	***0,42***	0,30	0,01	0,22	**0,78**	0,33	0,24	0,33
		IPV5	**0,86**	0,32	***0,57***	0,29	0,15	0,14	**0,86**	0,32	0,41	0,27
	In-teg.	IPV3	0,34	**0,84**	0,30	***0,50***	0,06	0,06	0,34	**0,84**	0,21	0,35
		IPV6	0,38	**0,86**	0,15	***0,49***	0,18	0,29	0,38	**0,87**	0,20	0,50
Interorganisat. Vertrauen[a c]	Wohl-wollen	IGV3	***0,48***	0,15	**0,83**	0,11	***0,43***	0,00	0,24	0,10	**0,83**	0,11
		IGV6	***0,47***	0,26	**0,82**	0,31	0,24	-0,05	0,38	0,24	**0,88**	0,25
		IGV7	***0,66***	0,24	**0,88**	0,17	0,31	0,10	***0,50***	0,25	**0,88**	0,23
	Inte-grität	IGV4	0,26	0,36	0,23	**0,81**	0,17	0,32	0,23	0,33	0,17	**0,89**
		IGV5	0,26	***0,46***	0,19	**0,84**	0,09	0,01	0,26	***0,52***	0,16	**0,82**
		IGV8	0,34	***0,60***	0,15	**0,76**	0,03	0,28	0,39	***0,44***	0,26	**0,83**
Interorgansat. Vertrauen[b]	Wohl-wollen	IGV3	-0,01	0,04	0,24	0,07	**0,78**	0,10				
		IGV6	0,13	0,12	0,30	0,14	**0,85**	0,22				
		IGV7	0,17	0,18	0,40	0,10	**0,86**	0,25				
		IGV4	0,11	0,16	-0,13	0,21	0,15	**0,86**				
		IGV5	0,13	0,31	0,01	0,37	0,10	**0,76**				
		IGV8	0,24	0,08	0,14	0,07	0,30	**0,82**				

a) Modell 1: nur Firmenkundenbetreuung
b) Modell 1: nur Kreditsachbearbeitung
c) Modell 2: aggregierter Datensatz der Einschätzungen der Firmenkundenbetreuer und Kreditsachbearbeite

Tabelle 38 – Explorative Faktorenanalyse für die Indikatoren im Modell 1

		Indika-toren	Gütemaße: MSA[1]	Gütemaße: KOM.[1]	Komponentenmatrix[4]: Faktor 1	Faktor 2	Faktor 3	Faktor 4	Rotierte Komponentenmatrix[5]: Faktor 1	Faktor 2	Faktor 3	Faktor 4
Interpers. Vertrauen[3]	Wohl-wollen	IPV1	0,70	0,86	0,76	-0,22	-0,48	-0,06	0,86	0,22	0,26	0,07
		IPV2	0,87	0,65	0,61	0,03	-0,47	-0,23	0,77	0,09	0,01	0,22
		IPV5	0,74	0,70	0,68	-0,23	-0,41	-0,14	0,78	0,11	0,26	0,08
	In-teg.	IPV3	0,70	0,88	0,54	0,24	-0,09	0,72	0,15	0,91	0,11	0,10
		IPV6	0,88	0,61	0,62	0,37	-0,06	0,28	0,27	0,60	0,04	0,41
Interorg. Vertrauen[3]	Wohl-wollen	IGV3	0,77	0,77	0,46	-0,59	0,45	0,09	0,02	0,03	0,88	0,00
		IGV6	0,80	0,75	0,62	-0,48	0,37	0,04	0,17	0,09	0,83	0,14
		IGV7	0,79	0,78	0,68	-0,53	0,19	-0,03	0,36	0,06	0,80	0,09
	Inte-grität	IGV4	0,65	0,87	0,55	0,54	0,37	-0,37	0,07	0,01	0,07	0,92
		IGV5	0,74	0,73	0,58	0,55	0,27	0,08	0,03	0,43	0,06	0,73
		IGV8	0,78	0,68	0,66	0,39	0,15	-0,26	0,29	0,13	0,12	0,75
		Eigenvalues[2]			4,22	1,91	1,24	0,90				
		Erklärte Varianz			38,4%	17,3%	11,3%	8,2%				
		Erklärte Varianz kumuliert			38,4%	55,7%	67,0%	75,2%				

1. Measure of Sampling Adequacy, Kaiser-Meyer-Olkin (Gesamtmodell) = 0,7; KOM. = Kommunalität
2. Summe der quadrierten Ladungen je Faktor
3. Interpersonales Vertrauen: Einschätzung Firmenkundenbetreuung; Interorganisationales Vertrauen: aggregierter Datensatz
4. Extraktionsmethode: Hauptkomponentenanalyse
5. Varimax-Rotation mit Kaiser Normalisierung

Die Ergebnisse der explorativen Faktorenanalyse für das zweite Modell sind in Tabelle 39 dargestellt und bestätigen die Diskriminanzvalidität zwischen beiden organisationalen Dimensionen. Die explorative Faktorenanalyse zeigt eine 4-Faktor-Lösung an. Die Eigenwerte (Eigenvalues) der Faktoren sind bis auf den letzten Faktor alle größer als Eins und insgesamt werden durch die vier Faktoren 75% der Varianz erklärt. Auf die ersten beiden Faktoren laden die Indikatoren des interpersonalen Vertrauens jeweils getrennt nach den beiden Dimensionen Wohlwollen und Integrität. Auf die Faktoren drei und vier laden die Indikatoren des interorganisationalen Vertrauens ebenfalls getrennt nach den beiden Dimensionen. Anhand der Ergebnisse des zweiten Modells lässt sich folgern, dass zwischen dem interpersonalen Vertrauen der Firmenkundenbetreuer in ihre Ansprechpartner und dem interorganisationalen Vertrauen der Bank in das KMU Diskriminanzvalidität vorliegt. Zusammenfassend kann daraus geschlossen werden, dass die organisationale Dimensionalität von Vertrauen mit gewissen Restriktionen bestätigt wird.[915] In dieser Arbeit werden daher das interpersonale Vertrauen des Firmenkundenbetreuers und das interorganisationale Vertrauen der Bank in das KMU als eigenständige Konstrukte verstanden.

5.1.4 Überprüfung der Hypothese zu Vertrauen

Die Überprüfung der Beziehung zwischen dem interpersonalen Vertrauen des Firmenkundenbetreuers in seinen Ansprechpartner und dem interorganisationalen Vertrauen der Bank in das KMU (Hypothese 1) erfolgt auf der Basis des Bestimmtheitsmaß (R^2) des endogen positionierten Konstrukts und anhand des Pfadkoeffizienten zwischen beiden Konstrukten.[916] Die Ergebnisse der Schätzung

915 Die Einschränkungen beziehen sich auf die Tatsache, dass zwischen dem interpersonalen und interorganisationalem Vertrauen der Firmenkundenbetreuer keine Diskriminanzvalidität vorliegt. Da die Kreditsachbearbeiter in der Regel keinen intensiven Kontakt zu einem Ansprechpartner pflegen, konnte für diese Informantengruppe kein interpersonales Vertrauen ermittelt werden. Existierte auch auf Seiten der Kreditsachbearbeiter eine intensive persönliche Vertrauensbeziehung zu einem Ansprechpartner, so wäre es theoretisch denkbar, dass auch zwischen dem interpersonalen und interorganisationalen Vertrauen der Kreditsachbearbeitung keine Diskriminanzvalidität vorliegt. In diesem Fall wären die unterschiedlichen Einschätzungen beider Informantengruppen beim interorganisationalen Vertrauen rein auf den Informanten Bias zurückzuführen und die organisationale Dimensionalität von Vertrauen läge nicht vor.

916 Vgl. Henseler et al. (2009), S. 303 f. Das normalerweise zur Beurteilung der Vorhersagefähigkeit eines Modells heranzuziehende *Stone-Geissers* Q^2, welches mit Hilfe einer *Blindfolding-Prozedur* ermittelt wird, kann bei formativ gemessenen endogenen Variablen nicht eingesetzt werden. Hierzu Henseler et al. (2009), S. 305: „*The blindfolding procedure is only applied to endogenous latent variables that have a reflective measurement model operationalization.*“

Tabelle 39 – Explorative Faktorenanalyse für die Modell-2-Indikatoren

			Gütemaße		Komponentenmatrix[4]				Rotierte Komponentenmatrix[5]			
		Indikatoren	MSA[1]	KOM.[1]	Faktor 1	Faktor 2	Faktor 3	Faktor 4	Faktor 1	Faktor 2	Faktor 3	Faktor 4
Interpers. Vertrauen[3]	Wohlwollen	IPV1	0,70	0,86	0,76	-0,22	-0,48	-0,06	0,86	0,22	0,26	0,07
		IPV2	0,87	0,65	0,61	0,03	-0,47	-0,23	0,77	0,09	0,01	0,22
		IPV5	0,74	0,70	0,68	-0,23	-0,41	-0,14	0,78	0,11	0,26	0,08
	Integ.	IPV3	0,70	0,88	0,54	0,24	-0,09	0,72	0,15	0,91	0,11	0,10
		IPV6	0,88	0,61	0,62	0,37	-0,06	0,28	0,27	0,60	0,04	0,41
Interorg. Vertrauen[3]	Wohlwollen	IGV3	0,77	0,77	0,46	-0,59	0,45	0,09	0,02	0,03	0,88	0,00
		IGV6	0,80	0,75	0,62	-0,48	0,37	0,04	0,17	0,09	0,83	0,14
		IGV7	0,79	0,78	0,68	-0,53	0,19	-0,03	0,36	0,06	0,80	0,09
	Integrität	IGV4	0,65	0,87	0,55	0,54	0,37	-0,37	0,07	0,01	0,07	0,92
		IGV5	0,74	0,73	0,58	0,55	0,27	0,08	0,03	0,43	0,06	0,73
		IGV8	0,78	0,68	0,66	0,39	0,15	-0,26	0,29	0,13	0,12	0,75
		Eigenvalues[2]			4,22	1,91	1,24	0,90				
		Erklärte Varianz			38,4%	17,3%	11,3%	8,2%				
		Erklärte Varianz kumuliert			38,4%	55,7%	67,0%	75,2%				

1. Measure of Sampling Adequacy, Kaiser-Meyer-Olkin (Gesamtmodell) = 0,7; KOM. = Kommunalität
2. Summe der quadrierten Ladungen je Faktor
3. Interpersonales Vertrauen: Einschätzung Firmenkundenbetreuung; Interorganisationales Vertrauen: aggregierter Datensatz
4. Extraktionsmethode: Hauptkomponentenanalyse
5. Varimax-Rotation mit Kaiser Normalisierung

sind in Abbildung 35 dargestellt. Die Gewichte der formativen Indikatoren Wohlwollen und Integrität[917] sind bei beiden Konstrukten jeweils auf dem 1%-Niveau signifikant.[918] Der Pfadkoeffizient zwischen beiden Konstrukten hat einen Wert von 0,58 und ist deutlich auf dem 1%-Niveau signifikant. Insgesamt werden 34% der Varianz des interorganisationalen durch das interpersonale Vertrauen erklärt.[919] Dies spiegelt einen moderaten bis substanziellen Effekt zwischen beiden Konstrukten wider und kann als ein akzeptables Niveau betrachtet werden.[920]

Die empirischen Ergebnisse zeigen, dass zwischen dem interpersonalen Vertrauen des Firmenkundenbetreuers in seinen Ansprechpartner und dem interor-

917 Für die formativen Indikatoren wurden die Faktorwerte der Dimensionen erster Ordnung aus den Schätzungen der hierarchischen Komponentenmodelle verwendet.

918 Die Werte der Gewichte weichen leicht von denen aus den hierarchischen Komponentenmodellen ab. Ursache kann in der Abhängigkeit der Schätzungen für die Gewichte von der im Strukturmodell nachfolgenden latenten Variablen gesehen werden. Wilcox et al. (2008), S. 1223 f. zeigen, dass sich die Gewichte eines exogenen, formativen Konstrukts in Abhängigkeit von den im Strukturmodell nachfolgenden latenten Variablen ändern.

919 Bei einer Umkehrung der Pfadbeziehung vom interorganisationalen zum interpersonalen Vertrauen ergeben sich für den Pfadkoeffizienten und für das Bestimmtheitsmaß R^2 die gleichen Werte.

920 Vgl. Henseler et al. (2009), S. 303.

ganisationalen Vertrauen der Bank in das KMU eine statistisch signifikant positive Beziehung vorliegt. Hypothese 1 wird damit bestätigt. Dieses Ergebnis steht im Einklang mit den Erkenntnissen von Zaheer et al. (1998), wonach interpersonales und interorganisationales Vertrauen sowohl theoretisch als auch empirisch als zwei unterschiedliche Konstrukte zu behandeln sind und beide Variablen gegenseitig in einer positiven Beziehung zueinander stehen.[921] Für den Kontext der vorliegenden Arbeit bedeutet der Nachweis dieser positiven Beziehung, dass je größer das Vertrauen des Firmenkundenbetreuers in seinen Ansprechpartner ist, desto größer ist das Vertrauen der Bank in das KMU. Hierbei muss jedoch angemerkt werden, dass zwischen beiden organisationalen Vertrauensebenen keine kausale Wirkungsrichtung analysiert wurde. In der Praxis kann es vorkommen, dass sich beide Variablen jeweils gegenseitig beeinflussen. Hat sich zwischen dem Firmenkundenbetreuer und seinem Ansprechpartner im Unternehmen eine intensive Vertrauensbeziehung herausgebildet, so kann sich die Vertrauenserwartung des Firmenkundenbetreuers mittels sozio-psychologischer Institutionalisierungsprozesse[922] auf die Erwartungshaltung der jeweils in der Kreditbeziehung involvierten Personen anderer organisationaler Einheiten in der Bank übertragen. Umgekehrt können die zwischen KMU und Bank in einer langjährigen Kreditbeziehung fest etablierten organisationalen Strukturen und Routinen von neu eingesetzten Firmenkundenbetreuern übernommen werden und somit zumindest zu Beginn einer Betreuungsphase die Basis für das interpersonale Vertrauen des Firmenkundenbetreuers in seinen Ansprechpartner darstellen.

Abbildung 35 – Schätzung der Pfadbeziehung zwischen dem interpersonalen Vertrauen des Firmenkundenbetreuers und dem interorganisationalen Vertrauen der Bank

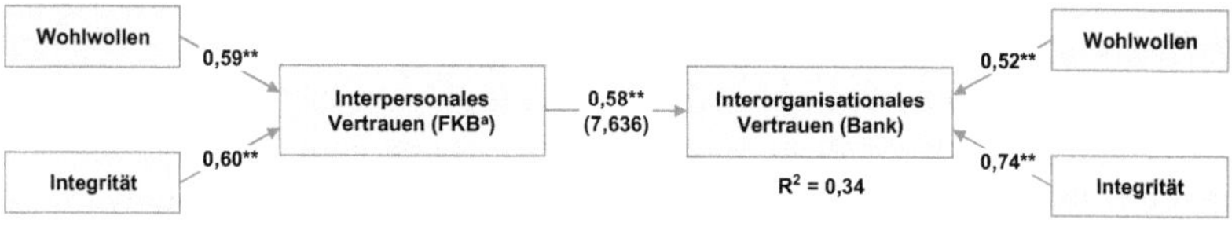

Anmerkung: ** signifikant bei $p < 0{,}01$, * signifikant bei $p < 0{,}05$; T-Wert für Pfadbeziehung in Klammern
Ersatz fehlender Werte mittels multipler Imputation, Schätzer für innere Gewichte und Pfadkoeffizienten sowie deren Standardfehler durch Pooling (Rubin, 1987) der Einzelergebnisse aus 5 imputierten Datensätzen errechnet.

a) Firmenkundenbetreuung

921 Vgl. Zaheer et al. (1998), S. 143 f. und S. 151 ff.
922 Vgl. Zucker (1977), S. 727 ff.

5.2 Ergebnisse zum Einfluss von Vertrauen auf die Agency-Kosten

Im folgenden Unterkapitel werden die Ergebnisse zu den Hypothesen des Forschungsmodells präsentiert. Hierfür werden zuerst die Messmodelle der Konstrukte beurteilt. Die Beurteilung der Hypothesen des Forschungsmodells erfolgt dann anhand der Schätzungen zweier Strukturmodelle.[923] In beiden Modellen wird der Einfluss von Vertrauen auf die in der Kreditbeziehung auftretenden Agency-Kosten sowie den Umgang der Bank mit den bei Kreditentscheidungen auftretenden Informationsasymmetrien analysiert. Im letzten Unterkapitel wird die Annahme oder Ablehnung der Hypothesen des Forschungsmodells zusammenfassend diskutiert.

5.2.1 Beurteilung der Messmodelle

Vor der Bewertung des inneren Strukturmodells sind zuerst die Messmodelle der Konstrukte anhand der gängigen Gütekriterien zu bewerten.[924] Die Reliabilitäten der Indikatoren werden anhand der Faktorladungen jedes Indikators für die drei Datensätze beurteilt (siehe Tabelle 40) In den beiden Primärdatensätzen liegen die Faktorladungen bis auf wenige Ausnahmen alle über dem geforderten Wert von 0,7.[925] Beim aggregierten Datensatz liegen die Faktorladungen fast aller Indikatoren über dem Niveau von 0,8.[926] Den zur Konstruktmessung verwendeten Indikatoren kann damit insgesamt eine hohe Reliabilität attestiert werden.[927] Die

923 Im ersten Strukturmodell ist das interorganisationale Vertrauen der Bank die einzige exogene Variable, während im zweiten Strukturmodell zusätzlich noch das interpersonale Vertrauen der Firmenkundenbetreuer als Kontrollvariable aufgenommen wird.

924 Vgl. Henseler et al. (2009), S. 298 ff. Die Messmodelle wurden auf der Basis der Schätzung des vollständigen Forschungsmodells inklusive der signifikanten Kontrollvariablen (Unternehmensgröße, Hausbankstatus und Risiko) ermittelt.

925 Die Ausnahmen sind die Indikatoren im Datensatz der Firmenkundenbetreuung die Indikatoren IE4, INT5, INT8 und QKV4 und im Datensatz der Kreditsachbearbeitung der Indikator IE3. Die Indikatoren unterschreiten jedoch das geforderte Niveau von 0,7 jeweils nur geringfügig und können daher dennoch als reliabel angenommen werden.

926 Nur die Indikatoren VHI4 und INT7 liegen mit Werten von 0,793 und 0,753 knapp unterhalb von 0,8.

927 Die Gütekriterien für die Messmodelle mit allen im Fragebogen verwendeten Indikatoren sind im Anhang 2 dargestellt. Die Messmodelle aller Konstrukte werden auch bei Verwendung aller im Fragebogen erhobenen Indikatoren bestätigt. Die Elimination von Indikatoren aufgrund der potenziellen Ergebnisverzerrung durch einen Common Method Bias hat somit keinen negativen Einfluss auf die einzelnen Messmodelle.

Kriterien zur Bewertung der Konstruktreliabilität und Konvergenzvalidität sind in Tabelle 41 dargestellt. Die Werte für die interne Konsistenz und Cronbach's Alpha liegen für alle Konstrukte bei jedem Datensatz über dem jeweils geforderten Akzeptanzniveau von 0,7. Darüber hinaus sind die Werte für die durchschnittlich erfassten Varianzen (DEV) alle größer als 0,5 und erfüllen somit das geforderte Anspruchsniveau. Allen Konstruktmessungen kann damit insgesamt ein hohes Maß an Reliabilität zugesprochen werden.

Tabelle 40 – Faktorladungen der Indikatoren zur Beurteilung der Indikatorreliabilitäten

Konstrukt	Indikator	Firmenkundenbetreuung		Kreditsachbearbeitung		Aggregierter Datensatz (Bank)[a]	
		Faktorladung[b]	t-Wert	Faktorladung[b]	t-Wert	Faktorladung[b]	t-Wert
Vertrauen	Wohlwollen	0,000	13,214	0,908	10,491	0,876	9,803
	Integrität	0,265	1,756	0,258	1,880	0,322	2,003
Verlässlichkeit harter Informationen	VHI1	0,866	27,735	0,779	6,414	0,840	14,153
	VHI3	0,872	28,680	0,877	10,483	0,906	19,552
	VHI4	0,799	9,970	0,727	5,595	0,793	7,480
	VHI5	0,819	14,095	0,844	9,179	0,882	15,084
Einsatz weicher Informationen (Unternehmer)	IE1	0,893	12,018	0,913	12,539	0,916	17,182
	IE2	0,864	10,418	0,879	8,990	0,868	13,149
	IE3	0,848	8,837	0,690	4,248	0,812	9,625
Einsatz harter Informationen	IE4	0,649	4,642	0,915	44,781	0,888	33,995
	IE5	0,926	9,274	0,947	66,331	0,943	72,416
	IE5	0,858	8,640	0,883	26,888	0,866	23,127
Monitoring Intensität	INT1	0,763	14,423	0,881	26,921	0,858	31,051
	INT2	0,828	17,382	0,875	38,384	0,895	34,591
	INT5	0,658	6,539	0,886	30,753	0,804	15,906
	INT6	0,845	23,205	0,808	15,175	0,846	19,875
	INT7	0,789	16,303	0,738	9,157	0,753	11,862
	INT8	0,694	9,227	0,869	27,407	0,852	21,349
Qualität Kreditverhandlungen	QKV1	0,802	18,895	0,854	16,435	0,876	26,442
	QKV2	0,841	25,900	0,839	20,139	0,899	37,049
	QKV4	0,664	10,715	0,761	10,735	0,749	13,551
	QKV5	0,766	12,038	0,825	17,718	0,812	18,785
	QKV6	0,809	15,317	0,851	15,205	0,860	17,113
Hausbank	HausBank	1,000	-	1,000	-	1,000	-
Unt.-größe	UntGröße	1,000	-	1,000	-	1,000	-

a) Anwendung multipler Imputation, Ergebnisse mittels Pooling der Einzelergebnisse aus 5 imputierten Datensätzen errechnet
b) bei Vertrauen innere Gewichte

Zur Beurteilung der Diskriminanzvalidität zwischen den Konstrukten werden das Fornell-Larcker-Kriterium und die Indikatorenkreuzladungen herangezogen.[928] Die DEV und die quadrierten Korrelationen zwischen den Konstrukten

928 Vgl. Fornell/Larcker (1981), 46 und Chin (1998), S. 321. Auch in den beiden einzelnen Datensätzen wird die Diskriminanzvalidität für sämtliche Konstrukte bestätigt. Da die Überprüfung der Hypothesen auf der Basis des aggregierten Datensatzes erfolgt, wird auf die Darstellung

Tabelle 41 – Maße zur Beurteilung von Konvergenzvalidität und Konstruktreliabilität

Konstrukt	Durchschnittlich erfasste Varianz (DEV)			Interne Konsistenz			Cronbach's Alpha		
	FKB[a]	KSB[a]	Bank[a]	FKB[a]	KSB[a]	Bank[a]	FKB[a]	KSB[a]	Bank[a]
Verlässlichkeit harter Informationen	0,71	0,65	0,73	0,91	0,88	0,92	0,86	0,82	0,88
Einsatz weicher Informationen (Unternehmer)	0,75	0,69	0,75	0,90	0,87	0,90	0,84	0,78	0,83
Einsatz harter Informationen	0,67	0,84	0,81	0,86	0,94	0,93	0,76	0,90	0,88
Monitoring Intensität	0,59	0,71	0,70	0,89	0,94	0,93	0,86	0,92	0,91
Qualität Kreditverhandlungen	0,61	0,68	0,71	0,88	0,92	0,92	0,84	0,88	0,90

a) FKB = Firmenkundenbetreuung, KSB = Kreditsachbearbeitung, Bank = aggregierter Datensatz

sind in Tabelle 42 und die Indikatorenkreuzladungen in Tabelle 43 dargestellt. Das Fornell-Larcker-Kriterium wird für alle Konstrukte erfüllt. Bei jedem Konstrukt ist die durchschnittlich erfasste Varianz immer größer als die quadrierten Korrelationen zu den jeweils anderen Konstrukten.[929]

Aus Tabelle 43 ist ersichtlich, dass die Kreuzladungen jedes Item auf die anderen Konstrukte geringer sind als auf das jeweils zugeordnete Konstrukt. Somit lässt sich folgern, dass die Indikatoren sich ausreichend von denen der anderen Konstrukte unterscheiden und somit zwischen den Konstrukten Diskriminanzvalidität vorliegt.[930] Insgesamt lässt sich in Bezug auf die Güte der Messmodelle festhalten, dass alle Konstrukte reliabel und valide gemessen wurden. Im nächs-

der Diskriminanzvalidität in den Einzeldatensätzen (Firmenkundenbetreuung, Kreditsachbearbeitung) aus Platzgründen verzichtet. Die Ergebnisse sind im Anhang 2 dargestellt.

929 Das Konstrukt Vertrauen wurde als formatives Messmodell mit den Vektoren der Faktorwerte für die beiden Dimensionen Wohlwollen und Integrität spezifiziert. Bei formativen Konstrukten finden die Kriterien zur Beurteilung der Konstruktreliabilität und Diskriminanzvalidität keine Anwendung. Vgl. hierzu Chin (1998), S. 320 ff. und auch Liang et al. (2007), S. 70 f. Risiko wurde als reflektives Konstrukt mit den beiden Indikatoren *Risikoklasse bei letzter Kreditentscheidung* und *durchschnittliche Risikoklasse der letzten Jahre* spezifiziert. Die Angaben für die Risikoklasse wurden aus den Kreditakten gewonnen. Die Variablen *Hausbankstatus* und *Unternehmensgröße* wurden als Konstrukte mit nur einem Indikator spezifiziert. Bei diesen Variablen ist die DEV immer gleich Eins und somit können die Kriterien zur Beurteilung der Konstruktreliabilität und Diskriminanzvalidität keine Anwendung finden.

930 An dieser Stelle sei noch angemerkt, dass jeweils zwischen den Konstrukten „*Monitoring Intensität*" und „*Einsatz harter Informationen*" relativ hohe Indikatorenkreuzladungen vorliegen. Auch in der Bespielstudie bei Chin (1998), S. 326 f., liegen hohe Kreuzladungen zwischen den Konstrukten vor. Dennoch sieht der Autor die Diskriminanzvalidität als gegeben an.

Tabelle 42 – DEV und quadrierte Korrelationen zwischen Konstrukten[931]

	VHI	EWI	EHI	MON INT	QKV	HB	UNTGR	VER
VHI (Verlässlichkeit harter Informationen)	**0,733**							
EWI (Einsatz weicher Informationen, Unt.)	0,012	**0,750**						
EHI (Einsatz harter Informationen)	0,001	0,016	**0,809**					
MON INT (Monitoring Intensität)	0,069	0,035	0,461	**0,699**				
QKV (Qualität der Kreditverhandlungen)	0,163	0,004	0,007	0,004	**0,707**			
Hausbank	0,007	0,050	0,016	0,008	0,065	-		
Unternehmensgröße	0,006	0,001	0,015	0,001	0,011	0,020	-	
Vertrauen	0,433	0,035	0,025	0,021	0,503	0,011	0,001	

Anmerkung: Werte auf der Diagonalen stellen DEV dar, Werte unterhalb der Diagonalen die quadrierten Korrelationen zwischen den Konstrukten

ten Schritt kann damit die Beurteilung des Strukturmodells erfolgen. Der Einfluss des interorganisationalen Vertrauens auf den Umgang der Bank mit den Informationsasymmetrien und auf die Agency-Kosten wird auf Basis von zwei Strukturmodellen beurteilt. Zuerst wird ein Modell geschätzt, bei dem das interorganisationale Vertrauen alleinige exogene Variable ist. Anschließend werden die Ergebnisse eines zweiten Strukturmodells erörtert, bei dem das interpersonale Vertrauen des Firmenkundenbetreuers in seinen Ansprechpartner als Kontrollvariable aufgenommen wurde.[932]

5.2.2 Beurteilung des Strukturmodells mit interorganisationalem Vertrauen

Um mögliche Unterschiede in Bezug auf die Struktur der in der Stichprobe aufgenommenen Kreditbeziehungen zu berücksichtigen und die Validität der empirischen Befunde zu erhöhen, wurden fünf Kontrollvariablen, die das Untersuchungsobjekt Bank-KMU-Kreditbeziehung sowie das Unternehmen näher charakterisieren, ebenfalls in das Strukturmodell integriert.[933] Auf Basis der bis-

931 Ergebnisse beziehen sich auf den aggregierten Datensatz.

932 Um ein präzises Bild hinsichtlich der Wirkungsweise von interorganisationalem Vertrauen zu erlangen, sollte das interpersonale Vertrauen als Kontrollvariable in das statistische Modell aufgenommen werden. Vgl. hierzu McEvily/Zaheer (2006), S.292 und S. 295 f.

933 Vgl. Liang et al. (2007), S. 72 hinsichtlich der Aufnahme von Kontrollvariablen in Strukturmodellen.

Tabelle 43 – Indikatorenkreuzladungen zwischen den Konstrukten[934]

		VHI	EWI	EHI	MON INT	QKV	Hausbank	Unt.-größe
VHI	VHI1_MIX	**0,840**	0,163	0,200	-0,038	0,400	-0,026	-0,106
	VHI3_MIX	**0,906**	0,055	-0,032	-0,278	0,353	-0,092	-0,019
	VHI4_MIX	**0,793**	-0,026	-0,223	-0,387	0,317	-0,128	-0,092
	VHI5_MIX	**0,882**	0,206	-0,012	-0,175	0,315	-0,030	-0,068
EWI	IE1_MIX	0,192	**0,916**	0,035	0,172	0,063	0,265	-0,036
	IE2_MIX	0,181	**0,868**	0,108	0,143	0,032	0,161	-0,075
	IE3_MIX	0,105	**0,812**	0,211	0,171	0,067	0,143	0,031
EHI	IE5_MIX	-0,100	0,140	**0,888**	0,575	-0,055	-0,186	0,122
	IE6_MIX	-0,246	0,139	**0,943**	0,693	-0,184	-0,115	0,032
	IE7_MIX	-0,054	0,051	**0,866**	0,549	0,046	-0,030	0,206
MON INT	INT1_MIX	-0,192	0,075	0,475	**0,858**	-0,074	0,124	0,129
	INT2_MIX	-0,170	0,223	0,678	**0,895**	-0,145	0,027	-0,030
	INT5_MIX	-0,089	0,079	0,529	**0,804**	-0,006	0,088	0,055
	INT6_MIX	0,082	0,266	0,515	**0,846**	-0,003	0,114	-0,133
	INT7_MIX	-0,192	0,151	0,532	**0,753**	-0,031	0,010	-0,002
	INT8_MIX	-0,141	0,130	0,639	**0,852**	-0,039	0,091	0,107
QKV	QKV1_MIX	0,652	0,053	-0,162	-0,087	**0,876**	0,154	0,119
	QKV2_MIX	0,602	0,055	-0,063	-0,043	**0,899**	0,205	0,116
	QKV4_MIX	0,542	0,043	-0,040	-0,067	**0,749**	0,336	0,012
	QKV5_MIX	0,611	0,144	0,038	-0,011	**0,812**	0,148	0,124
	QKV6_MIX	0,565	-0,041	-0,121	-0,057	**0,860**	0,242	0,071
Hausbank	HausBank	0,104	0,224	-0,125	0,088	0,255	**1,000**	-0,140
Unt.-größe	UntGröße	-0,028	-0,035	0,123	0,027	0,107	-0,140	**1,000**

Anmerkung: VHI = Verlässlichkeit harter Informationen; EWI = Einsatz weicher Information (Unt.); EHI = Einsatz harter Informationen; MON INT = Monitoring Intensität QKV = Qualität der Kreditverhandlungen

herigen Erkenntnisse der Relationship Banking Forschung wurden als Kontrollvariablen die Größe des Unternehmens, der Hausbankstatus, das Ausfallsrisiko, das Alter des Unternehmens sowie die Dauer der Kreditbeziehung als weiteremögliche Einflussfaktoren auf die Agency-Kosten in das Strukturmodell aufgenommen.[935]

Zur Beurteilung der Güte des Strukturmodells stehen bei der Anwendung von PLS das Bestimmtheitsmaß R^2, die Prognoserelevanz Q^2 (Stone-Geisser-Krite-

934 Ergebnisse beziehen sich auf den aggregierten Datensatz.

935 Zur Abbildung des Ausfallrisikos wurde die Ratingeinschätzung jeder Firma auf der DSGV-Masterskala verwendet. Firmen mit einem schlechteren Rating (höherer Punktwert) haben ein höheres Ausfallrisiko und Banken betreiben daher ggf. eine intensivere Kreditüberwachung (vgl. Blackwell/Winters (1997)). Die Kontrollvariablen Größe und Alter eines Unternehmens wurden aufgenommen, da ältere und größere Firmen meist ein geringeres Ausfallrisiko und eine höhere Verhandlungsmacht haben (Petersen/Rajan (1994), Elsas/Krahnen (1998), Harhoff/Körting (1998)), was die Qualität der Kreditverhandlungen und die Monitoring Intensität beeinflussen könnte. Des Weiteren wurden der Hausbankstatus und die Länge der Kreditbeziehung als Kontrollvarialben aufgenommen (Degryse/Van Cayseele (2000), Lehmann/Neuberger (2001)), um weitere Einflussgrößen auf die beziehungsspezifischen Agency-Kosten zu berücksichtigen.

rium), die Pfadkoeffizienten zwischen den Konstrukten sowie die Effektgrößen (f^2) der Prediktorvariablen auf die endogenen Variablen als Gütekriterien zur Verfügung.[936] Die Schätzung des ersten Strukturmodells mit den Pfadkoeffizienten und Gütekriterien ist in Abbildung 36 dargestellt.

Die Bestimmtheitsmaße (R^2) für die endogenen Zielvariablen *„Qualität der Kreditverhandlungen"* und *„Monitoring-Intensität"* haben Werte von 0,560 und 0,561 und weisen damit jeweils ein substanzielles Niveau auf.[937] Beim Konstrukt *„Verlässlichkeit harter Information"* liegt das Bestimmtheitsmaß bei 0,434 und kann als moderat bis substanziell eingestuft werden. Bei den Konstrukten „Einsatz weicher Informationen" und „Einsatz harter Informationen" sind die Bestimmtheitsmaße mit Werten von jeweils 0,035 und 0,037 als schwach einzuordnen. Das Stone-Geisser-Kriterium (Q^2) wurde mittels der Blindfoolding-Prozedur[938] in SmartPLS[939] durch die Berechnung der kreuzvalidierten Redundanzen bestimmt. Die Werte für das Q^2 sind bei beiden endogenen Zielvariablen *„Monitoring-Intensität"* und *„Qualität der Kreditverhandlungen"* sowie bei den drei mediierenden Variablen *„Einsatz weicher Informationen"*, *„Einsatz harter Informationen"* und *„Verlässlichkeit harter Informationen"* größer als Null. Damit kann dem Strukturmodell insgesamt eine hohe Schätzrelevanz zugesprochen werden.

Der Pfadkoeffizient der Beziehung zwischen dem *„interorganisationalen Vertrauen"* und der *„Qualität der Kreditverhandlungen"* hat einen Wert von 0,69 und ist auf dem 1%-Niveau signifikant. Darüber hinaus haben von den fünf Kontrollvariablen die Größe des Unternehmens sowie der Hausbankstatus einen signifikant positiven Einfluss auf die „Qualität der Kreditverhandlungen".[940] Die Effektgrößen und die relativen Prognoserelevanzen der vier signifikanten Einflussvariablen sind in Tabelle 44 dargestellt. Es ist ersichtlich, dass das *„interorganisationale Vertrauen"* den größten Einfluss mit einer sehr starken Effektgröße

936 Vgl. Henseler et al. (2009), S. 303 ff. sowie die Ausführungen in Kapitel 4.1.3.
Vor der Analyse des Strukturmodells wurde die Datenbasis auf die Existenz eines *Common Method Bias* in Anlehnung an das Verfahren von Liang et al. (2007) überprüft. Dieser Test ist notwendig, um im Anschluss statistisch valide Aussagen hinsichtlich der Beziehungen zwischen den Konstrukten treffen zu können. Die Ergebnisse zeigen, dass bei allen Datensätzen (Firmenkundenbetreuung, Kreditsachbearbeitung, aggregierter Datensatz) keine systematischen Verzerrungen vorliegen und somit die Gefahr der Verzerrung der Ergebnisse durch einen *Common Method Bias* nicht besteht.

937 Vgl. Chin (1998), S. 323.

938 Vgl. Tenenhaus et al. (2005), S. 174 ff.

939 Vgl. Ringle et al. (2005).

940 Beim Test der fünf Kontrollvariablen wurde die gleiche Vorgehensweise wie durch Liang et al. (2007) angewendet. Dabei wurde zuerst der Einfluss jeder Kontrollvariablen einzeln auf die jeweilige Zielvariable untersucht. Abschließend wurden alle Kontrollvariablen, die mindestens beim 5%-Niveau (einseitig) signifikant waren, in das Strukturmodell aufgenommen.

von 1,056 ausmacht. Es wird gefolgt vom Hausbankstatus mit einem schwachen bis mittelstarken Effekt (Effektstärke gleich 0,09) und der Größe des Unternehmens mit einem schwachen Effekt (Effektstärke gleich 0,05). Die Werte für die relativen Prognoserelevanzen bestätigen sowohl die Ausmaße als auch die Reihenfolge der Effektstärken der drei signifikanten Einflussvariablen auf die „Qualität der Kreditverhandlungen".

Abbildung 36 – Strukturmodell für den Einfluss der interorganisationalen Vertrauens

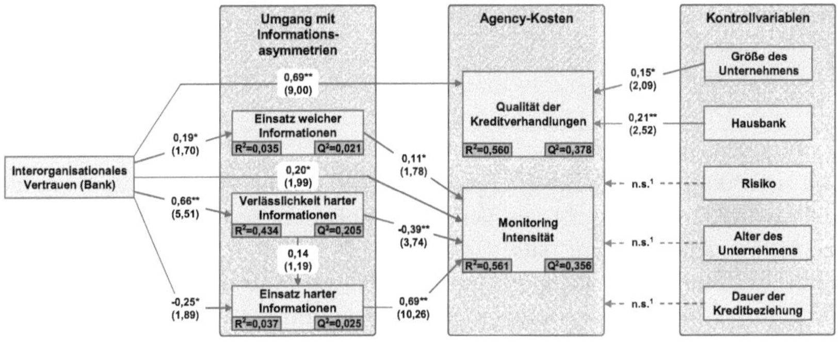

Anmerkung: Signifikanztests alle einseitig, t-Werte in Klammern; ** $p<0{,}01$, * $p<0{,}05$
Stone-Geisser-Kriterium (Q2) stellt die durch SmartPLS ausgegebene *Construct Crossvalidated Redundancy* dar
1. n.s. = nicht signifikant

Bei der zweiten Zielvariablen des Forschungsmodells, der *„Monitoring-Intensität"*, ist der Pfadkoeffizient für die direkte Beziehung vom *„interorganisationalen Vertrauen"* zur *„Monitoring-Intensität"* mit einem Wert von 0,20 größer als Null und auf dem 5%-Niveau signifikant. Darüber hinaus hat das *„interorganisationale Vertrauen"* einen signifikant positiven Effekt auf das Konstrukt *„Einsatz weicher Informationen"* (Pfadkoeffizient gleich 0,19, t-Wert gleich 1,70), welches selbst einen signifikant positiven Einfluss auf die *„Monitoring-Intensität"* (Pfadkoeffizient gleich 0,11, t-Wert gleich 1,78) aufweist. Die *„Verlässlichkeit harter Informationen"* wird durch das *„interorganisationale Vertrauen"* ebenso signifikant positiv beeinflusst (Pfadkoeffizient gleich 0,66, t-Wert gleich 5,51) und wirkt selbst negativ auf die *„Monitoring-Intensität"* (Pfadkoeffizient gleich -0,39, t-Wert gleich 3,74). Zwischen der *„Verlässlichkeit harter Informationen"* und dem *„Einsatz harter Informationen"* wird dagegen kein signifikanter Effekt nachgewiesen (Pfadkoeffizient gleich 0,14, t-Wert gleich 1,19). Zwischen dem *„interorganisationalen Vertrauen"* und dem *„Einsatz harter Informationen"* liegt eine auf dem 5%-Niveau signifikant negative Beziehung vor, (Pfadkoeffizient gleich -0,25, t-Wert gleich 1,89), während die darauf folgende Beziehung zwischen dem *„Einsatz harter Informationen"* und der *„Monitoring-Intensität"* positiv und

Tabelle 44 – Effektstärken und relativer Prognoseeinfluss auf die Qualität der Kreditverhandlungen und Monitoring-Intensität

	R^2 einge-schlossen	R^2 ausge-schlossen	Q^2 einge-schlossen	Q^2 ausge-schlossen	Effektgröße (f^2)	relativer Prognose-einfluss (q^2)
Qualität der Kreditverhandlungen	**0,560**	-	**0,378**	-	-	-
Interorganisationales Vertrauen	-	0,094	-	0,045	1,056	0,535
Größe des Unternehmens	-	0,537	-	0,362	0,052	0,026
Hausbank	-	0,520	-	0,355	0,090	0,038
Monitoring Intensität	**0,561**	-	**0,356**	-	-	-
Einsatz weicher Informationen	-	0,551	-	0,350	0,023	0,009
Verlässlichkeit harter Informationen	-	0,478	-	0,310	0,188	0,072
Einsatz harter Informationen	-	0,129	-	0,065	0,983	0,453
Interorganisationales Vertrauen	-	0,541	-	0,345	0,046	0,017

hoch signifikant ist (Pfadkoeffizient gleich 0,69, t-Wert gleich 10,26). Von den fünf Kontrollvariablen geht von keiner Variablen ein signifikanter Einfluss auf die „*Monitoring-Intensität*" aus.

Bei den Einflussvariablen auf die „*Monitoring-Intensität*" geht vom Konstrukt „*Einsatz harter Informationen*" der höchste Einfluss aus (Effektgröße gleich 0,983). Das Konstrukt „*Verlässlichkeit harter Informationen*" hat einen moderaten Effekt (Effektstärke gleich 0,188), während vom „*Einsatz weicher Informationen*" nur ein schwacher Einfluss ausgeht (Effektstärke gleich 0,023). Das „*interorganisationale Vertrauen*" weist in der direkten Beziehung einen schwachen Effekt auf (Effektgröße gleich 0,046). Hinsichtlich der relativen Prognoserelevanzen kann dem Konstrukt „*Einsatz harter Informationen*" eine sehr starke Prognosegüte zugesprochen werden, während bei den anderen drei Konstrukten jeweils nur schwache bis sehr schwache Effekte vorliegen.

Die signifikant positive Beziehung zwischen dem „*interorganisationalen Vertrauen*" und der „*Monitoring-Intensität*" entspricht nicht dem in Hypothese drei postulierten negativen Zusammenhang. Ursache hierfür könnte ein statistischer Suppressoreffekt[941] sein, der durch Mediationseffekte der drei Konstrukte „*Einsatz harter*" und „*weicher Informationen*" und „*Verlässlichkeit harter Informationen*" hervorgerufen wird. Aus diesem Grund wird im nächsten Unterkapitel untersucht, inwiefern die direkte Beziehung zwischen dem „*interorganisationalen Vertrauen*" und der Zielvariable „*Monitoring-Intensität*" mediiert wird.

941 Vgl. Shrout/Bolger (2002), S. 430 ff. Bei einem Suppressoreffekt, der durch Mediation ausgelöst wird, verändert sich das Vorzeichen der direkten Beziehung zwischen zwei Konstrukten.

5.2.3 Beurteilung von Mediationseffekten im ersten Strukturmodell

Wie in Kapitel 4.2.4 dargelegt, können zur Überprüfung von Mediationseffekten in Strukturgleichungsmodellen drei statistische Vorgehensweisen angewendet werden. In der vorliegenden Arbeit wird die Überprüfung der Mediationseffekte anhand der statistischen Signifikanz der Produkte $\hat{a}_i \times \hat{b}_i$ sowie der Differenzen $\hat{c}_i - \hat{c}'_i$ analysiert. Zur Berechnung der Standardfehler der indirekten Effekte $\hat{a}_i \times \hat{b}_i$ wird aufgrund des geringeren Stichprobenumfangs dieser Arbeit das Bootstrapverfahren verwendet. Die Ergebnisse der Analyse auf Mediationseffekte sind in Tabelle 45 dargestellt. Für die erste Mediatorvariable („Einsatz weicher Informationen") weisen die Pfadkoeffizienten a_{EWI} und b_{EWI} jeweils Werte von 0,19 und 0,11, die beide auf dem 5%-Niveau signifikant sind. Das Produkt der Pfadkoeffizienten (a_{EWI} x b_{EWI}) hat einen Wert von 0,02 und ist statistisch nicht signifikant. Es lässt sich daher festhalten, dass die direkte Beziehung zwischen dem „*interorganisationalen Vertrauen*" und der „*Monitoring-Intensität*" nicht durch das Konstrukt „*Einsatz weicher Informationen*" mediiert wird.

Tabelle 45 – Ergebnisse der Analyse auf Mediationseffekte

Beziehungen		Hypothesen	c		a		b		c'		a x b		c - c'	
			Koeffizient	t-Wert	Koeffizient	t-Wert	Koeffizient	t-Wert	Koeffizient	t-Wert	Koeffizient	t-Wert	Koeffizient	t-Wert
Direktbeziehung:	IORG VER ➡ MON INT[1]	H3	-0,23	2,88	-	-	-	-	0,20	1,98	-	-	-0,43	3,32
Mediationsbeziehung 1:	IORG VER ➡ EWI und EWI ➡ MON INT	H4a, H4b	-	-	0,19	1,72	0,11	1,78	-	-	0,02	1,21	-	-
Mediationsbeziehung 2:	IORG VER ➡ VHI und VHI ➡ MON INT	H5a, H5b	-	-	0,66	5,55	-0,39	3,76	-	-	-0,26	2,83	-	-
Mediationsbeziehung 3:	IORG VER ➡ EHI und EHI ➡ MON INT	H6a, H6b	-	-	-0,25	1,90	0,69	10,18	-	-	-0,17	1,82	-	-

Anmerkung: IORG VER = Interorganisationales Vertrauen, MON INT = Monitoring Intensität, EWI = Einsatz weicher Informationen, VHI = Verlässlicheit harter Informationen, EHI = Einsatz harter Informationen

1. Schätzung nur mit exogener Variable "*interorganisationales Vertrauen*", die drei b-Pfade (Hypothesen 4b, 5b und 6b) wurden eliminiert

Bei der zweiten Mediatorvariablen („*Verlässlichkeit harter Informationen*") liegen die Werte für die Pfadkoeffizienten a_{VHI} und b_{VHI} bei 0,66 und -0,39 und sind jeweils auf dem 1%-Niveau signifikant (t-Werte gleich 5,55 und 3,76). Daneben ist auch der indirekte Effekt (a_{VHI} x b_{VHI}) mit einem Wert von -0,26 auf dem 1%-Niveau signifikant (t-Wert gleich 2,83). Damit lässt sich schlussfolgern, dass die „*Verlässlichkeit harter Informationen*" die Beziehung zwischen dem „*interorganisationalen Vertrauen*" und der „*Monitoring-Intensität*" mediiert. Beim Konstrukt „*Einsatz harter Informationen*" weisen beide Pfadkoeffizienten Werte von -0,25 und 0,69 auf und sind auf dem 5%- bzw. 1%-Niveau signifikant. Das Produkt beider Pfadkoeffizienten (a_{EHI} x b_{EHI}) hat einen Wert von -0,17 und ist auf dem 5%-Niveau signifikant (t-Wert gleich 1,82). Damit lässt sich auch für das Konstrukt „*Einsatz harter Informationen*" ein Mediationseffekt feststellen.

Darüber hinaus ist aus Tabelle 45 ersichtlich, dass die Differenz $\hat{c}_i - \hat{c}'_i$ einen Wert von -0,43 hat und auf dem 1%-Niveau signifikant von Null verschieden ist.[942] Dies kann als weiterer Beleg dafür gesehen werden, dass die Beziehung zwischen dem „interorganisationalen Vertrauen" und der „Monitoring-Intensität" durch die „Verlässlichkeit harter Informationen" und den „Einsatz harter Informationen" mediiert wird. Der Koeffizient der Beziehung zwischen dem „interorganisationalen Vertrauen" und der „Monidtoring Intensität" (Pfad c') weist in dem Modell ohne Mediatorvariablen einen Wert von -0,23 auf und ist auf dem 1%-Niveau statistisch signifikant. Die Änderung des Pfadkoeffizienten c' auf 0,20 (signifikant auf dem 5%-Niveau) kann als ein empirischer Suppressionseffekt interpretiert werden.[943] Zusammenfassend lässt sich festhalten, dass zwischen dem „*interorganisationalen Vertrauen*" und der „*Monitoring-Intensität*" kein direkter negativer Effekt vorliegt, diese Beziehung jedoch vollständig durch die „*Verlässlichkeit harter Informationen*" und den „*Einsatz harter Informationen*" mediiert wird.

5.2.4 Strukturmodell mit interpersonalem Vertrauen als Kontrollvariable

Als ein Manko bisheriger empirischer Arbeiten, welche die Wirkungsweise von „*interorganisationalem Vertrauen*" zwischen Unternehmen untersuchen, sehen McEvily/Zaheer (2006) die Nichtberücksichtigung der zweiten interpersonalen Vertrauensebene.[944] Aufgrund der engen Verknüpfung der beiden organisatio-

942 Da in diesem Fall zu untersuchen ist, ob die Differenz $\hat{c}_i - \hat{c}'_i$ signifikant von Null verschieden ist, wird ein zweiseitiger t-Test beim 5%-Niveau (kritischer t-Wert gleich 1,96) angewandt.

943 Shrout/Bolger (2002), S. 431: „[...] empirical suppression will occur about 50% of the time when a model can be specified that totally accounts for a causal effect. Thus, if the population c', then we can expect sample estimates of c' to be negative about half of the time. [...] this is not true suppression, and hence we call it 'empirical suppression'."
In einer weiteren Analyse wurden die Mediationsbeziehungen jeweils einzeln untersucht. Dabei konnte festgestellt werden, dass der Pfadkoeffizient c' sowohl bei der zweiten als auch bei der dritten Mediationsbeziehung statistisch nicht mehr signifikant von Null verschieden ist. Es kann somit auf das Vorliegen vollständiger Mediation geschlossen werden.

944 McEvily/Zaheer (2006), S. 296: „In our original paper [Zaheer et al. (1998), Einfügung des Verfassers], we took the position that inter-organizational and interpersonal trust both mattered to explaining exchange performance [...]. Few empirical studies in the area have simultaneously considered interpersonal along with inter-organizational trust to build on our findings and further explore the complex interplay between trust at the two levels of analysis."

nalen Ebenen können durch das Hinzuziehen einer der beiden Konstrukte ursprünglich signifikante Pfadbeziehungen ihre Signifikanz verlieren.[945] Wird eine organisationale Vertrauensebene wie zum Beispiel das „*interpersonale Vertrauen*“ nicht berücksichtigt, kann es zu Ergebnisverzerrungen in Bezug auf die Wirkungsweisen des interorganisationalen Vertrauens kommen. Schlimmstenfalls werden Hypothesen falsch angenommen oder abgelehnt.[946] Um präzise Aussagen hinsichtlich des Einflusses des interorganisationalen Vertrauens treffen zu können, wird aus das „*interpersonale Vertrauen*“ als Kontrollvariable in die Schätzung eines zweiten Strukturmodells aufgenommen.[947] Die Ergebnisse dieses Modells sind in Abbildung 37 dargestellt.

Abbildung 37 – Strukturmodell für den Einfluss des interorganisationalen Vertrauens mit interpersonalem Vertrauen als Kontrollvariable

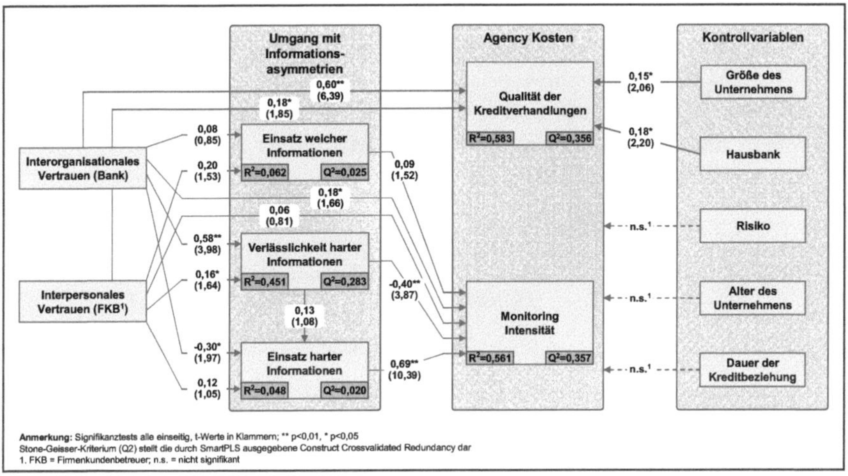

945 Vgl. McEvily/Zaheer (2006), S. 296.

946 Zaheer et al. (1998) kommen in ihrer ersten Arbeit zu dem Ergebnis, dass das interorganisationale Vertrauen (anstatt des interpersonalen Vertrauens) die Leistungen in Austauschbeziehungen zwischen Firmen in der Elektroindustrie positiv beeinflusst. In einem späteren Artikel kritisieren McEvily/Zaheer (2006) die Ergebnisinterpretationen der Studien von Luo (2001) und Paul/McDaniel (2004), die beide zu dem Schluss kommen, dass die persönlichen Vertrauensbeziehungen die Leistungen interorganisationaler Firmenbeziehungen jeweils positiv beeinflussen. In keiner der beiden Studien wird jedoch das interorganisationale Vertrauen als Kontrollvariable aufgenommen und die Ergebnisse müssen somit kritisch gesehen werden. Vgl. zur Kritik an den Ergebnisinterpretationen der beiden Studien McEvily/Zaheer (2006), S. 293.

947 Das interpersonale Vertrauen wird als exogene Variable in das Strukturmodell aufgenommen und zu sämtlichen Konstrukten werden die gleichen Pfadbeziehungen wie für das interorganisationale Vertrauen etabliert. Zur Vorgehensweise vgl. Zaheer et al. (1998), S. 154.

Die Werte für das Stone-Geisser-Kriterium (Q^2) sind bei allen Konstrukten größer als Null und deshalb kann auch dem zweiten Modell eine hohe Schätzrelevanz attestiert werden. Im Vergleich zum ersten Modell liegen die Bestimmtheitsmaße (R^2) bei den Konstrukten „*Qualität der Kreditverhandlungen*" (0,583, im 1. Modell: 0,560), „*Verlässlichkeit harter Informationen*" (0,451, im 1. Modell bei 0,434) „*Einsatz weicher Informationen*" (0,062, im 1. Modell bei 0,035) und „*Einsatz harter Informationen*" (0,048, im 1. Modell bei 0,037) auf einem leicht höheren Niveau, während beim Konstrukt „*Monitoring-Intensität*" (R^2 gleich 0,561) keine Veränderung auftritt. Die Aufnahme des „*interpersonalen Vertrauens*" als zweite exogene Variable in das Strukturmodell hat damit keinen großen Einfluss hinsichtlich der erklärten Varianzen der endogenen Konstrukten. Dies wird auch durch die schwachen Effektstärken deutlich (siehe Tabelle 46).[948] Dem „*interpersonalen Vertrauen*" lässt sich lediglich beim Konstrukt „*Qualität der Kreditverhandlungen*" ein schwacher bis moderater Effekt (Effektstärke gleich 0,056) attestieren. Bei den Konstrukten „*Einsatz weicher Informationen*" und „*Verlässlichkeit harter Informationen*" liegt jeweils nur ein schwacher Einfluss vor (Effektstärken bei 0,029 und 0,031) vor, während beim „*Einsatz harter Informationen*" und der „*Monitoring-Intensität*" der Einfluss nahezu Null ist (Effektstärken gleich 0,010 und 0,004).

Tabelle 46 – Effektstärken der Kontrollvariablen interpersonales Vertrauen

	R^2 eingeschlossen	R^2 ausgeschlossen	Q^2 eingeschlossen	Q^2 ausgeschlossen	Effektgröße (f^2)	relativer Prognoseeinfluss (q^2)
Einsatz weicher Informationen	**0,062**	0,035	**0,025**	0,016	0,029	0,009
Verlässlichkeit harter Informationen	**0,451**	0,434	**0,283**	0,264	0,031	0,027
Einsatz harter Informationen	**0,048**	0,038	**0,020**	0,025	0,010	-0,005
Qualität der Kreditverhandlungen	**0,583**	0,560	**0,356**	0,328	0,056	0,044
Monitoring Intensität	**0,561**	0,559	**0,357**	0,358	0,004	-0,002

Hinsichtlich der Pfadbeziehungen ergeben sich im Vergleich zum ersten Modell Verschiebungen. Das „*interpersonale Vertrauen*" hat ebenso wie das „*interorganisationale Vertrauen*" einen positiven Einfluss auf die beiden Konstrukte „*Qualität der Kreditverhandlungen*" (Pfadkoeffizient 0,18, t-Wert 1,85) und „*Verlässlichkeit harter Informationen*" (Pfadkoeffizient 0,16, t-Wert gleich 1,64). Der Einfluss des „*interorganisationalen Vertrauens*" auf diese beiden Konstrukte wird leicht abgeschwächt, bleibt jedoch statistisch hoch signifikant (Pfadkoeffizienten bei 0,60 und 0,58, t-Werte bei 6,39 und 3,98). Die direkten Pfade zur „*Moni-*

948 Die Berechnung der Effektstärke erfolgt mittels folgender Formel: $f^2 = \frac{R^2_{eingeschlossen} - R^2_{ausgeschlossen}}{1 - R^2_{eingeschlossen}}$; vgl. Henseler et al. (2009), S. 303.

toring-Intensität“ sind für beide Vertrauenskonstrukte größer als Null, allerdings nur für das „*interorganisationale Vertrauen*“ statistisch signifikant (Pfadkoeffizienten bei 0,18 und 0,06, t-Werte bei 1,66 und 0,81). In Bezug auf die Konstrukte „*Einsatz weicher und Einsatz harter Informationen*“ ergeben sich im Vergleich zum ersten Modell Veränderungen. Das „*interpersonale Vertrauen*“ hat einen positiven Einfluss auf den „*Einsatz weicher Informationen*“ (Pfadkoeffizient 0,20) und ist nur knapp unter dem 5%-Niveau nicht signifikant (t-Wert gleich 1,53[949]), während der Einfluss des „*interorganisationalen Vertrauens*“ nahe Null und statistisch nicht mehr signifikant ist (Pfadkoeffizient 0,08, t-Wert 0,85). Im Vergleich zum ersten Modell ist dagegen der Einfluss des „*interorganisationalen Vertrauens*“ auf den „*Einsatz harter Informationen*“ leicht größer (Pfadkoeffizienten -0,30, im 1. Modell -0,25) auf -0,30, t-Werte von 1,48 auf 1,61), während das „*interpersonale Vertrauen*“ keinen Einfluss ausübt (Pfadkoeffizient 0,12, t-Wert 1,05).

Tabelle 47 – Ergebnisse der Mediationsanalyse für das zweite Strukturmodell mit interpersonalem Vertrauen als Kontrollvariable

	Beziehungen		Hypothesen	c		a		b		c'		a x b		c - c'	
				Koeffizient	t-Wert	Koeffizient	t-Wert	Koeffizient	t-Wert	Koeffizient	t-Wert	Koeffizient	t-Wert	Koeffizient	t-Wert
Interorganisationales Vertrauen	Direktbeziehung:	IORG VER ➡ MON INT[1]	H3	-0,28	2,06	-	-	-	-	0,18	1,66	-	-	-0,46	2,66
	Mediationsbeziehung 1:	IORG VER ➡ EWI und EWI ➡ MON INT	H4a, H4b	-	-	0,08	0,85	0,09	1,53	-	-	0,01	0,59	-	-
	Mediationsbeziehung 2:	IORG VER ➡ VHI und VHI ➡ MON INT	H5a, H5b	-	-	0,58	3,98	-0,40	3,86	-	-	-0,23	2,55	-	-
	Mediationsbeziehung 3:	IORG VER ➡ EHI und EHI ➡ MON INT	H6a, H6b	-	-	-0,30	1,97	0,69	10,39	-	-	-0,21	1,87	-	-
Interpersonales Vertrau	Direktbeziehung:	IPERS VER ➡ MON INT[1]	*Kontrollbeziehungen*	0,12	1,02	-	-	-	-	0,06	0,81	-	-	0,07	0,48
	Mediationsbeziehung 1:	IPERS VER ➡ EWI und EWI ➡ MON INT		-	-	0,20	1,53	0,09	1,53	-	-	0,02	0,92	-	-
	Mediationsbeziehung 2:	IPERS VER ➡ VHI und VHI ➡ MON INT		-	-	0,16	1,64	-0,40	3,86	-	-	-0,06	1,52	-	-
	Mediationsbeziehung 3:	IPERS VER ➡ EHI und EHI ➡ MON INT		-	-	0,12	1,05	0,69	10,39	-	-	0,08	0,99	-	-

Anmerkung: IORG VER = Interorganisationales Vertrauen, IPERS VER = Interpersonales Vertrauen, MON INT = Monitoring Intensität, EWI = Einsatz weicher Informationen, VHI = Verlässlicheit harter Informationen, EHI = Einsatz harter Informationen
1. Schätzung nur mit exogenen Variablen "*interpersonales*" und "*interorganisationales Vertrauen*", die drei b-Pfade (Hypothesen 4b, 5b und 6b) wurden eliminiert

Abschließend werden die Ergebnisse der Mediationsanalyse für das zweite Strukturmodell diskutiert (Tabelle 47). Hinsichtlich des „*interorganisationalen Vertrauens*“ (obere Hälfte in Tabelle 47 lässt sich festhalten, dass die indirekten Effekte der zweiten (a_{VHI} x b_{VHI}) und dritten (a_{EHI} x b_{EHI})) Mediatorvariablen signifikant negativ sind (Koeffizientenprodukte a_i x b_i gleich -0,23 und -0,21, t-Werte 2,55 und 1,87). Dagegen liegt für die erste Mediatorvariable („*Einsatz weicher Informationen*“) wie auch schon im ersten Modell kein signifikanter Einfluss vor. Des Weiteren ist die Differenz zwischen den beiden Pfadkoeffizienten $\hat{c} - \hat{c}'$ signifikant von Null verschieden (Differenz -0,46, t-Wert 2,66), was die Existenz

949 Der p-Wert beträgt 0,064 und überbreitet das geforderte 5%-Niveau somit nur leicht um 1,4%.

der beiden Mediationseffekte durch die *„Verlässlichkeit harter Informationen“* und den *„Einsatz harter Informationen“* für das *„interorganisationale Vertrauen“* bestätigt. Außerdem lässt sich festhalten, dass die direkte Beziehung ohne Berücksichtigung der Mediatorvariablen (Pfad $\hat{c}$) signifikant negativ ist (Pfadkoeffizient -0,28, t-Wert 2,06). Der Pfadkoeffizient ändert sich bei Hinzuziehen der Mediatorvariablen auf 0,18 und ist knapp beim 5%-Niveau signifikant (t-Wert 1,66). Damit lässt sich auch im zweiten Strukturmodell auf die Existenz vollständiger Mediation schließen.[950]

In Bezug auf das *„interpersonale Vertrauen“* (untere Hälfte in Tabelle 47) ist ersichtlich, dass weder für die erste noch dritte Mediatorvariable der indirekte Effekt a x b statistisch signifikant ist (Koeffizientenprodukte a_i x b_i gleich 0,02 und 0,08, t-Werte 0,92 und 0,99). Für die Mediatorvariable *„Verlässlichkeit harter Informationen“* ist der indirekte Effekt a_{VHI} x b_{VHI} leicht negativ und knapp beim 5%-Niveau nicht signifikant (Koeffizientenprodukt a_{VHI} x b_{VHI} gleich -0,04, t-Wert 1,52). Allerdings ist die Differenz zwischen den beiden Pfadkoeffizienten $\hat{c} - \hat{c}'$ nicht signifikant von Null verschieden ($\hat{c} - \hat{c}'$ gleich 0,07, t-Wert 0,48) und somit kann das Vorliegen eines Mediationseffektes mittels der *„Verlässlichkeit harter Informationen“* nicht bestätigt werden. Da auch die direkte Pfadbeziehung $\hat{c}$ nicht signifikant von Null verschieden ist (Pfadkoeffizient 0,12, t-Wert gleich 1,02), muss festgestellt werden, dass das *„interpersonale Vertrauen“* keinen Einfluss auf die *„Monitoring-Intensität“* ausübt.

Für das zweite Strukturmodell lässt sich zusammenfassend sagen, dass sich der Einfluss des *„interorganisationalen Vertrauens“* unter Berücksichtigung des *„interpersonalen Vertrauens“* als Kontrollvariable auf die Konstrukte *„Qualität der Kreditverhandlungen“*, *„Verlässlichkeit harter Informationen“*, *„Einsatz harter Informationen“* und *„Monitoring-Intensität“* nicht verändert. Hinsichtlich der Kontrollvariablen sind ebenso keine Veränderungen feststellbar. Der Einfluss des *„interorganisationalen Vertrauens“* auf den „Einsatz weicher Informationen“ ändert sich hingegen und ist statistisch nicht mehr signifikant.

---

950 Wie auch im ersten Modell zeigen die separaten Einzelanalysen der Mediationseffekte für das zweite Strukturmodell, dass der Pfadkoeffizient c' sowohl bei der zweiten als auch bei der dritten Mediationsbeziehung statistisch nicht mehr signifikant von Null verschieden ist. Somit kann auf die Existenz vollständiger Mediation geschlossen werden. Der positive Wert für $\hat{c}'$ lässt sich wie im ersten Strukturmodell als ein statistischer Suppressoreffekt interpretieren. Vgl. Shrout/Bolger (2002), S. 431.

5.3 Zusammenfassung und Interpretation der Ergebnisse

Ziel dieses Kapitels war es, den Einfluss von Vertrauen auf die Agency-Kosten in Kreditbeziehungen zwischen öffentlichen Banken und KMU zu analysieren. Die emirischen Ergebnisse bestätigen dabei die grundlegende Idee, dass Vertrauen, wie in anderen interorganisationalen Beziehungen auch, eine wichtige Rolle in Kreditbeziehungen und speziell in Bezug auf die Höhe der Agency-Kosten spielt. Während in der bisherigen finanzwissenschaftlichen Literatur dem Einfluss sozio-psychologischer Konstrukte nur eine geringe Bedeutung beigemessen wurde, zeigen die Ergebnisse dieser Untersuchung, dass die Agency-Kosten in Kreditbeziehungen neben anderen Fakoren vor allem von Vertrauen zwischen dem Kreditgeber und dem Kreditnehmer abhängig sind. Im Folgenden wird auf Basis der empirischen Befunde die Bestätigung der Hypothesen 1 bis 6 diskutiert und in diesem Zusammenhang die Ergebnisse interpretiert. Die Prüfergebnisse sowie die Pfadkoeffizienten und Effektstärken sind in einem Überblick in Tabelle 48 dargestellt.

Erstens ergab die Analyse des Zusammspiels zwischen dem „*interpersonalen Vertrauen*" des Firmenkundenbetreuers in seinen wichtigsten Ansprechpartner mit dem „*interorganisationalen Vertrauen*" der Bank in das Unternehmen, dass beide Konstrukte miteinander signifikant korreliert sind und Hypothese 1 somit bestätigt werden kann. Dieses Ergebnis steht im Einklang mit den Erkenntnissen von Zaheer et al. (1998), wonach interpersonales und interorganisationales Vertrauen als zwei unterschiedliche Konstrukte zu behandeln sind und beide Variablen gegenseitig in einer positiven Beziehung zueinander stehen.[951]

Für den Kontext der vorliegenden Arbeit bedeutet die positive Beziehung zwischen dem interpersonalen und interorganisationalen Vertrauen, dass, je größer das Vertrauen des Firmenkundenbetreuers in seinen Ansprechpartner ist, desto größer ist das Vertrauen der Bank in das KMU. An dieser Stelle ist jedoch zu beachten, dass zwischen beiden Vertrauensebenen keine kausale Wirkungsrichtung analysiert, sondern lediglich ein positiver Zusammenhang festgestellt wurde. In der Praxis beein-flussen sich beide Vertrauensebenen gegenseitig. Hat sich zwischen dem Kundenbetreuer und seinem Ansprechpartner eine intensive Vertrauensbeziehung herausgebildet, so überträgt sich die Vertrauenserwartung des Firmenkundenbetreuers auf der Basis sozio-psychologischer Institutionalisierungsprozesse[952] auf die Erwartungshaltungen der jeweils in einer Kreditbeziehung involvierten Personen in anderen Einheiten der

951 Vgl. Zaheer et al. (1998), S. 143 f. und S. 151 ff.
952 Vgl. Zucker (1977), S. 727 ff.

Bank. Umgekehrt können die zwischen einem Unternehmen und der Bank in einer langjährigen Kreditbeziehung fest etablierten organisationalen Strukturen und Routinen von neu eingesetzten Firmenkundenbetreuern übernommen werden und somit zumindest zu Beginn der Betreuungsphase die Basis für das interpersonale Vertrauen des Firmenkundenbetreuers in seinen Ansprechpartner darstellen.

Die Ergebnisse implizieren, dass vor allem die relativ geringe Größe sowie die Organisationsstruktur von Sparkassen die Bildung von gemeinsam geteilten Erwartungshaltungen mehrerer Mitglieder in der Bank hinsichtlich eines Firmenkunden fördert und somit die Diffusion von interpersonalem Vertrauen auf die interorganisationale Ebene ermöglicht. Dies liegt vor allem darin begründet, dass die Entscheidungskompetenzen für Kreditbewilligungen in Sparkassen dezentral organisiert sind[953] und die funktionale Distanz zwischen Kundenbetreuern und Kreditsachbearbeitern bzgl. der Betreuung kleiner und mittelständischer Unternehmen gering ist.[954] Des Weiteren haben die Sparkassen aufgrund der geografischen Nähe zu den Unternehmen sowie der häufig anzutreffenden lokalen Verwurzelung der Firmenkundenbetreuer und Kreditsachbearbeiter[955] sehr gute Kenntnisse in Bezug auf die lokale Wirtschaftsstruktur. Daher sind sie in der Lage, an den örtlichen Netzwerken der Firmen zu partizipieren, was ihnen erlaubt, enge und intensive Beziehungen zu Ihren Unternehmenskunden aufzubauen.[956] Zusammenfassend lässt sich damit festhalten, dass Sparkassen

953 Dies meint, dass jede Sparkasse als eigenständiges Kreditinstitut gemäß § 1 (1) KWG vollständig unabhängig, ohne die Notwendigkeit zentral organisierte Einheiten bei der Kreditbewilligung hinzuziehen zu müssen, entscheiden können. Jede der 429 Sparkassen in Deutschland (Stand 2010) stellt somit eine eigenständige, dezentrale Entscheidungseinheit dar. Im Vergleich dazu haben die Privatbanken (zum Beispiel Deutsche Bank oder Commerzbank) im Geschäft mit kleinen und mittelständischen Unternehmen die Marktfolgeeinheiten auf wenige Standorte in Deutschland gebündelt und somit eher zentrale Entscheidungsstrukturen mit hohen funktionalen Distanzen geschaffen.

954 In beiden Sparkassen, die an dieser Untersuchung teilgenommen haben, sind die Abteilungen der Firmenkundenbetreuung und Kreditsachbearbeitung auf derselben Etage angesiedelt und die Zimmer beider Mitarbeitergruppen räumlich häufig nur wenige Meter voneinander entfernt. Im Rahmen der Datenerhebung konnte der Autor dieser Arbeit feststellen, dass zwischen den Firmenkundenbetreuern und Kreditsachbearbeitern ein reger Austausch zu den spezifischen Fragestellungen eines Kreditengagements meist in persönlichen Gesprächen stattfindet.

955 Die durchschnittliche hohe Bankzugehörigkeit der Firmenkundenbetreuer (19,2 Jahre) und Kreditsachbearbeiter (20,4 Jahre) in beiden Sparkassen kann hierfür als Bestätigung angesehen werden (siehe Tabelle 28).

956 Dies ging aus den Gesprächen des Autors mit den Firmenkundenbetreuuern und den Kreditsachbearbeitern während der Datenerhebung vor. Dabei wurde häufig erwähnt, dass Firmenkundenbetreuuer meist zu verschiedenen Veranstaltungen ihrer Firmenkunden eingeladen werden und somit Bestandteil der Netzwerke der Unternehmen werden. Des Weiteren zeigten die Gespräche auch, dass sowohl Kreditsachbearbeiter als auch Firmenkundenbetreuer viele

aufgrund ihrer speziellen Eigenschaften besonders gut in der Lage sind, enge Vertrauensbeziehungen zu den Unternemen sowohl auf der interpersonalen als auch auf der interorganisationalen Ebene aufzubauen.

Tabelle 48 – Übersicht über die Annahme oder Ablehnung der Hypothesen des 1. Hypothesenblocks

Hypothese	Beziehung und unterstellte Wirkungsrichtung		Prüfergebnis	Pfadkoeffizient[1]	Effektstärke
1	Interpersonales Vertrauen <-> interorganisationales Vertrauen	Positiv	**Bestätigung**	0,58** (7,64)	0,515 (hoch)
2	Interorganisationales Vertrauen -> Qualität der Kreditverhandlungen	Positiv	**Bestätigung**	0,60** (6,39)	0,607 (hoch)
3	Interorganisationales Vertrauen -> Monitoring-Intensität	Negativ	**keine Bestätigung**[2]	0,18* (1,66)	0,033 *(schwach)*
4a	Interorganisationales Vertrauen -> Einsatz weicher Informationen	Positiv	**keine Bestätigung**[3]	0,08 (0,85)	0,005 *(kein Effekt)*
4b	Einsatz weicher Informationen -> Monitoring Intensität	Negativ	**Bestätigung**	0,09 (1,52)	0,018 (schwach)
5a	Interorganisationales Vertrauen -> Verlässlichkeit harter Informationen	Positiv	**Bestätigung**	0,58** (3,98)	0,439 (hoch)
5b	Verlässlichkeit harter Informationen -> Monitoring Intensität	Negativ	**Bestätigung**	-0,40** (3,87)	0,191 (moderat)
5c	Verlässlichkeit harter Informationen -> Einsatz harter Informationen	Negativ	**keine Bestätigung**	0,13 (1,08)	0,009 *(kein Effekt)*
6a	Interorganisationales Vertrauen -> Einsatz harter Informationen	Negativ	**Bestätigung**	-0,30* (1,97)	0,049 (schwach)
6b	Einsatz harter Informationen -> Monitoring Intensität	Positiv	**Bestätigung**	-0,69** (10,39)	0,972 (hoch)

Anmerkung: t-Werte in Klammern (einseitiger Test); ** p<0,01, * p<0,05

1. Pfadkoeffizienten und t-Werte aus zweitem Strukturmodell verwendet.
2. Die direkte Beziehung ohne Berücksichtigung der Mediatorvariablen ist negativ und beim 5%-Niveau signifikant (Pfadkoeffizient -0,28, t-Wert 2,06), wird allerdings über die "Verlässlichkeit harter Informationen" und "Einsatz harter Informationen" vollständig mediiert.
3. Das "interpersonalen Vertrauen" ist mit dem "Einsatz weicher Informationen" positiv korreliert und ist nur knapp bei 5%-Niveau nicht signifikant (Pfadkoeffizient 0,20; t-Wert 1,53).

Ihrer Kunden entweder noch aus der Schulzeit oder aus anderen sozialen Institutionen (wie zum Beispiel Sportverein) kennen.

Zweitens zeigen die Ergebnisse aus den Analysen der beiden Strukturgleichungsmodelle, dass vor allem das „*interorganisationalen Vertrauen*" einen wesentlichen Einfluss auf die Agency-Kosten und die mediierenden Konstrukte ausübt, während dem „*interpersonalen Vertrauen*" des Firmenkundenbetreuers eher eine untergeordnete Rolle zu attestieren ist.[957] Dieses Ergebnis steht im Einklang mit den Erkenntnissen bei Doney/Cannon (1997) und Zaheer et al. (1998).[958] In beiden Arbeiten übte das „*interpersonalen Vertrauen*" zwischen den handelnden Akteuren der Partnerunternehmen jeweils einen indirekten Einfluss über das „*interorganisationalen Vertrauen*" auf die jeweils untersuchten Zielvariablen aus. Die Ergebnisse dieser Arbeit bestätigen somit die empirischen Erkenntnisse in der Literatur, wonach die Ergebnisparameter in Beziehungen zwischen Unternehmen vor allem durch das „*interorganisationale Vertrauen*" determiniert werden, während das „*interpersonale Vertrauen*" als Ausgangsbasis und Stütze für die Entstehung des „*interorganisationalen Vertrauens*" zu werten ist und daher in keinem Fall vernachlässigt werden darf.

Drittens belegen die empirischen Ergebnisse, dass das „*interorganisationale Vertrauen*" der Bank in ein Unternehmen einen positiven Einfluss auf die „*Qualität der Kreditverhandlungen*" hat. Damit kann Hypothese 2 bestätigt werden. Des Weiteren zeigt sich, dass auch das „*interpersonale Vertrauen*" des Firmenkundenbetreuers in seinen wichtigsten Ansprechpartner im Unternehmen als Kontrollvariable einen leicht positiven Effekt auf die „*Qualität der Kreditverhandlungen*" hat. Die Ergebnisse bestätigen somit die Idee, dass Vertrauen den Hang der Transaktionspartner, sich gegen opportunistisches Verhalten zu schützen, allgemein reduziert und somit die Wahrscheinlichkeit langwieriger und schwieriger Kreditverhandlungen verringert. Vertrauen hilft vielmehr, eine auf Kooperation angelegte Beziehung zwischen der Bank und dem Unternehmen zu etablieren, in der Vertragsschließungen eher auf der Basis von informellen Regeln und Normen erfolgen.

Des Weiteren kann die Tatsache, dass das „*interpersonale Vertrauen*" nicht nur indirekt über das „*interorganisationale Vertrauen*", sondern auch direkt auf die „*Qualität der Kreditverhandlungen*" eine positive Wirkung entfaltet, als ein Indiz gesehen werden, dass neben der übergeordneten Bedeutung des institutionellen Vetrauens der Bank die Einschätzung der Vertrauenswürdigkeit durch den Firmenkundenbetreuer in Bezug auf den wichtigsten Ansprechpartner in der

957 Siehe hierzu die Ergebnisse in den Abschnitten 5.2.2, 5.2.3 und 5.2.4. Die übergreifende Bedeutung des „*interorganisationalen Vertrauens*" wird dadurch deutlich, dass bis auf die Beziehung zum Konstrukt „*Einsatz weicher Informationen*" die Pfadkoeffizienten zu den anderen Konstrukten in beiden Strukturmodellen (siehe Abbildung 36 und Abbildung 37) sowohl bzgl. ihrer Größenordnung als auch hinsichtlich ihrer statistischen Signifikanz kaum Veränderungen unterliegen.

958 Vgl. Doney/Cannon (1997), S. 44 ff. und Zaheer et al. (1998), S. 152 ff.

Firma (meist der Unternehmer selbst) eine wichtige Rolle spielt. Dies erscheint plausibel, da der Firmenkundenbetreuer als Schnittstelle zwischen der Bank und dem Unternehmen agiert und gerade bei den Verhandlungen über neu zu bewilligende oder zu prolongierende Kredite die tragende Rolle einnimmt. Damit lässt sich festhalten, dass die *„Qualität der Kreditverhandlungen“* auch durch Faktoren, die in der Person des Unternehmers begründet sind, beeinflusst wird.

Dieses Ergebnis ist für Banken und für Unternehmen von Relevanz. Für Banken bedeutet dies, dass die Kosten der Kreditverhandlungen von der Interaktionsbeziehung des Firmenkundenbetreuers mit dem Unternehmen und der Wahrnehmung seiner Schnittstellenfunktion abhängen. Sie sollten daher darauf achten, dass Anpassungen in Bezug auf die Organisationsstruktur und die Ablaufprozesse (wie zum Beispiel die Einführung von Richtlinien zur strikten Einhaltung einer vollständig risikoadjustierten Bepreisung auf Basis eines Scoring-Modells) nicht zu Lasten der Handlungsspielräume des Firmenkundenberaters laufen. Erst das Vorliegen gewisser Freiräume in der Interaktion mit dem Unternehmen ermöglicht es dem Firmenkundenbetreuer, eine enge Beziehung zum Unternehmer aufzubauen und dementsprechend die Kreditverhandlungen in eine für beide Seiten positive Richtung zu lenken.

Auf der anderen Seite ist für die Unternehmen entscheidend, dass die Sichtweise des jeweiligen Firmenkundenbetreuers auf seinen wichtigsten Ansprechpartner eine hohe Bedeutung hat und eine Kreditbeziehung positiv beeinflusst. Dies ist deshalb wichtig, als dass dies sowohl auf den Verlauf von Kreditverhandlungen als auch langfristig auf die Kreditkonditionen einen Einfluss haben kann. Der Aufbau einer intensiven, auf Vertrauen basierenden Beziehung des Unternehmers zu seinem Firmenkundenbetreuer kann damit ein entscheidender Wettbewerbsvorteil für ein Unternehmen sein. Gerade öffentliche Banken wie Sparkassen scheinen dabei als Transaktionspartner für die Etablierung enger und intensiver Kreditbeziehungen zu kleinen und mittelständischen Unternehmen besonders gut geeignet zu sein. Ihre starke lokale Präsenz und die meist enge regionale Verwurzelung der Firmenkundenbetreuer und Kreditsachberabeiter versetzen Sparkassen, im Gegensatz zu größeren, überregional tätigenden Banken, besser in die Lage, in Kreditverhandlungen mit Unternehmen weiche Informationen zu erlangen und diese bei Kreditentscheidungen dann stärker zu berücksichtigen.

Viertens haben die Ergebnisse gezeigt, dass das *„interorganisationale Vertrauen“* der Bank einen negativen, jedoch indirekten Effekt auf die *„Monitoring-Intensität“* ausübt, während das *„interpersonale Vertrauen“* des Firmenkundenbetreuers weder eine direkte noch eine indirekte Wirkung hat.[959] Hypothese 3

959 Siehe hierzu die Ergebnisse in Tabelle 47. Der Pfadkoeffizient *c* für die direkte Beziehung zwischen dem *„interorganisationalen Vertrauen“* und der *„Monitoring-Intensität“* ohne Berücksichtigung der Mediationsvariablen liegt bei -0,28 (t-Wert 2,06).

kann damit nicht bestätigt werden. Die Ergebnisse bedürfen einer Interpretation. Vergegenwärtigt man sich noch einmal die in dieser Arbeit verwendete Operationalisierung von Vertrauen, so geht die Wohlwollensdimension (Habitualisierung) mit der „[...] *familiarization, habit formation, and bonding generated or confirmed by positive experiences*“[960] einher und ist mit der Wahrnehmung von geringerem Risiko und Komplexität durch die Bank verknüpft. Auf der anderen Seite bildet die Integritätsdimension (Institutionalisierung) die „[...] *institutionalization of values and norms that constitute an ethics of transactional relationships*“““[961] ab. Der indirekt negative Einfluss des „*interorganisationalen Vertrauens*“ auf die „*Monitoring Intensität*“ lässt sich so interpretieren, als dass bei einem höherem Niveau an Vertrauen die Bank positive Erfahrungen mit einem Unternehmen in der Vergangenheit sammeln konnte und sich das Unternehmen in der Kreditbeziehung an Werte und Normen hält, die von der Bank als akzeptabel betrachtet werden. Dies sollte dazu führen, dass die Bank bei einem höheren Niveau an interorganisationalem Vertrauen einem Unternehmen eine geringere Ausfallwahrscheinlichkeit aufgrund verringerter Komplexität in der Transaktionsbeziehung zuschreibt und daher bereit ist, die Intensität der Kreditüberwachung zu reduzieren. Dieser Prozess erfolgt jedoch nur indirekt und wird jeweils über die Konstrukte „*Verlässlichkeit der harten Information*“ und „*Einsatz der harten Informationen*“ mediiert.

Das „*interorganisationale Vertrauen*“ hat dabei einen positiven Einfluss auf die „*Verlässlichkeit der harten Information*“ und einen negativen Effekt auf den „*Einsatz der harten Informationen*“. Die Hypothesen 5a und 6a werden somit bestätigt. Des Weiteren hat die „*Verlässlichkeit der harten Information*“ einen negativen und der „*Einsatz harten Information*“ ein stark positiven Einfluss auf die „*Monitoring-Intensität*“. Die Hypothesen 5b und 6b können somit ebenfalls bestätigt werden. Darüber hinaus konnte für die Beziehung zwischen der „*Verlässlichkeit harter Informationen*“ und dem „*Einsatz harter Informationen*“ kein negativer Einfluss nachgewiesen werden. Damit Hypothese 5c kann damit nicht bestätigt werden. Dieses Ergebnis impliziert, dass der Einsatz harter Informationen bei Kreditentscheidungen eher von allgemeinen Rahmen- und Beziehungsparametern abhängig ist und nicht durch die Wahrnehmung in Bezug auf die Verlässlichkeit der Berichtsinformationen beeinflusst wird.

Zur Erklärung der vollständigen Mediation der Beziehung zwischen dem „*interorganisationalen Vertrauen*“ und der „*Monitoring-Intensität*“ über die „*Verlässlichkeit und den Einsatz harter Informationten*“ scheint folgende Interpretation denkbar: Obwohl ein höheres Maß an Vertrauen zwar die Wahrnehmung der Bank hinsichtlich des Ausfallrisikos eines Unternehmens verringert, treffen

960 Nooteboom et al. (1997), S. 315.
961 Nooteboom et al. (1997), S. 313.

beide untersuchte Sparkassen die Kreditentscheidungen zum Großteil auf der Basis von harten Informationen. Um es mit den Worten eines Kreditsachbearbeiters zu sagen: *„Die Finanzkennzahlen eines Unternehmens müssen immer das geforderte Niveau erreichen, um eine Kreditentscheidung positiv zu votieren."* Diese Aussage spiegelt sich auch in der Höhe der Pfadkoeffizienten wider. Der drch die Bank wahrgenommene *„Einsatz der harten Informationten"* ist mit dem *„interorganisationalen Vertrauen"* relativ schwach negativ korreliert (-0,30), mit der *„Monitoring-Intensität"* jedoch stark verknüpft (0,69). Auf der anderen Seite ist die durch die Bank wahrgenommene *„Verlässlicheit der harten Informationten"* mit dem *„interorganisationalen Vertrauen"* stark positiv korreliert (0,58), jedoch mit der *„Monitoring-Intensität"* moderat negativ verknüpft (-0,40).

Die Ergebnisse implizieren, dass die Haltung der Bank hinsichtlich der Durchführung des Monitorings stark vom *„Einsatz der harten Informationen"* gefolgt von der *„Verlässlichkeit der harten Informationten"* abhängig ist. Vertrauen beeinflusst vor allem die wahrgenommene *„Verlässlichkeit der harten Informationten"* und weniger stark den *„Einsatz der harten Informationten"* und in Summe dadurch indirekt die *„Monitoring-Intensität"*. Eine mögliche Schlußfolgerung hiervon ist, dass beide Banken sich in Kreditbeziehungen mit einem höheren Maß an Vertrauen ein Stück von den klassischen instrumentellen Verfahren der Risikobewertung entfernen und stattdessen verstärkt Elemente einer sozialen Risikobewertung in ihre Kreditentscheidungen einfließen lassen.

Fünftens zeigen die Ergebnisse, dass zwischen dem *„interorganisationalen Vertrauen"* und dem *„Einsatz weicher Informationen"* kein signifikanter Effekt vorliegt, während das *„interpersonalen Vertrauens"* einen leicht positiven Einfluss auf den *„Einsatz weicher Informationen"* ausübt (0,20) und nur knapp unter dem 5%-Niveau nicht signifikant ist. Interessanterweise ist im ersten Strukturmodell der Einfluss des *„interorganisationalen Vertrauens"* wie erwartet leicht positiv und knapp auf dem 5%-Niveau signifikant. Darüber hinaus haben die Ergebnisse beider Strukturmodelle gezeigt, dass der *„Einsatz weicher Informationen"* entgegen der vermuteten negativen Beziehung in beiden Strukturmodellen einen positiven, jedoch sehr schwachen und nicht signifikanten Einfluss auf die *„Monitoring-Intensität"* hat. Damit können sowohl die Hypothese 4a als auch die Hypothese 4b nicht bestätigt werden.[962]

Eine mögliche Erklärung für den schwach ausgeprägten und zwischen den Strukturmodellen wechselnden Einfluss der beiden organisationalen Vertrau-

962 An dieser Stelle sei jedoch darauf hingewiesen, dass mit dem Stichprobenumfang dieser Untersuchung nur starke und mittelstarke Effekte in der Grundgesamtheit trennscharf bestätigt werden können. Die Ablehnung der Hypothese 4a im Rahmen dieser Arbeit bedeutet somit nicht, dass das *„interpersonale Vertrauen"* keinen positiven Einfluss auf den *„Einsatz weicher Informationen"* in der Grundgesamtheit hat.

ensebenen auf den „*Einsatz weicher Informationen*“ können in der Art, wie die Bank Kreditentscheidungen trifft und die besonderen Rolle des Firmenkundenbetreuers gesehen werden. Der Wechsel des Einflusses vom „*interorganisationalen Vertrauen*“ hin zum „*interpersonalem Vertrauen*“ auf den „*Einsatz weicher Informationen*“ lässt sich über die besondere Rolle des Firmenkundenbetreuers in Sparkassen erklären. Durch den engen Kontakt zu seinem Ansprechpartner und seiner Rolle als Schnittstelle zwischen Bank und Unternehmen gelangt zuallererst der Kundenbetreuer in den Besitz privater und weicher Informationen, für deren Berücksichtigung bei einer Kreditentscheidung er sich häufig stark machen wird. Der Kreditsachbearbeiter erhält diese weichen Informationen somit nur aus zweiter Hand und wird sein Votum für die Kreditentscheidung gemäß den Instrukturionen des Firmekundenbetreuerurs unter Berücksichtigung der harten Fakten anpassen. Dies kann als eine mögliche Erklärung dafür herhalten, dass schließlich das „*interpersonalem Vertrauen*“ des Firmenkundenbetreuers den „*Einsatz weicher Informationen*“ positiv beeinflusst.

Des Weiteren wurde bereits dargelegt, dass vor allem die harten Informationen bei Kreditentscheidungen eine übergeordnete Rolle spielen. Die Tatsache, dass der Pfadkoeffizient vom „*interorganisationalen Vertrauen*“ zum „*Einsatz harter Informationen*“ (-0,30) betragsmäßig größer ist, als der Pfadkoeffizient vom „*interpersonalen Vertrauen*“ zum „*Einsatz weicher Informationen*“ (0,20) zeigt, dass die Bank anscheindend keine vollständige Substitution zwischen beiden Informationstypen vornimmt. Dieses Ergebnis deutet darauf hin, dass Vertrauen als ein Wesensmerkmal tatsächlich eine Art „*Glaubenssprung*“ in sich trägt. Übertragen impliziert dies, dass sich die Bank in Vertrauensbeziehungen bei einer Kreditentscheidung auf gute Gründe, das heist auf die Aussagekraft eines reduzierten Sets an harten Informationen angereichert um die weichen Informationen des Firmenkundenbetreuers, verlässt, dabei jedoch ein Stück über die harten und weichen Fakten hinausgeht und so handelt, als ob Unsicherheit für sie nicht bestünde. Dieses Verhalten lässt sich als eine Bestätigung dafür interpretieren, dass Vertrauen in Tranksaktionsbeziehungen Komplexität und Unsicherheit reduziert und somit als Konsequenz die für eine Entscheidung notwendige Informationsbasis senkt.

In Bezug auf die Kontrollvariablen in beiden Strukturmodellen gezeigt werden, dass von der „*Größe des Unternehmens*“ und dem „*Hausbankstatus*“ ein signifikant positiver Einfluss auf die „*Qualität der Kreditverhandlungen*“ ausgeht. Diese Ergebnisse deuten darauf hin, dass neben Vertrauen noch weitere Faktoren die „*Qualität der Kreditverhandlungen*“ und somit die spezifischen Agency-Kosten einer Kreditbeziehung beeinflussen. Die Ergründung des Einflusses weiterer Faktoren neben Vertrauen auf die beziehungsspezifischen Agency-Kosten in Kreditbeziehungen stellt daher weiteren Forschungsbedarf dar.

Zusammenfassend lässt sich festhalten, dass Vertrauen in Kreditbeziehungen zwischen öffentlichen Banken und kleinen und mittelständischen Unternehmen ein wichtiger Baustein ist, der zu einer Reduktion der beziehungsspezifischen Agency-Kosten einer Kreditbeziehung beiträgt. Der Beleg, dass Vertrauen die Tranksations-/ Agency-Kosten in ökonomischen Austauschbeziehungen zwischen Unternehmen reduziert, wurde empirisch bereits mehrfach bestätigt.[963] Für den Kontext von Kreditbeziehungen zwischen Banken und kleinen und mittelständischen Unternehmen ist dieses Ergebnis jedoch neu und lag so in der finanzwissenschaftlichen Literatur bisher nicht vor. Diese Arbeit ergänzt damit die empirischen Erkenntnisse der Forschungsrichtung des Relationship Bankings in der Gestalt, als dass bestätigt wurde, dass neben den klassischen ökonomischen Parametern auch ein sozio-psychologisches Konstrukt wie Vertrauen eine wichtige Einflussgröße darstellt. Die empirischen Ergebnisse ziegen dabei vor allem, dass das *„interorganisationale Vertrauen“* der Bank in das Unternehmen die tragende Rolle spielt und einen direkt positiven Einfluss auf die *„Qualtität der Kreditverhandlungen“* hat sowie einen indirekt negativen Effekt auf die *„Monitoring-Intensität“* ausübt.

963 Vgl. u.a. Nooteboom et al. (1997), Zaheer et al. (1998), Dyer/Chu (2003), Saparito et al. (2004) oder Matthes (2007).

6. Vertrauen und Kreditvergabeparameter

Nachdem im vorangegangenn Kapitel der Einfluss von Vertrauen auf die Agency-Kosten in Kreditbeziehungen (Hypothesenblock 1) untersucht worden ist, werden im folgenden Kapitel die Ergebnisse in Bezug auf den Einfluss von Vertrauen auf die Kreditentscheidungsparameter (Hypothesenblock 2) präsentiert. Dabei wird im Unterkapitel 6.1 der Einfluss von Vertrauen auf die Kreditzinsen erörtert. Im zweiten Abschnitt wird die Rolle von Vertrauen hinsichtlich der Stellung von Kreditsicherheiten analyisert. Im dritten Unterkapitel erfolgt die Analyse des Einflusses von Vertrauen auf die Kreditverfügbarkeit. Abschließend werden im Unterkapitel 6.4 die Bestätigung der Hypothesen diskutiert und die Ergebnisse interpretiert.

6.1 Vertrauen und Kreditzinsen

6.1.1 Datenbasis

Die empirische Untersuchung des Einflusses enger Bank-KMU-Kreditbeziehungen auf die Kreditzinsen ist zentraler Bestandteil der *Relationship Banking*-Forschung.[964] Zur Untersuchung der Rolle von Vertrauen sowie der ökonomischen und beziehungsspezifischen Parameter auf die Kreditzinsen ist vorab der relevante Zinssatz zu bestimmen, der als abhängige Variable verwendet werden soll. Petersen/Rajan (1994), Degryse/van Cayseele (2000) oder Lehmann/Neuberger (2001) nutzen in ihren Untersuchungen den Zinssatz für Darlehen, während Berger/Udell (1995), Angelini et al. (1998), Harhoff/Körting (1998), Elsas/Krahnen (1998) oder Püthe (2009) auf den Zinssatz für Kreditlinien rekurrieren.[965] Aus Sicht von Berger/Udell (1995) erscheint der Zinssatz für Kreditlinien für die empirische Analyse am Besten geeignet, da diese Kreditart eher beziehungs-, als

964 Vgl. zum Beispiel Petersen/Rajan (1994), S. 11 ff., Berger/Udell (1995), S. 362 ff., Elsas/Krahnen (1998), S. 1297, Harhoff/Körting (1998), S. 1340 ff. oder Lehmann/Neuberger (2001), S. 349 ff.

965 Vgl. Petersen/Rajan (1994), S. 12, Angelini et al. (1998), S. 936, Degryse/van Cayseele (2000), S. 95, Lehmann/Neuberger (2001), S. 350, Berger/Udell (1995), S. 353, Harhoff/Körting (1998), S. 1326, Elsas/Krahnen (1998), S. 1298 und Püthe (2009), S. 282.

transaktionsgetrieben ist und somit die Ergebnisse hinsichtlich des Einflusses der beziehungsspezifischen Parameter nicht verwässert werden.[966] Dieses Argument folgt der Logik, dass bei der Finanzierung von Betriebsmitteln über eine durch die Bank zur Verfügung gestellte Kreditlinie kein konkreter Bezug zu einem Finanzierungsobjekt besteht und ebenso kein fester Tilgungsplan vereinbart wird. Dies bedeutet für die Bank ein besonderes Maß an Unsicherheit, welches sie durch das Eingehen einer engen Beziehung zu einem KMU überwinden kann.[967]

Andererseits zeigen die Arbeiten von Petersen/Rajan (1994), Degryse/van Cayseele (2000) oder Lehmann/Neuberger (2001), dass beziehungsspezifische Parameter wie bspw. die Anzahl der Banken, mit denen KMU Kreditbeziehungen unterhalten[968], die Länge und der Scope von Kreditbeziehungen[969] oder auch das Ausmaß sozialer Interaktion[970] gleichermaßen bei der Setzung von Darlehenszinsen eine wichtige Rolle spielen. Es erscheint somit nicht sinnvoll, für die Analyse der Kreditzinsen a priori die eine oder andere Kreditart auszuschließen. Vielmehr ist es vor dem Hintergrund der Ergebnisse in den Studien von Degryse/van Cayseele (2000) und Lehmann/Neuberger (2001) sinnvoll, die von Berger/Udell (1995) postulierte Annahme, wonach Darlehen transaktions- und Kreditlinien eher beziehungsgetriebener sind, empirisch zu überprüfen. Der Einfluss von Vertrauen wird in dieser Untersuchung daher sowohl auf die Kreditlinien- als auch auf die Darlehenszinsen untersucht.

Um die Anschlussfähigkeit der empirischen Ergebnisse dieser Arbeit mit den bisherigen Erkenntnissen aus der Relationship Banking Forschung zu gewährleisten, wurden die in vorangegangen Studien[971] analysierten Unternehmens- und Beziehungscharakteristika erhoben. Die Daten wurden dabei direkt aus den Entscheidungsprotokollen der Kreditakten aufgenommen. Für jedes in die Stich-

966 Vgl. Berger/Udell (1995), S. 353. Der Zinssatz auf Kreditlinien wird durch die Banken in der Regel alle drei Monate auf der Basis der Entwicklung des 3-Monats-Euribor oder eines ähnlichen Referenzzinssatzes aktualisiert. In den Entscheidungen zu Kreditlinien werden meistens neben der Kredithöhe Zu- oder Abschläge auf den Referenzzinssatz mit dem Unternehmen vereinbart.

967 Vgl. Püthe (2009), S. 282. In der Praxis begegnen Banken dieser Unsicherheit jedoch auch damit, dass sie Kreditlinien zeitlich nur befristet an die Unternehmen ausreichen. Nach Fristablauf wird der Kreditzins auf Basis der aktualisierten wirtschaftlichen Rahmendaten des Unternehmens dann neu verhandelt. Des Weiteren haben die meisten Banken gemäß der AGB jederzeit die Möglichkeit, mit einer bestimmten Vorlaufzeit eine genehmigte Kreditlinie zu kündigen. Daher ist es nicht unbedingt als zwangsläufig anzusehen, dass die Höhe der Kreditzinsen auf Kreditlinien durch die Intensität die Kreditbeziehung beeinflusst wird.

968 Vgl. Petersen/Rajan (1994), S. 14 ff.

969 Vgl. Degryse/van Cayseele (2000), S. 100 ff.

970 Vgl. Petersen/Rajan (1994), S. 14 ff., Degryse/van Cayseele (2000), S. 100 ff. und Lehmann/Neuberger (2001), S. 350 und 353 f.

971 Vgl. hierzu die in Kapitel 2.2.3 aufgeführten Studien.

probe aufgenommene Unternehmen wurden dabei alle Kreditentscheidungen, die ab dem Jahr 2001 dokumentiert vorlagen, berücksichtigt.[972] Zu jeder Kreditentscheidung wurden das aktuelle Rating des Unternehmens, die Kreditsumme, der Kreditzins und sofern möglich die Zinsmarge der Bank, die Kreditart und das Besicherungsniveau des gesamten Engagements erhoben. Des Weiteren wurden ausgewählte Finanzkennzahlen des Unternehmens wie zum Beispiel der Außenumsatz, die Bilanzsumme, das Betriebsergebnis, das Unternehmensalter und die Länge der Kreditbeziehungen in den Datensatz aufgenommen. Weitere Parameter wie der Hausbankstatus und die Einschätzungen zu Vertrauen konnten mit Hilfe des standardisierten Fragebogens erfasst werden. Um den Einfluss des „*interorganisationalen Vertrauens*" auf die Kreditzinsen abzubilden, wurden nur Kreditentscheidungen ab dem Jahr 2007 berücksichtigt. Gemäß Lewicki/Bunker (1995) etabliert sich in Beziehungen zwischen Transaktionspartnern im Zeitverlauf ein bestimmtes Vertrauensniveau, welches für einen gewissen Zeitraum als stabil angenommen werden kann.[973] Daher erscheint es möglich, trotz der nur einmaligen Erhebung der Vertrauensvariable zu einem Zeitpunkt, ebenso historische Kreditentscheidungen zu berücksichtigen. Um jedoch der Dynamik der Vertrauensentwicklung und somit Änderungen in Bezug auf die historischen Vertrauensausprägungen Rechnung zu tragen, wurden Kreditentscheidungen nur mit einer maximalen Rücklaufzeit von 36 Monaten berücksichtigt.[974]

Die Anzahl an Kreditentscheidungen ist getrennt nach Kreditarten, Jahren und beiden Sparkassen in Tabelle 49 dargestellt. Insgesamt liegen 285 Kreditentscheidungen von 76 Unternehmen vor.[975] Die Kreditentscheidungen sind gleichmäßig auf die Kreditlinien (142 Entscheidungen) und Darlehen (143 Entscheidungen) verteilt. Zwischen den Jahren existieren hinsichtlich der Anzahl der Kreditentscheidungen geringe Schwankungen. Für das Jahr 2008 liegen 114 Entscheidungen vor, gefolgt vom Jahr 2007 mit 86 und 2009 mit 85 Entscheidungen. Insgesamt überwiegen die Kreditentscheidungen der Sparkasse A mit einer

---

972 Bei vielen Unternehmen nahm die Qualität der Informationen in den Kreditakten erst ab dem Jahr 2003 erheblich zu, so dass verstärkt Kreditentscheidungen ab diesem Zeitpunkt aufgenommen werden konnten.

973 Vgl. Lewicki/Bunker (1995a), S. 156 ff.

974 In dem Vertrauensmodell von Lewicki/Bunker (1995a) existieren so genannte „*juncture points*", bei denen es zu einem Wechsel hin zu einem höheren Vertrauensniveau in einer Transaktionsbeziehung kommen kann. Damit in der Stichprobe die Anzahl solcher „*juncture points*" und somit Variationen beim Vertrauensniveau für die Summe aller Kreditbeziehungen möglichst gering sind, wurde ein maximaler zeitlicher Rücklauf von rund 3 Jahren (maximal 36 Monaten) seit Erhebung der Einschätzung des interorganisationalen Vertrauens als sinnvoll erachtet.

975 Die Differenz zu den 81 Unternehmen ergibt sich daher, weil im Zeitraum von 2007 bis Anfang 2010 bei diesen Unternehmen keine Kreditlinien- oder Darlehensentscheidungen getroffen wurden.

Tabelle 49 – Anzahl Kreditentscheidungen nach Banken, Kreditarten und Jahren

			2007	2008	2009	Gesamte Stichprobe
Gesamte Stichprobe	Kreditlinien	Anzahl Entscheidungen	**48**	**54**	**40**	**142**
		Anzahl Unternehmen	*40*	*44*	*34*	*70*
	Darlehen	Anzahl Entscheidungen	**38**	**60**	**45**	**143**
		Anzahl Unternehmen	*26*	*39*	*25*	*59*
	Summe	Anzahl Entscheidungen	**86**	**114**	**85**	**285**
		Anzahl Unternehmen	*46*	*53*	*43*	*76*
Sparkasse A	Kreditlinien	Anzahl Entscheidungen	30	35	33	98
		Anzahl Unternehmen	*25*	*28*	*27*	*43*
	Darlehen	Anzahl Entscheidungen	24	37	42	103
		Anzahl Unternehmen	*17*	*23*	*22*	*43*
	Summe	Anzahl Entscheidungen	54	72	75	201
		Anzahl Unternehmen	*28*	*32*	*33*	*45*
Sparkasse B	Kreditlinien	Anzahl Entscheidungen	18	19	7	44
		Anzahl Unternehmen	*15*	*16*	*7*	*27*
	Darlehen	Anzahl Entscheidungen	14	23	3	40
		Anzahl Unternehmen	*9*	*16*	*3*	*20*
	Summe	Anzahl Entscheidungen	32	42	10	84
		Anzahl Unternehmen	*18*	*21*	*10*	*31*

Anzahl von 201 im Vergleich zu 84 Kreditentscheidungen aus der Sparkasse B.[976] Hinsichtlich der Kreditarten lässt sich bei beiden Banken eine relativ gleichmäßige Verteilung feststellen. Von der Sparkasse A konnten 98 Kreditlinien- und 103 Darlehensentscheidungen und von der Sparkasse B 44 Kreditlinien- und 40 Darlehensentscheidungen in die Stichprobe aufgenommen werden.

In den folgenden Unterkapiteln wird der Einfluss von Vertrauen auf die Kreditzinsen getrennt für die Kreditlinien- und Darlehenszinsen untersucht, um, wie am Anfang dieses Unterkapitels dargelegt, etwaige Unterschiede zwischen beiden Kreditarten herauszustellen. Dabei werden bei der Analyse jede Kreditart verschiedene Blöcke an unternehmens-, kredit- und beziehungsspezifischen Faktoren und weitere Kontrollvariablen neben Vertrauen berücksichtigt.[977] Die spezifische Auswahl der unterschiedlichen unabhängigen Variablen beruht dabei auf den in der empirischen Forschung zum Relationship Banking typischerwei-

976 Eine wesentliche Ursache für dieses Ungleichgewicht ist darin begründet, dass die Datenerhebung in der Sparkasse B bereits im Juni 2009 vorgenommen wurde und somit keine Kreditentscheidungen für die zweite Jahreshälfte mehr aufgenommen werden konnten. Darüber hinaus konnten in der Sparkasse A die Kreditakten von 46 Unternehmen eingesehen werden, während in Sparkasse B dies nur bei 35 Unternehmen der Fall war.

977 Die Aufteilung der verschiedenen unabhängigen Variablen in die drei Blöcke ist an die Arbeiten von Petersen/Rajan (1994) und Lehmann/Neuberger (2001) angelehnt. Aufgenommen werden all jene Variablen, bei denen in der empirischen Relationship-Banking Forschung bisher am Häufigsten ein signifikanter Einfluss auf die Kreditzinsen nachgewiesen wurde.

se verwendeten Parametern.[978] Für die Regressionsanalysen wird als abhängige Variable die Zinsmarge bei Kreditlinien Darlehen verwendet.[979] Das Rating des Unternehmens[980], die Unternehmensgröße, das Unternehmensalter und die Gesellschaftsform stellen die Unternehmenscharakteristika dar. Die Kreditsumme, der Kredittyp, der Besicherungsgrad und die Kreditverwendung sind die unabhängigen Variablen im Block der Kreditcharakteristika, während der Hausbankstatus und die Dauer der Kreditbeziehung die üblichen Proxies für die Beziehungscharakteristika darstellen. Als Kontrollvariablen wurden die Bank, die Industrien und das Jahr der Kreditentscheidung verwendet.[981]

6.1.2 Einfluss der unternehmens- und kreditspezifischen Faktoren auf die Kreditlinienzinsen

Zur Bestimmung des Einflusses der unabhängigen Variablen auf die Kreditlinienzinsen wurde folgende OLS-Regression[982] geschätzt:

---

978 Vgl. hierzu u.a. die Arbeiten von Petersen/Rajan (1994), Berger/Udell (1995), Harhoff/Körting (1998), Elsas/Krahnen (1998), Degryse/Van Cayseele (2000) und Lehmann/Neuberger (2001).

979 Die Zinsmarge ergibt sich als Differenz aus dem Kreditzins für das Unternehmen und dem bankinternen Refinanzierungssatz. Prinzipiell stehen zwei Varianten für die Aufnahme der Kreditzinsen als abhängige Variable in das Regressionsmodell zur Verfügung. Entweder kann die Zinsmarge verwendet werden (vgl. hierzu die Arbeiten von Berger/Udell (1995), S. 362 f. oder Elsas/Krahnen (1998), S. 1302) oder eine Regression direkt auf die Kreditzinsen (vgl. hierzu die Arbeiten von Petersen/Rajan (1994), S. 12, Machauer/Weber (1998), S. 1364 ff., Harhoff/Körting (1998), S. 1341, Degryse/van Cayseele (2000), S. 98 oder Lehmann/Neuberger (2001), S. 349 f.) durchgeführt werden. Wird letzteres Vorgehen gewählt, so wird in den Studien noch der fristengerechte Kapitalmarktzins als Kontrollvariable in das Modell aufgenommen, um die Ergebnisse nicht durch temporäre Veränderungen in der Zinsstrukturkurve zu verzerren. In den Studien von Harhoff/Körting (1998) und Lehmann/Neuberger (2001) war dieses Vorgehen aber nicht erforderlich, da pro Unternehmen jeweils nur eine Kreditentscheidung zum gleichen Zeitpunkt erhoben wurde.

980 Zur Analyse des Einflusses des Risikos auf die Zinsmarge wurden für die Regressionsmodelle drei Risikogruppen auf Basis der DSGV-Ratings gebildet. Die erste Gruppe umfasst Ratings von 1 bis 5, die zweite von 6 bis 9 und die dritte Gruppe die Ratingklassen 10 bis 15. Zum Vorgehen vgl. Machauer/Weber (1998), S. 1365.

981 Alle Kontrollvariablen wurden als Dummyvariablen kodiert. Vgl. allgemein zum Vorgehen bei Regressionsanalysen mit Dummyvariablen Gujarati (2004), S. 297 ff.

982 Für die Schätzung des Einflusses der unabhängigen Variablen (inkl. Vertrauen) auf die Darlehenszinsen und der Kreditsicherheiten werden analoge Regressionsgleichungen geschätzt. Auf eine explizite Darstellung dieser Regressionsgleichungen wird aufgrund der hohen Ähnlichkeit zur Regressionsgleichung bzgl. der Kreditlinienzinsen in den folgenden Unterkapiteln verzichtet.

(4) $KZINSMARGE_i = \beta_{1i}UNTCHARAKT_i + \beta_{2i}KREDITCHARAKT_i + \beta_{3i}BEZCHARAKT_i + \beta_{4i}VERTRAUEN_i + \beta_{5i}KONTROLLVAR_i + \varepsilon_i$
mit $i = 1,\ldots n$.

Dabei stellt der Laufindex i die jeweilige Kreditentscheidung in der Stichprobe dar (mit $i = 1,\ldots n$) mit n als Stichprobengröße. Die Vektoren $\beta_{1\text{-}5i}$ bilden die jeweils geschätzten Anstiegsmaße der unabhängigen Variablen aus der Regressionsgleichung ab. Die Variable *KZINSMARGE* ist der Vektor der beobachteten Zinsmargen für jede Kreditlinienentscheidung. Die Vektoren $UNTCHARACT_i$, $KREDITCHARAKT_i$ und $BEZCHARACT_i$ bilden jeweils die unternehmens-, kredit- und beziehungsspezifischen Variablen ab, während der Vektor *VERTRAUEN* die vier Vertrauensdimensionen (Wohlwollen und Integrität auf der interpersonalen und interorganisation Ebene) darstellt. $KONTROLLVAR_i$ ist der Vektor der weiteren Kontrollvariablen und ε_i bildet den Messfehler in der Regressionsschätzung ab.

Zur Analyse des Einflusses der unternehmens- und kreditspezifischen Parameter sowie der beziehungsspezifischen Parameter und von Vertrauen auf die Kreditlinienzinsen wurden in Summe sieben Regressionsspezifikationen geschätzt, deren Ergebnisse in Tabelle 50 dargestellt sind.[983] Dabei wurden die Blöcke der unabhängigen Variablen schrittweise berücksichtigt, um das etwaige Auftreten von Interdependenzen zwischen den unabhängigen Variablen aufzeigen zu können.[984] In der ersten und zweiten Spezifikation wurden die unternehmens- und kreditspezifischen Parameter und in den weiteren fünf Spezifikationen das Vertrauen und die beziehungsspezifischen Parameter berücksichtigt. In diesem Unterkapitel wird auf den Einfluss der unternehmens- und kreditspezifischen Parameter sowie der Kontrollvariablen eingegangen, während im folgenden Unterkapitel der Einfluss von Vertrauen und der beziehungsspezifischen Parameter erörtert wird.[985]

---

983 Die unabhängigen Variablen sind in den Anmerkungen der Tabelle 50 beschrieben. Die Reduktion der Kreditlinienentscheidungen von 142 in den ersten beiden Spezifikationen auf 136 in den Spezifikationen drei bis sieben liegt in der Elimination von sechs Datenpunkten, die als Ausreißer hinsichtlich der Ausprägung der Vertrauensvariablen und der Kreditlinienmarge identifiziert wurden, begründet.

984 Die schrittweise Berücksichtigung unabhängiger Variablen bei Regressionsschätzungen ist allgemein anerkannt und wird in den Arbeiten zum Relationship Banking häufig angewandt. Vgl. zum Beispiel Petersen/Rajan (1994), S. 12 f., Berger/Udell (1995), S. 369, Harhoff/Körting (1998), S. 1352 f. oder Lehmann/Neuberger (2001), S. 350. Es wurden insgesamt sechs Regressionen geschätzt. In den ersten drei Spezifikationen wurden die drei Blöcke unabhängiger Variablen jeweils einzeln zusammen mit den Kontrollvariablen berücksichtigt. In der vierten Spezifikation wurden die Unternehmens- und Kreditcharakteristika und in der fünften die Kredit- und die Beziehungscharakteristika jeweils zusammen mit den Kontrollvariablen berücksichtigt. In der sechsten Spezifikation wurden dann alle drei Blöcke gleichzeitig berücksichtigt.

985 Für die Beurteilung der Ergebnisse wird im folgenden Unterkapitel auf die siebte Spezifikation abgestellt, da hier alle relevanten Einflussparameter berücksichtigt sind.

Zuerst wird die Güte der Anpassung der Regressionsschätzungen an die empirischen Daten anhand der adjustierten Bestimmtheitsmaße beurteilt.[986] Die Erklärungsgehalte liegen mit Werten für das adjustierte R^2 von 0,254 bis 0,372 im Vergleich zu anderen Studien auf einem ähnlichen Niveau und können somit als gut erachtet werden.[987] Hinsichtlich der Unternehmenscharakteristika lässt sich zuerst festhalten, dass das Rating einen signifikant negativen Einfluss auf die Kreditlinienzinsen hat. Dieses Ergebnis steht im Einklang mit den Erkenntnissen anderer empirischer Studien[988] und zeigt, dass beide Sparkassen bei Kreditlinien zumindest zum Teil eine risikoadjustierte Bepreisung der Kreditmittel vornehmen. Die Zinsmargen für KMU mit Ratings von 6 bis 9 sind im Durchschnitt um 0,48% und für jene mit Ratings von 10 bis 15 um durchschnittlich 0,72% größer als in der Referenzkategorie (Ratingklassen 1 bis 5). Des Weiteren zeigt sich, dass zwischen der zweiten und dritten Ratingklassengruppe kein signifikanter Unterschied besteht.[989] Dies wird bei einer Gegenüberstellung der Verteilung der Zinsmargen für die drei Gruppen ebenfalls deutlich (siehe Abbildung 38).[990]

In der zweiten Ratingklassengruppe liegt die Spanne der Zinsmargen für KMU, die sich innerhalb des 10%- bis 75%-Perzentilwerts befinden, zwischen 3,99% und 6,03%. In der dritten Gruppe ist diese Spanne enger und der Maximalwert niedriger (3,79% bis 5,77%). Unterschiede zwischen beiden Gruppen ergeben sich vor allem in der Verteilung der Zinsmargen ab dem 75%-Perzentilwert. Während in der zweiten Ratingklassengruppe die KMU zwischen dem 75%- und 90%-Perzentilwert Zinsmargen von 6,03% bis 6,93% zahlen, ist diese Spanne in der dritten Gruppe mit Margen von 5,77% bis 7,86% größer. In Bezug auf den Einfluss des Risikos auf die Kreditlinienzinsmargen lässt sich somit festhalten, dass beide Sparkassen nur zwischen den guten (Ratingklassen 1 bis 5) und mittleren bis schlechten (Ratingklassen 6 bis 15), nicht jedoch zwischen den mittleren und schlechten Bonitäten differenzieren und somit keine vollständige risikoadjustierte Bepreisung im ökonomischen Sinn betreiben. Eine mögliche Erklärung hierfür

---

986 Vgl. Gujarati (2004), S. 217 f.

987 Vgl. Harhoff/Körting (1998), S. 1343, Elsas/Krahnen (1998), S. 1302 oder Ewert et al. (2000), S. 354. Bei Harhoff/Körting (1998) liegen die adjustierten R^2 zwischen 0,2662 und 0,2799, bei Elsas/Krahnen (1998) zwischen 0,23 bis 0,39 je nach Jahr und bei Ewert et al. (2000) zwischen 0,243 und 0,269.

988 Vgl. Elsas/Krahnen (1998), S. 1302, Machauer/Weber (1998), S. 1366, Ewert et al. (2000), S. 354, Lehmann/Neuberger (2001), S. 350, oder Püthe (2009), S. 312, S. 316, S. 323 und S. 326.

989 Bei Verwendung der zweiten Ratingklassengruppe als Referenzkategorie ist der Koeffizient der dritten Ratingklassengruppe mit 0,233 nicht signifikant von Null verschieden (t-Wert= 0,812).

990 Die untere Linie der grauen Box markiert den 25%-Perzentilwert, die obere Linie den 75%-Perzentilwert der Verteilung innerhalb einer Ratingklassengruppe. Die Linie innerhalb des grauen Bereichs stellt den Median dar, während die äußeren Linien ober- und unterhalb der grauen Box jeweils den 10%- und 90% Perzentilwert anzeigen.

könnte darin liegen, dass beide Sparkassen bei einer Verschlechterung speziell von der zweiten zur dritten Ratingklassegruppe eines Unternehmens (Wechsel von Ratingklasse 6 bis 9 hinzu Ratingklasse 10 bis 15) keine Anpassung in der Bepreisung der Kreditlinien vornehmen. Dies könnte als Indiz gesehen werden, dass beide Banken in Krisensituationen als Maßnahme zur Krisenbewältigung einem Unternehmen keine höheren Kreditzinsen in Rechnung stellen.

Abbildung 38 – Boxplot der Kreditlinienzinsmargen nach Ratingklassengruppen[991]

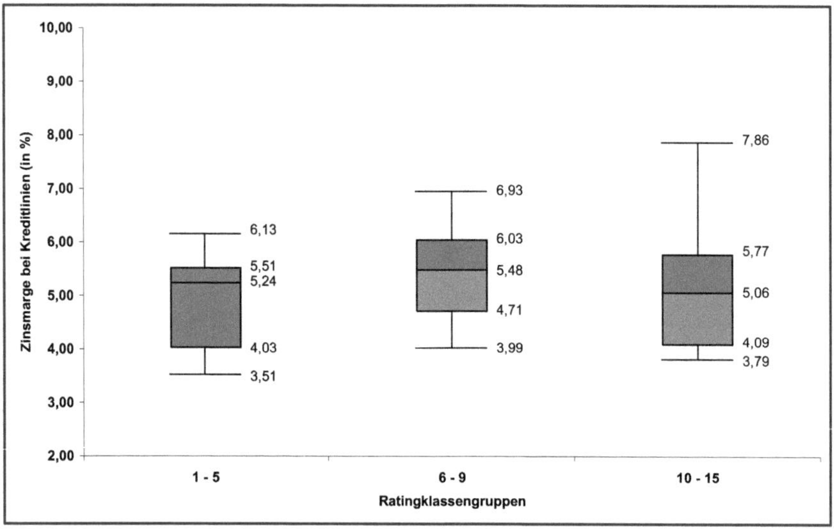

Des Weiteren ist hinsichtlich der Unternehmenscharakteristika erkennbar, dass das Alter der KMU einen signifikant negativen Effekt auf die Höhe der Kreditzinsen hat.[992] Andere empirische Studien weisen hier gemischte Ergebnisse auf. Während bei Harhoff/Körting (1998) auch ein negativer Effekt vorliegt, hatte bei Berger/Udell (1995) das Unternehmensalter keinen Einfluss auf die Kreditzin-

991 In Anlehnung an Machauer/Weber (1998), S. 1365. Die Anzahl der Kreditentscheidungen sind folgendermaßen verteilt: N (Ratingklassen 1-5)=49, N (Ratingklassen 6-9)=62, N (Ratingklassen 10-15)=31.

992 Da für das Unternehmensalter der Ausdruck *LN(1+Unternehmensalter)* in die Regression aufgenommen wurde, zeigt der Koeffizient die Veränderung der Zinsmarge bei einer einprozentigen Änderung des Unternehmensalters an. Der Koeffizient ist hier daher so zu interpretieren, dass bei einer Erhöhung des *LN(1+ Unternehmensalter)* um eine Standardabweichung die Zinsen um 0,42% (7. Spezifikation) sinken. Neben dem Unternehmensalter wurden so ebenfalls die Unternehmensgröße mit *LN(1+Bilanzsumme)* sowie die Kreditsumme mit *LN(1+Kreditsumme)* als Parameter in die Regressionsschätzungen aufgenommen.

Tabelle 50 – Determinanten der Zinsmarge bei Kreditlinien

	(I)	(II)	(III)	(IV)	(V)	(VI)	(VII)
Unternehmenscharakteristika[1]							
Rating*1 (Klassen 6-9)*	0,554 (2,216) **	0,678 (2,738) ***	0,567 (2,43) **	0,521 (2,199) **	0,451 (1,94) *	0,540 (2,229) **	0,482 (2,09) **
Rating*2 (Klassen 10-15)*	1,014 (3,258) ***	0,972 (3,188) ***	0,689 (2,455) **	0,715 (2,542) **	0,759 (2,701) ***	0,601 (2,03) **	0,715 (2,524) **
Unternehmensgröße	-0,233 (1,972) **	-0,164 (1,389)	-0,215 (1,917) *	-0,234 (2,064) **	-0,282 (2,579) ***	-0,422 (3,992) ***	-0,268 (2,458) **
Unternehmensalter	-0,461 (2,915) ***	-0,485 (2,499) **	-0,486 (2,73) ***	-0,557 (3,011) ***	-0,429 (2,771) ***	-0,461 (2,507) **	-0,416 (2,37) **
Gesellschaftsform	-0,425 (1,594)	-0,229 (0,852)	-0,124 (0,505)	-0,062 (0,242)	-0,152 (0,605)	-0,331 (1,321)	-0,239 (0,998)
Kreditcharakteristika[2]							
Kreditsumme	-0,381 (4,071) ***	-0,406 (4,421) ***	-0,335 (3,706) ***	-0,343 (3,785) ***	-0,349 (3,879) ***	-	-0,328 (3,601) ***
Blankoanteil (1-Besicherungsgrad)	0,001 (0,128)	0,005 (0,814)	-0,004 (0,624)	-0,006 (0,974)	-0,008 (1,405)	-0,012 (2,136) **	-0,006 (1,15)
Art des Kreditantrags							
Neukredit	-0,736 (2,644) ***	-0,674 (2,449) **	-0,256 (0,978)	-0,294 (1,107)	-0,382 (1,464)	-0,031 (0,118)	-0,306 (1,165)
Erweiterungskredit	-0,047 (0,182)	-0,095 (0,379)	-0,170 (0,744)	-0,219 (0,942)	-0,221 (0,944)	-0,251 (1,042)	-0,156 (0,677)
Beziehungscharakteristika[3]							
Hausbankstatus	-	0,950 (2,708) ***	0,588 (1,806) *	0,501 (1,509)	-	-	-
Dauer der Kreditbeziehung	-	-0,153 (0,756)	0,167 (0,865)	0,181 (0,922)	-	0,242 (1,199)	0,144 (0,743)
Vertrauen[4]							
Interorganisationales Vertrauen (Wohlwollen)	-	-	-0,344 (2,616) ***	-0,377 (2,825) ***	-0,396 (3,044) ***	-0,422 (3,076) ***	-0,382 (2,916) ***
Interorganisationales Vertrauen (Integrität)	-	-	-0,144 (0,839)	-0,136 (0,803)	-0,121 (0,715)	-0,323 (1,905) *	-0,141 (0,809)
Interpersonales Vertrauen (Wohlwollen)	-	-	-	0,152 (1,01)	0,182 (1,212)	-	-
Interpersonales Vertrauen (Integrität)	-	-	-	0,138 (1,136)	0,155 (1,315)	-	-
Kontrollvariablen[5]							
Bank	-0,543 (2,258) **	-0,473 (1,896) *	-0,428 (1,801) *	-0,466 (1,901) *	-0,605 (2,634) ***	-0,534 (2,165) **	-0,518 (2,206) **
Industrie							
Produktion	0,063 (0,173)	-0,070 (0,194)	0,169 (0,513)	0,042 (0,118)	0,075 (0,212)	0,065 (0,188)	0,250 (0,761)
Handel	-0,057 (0,155)	-0,092 (0,259)	-0,153 (0,453)	-0,273 (0,714)	-0,309 (0,808)	-0,301 (0,844)	-0,152 (0,448)
Dienstleistung	-0,033 (0,09)	-0,245 (0,666)	0,007 (0,021)	-0,080 (0,218)	-0,031 (0,086)	0,201 (0,561)	0,116 (0,341)
Bau	-0,006 (0,015)	0,057 (0,138)	0,248 (0,604)	0,055 (0,122)	-0,062 (0,137)	-0,020 (0,046)	0,204 (0,493)
Transport	0,134 (0,233)	0,464 (0,812)	0,374 (0,669)	-0,004 (0,008)	-0,173 (0,281)	-0,311 (0,554)	0,215 (0,386)
Jahr der Kreditentscheidung							
2008	-0,438 (1,759) *	-0,415 (1,696) *	-0,441 (1,955) *	-0,434 (1,914) *	-0,417 (1,843) *	-0,448 (1,869) *	-0,448 (1,967) **
2009	0,427 (1,543)	0,515 (1,889) *	0,298 (1,188)	0,290 (1,154)	0,286 (1,147)	0,117 (0,448)	0,262 (1,038)
Konstante	13,569 (11,056) ***	12,646 (9,251) ***	13,069 (9,157) ***	13,067 (9,082) ***	14,256 (11,232) ***	12,213 (9,667) ***	14,139 (10,796) ***
Adj. R^2	0,339	0,372	0,338	0,339	0,333	0,254	0,325
N	142	142	136	136	136	136	136
***F*-Test Statistiken**							
Unternehmenscharakteristika	9,30 ***	9,30 ***	5,49 ***	5,49 ***	5,49 ***	5,49 ***	5,49 ***
Kreditcharakteristika	4,73 ***	4,73 ***	5,08 ***	5,08 ***	5,08 ***	0,30	5,08 ***
Beziehungscharakteristika	-	3,60 **	3,24 **	3,24 **	-	0,65	0,34
Vertrauen	-	-	4,57 **	2,83 **	3,37 **	9,17 ***	5,47 ***
Kontrollvariablen	1,89 *	2,09 **	1,72	1,72	1,89 *	1,45	1,83 *

Anmerkung: OLS-Regression für Kreditentscheidungen 2007 bis 2009, abhängige Variable: Zinsmarge (Differenz aus Kunden- und Refinanzierungssatz), t-Werte in Klammern (zweiseitiger Test); *** signifikant auf dem 1%-Niveau, ** signifikant auf dem 5%-Niveau, * signifikant auf dem 10%-Niveau.

1. Rating=Dummyvariablen (Referenzkategorie: Ratingklassen 1-5), Unternehmensgröße=LN(1+Bilanzsumme in Tsd. €), Unternehmensalter=LN(1+Alter des Unternehmens seit Eintragung ins HR), Gesellschaftsform=Dummyvariable (1=Kapitalgesellschaft, 0=Personengesellschaft oder Einzel-/Gemeinschaftsunternehmung). **2.** Kreditsumme=LN(1+Kreditbetrag in €), Kredittyp=Dummyvariable (1=Kreditlinie, 0=Darlehen), Blankoanteil=1-prozentualer Besicherungsgrad des Gesamtobligos, Kreditverwendung (Neu-, Erweiterungskredit) als Dummyvariable codiert. **3.** Hausbankstatus=Dummyvariable (1=Hausbank, 0=keine Hausbank), Dauer der Kreditbeziehung=LN(1+Dauer der Kreditbeziehung). **4.** Vertrauensdimensionen über Faktorwerte aus Hauptkomponentenanalyse abgebildet (Werte standardisiert, unter- und oberhalb des 5%-/95%-Niveaus geglättet). **5.** Bank=Dummyvariable (1=Sparkasse A, 0=Sparkasse B), Industrie und Jahr der Kreditentscheidung jeweils als 1,0-Dummyvariablen codiert.

sen.[993] Das Ergebnis dieser Arbeit lässt sich so interpretieren, dass Firmen im Zeitverlauf eine gute Reputation hinsichtlich ihrer Kreditwürdigkeit aufbauen können, was aufgrund einer verringerten Unsicherheit für beide Banken zu geringeren Kreditzinsen führt.[994] Daher lässt sich argumentieren, dass beide Sparkassen älteren KMU eine höhere Reputation hinsichtlich ihrer Kreditwürdigkeit zuschreiben und dies mit einem niedrigeren Kreditzins honorieren.[995] Der Effekt ist jedoch nicht linear. Der in der siebten Spezifikation ermittelte Koeffizient von -0,42% zeigt an, dass eine Erhöhung des Unternehmensalters um bspw. 50% zu einer Reduktion des Zinssatzes um 21 Basispunkte führt.[996]

Des Weiteren lässt sich feststellen, dass von der Gesellschaftsform kein Einfluss auf die Kreditzinsen ausgeht. Der Koeffizient ist in jeder Spezifikation negativ, allerdings nicht signifikant. Dieses Ergebnis steht im Einklang mit den Arbeiten von Elsas/Krahnen (1998) und Harhoff/Körting (1998), in denen von der Gesellschaftsform ebenso kein signifikanter Einfluss auf die Kreditlinienzinsen ausging.[997] Im Gegensatz dazu kommen Berger/Udell (1995) und Machauer/Weber (1998) zu dem Ergebnis, dass Einzelunternehmungen im Vergleich zu Kapitalgesellschaften höhere Kreditzinsen auf Kreditlinien zahlen müssen.[998] Eine mögliche Ursache für die fehlende Signifikanz des negativen Einflusses der Gesellschaftsform in der vorliegenden Untersuchung kann darin liegen, dass beide Sparkassen prinzipiell einen höheren Anteil an eigentümergeführten Unternehmen[999] betreuen und aufgrund des relativ geringen Stichtprobenumfangs die Ergebnisse daher keine statistische Signifikanz aufweisen.

Wie das Unternehmensalter hat auch die Unternehmensgröße einen negativen Einfluss auf die Kreditlinienzinsen. Der Koeffizient ist bis auf die zweite in allen Spezifikationen mindestens beim 10%-Niveau signifikant. Dieses Ergebnis steht im Einklang mit den Erkenntnissen bei Elsas/Krahnen (1998), Harhoff/Körting

993 Berger/Udell (1995), S. 369 und S. 371 sowie Harhoff/Körting (1998), S. 1342.

994 Vgl. Petersen/Rajan (1994), S. 14 f.

995 Vgl. Petersen/Rajan (1994), S. 12 f.

996 Ein Unternehmen mit einem Alter von 2 Jahren würde im Durchschnitt einen um 21 Basispunkte höheren Kreditzins zahlen als ein Unternehmen mit einem Alter von 3 Jahren. Die gleiche Beziehung gilt ebenso für zwei Unternehmen mit Alterswerten von 20 und 30 Jahren.

997 Vgl. Elsas/Krahnen (1998), S. 1302 und Harhoff/Körting (1998), S. 1342.

998 Vgl. Berger/Udell (1995), S. 364 sowie Machauer/Weber (1998), S. 1366 f. Machauer/Weber (1998) interpretieren dieses Ergebnis damit, dass Einzelunternehmungen eher kleiner sind und somit geringere Kreditzinsen zahlen.

999 Die überschneidungsfreie Einteilung in Einzelunternehmungen und Kapitalgesellgesellschaften war in der vorliegenden Arbeit nicht immer so einfach möglich, da zu einem KMU häufig mehrere Gesellschaften gehören (z.B. Einzelunternehmung, OHG, KG oder GmbH), welche die Bank gemäß KWG als eine Kreditnehmereinheit zu werten hat. In der vorliegenden Arbeit wurden die KMU, bei denen der Großteil der Außenumsätze durch eine GmbH erzielt wurde, den Kapitalgesellschaften zugeordnet.

(1998) oder Ewert et al. (2000), die für den deutschen Kreditmarkt ebenfalls einen negativen Effekt feststellten.[1000] Dagegen ging bei Berger/Udell (1995) von der Unternehmensgröße am US-amerikanischen Kreditmarkt kein Einfluss aus.[1001] Es scheint daher ein Charakteristikum des deutschen Kreditmarkts zu sein, dass größere KMU geringere Kreditlinienzinsen zahlen. Der in dieser Studie ermittelte Effekt ist jedoch geringer als der Einfluss des Unternehmensalters. Der Koeffizient mit einem Wert von -0,24 zeigt an, dass bei einer Zunahme der Firmengröße um bspw. 50% sich die Kreditzinsen um rund 12 Basispunkte verringern.

Bei den Kreditcharakteristika hat die Antragsart Erweiterungskredit keinen Einfluss auf die Kreditzinsen. Die Antragsart Neukredit weist im Vergleich zur Referenzkategorie (Prolongationen und Sonstiges) einen negativen Effekt auf, ist allerdings nur in den ersten beiden Spezifikationen signifikant. Der Koeffizient für den Besicherungsgrad ist bis auf die sechste in keiner weiteren Spezifikation signifikant von Null verschieden.[1002] Dagegen hat die Höhe der Kreditsumme einen negativen Einfluss auf die Kreditzinsen. Der Koeffizient ist in allen Spezifikationen klar beim 1%-Niveau signifikant. Auch in den Studien von Elsas/Krahnen (1998) und Machauer/Weber (1998) hatte die Höhe der Kreditsumme einen negativen und hoch signifikanten Einfluss auf die Kreditzinsen.[1003] Wie beim Alter und der Größe der Unternehmen liegt auch bei der Kreditsumme ein abnehmender Effekt vor. Der Koeffizientenschätzer der siebten Spezifikation impliziert eine Reduktion der Kreditzinsen um rund 16 Basispunkte bei einer fünfzigprozentigen Erhöhung der Kreditsumme.[1004]

Die Analyse der geschätzten Anstiegsmaße für die Kontrollvariablen liefert folgende Ergebnisse: aus Tabelle 50 ist ersichtlich, dass der Koeffizient für den Bankdummy negativ und in allen Spezifikationen mindestens beim 10%-Niveau signifikant ist. Dies zeigt an, dass die KMU der Sparkasse A im Durchschnitt um rund 52 Basispunkte geringere Kreditlinienzinsen zahlen als in Sparkasse B. Auch zwischen den Banken bei Machauer/Weber (1998) gab es signifikante Unterschiede in einer Größenordung von 53 bis 127 Basispunkten.[1005] Der in die-

---

1000 Vgl. Elsas/Krahnen (1998), S. 1302, Harhoff/Körting (1998), S. 1342 und Ewert et al. (2000), S. 354.

1001 Vgl. Berger/Udell (1995), S. 369 und S. 370.

1002 Dies deutet darauf hin, dass der Besicherungsgrad durchaus einen Einfluss auf die Setzung der Kreditlinienzinsen hat, dieser Effekt jedoch durch die anderen unabhängigen Variablen überlagert wird.

1003 Vgl. Elsas/Krahnen (1998), S. 1302 und Machauer/Weber (1998), S. 1366 f.

1004 Auch die Kreditsumme wurde als Term *LN(1+Kreditsumme)* aufgenommen. Der geschätzte Koeffizient misst somit in jeder Spezifikation jeweils die Veränderung in der Zinsmarge bei einer einprozentigen Erhöhung der unabhängigen Variablen *Kreditsumme*. Zum Beispiel verringert sich bei einer Erhöhung der Kreditsumme um 100% die Zinsmarge auf die Kreditlinie um 42 Basispunkte. Vgl. beispielhaft zum Vorgehen Petersen/Rajan (1994), S. 13.

1005 Vgl. Machauer/Weber (1998), S. 1366.

ser Studie festgestellte Unterschied deutet somit darauf hin, dass die Sparkasse B erfolgreicher als Sparkasse A hinsichtlich der Durchsetzung höherer Kreditlinienzinsen am Kreditmarkt agiert.

Auch zeigt sich, dass die Dummyvariable des Jahres 2008 in allen Spezifikationen negativ und auf dem 5%-Niveau signifikant ist. Dies deutet darauf hin, dass im Vergleich zur Referenzkategorie 2007 die durchschnittliche Zinsmarge auf Kreditlinien im Jahr 2008 um rund 45 Basispunkte geringer war. Bei Verwendung des Jahres 2008 als Referenzkategorie ergibt sich, dass die Koeffizienten der Dummyvariablen für die Jahre 2007 und 2009 positiv signifikant sind.[1006] Somit weist das Jahr 2008 Besonderheiten in Bezug auf die Entwicklung der Kunden- und bankinternen Einstandszinsen[1007] auf. Für eine bessere Beurteilung der zeitlichen Entwicklung der Kreditlinienzinsmarge wurde in Anlehnung an Machauer/Weber (1998) ein weiteres Modell geschätzt, in dem die Dummyvariablen beider Jahre eliminiert und der Einstandszinssatz aufgenommen wurde.[1008] Das Ergebnis dieses Modells zeigt, dass der Koeffizient des Einstandszinssatzes auf dem 5%-Niveau signifikant ist und in der siebten Spezifikation einen Wert von -0,364 aufweist. Dies bedeutet, dass beide Sparkassen Änderungen beim Einstandszins nicht vollständig an die KMU weitergeben. Der negative Koeffizient impliziert sinkende Zinsmargen bei steigenden Markzinsen und steigende Zinsmargen bei sinkenden Marktzinsen, was als eine zeitlich verzögerte Weitergabe der Marktzinsänderungen an die Unternehmen interpretiert werden kann.[1009] Bei Machauer/Weber (1998) lag der gleiche Effekt mit einer ähnlichen Größenordnung vor.[1010] Die Autoren interpretieren die verzögerte Weitergabe der

1006 Der Koeffizient des 2007-Dummy liegt bei 0,44 (t-Wert gleich 1,93), während der Koeffizient des 2009-Dummy einen Wert von 0,70 (t-Wert gleich 2,82) aufweist.

1007 Der bankinterne Refinanzierungssatz wurde auf der Basis der Kapitalmarktzinsen errechnet, der sich als gewichteter Durchschnitt zu 60% aus dem 3-Monats-Moving-Average des 3-Monats-Euribor und zu 40% aus dem 3-Jahres-Moving-Average des Bankenrefinanzierungssatzes mit einer Laufzeit von 3 Jahren zusammensetzt. Diese Methodik entspricht den in beiden Sparkassen angewandten Berechnungslogiken, die im Rahmen der Markzinsmethode zur Kalkulation der Aktivmargen auf die Kreditlinien verwendet werden.

1008 Die Ergebnisse dieser Regressionsspezifikationen sind im Anhang 3 dargestellt. Machauer/Weber (1998) verwendet in seiner Panelregression gleichzeitig sowohl den Einstandszins und die Jahresdummyvariablen. In der vorliegenden Untersuchung ist dieses Vorgehen für die Analyse der Kreditlinienzinsmargen nicht notwendig, da keine gegenläufigen Effekte in der zeitlichen Entwicklung auftreten. Bei der Analyse der Darlehenszinsmargen hingegen werden in der vorliegenden Studie sowohl die Einstandszinsen als auch die Jahresdummyvariablen berücksichtigt, da im Zeitverlauf gegeneinander laufende Effekte auftreten.

1009 Hierbei wird unterstellt, dass beide Sparkassen sich bei der Kalkulation der Kreditzinsen für die Kreditlinien am aktuellen Stand des Kapitalmarktzinses orientieren. Davon kann ausgegangen werden, da in beiden Häusern die Markzinsmethode angewendet wird.

1010 Vgl. Machauer/Weber (1998), S. 1366 ff. Bei Machauer/Weber (1998) betrugt der Effekt 51 Basispunkte, wobei die Autoren jedoch den Interbankenzinssatz für Tagesgeld als Proxy für den bankinternen Einstandszinssatz verwendet haben.

Änderungen der Kapitalmarktzinsen als eine Glättung der Kreditzinsen (*interest rate smoothing*). Für die Banken bedeutet dies, dass sie in Zeiten steigender (sinkender) Kapitalmarktzinsen weniger (mehr) Erträge im Kreditliniengeschäft erzielen.[1011]

Abbildung 39 – Zeitlicher Verlauf der Kunden- und Einstandzinsen bei Kreditlinien

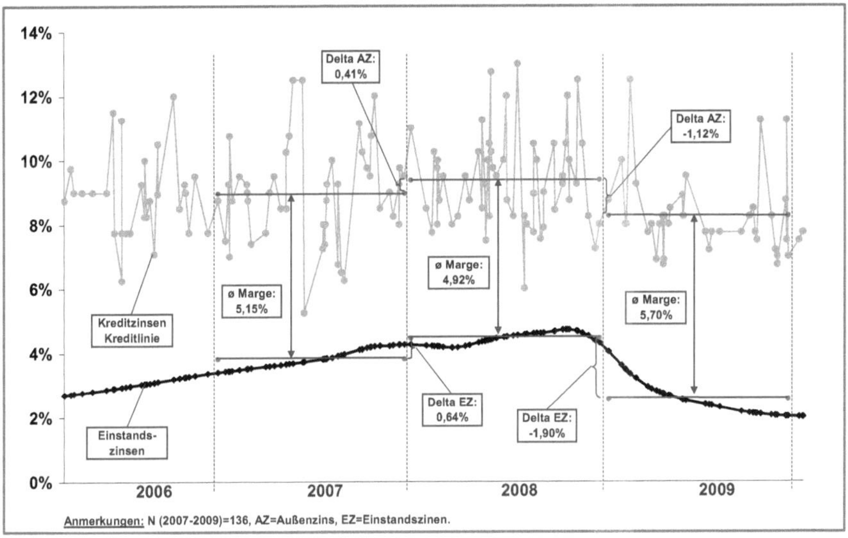

Der zeitliche Nachlauf bei der Anpassung der Kreditlinienzinsen wird ebenfalls aus Abbildung 39 sichtbar. Die untere Linie zeigt den Verlauf der Einstandszinsen für die Jahre 2006 bis 2009, während die zackenförmig verlaufende Linie den Verlauf der Kreditlinienzinsen der Kreditentscheidungen darstellt. Es ist zu sehen, dass die Einstandzinsen von 2006 bis 2008 kontinuierlich und vor allem zum Ende der Jahre 2007 und 2008 stärker angestiegen sind. Ein Hauptgrund hierfür liegt im Ausbruch der Finanzkrise und der damit einhergehenden Vertrauenskrise zwischen den Banken begründet, welche zu einer allgemeinen Anhebung des Zinsniveaus am Interbankenmarkt führte.[1012] Erst ab dem Ende des Jahres 2008 sanken die Einstandszinsen aufgrund staatlicher Interventionsmaßnahmen von knapp über 4% wieder auf rund 2% bis zum Ende des Jahres 2009 ab. Der zeitliche Nachlauf bei der Kreditzinsanpassung an das sich verändernde Marktniveau wird grafisch deutlich, wenn man die Änderungen der jährlich

1011 Vgl. Machauer/Weber (1998), S. 1366.

1012 Die Entwicklungen ausgewählter Kapitalmarktzinssätze sind in Anhang 4 dargestellt.

durchschnittlichen Zinsniveaus bei Einstands- und Kreditlinienzinsen gegenüber stellt. Während von 2007 auf 2008 die durchschnittlichen Einstandzinsen um 0,64% stiegen, wurde der Kreditlinienzins im Durchschnitt nur um 0,41% erhöht. Dementsprechend sank die Marge um 23 Basispunkte von 5,15% auf 4,92%. Im folgenden Jahr zeigt sich der gegenteilige Effekt. Während die Einstandszinsen im Durchschnitt um 1,90% sanken, gaben beide Sparkassen nur 1,12% Prozent an die KMU weiter. Demzufolge stieg die Kreditlinienzinsmarge durchschnittlich um 78 Basispunkte von 4,92% auf 5,70%.

6.1.3 Einfluss von Vertrauen und der beziehungsspezifischen Faktoren auf die Kreditlinienzinsen

In Bezug auf die beziehungsspezifischen Parameter ist aus Tabelle 51 ersichtlich, dass von der Dauer der Kreditbeziehung kein signifikanter Einfluss auf die Kreditzinsen ausgeht. Dieses Ergebnis steht im Einklang mit den Erkenntnissen der Studien zum Relationship Banking für den deutschen Markt.[1013] Der Koeffizient des Hausbankdummy zeigt jedoch an, dass KMU mit Hausbankstatus höhere Kreditzinsen zahlen müssen. Dieses Ergebnis steht im Widerspruch zu den Erkenntnissen bei Elsas/Krahnen (1998) und Machauer/Weber (1998). In beiden Studien mussten KMU in Hausbankbeziehungen keine höheren Kreditlinienzinsen zahlen.[1014] Um den Einfluss des Hausbankstatus in dieser Untersuchung besser verstehen zu können, werden im Folgenden mögliche Interdependenzen zwischen dem Hausbankstatus und anderen unabhängigen Variablen untersucht. In Tabelle 51 sind hierfür die durchschnittlichen Kreditsummen, Zinsmargen, Höhen der Gesamtengagements und Bilanzsummen in Abhängigkeit vom Hausbankstatus dargestellt.

Die durchschnittliche Kreditsumme liegt bei den Kreditbeziehungen mit Hausbankstatus bei € 472.690 und ist damit geringer als bei den Kreditbeziehungen ohne Hausbankstatus, welche eine durchschnittliche Kreditsumme von € 726.739 aufweisen. Wie im vorangegangenen Kapitel gezeigt, hat die Höhe der Kreditsumme einen signifikant negativen Einfluss auf die Kreditzinsen. Dieser Effekt spiegelt sich auch bei den Hausbank- und Nicht-Hausbankbeziehungen wider. Da bei den Kreditbeziehungen mit Hausbankstatus die Kreditsummen wesentlich kleiner sind als bei den Nicht-Hausbankbeziehungen, ist ebenfalls die

1013 Vgl. Elsas/Krahnen (1998), S. 1302, Machauer/Weber (1998), S. 1366 und Harhoff/Körting (1998), S. 1342.

1014 Vgl. Elsas/Krahnen (1998), S. 1302 und Machauer/Weber (1998), S. 1366.

Tabelle 51 – Unternehmens- und kreditspezifische Parameter nach Hausbankstatus

	keine Hausbank	Hausbank	Gesamte Stichprobe
Anzahl Kreditentscheidungen	23	113	**136**
Kreditsumme (Mittelwerte, in €)	726.739	472.690	**515.654**
Zinsmarge (Mittelwerte)	4,651%	5,313%	**5,201%**
Gesamtengagement (Mittelwerte, in €)	8.203.209	3.857.955	**4.592.814**
Bilanzsumme (Mittelwerte, in €)	14.724.478	6.660.204	**8.024.015**

durchschnittliche Zinsmarge für KMU mit Hausbankstatus mit 5,31% größer als bei jenen ohne Hausbankstatus, bei denen die Zinsmarge bei 4,65% liegt.

Des Weiteren zeigt sich aus Tabelle 51, dass sich der Unterschied bei den Kreditsummen vor allem auf die Größe der Unternehmen zurückführen lässt. Die durchschnittlichen Bilanzsummen liegen bei € 14,72 Mio. für KMU ohne und bei € 8,02 Mio. für KMU mit Hausbankstatus. Es kann vermutet werden, dass zwischen der Größe eines Unternehmens und der Kreditsumme ein positiver Zusammenhang besteht. Dies wird durch die Ergebnisse einer OLS-Regression zwischen beiden Variablen bestätigt, deren Ergebnisse in Abbildung 40 dargestellt sind. Das adjustierte R^2 mit einem Wert von 0,155 und der mit einem Wert von 0,510 beim 1%-Niveau signifikante Koeffizient für die erklärende Variable Bilanzsumme zeigen, dass die Kreditsummen größerer Unternehmen im Durchschnitt höher sind als jene bei kleineren KMU.

Außerdem zeigt sich, dass ebenso zwischen dem Hausbankstatus und der Bilanzsumme ein Zusammenhang besteht. In Abbildung 41 sind die Ergebnisse einer OLS-Regression des Hausbankstatus auf die Bilanzsumme dargestellt. Das adjustierte R^2 mit einem Wert von 0,09 sowie der negative und auf dem 1%-Niveau signifikante Koeffizient mit einem Wert von -0,881 zeigen, dass die KMU mit Hausbankstatus im Durchschnitt kleiner sind als jene ohne Hausbankstatus. Dies lässt die Schlussfolgerung zu, dass in der vorliegenden Arbeit der Hausbankdummy vor allem Niveauunterschiede in Bezug auf die Unternehmensgröße abbildet. Die Struktur der Firmenkunden beider Sparkassen weist somit eine Besonderheit in der Gestalt auf, dass beide Sparkassen vermehrt kleine und mittelgroße KMU als Hausbank betreuen, während bei mittelgroßen und großen KMU andere Banken tendenziell die Hausbankfunktion innehaben.[1015]

1015 In Interviews mit Kundenberatern und zwei Bereichsleitern aus der Firmenkundenbetreuung und Kreditsachbearbeitung wurde dies bestätigt und mehrfach geäußert, dass jede Sparkas-

Abbildung 40 – OLS-Regression der Bilanzsumme auf die Kreditsumme

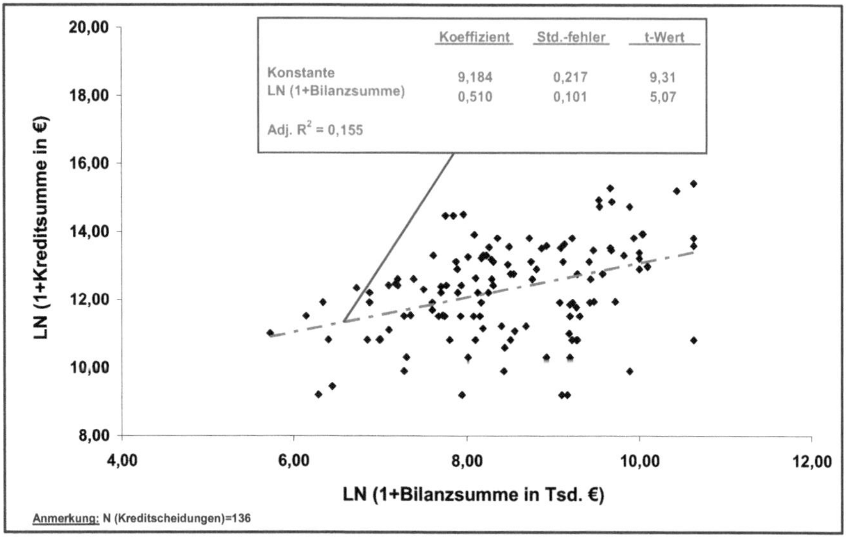

Abbildung 41 – OLS-Regression des Hausbankstatus auf die Bilanzsumme

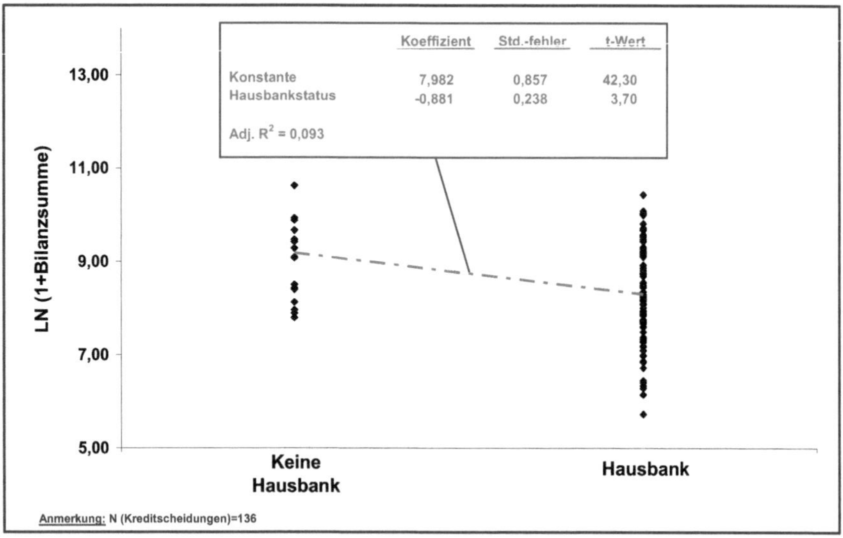

sen vor allem kleine und mittlere KMU mit Firmensitz vor Ort als Hausbank betreuen, während größere KMU hingegen verstärkt mit Privatbanken Hausbankbeziehungen eingehen.

Die Tatsache, dass der Hausbankstatus in der vorliegenden Stichprobe ein Proxy für die Unternehmensgröße ist, wird ebenfalls bei der Betrachtung der ersten vier Regressionsspezifikationen in Tabelle 50 deutlich. Während die *„tatsächliche"* Unternehmensgröße, abgebildet über die Bilanzsumme, in der ersten Spezifikation beim 5%-Niveau signifikant ist, verliert sie durch die Aufnahme des Hausbankstatus in der zweiten Spezifikation ihre Signifikanz vollständig und ist in der dritten Spezifikation nur knapp auf dem 10%-Niveau signifikant. Der Hausbankstatus zeigt dagegen, wie für kleine und mittelgroße KMU und den damit einhergehenden geringeren Kreditsummen zu erwarten, höhere Kreditzinsen an. Der Koeffizient für den Hausbankstatus ist erst nach Berücksichtigung aller unabhängigen Variablen in der vierten Spezifikation knapp beim 10%-Niveau nicht mehr signifikant. Aufgrund der Tatsache, dass der Hausbankstatus in der vorliegenden Untersuchung nur ein Proxy für die Unternehmensgröße ist, lässt sich somit festhalten, dass wie in den Studien bei Elsas/Krahnen (1998) und Machauer/Weber (1998) auch in dieser Untersuchung vom Hausbankstatus kein Einfluss auf die Kreditlinienzinsen ausgeht.[1016]

Hinsichtlich des Einflusses von Vertrauen ist zuerst festzustellen, dass die Koeffizienten der beiden Dimensionen des interpersonalen Vertrauens positive Werte aufweisen, jedoch in keiner Spezifikation signifikant von Null verschieden sind.[1017] Vom interpersonalen Vertrauen geht damit kein direkter Einfluss auf die Kreditlinienzinsen aus.[1018] Daneben zeigt sich allerdings, dass die beiden Dimensionen des interorganisationalen Vertrauens eine negative Wirkung auf die Kreditlinienzinsen haben. Allerdings ist nur der Koeffizient der Wohlwollensdimension in allen Spezifikationen auf dem 1%-Niveau signifikant, während bei der Integritätsdimension dieser nur in der sechsten Spezifikation Signifikanz auf dem 10%-Niveau aufweist.

Der negative Einfluss des Wohlwollens auf die Kreditlinienzinsen wird ebenfalls aus Tabelle 52 deutlich, in der die durchschnittlichen Zinsmargen in Abhängigkeit von den Vertrauensdimensionen und der Kreditsumme dargestellt sind.

1016 Vgl. Elsas/Krahnen (1998), S. 1301 f. und Machauer/Weber (1998), S. 1366. Um Interdependenzen zwischen den unabhängigen Variablen Kreditsumme, Unternehmensgröße und Hausbankstatus zu vermeiden, wird der Hausbankdummy in den weiteren Analysen zu den Kreditzinsen auf Kreditlinien nicht berücksichtigt.

1017 Bei der Aufnahme von Vertrauen wurden sechs Ausreißer in Bezug auf die Beziehung zwischen Vertrauen und der Zinsmarge festgestellt und aus dem Datensatz eliminiert. Daher weisen die Spezifikationen drei bis sieben anstatt von 142 nur 136 Kreditentscheidungen auf.

1018 Aufgrund der Mindestanforderungen an das Risikomanagement (MaRisk) sind in Banken die Markt- von den Marktfolgebereichen zu trennen sowie bei Kreditentscheidungen immer mindestens zwei voneinander unabhängige Voten notwendig (vgl. BTO 1.1 (Funktionstrennung und Votierung) der MaRisk). Das Ergebnis, wonach das persönliche Vertrauen des Firmenkundenbetreuers allein keinen Einfluss auf die Kreditzinsen für Kreditlinien hat, steht daher im Einklang mit den MaRisk.

Bei den 67 Kreditentscheidungen in der unteren Medianhälfte lag die durchschnittliche Kreditsumme bei € 94.060, während die 69 Kreditentscheidungen in der oberen Medianhälfte eine durchschnittliche Kreditsumme von € 925.029 aufweisen.[1019] Die durchschnittliche Zinsmarge lag für die kleineren Kreditsummen bei 5,75% und für die großen Kreditsummen bei 4,67%. Der negative Einfluss des Wohlwollens wird unabhängig von der Höhe der Kreditsumme bei Betrachtung der durchschnittlichen Zinsmargen deutlich. Für die kleinen Kreditsummen liegt die durchschnittliche Zinsmarge bei 5,90% in der unteren und bei 5,60% in der oberen Medianhälfte der Wohlwollensdimension. Bei den großen Kreditsummen zeigt sich ein ähnliches Bild. In der unteren (oberen) Medianhälfte der Wohlwollensdimension liegt die durchschnittliche Zinsmarge bei 4,76% (4,58%). Dies bestätigt den negativen, von der Höhe der Kreditsumme unabhängigen Einfluss des Wohlwollens auf die Kreditlinienzinsen.

Tabelle 52 – Verteilung von Kreditsumme, KK-Zinsmarge und Anzahl Kreditlinienentscheidungen in Abhängigkeit von Kreditsumme und Vertrauen

		Durchschnittliche Kreditsumme (in €, Mediansplit nach Kreditsumme)			Durchschnittliche Zinsmarge (Mediansplit nach Kreditsumme)			Anzahl Kreditentscheidungen (Mediansplit nach Kreditsumme)		
		Untere Medianhälfte	Obere Medianhälfte	Gesamte Stichprobe	Untere Medianhälfte	Obere Medianhälfte	Gesamte Stichprobe	Untere Medianhälfte	Obere Medianhälfte	Gesamte Stichprobe
Vertrauen (Wohlwollen)	Untere Medianhälfte	99.831	735.694	**436.465**	5,903%	4,756%	**5,296%**	32	36	**68**
	Obere Medianhälfte	88.783	1.131.576	**594.844**	5,601%	4,584%	**5,107%**	35	33	**68**
Vertrauen (Integrität)	Untere Medianhälfte	97.970	549.219	**320.123**	5,475%	5,037%	**5,260%**	33	32	**65**
	Obere Medianhälfte	90.265	1.250.054	**694.662**	6,007%	4,359%	**5,148%**	34	37	**71**
Gesamte Stichprobe		**94.060**	**925.029**	**515.654**	**5,745%**	**4,673%**	**5,201%**	**67**	**69**	**136**

1. Mediansplit anhand der Kreditsumme 2. Mediansplit anhand der Faktorwerte aus explorativer Faktorenanalyse

Bei der Integritätsdimension hingegen liegt ein differenziertes Bild vor. Der negative Effekt tritt hier nur bei den Kreditentscheidungen mit hohen Kreditsummen auf (Verringerung von 5,04% auf 4,36%). Bei Kreditentscheidungen mit kleinen Kreditsummen liegt ein umgekehrter Effekt vor. Ein höheres Ausmaß an Integrität führt hier zu einer durchschnittlich höheren Zinsmarge auf die Kreditlinie (Erhöhung von 5,48% auf 6,01%). Für die gesamte Stichprobe ergibt sich für die Integritätsdimension damit ein nur leicht negativer Effekt. Dies ist auch die Erklärung dafür, warum der Koeffizient der Integritätsdimension nur in der sechsten Regressionsspezifikation leicht signifikant ist.

Harhoff/Körting (1998), Püthe (2009) und Howorth/Moro (2010) sind bisher die einzigen, die den Einfluss von Vertrauen auf die Kreditlinienzinsen unter-

1019 Zur Darstellung des Einflusses von Vertrauen und der Kreditsumme auf die Zinsmargen, wurde die Stichprobe auf Basis der Mediane der Kreditsumme und der Vertrauensdimensionen geteilt.

sucht haben. Bei Harhoff/Körting (1998) hatte die Einschätzung der KMU-Manager in Bezug auf das gegenseitige Vertrauen zur Bank einen negativen Effekt auf die Kreditlinienzinsen in einer Größenordnung von 32 bis 48 Basispunkten.[1020] Bei Püthe (2009) wirkte sich das interpersonale Wohlwollen des Firmenkundenbetreuers negativ auf die Kreditlinienzinsen in einer Größenordung von rund 36 Basispunkten aus.[1021] In der Untersuchung von Howorth/Moro (2010) ging von Vertrauen ein negativer Effekt auf die Kreditlinienzinsen in einer Höhe von rund 18 Basispunkten aus.[1022] In der vorliegenden Arbeit liegen die Koeffizienten für das interorganisationale Wohlwollen mit Werten von -0,344 bis -0,422 auf einem ähnlichen Niveau wie in den Studien von Harhoff/Körting (1998) und Püthe (2009). In der sechsten Spezifikation dieser Untersuchung, die der von Harhoff/Körting (1998) bevorzugten dritten Variante am Nächsten kommt[1023], ist der Koeffizient für das Wohlwollen mit einem Wert -0,422 betragsmäßig am Größten und erreicht fast das selbe Niveau. Ebenso liegt das adjustierte R^2 in dieser Studie mit einem Wert von 0,254 auf dem Niveau wie bei Harhoff/Körting (1998) oder Püthe (2009).[1024]

Ein Erklärungsansatz für den negativen Einfluss des Wohlwollens auf die Kreditlinienzinsen wird durch Püthe (2009) gegeben.[1025] Die Autorin argumentiert, dass höheres Wohlwollen zu einem stärkeren Informationsaustausch führt, was eine präzisere Risikoeinschätzung für die Bank möglich macht und zu niedrigeren Kreditlinienzinsen führt.[1026] Der letzte Teil dieser Argumentationskette erscheint plausibel. Bei der Setzung der Kreditzinsen verwenden die Banken in der Regel ein Kalkulationsschema, in dem neben den Einstandszinsen, die Eigenkapitalkosten für unerwartete Verluste, die erwarteten Verluste, die Standardbetriebskosten sowie die Gewinnmarge der Bank eingepreist werden.[1027] Die wichtigste Variable stellt hierbei die erwartete Ausfallwahrscheinlichkeit eines

1020 Vgl. Harhoff/Körting (1998), S. 1342 f.

1021 Vgl. Püthe (2009), S. 326.

1022 Vgl. Howorth/Moro (2010), S. 12.

1023 Vgl. Harhoff/Körting (1998), S. 1341 ff. Hierbei ist jedoch anzumerken, dass Harhoff/Körting (1998) in ihrer Studie weder die Höhe der Kreditsumme noch den Hausbankstatus als Variablen berücksichtigt haben.

1024 Vgl. Harhoff/Körting (1998), S. 1343 und Püthe (2009), S. 326. Das adjustierte R^2 liegt in beiden Studien jeweils bei 0,275 und 0,289.

1025 Harhoff/Körting (1998) gehen in keiner Weise auf mögliche Ursachen für den negativen Einfluss von Vertrauen ein. Hierzu Harhoff/Körting (1998), S. 1344: „*Thus, price conditions for lines of credit in Germany are apparently not affected by the duration of the lending relationship or by the number of institutions from which the firm borrows. Trust between the borrowing and the lending organization may nonetheless contribute to a significant reduction of the costs of external finance.*"

1026 Vgl. Püthe (2009), S. 325.

1027 Vgl. Püthe (2009), S. 311.

Unternehmens dar.[1028] Die Ermittlung erfolgt in der Regel mit Hilfe eines bankinternen Risikomodells, welches auf der Basis von Finanzkennzahlen und anderen Parametern eines Unternehmens dessen Ausfallwahrscheinlichkeit berechnet und in eine Risikoklasse einstuft. Die errechnete Ausfallwahrscheinlichkeit für ein Unternehmen bleibt jedoch nur eine Schätzung und bei der Einstufung eines Unternehmens in eine Risikoklasse kann es immer auch zu Fehlklassifizierungen kommen.[1029] Eine mit dem höheren Wohlwollen einhergehende höhere Präzision bei der Risikoeinschätzung wird dazu führen, dass die allgemeine Unsicherheit hinsichtlich der Ermittlung der Ausfallwahrscheinlichkeit für Banken abnimmt und niedrigere Kreditzinsen die Folge sind.[1030]

Der erste Teil der Argumentationskette, wonach höheres Wohlwollen die Quantität des Informationsaustauschs zwischen der Bank und einem Unternehmen erhöht, ist vor allem vor dem Hintergrund der empirischen Schlaglichter bei Burghof (2000) fraglich. Die Untersuchung von sechs Kreditbeziehungen durch Burghof (2000) zeigt, dass die Treiber für den Informationsaustausch vor allem struktureller Natur sind.[1031] Das Wohlwollen kann daher in Bezug auf die Quantität ausgetauschter Informationen nur eine untergeordnete Rolle spielen. Gemäß Mayer et al. (1995) stellt Wohlwollen „*the extent to which a trustee is believed to want to do good to the trustor, aside from an egocentric profit motive*"[1032] dar und meint die "*perception of a positive orientation of the trustee toward the trustor*"[1033]. Die Herausbildung solch positiver Grundeinstellungen basiert auf den Erfahrungswerten, die eine Partei in einer Transaktionsbeziehung im Zeitverlauf sammelt und geht mit der Herausbildung beziehungsspezifischer Routinen und Gepflogenheiten sowie enger und teilweise freundschaftlicher Beziehungen einher.[1034] Beziehungen, in denen ein Partner einem anderen hohes Wohlwollen attestiert, sind daher durch Loyalität, das Zurückstellen der eigenen Interessen sowie eine geringe Motivation des gegenseitigen Belügens gekennzeichnet.[1035]

Vor allem die Motivation, sich in einer Transaktionsbeziehung gegenseitig nicht zu belügen, lässt sich damit in Verbindung bringen, dass die durch Bank

1028 Die Ermittlung der anderen Parameter ist für Banken mit keiner hohen Unsicherheit behaftet.

1029 Vgl. zur Prognosegüte bankinterner Risikomodelle beispielhaft Lehmann (2008), S. 60 ff.

1030 Hier ist jedoch anzumerken, dass diese Argumentation an die Bedingung geknüpft ist, dass die Banken, im Wissen um die Unsicherheit bei der Schätzung der Ausfallwahrscheinlichkeiten mit Hilfe der bankinternen Risikomodelle, einen implizit leicht höheren Kreditzins von jenen Unternehmen verlangen, bei denen ein niedrigeres Wohlwollen vorliegt.

1031 Vgl. Burghof (2000), S. 289 ff. Die Ergebnisse zeigen, dass der Informationsaustausch vor allem dann stark zunimmt, wenn bei Unternehmen eine Krise auftritt, oder sie im Rahmen einer Insolvenz abgewickelt werden.

1032 Mayer et al. (1995), S. 718.

1033 Mayer et al. (1995), S. 719.

1034 Vgl. Nooteboom et al. (1997), S. 312 f.

1035 Vgl. Mayer et al. (1995), S. 719.

wahrgenommene „*Verlässlichkeit harter Informationen*" positiv beeinflusst wird.[1036] Im Vergleich zu Püthe (2009) ergibt sich damit eine leicht veränderte Ergebnisinterpretation in Bezug auf die Kreditlinienzinsen. Höheres Wohlwollen führt demnach nicht zu einer Erhöhung der Quantität der ausgetauschten Informationen, sondern beeinflusst die durch die Bank wahrgenommene „*Verlässlichkeit der harten Informationen*" positiv, welche selbst als der Haupttreiber angesehen werden kann, der zu einer höheren Präzision bei Risikobewertung und in Folge dessen zu geringeren Kreditlinienzinsen führt.[1037]

6.1.4 Einfluss der unternehmens- und kreditspezifischen Faktoren auf die Darlehenszinsen

Zur Untersuchung des Einflusses der unternehmens- und kreditspezifischen Faktoren sowie von Vertrauen und der beziehungsspezifischen Faktoren auf die Darlehenszinsen wurden sieben Regressionsspezifikationen geschätzt. Die Ergebnisse dieser Schätzungen sind in Tabelle 53 dargestellt.[1038] In diesem Unterkapitel werden die Ergebnisse zu den unternehmens- und kreditspezifischen Parametern erörtert. Zuerst wird wieder die Anpassungsgüte der Schätzungen an die empirischen Daten beurteilt. Die höchsten Erklärungsgehalte werden in der vierten und siebten Spezifikation mit adjustierten R^2 von 0,552 und 0,553 erzielt.[1039] Im Vergleich zu anderen empirischen Studien weisen die Bestimmtheitsmaße ein ähnliches Niveau auf.[1040]

1036 In einem zusätzlichen Strukturmodell, in dem nicht das gesamte Vertrauenskonstrukt, sondern jeweils die einzelnen Dimensionen als exogene Variable berücksichtigt wurden, konnte dieses Ergebnis für die Wohlwollensdimension bestätigt werden.

1037 Da es nicht das Ziel dieser Arbeit ist, Erklärungsbeiträge in Bezug auf die kognitionspsychologischen Prozesse bei den in Kreditbeziehungen involvierten Individuen zu leisten, ist es an dieser Stelle nicht möglich, weitergehende Erklärungsansätze für das Zusammenspiel von erhöht wahrgenommener Verlässlichkeit der Berichtsinformationen, präziserer Risikoeinschätzung und geringeren Kreditlinienzinsen zu geben.

1038 Die Reduktion der Stichprobengröße von 143 auf 140 in allen Regressionsspezifikationen liegt darin begründet, dass bei drei Darlehensentscheidungen aus den Kreditakten zwar die jeweilige Marge jedoch kein Einstandszins ermittelt werden konnte.

1039 Für die Beurteilung der Ergebnisse wird im folgenden Unterkapitel auf die siebte Spezifikation abgestellt, da hier alle relevanten Einflussparameter berücksichtigt sind und das höchste adjustierte Bestimmtheitsmaß erzielt wird.

1040 Vgl. Degryse/van Cayseele (2000), S. 101, Lehmann/Neuberger (2001), S. 350 sowie Machauer/Weber (1998), S. 1366. Bei Degryse/van Cayseele (2000) variieren die adjustierten R^2 zwischen 0,207 und 0,578, während Lehmann/Neuberger (2001) in den drei Regressionsspezifikationen Werte für das adjustierte R^2 von 0,161 bis 0,263 erzielt. Machauer/Weber (1998) führt ebenso wie in dieser Studie eine Panelregression über verschiedene Jahre durch und erzielt ein adjustiertes R^2 von 0,588.

Wie bei den Kreditlinien zeigt sich auch bei den Darlehen, dass das Rating einen positiven Einfluss auf die Kreditzinsen hat. Im Vergleich zur Referenzkategorie mit den Ratingklassen 1 bis 5 zahlen KMU mit einem Rating von 6 bis 9 durchschnittlich um 0,26% höhere und KMU mit einem Rating von 10 bis 15 um durchschnittlich 0,64% höheren Darlehenszinsen. Im Unterschied zu den Kreditlinien sind die durchschnittlichen Zinsmargen bei den Darlehen zwischen den drei Ratingklassengruppen signifikant voneinander verschieden.[1041] Dies wird beim Vergleich der Verteilungen der Zinsmargen je Ratingklassengruppe deutlich.[1042]

Abbildung 42 – Boxplot der Zinsmargen für Darlehen nach Ratingklassengruppen[1043]

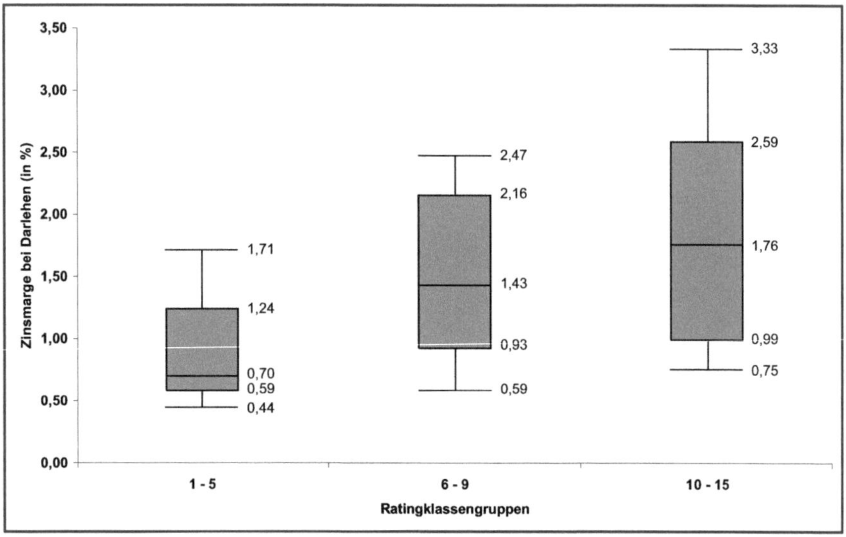

Wie aus Abbildung 42 ersichtlich, steigen die Zinsmargen entlang der drei Ratingklassengruppen an. Der Median der Zinsmarge liegt in der ersten Gruppe bei 0,70% und erhöht sich über 1,43% in der zweiten auf 1,76% in der dritten Ra-

1041 Wird die zweite Ratingklassengruppe als Referenzkategorie in der siebten Spezifikation verwendet, so ergibt sich ein Koeffizientenschätzer für den Dummy der Ratingklassengruppe drei (Ratingklasse 10 bis 15) von 0,378, der beim 1%-Niveau signifikant ist (t-Wert=2,55). Dies bedeutet, dass KMU in der dritten Ratingklassengruppe um durchschnittlich 0,38% höhere Darlehenszinsen zahlen als KMU in der zweiten Ratingklassengruppe.

1042 Es wurde dieselbe Verteilung der Perzentile wie in Abbildung 38 angewandt.

1043 In Anlehnung an Machauer/Weber (1998), S. 1365. Die Anzahl der Kreditentscheidungen sind folgendermaßen verteilt: N (Ratingklassen 1-5)=49, N (Ratingklassen 6-9)=62, N (Ratingklassen 10-15)=31.

tingklassengruppe. Darüber hinaus spiegeln die Spannen der Zinsmargen die mit dem Rating steigenden Darlehenszinsen wider. Während die Spanne der Zinsmargen in der ersten Ratingklassengruppe für die KMU innerhalb des 10%- bis 75%-Perzentilwerts von 0,59% bis 1,24% reicht, liegt sie in der zweiten Gruppe bei 0,93% bis 2,16%. Im Unterschied zu den Kreditlinien liegt die Zinsmargenspanne für die dritte Ratingklassengruppe mit Werten von 0,99% bis 2,59% über denen der zweiten Ratingklassengruppe. Damit lässt sich hinsichtlich des Einflusses des Ratings auf die Darlehenszinsen festhalten, dass beide Sparkassen sowohl zwischen den guten und mittleren als auch zwischen den mittleren und schlechten Bonitäten bei der Bepreisung der Darlehen differenzieren. Im Unterschied zu den Kreditlinien kann festgehalten werden, dass beide Sparkassen bei den Darlehen eine verstärkt risikoadjustierte Bepreisung vornehmen.

In Bezug auf die Unternehmenscharakteristika zeigt sich, dass das Alter der Unternehmen einen negativen Effekt auf die Höhe der Darlehenszinsen hat.[1044] Eine Erhöhung um bspw. 50% führt zu einer Verringerung der Kreditzinsen um 21 Basispunkte. Das Unternehmensalter, welches als ein Proxy für die Reputation eines KMU in Bezug auf seine Kreditwürdigkeit angesehen werden kann,[1045] führt wie bei den Kreditlinien somit auch bei den Darlehen zu einer Reduktion der Kreditzinsen.

Des Weiteren hat auch die Unternehmensgröße einen negativen Einfluss auf die Darlehenszinsen. Der Koeffizient ist in vier von sechs Spezifikationen signifikant. Auch bei Petersen/Rajan (1994) und Lehmann/Neuberger (2001) lag ein negativer Effekt vor, während Degryse/van Cayseele (2000) keinen Einfluss der Unternehmensgröße auf die Darlehenszinsen nachweisen konnten.[1046] Hier sei jedoch angemerkt, dass weder Petersen/Rajan (1994) noch Lehmann/Neuberger (2001) die Kreditsumme berücksichtigt haben. Das spiegelt sich auch im Ergebnis der sechsten Spezifikation wider, in der die Kreditsumme ausgeschlossen wurde. Der Koeffizient für die Unternehmensgröße weist in dieser Spezifikation ein wesentlich höheres Signifikanzniveau auf.[1047] Dagegen ist in der siebten Spezi-

---

1044 Das Ergebnis ist jedoch nicht mehr so eindeutig wie bei den Kreditlinien. Der Koeffizient ist sowohl in der ersten, zweiten und fünften Spezifikation nicht von Null signifikant verschieden. Dies lässt sich vor allem auf Interaktionseffekte mit den Variablen Hausbankstatus und der Dauer der Kreditbeziehung zurückführen. In einer alternativen Schätzung der ersten Spezifikation, bei der die Dauer der Kreditbeziehung noch zusätzlich aufgenommen wurde, liegt der Koeffizient für das Unternehmensalter bei -0,34 und ist beim 10%-Niveau signifikant (t-Wert=1,80, p-Wert=0,07).

1045 Vgl. Petersen/Rajan (1994), S. 14 f.

1046 Vgl. Petersen/Rajan (1994), S. 12, Degryse/van Cayseele (2000), S. 100 und Lehmann/Neuberger (2001), S. 350.

1047 Die Erhöhung der Signifikanz der Unternehmensgröße in der sechsten Spezifikation (t-Wert=3,30) ist auf die Nichtberücksichtigung der Kreditsumme zurückzuführen.

Tabelle 53 – Determinanten der Darlehenszinsmarge

	(I)	(II)	(III)	(IV)	(V)	(VI)	(VII)
Unternehmenscharakteristika[1]							
Rating1 *(Klassen 6-9)*	0,350	0,370	0,294	0,284	0,353	0,268	0,260
	(2,572) **	(2,664) ***	(2,117) **	(2,06) **	(2,552) **	(1,898) *	(1,934) *
Rating2 *(Klassen 10-15)*	0,665	0,692	0,659	0,648	0,699	0,741	0,641
	(4,089) ***	(4,272) ***	(4,161) ***	(4,075) ***	(4,321) ***	(4,499) ***	(4,04) ***
Unternehmensgröße	-0,060	-0,064	-0,124	-0,119	-0,070	-0,213	-0,128
	(0,924)	(0,973)	(1,874) *	(1,782) *	(1,063)	(3,298) ***	(1,956) *
Unternehmensalter	-0,094	-0,038	-0,196	-0,248	-0,113	-0,203	-0,212
	(0,953)	(0,333)	(1,626)	(2,001) **	(0,94)	(1,67) *	(1,826) *
Gesellschaftsform	0,103	0,156	0,112	0,153	0,197	0,089	0,134
	(0,773)	(1,149)	(0,848)	(1,135)	(1,432)	(0,637)	(1,008)
Kreditcharakteristika[1]							
Kreditsumme	-0,198	-0,204	-0,183	-0,178	-0,200	-	-0,179
	(3,999) ***	(4,153) ***	(3,801) ***	(3,655) ***	(4,054) ***		(3,696) ***
Blankoanteil (1-Besicherungsgrad)	0,003	0,003	0,003	0,002	0,002	0,001	0,002
	(0,817)	(0,839)	(0,715)	(0,51)	(0,537)	(0,161)	(0,429)
Art des Kreditantrags							
Neukredit	-0,128	-0,107	-0,128	-0,153	-0,125	-0,124	-0,154
	(0,904)	(0,755)	(0,884)	(1,055)	(0,892)	(0,817)	(1,062)
Erweiterungskredit	0,173	0,152	0,124	0,168	0,218	0,094	0,163
	(0,423)	(0,376)	(0,313)	(0,423)	(0,541)	[illegible]	(0,411)
Beziehungscharakteristika[1]							
Hausbankstatus	-	0,113	0,146	0,152	0,118	-	-
		(0,604)	(0,796)	(0,832)	(0,63)		
Dauer der Kreditbeziehung	-	-0,205	-0,102	-0,060	-0,165	-0,010	-0,064
		(1,909) *	(0,946)	(0,531)	(1,488)	(0,085)	(0,573)
Vertrauen[2]							
Interorganisationales Vertrauen (Wohlwollen)	-	-	-0,220	-0,201	-	-0,247	-0,193
			(2,856) ***	(2,561) **		(3,062) ***	(2,482) **
Interorganisationales Vertrauen (Integrität)	-	-	0,132	0,146	-	0,144	0,151
			(1,572)	(1,699) *		(1,592)	(1,753) *
Interpersonales Vertrauen (Wohlwollen)	-	-	-	-0,023	0,035	-0,070	-0,016
				(0,248)	(0,386)	(0,735)	(0,176)
Interpersonales Vertrauen (Integrität)	-	-	-	0,128	0,144	0,141	0,127
				(1,669) *	(1,882) *	(1,788) *	(1,669) *
Kontrollvariablen[1]							
Einstandszins	-0,505	-0,543	-0,545	-0,569	-0,570	-0,611	-0,558
	(5,687) ***	(6,018) ***	(6,225) ***	(6,445) ***	(6,268) ***	(6,745) ***	(6,402) ***
Bank	0,237	0,190	0,290	0,365	0,250	0,399	0,346
	(1,736) *	(1,364)	(2,098) **	(2,363) **	(1,641)	(2,506) **	(2,271) **
Industrie							
Produktion	-0,133	-0,105	-0,198	-0,213	-0,170	-0,114	-0,200
	(0,691)	(0,537)	(1,021)	(1,03)	(0,81)	(0,529)	(0,969)
Handel	-0,392	-0,437	-0,494	-0,421	-0,413	-0,374	-0,422
	(2,225) **	(2,48) **	(2,889) ***	(2,177) **	(2,103) **	(1,849) *	(2,19) **
Dienstleistung	-0,649	-0,766	-0,799	-0,754	-0,758	-0,580	-0,709
	(2,815) ***	(3,187) ***	(3,42) ***	(3,126) ***	(3,069) ***	(2,37) **	(3,016) ***
Bau	-0,553	-0,592	-0,377	-0,348	-0,635	-0,242	-0,383
	(2,576) ***	(2,712) ***	(1,656) *	(1,353)	(2,666) ***	(0,917)	(1,513)
Transport	-0,383	-0,347	0,005	-0,038	-0,483	0,110	-0,086
	(1,248)	(1,125)	(0,016)	(0,107)	(1,458)	(0,302)	(0,245)
Jahr der Kreditentscheidung							
2008	0,218	0,208	0,287	0,313	0,253	0,378	0,308
	(1,544)	(1,479)	(2,084) **	(2,257) **	(1,785) *	(2,616) ***	(2,228) **
2009	-0,261	-0,317	-0,240	-0,280	-0,348	-0,290	-0,263
	(1,225)	(1,485)	(1,157)	(1,347)	(1,631)	(1,337)	(1,273)
Konstante	6,369	6,956	7,515	7,098	6,667	5,838	7,183
	(7,529) ***	(7,573) ***	(7,934) ***	(7,251) ***	(7,112) ***	(6,176) ***	(7,403) ***
Adj. R^2	0,505	0,514	0,549	0,552	0,520	0,505	0,553
N	140	140	140	140	140	140	140
***F*-Test Statistiken**							
Unternehmenscharakteristika	8,24 ***	8,24 ***	8,24 ***	8,24 ***	8,24 ***	8,24 ***	8,24 ***
Kreditcharakteristika	4,33 ***	4,33 ***	4,33 ***	4,33 ***	4,33 ***	0,34	4,33 ***
Beziehungscharakteristika	-	0,00	0,00	0,00	0,00	0,11	0,00
Vertrauen	-	-	5,71 ***	3,56 ***	1,86	4,35 ***	3,49 ***
Kontrollvariablen	7,63 ***	8,21 ***	8,21 ***	8,21 ***	8,21 ***	7,88 ***	8,21 ***

Anmerkung: OLS-Regression für Kreditentscheidungen 2007 bis 2009, abhängige Variable: Zinsmarge (Differenz aus Kunden- und Refinanzierungssatz), t-Werte in Klammern (zweiseitiger Test); *** signifikant auf dem 1%-Niveau, ** signifikant auf dem 5%-Niveau, * signifikant auf dem 10%-Niveau.

1. Es wurden die selben Variablencodierungen wie in der Analyse der Kreditlinienzinsen verwendet.
2. Vertrauensdimensionen über Faktorwerte aus Hauptkomponentenanalyse abgebildet (Werte standardisiert, unter- und oberhalb des 5%-/95%-Niveaus geglättet).

fikation der Koeffizient nur noch auf dem 10%-Niveau signifikant. Damit lässt sich folgern, dass der wesentliche Einfluss von der Kreditsumme und nicht der Unternehmensgröße ausgeht. Allerdings hat auch die Unternehmensgröße einen wenn auch schwächeren Einfluss. Eine Erhöhung um bspw. 100% reduziert die Kreditzinsen um 13 Basispunkte.

Wie auch bei den Kreditlinien hat die Kreditsumme einen negativen Effekt auf die Darlehenszinsen. Der Koeffizient ist in allen Spezifikationen auf dem 1%-Niveau signifikant und zeigt an, dass eine Erhöhung der Kreditsumme um bspw. 100% mit einer Reduktion der Darlehenszinsen um rund 18 Basispunkte einhergeht. Weiterhin lässt sich für die kreditspezifischen Parameter konstatieren, dass weder der Typ des Kreditantrags noch die Kreditsicherheiten einen Einfluss auf die Darlehenszinsen haben. Für die Höhe der Besicherung konnten Degryse/van Cayseele (2000) und Lehmann/Neuberger (2001) einen negativen Einfluss auf die Darlehenszinsen nachweisen.[1048] Eine Ursache dafür, dass in der vorliegenden Studie kein Effekt festgestellt werden konnte, liegt darin begründet, dass als unabhängige Variable der Besicherungsgrad des gesamten Kreditengagements verwendet worden ist. Im Gegensatz dazu rekurrieren Degryse/van Cayseele (2000) und Lehmann/Neuberger (2001) jeweils auf den Besicherungsgrad des Einzelkredits. Die festgestellten Erkenntnisdifferenzen sind somit nicht inhaltlicher Natur, sondern auf Unterschiede bei der Variable selbst zurückführen.[1049] Der Besicherungsgrad des gesamten Kreditengagements scheint somit keinen Einfluss auf die Höhe der Darlehenszinsen zu haben.

Hinsichtlich der Kontrollvariablen ist festzustellen, dass der Koeffizient des Bankdummy positiv und auf dem 10%-Niveau signifikant ist. Dieses Ergebnis zeigt an, dass im Unterschied zu den Kreditlinien bei den Darlehen die Sparkasse A in der Lage ist, im Durchschnitt um 35 Basispunkte höhere Kreditzinsen bei ihren Firmenkunden durchzusetzen. Des Weiteren ist ersichtlich, dass KMU aus dem Dienstleistungssektor im Durchschnitt um 71 und aus dem Handelssektor im Durchschnitt um 42 Basispunkte geringere Darlehenszinsen zahlen. Außerdem zeigt sich, dass die Zinsmargen bei den Darlehen ebenfalls Änderungen im Zeitverlauf unterliegen. Im Unterschied zu den Kreditlinien wurden bei den Darlehen sowohl der Einstandszinssatz als auch die jeweiligen Jahresdummyvariablen in die jede Regressionsspezifikation aufgenommen.[1050] Wie auch bei den Kreditli-

1048 Vgl. Degryse/van Cayseele (2000), S. 100 und Lehmann/Neuberger (2001), S. 350.

1049 Die Untersuchung von Degryse/van Cayseele (2000) basiert auf einem Datensatz mit 17.429 Einzelkrediten einer belgischen Großbank, wobei zu jedem Kredit der jeweilige Besicherungsgrad angegeben ist. Die Datenerhebung bei Lehmann/Neuberger (2001) erfolgte auf der Basis eines standardisierten Fragebogens, in dem die Firmenkundenbetreuer aufgefordert wurden, Angaben zu einer Einzelkreditentscheidung eines KMU zu tätigen.

1050 Dieses Vorgehen wurde bei den Darlehen deshalb gewählt, um den unterschiedlichen Entwicklungen sowohl beim Einstands- als auch beim Außen-/Kundenzins Rechnung zu tragen.

nien ist der Koeffizient für den Einstandszinssatz in jeder Spezifikation negativ und auf dem 1%-Niveau signifikant. Dies bedeutet, dass beide Sparkassen Änderungen beim Einstandszins auch bei den Darlehen nicht in vollem Ausmaß an die Unternehmen weitergeben. Eine Erhöhung (Verringerung) der Einstandszinsen um 1% führt zu einer Verringerung (Erhöhung) der Darlehenszinsmarge um 0,56%. Weiterhin zeigt sich, dass das Jahr 2008 von einer Besonderheit geprägt ist. Der Koeffizient des Dummy zeigt an, dass im Vergleich zum Referenzjahr 2007 die Zinsmarge im Jahr 2008 im Durchschnitt um 31 Basispunkte höher war.[1051] Der zeitliche Verlauf der Darlehenszinsmargen wird ebenso in Abbildung 43 veranschaulicht.

Abbildung 43 – Zeitlicher Verlauf der Kunden- und Einstandzinsen bei Darlehen

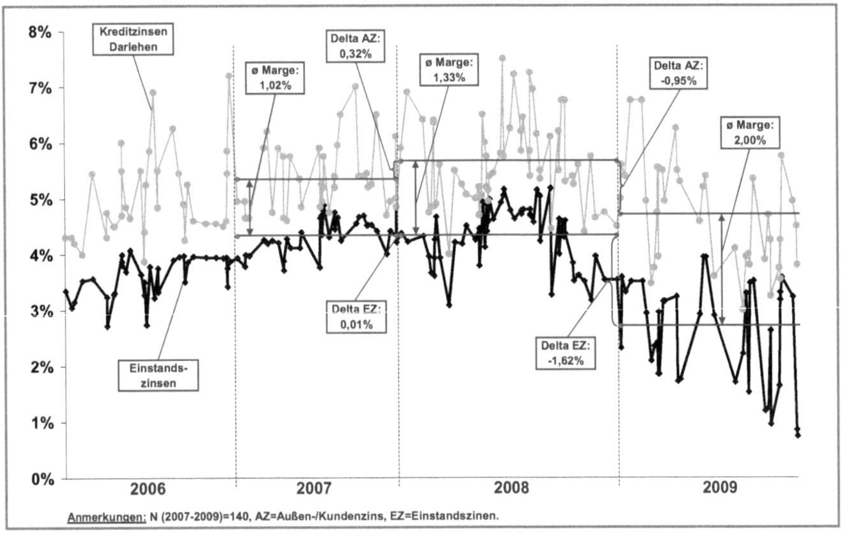

Wie aus Abbildung 43 ersichtlich bleibt der Einstandszins in den Jahren 2007 und 2008 nahezu konstant und sinkt erst ab dem Ende des Jahres 2008 ab. Änderungen bei der Zinsmarge, die durch Änderungen beim Kundenzins hervorgerufen werden, können in den Jahren 2007 und 2008 nur durch die Dummyvariablen für die Jahre aufgefangen werden. Dagegen werden Änderungen der Zinsmarge ab dem Ende des Jahres 2008 durch den Einstandszins als erklärende Variable aufgefangen.

1051 Der Dummy für das Jahr 2009 zeigt im Vergleich zum Referenzjahr 2007 einen negativen Effekt an, der allerdings statistisch nicht signifikant ist. Wird 2008 als Referenzjahr verwendet, zeigen die Koeffizienten der beiden Dummyvariablen für 2007 und 2009 signifikant negative Unterschiede mit Werten von jeweils -0,31 (t-Wert gleich 2,23) und -0,57 (t-Wert gleich 2,87) an. Dies deutet an, dass im Jahr 2008 eine signifikant höhere Zinsmarge vorlag, die durch Änderungen beim Einstandszins hervorgerufen wurde.

Es ist zu erkennen, dass der durchschnittliche Einstandszins zwischen den Jahren 2007 und 2008 nahezu konstant bleibt.[1052] Hingegen wurde der Kreditzins im Jahr 2008 durch beide Banken um durchschnittlich 0,32% Basispunkte erhöht. Demzufolge stieg die Darlehenszinsmarge im Durchschnitt um 32 Basispunkte. Mit Ende des Jahres 2008 sank der Einstandszins und lag für das gesamte Jahr 2009 im Durchschnitt um 1,62% unter dem Niveau von 2008. Diese Verringerung wurde durch beide Sparkassen nur teilweise in einem Umfang von lediglich 0,92% an die Unternehmen weitergegeben. Die Darlehenszinsmarge stieg weiter und erreichte durchschnittlich rund 200 Basispunkte.

Die Ausweitung der Darlehenszinsmarge könnte durch die Folgen der Finanzkrise ausgelöst worden werden. Beide Banken konnten von 2007 bis 2009 ihre Darlehenszinsmargen nahezu verdoppeln. Die Erhöhung der Zinsmargen im Jahr 2008 lässt sich nicht auf eine Änderungen bei den Einstandszinsen zurückführen. Vielmehr scheint die Verknappung der Mittel am Kreditmarkt[1053] dazu geführt zu haben, dass beide Sparkassen höhere Darlehenszinsen durchsetzen konnten. Ab dem 3. Quartal des Jahres 2008 kam es zu einem starken Absinken der Kapitelmarktzinsen[1054] und somit auch der bankinternen Einstandszinsen. Es lässt sich vermuten, dass aufgrund der Verknappung des Kreditmittelangebots beide Sparkassen nicht gezwungen waren, diesen Rückgang in vollem Umfang an die Unternehmen weiter zu geben. Im Unterschied zur Entwicklung bei den Kreditlinienmargen kam es bei den Darlehen zu einer permanenten Ausweitung der Zinsmarge. Eine Ursache für den Unterschied zwischen Kreditlinien und Darlehen ist darin zu sehen, dass rund 74% der Darlehenskreditentscheidungen Neuanträge waren, während dies nur für rund 25% der Anträge bei den Kreditlinien zutraf.[1055] Dies bedeutet, dass die Ausreichung von Darlehen für beide Sparkassen mit einer Bereitstellung von Kapital einherging. Es scheint daher plausibel, dass das aufgrund der Finanzkrise verringerte Kapitalangebot zu einer Ausweitung der Zinsmargen vor allem bei den Darlehen geführt hat.

1052 Der durchschnittliche Einstandszins erhöht sich lediglich um einen Basispunkt.

1053 Eine mögliche Verknappung lässt sich dadurch erklären, dass es bei vielen Banken auf dem deutschen Kreditmarkt aufgrund des durch die Finanzkrise ausgelösten Wertverfall zum Beispiel bei ABS-Papieren zu einem erhöhten Abschreibungsbedarf und damit zu einem allgemeinen Absenken der Eigenkapital- und Kernkapitalquoten gekommen ist. Dadurch stand diesen Banken insgesamt weniger Kapital zur Verfügung, welches sie als Kreditmittel an Unternehmen ausreichen konnten.

1054 Vgl. zum zeitlichen Verlauf ausgewählter Kapitalmarktzinsen Anhang 4.

1055 Von den 143 Darlehensentscheidungen stellten 105 und von den 142 Kreditlinienentscheidungen 36 jeweils Neuanträge dar.

6.1.5 Einfluss von Vertrauen und der beziehungsspezifischen Faktoren auf die Darlehenszinsen

Wie aus Tabelle 53 ersichtlich, haben weder der Hausbankstatus noch die Dauer der Kreditbeziehung einen Einfluss auf die Darlehenszinsen. Die Koeffizienten beider Größen sind in keiner Spezifikation annähernd signifikant. Diese Ergebnisse stehen im Einklang mit den Erkenntnissen bei Petersen/Rajan (1994) und Lehmann/Neuberger (2001).[1056] In beiden Arbeiten hatte die Länge der Kreditbeziehung keinen Einfluss auf die Darlehenszinsen. Darüber hinaus konnte auch Lehmann/Neuberger (2001) keinen signifikanten Einfluss des Hausbankstatus nachweisen. Im Unterschied dazu stellen Degryse/van Cayseele (2000) fest, dass die Länge der Kreditbeziehung zu höheren und der Hausbankstatus zu niedrigeren Kreditzinsen führt.[1057]

Über die Ursache der Erkenntnisdifferenzen zwischen dieser Arbeit und der von Degryse/van Cayseele (2000) lässt sich an dieser Stelle nur spekulieren. Ein möglicher Grund könnte in der unterschiedlichen Berücksichtigung der unabhängigen Variablen liegen. Degryse/van Cayseele (2000) verwenden die Kreditsumme als erklärende Variable nur in den letzten beiden Spezifikationen. Die Aufnahme dieses Parameters bewirkt jedoch, dass auf der einen Seite der Einfluss der Dauer der Kreditbeziehung auf die Darlehenszinsen stark abnimmt und nicht mehr oder nur auf dem 10%-Niveau signifikant ist.[1058] Auf der anderen Seite ändert auch der Koeffizient für den Proxy des Hausbankstatus seine Richtung und ist positiv.[1059] Die Ergebnisse bei Degryse/van Cayseele (2000) erscheinen damit nicht ausreichend stabil zu sein, um sichere Rückschlüsse über den Einfluss der beziehungsspezifischen Parameter treffen zu können.[1060] Eine weitere Ursache

1056 Vgl. Petersen/Rajan (1994), S. 13 ff. und Lehmann/Neuberger (2001), S. 350.

1057 Vgl. Degryse/van Cayseele (2000), S. 99 ff.

1058 Der Koeffizient für die Variable Dauer der Kreditbeziehung beträgt in der von Degryse/van Cayseele (2000) bevorzugten dritten Spezifikation 0,233. Nach Berücksichtigung der Kreditsumme (siebte und achte Spezifikationen bei Degryse/van Cayseele (2000)) liegt der Koeffizient nur noch bei Werten von 0,017 und 0,039 an, was einen Rückgang der Effektgröße jeweils um 93% und 83% bedeutet.

1059 Ursache hierfür könnte ein Simultanitätsproblem zwischen der Kreditsumme, dem Hausbankstatus und den Zinsen sein, welches möglicherweise den Koeffizienten für die Hausbankvariable verzerrt. Hierzu Degryse/van Cayseele (2000), S. 103: „*These results suggest that the simultaneity problems between loan size and loan rate are affecting the change in sign of MAIN reported in specifications (7) and (8).*" Ähnlich wie in dieser Arbeit ist es auch für die Untersuchung von Degryse/van Cayseele (2000) vorstellbar, dass der Dummy für den Hausbankstatus ein Proxy für die Unternehmensgröße oder die Kreditsumme ist.

1060 Des Weiteren ist aus Tabelle II bei Degryse/van Cayseele (2000) ersichtlich, dass der Koeffizient für die Größe des Unternehmens (SMALL) hinsichtlich der Höhe, der Richtung sowie liegt vermutlich darin, dass Degryse/van Cayseele (2000) in ihrem Datensatz nur kleine Unternehmen berücksichtigen.[1061] In einer separaten Regressionsanalyse, in der nur mittelgroße und große KMU aufgenommen werden, stellen die Autoren fest, dass der Koeffizient für die Dauer der Kreditbeziehung seine statistische und der für den Hausbankstatus seine ökonomische Signifikanz verliert.[1062] Es kann somit davon ausgegangen werden, dass auch in der Studie von Degryse/van Cayseele (2000) die Dauer der Kreditbeziehung und der Hausbankstatus nur einen geringen Einfluss auf die Darlehenszinsen ausüben. Damit scheinen die Ergebnisse der vorliegenden Arbeit nicht im Widerspruch zu den Erkenntnissen bei Degryse/van Cayseele (2000) zu stehen.

Hinsichtlich des Einflusses von Vertrauen lässt sich zuerst feststellen, dass beim interorganisationalen Vertrauen das Wohlwollen, ebenso wie bei den Kreditlinienzinsen auch, einen negativen Einfluss auf die Darlehenszinsen ausübt. Der Koeffizient liegt zwischen -0,193 und -0,247 und ist mindestens auf dem 5%-Niveau signifikant. Im Unterschied zu den Kreditlinienzinsen geht jedoch von der Integritätsdimension des interpersonalen Vertrauens ein signifikant positiver Einfluss auf die Darlehenszinsen aus. Der Koeffizient weist Werte von 0,127 und 0,144 auf und ist in allen Spezifikationen beim 10%-Niveau signifikant. Darüberhinaus zeigt auch beim interorganisationalen Vertrauen der Koeffizient der Integritätsdimension mit Werten zwischen 0,132 und 0,151 einen positiven Effekt an und ist in zwei Spezifikationen beim 10%-Niveau signifikant.[1063] Das bedeutet in Summe, dass das durch den Firmenkundenbetreuer und die Bank höher wahrgenommene Maß an Integrität zu einer leichten Erhöhung der Darlehenszinsen führt.

Für eine mögliche Erklärung des positiven Effekts ist es sinnvoll, sich die Definition der Integritätsdimension noch einmal zu vergegenwärtigen. Integrität geht mit der Wahrnehmung des Vertrauensgebers einher, dass sich der Vertrauensnehmer an Prinzipien und Wertvorstellungen gebunden fühlt, die der Vertrauensgeber als akzeptabel erachtet.[1064] Für den Kontext interorganisationaler Firmenbeziehungen kann Integrität (Institutionalisierung) als „*institutionalization of values and norms that constitute an ethics of transactional relationships*“[1065]

---

des Signifikanzniveaus entlang der acht Spezifikationen mit unter starken Schwankungen unterworfen ist. Auch dies deutet auf die geringe Stabilität der Ergebnisse in der Studie von Degryse/van Cayseele (2000) hin.

1061 Vgl. Degryse/van Cayseele (2000), S. 94 f. In der Untersuchung werden nur KMU mit weniger als 10 Mitarbeitern und einem Außenumsatz von weniger als 250 Mio. belgische Francs (rund $ 7 Mio.) berücksichtigt.

1062 Vgl. Degryse/van Cayseele (2000), S. 103.

1063 In den Spezifikationen drei und sechs wird das 10%-Niveau jeweils nur knapp unterschritten.

1064 Vgl. Mayer et al. (1995), S. 719.

1065 Nooteboom et al. (1997), S. 313.

verstanden werden. Institutionalisierte Werte oder Normen stellen zum Beispiel das Interesse von Geschäftspartnern an der Kontinuität einer Beziehung, Fairness beim Umgang miteinander, die Erfüllung von Versprechungen, die Offenheit bei der Kommunikation oder auch gemeinsame Werte dar.[1066] Das Vorliegen solcher Werte und Normen impliziert, dass die Partner in ökonomischen Austauschbeziehungen nicht nur auf die kurzfristige Maximierung der Gewinne abstellen, sondern auch die Interessen der anderen Partei berücksichtigen.

In Kreditbeziehungen mit KMU sind gerade die Erlöse aus dem Darlehensgeschäft für Banken eine wichtigte Ertragsquelle.[1067] Während eingeräumte Kreditlinien meist mit saisonalen Schwankungen durch die Unternehmen genutzt werden[1068], stellen Darlehen für Banken eine relativ sichere Einnahmequelle dar, bei denen in aller Regel die Laufzeit, der Tilgungsanteil und der Zinssatz mit dem Unternehmen vereinbart, was im Vergleich zu den Kreditlinien für Banken regelmäßige Zahlungseingänge mit sich bringt und somit ein höheres Maß an Ertragssicherheit bedeutet. Es lässt sich daher vermuten, dass für Banken ein hohes Interesse besteht, speziell bei Darlehen höhere Kreditzinsen zu erzielen, um damit eine höhere Sicherheit hinsichtlich der Erträge aus dem Kreditgeschäft zu erzielen.

Es lässt sich vermuten, dass beide Sparkassen jenen KMU ein hohes Maß an Integrität attestieren, welche das geschäftliche Interesse beider Banken hinsichtlich der Erzielung höherer Darlehenszinsen als einen Wert der Transaktionsbeziehung verinnerlicht haben. Jene Unternehmen werden nicht mit aller Macht in den Kreditverhandlungen auf die Durchsetzung eines für die Bank betriebswirtschaftlich gerade noch akzeptablen Zinssatzes drängen. Der mit der höheren Integrität einhergehende positive Effekt auf die Darlehenszinsen könnte damit einerseits als ein hohes Maß an Fairness zwischen der Bank und dem Unternehmen und andererseits als das beiderseitige Interesse an einer auf Kontinuität angelegten Geschäftsbeziehung interpretiert werden.

1066 Vgl. Mayer et al. (1995), S. 719 f. und 723.

1067 Vgl. Püthe (2009), S. 221 f.

1068 Ursache hierfür sind zum Beispiel das Auseinanderfallen von Leistungserstellung und zeitlich versetzter Bezahlung durch den Leistungsempfänger oder die Vorfinanzierung von Roh-, Hilfs- oder Betriebsstoffen.

6.2 Vertrauen und Kreditsicherheiten

6.2.1 Datenbasis

Die Analyse des Einflusses enger Bank-KMU-Beziehungen auf die Stellung von Kreditsicherheiten ist der zweite zentrale Baustein der empirischen *Relationship Banking*-Forschung. Um den Einfluss der verschiedenen Faktoren auf die Höhe der Kreditsicherheiten zu ermitteln, wird in den bisher vorliegenden empirischen Arbeiten allgemein das Besicherungsniveau als Zielvariable verwendet, dieses jedoch auf verschiedenste Art und Weise abgebildet. So verwenden zum Beispiel Berger/Udell (1995), Harhoff/Körting (1998) oder Degryse/van Cayseele (2000) Dummyvariablen, die anzeigen, ob die Einzelkredite besichert waren.[1069] Im Unterschied dazu nutzen Machauer/Weber (1998) und Lehmann/Neuberger (2001) das prozentuale Besicherungsniveau als abhängige Variable.[1070] Püthe (2009) verwendet sowohl einen Dummy als auch das prozentuale Besicherungsniveau.[1071] In der vorliegenden Arbeit wird zur Analyse der Sicherheitenstellung das prozentuale Besicherungsniveau des gesamten Kreditengagements eines Unternehmens als abhängige Variable verwendet. Dies ist vor allem deshalb sinnvoll, da einerseits die Einzelkredite ein und desselben Unternehmens stark unterschiedlich besichert sein können und darüber hinaus die in der Praxis anzutreffenden Kreditsicherheiten mit weitem Sicherungszweck sich nur schwer auf die Einzelkredite eines Unternehmens verteilen lassen.[1072]

Wie aus Tabelle 54 ersichtlich, stehen für die empirische Analyse 185 Kreditanträge mit unterschiedlichen Besicherungsniveaus zur Verfügung.[1073] Dabei

1069 Vgl. Berger/Udell (1995), S. 373 f., Harhoff/Körting (1998), S. 1335 und Degryse/van Cayseele (2000), S. 104 f.

1070 Vgl. Machauer/Weber (1998), S. 1368 und Lehmann/Neuberger (2001), S. 354. Machauer/Weber (1998) verwenden in ihrer Untersuchung das Besicherungsniveau des gesamten Engagements als abhängige Variable. Aus den Ausführungen bei Lehmann/Neuberger (2001) wird nicht ersichtlich, auf welches prozentuale Besicherungsniveau die Arbeit abstellt.

1071 Vgl. Püthe (2009), S. 330.

1072 Allgemein wird bei Sicherheiten zwischen einem engen und weiten Sicherungszweck unterschieden. Sicherheiten mit einem engen Sicherungszweck dienen nur der Besicherung eines einzelnen Kredits und stehen nicht als Sicherheit für andere Kreditforderungen der Bank gegenüber dem Unternehmen zur Verfügung. Ein Beispiel hierfür ist die Sicherungsübereignung einer mittels Darlehen finanzierten Maschine. Im Unterschied dazu sind Sicherheiten mit weitem Sicherungszweck auf sämtliche Kreditforderungen der Bank ausgedehnt. Ein Beispiel hierfür stellt die Globalzession dar, bei der die Bank sich sämtliche Lieferantenforderungen des Unternehmens zur Besicherung des Kreditengagements (und nicht nur von Einzelkrediten) abtreten lässt.

1073 Der Unterschied zu den 285 Kreditentscheidungen für die Analyse der Kreditzinsen resultiert daraus, dass für die Analyse der Kreditsicherheiten jeweils nur das Besicherungsniveau entfallen zwei Drittel (127 Entscheidungen) auf die Sparkasse A und ein Drittel (58 Entscheidungen) auf die Sparkasse B. Von den 185 Kreditanträgen stellen 77 reine Kreditlinienentscheidungen und 50 reine Darlehensentscheidungen dar. Bei den restlichen 58 Anträgen handelt es sich um solche, bei denen gleichzeitig mindestens jeweils eine Kredit- und Darlehensentscheidung getroffen wurden. In den folgenden Unterkapiteln werden analog zum Vorgehen bei der Analyse der Kreditzinsen zuerst die unternehmens- und kreditspezifischen Faktoren untersucht. Anschließend wird der Einfluss von Vertrauen und der beziehungsspezifischen Faktoren erörtert.

Tabelle 54 – Anzahl Kreditentscheidungen nach Kreditarten und Banken mit unterschiedlichen Besicherungsniveaus[1074]

	Sparkasse A	Sparkasse B	Gesamte Stichprobe
Nur Kreditlinien	51	26	**77**
Nur Darlehen	32	18	**50**
Kreditlinien und Darlehen (zusammen)	44	14	**58**
Gesamte Stichprobe	**127**	**58**	**185**

6.2.2 Einfluss der unternehmens- und kreditspezifischen Faktoren auf die Kreditsicherheiten

Zur Untersuchung der unternehmens- und kreditspezifischen Faktoren wurden die ersten fünf Regressionsspezifikationen gemäß Tabelle 55 geschätzt.[1075] Die adjustierten Bestimmtheitsmaße sind in der vierten und fünften Spezifikation mit Werten von 0,442 und 0,319 am größten und liegen auf einem höheren Niveau als bei Machauer/Weber (1998).[1076] Wie bei den Kreditzinsen zeigt sich, dass das

eines Kreditantrags berücksichtigt werden konnte. Bei vielen Kreditanträgen wurde gleichzeitig über Kreditlinien und Darlehen entschieden. Eine Berücksichtigung der 100 Entscheidungen hätte dazu geführt, dass die gleichen Besicherungsniveaus mehrfach aufgenommen worden wären, was zu einer Verzerrung der gesamten Stichprobe geführt hätte.

1074 Nur Kreditentscheidungen für die Jahre 2007 bis 2009 berücksichtigt.

1075 Zur Beurteilung des Einflusses der unternehmens- und kreditspezifischen Faktoren wird die fünfte Spezifikation herangezogen.

1076 Vgl. Machauer/Weber (1998), S. 1370. Machauer/Weber (1998) führt ebenso wie in dieser Studie eine Panelregression durch und erzielt ein adjustiertes R^2 von 0,204.

Rating ebenfalls auf das Besicherungsniveau einen signifikanten Einfluss hat. Im Vergleich zur Referenzkategorie (Ratingklasse 1 bis 5) müssen Unternehmen mit einem Rating von 10 bis 15 im Durchschnitt um rund 8% mehr Sicherheiten stellen.[1077] Der positive Effekt des Ratings auf das Besicherungsniveau wird ebenso durch die Boxplots je Ratingklassengruppe in Abbildung 44 verdeutlicht. Während in der ersten Gruppe (Ratings 1-5) der Median des Blankoanteils bei 33,0% (Besicherungsniveau 67,0%) liegt, sinkt er von 31,3% in der zweiten auf 21,7% (Besicherungsniveau 88,3%) in der dritten Gruppe. Dieses Ergebnis steht tendenziell im Einklang mit den Erkenntnissen vorheriger empirischer Studien.[1078]

Abbildung 44 – Boxplot des Blankoanteils nach Ratingklassengruppen[1079]

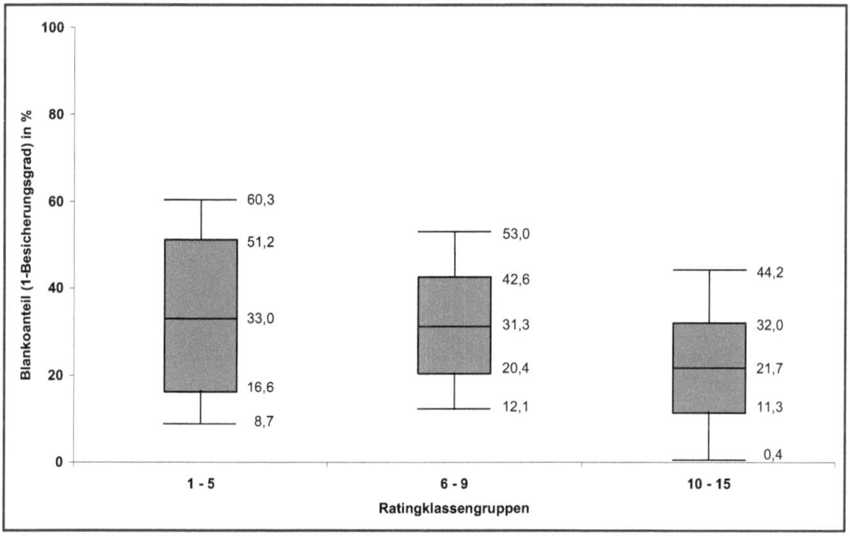

1077 Da in der Regressionsanalyse der prozentuale Blankoanteil (1-Besicherungsniveau) verwendet wurde, zeigen die Koeffizientenschätzer in Relation zum Besicherungsniveau die umgekehrte Wirkungsrichtung an. Ein negativer Wert bedeutet, dass der Blankoanteil sich verringert und sich das Besicherungsniveau erhöht. Zum Vorgehen vgl. Machauer/Weber (1998), S. 1368 ff.

1078 Vgl. Berger/Udell (1990), S. 27 ff., Berger/Udell (1995), S. 374 ff. oder Machauer/Weber (1998), S. 1369. Bei Machauer/Weber (1998) sind in Bezug auf den Einfluss des bankinternen Ratings die Ergebnisse nicht eindeutig. Unternehmen in den Ratingklassen 3 und 4 stellen im Vergleich zur Referenzkategorie (Ratingklassen 1-2) signifikant weniger Sicherheiten, während Unternehmen in den Ratingklassen 5 und 6 mehr Sicherheiten stellen müssen. Im Unterschied zu den Ergebnissen dieser beiden Studien hatte bei Lehmann/Neuberger (2001) das bankinterne Rating einen negativen Einfluss auf das Besicherungsniveau.

1079 In Anlehnung an Machauer/Weber (1998), S. 1365.

Hinsichtlich der Unternehmenscharakteristika zeigt sich des Weiteren, dass die Unternehmensgröße, abgebildet über den Blankobetrag des gesamten Kreditengagements[1080], einen negativen Einfluss auf das Besicherungsniveau hat.[1081] Der Koeffizient weist einen Wert von 7,55 auf und ist beim 1%-Niveau signifikant. Größere Unternehmen müssen demnach weniger Sicherheiten stellen, was im Einklang mit den Erkenntnissen vorangegangener Studien steht.[1082] Außerdem zeigt sich, dass die Gesellschaftsform keinen Einfluss auf das Besicherungsniveau hat. Auf den Einfluss des Unternehmensalters wird im folgenden Unterkapitel bei der Analyse des Hausbankstatus und der Dauer der Kreditbeziehung eingegangen.

Darüber hinaus zeigt sich, dass die Zinsmarge einen negativen Einfluss auf das Besicherungsniveau hat. Der Koeffizient hat einen Wert von 2,58 und ist beim 10%-Niveau signifikant.[1083] Dieses Ergebnis lässt die Schlussfolgerung zu, dass Kreditsicherheiten und Kreditzinsen in einem gewissen Ausmaß als Substitut verwendet werden. Ein höheres Risiko, das aus einem geringeren Besicherungsniveau resultiert, wird demnach durch höhere Kreditzinsen abgegolten. Anders formuliert bedeutet dies, dass Unternehmen durch die Bereitschaft höhere Kreditzinsen zu zahlen, das durch die Bank geforderte Besicherungsniveau senken können. In Bezug auf die Kreditcharakteristika lässt sich darüber hinaus festhalten, dass bei Entscheidungen über Kreditlinien zumindest tendenziell weniger Kreditsicherheiten gefordert werden.[1084] Die Art des Kreditantrags (Neukredit

---

1080 Zur Begründung für die Verwendung des absoluten Blankobetrags des Kreditengagements als Proxy für die Unternehmensgröße vgl. die Ausführungen in Anhang 5.

1081 Der positive Koeffizient bedeutet, dass mit größer werdendem Blankobetrag sich der Blankoanteil erhöht und demnach das Besicherungsniveau des gesamten Kreditengagements verringert.

1082 Vgl. Harhoff/Körting (1998), S. 1338, Machauer/Weber (1998), S. 1370 f., Degryse/van Cayseele (2000), S. 105 sowie Lehmann/Neuberger (2001), S. 351. Lediglich in der Untersuchung von Berger/Udell (1995) ging von der Unternehmensgröße ein positiver Einfluss auf die Besicherung von Kreditlinien aus.

1083 Bei Machauer/Weber (1998) lag ein umgekehrter Effekt vor. Eine höhere Zinsmarge führte in dieser Untersuchung zu einem geringeren Blankoanteil (höheren Besicherungsniveau). Dieses Ergebnis bedeutet, dass die Banken in der Stichprobe bei Machauer/Weber (1998) von Unternehmen mit höherem Risiko gleichzeitig höhere Kreditzinsen und mehr Kreditsicherheiten fordern. Vgl. hierzu Machauer/Weber (1998), S. 1366 f. sowie S. 1369 f.

1084 Der Koeffizient ist in der zweiten und vierten Spezifikation jeweils beim 10%- und 5%-Niveau signifikant. Die Schlussfolgerung ergibt sich, da als abhängige Variable auf das Besicherungsniveau des gesamten Kreditengagements unter Berücksichtigung sämtlicher neu hereinzuholender Sicherheiten abgestellt wurde. Der positiv signifikante Koeffizient zeigt daher an, dass im Durchschnitt das ex-post Besicherungsniveau bei den ausschließlichen Kreditlinienentscheidungen geringer war, als bei ausschließlichen Darlehensentscheidungen. Dies deutet darauf hin, dass beide Sparkassen bei den Darlehensentscheidungen im Durchschnitt mehr Sicherheiten von den Unternehmen fordern.

Tabelle 55 – Determinanten des Blankoanteils des gesamten Kreditengagements

	(I)	(II)	(III)	(IV)	(V)	(VI)	(VII)	(VIII)
Unternehmenscharakteristika[1]								
Rating*1 (Klassen 6-9)*	0,081 (0,024)	-	-	-3,470 (1,281)	-3,879 (1,297)	-2,944 (0,973)	-2,865 (0,945)	-3,814 (1,265)
Rating*2 (Klassen 10-15)*	-8,585 (2,095) **	-	-	-6,045 (1,739) *	-8,511 (2,251) **	-7,746 (2,065) **	-7,974 (2,106) **	-8,362 (2,164) **
Unternehmensgröße	-0,202 (0,142)	-	-	-7,710 (5,652) ***	-	-	-	-
Unternehmensalter	-5,849 (2,762) ***	-	-	-4,487 (2,057) **	-	-	-	-
Gesellschaftsform	3,506 (1,049)	-	-	1,405 (0,502)	-0,451 (0,148)	-0,566 (0,188)	-0,618 (0,196)	-0,280 (0,087)
Kreditcharakteristika[1]								
Kreditsumme	-	-0,826 (0,771)	-	0,296 (0,299)	-	-0,224 (0,21)	0,018 (0,017)	-0,430 (0,389)
Blankobetrag	-	8,032 (6,827) ***	-	10,647 (9,146) ***	7,552 (6,729) ***	8,560 (7,102) ***	8,577 (7,11) ***	7,761 (6,552) ***
Zinsmarge	-	0,992 (0,703)	-	0,747 (0,542)	2,584 (1,919) *	2,599 (1,751) *	2,840 (1,861) *	2,366 (1,531)
Kreditart								
Nur Kreditlinie	-	5,204 (1,718) *	-	5,476 (1,989) **	3,415 (1,132)	2,493 (0,837)	2,266 (0,751)	3,253 (1,06)
Nur Darlehen	-	-3,293 (0,901)	-	-1,912 (0,585)	-3,834 (1,095)	-3,543 (1,008)	-3,152 (0,888)	-3,067 (0,848)
Art des Kreditantrags								
Neukredit	-	-0,508 (0,156)	-	1,204 (0,399)	-1,030 (0,325)	-1,083 (0,336)	-1,004 (0,307)	-1,542 (0,461)
Erweiterungskredit	-	-5,849 (1,66) *	-	-1,961 (0,615)	-3,570 (1,022)	-3,629 (1,053)	-3,093 (0,872)	-3,059 (0,845)
Beziehungscharakteristika[1]								
Hausbankstatus	-	-	-12,699 (3,171) ***	-9,356 (2,625) ***	-9,263 (2,463) **	-7,953 (2,119) **	-7,975 (2,12) **	-9,116 (2,401) **
Dauer der Kreditbeziehung	-	-	-3,695 (1,679) *	1,606 (0,727)	-1,454 (0,739)	-1,721 (0,868)	-1,070 (0,516)	-1,070 (0,516)
Vertrauen[2]								
Interorganisationales Vertrauen (Wohlwollen)	-	-	-	-	-	0,800 (0,547)	0,821 (0,56)	-
Interorganisationales Vertrauen (Integrität)	-	-	-	-	-	-4,785 (2,81) ***	-4,882 (2,875) ***	-
Interpersonales Vertrauen (Wohlwollen)	-	-	-	-	-	-	-1,686 (1,001)	-1,498 (0,873)
Interpersonales Vertrauen (Integrität)	-	-	-	-	-	-	-0,505 (0,32)	-0,242 (0,152)
Kontrollvariablen[1]								
Bank	-5,166 (1,646) *	-7,913 (2,893) ***	-8,029 (2,53) **	-7,354 (2,773) ***	-8,697 (3,048) ***	-10,007 (3,501) ***	-9,214 (3,057) ***	-8,148 (2,681) ***
Industrie								
Produktion	7,707 (1,725) *	6,117 (1,623)	9,365 (2,189) **	6,620 (1,88) *	6,634 (1,706) *	10,173 (2,504) **	11,059 (2,668) ***	7,501 (1,86) *
Handel	3,092 (0,722)	6,559 (1,808) *	3,392 (0,837)	3,420 (1,005)	7,011 (1,898) *	8,947 (2,399) **	9,820 (2,475) **	7,698 (1,926) *
Dienstleistung	1,789 (0,38)	10,853 (2,77) ***	6,247 (1,395)	7,644 (1,972) **	12,961 (3,125) ***	16,019 (3,728) ***	16,203 (3,732) ***	12,817 (2,992) ***
Bau	-0,853 (0,169)	-3,999 (0,962)	-6,960 (1,491)	-1,180 (0,285)	-3,303 (0,753)	-4,389 (1,007)	-3,147 (0,69)	-2,239 (0,487)
Jahr der Kreditentscheidung								
2008	-0,479 (0,143)	-1,023 (0,344)	0,409 (0,122)	-1,347 (0,51)	-1,259 (0,434)	-2,152 (0,752)	-2,181 (0,76)	-1,325 (0,454)
2009	-1,632 (0,444)	-2,194 (0,68)	-1,742 (0,476)	-2,697 (0,941)	-2,465 (0,782)	-2,614 (0,843)	-2,791 (0,893)	-2,530 (0,794)
Konstante	50,712 (3,708) ***	-62,310 (3,569) ***	54,981 (7,075) ***	-29,902 (1,677) *	-50,145 (2,95) ***	-61,821 (3,025) ***	-67,608 (3,218) ***	-49,399 (2,432) **
Adj. R^2	0,087	0,279	0,095	0,442	0,319	0,344	0,341	0,311
N	185	179	185	179	179	179	179	179
***F*-Test Statistiken**								
Unternehmenscharakteristika	4,58 ***	-	-	4,06 ***	3,70 **	3,70 **	3,70 **	3,70 **
Kreditcharakteristika	-	7,84 ***	-	14,43 ***	8,68 ***	7,47 ***	7,47 ***	7,47 ***
Beziehungscharakteristika	-	-	4,59 **	2,72 *	0,87	0,89	0,89	0,89
Vertrauen	-	-	-	-	-	4,41 **	2,49 **	0,41
Kontrollvariablen	0,96	3,28 ***	2,66 **	2,12 **	3,70 ***	3,66 ***	3,66 ***	3,66 ***

Anmerkung: OLS-Regression für Kreditentscheidungen 2007 bis 2009, abhängige Variable: Blankoanteil (Blankobetrag/Höhe Gesamtengagement), t-Werte in Klammern (zweiseitiger Test); *** signifikant auf dem 1%-Niveau, ** signifikant auf dem 5%-Niveau, * signifikant auf dem 10%-Niveau.

1. Es wurden die selben Codierungen der Variablen wie bei den Regressionsanalysen zu den Kreditzinsen verwendet. Der Blankobetrag und die Zinsmarge wurden wie folgt abgebildet: Blankobetrag=LN(1+absoluter Blankobetrag), Zinsmarge=standardisierte Werte je Kreditart und für jedes Jahr

2. Vertrauensdimensionen über Faktorwerte aus Hauptkomponentenanalyse abgebildet (Werte standardisiert, unter- und oberhalb des 5%-/95%-Niveaus geglättet).

oder Erweiterungskredit) hat dagegen keinen Einfluss auf das Besicherungsniveau.

Bei den Kontrollvariablen ist zuerst ersichtlich, dass die durchschnittlichen Besicherungsniveaus in Sparkasse A geringer sind als in Sparkasse B.[1085] Auch Machauer/Weber (1998) konnten Unterschiede hinsichtlich der Besicherungsniveaus zwischen den Banken in ihrer Stichprobe feststellen.[1086] Weiterhin ist ersichtlich, dass Unternehmen aus dem Produktions-, Handels- und Dienstleistungssektor weniger und Unternehmen aus der Baubranche mehr Sicherheiten stellen müssen.[1087] Auch Lehmann/Neuberger (2001) konnten in ihrer Studie zeigen, dass KMU aus der Baubranche tendenziell mehr Sicherheiten stellen müssen.[1088] Im Gegensatz zu den Zinsmargen unterliegen die Besicherungsniveaus keinen Änderungen im Zeitverlauf.[1089] Dies lässt darauf schließen, dass beide Sparkassen strukturelle Risiken wie zum Beispiel Branchenrisiken über die Höhe der Besicherungsniveaus abfedern, während spezifische Unternehmensrisiken über die Höhe der Kreditzinsen abgegolten werden.

6.2.3 Einfluss von Vertrauen und beziehungsspezifischen Faktoren auf die Kreditsicherheiten

Auf Basis der Ergebnisse in Tabelle 55 lässt sich zuerst festhalten, dass der Hausbankstatus einen signifikant negativen Einfluss auf den Blankoanteil hat. Der Koeffizient liegt zwischen -7,95 und -9,12 in der sechsten bis achten Spezifikation und ist auf dem 5%-Niveau signifikant. Dies bedeutet, dass beide Sparkassen in einer Hausbankbeziehung höhere Besicherungsniveaus erzielen. Der positive Einfluss des Hausbankstatus auf die Sicherheitenstellung wurde auch in allen vorherigen Studien nachgewiesen.[1090] Interessanterweise liegt der Koeffizient für den Hausbankstatus bei Machauer/Weber (1998) mit einem Wert von -9,47 auf

1085 Der Koeffizient mit einem Wert von -8,7 (signifikant beim 1%-Niveau) impliziert, dass der durchschnittliche Blankoanteil (Besicherungsniveau) in Sparkasse A um 8,7% geringer (höher) ist als in Sparkasse B.

1086 Vgl. Machauer/Weber (1998), S. 1370.

1087 Als Referenzkategorie wurden der Transportsektor und die sonstigen Branchen verwendet. Wird als Referenzkategorie die Baubranche verwendet, so zeigt sich ebenfalls, dass die Unternehmen aus dem Produktions-, Handels- und Dienstleistungssektor signifikant weniger und damit die Unternehmen aus der Baubranche signifikant mehr Sicherheiten stellen müssen.

1088 Vgl. Lehmann/Neuberger (2001), S. 351.

1089 Vgl. für ähnliche Ergebnisse Machauer/Weber (1998), S. 1370.

1090 Vgl. Machauer/Weber (1998), S. 1370 f., Degryse/van Cayseele (2000), S. 105 f. und Lehmann/Neuberger (2001), S. 351 sowie S. 355.

einem ähnlich hohen Niveau wie der in der vorliegenden Studie. Der nachgewiesene Effekt scheint somit auch der Größenordnung nach bankenübergreifend Gültigkeit zu besitzen.

Die Tatsache, dass eine Hausbank ein höheres Besicherungsniveau erzielt, lässt sich über zwei Ansätze begründen. Einerseits wird argumentiert, dass Hausbanken als der wichtigste Kreditgeber eines Unternehmens die Sicherheiten mit höherer Qualität erhalten, in deren Besitz sie meistens aufgrund früherer Kreditbeschlüsse gelangt sind.[1091] Als eine weitere Erklärung wird die Tatsache angesehen, dass Hausbanken ein Informationsmonopol sowohl in Bezug auf die Kenntnis der für eine Besicherung in Frage kommenden Vermögenswerte eines Unternehmens als auch in Bezug auf die Bewertung der Sicherheiten gegenüber den Outside-Banken haben und deshalb höhere Besicherungsniveaus erzielen.[1092]

Der Koeffizient für die Dauer der Kreditbeziehung zeigt einen negativen (positiven) Effekt auf den Blankoanteil (auf das Besicherungsniveau) an, ist jedoch nur in der dritten Spezifikation beim 10%-Niveau signifikant. Auch vom Unternehmensalter geht in den Spezifikationen eins und vier ein negativer Einfluss auf den Blankoanteil aus.[1093] Für die Dauer der Kreditbeziehung lag auch bei Machauer/Weber (1998) ein signifikant positiver Einfluss auf die Sicherheitenstellung (negativer Einfluss auf den Blankoanteil) vor.[1094] Im Unterschied dazu stellen Berger/Udell (1995) und Lehmann/Neuberger (2001) fest, dass ältere Firmen weniger Sicherheiten stellen müssen.[1095] Eine mögliche Ursache für den in dieser Arbeit festgestellten positiven Effekt auf das Besicherungsniveau lässt sich darin sehen, dass die Unternehmen in Kreditbeziehungen mit Hausbankstatus tendenziell älter sind und auch längere Kreditbeziehungen mit beiden Sparkassen unterhalten. Das Unternehmensalter und die Dauer der Kreditbeziehung stellen damit zu einem gewissen Ausmaß Proxyparameter für die Hausbankbeziehung dar, was

---

1091 Machauer/Weber (1998), S. 1371: „And since there should have been much more earlier business with a housebank than with other banks, housebanks still hold much of the collateral used for earlier no longer existing loan arrangements."

1092 Vgl. Machauer/Weber (1998), S. 1371, Degryse/van Cayseele (2000), S. 106 und Lehmann/Neuberger (2001), S. 355. Konsistent mit diesem Argument ist das Ergebnis bei Machauer/Weber (1998), wonach die Anzahl an Banken, mit denen ein Unternehmen Finanzierungsbeziehungen unterhält, einen signifikant negativen Einfluss auf das Besicherungsniveau hat.

1093 Das *Unternehmensalter* ist sowohl mit der *Dauer der Kundenbeziehung* als auch mit der Variablen *Hausbankstatus* stark korreliert und wurde in den Regressionsspezifikationen fünf bis acht nicht berücksichtigt, um Verzerrungen bei den Koeffizientenschätzern der anderen unabhängigen Variablen zu vermeiden. Für eine Darstellung der Abhängigkeiten zwischen den Variablen siehe Anhang 5.

1094 Vgl. Machauer/Weber (1998), S. 1370 f. Machauer/Weber (1998) behaupten zwar, dass die Dauer der Kreditbeziehung nicht signifikant sei, jedoch zeigt der p-Wert mit 0,069 in Tabelle 3 ihrer Arbeit an, dass die Variable beim 10%-Niveau signifikant ist.

1095 Vgl. Berger/Udell (1995), S. 374 ff. und Lehmann/Neuberger (2001), S. 351 und S. 354 f.

die positive Wirkungsweise beider Variablen auf das Besicherungsniveau erklären könnte.

Hinsichtlich des Einflusses von Vertrauen lässt sich zuerst festhalten, dass von der Wohlwollens- und Integritätsdimension des interpersonalen Vertrauens kein Einfluss auf den Blankoanteil und somit auf das Besicherungsniveau des Kreditengagements ausgeht. Alle Koeffizienten weisen einen negativen Wert auf, sind jedoch weder in der siebten noch achten Spezifikation signifikant von Null verschieden. Weiterhin hat auch die Wohlwollensdimension des interorganisationalen Vertrauens keinen signifikanten Einfluss auf das Besicherungsniveau. Der Koeffizient ist in beiden Spezifikationen positiv, jedoch weit von statistischer Signifikanz entfernt. Im Gegensatz dazu hat die Integritätsdimension des interorganisationalen Vertrauens einen negativen (positiven) Einfluss auf den Blankoanteil (Besicherungsniveau). Der Koeffizient liegt in beiden Spezifikationen zwischen -4,7 und -4,8 und ist jeweils beim 1%-Niveau signifikant. Die interorganisationale Integrität hat demnach einen positiven Einfluss auf die Sicherheitenstellung. Unternehmen, denen beide Banken ein höheres Maß an Integrität unterstellen, weisen im Durchschnitt ein um knapp 5% höheres Besicherungsniveau auf.

Die bisherigen empirischen Ergebnisse zum Einfluss von Vertrauen auf die Stellung von Sicherheiten sind gemischt. In der Studie von Harhoff/Körting (1998) hat das gegenseitige Vertrauen zwischen KMU und Bank einen negativen Einfluss auf die Sicherheitenstellung bei Kreditlinien.[1096] Im Unterschied dazu hat der soziale Interaktionsparameter Stabilität in der Studie von Lehmann/Neuberger (2001) einen positiven Einfluss auf die Stellung der Sicherheiten bei Darlehen.[1097] Ähnlich wie in dieser Untersuchung stellt auch Püthe (2009) tendenziell fest, dass verhaltenswissenschaftliche Faktoren einen positiven Einfluss auf die Höhe der Sicherheitenstellung haben.[1098] Harhoff/Körting (1998) geben keine Begründung für den negativen Effekt von Vertrauen auf die Sicherheitenstellung, sondern heben hervor, dass die Vertrauensvariable Informationen beinhaltet, die über die Dauer der Kreditbeziehung oder die Wettbewerbsintensität hinausgehen.[1099] Gemäß Lehmann/Neuberger (2001) könnte eine Ursache für die positive Wirkungsweise in ihrer Studie darin liegen, dass Hausbankbeziehungen

1096 Vgl. Harhoff/Körting (1998), S. 1338.

1097 Vgl. Lehmann/Neuberger (2001), S. 351. Der Koeffizient für die Stabilitätsdimension ist beim 5%-Niveau signifikant, nicht jedoch der gesamte Block der sozialen Interaktionsvariablen.

1098 Vgl. Püthe (2009), S. 345 und S. 357.

1099 Harhoff/Körting (1998), S. 1337: „The trust variable appears to capture information that is orthogonal, i.e. not contained in the other explanatory variables. While we do not have information on what determines the evolution of trust in bank-firm relationships, it seems clear that there is more to it than simply time passing by (i.e. duration) or the extent of competition (number of lenders)."

generell stabiler sind.[1100] Diese Begründung erscheint insofern plausibel, als dass sich in der Stichprobe von Lehmann/Neuberger (2001) der Koeffizient für den Hausbankstatus nach Berücksichtigung der Interaktionsparameter um das Ausmaß des Koeffizienten bei der Stabilitätsvariable verringert.[1101] Der von ihnen gewählte Erklärungsansatz, lässt sich jedoch nicht auf die vorliegende Arbeit übertragen. Die Berücksichtigung der Vertrauensdimensionen in den Spezifiktionen sechs bis acht ändert den Koeffizienten der Dummyvariablen für den Hausbankstatus nur geringfügig.[1102]

Ein möglicher Erklärungsansatz für die positive Beziehung zwischen der interorganisationalen Integrität und dem Besicherungsniveau kann ähnlich wie bei den Darlehenszinsen in der Bildung von beziehungsspezifischem Sozialkapital gesehen werden. Sicherheiten haben neben ihrer Anreizwirkung beim Kreditnehmer für Banken vor allem die Funktion, den möglichen Verlustbetrag für den Fall einer Unternehmensinsolvenz so gering wie möglich zu halten. Man kann daher annehmen, dass Banken bei der Kreditvergabe prinzipiell ein Interesse daran haben, das maximal erzielbare Besicherungsniveau durchzusetzen.[1103] Da Integrität in ökonomischen Beziehungen mit dem gegenseitigen Interesse der Geschäftspartner an der Kontinuität der Beziehung und auch der Fairness beim Umgang miteinander einhergeht[1104], kann vermutet werden, dass beide Sparkassen gerade jenen KMU ein hohes Maß an Integrität attestieren, die das Interesse der Bank an einem hohen Besicherungsniveau als eine institutionalisierte Norm der Kreditbeziehung verinnerlicht haben. Jene Unternehmen werden daher bereit sein, das von der Bank geforderte Besicherungsniveau zu stellen. Das Eingehen der Unternehmen auf das geschäftliche Interesse der Bank kann dann abermals als der Aufbau von beziehungsspezifischem Sozialkapital betrachtet werden. Das Unternehmen erwirbt gegenüber der Bank eine nicht zweckgebundene Forderung, die es zukünftig einlösen kann. Der Aufbau von beziehungsspezifischem

1100 Lehmann/Neuberger (2001), S. 355: „The positive impact of 'stability' may be due to a higher stability of housebanking relationships."

1101 Vgl. Lehmann/Neuberger (2001), S. 355. Der Koeffizient für den Hausbankstatus hat in der zweiten Spezifikation (ohne Berücksichtigung der sozialen Interaktionsparameter) einen Wert von 11,947 und sinkt bei Berücksichtigung der Interaktionsparameter auf 4,146 ab. Die Differenz von 7,801 liegt ungefähr auf dem Niveau des Koeffizienten der Stabilitätsdimension, der einen von 6,966 annimmt.

1102 Die leichte Reduzierung des Koeffizienten der Dummyvariable Hausbankstatus um rund -1,3 lässt sich nicht auf die Berücksichtigung der Integritätsdimension des interorganisationalen Vertrauens, der in der sechsten und siebten Spezifikation jeweils Werte von -4,8 und -4,9 annimmt, zurückführen.

1103 Ein interessantes Zitat, welches die Grundeinstellung einer Bank hinsichtlich der Stellung eines ausreichend hohen Besicherungsniveaus wiedergibt, liefern hierzu Machauer/Weber (1998), S. 1371: „*As practioners stated: 'we never give up collateral'.*"

1104 Vgl. Mayer et al. (1995), S. 719 f. und 723.

Sozialkapitel zwischen beiden Parteien wird immer dann geschehen, wenn zwischen Bank und KMU eine gegenseitige Vertrauensbeziehung existiert.

6.3 Vertrauen und Kreditverfügbarkeit

6.3.1 Datenbasis

Der dritte Baustein der empirischen Relationship Banking Forschung ist die Analyse des Einflusses enger Bank-KMU-Kreditbeziehungen auf die Kreditverfügbarkeit.[1105] Allgemein lässt sich sagen, dass für ein Unternehmen die Kreditverfügbarkeit eingeschränkt ist, wenn es zu dem Zinssatz, der seiner Risikoklasse entspricht, ein höheres Kreditvolumen nachfragt als es am Kapitalmarkt erhalten kann.[1106] In der Praxis ist es jedoch nicht möglich, die Liquiditätsrestriktion eines KMU über direkte Messgrößen zu erfassen.[1107] Im Gegensatz zur Analyse bei den Kreditzinsen oder Kreditsicherheiten liegt bei der Kreditverfügbarkeit die besondere Schwierigkeit in der Operationalisierung dieser Variablen.[1108] Die Verwendung der Fremdkapitalquote zum Beispiel als ein Proxy für die Kreditverfügbarkeit würde die für die Unternehmen zur Verfügung stehenden Kreditmittel unterschätzen, da der Quotient nicht ausschließlich durch das Kreditangebot (Angebotsrestriktion), sondern auch durch die Kapitalnachfrage seitens der Unternehmen (Nachfragerestriktion) beeinflusst wird.[1109] Das Problem dieses „*simultaneous equations bias*"[1110] stellt sich so dar, dass zum Beispiel ältere und profitablere Firmen meist eine geringere Fremdkapitalquote aufweisen, man jedoch nicht sagen kann, ob diese auf eine Kreditrationierung durch die Kapitalgeber (Angebotsrestriktion) oder auf die geringere Kapitalnachfrage der Unternehmen zurückzuführen ist.[1111]

Zur Operationalisierung der Kreditverfügbarkeit werden in der empirischen Literatur verschiedene Proxys verwendet.[1112] So nutzen Petersen/Rajan (1994) und Harhoff/Körting (1998) die Ausnutzung von Lieferantenkrediten durch ein Unternehmen als ein Proxy für das Ausmaß an Kreditrationierung durch ande-

1105 Vgl. hierzu beispielhaft die Arbeiten von Petersen/Rajan (1994), Cole (1998), Angelini et al. (1998), Harhoff/Körting (1998), Lehmann/Neuberger (2001) oder Püthe (2009).

1106 Vgl. Angelini et al. (1998), S. 930.

1107 Vgl. Angelini et al. (1998), S. 930.

1108 Vgl. Petersen/Rajan (1994), S. 18.

1109 Vgl. Petersen/Rajan (1994), S. 18.

1110 Petersen/Rajan (1994), S. 18.

1111 Vgl. Petersen/Rajan (1994), S. 18.

1112 Vg. Angelini et al. (1998), S. 930 für eine beispielhafte Auflistung verschiedener Ansätze.

re externe Kapitalgeber.[1113] Cole (1998) verwendet die Angabe einer Firma, ob Banken oder andere potenzielle Kreditgeber einer Ausweitung des Kreditrahmens zugestimmt haben, als Proxy für die Kreditverfügbarkeit.[1114] Angelini et al. (1998) befragen direkt die Unternehmen, inwiefern ein Kreditbedarf bestand und falls ja, ob und zu welchen Konditionen die Banken bereit waren, diesen zu erfüllen.[1115] Im Unterschied zu den genannten Arbeiten stellen Lehmann/Neuberger (2001) auf die Sicht der Bank ab und bilden die Kreditverfügbarkeit über die Anzahl der in ihrer Stichprobe abgelehnten Kreditanträge ab.[1116] Ähnlich geht auch Püthe (2009) vor. Sie befragt die Firmenkundenbetreuer der Bank in Bezug auf die Kreditablehnungen eines Unternehmens in den letzten 3 Jahren, der Wahrscheinlichkeit einer aktuellen Kreditausweitung sowie der zeitlichen Dauer der Kreditbewilligung.[1117]

In der vorliegenden Untersuchung wird die Kreditverfügbarkeit aufbauend auf den Arbeiten von Püthe (2009) und Alessandrini et al. (2009) über drei Items erfragt.[1118] Ähnlich wie bei Angelini et al. (1998) oder Püthe (2009) wird damit keine objektiv messbare Größe[1119], sondern die subjektive Einschätzung der Bank verwendet. Im Unterschied zu Püthe (2009) wird in dieser Arbeit allerdings nicht zwischen einer vergangenheits- und gegenwartsbezogenen Kreditverfügbarkeit differenziert, sondern die Variable als die allgemeine Bereitschaft der Bank verstanden, ein KMU mit Kreditmitteln zu versorgen. Die Kreditverfügbarkeit wird

---

1113 Vgl. Petersen/Rajan (1994), S. 20 ff. und Harhoff/Körting (1998), S. 1345. Die Verwendung des Anteils ausgenutzter Lieferantenkredite als ein Proxy für die Kreditverfügbarkeit folgt der Logik, dass gerade jene Unternehmen, welche durch Banken eine Kreditrationierung erfahren, verstärkt auf diese relativ teure Form der externen Finanzierung zurückgreifen. Die Ausnutzung von Lieferantenkrediten (keine Inanspruchnahme des durch Lieferanten angebotenen Skontos) stellt deshalb eine relativ teure Finanzierungsform dar, da in Deutschland bei einer Einhaltung eines Zahlungsziels von 2 Wochen ein Nachlass (Skonto) in Höhe von 2% auf den Einkaufswert durch den Lieferanten gewährt wird. Vgl. hierfür Harhoff/Körting (1998), S. 1345.

1114 Vgl. Cole (1998), S. 965. Wie Petersen/Rajan (1994) und auch Berger/Udell (1995) nutzt auch Cole (1998) die Daten aus der NSSBF aus dem Jahr 1993.

1115 Vgl. Angelini et al. (1998), S. 913 f.

1116 Vgl. Lehmann/Neuberger (2001), S. 352 und S. 355 f.

1117 Vgl. Püthe (2009), S. 364 f. Die unterschiedlichen Messgrößen basieren auf den subjektiven Angaben des Firmenkundenbetreuers. Vgl. hierfür Püthe (2009), S. 419 und die Fragen 26 bis 29 auf dem Fragebogen.

1118 Vgl. Alessandrini et al. (2009), S. 272 ff. und Püthe (2009), S. 359 f. Ebenso wie bei den anderen Konstrukten in dieser Untersuchung wurde auch bei der Kreditverfügbarkeit der *Multiple Informant*-Ansatz verwendet. Es wurden die jeweils für ein Unternehmen verantwortlichen Firmenkundenbetreuer als auch Kreditsachbearbeiter befragt.

1119 Objektive messbare Größen werden zum Beispiel durch Petersen/Rajan (1994) oder Lehmann/Neuberger (2001) verwendet. Allerdings geben auch diese Größen die Kreditverfügbarkeit nicht perfekt wider.

für die empirische Analyse als eine eindimensionale latente Variable verstanden. Die Werte der drei Items werden dabei zu einem Faktorwert zusammengefasst.[1120] Vor der Datenaggregation ist die Eindimensionalität der latenten Variable Kreditverfügbarkeit mit Hilfe einer explorativen Faktorenanalyse überprüft worden. Die Ergebnisse der Analyse sind in Tabelle 56 dargestellt und bestätigen die Eindimensionalität des Konstrukts. Die Ladungen jedes Indikators sind alle als 0,8 und rund 69% der Varianz wird durch einen Faktor erklärt. Darüber hinaus können die Werte für die MSA[1121] jedes Indikators sowie das Kaiser-Meyer-Olkin Kriterium für das Gesamtmodell als zufrieden stellend betrachtet werden.[1122]

Tabelle 56 – Ergebnisse der explorativen Faktorenanalyse für die Kreditverfügbarkeit

	Gütemaße		Komponentenmatrix[3]		
Indikatoren	**MSA[1]**	**KOM.[1]**	**Faktor 1**	**Faktor 2**	**Faktor 3**
KVB1	0,69	0,70	0,84	-	-
KVB2	0,68	0,71	0,84	-	-
KVB3	0,73	0,66	0,81	-	-
Eigenvalues[2]			2,07	0,50	0,42
Erklärte Varianz			69,1%	16,8%	14,1%
Erklärte Varianz kumuliert			69,1%	85,9%	100,0%

1. MSA=Measure of Sampling Adequacy, KOM=Kommunalität;
Kaiser-Meyer-Olkin (Gesamtmodell) = 0,698
2. Summe der quadrierten Ladungen je Faktor
3. Extraktionsmethode: Hauptkomponentenanalyse

Da die wahrgenommene Kreditverfügbarkeit für ein Unternehmen immer mit der Einzelentscheidung der Bank einhergeht, dem Kreditantrag eines Unternehmens zuzustimmen oder ihn abzulehnen, wird die Kreditverfügbarkeit in den empirischen Arbeiten fast immer als eine binärcodierte Dummyvariable verwendet.[1123] Die Ausprägungen dieser Dummyvariablen zeigen bei Lehmann/Neuberger (2001) zum Beispiel an, ob der Kreditantrag eines Unternehmens durch die Bank abgelehnt wurde oder nicht oder bei Cole (1998), ob die Bank einer

1120 Hierbei wurden zuerst die aggregierten Itemscores je Unternehmen durch Mittelwertbildung aus den Angaben der Firmenkundenbetreuer und Kreditsachbearbeiter erzeugt. Anschließend wurden mit Hilfe der explorativen Faktorenanalyse (Hauptkomponentenanalyse) in SPSS die Faktorwerte der Kreditverfügbarkeit (Regressionsmethode) für jedes der 81 KMU ermittelt.

1121 MSA = Measure of Sampling Adequacy.

1122 Vgl. Backhaus et al. (2008), S. 336 ff.

1123 Vgl. Angelini et al. (1998), S. 943, Cole (1998), S. 965, Lehmann/Neuberger (2001), S. 355 oder Püthe (2009), S. 366 ff.

Krediterweiterung zugestimmt hat. Der Einfluss der unabhängigen Variablen[1124] auf die binärcodierte Dummyvariable für die Kreditverfügbarkeit wird in den empirischen Arbeiten mittels einer logistischen Regression oder binären Probitregression untersucht.[1125] In der vorliegenden Untersuchung wurde der Einfluss der Determinanten auf die Kreditverfügbarkeit mit Hilfe einer logistischen Regression geschätzt.[1126] Der Einsatz dieser Schätzverfahren erlaubt es, den binären Charakter der Zielvariablen korrekt abzubilden und somit unverzerrte Schätzer für die Regressionskoeffizienten der Einflussvariablen zu erzielen.

In der vorliegenden Arbeit wurde die latente Variable Kreditverfügbarkeit auf Basis der extrahierten Faktorwerte ebenfalls in eine Dummyvariable überführt.[1127] Da die Ergebnisse der explorativen Faktorenanalyse gegen eine vergangenheits- und gegenwartbezogene Sichtweise sprechen, lässt sich die Kreditverfügbarkeit ebenso wie Vertrauen bis zu einem gewissen Ausmaß als im Zeitverlauf stabil ansehen. Daher wurden auch für die Analyse der Kreditverfügbarkeit historische Kreditentscheidungen berücksichtigt.[1128] Zur Analyse des Einflusses von Vertrauen und der Blöcke unabhängiger Variablen wurden dieselben Kreditentscheidungen wie bei der Analyse der Besicherungsniveaus verwendet.[1129] Im folgenden Unterkapitel wird zuerst wieder der Einfluss der unternehmens- und kreditspezifischen Faktoren erörtert. Abschließend wird dann der Einfluss von Vertrauen und der beziehungsspezifischen Faktoren untersucht.

1124 Hier sind die unternehmens-, kredit- und beziehungsspezifischen Parameter gemeint.

1125 Vgl. Angelini et al. (1998), S. 936 ff., Cole (1998), S. 965 f., Lehmann/Neuberger (2001), S. 355.oder Püthe (2009), S. 366 ff.

1126 Vgl. allgemein zur Einführung und Anwendung der logistischen Regression Backhaus et al. (2008), S. 244 ff., Peng et al. (2002), S. 3 ff. oder Hoetker (2007), S. 341 ff.

1127 Hierbei erhielten alle Unternehmen, deren Faktorwerte der latenten Variablen Kreditverfügbarkeit in der oberen Medianhälfte liegen, den Wert Eins und jene in der unteren Medianhälfte den Wert Null.

1128 Liegen zum Beispiel für ein Unternehmen drei Kreditentscheidungen aus den Jahren 2007, 2008 und 2009 im Datensatz vor, so wurden die Kreditverfügbarkeit und die Vertrauensdimensionen jeweils mit den in 2010 ermittelten Ausprägungen aufgenommen (der Dummy für die Kreditverfügbarkeit für alle Entscheidungen konstant entweder Null oder Eins, die Vertrauensdimensionen bei allen Entscheidungen konstant mit den jeweiligen Faktorwerten aus dem Jahr 2010).

1129 Wie bei der Analyse der Sicherheitenstellung stehen 185 Kreditentscheidungen zur Verfügung.

6.3.2 Einfluss der unternehmens- und kreditspezifischen Faktoren auf die Kreditverfügbarkeit

Zur Analyse des Einflusses der unternehmens-, kredit- und beziehungsspezifischen Faktoren sowie des Einflusses von Vertrauen auf die Kreditverfügbarkeit wurden sieben Spezifikationen geschätzt. Die Ergebnisse sind in Tabelle 57 dargestellt. Die Pseudo R^2 sind in der fünften und sechsten Spezifikation mit Werten von 0,634 und 0,733 am größten und können als gut bewertet werden.[1130] Wie bei den Kreditzinsen und den Kreditsicherheiten hat das Rating eines Unternehmens auch auf die Kreditverfügbarkeit einen signifikanten Einfluss. Im Vergleich zur Referenzkategorie haben KMU in der zweiten und dritten Ratingklassengruppe eine geringere Kreditverfügbarkeit.[1131] Dieses Ergebnis steht im Einklang mit den Erkenntnissen vorangegangener empirischer Studien.[1132]

In Bezug auf die Unternehmenscharakteristika lässt sich weiterhin festhalten, dass die Unternehmensgröße und die Gesellschaftsform wie bei Harhoff/Körting (1998), Angelini et al. (1998) und Lehmann/Neuberger (2001) keinen Einfluss auf die Kreditverfügbarkeit haben. Im Unterschied dazu stellen Petersen/Rajan (1994) fest, dass Kapitalgesellschaften (größere Unternehmen) ihre Lieferantenverbindlichkeiten häufiger (seltener) zu spät zahlen, was als ein Indiz für eine verringerte (erhöhte) Kreditverfügbarkeit gesehen werden kann.[1133] Die Ergebnisse der vorliegenden Studie und der von Harhoff/Körting (1998) und Lehmann/Neuberger (2001) lassen die Schlussfolgerung zu, dass die Kreditverfügbarkeit für KMU bei deutschen Banken nicht durch ihre Größe oder Gesellschaftsform beeinflusst wird. Hingegen zeigt sich, dass das Alter eines Unternehmens einen positiven Einfluss auf die Kreditverfügbarkeit hat. Dieser Effekt wird jedoch durch die Dauer der Kreditbeziehung überlagert.[1134] Auch bei Lehmann/Neu-

---

1130 Vgl. bspw. Lehmann/Neuberger (2001), S. 352, die Werte für das Pseudo R^2 (McFadden) von 0,343 bis 0,429 erzielt oder Püthe (2009), S. 372 und S. 378, bei der die Werte für das Pseudo R^2 (McFadden) zwischen 0,256 und 0,539 liegen.

1131 Die Koeffizienten in der dritten Ratingklassengruppe (Ratings von 10 bis 15) sind in der ersten und vierten Spezifikation nur knapp beim 10%-Niveau nicht signifikant. Bei Verwendung des Ratings als eine quasi-metrische Variable (Spezifikation nicht in Tabelle 57 aufgeführt) ist der Koeffizient in sämtlichen Spezifikationen signifikant von Null verschieden.

1132 Vgl. Petersen/Rajan (1994), S. 26 f., Cole (1998), S. 974f., Harhoff/Körting (1998), S. 1345 f., Lehmann/Neuberger (2001), S. 352 oder zum Teil auch Püthe (2009), S. 366 f. und S. 372.

1133 Vgl. Petersen/Rajan (1994), S. 26 f. Der Koeffizient für die Unternehmensgröße ist allerdings nur in der letzten Spezifikation statistisch signifikant. Obwohl statistisch nicht signifikant, zeigen die Ergebnisse bei Harhoff/Körting (1998), dass Kapitalgesellschaften in Deutschland tendenziell eine höhere Kreditverfügbarkeit haben.

1134 Vgl. hierfür die Spezifikation vier in Tabelle 57. Der Koeffizient für das Unternehmensalter ändert sein Vorzeichen (von 0,369 auf -0,281) und ist nicht mehr signifikant von Null verschieden.

berger (2001) beeinflusst vor allem die Dauer der Kreditbeziehung die Kreditverfügbarkeit positiv.[1135] Die Ergebnisse der dieser Untersuchung deuten darauf hin, dass die Bereitstellung von Kreditmitteln bei beiden Sparkassen vor allem von der Kredithistorie und somit vom Ausmaß der im Zeitverlauf gesammelten Informationen über ein KMU und nicht von dessen Reputation (Unternehmensalter) abhängt.[1136]

Bei den Kreditcharakteristika lässt sich festhalten, dass der Besicherungsgrad des Kreditengagements einen positiven Einfluss auf die Kreditverfügbarkeit ausübt, während die Höhe der Zinsmarge ohne Einfluss ist.[1137] Auch die Ergebnisse bei Lehmann/Neuberger (2001) zeigen, dass mehr Sicherheiten ebenfalls zu einer Erhöhung der Kreditverfügbarkeit führt.[1138] Das Besicherungsniveau eines Kreditengagements ist somit für beide Sparkassen ein wichtiger Faktor für die Bereitstellung von Kreditmitteln. Unternehmen mit hohen relativen Blankoanteilen werden es demnach schwer haben, ohne die Stellung zusätzlicher Sicherheiten ihre Kreditengagements auszuweiten. Des Weiteren lässt sich in Bezug auf die Kontrollvariablen erkennen, dass Unternehmen aus der Dienstleistungs- und Baubranche eine geringere Kreditverfügbarkeit aufweisen.[1139] Eine klare Aussage hinsichtlich möglicher Unterschiede zwischen beiden Sparkassen ist bei der Kreditverfügbarkeit nicht möglich, da sich sowohl das Vorzeichen des Koeffizienten als auch dessen Signifikanzniveau in den Spezifikationen ändert.

1135 Vgl. Lehmann/Neuberger (2001), S. 352 ff. Bei Petersen/Rajan (1994) beeinflussen sowohl das Unternehmensalter als auch die Dauer der Kreditbeziehung, bei Harhoff/Körting (1998) nur das Unternehmensalter die Kreditverfügbarkeit positiv.

1136 Aufgrund der Besonderheit dieses Datensatzes stellen das Unternehmensalter und die Dauer der Kreditbeziehung sehr gute Proxys für den Hausbankstatus dar. Im folgenden Unterkapitel wird deshalb argumentiert, dass die hauptsächliche Einflussgröße auf die Kreditverfügbarkeit vor allem vom Hausbankstatus ausgeht.

1137 Die Tatsache, dass der Koeffizient für die Zinsmarge in der zweiten Spezifikation beim 10%-Niveau negativ signifikant ist, lässt sich darauf zurückführen, dass KMU mit einem höheren Rating im Durchschnitt eine höhere Zinsmarge zahlen.

1138 Vgl. Lehmann/Neuberger (2001), S. 352.

1139 Lehmann/Neuberger (2001) erzielen tendenziell ähnliche Ergebnisse. Die Koeffizienten beider Dummyvariablen sind beide negativ und für den Dienstleistungssektor beim 5%-Niveau signifikant.

Tabelle 57 – Determinanten der Kreditverfügbarkeit

	(I)	(II)	(III)	(IV)	(V)	(VI)	(VII)
Unternehmenscharakteristika[1]							
Rating1 *(Klassen 6-9)*	-1,282 (10,42) ***	-	-	-0,956 (4,667) **	-1,079 (3,57) *	-1,390 (4,657) **	-1,200 (6,245) **
Rating2 *(Klassen 10-15)*	-0,677 (1,902)	-	-	-0,826 (2,12)	-1,198 (2,858) *	-1,704 (3,813) *	-1,056 (3,062) *
Unternehmensgröße	-0,193 (0,984)	-	-	-0,176 (0,578)	0,602 (3,407) *	0,512 (1,965)	-0,388 (2,246)
Unternehmensalter	0,369 (3,844) **	-	-	-0,281 (1,274)	-	-	-
Gesellschaftsform	0,156 (0,15)	-	-	0,274 (0,362)	1,000 (2,544)	-0,143 (0,034)	-0,002 (0,001)
Kreditcharakteristika[1]							
Blankoanteil (1-Besicherungsgrad)	-	-0,602 (9,282) ***	-	-0,463 (4,15) **	-0,414 (2,114)	-0,590 (2,83) *	-0,559 (5,431) **
Zinsmarge	-	-0,297 (2,983) *	-	-0,317 (1,984)	0,042 (0,02)	-0,197 (0,41)	-0,347 (2,23)
Beziehungscharakteristika[1]							
Hausbankstatus			1,402 (7,524) ***	1,421 (5,32) **	3,179 (13,319) ***	4,042 (15,214) ***	1,465 (4,684) **
Dauer der Kreditbeziehung	-	-	0,659 (10,161) ***	0,640 (6,636) ***	0,240 (0,933)	-0,197 (0,41)	0,341 (1,893)
Vertrauen[2]							
Interorganisationales Vertrauen (Wohlwollen)	-	-	-	-	2,434 (24,537) ***	3,060 (27,335) ***	-
Interorganisationales Vertrauen (Integrität)	-	-	-	-	-0,699 (5,625) (**)	-0,494 (2,087)	-
Interpersonales Vertrauen (Wohlwollen)	-	-	-	-	-	1,892 (19,178) ***	1,177 (15,459) ***
Interpersonales Vertrauen (Integrität)	-	-	-	-	-	-0,730 (4,541) (**)	-0,403 (2,713) (*)
Kontrollvariablen[1]							
Bank	-0,238 (0,398)	-0,632 (2,916) *	-0,078 (0,042) ***	0,102 (0,057)	-0,291 (0,282)	-1,981 (7,331) ***	-0,625 (1,782)
Industrie							
Produktion	0,553 (1,086)	1,045 (4,451) **	0,883 (2,885) *	0,652 (1,29)	1,904 (5,795) **	1,236 (1,826)	-0,085 (0,018)
Handel	0,190 (0,155)	0,573 (1,612)	0,483 (1,046)	0,299 (0,31)	2,112 (7,192) ***	0,927 (1,067)	-0,623 (0,976)
Dienstleistung	-1,201 (4,187) **	-1,113 (4,46) **	-1,125 (4,213) **	-1,601 (5,765) **	-1,677 (3,322) *	-2,410 (4,261) **	-2,229 (8,799) ***
Bau	-2,024 (9,843) ***	-1,789 (8,337) ***	-1,634 (6,475) **	-1,738 (5,727) **	-2,439 (8,334) ***	-4,907 (17,062) ***	-3,379 (14,318) ***
Konstante	-3,544 (6,166) **	-1,525 (1,469)	-1,275 (0,931)	-3,077 (3,875) **	-1,368 (0,473)	-7,464 (7,135) ***	-7,147 (12,446) ***
Pseudo R^2 (Cox und Snell)	0,217	0,203	0,245	0,304	0,475	0,549	0,372
Pseudo R^2 (Nagelkerke)	0,289	0,270	0,327	0,406	0,634	0,733	0,497
Pseudo R^2 (McFadden)	0,177	0,164	0,204	0,262	0,466	0,576	0,337
Chi-Quadrat (Likelihood-Quotienten Test)	45,209	41,891	52,060	67,150	119,191	147,283	86,198
Signifikanz Chi-Quadrat	0,000	0,000	0,000	0,000	0,000	0,000	0,000
Anzahl KVB=0/KVB=1 (Nullmodell)[3]	98/87	98/87	98/87	98/87	98/87	98/87	98/87
Korrekte Klassifizierungen (Gesamtmodell)	69,19%	67,57%	74,05%	76,22%	87,03%	88,65%	74,05%
Relativer zusätzlicher Erklärungsanteil	30,61%	27,55%	39,80%	43,88%	64,29%	67,35%	39,80%
N	185	185	185	185	185	185	185

Anmerkung: Logit-Regression für Kreditentscheidungen von 2007 bis 2009 mit unterschiedlichen Besicherungsniveaus, abhängige Variable: Einschätzung der Kreditverfügbarkeit durch Firmenkundenbetreuer und Kreditsachbearbeiter (Faktorwerte aus Hauptkomponentenanalyse, Codierung als Dummyvariable über Mediansplit), Wald-Statistik in Klammern; *** signifikant auf dem 1%-Niveau, ** signifikant auf dem 5%-Niveau, * signifikant auf dem 10%-Niveau.

1. Es wurden die selben Codierungen der Variablen wie bei den Regressionsanalysen zu den Kreditzinsen verwendet (alle metrisch skalierten Werte ebenso standardisiert).

2. Vertrauensdimensionen über Faktorwerte aus Hauptkomponentenanalyse abgebildet (Werte standardisiert, unter- und oberhalb des 5%-/95%-Niveaus geglättet).

3. KVB=Kreditverfügbarkeit; der Wert 0 (1) wurde für KMU vergeben, bei denen der Faktorwert für die Kreditverfügbarkeit in der unteren (oberen) Medianhälfte

6.3.3 Einfluss von Vertrauen und der beziehungsspezifischen Faktoren auf die Kreditverfügbarkeit

Hinsichtlich der beziehungsspezifischen Variablen lässt sich zuerst festhalten, dass der Hausbankstatus einen positiven Einfluss auf die Kreditverfügbarkeit hat. Der Koeffizient ist von der dritten bis zur siebten Spezifikation mindestens beim 5%-Niveau signifikant. Auch Lehmann/Neuberger (2001) konnten feststellen, dass KMU in Kreditbeziehungen mit Hausbankstatus eine höhere Kreditverfügbarkeit haben.[1140] Ähnlich hierzu finden Machauer/Weber (1998) heraus, dass der Anteil der Kreditlinie an der Bilanzsumme bei KMU in Kreditbeziehungen mit Hausbankstatus im Durchschnitt um 12% höher ist.[1141] Darüber hinaus zeigen Elsas/Krahnen (1998), dass Hausbanken bei leichten Verschlechterungen sowie bei starken Verbesserungen des Ratings ihren Anteil am gesamten Kreditfinanzierungsvolumen eines Unternehmens erhöhen.[1142] Das erste Verhaltensmuster lässt sich als eine Art Liquiditätsversicherung interpretieren, welche bei Ratingschocks von kleinerem Umfang den KMU zur Verfügung steht.[1143] Die Erhöhung des Finanzierungsanteils bei starker Verbesserung des Ratings dagegen kann als ein „*cross-selling compensating scheme*“[1144] verstanden werden. Hausbanken erhalten demnach im Verlauf einer Kreditbeziehung bei einer permanenten Verbesserung der Kreditnehmerqualität aufgrund ihrer Bereitschaft, in schlechten Zeiten die Liquiditätsrisiken aufzufangen, einen höheren Anteil am gesamten Kreditfinanzierungsvolumen.[1145]

Weiterhin ist zu erkennen, dass die Dauer der Kreditbeziehung einen positiven Einfluss auf die Kreditverfügbarkeit hat und wie bereits erwähnt den positiven Einfluss des Unternehmensalters überlagert. Ähnlich hierzu geht auch bei Petersen/Rajan (1994) von der Dauer der Kreditbeziehung ein wesentlich stärkerer Einfluss auf die Kreditverfügbarkeit aus als vom Unternehmensalter.[1146] Allerdings zeigt sich auch, dass nach Berücksichtigung der vier Vertrauensdimension

1140 Vgl. Lehmann/Neuberger (2001), S. 352.

1141 Vgl. Machauer/Weber (1998), S. 1372 f.

1142 Vgl. Elsas/Krahnen (1998), S. 1310 f. Die Autoren zeigen, dass Hausbanken ihren Anteil am gesamten Kreditvolumen eines Unternehmens bei einer Verschlechterung (Verbesserung) des Ratings um eine (zwei) Einheit(en) signifikant aufstocken.

1143 Vgl. Elsas/Krahnen (1998), S. 1311. und Lehmann/Neuberger (2001), S. 356.

1144 Elsas/Krahnen (1998), S. 1312.

1145 Vgl. Elsas/Krahnen (1998), S. 1312.

1146 Vgl. Petersen/Rajan (1994), S. 26 ff. Gemessen am Einfluss des Unternehmensalters hat die Dauer der Kreditbeziehung einen Effektgröße von rund 152% (die Kreditbeziehungsdauer hat im Vergleich zum Unternehmensalter einen um rund 52% größeren Effekt).

der positive Einfluss der Kreditbeziehungsdauer nicht mehr signifikant ist.[1147] Eine mögliche Erklärung hierfür kann darin gesehen werden, dass der Aufbau einer Kredithistorie und der damit einhergehenden Informationssammlung besser durch die Ausprägungen der Vertrauensdimensionen reflektiert werden.

In Bezug auf den Einfluss von Vertrauen lässt sich konstatieren, dass sowohl das interorganisationale als auch das interpersonale Wohlwollen einen positiven und hoch signifikanten Einfluss auf die Kreditverfügbarkeit ausüben. Außerdem weisen die Koeffizienten der Integritätsdimension auf beiden organisationalen Ebenen ein negatives Vorzeichen auf. Es zeigt sich allerdings, dass bei der Analyse der Wirkungsbeziehungen mit Hilfe eines Strukturgleichungsmodells in SmartPLS[1148] die Pfadkoeffizienten beider Integritätsdimensionen ihre Signifikanz verlieren.[1149] Dies erlaubt den Schluss, dass die Kreditverfügbarkeit nur von der Wohlwollensdimension des interpersonalen und interorganisationalen Vertrauens positiv beeinflusst wird. Püthe (2009) erzielt ähnliche Ergebnisse an dieser Stelle.[1150] Ebenso weisen Lehmann/Neuberger (2001) nach, dass die *positive Erfahrungen in der Vergangenheit* und die *Auskunftsbereitschaft des Kreditnehmers* einen signifikant positiven Einfluss auf die Kreditverfügbarkeit haben. Bei Harhoff/Körting (1998) zeigt der Koeffizient für das gegenseitigen Vertrauen zwischen Bank und KMU eine positiven Effekt an, ist jedoch nicht signifikant.[1151] Zusammenfassend kann man festhalten, dass das Vertrauen der Bank wie in Hypothese 9 angenommen die Kreditverfügbarkeit für die KMU erhöht. Dies lässt sich als ein Indiz dafür sehen, dass in Kreditbeziehungen zwischen Sparkassen und kleinen und mittelständischen Unternehmen das gegenseitige Vertrauen (Wohlwollen) den Aufbau von beziehungsspezifischem Sozialkapital fördert, was zu einer Erhöhung der Kreditverfügbarkeit führt

---

1147 Aufgrund der Überlagerung durch und die hohe Korrelation mit der Dauer der Kreditbeziehung wurde das Unternehmensalter in den Spezifikationen fünf bis sieben nicht mehr berücksichtigt.

1148 Vgl. Ringle et al. (2005).

1149 Auf eine Darstellung wurde aus Platzgründen verzichtet. Ursache dafür, dass die interpersonale und interorganisationale Integrität im Rahmen der Strukturgleichungsmodellanalyse nicht signifikant sind, lässt sich darin sehen, dass in den Logit-Regressionen Messfehler der latenten Variablen nicht berücksichtigt werden und somit die Standardfehler der Koeffizientenschätzer ungenauer sind.

1150 Vgl. Püthe (2009), S. 372 ff.

1151 Vgl. Harhoff/Körting (1998), S. 1346.

6.4 Zusammenfassung und Interpretation der Ergebnisse

Ziel dieses Kapitels war es, den Einfluss von Vertrauen auf die Parameter der Kreditvergabe in Kreditbeziehungen zwischen öffentlichen Banken und KMU zu analysieren. Die empirischen Befunde zeigen, dass Vertrauen neben den unternehmens-, kredit- und beziehungsspezifischen Parametern ebenfalls einen wichtigen Beitrag zur Erklärung der Kreditvergabeparameter hat. Dies kann als Bestätigung dafür herangezogen werden, dass sich die durch Vetrauen reduzierten Agency-Kosten ebenfalls in den Kreditvergabeparametern niederschlagen. Die Erkenntnis, dass Vertrauen einen Einfluss auf die Kreditzinsen, die Kreditsicherheiten und die Kreditverfügbarkeit hat, wurde in der empirischen Forschung zum Relationship Banking bisher nur am Rande untersucht.[1152] Die Ergebnisse der vorliegenden Arbeit bestätigen einerseits die Erkenntnisse vorangegangener Studien, zeigen jedoch auch, dass Vertrauen ein komplexes Phänomen ist, das neben den bisher untersuchten Faktoren in der Relationship Banking Forschung eine differenzierte Wirkung auf die Kreditvergabeparameter in entfaltet. Im Folgenden werden die Annahme oder Ablehnung der Hypothesen 7 bis 9 (Hypothesenblock 2) diskutiert und in diesem Zusammenhang die Ergebnisse interpretiert. Die Prüfergebnisse sowie die Pfadkoeffizienten und Effektstärken sind in einem Überblick noch einmal in Tabelle 58 dargestellt.

Erstens zeigen die Ergebnisse, dass die Kreditvergabeparameter im Wesentlichen vom interorganisationalen Vertrauen der Bank in das Unternehmen beeinflusst werden, während von den interpersonalen Vertrauensdimensionen eine untergeordnete Wirkung ausgeht. Dieses Ergebnis ist nicht überraschend, da ebenso die spezifischen Agency-Kosten der Kreditbeziehung vor allem durch das interorganisationale Vertrauen der Bank beeinflusst werden. Dieses Ergebnis steht im Einklang mit den Erkenntnissen bei Doney/Cannon (1997) und Zaheer et al. (1998).[1153] In beiden Arbeiten übte das „*interpersonalen Vertrauen*" zwischen den handelnden Akteuren der Partnerfirmen jeweils einen indirekten Einfluss über das „*interorganisationalen Vertrauen*" auf die jeweils untersuchten Zielvariablen aus. Die Tatsache, dass vor allem das interorganisationale Vertrauen der Bank ausschlaggebend für die Parameter der Kreditvergabe ist, zeigt darüberhinaus, dass bei Kreditenscheidungen in der Bank mindestens immer zwei Akteure involviert sind und der Kundenberater nicht die alleinige Entscheidungshoheit hat.

1152 Siehe hierzu die Ausführungen zu den Erkenntnissen empirischer Arbeiten bzgl. des Einflusses von Vertrauen auf die Kreditvergabeparameter im Kapitel 2.2.4.

1153 Vgl. Doney/Cannon (1997), S. 44 ff. und Zaheer et al. (1998), S. 152 ff.

Tabelle 58 – Übersicht über die Annahme oder Ablehnung der Hypothesen des 2. Hypothesenblocks

Hypothese	Beziehung und unterstellte Wirkungsrichtung		Wirkungsrichtung[1]	Prüfergebnis	Koeffizient[2]
7a	Interorganisationales Vertrauen (Wohlwollen) -> Kreditlinienzinsen	Negativ	**Negativ (signifikant)**	**Bestätigung**	-0,396*** (3,044)
7b	Interorganisationales Vertrauen (Integrität) -> Kreditlinienzinsen	Negativ	Negativ (nicht sign.)	**keine Bestätigung**	-0,121 (0,715)
7c	Interorganisationales Vertrauen (Wohlwollen) -> Darlehenszinsen	Negativ	**Negativ (signifikant)**	**Bestätigung**	-0,193** (2,482)
7d	Interorganisationales Vertrauen (Integrität) -> Darlehenszinsen	Negativ	Positiv (signifikant)	**keine Bestätigung**	0,151* (1,753)
8a	Interorganisationales Vertrauen (Wohlwollen) -> Besicherungsniveau des Kreditengagements	Negativ	Negativ (nicht sign.)	**keine Bestätigung**	-0,821 (0,560)
8b	Interorganisationales Vertrauen (Integrität) -> Besicherungsniveau des Kreditengagements	Negativ	Positiv (signifikant)	**keine Bestätigung**	4,882*** (2,875)
9a	Interorganisationales Vertrauen (Wohlwollen) -> Kreditverfügbarkeit	Positiv	**Positiv (signifikant)**	**Bestätigung**	3,060*** (27,335)
9b	Interorganisationales Vertrauen (Integrität) -> Kreditverfügbarkeit	Positiv	Negativ (nicht sign.)	**keine Bestätigung**	-0,494 (2,087)

Anmerkung: t-Werte in Klammern (zweiseitiger Test); *** p<0,01, ** p<0,05, * p<0,1

1. Empirisch nachgewiesene Wirkungsrichtung.
2. Bei Kreditverfügbarkeit Wald-Statistiken.

Zweitens bestätigen die empirischen Ergebnisse, dass das interorganisationale Vertrauen und hier im Speziellen die Wohlwollensdimension wie vermutet einen negativen Einfluss sowohl auf die Kreditlinien- als auch die Darlehenszinsmargen ausübt. Auf der anderen Seite zeigte sich jedoch, dass die Integritätsdimensionen sowohl des interpersonalen als auch des interorganisationalen Vertrauens die Höhe der Darlehenszinen positiv beeinflusst. Die Hypothese 7 kann daher nur mit Einschränkungen angenommen werden. Für die Kreditlinienzinsen lag wie erwartet ein negativer Einfluss von Vertrauen vor, während bei den Darlehen im Datensatz dieser Arbeit ein gegenläufiger Effekt durch die Integritätsdimension festgestellt wurde.

Der negative Effekt des interorganisationalen Wohlwollens auf die Kreditzinsen der Kreditlinien und der Darlehen bestätigt die grundlegende Vermutung, dass Vertrauen aus Sicht der Bank die Gefahr von opportunisitischem Verhalten durch das Unternehmen verringert und somit, wie im vorangegangen Kapitel erörtert, die Agency-Kosten einer Kreditbeziehung über verbesserte Kreditverhandlungen und einer geringeren Monitoring-Intensität reduziert. Des Weiteren wurde im Rahmen der Analyse der Strukturgleichungsmodelle gezeigt, dass Vertrauen und hierbei vor allem das interorganisationale Wohlwollen dazu führt, dass die beiden Sparkassen den durch die Unternehmen übermittelten harten Berichtsinformationen eine höhere Verlässlichkeit attestieren.[1154] Darüberhinaus verbessert Vertrauen allgemein den Wissensstand von Banken in Bezug auf die Unternehmen.[1155] Beide Faktoren führen in Summe zu einer Reduktion der Unsicherheit für die Bank in Bezug auf die Einschätzung der Ausfallwahrscheinlichkeit eines Unternehmens, was mit der Fähigkeit einer präziseren Risikoeinschätzung einhergeht. Zusammenfassend lässt sich damit festhalten, dass der negative Einfluss von Vertrauen auf die Kreditzinsen sich durch die Weitergabe der verringerten Agency-Kosten der beiden Sparkassen an die Unternehmen sowie durch die verringerte Unsicherheit in einer Kreditbeziehhung erklären lässt.

Auf der anderen Seite zeigte sich, dass bei den Darlehen ein höheres Maß an Inte-grität auf der Ebene des Firmenkundenbetreuers und der Bank mit einer Erhöhung der Darlehenszinsen einhergeht. Ein möglicher Erklärungsansatz hierfür kann in der besonderen Rolle der Integritätsdimension in interorganisationalen Firmenbeziehungen gesehen werden. Die Integritätsdefinition stellt darauf, dass der Vertrauensgeber den Vertrauensnehmer so wahrnimmt, dass dieser sich an Prinzipien und Wertvorstellungen gebunden fühlt, die der Vertrauensgeber als akzeptabel erachtet. Solche Werte stellen zum Beispiel das Interesse von Geschäftspartnern an der Kontinuität einer Beziehung, Fairness beim Umgang miteinander, das Erfüllen von gemachten Versprechungen sowie Offenheit in der Kommunikation dar. In Kreditbeziehungen mit KMU sind für Banken die Erlöse aus dem Darlehensgeschäft eine wichtigte Ertragsquelle und somit von hohem geschäftlichen Interesse, da Laufzeit, Tilgungsanteil und Zinssatz mit dem Unternehmen fest vereinbart werden. Im Gegensatz dazu erfolgen bei Kreditlinien die Zahlungseingänge für die Bank nur unregelmäßig, da bei dieser Kreditart keine festen Tilgunspläne vereinbart werden und diese flexibel von den Unternehmen in Anspruch genommen werden können.

1154 Die Tatsache, dass vor allem das interorganisationale Wohlwollen die wahrgenommene Verlässlichkeit der harten Information positiv beeinflusst, wurde durch die Analyse eines weiteren Strukturmodells, in denen die Vertrauensdimensionen jeweils separat als unabhängige Variablen aufgenommen wurden, bestätigt werden.

1155 Vgl. zum verbesserten Wissensstand der Bank in Vertrauensbeziehungen neben den Ergebnissen dieser Arbeit auch Saparito/Gopalakrishnan (2009), S. 444 f.

In Bezug auf den positiven Einfluss der Integritätsdimension auf die Darlehenszinsen lässt sich daher vermuten, dass beide Sparkassen jenen Unternehmen ein hohes Maß an Integrität attestieren, die das geschäftliche Interesse hinsichtlich der Erzielung höherer Darlehenszinsen als einen Wert der Transaktionsbeziehung verinnerlicht haben. Diese Firmen fordern in den Kreditverhandlungen anscheinend nicht mit aller Macht die Durchsetzung des niedrigst möglichen Zinssatzes, da sie das geschäftliche Interesse der Bank als eine Norm in der Kreditbeziehung institutionalisiert haben. Der mit der höheren Integrität einhergehende positive Effekt auf die Darlehenszinsen lässt sich damit als ein hohes Maß an Fairness zwischen der Bank und dem Unternehmen sowie als das beiderseitige Interesse an einer auf Kontinuität angelegten Geschäftsbeziehung interpretieren.

Des Weiteren lässt sich der positive Einfluss der Integrität auf die Darlehenszinsen über das Zusammenspiel von Vertrauen mit beziehungsspezifischem Sozialkapital erklären. Wie in Kapitel 3.1.3 dargestellt, sind Vertrauen und beziehungsspezifisches Sozialkapital eng miteinander verknüpft, als daß sie die Entstehung von engen und auf Gegenseitigkeit beruhenden Vertrauensbeziehungen begründen können. Der Verzicht auf den günstigsten Darlehenszinssatz durch das Unternehmen kann dabei als Aufbau einer Verbindlichkeit der Bank gegenüber dem Unternehmen interpretiert werden. Firmen werden die Entstehung dieser Form des Sozialkapitels dann akzeptieren, wenn sie davon ausgehen können, dass die Forderung gegenüber der Bank zu einem späteren Zeitpunkt in einer anderen Form einlösbar ist. Dies kann zum Beispiel dann geschehen, wenn das Unternehmen in eine Krise gelangt und die Unterstützung der Bank benötigt. In einer gegenseitigen Vertrauensbeziehung wird dann mit einer hohen Wahrscheinlichkeit die Bank die notwendigen Maßnahmen bewilligen,[1156] um den Fortbestand des Unternehmens zu sichern. Der positive Einfluss der Integritätsdimension auf die Darlehenszinsen wäre damit als eine intertemporale Gewinnverschiebung zu verstehen, bei der die Unternehmen höhere Darlehenszinsen akzeptieren, wenn sie davon ausgehen können, zu einem späteren Zeitpunkt durch eine Gegenleistung der Bank davon zu profitieren. Grundlage für den Aufbau solch intertemporärer Forderungen und Verbindlichkeiten ist die Existenz einer Vertrauensbeziehung zwischen der Bank und dem Unternehmen.

Drittens wurde in Bezug auf die Kreditsicherheiten vermutet, dass das Vertrauen zwischen der Bank und dem KMU einen negativen Einfluss auf das Besicherungsniveau des Kreditengagements hat. Diese Vermutung wird durch die empirischen Ergebnisse nicht gestützt. Im Gegensatz zur postulierten negativen

---

1156 Unterstützungsmaßnahmen der Bank, die zu einer Linderung einer Unternehmenskrise beitragen können, stellen zum Beispiel die Stundung von Tilgungszahlungen, der temporäre Verzicht auf Zinszahlungen oder auch die temporäre Ausweitung des Kreditengagements dar.

Beziehung geht von höherer Integrität auf der interorganisationalen Ebene ein positiver Einfluss auf das Besicherungsniveau aus, während der Koeffizient der Wohlwollensdimension zwar negativ, jedoch weit von statistischer Signifikanz entfernt ist. Damit muss Hypothese 8 abgelehnt werden. Ein möglicher Erklärungsansatz für den so nicht vermuteten positiven Effekt von Vertrauen auf das Besicherungsniveau lässt sich ebenfalls über das Konzept des beziehungsspezifischen Sozialkapitals erklären.

Kreditsicherheiten haben neben ihrer Anreizwirkung beim Kreditnehmer die Funktion, den möglichen Verlustbetrag für den Fall einer Unternehmensinsolvenz für die Bank einzugrenzen. Banken haben daher immer ein Interesse daran, ein hohes Besicherungsniveau ihrer Kreditengagements bei den Unternehmen durchzusetzen.[1157] Da integres Verhalten mit dem Interesse der Geschäftspartner an der Kontinuität der Beziehung und einem hohen Maß an Fairness im Umgang miteinander gleichzusetzen ist, kann vermutet werden, dass in jenen Kreditbeziehungen, in denen beide Sparkassen den KMU ein hohes Maß an Integrität attestieren, die Unternehmen auch das Interessen der Bank als Normen der Kreditbeziehung institutionalisiert haben. Dies bedeutet, dass jene Unternehmen dem Verlangen der Bank nach der Stellung eines ausreichend hohen Besicherungsniveaus bei der Kreditvergabe eher nachkommen werden.

Auf der anderen Seite werden jene Firmen, denen die Bank ein hohes Maß an Integrität attestiert, nach Rückzahlung einer Kreditverbindlichkeit ebensowenig mit sofortiger Wirkung auf die Freigabe der gestellten Kreditsicherheiten drängen.[1158] Dies hat zur Folge, dass in Kreditbeziehungen mit höherer Integrität auch durchschnittlich höhere Besicherungsnvieaus in Bezug auf das gesamte Kreditengagement vorliegen. Das Eingehen der Unternehmen auf das geschäftliche Interesse der Bank kann daher als der Aufbau von beziehungsspezifischem Sozialkapital interpretiert werden, bei dem das Unternehmen gegenüber der Bank eine nicht zweckgebundene, abstrakte Forderung erwirbt, die es zukünftig in

---

1157 Dieser Aspekt wird noch einmal durch das Zitat von Machauer/Weber (1998), S. 1371, das die Grundeinstellung von Banken hinsichtlich der Stellung von Kreditsicherheiten darstellt, belegt: „*As practioners stated: 'we never give up collateral'.*“

1158 Dieses Verhalten der Unternehmen wurde in Gesprächen mit den Firmenkundenbetreuern und Kreditsachbearbeitern während der Datenerhebung bestätigt werden. Kreditsicherheiten stellen demnach ein knappes Gut dar, auf das alle Banken, die mit einem Unternehmen eine Kreditbeziehung unterhalten, zur Absicherung ihrer Kreditverbindlichkeiten gern Zugriff haben wollen. Gemäß den Aussagen der Firmenkundenbetreuer und Kreditsachbearbeiter sind beide Sparkassen daher nicht bestrebt, nach Ablauf einer Kreditverbindlichkeit, die Kreditsicherheiten von sich aus einem Unternehmen sofort wieder frei zu geben. Gerade in jenen Kreditbeziehungen, in denen beide Sparkassen den Unternehmen ein hohes Maß an Integrität unterstellen, sind die Firmen eher bereit, auf die Rückforderung von Kreditsicherheiten zu verzichten. Dies hat zur Folge, dass das Besicherungsniveau in solchen Kreditbeziehungen durchschnittlich höher ist, als in jenen mit einem geringeren Maß an Integrität.

einer andere Form, wie wieder einlösen kann. Dies kann sich zum Beispiel in der Unterstützung dieser Firma durch die Bank in der Situation einer Unternehmenskrise niederschlagen.[1159] Grundlegende Basis für den Aufbau von beziehungsspezifischem Sozialkapitel zwischen der Bank und einem Unternehmen ist die Existenz einer gegenseitigen Vertrauensbeziehung.

Viertens und abschließend wurde vermutet, dass die Kreditverfügbarkeit neben den unternehmens-, kredit- oder beziehungsspezifischen Faktoren ebenso durch das interorganisationale Vertrauen der Bank in das Unternehmen positiv beeinflusst wird. Die empirischen Ergebnisse des letzten Analyseblocks bestätigen diese Vermutung. Höheres interorganisationales Wohlwollen geht mit einer Erhöhung der Kreditverfügbarkeit für ein Unternehmen einher. Des Weiteren zeigen die Ergebnisse, dass ebenso die Einschätzung des Firmenkundenbetreuers in Bezug auf das wahrgenomme Wohlwollen seines Ansprechpartners einen signifikant positiven, wenn auch schwächeren Einfluss auf die Kreditverfügbarkeit hat. Die Hypothese 9 kann somit angenommen werden. Dieses Ergebnis lässt sich wiederum als Indiz für die Existenz von beziehungsspezifischem Sozialkapital ansehen. Die erhöhte Kreditverfügbarkeit in einer zwischen Bank und KMU etablierten gegenseitigen Vertrauensbeziehung zeigt an, dass Unternehmen bei einem Investitionsbedarf oder ggf. in einer Krisensituationen damit rechnen können, die geforderten Kreditmittel durch die Bank zur Verfügung gestellt zu bekommen.

Die Tatsache, dass auch das interpersonale Wohlwollen einen Einfluss auf die Kreditverfügbarkeit hat, deutet darauf hin, dass die Einschätzung des Firmenkundenbetreuers bei der Bereitstellung neuer Kreditmittel ebenso von Bedeutung ist. Dieses Ergebnis steht im Einklang mit dem Ergebnis aus Kapitel 5, wonach das interpersonale Vertrauen des Firmenkundenbetreuers die „*Qualität der Kreditverhandlungen*“ positiv beeinflusst. Es lässt sich daher vermuten, dass die Einschätzung des Ansprechpartners durch den Firmenkundenbetreuer eine wichtige Determinante im Rahmen der Verhandlung von neuen Krediten ist und in diesem Zusammenhang einen Einfluss auf die Verfügbarkeit von Kreditmitteln für ein Unternehmen hat. Dies impliziert, dass sich der Firmenkundenbetreuer in einer Beziehung mit hohem interpersonalem Vertrauen innerhalb der Bank für eine vollumfängliche Bereitstellung der vom Unternehmen geforderten Kreditmittel stark machen wird, auch wenn ggf. auf Seiten der Bank diese Sichtweise nicht immer zu hundert Prozent geteilt wird.

Zusammenfassend lässt sich festhalten, dass Vertrauen in Kreditbeziehungen zwischen öffentlichen Banken und kleinen und mittelständischen Unternehmen

---

1159 Aus Gesprächen mit den beiden Bereichsleitern der Kreditsachbearbeitung ging hervor, dass beide Sparkassen in engen Kreditbeziehungen im Vergleich zu Privatbanken eher bereit sind, Unternehmen in einer Krisensituation zu unterstützen.

neben der Reduktion der beziehungsspezifischen Agency-Kosten, auch die Parameter der Kreditvergabe wie erwartet beeinflusst. Diese Erkenntnis lag in der Forschung zum Relationship Banking in dieser Form so nur in Ansätzen vor und ergänzt somit die empirischen Ergebnisse dieser Forschungsrichtung. Wie erwartet zeigen die Ergebnisse, dass primär das interorganisationale Vertrauen der Bank den wesentlichen Einfluss auf die Parameter der Kreditvergabeparameter ausübt. Dabei zeigte sich, dass das interorganisationale Vertrauen (Wohlwollensdimension) wie vermutet einen negativen Einfluss auf die Kreditlinien- und Darlehenszinsen ausübt. Entgegen der Hypothese 7 und 8 wurde jedoch auch festgestellt, dass die Integritätsdimension einen positiven Einfluss auf die Darlehenszinsen (interpersonale und interorganisationale Ebene) und die Kreditsicherheiten (interorganisationale Ebene) hat. Diese Ergebnisse deuten darauf hin, dass Vertrauen ein komplexeres Phänomen ist als bisher angenommen und über das Konzept des beziehungsspezifischen Sozialkapitals, welches die Etablierung eines Geflechts von gegenseitigen Obligationen und Verbindlichkeiten in einer Kreditbeziehung bedeutet, erklärt werden kann. Letzteres Ergebnis wird dadurch bestätigt, dass die Kreditverfügbarkeit für ein Unternehmen vor allem durch das interorganisationale Wohlwollen der Bank sowie durch das interpersonale Wohlwollen des Firmenkundenbetreuers positiv beeinflusst wird.

7. Zusammenfassung

7.1 Zentrale Ergebnisse

In der finanzwissenschaftlichen Literatur zum *Relationship Banking* liegen bisher kaum Arbeiten vor, welche die Rolle von Vertrauen in Kreditbeziehungen zwischen Banken und kleinen und mittelständischen Unternehmen untersuchen. Dies ist aus drei Gründen überraschend: Zum einen sind die etymologischen Wurzeln der Begriffe *Kredit* und *Vertrauen* eng miteinander verbunden, so dass sich vermuten lässt, dass Vertrauen bei der Kreditvergabe eine Rolle spielen sollte. Zum zweiten wurde der positive Einfluss von Vertrauen in in Bereichen wie in der Transaktionstheorie oder im Marketing für ökonomische Interaktionsbeziehungen empirisch bereits mehrfach bestätigt. Und zum dritten weisen die Aussagen von Bankmitarbeitern darauf hin, dass Vertrauen eine wichtige Determinante in den Geschäftsbeziehungen zwischen Banken und kleinen und mittelständischen Unternehmen ist.[1160] Eine Hauptursache für die Vernachlässigung von Vertrauen ist darin zu sehen, dass in der Forschung zum *Relationship Banking* die Beziehung zwischen Banken und Unternehmen bisher zumeist aus einer institutionellen Perspektive betrachtet und vom Zusammenspiel zwischen den handelnden Akteuren größtenteils abstrahiert wurde.

In neueren Arbeiten zum Relationship Banking werden verstärkt die Rolle der geografischen Distanz zwischen Banken und Unternehmen sowie der bankinternen Organisationsstruktur und damit verbunden die Bedeutung weicher Informationen bei der Kreditvergabe analysiert.[1161] In diesem Zusammenhang wird argumentiert, dass insbesondere kleinere Banken (wie zum Beispiel Sparkassen) besonders gut geeignet sein sollten, Relationship Banking zu betreiben, da sie aufgrund ihrer relativ geringen Größe und weniger komplexen Organisationsstruktur den Transport weicher Informationen zwischen Hierarchieebenen und damit verbunden die Bildung gemeinsam geteilten Erwartungshaltungen mehrerer Mitglieder in der Bank ermöglichen. Dies liegt darin begründet, dass die

1160 Aussagen von Bankmitarbeitern zur Rolle von Vertrauen in Kreditbeziehungen finden sich zum Beispiel in den Arbeiten, von Uzzi (1999), Ferrary (2003), Uzzi/Lancaster (2003), Howorth/Moro (2006) oder auch an diversen Stellen in dieser Arbeit.

1161 Vgl. stellvertretend die Arbeiten von Petersen/Rajan (2002), Berger/Udell (2002), Scott (2004), Degryse/Ongena (2005), Liberti (2006), Berger/Udell (2006) oder Agarwal/Hauswald (2010).

Entscheidungskompetenzen für Kreditbewilligungen in Sparkassen dezentral organisiert sind und die funktionale Distanz zwischen Firmenkundenbetreuern und Kreditsachbearbeitern bzgl. der Betreuung kleiner und mittelständischer Unternehmen gering ist. Andererseits haben Sparkassen aufgrund der geografischen Nähe zu den Unternehmen sowie der lokalen Verwurzelung der Firmenkundenbetreuer und Kreditsachbearbeiter sehr gute Kenntnisse in Bezug auf die lokale Wirtschaftsstruktur, was ihnen erlaubt, enge und intensive Beziehungen zu Unternehmenskunden aufzubauen und somit Relationship Banking zu betreiben. Aus diesem Grund wird in dieser Arbeit vermutet, dass Vertrauen ein wichtiger Einflussfaktor in den Kredibeziehungen zwischen Sparkassen und KMU ist.

Das Ziel dieser Arbeit ist es, den Einfluss von Vertrauen in Kreditbeziehungen zwischen öffentlichen Banken und kleinen und mittelständischen Unternehmen empirisch zu untersuchen. Die Analyse wurde durch drei Forschungsfragen geleitet, anhand deren Beantwortung sich die zentralen Ergebnisse dieser Untersuchung erörtern lassen. Die erste Forschungsfrage sollte klären, inwiefern Vertrauen mit den Annahmen des Neo-Institutionalismus kompatibel ist und wie sich das Phänomen Vertrauen in das ökonomische Theoriegebäude integrieren lässt. Im Rahmen der Beantwortung der ersten Forschungsfrage wurde gezeigt, dass die Annahme der sozialen Einbettung ökonomischer Interaktionsbeziehungen von wesentlicher Bedeutung für den Einfluss von Vertrauen ist. Darüberhinaus wurde festgestellt, dass das Wesen von Vertrauen nicht im Einklang mit der strikten ökonomischen Auslegung beschränkter Rationalität steht. Aus diesem Grund wurde auf ein erweitertes Verständnis beschränkter Rationalität zurückgegriffen, bei dem auf den Entscheidungsprozess der Akteure fokussiert wird. Im Rahmen dieser Auslegung wurde gezeigt, dass Vertrauen als eine soziale Heuristik verstanden werden kann, die zur Überwindung akteursspezifischer Unsicherheit beiträgt. Aufbauend auf dem theoretischen Bezugsrahmen wurde dann das grundsätzliche Forschungsmodell dieser Arbeit erarbeitet und anschließend die Ableitung der Hypothesen vorgenommen.

Im Rahmen der zweiten Forschungsfrage wurde analysiert, inwiefern das Vertrauen des Kundenbetreuers in seinen Ansprechpartner sowie das Vertrauen der Bank in das Unternahmen die Agency-Kosten für öffentliche Banken (Sparkassen in Kreditbeziehungen mit kleinen und mittelständischen Unternehmen beeinflussen. Hierfür wurde das erste Set an Hypothesen (Hypothesen 1 bis 6) formuliert, in denen der Einfluss von Vertrauen auf die spezifischen Agency-Kosten einer Kreditbeziehung sowie zwischen dem interpersonalen und interorganisationalen Vertrauen analysiert werden konnte. Die dritte Forschungsfrage ging der Fragestellung nach, welchen Einfluss das Vertrauen des Kundenbetreuers in seinen Ansprechpartner und das Vertrauen der Bank in das Unternahmen auf die zentralen Parameter der Kreditvergabe, die Kreditzinsen, die Kreditsicherheiten und die Kreditverfügbarkeit, in Kreditbeziehungen zwischen öffentlichen Banken und kleinen und mittelgroßen Unternehmen hat. Hierfür wurde der zweite Hypothesenblock (Hypothesen 7 bis 9) formuliert, der eine Ergänzung der „*klassischen*" Hypothesen in der Forschung zum Relationship Banking darstellt.

Zur Beantwortung der zweiten Forschungsfrage wurde der erste Hypothesenblock mit Hilfe der Analyse von Strukturgleichungsmodellen mit Hilfe des PLS-Verfahrens überprüft. Zentrale Ergebnisse der Analysen sind, dass das „*interpersonale Vertrauen*" des Firmenkundenbetreuers in seinen wichtigsten Ansprechpartner mit dem „*interorganisationalen Vertrauen*" der Bank in das Unternehmen in einer positiven Beziehung zueinander stehen. Dabei ist jedoch zu beachten, dass sich in der Praxis beide Vertrauensebenen über sozio-psychologische Institutionalisierungsprozesse gegenseitig positiv beeinflussen. Die Ergebnisse implizieren, dass vor allem die relativ geringe Größe sowie die weniger komplexe Organisationsstruktur von Sparkassen die Haupttreiber für den Transfer von Vertrauen zwischen den organisationalen Ebenen darstellt, da sie die Bildung von gemeinsam geteilten Erwartungshaltungen mehrerer Mitglieder in der Bank fördert.

Als ein weiteres zentrales Ergebnis wurde festgestellt, dass vor allem das „*interorganisationale Vertrauen*" der Bank die spezifischen Agency-Kosten einer Kreditbeziehung reduziert, indem es direkt die „*Qualität der Kreditverhandlungen*" verbessert und indirekt die „*Monitoring-Intensität*" der Bank senkt. Dabei hat das „*interorganisationale Vertrauen*" einen positiven Einfluss auf die „*Verlässlichkeit der harten Information*" und einen negativen Effekt auf den „*Einsatz der harten Informationen*", während die „*Verlässlichkeit der harten Information*" einen negativen und der „*Einsatz harten Information*" ein stark positiven Einfluss auf die „*Monitoring-Intensität*" haben. Die Ergebnisse implizieren, dass die Haltung der Bank bzgl. der Durchführung des Monitorings stark vom „*Einsatz der harten Informationen*" gefolgt von der „*Verlässlichkeit der harten Informa-*

tionten" geprägt ist. Dabei beeinflusst Vertrauen vor allem die wahrgenommene „*Verlässlichkeit der harten Informationten*" und weniger stark den „*Einsatz der harten Informationten*" und in Summe dadurch indirekt die „*Monitoring-Intensität*". Beide Banken scheinen sich daher in Kreditbeziehungen mit einem höheren Maß an Vertrauen eher von den klassischen instrumentellen Verfahren der Risikobewertung wegzubewegen und stattdessen verstärkt Elemente einer sozialen Risikobewertung in ihre Kreditentscheidungen einfließen zu lassen.

Im Rahmen der Beantwortung der dritten Forschungsfrage wurde nachgewiesen, dass Vertrauen neben den unternehmens-, beziehungs- und kreditspezifischen Faktoren einen weiteren Erklärungsbeitrag für die zentralen Parameter der Kreditvergabe liefert. Konkret lässt sich festhalten, dass das „*interorganisationale Wohlwollen*" einen negativen Einfluss sowohl auf die Kreditlinien- als auch auf die Darlehenszinsen hat und die Kosten der Kapitalbeschaffung für die Unternehmen verringert. Dieses Ergebnis zeigt, dass die in der *Relationship Banking*-Forschung gängige Sichtweise, wonach Kreditlinien eher beziehungs- und Darlehen transaktionsgetrieben sind, in dieser Form nicht aufrechterhalten werden kann. Darüberhinaus bestätigt dieses Ergebnis die Annahme, dass die durch die Bank wahrgenommene Opportunismusgefahr in Bezug auf den Kreditnehmer durch Vertrauen reduziert wird.

Darüberhinaus wurde festgestellt, dass neben dem negativen Einfluss des Wohlwollens die „*Integritätsdimension*" des interpersonalen und interorganisationalen Vertrauens einen positiven Einfluss auf die Höhe der Darlehenszinsen hat. Eine mögliche Erklärung hierfür stellt der Aufbau von beziehungsspezifischem Sozialkapital dar. Aufgrund der geschäftspolitischen Bedeutung von Investitionsdarlehen sind Banken bestrebt, bei dieser Kreditart höhere Kreditzinsen durchzusetzen. Gerade jene Unternehmen, denen ein hohes Maß an Integrität attestiert wird, haben höchstwahrscheinlich das geschäftliche Interesse von der Bank als eine institutionalisierte Norm der Kreditbeziehung verinnerlicht und werden daher eher bereit sein, der Forderung der Bank nach höheren Kreditzinsen nachzukommen. Dies lässt sich als Aufbau von beziehungsspezifischem Sozialkapital interpretieren, welches die Unternehmen zu einem späteren Zeitpunkt in anderer Form einlösen können.

In Bezug auf die Kreditsicherheiten zeigte sich, dass die „*Integritätsdimension*" des „*interorganisationalen Vertrauens*" nicht wie angenommen zu einer Senkung, sondern zu einer Erhöhung der Besicherungsniveaus führt. Im Zusammenhang mit der ebenso positiven Wirkung des Hausbankstatus auf das Besicherungsniveau lässt dieses Ergebnis den Schluss zu, dass beide Banken in Kreditbeziehungen bestrebt sind, die jeweiligen Ausfallbeträge so gering wie möglich zu halten, um zum einen das Klumpenrisiko in ihren Kreditportfolien zu minimieren und zum anderen das Kreditmittelangebot für andere Kreditnehmer nicht zu verknappen.[1162] Ähnlich wie bei den Darlehenszinsen lässt sich der positive Einfluss der Integritätsdimension als der Aufbau Forderung als beziehungsspezifisches Sozialkapital durch die Unternehmen interpretieren. Schließlich zeigte sich in Bezug auf die Kreditverfügbarkeit, dass die „*Wohlwollensdimension*“ sowohl auf der Ebene des interpersonalen als auch auf der des interorganisationalen Vertrauens einen stark positiven Einfluss auf die Kreditverfügbarkeit hat. Für die Unternehmen bedeutet dies, dass sie in Vertrauensbeziehungen bspw. ihren kurzfristigen Liquiditätsbedarf schneller und unkomplizierter decken können oder im Rahmen einer eventuellen Unternehmenskrise sich auf die Bank als Financier stärker verlassen können.

Abschließend lassen sich die Erkennisse dieser Arbeit wie folgt in den Stand der finanzwissenschaftlichen Literatur zum Relationship Banking einordnen: Erstens wurde gezeigt, dass Vertrauen in Kreditbeziehungen zwischen öffentlichen Banken (Sparkassen) und kleinen und mittelständischen Unternehmen ein wichtiger Baustein ist, der zu einer Reduktion der beziehungsspezifischen Agency-Kosten beiträgt. Dieses Ergebnis ist neu und lag so in der finanzwissenschaftlichen Literatur noch nicht vor. Es erweitert die empirischen Erkenntnisse der Forschungsrichtung des Relationship Bankings um die Tatsache, dass neben den ökonomischen Parametern auch ein sozio-psychologisches Konstrukt wie Vertrauen eine wichtige Einflussgröße auf die Agency-Kosten einer Kreditbeziehung darstellt.

Zweitens wurde erstmals gezeigt, dass vor allem das interorganisationale Vertrauen der Bank in das jeweilige Unternehmen wichtige Parameter in Kreditbeziehungen zwischen Banken und KMU beeinflusst, wobei das interpersonale Vertrauen des Firmenkundenbetreuers in seinen Ansprechpartner immer die Grundlage für die Bildung des interorganisationalen Vertrauens darstellt. Somit konnte ein Erklärungsbeitrag in Bezug auf die Funktionsweise von Kreditbeziehungen zwischen Banken und Unternehmen geliefert werden.[1163] Und drittens wird der Forschungszweig des Relationship Banking um die Erkenntnis ergänzt, dass neben den bisher betrachteten unternehmens-, kredit- und und beziehungs-

1162 Gemäß Basel II hat ein geringes Besicherungsniveaus eine höhere Eigenkapitalhinterlegung zur Folge und führt zu einer Reduktion der Eigenmittel- und Kernkapitalquote der Bank. Da Banken aufsichtsrechtlich sowohl bei der Eigenmittel- und Kernkapitalquote Mindestzielwerte einhalten müssen, führt eine höhere Eigenkapitalhinterlegung bei den Kreditengagements dazu, dass die weiteren zur Kreditvergabe zur Verfügung stehenden Kreditmittel eingeschränkt werden.

1163 Siehe hierzu noch einmal das Zitat von Berger/Udell (2002), S. F33: „Despite the recent academic focus on relationship lending, there is remarkably absent in the literature a fully satisfying analysis of precisely how bank-borrower relationships work. It is generally left unspecified whether the primary relationship is between the bank and the firm or between the loan officer and the firm's owner [...]".

spezifischen Parametern ebenfalls Vertrauen einen wichtigen Erklärungsbeitrag für die Kreditvergabeparameter liefert. Diese Erkenntnis lag in der empirischen Forschung zum Relationship Banking bisher nur in eingeschränkter Form vor.[1164]

7.2 Limitationen und weiterer Forschungsbedarf

Die Ergebnisse dieser Untersuchung bestätigen den positiven Einfluss von Vertrauen auf die Agency-Kosten und die zentralen Parameter der Kreditvergabe und erlauben somit allgemeine Schlussfolgerungen in Bezug auf die Rolle von Vertrauen in Kreditbeziehungen zwischen Banken und kleinen und mittelständischen Unternehmen. Das Forschungsdesign sowie die spezifischen Fragestellungen dieser Untersuchung bringen jedoch Limitationen mit sich, die die Aussagekraft und die Möglichkeit zu einer umfassenden Verallgemeinerung der Ergebnisse einschränken. Auf diese Limitation wird im Folgenden eingegangen und anschließend der weitere Forschungsbedarf aufgezeigt.

Im Rahmen der Analyse der Agency-Kosten stellt die Tatsache, dass außer bei Vertrauen auf den Einsatz mehrdimensionaler Konstrukte verzichtet worden ist, die erste Limitation dieser Arbeit dar. Dies bedeutet, dass keine detaillierten Aussagen zum Beispiel in Bezug auf den Einfluss von Vertrauen auf die Komponenten der harten oder weichen Informationen sowie die Komponenten der Monitoringaktivitäten getroffen werden können. Zweitens fokussiert diese Untersuchung bis auf die Unterscheidung zwischen dem interpersonalen Vertrauen des Kundenbetreuers und dem interorganisationalen Vertrauen der Bank wie sämtliche Studien des *Relationship Bankings* auf eine institutionelle Sicht. Deshalb können in Bezug auf das Zusammenwirken zwischen den handelnden Personen innerhalb der Bank oder zwischen der Bank und dem Unternehmen nur Tendenzaussagen getroffen werden.

Drittens lassen die Ergebnisse dieser Studie nicht die Schlussfolgerung zu, dass Vertrauen zwischen Banken und Unternehmen die Kreditvergabeentscheidung verbessert und daher aus volkswirtschaftlicher Sicht eine ökonomisch effizientere Lösung darstellt. Wie erörtert, können Banken neben Aspekten einer sozialen Risikobewertung auch vollständig auf die instrumentellen Techniken der Risikoprüfung im Rahmen der Kreditvergabe zurückgreifen und dadurch ökonomische Skaleneffekte erzielen. Die Refinanzierungspraxis größerer Unternehmen über den Kapitalmarkt oder über Bankenkonsortien zeigt, dass Vertrauen für die Kreditvergabe keine notwendige Bedingung ist, sondern durch ver-

1164 Vgl. hierzu die Arbeiten von Harhoff/Körting (1998), Uzzi (1999) und Lehmann/Neuberger (2001).

tragliche Governance-Strukturen ersetzt werden kann.

Viertens wurde in dieser Arbeit nur auf die Sicht der Bank und nicht auf die der mittelständischen Unternehmen abgestellt. Inwiefern divergierende Sichtweisen zwischen Bank und Unternehmen einen Einfluss zum Beispiel auf die Kreditvergabeparameter haben, lässt sich durch die vorliegende Untersuchung nicht beantworten.

Fünftens schränkt schließlich die Tatsache, dass die Daten nur bei zwei Sparkassen in Bayern erhoben wurden, die Repräsentativität der Ergebnisse in verschiedenen Aspekten ein. Die Ergebnisse lassen sich nicht ohne weiteres auf die Privatbanken oder auf den Genossenschaftsbanksektor in Deutschland übertragen. Bei den Privatbanken haben möglicherweise die in dieser Arbeit analysierten Größen andere Wirkungsweisen beziehungsweise Parameter, die in dieser Studie nicht analysiert wurden, spielen eine Rolle. Zum Beispiel werden in Privatbanken aufgrund der geringeren regionalen Präsenz und zentralerer Entscheidungsstrukturen die geografische Distanz zwischen Bank und Unternehmen sowie die funktionalen Distanzen zwischen den Entscheidungsträgern innerhalb der Bank größer sein. Dies kann einen negativen Einfluss auf die Bedeutung weicher Informationen bei der Kreditvergabe haben. In Bezug auf den Genossenschaftsbankensektor ist anzumerken, dass zum Beispiel die Mitgliedschaft der Kunden bei der kreditgebenden Bank die Parameter der Kreditvergabe beeinfluss kann,[1165] während diese Variable in Kreditbeziehungen zwischen Sparkassen und KMU nicht existiert. Außerdem ist die Übertragbarkeit der Ergebnisse innerhalb des Sparkassensektors kritisch zu hinterfragen. Es wurde zwar gezeigt, dass die untersuchten Kreditbeziehungen als repräsentativ für den Firmenkundenbestand beider Sparkassen gelten können. Da jedoch innerhalb des Sparkassensektors Unterschiede in Bezug auf die Kundenstruktur, die Kreditvergabepolitik oder auch den Einsatz technischer Verfahren bei der Kreditvergabe vorliegen, können die Ergebnisse ebenfalls nicht ohne weiteres auf alle Sparkassen in Deutschland übertragen werden.

Aus den Limitationen und den Ergebnissen dieser Arbeit lässt sich der weitere Forschungsbedarf zukünftiger Untersuchungen ableiten:

1. Der in dieser Arbeit festgestellte Einfluss von Vertrauen in Kreditbeziehungen zwischen Sparkassen und kleinen und mittelständischen Unternehmen liegt möglicherweise auch bei Kreditbeziehungen zwischen Privat- oder Genossenschaftsbanken oder auch anderen Finanzierungsbeziehungen (zum Beispiel Venture Capital- oder Private Equity-Beziehungen) vor. Inwiefern sich die Ergebnisse dieser Untersuchung auf andere Bankensektoren in Deutschland (Privat- oder Genossenschaftsbanken), andere Länder oder auch weitere

1165 Vgl. hierfür die Ergebnisse in den Arbeiten bei Angelini et al. (1998) und Püthe (2009).

Finanzierungsbeziehungen übertragen lassen, sollte Fokus zukünftiger Forschungsbemühungen sein.

2. In der vorliegenden Arbeit nachgewiesen, dass Vertrauen die Agency-Kosten einer Kreditbeziehung senkt sowie die Kreditvergabeparameter positiv beeinflusst. Dabei wurde unterstellt, dass Vertrauen als soziale Heuristik über ein Framing bei den handelnden Akteuren die Unsicherheit verringert und somit Komplexität reduziert. In diesem Zusammenhang wurde jedoch nicht analysiert, inwiefern Vertrauen einen positiven Einfluss auf die Prognosegüte von Kreditausfallmodellen hat. Erste empirische Ergebnisse in diesem Bereich zeigen, dass der Einsatz weicher Informationen die Prognosegüte von Ausfallmodellen signifikant erhöhen kann.[1166] Durch weitere Arbeiten in diesem Forschungsbereich ließen sich wichtige Erkenntnisse zum Beispiel in Bezug auf den Einsatz von Kreditrisikomodellen und hinsichtlich der optimalen Organisationsstruktur von Banken erzielen.
3. Des Weiteren ergibt sich Forschungsbedarf hinsichtlich der Frage, wie in Kreditbeziehungen zwischen Banken und mittelständischen Unternehmen Vertrauen entsteht. Zur Analyse der Entstehung oder auch der Veränderung von Vertrauen in Kreditbeziehungen bieten sich Längsschnittsstudien an, mit Hilfe derer sich der zeitliche Verlauf von Vertrauen analysieren ließe.
4. In Bezug auf die Agency-Kosten wurde die Wirkungsweise von Vertrauen auf einer globalen Ebene analysiert. Weitergehende Forschung sollte darüber hinaus Erklärungsbeiträge erzielen, ob Vertrauen neben der „*Monitoring-Intensität*“ (*output control*) zum Beispiel die soziale Kontrolle (*social control*) oder die Verhaltenskontrolle (*behavioral control*) beeinflusst. Durch eine breiter gefasste Analyse ließe sich darüber hinaus klären, ob Faktoren wie die Macht oder die Zufriedenheit eines Partners die „*Qualität der Kreditverhandlungen*“ beeinflussen. Schließlich könnten durch den Einsatz mehrdimensionaler Konstrukte die Aussagen zur Wirkung von Vertrauen präzisiert werden.
5. Abschließend ergibt sich Forschungsbedarf in Bezug auf die Frage, ob Vertrauen auch zukünftig in Kreditbeziehungen zwischen Sparkassen und mittelständischen Unternehmen eine Rolle spielen wird. Im Zusammenhang hiermit stehen vor allem Fragen, inwiefern die Kreditvergabe zukünftig vermehrt über technische Verfahren gestützt wird oder ob beispielsweise Institutionen als „*Vertrauenswächter*“ beziehungsspezifisches Vertrauen zwischen der Bank und dem Unternehmen ersetzen können.

1166 Vgl. diesbezüglich die Dissertation von Lehmann (2008).

Anhang

Anhang 1: Fragenbogen

Kreditbeziehungen zwischen Banken und kleinen und mittelgroßen Unternehmen (KMU)

Universität der Bundeswehr München

Professur für Controlling,

Univ.-Prof. Dr. Bernhard Hirsch

Dipl.-Kfm. Matthias Schoen

Kundenbetreuer: Hr. Mustermann

Allgemeine Hinweise

Vor dem Ausfüllen der Fragebögen bitten wir Sie, diese Hinweise zu lesen!

Allgemeine Hinweise zum Fragebogen

- Diese Datenerhebung dient rein ***wissenschaftlichen Forschungszwecken***. Allgemeiner Grundsatz dieser Arbeit ist es, neben den Erkenntnissen für die Wissenschaft ebenso konkrete Handlungsempfehlungen für Banken in Bezug auf die Kreditbeziehungen mit ihren KMU zu erarbeiten.
- Die von Ihnen getätigten Angaben werden durch uns ***streng vertraulich*** behandelt, d. h. alle Antworten werden ***anonym*** ausgewertet und Angaben zu Ihrer Person dienen lediglich statistischen Zwecken. In keinem Fall werden Ihre Angaben an die Kunden weitergeleitet.
- Zur ***Sicherung der rechtlichen Belange*** der Bank in Bezug auf die Kundendaten hat Dipl. Kfm. Matthias Schoen mit der Sparkasse *XYZ* alle notwendigen Bestimmungen (Bankgeheimnis, Datenschutz, Geldwäsche) unterschrieben und sich zu ***strengster Verschwiegenheit*** verpflichtet.
- Für ***Rückfragen*** steht Ihnen Hr. Schoen jederzeit gerne entweder telefonisch (**030 2887 1252**) oder per E-Mail **mschoen@whu.edu** zur Verfügung.

Wichtige Hinweise zur Beantwortung der Fragen

- Das Fragenpaket ist in zwei Abschnitte (Abschnitt A: Angaben zu Ihrer Person und Abschnitt B: Beurteilung der Kundenbeziehungen) unterteilt. In Abschnitt B liegt für ***jede Kundenbeziehung*** jeweils ***ein Fragebogen*** zum Ausfüllen bereit.
- Um eine statistisch valide Datenerhebung zu gewährleisten und Verzerrungen bei der Beantwortung von Fragen (z.B. Gewohnheitseffekte) möglichst gering zu halten, wurden die ***Fragenblöcke*** und ebenso die ***Fragen*** innerhalb eines Fragenblocks für jede Kundenbeziehung durch ***zufällige Anordnung*** variiert. Bitte wundern Sie sich daher nicht, dass kein Fragebogen dem anderen vom Aufbau her gleicht – dies ist so gewollt!
- Wir bitten Sie um Ihr Verständnis, dass im Verlauf des Fragebogens verschiedene Sachverhalte durch ***ähnliche Fragestellungen*** erfasst werden. Dies ist aus methodischen Gründen leider so erforderlich und dient einer validen statistischen Datenerhebung.
- Im Fragebogen wird zwischen ***Ansprechpartnern*** im Unternehmen (Unternehmer, Geschäftsführung) und dem ***Unternehmen*** als solches unterschieden.

Bei der Beantwortung der Fragen bitten wir Sie deshalb, darauf zu achten, worauf sich die jeweilige Frage bezieht. Ist der Unternehmenskunde ein ***Kreditnehmerverbund***, so beurteilen Sie bitte die gesamte Einheit als ***ein Unternehmen***.

- Die ***Vollständigkeit Ihrer Antworten*** ist für den Erfolg der Studie von größter Bedeutung. Sollten Ihnen zu einer Frage gesicherte Informationen fehlen, so bitten wir Sie bewusst um ***Ihre subjektive Einschätzung***. Bitte überspringen Sie eine Frage nur dann, wenn Sie diese in keinem Fall sinnvoll beantworten können.

Vielen Dank vorab für Ihre Unterstützung!

Abschnitt A – Angaben zu Ihrer Person

1. Wie lange sind Sie in der Sparkasse XYZ tätig?	________ Jahre	**2.** Wie lange sind Sie in Ihrer jetzigen Position tätig?	________ Jahre

3.1 Waren Sie vor Ihrer beruflichen Zeit bei der Sparkasse XYZ in einem anderen Unternehmen tätig? ☐ Ja ☐ Nein

3.2 ***Falls Ja***, wo waren Sie **direkt** vorher beschäftigt?

☐ Sparkasse ☐ Landesbank ☐ Genossenschaftsbank ☐ Privatbank ☐ Anderes Unternehmen, (nennen Sie bitte Branche und Tätigkeit) ________ , ________

Wie lange waren Sie in diesem Unternehmen beschäftigt? ________ Jahre

3.2 ***Falls weitere***, wo waren Sie **davor** noch beschäftigt?

☐ Sparkasse ☐ Landesbank ☐ Genossenschaftsbank ☐ Privatbank ☐ Anderes Unternehmen, (nennen Sie bitte Branche und Tätigkeit) ________ , ________

Wie lange waren Sie in diesem Unternehmen beschäftigt? ________ Jahre

4.1 Stammen Sie aus der Region XYZ (Umkreis 50 km)? ☐ Ja ☐ Nein

4.2 ***Falls nein,*** *wie lange wohnen Sie schon in der Region XYZ?* ________ Jahre

	Sehr schlecht	Schlecht	Mittelmäßig	Gut	Sehr gut
4.3 Wie gut kennen Sie das wirtschaftliche Umfeld der Region XYZ?	☐	☐	☐	☐	☐

5. Wie würden Sie sich selbst als Mensch entsprechend der aufgeführten Aussagen einschätzen?

	Trifft überhaupt nicht zu	Trifft wenig zu	Trifft mittelmäßig zu	Trifft überwiegend zu	Trifft vollstän-dig zu
Unbekannten Personen unterstelle ich mir gegenüber wohlwollendes Verhalten.	☐	☐	☐	☐	☐
Unbekannten Personen begegne ich von Haus aus mit Skepsis.	☐	☐	☐	☐	☐
Fremden Menschen unterstelle ich ein hohes Maß an Integrität.	☐	☐	☐	☐	☐

Abschnitt B – Beurteilung Ihrer Kundenbeziehungen

Name des Unternehmens (Kreditnehmerverbund)	**ABC Muster GmbH**
Höhe des Kreditengagements (gemäß Entscheid vom xx.xx.xxxx):	**99.999.999,0 €**

B.1 Bitte beantworten Sie diese allgemeinen Fragen in Bezug auf die Beziehung zu diesem Unternehmen?

1. Wie lange sind Sie als Kundenberater/Kreditsachbearbeiter für dieses Unternehmen zuständig? ______ Jahre

2.1 Betrachten Sie sich selbst als **Hausbank** dieses Unternehmens?	Nein, in keinem Fall	Eher Nein	Tendenziell Ja	Ja, in jedem Fall		
2.2 Mit wie vielen **weiteren Banken** unterhält das Unternehmen aktive Kreditbeziehungen?	Keine	1	2	3	4	>4
2.3 Wie weit ist der **Hauptsitz des Unternehmens** von Ihrer Geschäftsstelle ungefähr entfernt?	< 20 km	20 - 50 km	> 50 km			

3.1 Durch **wen** wird das Unternehmen geleitet?	Eigentümer, Gesell-schafter	Eingesetzte Geschäfts-führer	Andere ______			
3.2 Auf welcher Ebene im Unternehmen befindet sich Ihr **wichtigster Ansprechpartner**?	Geschäfts-leitung	2. Führungs-ebene	Andere Ebene (bitte nennen): ______			
3.3 Wie viele Personen zählen zu Ihren **wichtigsten Ansprechpartnern**?	1	2	3	>3		
3.4 Wie **häufig treffen** Sie Ihre wichtigsten Ansprechpartner?	Nie	1 Mal im Jahr	Alle 6 Monate	Alle 3 Monate	Einmal im Monat	Mehrmals im Monat

4.3 Wie bewerten Sie die Wahrscheinlichkeit eines **materiellen Verlustes** für Ihre Bank aus der Kreditbeziehung **mit diesem Unternehmen?**

	Trifft überhaupt nicht zu	Trifft wenig zu	Trifft mittelmäßig zu	Trifft überwiegend zu	Trifft vollständig zu
Das Risiko ist ausreichend über vertragliche und nicht-vertragliche Vereinbarungen abgesichert.					

B.2 Wie schätzen Sie das Verhältnis zu Ihrem wichtigsten Ansprechpartner im Unternehmen ein?

	Trifft überhaupt nicht zu	Trifft wenig zu	Trifft mittelmäßig zu	Trifft überwiegend zu	Trifft vollständig zu
Mein Ansprechpartner hat sich in Verhandlungen mir gegenüber immer fair verhalten.	☐	☐	☐	☐	☐
Ich kenne das Verhalten meines Ansprechpartners. Ich kann mich immer darauf verlassen, dass er/sie sich meinen Erwartungen entsprechend verhält.	☐	☐	☐	☐	☐
Mein Ansprechpartner respektiert auch unsere Interessen, selbst wenn es ihm/ihr Kosten verursacht.	☐	☐	☐	☐	☐
Ich würde mich "betrogen" fühlen, wenn das Verhalten meines Ansprechpartners nicht meinen Erwartungen entspräche.	☐	☐	☐	☐	☐
Mein Ansprechpartner war in geschäftlichen Angelegenheiten immer sehr offen zu uns.	☐	☐	☐	☐	☐
Mein Ansprechpartner beschäftigt sich auch mit den Bedürfnissen unserer Bank.	☐	☐	☐	☐	☐

B.3 Wie bewerten Sie das Verhältnis zwischen Ihrer Bank und dem Unternehmen?

	Trifft überhaupt nicht zu	Trifft wenig zu	Trifft mittelmäßig zu	Trifft überwiegend zu	Trifft vollständig zu
Da wir schon lange mit diesem Unternehmen eine Geschäftsbeziehung pflegen, sind sämtliche Abläufe selbstverständlich geworden.	☐	☐	☐	☐	☐
Da wir bereits sehr lange mit diesem Unternehmen eine Geschäftsbeziehung pflegen, verstehen wir uns gegenseitig gut und schnell.	☐	☐	☐	☐	☐
Wir hatten bisher niemals das Gefühl, durch dieses Unternehmen getäuscht worden zu sein.	☐	☐	☐	☐	☐
Beide Seiten erwarten voneinander, keine Forderungen zu stellen, welche die Interessen der anderen Seite ernsthaft gefährden könnten.	☐	☐	☐	☐	☐
Vom stärkeren Partner in dieser Beziehung wird erwartet, dass er seine Interessen nicht um jeden Preis verfolgt.	☐	☐	☐	☐	☐
Informelle Absprachen mit dem Unternehmen haben das gleiche Gewicht wie formale Verträge.	☐	☐	☐	☐	☐
Dieses Unternehmen hält seine Versprechungen uns gegenüber stets ein.	☐	☐	☐	☐	☐
Bei wichtigen Enscheidungen berücksichtigt das Unternehmen stets auch das Wohlergehen unserer Bank.	☐	☐	☐	☐	☐

B.4 Wie schätzen Sie die Verlässlichkeit der an Ihre Bank übermittelten Berichtsinformationen (z.B. Jahresabschlüsse, BWAs, Planrechnungen) dieses Unternehmens ein?

	Trifft überhaupt nicht zu	Trifft wenig zu	Trifft mittelmäßig zu	Trifft überwiegend zu	Trifft vollständig zu
Das Unternehmen fühlt sich stets an Normen einer ehrlichen Berichterstattung gebunden.	☐	☐	☐	☐	☐
Die übermittelten Berichtsinformationen sind stets frei von subjektiven Meinungen und Einflüssen.	☐	☐	☐	☐	☐
Eine bewusst verzerrte Übermittlung von Berichtsinformationen an uns kommt nie vor.	☐	☐	☐	☐	☐
Ich halte die vom Unternehmen übermittelten Berichtsinformationen nicht für glaubwürdig.	☐	☐	☐	☐	☐
Die Berichtsinformationen bilden die tatsächlichen Verhältnisse des Unternehmens stets wirklichkeitsgetreu ab.	☐	☐	☐	☐	☐

B.5 Wie beurteilen Sie die Kreditverhandlungen mit dem Unternehmen?

	Trifft überhaupt nicht zu	Trifft wenig zu	Trifft mittelmäßig zu	Trifft überwiegend zu	Trifft vollständig zu
Der Kreditverhandlungsprozess mit diesem Unternehmen ist sehr angenehm.	☐	☐	☐	☐	☐
Die Kreditverhandlungen führen zu sehr guten Ergebnissen.	☐	☐	☐	☐	☐
Die Kreditverhandlungen sind kompliziert.	☐	☐	☐	☐	☐
Die Kreditverhandlungen mit diesem Unternehmen führen zu keiner schnellen Einigung.	☐	☐	☐	☐	☐
Die Kreditverhandlungen erfolgen lösungsorientiert.	☐	☐	☐	☐	☐
Mit den Ergebnissen der Kreditverhandlungen sind beide Parteien sehr zufrieden.	☐	☐	☐	☐	☐

B.6 Wie bewerten Sie die Verfügbarkeit von Kreditmitteln für dieses Unternehmen bei Ihrer Bank?

	Sehr gering	Gering	Mittelmäßig	Hoch	Sehr hoch
Wie hoch schätzen Sie die Wahrscheinlichkeit ein, dass eine Erhöhung des gesamten Kreditengagements (um ca. 10 Prozent) ohne zusätzliche Sicherheitenstellung genehmigt wird?	☐	☐	☐	☐	☐

	Trifft überhaupt nicht zu	Trifft wenig zu	Trifft mittelmäßig zu	Trifft überwiegend zu	Trifft vollständig zu
In einer Krise würden wir diesem Unternehmen immer zur Seite stehen.	☐	☐	☐	☐	☐
In den letzten zwei Geschäftsjahren mussten wir Kreditanfragen des Unternehmens auch ablehnen.	☐	☐	☐	☐	☐

B.7 Wie beurteilen Sie die Intensität der Kreditüberwachung für diesen Kunden?

	Trifft überhaupt nicht zu	Trifft wenig zu	Trifft mittelmäßig zu	Trifft überwiegend zu	Trifft vollständig zu
Bei diesem Engagement betreiben wir als Bank eine sehr intensive Kreditüberwachung.	☐	☐	☐	☐	☐
Wir verfolgen als Bank die Geschäftsentwicklung dieses Unternehmens immer sehr genau.	☐	☐	☐	☐	☐
Wir betreiben bei diesem Unternehmen die Kreditüberwachung auf Basis des normalen Jahresturnus.	☐	☐	☐	☐	☐
Bei der Analyse des Jahresabschlusses dieses Unternehmens gehen wir sehr in die Tiefe.	☐	☐	☐	☐	☐
Im Rahmen der Kreditüberwachung analysieren wir die Entwicklung der Wettbewerbsposition dieses Unternehmens sehr intensiv.	☐	☐	☐	☐	☐
Im Rahmen der Kreditüberwachung analysieren wir die Entwicklungen in der Wertschöpfungskette dieses Unternehmens sehr intensiv.	☐	☐	☐	☐	☐
Bei der Analyse der Besicherungssituation dieses Unternehmens gehen wir sehr in die Tiefe.	☐	☐	☐	☐	☐
Wir analysieren als Bank immer die aktuellsten unterjährigen Erfolgsdaten (z.B. BWAs, Quartalsabschlüssen) dieses Unternehmens.	☐	☐	☐	☐	☐
Wir analysieren im Rahmen der Kreditüberwachung auch die prognostizierte Geschäftsentwicklung (Planzahlen) dieses Unternehmens.	☐	☐	☐	☐	☐

Hinweis: Im Folgenden bitten wir Sie, auf Kreditentscheidungen für dieses Unternehmen abzustellen, die auf Vorstands- oder Abteilungsdirektorebene (Bereichsleitung Markt/Marktfolge) entschieden werden.

B.8 Auf welcher Basis bewerten Sie bei einer Kreditentscheidung die Kreditwürdigkeit dieses Unternehmens?

	Trifft überhaupt nicht zu	Trifft wenig zu	Trifft mittelmäßig zu	Trifft überwiegend zu	Trifft vollständig zu
Bei Kreditentscheidungen für dieses Unternehmen spielt es eine große Rolle, wie gut wir den Unternehmer (Geschäftsleitung) kennen.	☐	☐	☐	☐	☐
Dass wir den Unternehmer (Geschäftsleitung) so gut kennen, ist für uns eine wertvolle Information im Rahmen einer Kreditentscheidung.	☐	☐	☐	☐	☐
Eine genaue Einschätzung der Person des Unternehmers (Geschäftsleitung) ist für uns bei Kreditentscheidungen nicht sehr wichtig.	☐	☐	☐	☐	☐
Das detaillierte Vorliegen der harten Faktoren (Rating, wirtschaftliche Verhältnisse, usw.) ist für uns bei Kreditentscheidungen sehr wichtig.	☐	☐	☐	☐	☐
Wir analysieren vor Kreditentscheidungen für dieses Unternehmen die Entwicklung sämtlicher harter Faktoren sehr intensiv.	☐	☐	☐	☐	☐
Die genaue Einschätzung der harten Faktoren spielt bei Kreditentscheidungen für dieses Unternehmen keine große Rolle.	☐	☐	☐	☐	☐

	<50%	50-60%	60-70%	70-80%	80-90%	90-100%
Welchen Anteil machen aus Ihrer Sicht die harten Faktoren bei Kreditenscheidungen für dieses Unternehmen aus?	☐	☐	☐	☐	☐	☐

B.9 Welche Bedeutung haben für Ihre Bank bei einer Kreditentscheidung für dieses Unternehmen die folgenden Faktoren (harte Faktoren)?

		Gar keine	Gerin-ge	Mittel-mäßige	Hohe	Sehr hohe
Einstufung des Unternehmens in Risikoklasse	z.B.: Basel-II-Rating, andere hausinterne Risikoeinstufungen	☐	☐	☐	☐	☐
Entwicklung der wirtschaftlichen Verhältnisse auf Basis der jährlichen Berichtsdaten	z.B.: Ertrags-/Ergebnisentwicklung, Eigenkapitalquote, usw. auf Basis vorliegender Jahresabschlüsse	☐	☐	☐	☐	☐
Entwicklung der wirtschaftlichen Verhältnisse auf Basis unterjähriger Berichtsdaten	z.B.: Ertrags-/Kostenentwicklung, usw. auf Basis unterjähriger Informationen (BWAs)	☐	☐	☐	☐	☐
Prognostizierte Entwicklung der wirtschaftlichen Verhältnisse	z.B.: Plan- oder Prognoserechnungen für Ertrags-/ Kostenentwicklung, usw.	☐	☐	☐	☐	☐
Vermögens- und Schuldenlage dieses Unternehmers	z.B.: privates Vermögen des Unternehmers (der Geschäftsleitung)	☐	☐	☐	☐	☐
Besicherungssitutation dieses Engagements	z.B.: Werthaltigkeit bestehender Sicherheiten, Möglichkeit der Hereinnahme neuer Sicherheiten	☐	☐	☐	☐	☐
Durchsetzbarer Kreditzins	-	☐	☐	☐	☐	☐

B.10 Welche Bedeutung haben für Ihre Bank bei einer Kreditentscheidung für dieses Unternehmens die folgenden Faktoren (Unternehmer/Geschäftsleitung)?

		Gar keine	Gerin-ge	Mittel-mäßige	Hohe	Sehr hohe
Persönliche Qualifikation des Unternehmers (der Geschäftsleitung)	z.B.: Zielstrebigkeit, Lernfähigkeit, soziale Kompetenz	☐	☐	☐	☐	☐
Fachliche Qualifikation des Unternehmers (der Geschäftsleitung)	z.B.: fachliche Ausbildung und Berufserfahrung, Branchenerfahrung, technisches Wissen	☐	☐	☐	☐	☐
Kaufmännische Qualifikation des Unternehmers (der Geschäftsleitung)	z.B.: kaufmännische Erfahrungen, unternehmerische Kompetenz	☐	☐	☐	☐	☐
Geschäftliche Reputation des Unternehmers (der Geschäftsleitung)	z.B.: Ansehen bei Geschäftspartnern, Zuverlässigkeit	☐	☐	☐	☐	☐
Privates Umfeld des Unternehmers (der Geschäftsleitung)	z.B.: Familiäre Verhältnisse und Ereignisse, private Interessen	☐	☐	☐	☐	☐
Regionale Einbindung des Unternehmers	z.B.: Soziales Engagement, sonstige regionale Aktivitäten	☐	☐	☐	☐	☐

Anhang 2: Beurteilung der vollständigen Messmodelle

Im folgenden Anhang werden die Messmodelle aller Konstrukte auf Basis sämtlicher im Fragebogen erhobenen Indikatoren beurteilt.[1167] Die Faktorladungen der Indikatoren sind Tabelle AN 1 dargestellt. Mit der Ausnahme von drei knappen Unterschreitungen[1168] jeweils beim Datensatz der Firmenkundenbetreuung und Kreditsachbearbeitung weisen alle Indikatoren Ladungen von größer als 0,7 auf. Den zur Konstruktmessung verwendeten Indikatoren kann damit eine hohe Reliabilität attestiert werden. Ebenso ist bei allen Konstrukten Konvergenzvalidität gegeben, da in jedem Datensatz die DEV jedes Konstrukts größer als 0,5 ist (siehe Tabelle AN 2). Darüber hinaus weisen die Messungen ebenso auf Konstruktebene eine hohe Reliabilität auf. Die Werte für die interne Konsistenz sind bei allen Datensätzen größer als 0,87 und der geringste Wert für das Cronbach's Alpha liegt bei 0,78 (siehe Tabelle AN 2). Abschließend kann festgestellt werden, dass zwischen den Konstrukten ein ausreichend hohes Maß an Diskriminanzvalidität vorliegt. Das Fornell-Larcker-Kriterium wird für jeden Datensatz erfüllt (Tabelle AN 3 bis Tabelle AN 5) und jeder Indikator lädt in jedem der drei Datensätze jeweils am höchsten auf das ihm zugeordnete Konstrukt (siehe Tabelle AN 6 bis Tabelle AN 8). In Bezug auf die Messungen der Konstrukte in dieser Arbeit lässt sich zusammenfassend somit konstatieren, dass ein hohes Maß an Reliabilität und Diskriminanzvalidität vorliegt.

1167 Die Messmodelle wurden mittels Schätzung des vollständigen Forschungsmodells inklusive der signifikanten Kontrollvariablen (Unternehmensgröße, Hausbankstatus und Risiko) ermittelt. Dabei wurden die Indikatoren INT5, INT6, INT9, VHI2 und QKV5, die aufgrund des Tests auf Common Method Bias eliminiert wurden, wieder in die Messmodelle aufgenommen. Lediglich der Indikator INT3 wurde aufgrund seiner geringen Faktorladung bei allen drei Datensätzen aus dem Messmodell der Monitoring Intensität eliminiert.

1168 Die Ladungen der Indikatoren IE4, INT5 und INT8 beim Datensatz der Firmenkundenbetreuung und die Ladungen der Indikatoren VHI4, IE3 und INT9 beim Datensatz der Kreditsachbearbeitung unterschreiten das geforderte Akzeptanzniveau von 0,7, sind jedoch allesamt größer als 0,6.

Tabelle AN 1 – Faktorladungen der Indikatoren zur Beurteilung der Indikatorreliabilität

Konstrukt	Indikator	Firmenkunden-betreuung		Kreditsach-bearbeitung		Bank[a]	
		Faktor-ladung[b]	t-Wert	Faktor-ladung[b]	t-Wert	Faktor-ladung[b]	t-Wert
Vertrauen	Wohlwollen	0,910	13,676	0,924	9,711	0,893	9,973
	Integrität	0,250	1,712	0,223	1,510	0,290	1,761
Verlässlichkeit harter Informationen	VHI1	0,867	33,144	0,796	7,432	0,848	13,887
	VHI2	0,761	7,957	0,742	7,529	0,752	7,182
	VHI3	0,870	27,966	0,852	9,383	0,908	16,734
	VHI4	0,762	7,986	0,683	5,560	0,744	6,187
	VHI5	0,811	13,449	0,853	10,055	0,876	14,425
Einsatz weicher Informationen (Unternehmer)	IE1	0,892	14,448	0,914	13,623	0,909	15,189
	IE2	0,861	11,212	0,876	9,134	0,865	13,144
	IE3	0,852	10,370	0,694	4,424	0,824	9,679
Einsatz harter Informationen	IE4	0,642	7,227	0,887	36,432	0,852	22,815
	IE5	0,865	22,204	0,927	48,051	0,918	47,580
	IE6	0,857	17,179	0,883	25,064	0,867	22,220
	IE7	0,811	14,851	0,826	13,924	0,832	20,494
Monitoring Intensität	INT1	0,726	13,353	0,870	25,835	0,847	28,097
	INT2	0,839	23,931	0,881	37,360	0,898	36,033
	INT4	0,764	16,028	0,889	46,835	0,878	39,303
	INT5	0,602	5,608	0,864	23,806	0,778	13,526
	INT6	0,803	16,742	0,787	13,606	0,832	17,962
	INT7	0,769	14,467	0,726	8,334	0,746	11,748
	INT8	0,692	9,644	0,879	30,161	0,845	20,312
	INT9	0,817	19,274	0,696	10,174	0,795	12,918
Qualität Kredit-verhandlungen	QKV1	0,800	18,602	0,852	17,093	0,875	26,445
	QKV2	0,810	20,456	0,832	19,594	0,886	33,405
	QKV3	0,759	13,075	0,729	10,240	0,821	16,049
	QKV4	0,729	14,038	0,779	11,688	0,788	16,696
	QKV5	0,711	9,129	0,809	18,205	0,778	15,914
	QKV6	0,786	13,849	0,840	16,019	0,843	16,338
Risiko[c]	RISIKO1	0,939	17,912	0,955	10,216	0,941	17,004
	RISIKO2	0,963	30,408	0,949	9,428	0,962	17,248
Hausbank[c]	HausBank	1,000	-	1,000	-	1,000	-
Unt.-größe[c]	UntGröße	1,000	-	1,000	-	1,000	-

a) aggregierter Datensatz:
b) bei Vertrauen innere Gewichte
c) Daten wurden allesamt aus Kreditakten erhoben; Risiko stellt die Risikoklasse bei der letzten Kreditentscheidung und den Durchschnitt aus vorangegangenen Kreditentscheidungen dar

Tabelle AN 2 – Maße zur Beurteilung von Konvergenzvalidität und Konstruktreliabilität

Konstrukt	Durchschnittlich Erfasste Varianz (DEV)			Interne Konsistenz			Cronbach's Alpha		
	FKB[a]	KSB[a]	Bank[a]	FKB[a]	KSB[a]	Bank[a]	FKB[a]	KSB[a]	Bank[a]
Verlässlichkeit harter Informationen	0,67	0,62	0,69	0,91	0,89	0,92	0,87	0,85	0,88
Einsatz weicher Informationen (Unternehmer)	0,75	0,69	0,75	0,90	0,87	0,90	0,84	0,78	0,83
Einsatz harter Informationen	0,64	0,78	0,75	0,87	0,93	0,92	0,81	0,90	0,89
Monitoring Intensität	0,57	0,68	0,69	0,91	0,95	0,95	0,89	0,93	0,93
Qualität Kreditverhandlungen	0,60	0,05	0,09	0,90	0,92	0,93	0,86	0,89	0,91

a) FKB = Firmenkundenbetreuung, KSB = Kreditsachbearbeitung, Bank = aggregierter Datensatz

Tabelle AN 3 – DEV und quadrierte Korrelationen zwischen Konstrukten (FKB)[1169]

	VHI	EWI	EHI	MON INT	QKV	Risko	HB	UNTGR	VER
VHI	**0,665**								
EWI	0,011	**0,754**							
EHI	0,009	0,002	**0,638**						
MON INT	0,068	0,134	0,271	**0,570**					
QKV	0,307	0,000	0,012	0,008	**0,588**				
Risiko	0,070	0,029	0,026	0,089	0,000	**0,905**			
Hausbank	0,001	0,027	0,001	0,008	0,070	0,027	k.A.		
UNTGR	0,001	0,025	0,050	0,001	0,005	0,002	0,020	k.A.	
Vertrauen	0,528	0,049	0,002	0,045	0,393	0,040	0,004	0,020	k.A.

Anmerkung: Werte auf der Diagonalen stellen DEV dar, Werte unterhalb der Diagonalen die quadrierten Korrelationen zwischen den Konstrukten; VHI = Verlässlichkeit harter Informationen, EWI = Einsatz weicher Informationen, EHI = Einsatz harter Informationen, MON INT = Monitoring Intensität, QKV = Qualität der Kreditverhandlungen, UNTGR = Unternehmensgröße

1169 Datensatz Firmenkundenbetreuung.

Tabelle AN 4 – DEV und quadrierte Korrelationen zwischen Konstrukten (KSB)[1170]

	VHI	EWI	EHI	MON INT	QKV	Risko	HB	UNTGR	VER
VHI	**0,621**								
EWI	0,034	**0,695**							
EHI	0,000	0,013	**0,777**						
MON INT	0,009	0,001	0,559	**0,684**					
QKV	0,045	0,032	0,004	0,013	**0,653**				
Risiko	0,063	0,018	0,004	0,018	0,019	**0,906**			
Hausbank	0,024	0,037	0,007	0,000	0,029	0,030	**k.A.**		
UNTGR	0,013	0,009	0,001	0,016	0,006	0,001	0,020	**k.A.**	
Vertrauen	0,296	0,075	0,019	0,004	0,383	0,000	0,005	0,002	**k.A.**

Anmerkung: Werte auf der Diagonalen stellen DEV dar, Werte unterhalb der Diagonalen die quadrierten Korrelationen zwischen den Konstrukten; VHI = Verlässlichkeit harter Informationen, EWI = Einsatz weicher Informationen, EHI = Einsatz harter Informationen, MON INT = Monitoring Intensität, QKV = Qualität der Kreditverhandlungen, UNTGR = Unternehmensgröße

Tabelle AN 5 – DEV und quadrierte Korrelationen zwischen Konstrukten (Bank)[1171]

	VHI	EWI	EHI	MON INT	QKV	Risko	HB	UNTGR	VER
VHI	**0,686**								
EWI	0,014	**0,751**							
EHI	0,004	0,008	**0,753**						
MON INT	0,048	0,038	0,562	**0,687**					
QKV	0,155	0,005	0,004	0,006	**0,693**				
Risiko	0,108	0,001	0,015	0,063	0,006	**0,905**			
Hausbank	0,007	0,049	0,005	0,002	0,065	0,028	**k.A.**		
UNTGR	0,009	0,001	0,022	0,005	0,008	0,002	0,020	**k.A.**	
Vertrauen	0,447	0,034	0,030	0,019	0,486	0,013	0,009	0,001	**k.A.**

Anmerkung: Werte auf der Diagonalen stellen DEV dar, Werte unterhalb der Diagonalen die quadrierten Korrelationen zwischen den Konstrukten; VHI = Verlässlichkeit harter Informationen, EWI = Einsatz weicher Informationen, EHI = Einsatz harter Informationen, MON INT = Monitoring Intensität, QKV = Qualität der Kreditverhandlungen, UNTGR = Unternehmensgröße

1170 Datensatz Kreditsachbearbeitung.

1171 Aggregierter Datensatz.

Tabelle AN 6 – Indikatorenkreuzladungen zwischen den Konstrukten (FKB)[1172]

		VHI	EWI	EHI	MON INT	QKV	Risiko	Hausbank	Unt.-größe
VHI	VHI1_MA	**0,867**	0,059	0,186	-0,177	0,576	-0,223	0,090	-0,073
	VHI2_MA	**0,761**	0,223	0,088	-0,069	0,248	-0,210	0,051	-0,115
	VHI3_MA	**0,870**	0,026	0,124	-0,278	0,475	-0,295	-0,012	0,065
	VHI4_MA	**0,762**	0,025	-0,077	-0,308	0,443	-0,154	-0,088	0,006
	VHI5_MA	**0,762**	0,025	-0,077	-0,308	0,443	-0,154	-0,088	0,006
EWI	IE1_MA	0,085	**0,892**	0,054	0,315	0,023	-0,130	0,212	-0,135
	IE2_MA	0,099	**0,861**	-0,081	0,237	0,010	-0,240	0,037	-0,173
	IE3_MA	0,091	**0,852**	0,146	0,395	-0,062	-0,081	0,169	-0,105
EHI	IE4_MA	0,166	0,023	**0,642**	0,270	0,132	-0,044	-0,048	0,195
	IE5_MA	-0,039	0,182	**0,865**	0,568	-0,076	0,190	-0,052	0,069
	IE6_MA	0,215	0,035	**0,857**	0,264	0,082	0,020	-0,014	0,254
	IE7_MA	0,060	-0,119	**0,811**	0,449	0,265	0,247	0,034	0,254
MON INT	INT1_MA	-0,320	0,162	0,262	**0,726**	-0,129	0,257	0,036	0,065
	INT2_MA	-0,124	0,326	0,409	**0,839**	-0,035	0,230	0,093	-0,032
	INT4_MA	-0,086	0,353	0,591	**0,764**	0,002	0,293	0,011	0,174
	INT5_MA	-0,147	0,210	0,207	**0,602**	0,051	0,061	0,091	-0,054
	INT6_MA	-0,333	0,338	0,195	**0,803**	-0,201	0,156	0,103	-0,250
	INT7_MA	-0,266	0,267	0,407	**0,769**	-0,144	0,213	0,025	-0,137
	INT8_MA	-0,211	0,160	0,442	**0,692**	-0,020	0,357	0,175	-0,043
	INT9_MA	-0,151	0,349	0,470	**0,817**	-0,061	0,165	0,109	-0,004
QKV	QKV1_MA	0,455	-0,067	-0,049	-0,168	**0,800**	0,084	0,174	0,142
	QKV2_MA	0,466	-0,022	0,036	-0,144	**0,810**	-0,051	0,251	-0,003
	QKV3_MA	0,326	-0,014	0,148	0,046	**0,759**	0,037	0,205	0,043
	QKV4_MA	0,311	-0,011	0,248	0,035	**0,729**	0,075	0,304	0,038
	QKV5_MA	0,595	0,147	0,147	-0,016	**0,711**	-0,159	0,038	0,122
	QKV6_MA	0,382	-0,084	-0,004	-0,144	**0,786**	0,012	0,254	-0,020
Risiko	RISIKO1	-0,200	-0,161	0,170	0,245	0,026	**0,939**	0,202	-0,010
	RISIKO2	-0,293	-0,162	0,138	0,315	-0,019	**0,963**	0,123	0,086
Hausbank	HausBank	0,028	0,164	-0,025	0,091	0,265	0,166	**1,000**	-0,140
Unt.-größe	UntGröße	-0,033	-0,157	0,223	-0,034	0,073	0,046	-0,140	**1,000**

Anmerkung: VHI = Verlässlichkeit harter Informationen; EWI = Einsatz weicher Information (Unt.);
EHI = Einsatz harter Informationen; MON INT = Monitoring Intensität
QKV = Qualität der Kreditverhandlungen

1172 Datensatz Firmenkundenbetreuung.

Tabelle AN 7 – Indikatorenkreuzladungen zwischen den Konstrukten (KSB)[1173]

		VHI	EWI	EHI	MON INT	QKV	Risiko	Hausbank	Unt.-größe
VHI	VHI1_MF	**0,796**	0,266	0,257	0,199	0,224	-0,088	-0,147	-0,088
	VHI2_MF	**0,742**	0,068	-0,009	0,023	0,100	-0,237	-0,138	-0,070
	VHI3_MF	**0,852**	0,104	-0,105	-0,260	0,133	-0,256	-0,126	-0,087
	VHI4_MF	**0,683**	-0,045	-0,143	-0,247	0,121	-0,229	-0,102	-0,145
	VHI5_MF	**0,683**	-0,045	-0,143	-0,247	0,121	-0,229	-0,102	-0,145
EWI	IE1_MF	0,190	**0,914**	-0,129	-0,025	0,183	0,095	0,192	0,057
	IE2_MF	0,204	**0,876**	-0,045	-0,004	0,133	0,128	0,196	0,075
	IE3_MF	0,020	**0,694**	-0,145	-0,061	0,137	0,120	0,053	0,137
EHI	IE4_MF	0,124	-0,025	**0,887**	0,622	0,009	-0,009	-0,207	0,011
	IE5_MF	0,029	-0,117	**0,927**	0,690	0,044	0,056	-0,127	-0,006
	IE6_MF	-0,054	-0,090	**0,883**	0,700	0,126	0,063	-0,031	0,093
	IE7_MF	-0,076	-0,180	**0,826**	0,620	0,055	0,111	0,090	0,038
MON INT	INT1_MF	-0,248	-0,120	0,610	**0,870**	0,073	0,215	0,150	0,136
	INT2_MF	-0,029	-0,016	0,774	**0,881**	0,047	0,031	-0,041	-0,017
	INT4_MF	0,018	-0,022	0,766	**0,889**	0,121	0,127	-0,071	0,132
	INT5_MF	-0,103	-0,054	0,607	**0,864**	0,094	0,041	0,043	0,118
	INT6_MF	-0,004	0,008	0,490	**0,787**	0,207	0,097	0,067	0,045
	INT7_MF	-0,154	0,078	0,519	**0,726**	0,174	0,263	-0,008	0,116
	INT8_MF	-0,044	-0,013	0,660	**0,879**	0,047	0,010	-0,001	0,186
	INT9_MF	-0,078	-0,049	0,390	**0,696**	0,006	0,155	-0,116	0,156
QKV	QKV1_MF	0,245	0,174	0,046	0,177	**0,852**	0,136	0,086	0,059
	QKV2_MF	0,235	0,158	0,162	0,198	**0,832**	0,066	0,081	0,175
	QKV3_MF	0,157	0,059	-0,153	-0,185	**0,729**	-0,047	0,108	-0,090
	QKV4_MF	0,198	-0,034	0,019	-0,096	**0,779**	0,115	0,228	-0,023
	QKV5_MF	0,111	0,327	0,116	0,189	**0,809**	0,213	0,163	0,057
	QKV6_MF	0,080	0,136	0,049	0,134	**0,840**	0,115	0,160	0,132
Risiko	RISIKO1	-0,241	0,151	0,030	0,098	0,167	**0,955**	0,202	-0,010
	RISIKO2	-0,238	0,102	0,089	0,160	0,092	**0,949**	0,123	0,086
Hausbank	HausBank	-0,155	0,192	-0,082	0,005	0,170	0,172	**1,000**	-0,140
Unt.-größe	UntGröße	-0,113	0,097	0,038	0,127	0,077	0,038	-0,140	**1,000**

Anmerkung: VHI = Verlässlichkeit harter Informationen; EWI = Einsatz weicher Information (Unt.);
EHI = Einsatz harter Informationen; MON INT = Monitoring Intensität
QKV = Qualität der Kreditverhandlungen

1173 Datensatz Kreditsachbearbeitung.

Tabelle AN 8 – Indikatorenkreuzladungen zwischen den Konstrukten (Bank)[1174]

		VHI	EWI	EHI	MON INT	QKV	Risiko	Hausbank	Unt.-größe
VHI	VHI1_MIX	**0,848**	0,165	0,153	-0,013	0,403	-0,213	-0,026	-0,106
	VHI2_MIX	**0,752**	0,112	-0,033	-0,077	0,186	-0,296	-0,062	-0,120
	VHI3_MIX	**0,908**	0,052	-0,070	-0,261	0,363	-0,350	-0,092	-0,019
	VHI4_MIX	**0,744**	-0,024	-0,241	-0,367	0,327	-0,257	-0,128	-0,092
	VHI5_MIX	**0,744**	-0,024	-0,241	-0,367	0,327	-0,257	-0,128	-0,092
EWI	IE1_MIX	0,106	**0,909**	-0,001	0,164	0,070	-0,008	0,265	-0,036
	IE2_MIX	0,105	**0,865**	0,081	0,152	0,037	-0,091	0,161	-0,075
	IE3_MIX	0,094	**0,824**	0,159	0,197	0,071	0,033	0,143	0,031
EHI	IE4_MIX	0,062	0,144	**0,852**	0,610	-0,067	-0,032	-0,186	0,122
	IE5_MIX	-0,090	0,143	**0,918**	0,716	-0,204	0,142	-0,115	0,032
	IE6_MIX	0,002	0,056	**0,867**	0,579	0,024	0,060	-0,030	0,206
	IE7_MIX	-0,173	-0,045	**0,832**	0.680	0,066	0,232	0,084	0,179
MON INT	INT1_MIX	-0,342	0,074	0,534	**0,847**	-0,093	0,288	0,124	0,129
	INT2_MIX	-0,161	0,226	0,694	**0,898**	-0,149	0,159	0,027	-0,030
	INT4_MIX	-0,139	0,197	0,795	**0,878**	-0,031	0,253	-0,072	0,185
	INT5_MIX	-0,110	0,077	0,557	**0,778**	-0,031	0,069	0,088	0,055
	INT6_MIX	-0,042	0,262	0,525	**0,832**	-0,023	0,170	0,114	-0,133
	INT7_MIX	-0,264	0,155	0,565	**0,746**	-0,039	0,309	0,010	-0,002
	INT8_MIX	-0,274	0,131	0,686	**0,845**	-0,065	0,197	0,091	0,107
	INT9_MIX	-0,095	0,164	0,535	**0,795**	-0,071	0,200	-0,011	0,099
QKV	QKV1_MIX	0,366	0,053	-0,130	-0,075	**0,875**	0,128	0,154	0,119
	QKV2_MIX	0,336	0,055	-0,024	-0,033	**0,886**	0,014	0,205	0,116
	QKV3_MIX	0,356	0,085	-0,137	-0,170	**0,821**	-0,009	0,200	-0,030
	QKV4_NA	0,357	0,043	0,021	-0,067	**0,788**	0,111	0,336	0,012
	QKV5_MIX	0,318	0,146	0,050	0,020	**0,778**	0,051	0,148	0,124
	QKV6_MIX	0,229	-0,042	-0,082	-0,071	**0,843**	0,078	0,242	0,071
Risiko	RISIKO1	-0,283	-0,006	0,100	0,195	0,114	**0,941**	0,202	-0,010
	RISIKO2	-0,338	-0,041	0,130	0,274	0,042	**0,962**	0,123	0,086
Hausbank	HausBank	-0,084	0,222	-0,071	0,050	0,255	0,166	**1,000**	-0,140
Unt.-größe	UntGröße	-0,092	-0,033	0,149	0,069	0,087	0,045	-0,140	**1,000**

Anmerkung: VHI = Verlässlichkeit harter Informationen; EWI = Einsatz weicher Information (Unt.);
EHI = Einsatz harter Informationen; MON INT = Monitoring Intensität
QKV = Qualität der Kreditverhandlungen

1174 Aggregierter Datensatz.

Anhang 3: Determinanten der Kreditlinienzinsmarge

Tabelle AN 9 – Determinanten der Zinsmarge bei Kreditlinien inklusive Einstandszinsen ohne Jahresdummy

	(I)	(II)	(III)	(IV)	(V)	(VI)	(VII)
Unternehmenscharakteristika[1]							
Rating*1 (Klassen 6-9)*	0,533 (2,167) **	0,652 (2,655) ***	0,526 (2,276) **	0,479 (2,046) **	0,420 (1,842) *	0,503 (2,099) **	0,450 (1,978) **
Rating*2 (Klassen 10-15)*	1,052 (3,418) ***	1,021 (3,372) ***	0,738 (2,636) ***	0,762 (2,716) ***	0,800 (2,866) ***	0,638 (2,168) **	0,761 (2,706) ***
Unternehmensgröße	-0,234 (2,008) **	-0,176 (1,504)	-0,225 (2,028) **	-0,244 (2,178) **	-0,285 (2,638) ***	-0,426 (4,047) ***	-0,271 (2,51) **
Unternehmensalter	-0,420 (2,677) ***	-0,419 (2,184) **	-0,430 (2,442) **	-0,501 (2,739) ***	-0,394 (2,57) **	-0,411 (2,266) **	-0,367 (2,125) **
Gesellschaftsform	-0,422 (1,606)	-0,255 (0,961)	-0,134 (0,55)	-0,074 (0,293)	-0,148 (0,596)	-0,318 (1,28)	-0,230 (0,972)
Kreditcharakteristika[1]							
Kreditsumme	-0,382 (4,151) ***	-0,402 (4,443) ***	-0,336 (3,763) ***	-0,344 (3,842) ***	-0,350 (3,95) ***	-	-0,333 (3,707) ***
Blankoanteil (1-Besicherungsgrad)	0,001 (0,106)	0,004 (0,731)	-0,004 (0,697)	-0,006 (1,045)	-0,008 (1,428)	-0,012 (2,159) **	-0,006 (1,16)
Art des Kreditantrags							
Neukredit	-0,794 (2,888) ***	-0,752 (2,751) ***	-0,317 (1,218)	-0,353 (1,327)	-0,429 (1,653) *	-0,069 (0,261)	-0,362 (1,386)
Erweiterungskredit	-0,049 (0,192)	-0,097 (0,389)	-0,182 (0,802)	-0,230 (0,992)	-0,230 (0,993)	-0,265 (1,106)	-0,169 (0,74)
Beziehungscharakteristika[1]							
Hausbankstatus	-	0,845 (2,435) **	0,510 (1,58)	0,426 (1,295)	-	-	-
Dauer der Kreditbeziehung	-	-0,182 (0,911)	0,138 (0,724)	0,150 (0,778)	-	0,208 (1,045)	0,115 (0,602)
Vertrauen[2]							
Interorganisationales Vertrauen (Wohlwollen)	-	-	-0,356 (2,727) ***	-0,390 (2,935) ***	-0,404 (3,147) ***	-0,430 (3,157) ***	-0,389 (2,999) ***
Interorganisationales Vertrauen (Integrität)	-	-	-0,137 (0,817)	-0,129 (0,777)	-0,117 (0,707)	-0,318 (1,917) *	-0,134 (0,792)
Interpersonales Vertrauen (Wohlwollen)	-	-	-	0,156 (1,048)	0,179 (1,203)	-	-
Interpersonales Vertrauen (Integrität)	-	-	-	0,134 (1,112)	0,150 (1,287)	-	-
Kontrollvariablen[1]							
Einstandszins	-0,439 (3,527) ***	-0,443 (3,641) ***	-0,359 (3,16) ***	-0,351 (3,047) ***	-0,358 (3,101) ***	-0,302 (2,527) **	-0,364 (3,179) ***
Bank	-0,612 (2,555) **	-0,558 (2,237) **	-0,493 (2,066) **	-0,532 (2,168) **	-0,653 (2,847) ***	-0,594 (2,408) **	-0,578 (2,466) **
Industrie							
Produktion	0,017 (0,048)	-0,111 (0,312)	0,143 (0,437)	0,012 (0,034)	0,047 (0,133)	0,038 (0,113)	0,218 (0,671)
Handel	-0,135 (0,378)	-0,180 (0,514)	-0,226 (0,684)	-0,353 (0,943)	-0,371 (0,993)	-0,365 (1,045)	-0,220 (0,661)
Dienstleistung	-0,090 (0,248)	-0,296 (0,813)	-0,025 (0,075)	-0,117 (0,324)	-0,070 (0,197)	0,175 (0,495)	0,073 (0,218)
Bau	-0,175 (0,438)	-0,142 (0,357)	0,075 (0,186)	-0,120 (0,273)	-0,207 (0,477)	-0,172 (0,412)	0,041 (0,102)
Transport	0,035 (0,063)	0,303 (0,544)	0,293 (0,537)	-0,087 (0,142)	-0,219 (0,364)	-0,326 (0,59)	0,172 (0,316)
Konstante	15,187 (11,589) ***	14,499 (9,996) ***	14,562 (9,526) ***	14,536 (9,485) ***	15,581 (11,477) ***	13,288 (9,847) ***	15,519 (10,995) ***
Adj. R^2	0,354	0,381	0,345	0,346	0,344	0,263	0,336
N	142	142	136	136	136	136	136
***F*-Test Statistiken**							
Unternehmenscharakteristika	9,30 ***	9,30 ***	5,49 ***	5,49 ***	5,49 ***	5,49 ***	5,49 ***
Kreditcharakteristika	4,73 ***	4,73 ***	5,08 ***	5,08 ***	5,08 ***	0,30	5,08 ***
Beziehungscharakteristika	-	3,60 **	3,24 **	3,24 **	-	0,65	0,34
Vertrauen	-	-	4,85 ***	2,97 **	3,50 ***	9,43 ***	5,68 ***
Kontrollvariablen	2,45 **	2,51 **	1,94 *	1,94 *	2,30 **	1,68	2,23 **

Anmerkung: OLS-Regression für Kreditentscheidungen 2007 bis 2009, abhängige Variable: Zinsmarge (Differenz aus Kunden- und Refinanzierungssatz), t-Werte in Klammern.
*** signifikant beim 1%-Niveau, ** signifikant beim 5%-Niveau, * signifikant beim 10%-Niveau

1. Es wurden die selben Variablencodierungen wie in der Analyse mit N=285 Kreditentscheidungen verwendet.
2. Vertrauensdimensionen über Faktorwerte aus Hauptkomponentenanalyse abgebildet (Werte standardisiert, unter- und oberhalb des 5%-/95%-Niveaus geglättet).

Anhang 4: Ausgewählte Kapitalmarktzinsen im Zeitverlauf

Im folgenden Anhang sind in Abbildung AN 1 die Zinsverläufe des 3-Monats-Euribor sowie die Renditen für 3-Jahres-Bankenschuldverschreibungen und 3-Jahres-Bundeswertpapiere dargestellt. Es ist ersichtlich, dass die Zinsniveaus insgesamt seit 2006 kontinuierlich und vor allem im Jahr 2008 stark gestiegen sind. In Folge der staatlichen Unterstützungsmaßnahmen zur Bekämpfung der Finanzkrise kam es dann ab Oktober 2008 zu einem starken Rückgang des Zinsniveaus sowohl bei den Bundeswertpapieren als auch am Interbankenmarkt. Darüber hinaus ist ersichtlich, dass sich der Spread (Differenz zwischen 3-Jahres-Bankenschuldverschreibungen und 3-Jahres-Bundeswertpapieren) ab der Mitte des Jahres 2007 stark ausgeweitet hat und es erst ab Mitte des Jahres 2009 wieder zu einer leichten Annäherung der Renditen auf Bankenschuldverschreibungen und Bundeswertpapiere kam.

Abbildung AN 1 – 3-Monats-Euribor,3-Jahres-Bankschuldverschreibungen und 3-Jahres-Bundeswertpapiere von 2006 bis Anfang 2010[1175]

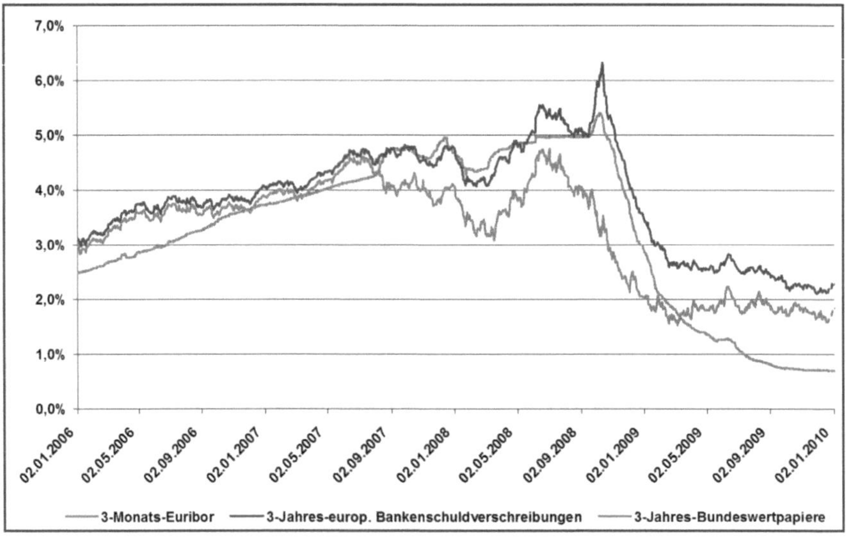

1175 Quelle: Homepage der Deutschen Bundesbank (http://www.bundesbank.de/statistik/statistik_zeitreihen.php).

Anhang 5: Zusammenhang zwischen ausgewählten unabhängigen Variablen

Zur Analyse des Einflusses der Unternehmensgröße auf das Besicherungsniveau wird als Proxy der Blankobetrag des gesamten Kreditengagements anstelle der Bilanzsumme verwendet. Die Ergebnisse einer einfachen OLS-Regression in Abbildung AN 2 zeigen (adjustiertes R^2 von 0,323, beim 1%-Niveau signifikanter Koeffizient für die unabhängige Variable Bilanzsumme), dass die Bilanzsumme und der Blankobetrag in einem engen Zusammenhang zueinander stehen. Die Verwendung des Blankobetrags des gesamten Kreditengagements als Proxy für die Unternehmensgröße ist erforderlich, da die Bilanzsumme und der Hausbankstatus in der vorliegenden Stichprobe in einem engen Zusammenhang zueinander stehen (siehe Abbildung AN 3).

Abbildung AN 2 – OLS Regression der Bilanzsumme auf den Blankobetrag

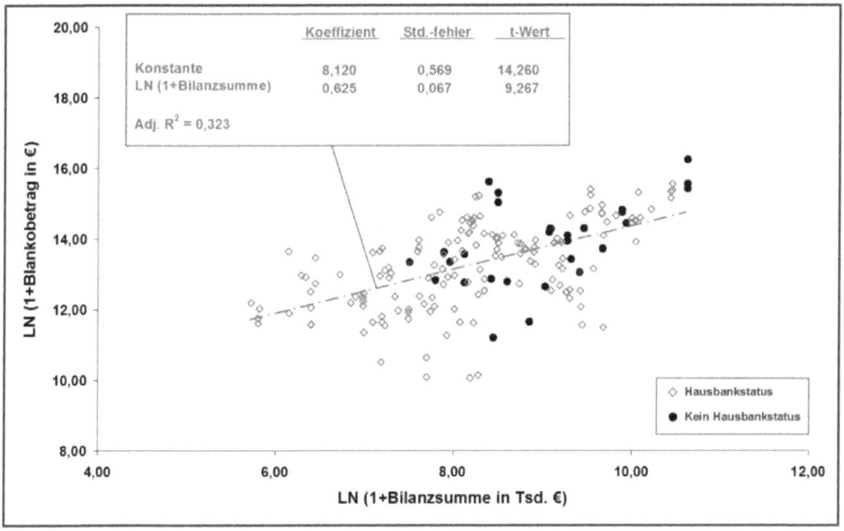

Darüber hinaus wurde bei der Analyse des Besicherungsniveaus anstatt des Unternehmensalters als erklärende Variable nur die Dauer der Kreditbeziehung verwendet. Ursache hiefür ist die Tatsache, dass einerseits der Hausbankstatus mit dem Unternehmensalter in einer engen Verbindung steht (siehe Abbildung AN 4) und andererseits auch die Dauer der Kreditbeziehung stark mit dem Unternehmensalter korreliert ist (siehe Abbildung AN 5).

Abbildung AN 3 – OLS Regression des Hausbankstatus auf das Unternehmensalter

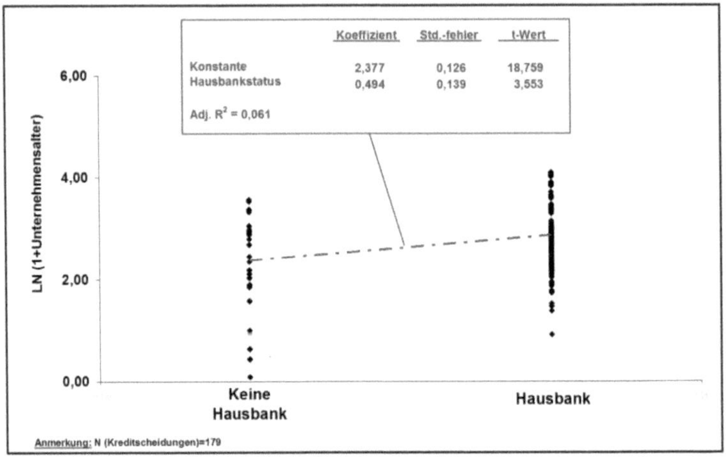

Abbildung AN 4 – OLS-Regression des Hausbankstatus auf die Bilanzsumme

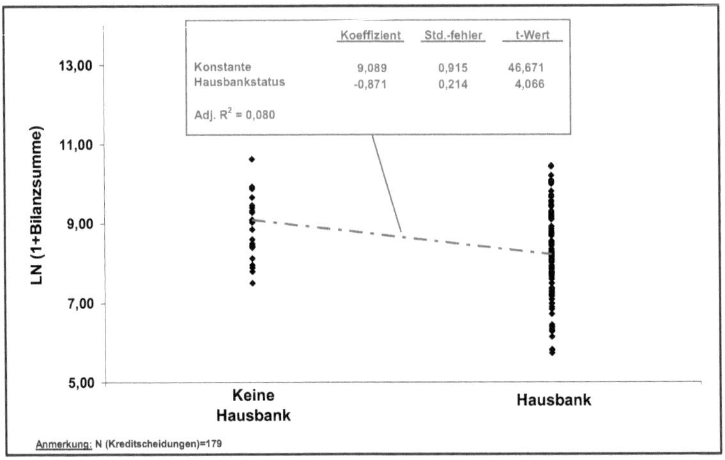

Abbildung AN 5 – OLS-Regression des Unternehmensalters auf die Kreditbeziehungsdauer

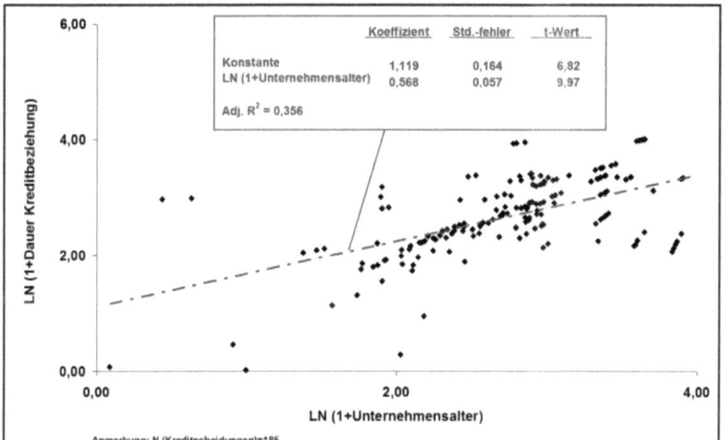

Anmerkung: N (Kreditscheidungen)=185

Literaturverzeichnis

Adler, P. S. (2001): Market, Hierarchy, and Trust: The Knowledge Economy and the Future of Capitalism. In: Organization Science, Jg. 12, H. 2, S. 215–234.

Agarwal, R.; Karahanna, E. (2000): Time Flies When You're Having Fun: Cognitive Absorption and Beliefs About Information Technology Usage. In: MIS Quarterly, Jg. 24, H. 4, S. 665–694.

Agarwal, S.; Hauswald, R. (2010): Distance and Private Information in Lending. In: The Review of Financial Studies, Jg. 23, H. 7, S. 2757–2788. Online verfügbar unter http://www1.american.edu/academic.depts/ksb/finance_realestate/rhauswald/papers/Lending%20Distance.pdf, zuletzt geprüft am 23.11.2009.

Akerlof, G. A. (1970): The Market For "Lemons": Quality Uncertainty And The Market Mechanism. In: Quarterly Journal of Economics, Jg. 84, H. 3, S. 488–500.

Albach, H. (1980): Vertrauen in der ökonomischen Theorie. In: Zeitschrift für die gesamte Staatswissenschaft, Jg. 136, S. 2–11.

Albers, S.; Götz, O. (2006): Messmodelle mit Konstrukten zweiter Ordnung in der betriebswirtschaftlichen Forschung. In: Die Betriebswirtschaft, Jg. 66, H. 6, S. 669–677.

Alchian, A. A.; Woodward, S. (1988): The Firm Is Dead; Long Live the Firm. A Review of Oliver E. Williamson's The Economic Institutions of Capitalism. In: Journal of Economic Literature, Jg. 26, H. 1, S. 65–79.

Alessandrini, P.; Presbitero, A. f.; Zazzaro, A. (2009): Banks, Distances and Firms' Financing Constraints. In: Review of Finance, Jg. 13, H. 2, S. 261–307.

Allen, F.(1990): The Market for Information and the Origin of Financial Intermediation. In: Journal of Financial Intermediation, Jg. 1, H. 1, S. 3–30.

Anderson, J. C.; Narus, J. A. (1990): A Model of Distriboutor Firm and Manufacturer Firm Working Partnerships. In: Journal of Marketing, Jg. 54, H. 1, S. 42–58.

Angelini, P.; Di Salvo, R.; Ferri, G. (1998): Availability and cost of credit for small businesses: Customer relationships and credit cooperatives. In: Journal of Banking and Finance, Jg. 22, H. 10-11, S. 925–954.

Arrow, K. J. (1963): Uncertainty and The Welfare Economics Of Medical Care. In: The American Economic Review, Jg. 53, H. 5, S. 941–973.

Arrow, K. J. (1974): The Limits of Organization. 1. ed. New York, NY: Norton.

Artz, K. W. (1999): Buyer-Supplier Performance: The Role of Asset Specificity, Reciprocal Investments and Relational Exchange. In: British Journal of Management, Jg. 10, H. 2, S. 113–126.

Axelrod, R. (1991): Die Evolution der Kooperation. 2. Aufl. München: Oldenbourg.

Bachmann, R. (2001): Trust, Power and Control in Trans-Organizational Relations. In: Organization Studies, Jg. 22, H. 2, S. 337–365.

Bachmann, R.;Zaheer, A. (2006): Handbook of trust research. Cheltenham: Elgar.

Backhaus, K.; Erichson; Plinke, W. (2008): Multivariate Analysemethoden. Eine anwendungsorientierte Einführung. 12., vollst. überarb. Aufl. Berlin: Springer.

Bagozzi, R. P. (1984): A Prospectus for Theory Construction in Marketing. In: Journal of Marketing, Jg. 48, H. 1, S. 11–29.

Bagozzi, R. P. (2007): On the Meaning of Formative Measurement and How It Differs From Reflective Measurement: Comment on Howell, Breivik, and Wilcox (2007). In: Psychological Methods, Jg. 12, H. 2, S. 229–237.

Bagozzi, R. P.; Fornell, C.; Larcker, D. F.(1981): Canonical Correlation Analysis as a Special Case of a Structural Relations Model. In: Multivariate Behavioral Research, Jg. 14, H. 4, S. 437–454.

Bagozzi, R. P.; Yi, Y.; Phillips, L. W. (1991): Assessing Construct Validity in Organizational Research. In: Administrative Science Quarterly, Jg. 36, H. 3, S. 421–458.

Baier, A. (1986): Trust and Antitrust. In: Ethics, Jg. 96, H. 2, S. 231–260.

Baker, W. E. (1984): The Social Structure of a National Securities Market. In: The American Journal of Sociology, Jg. 89, H. 4, S. 775–811.

Barber, B. (1983): The Logic and limits of trust. New Brunswick, NJ: Rutgers Univ. Press.

Barney, J. B.; Hansen, M. H. (1994): Trustworthiness as a Source of Competitive Advantage. In: Strategic Management Journal, Jg. 15, S. 175–190.

Baron, R. M.; Kenny, D. A. (1986): The Moderator-Mediator Variable Distinction in Social Psychological Research: Conceptual, Stategic, and Statistical Considerations. In: Journal of Personality and Social Psychology, Jg. 51, H. 6, S. 1173–1182.

Becker, G. S. (1993): Nobel Lecture: The Economic Way of Looking at Behavior. In: The Journal of Political Economy, Jg. 101, H. 3, S. 385–409.

Berens, W.; Knappkötter, R.; Segbers, K.; Siemes, A.; Ullrich, T. (2005): Der Firmenkundenkredit – Kreditprozess, Informationsbeschaffung und Kundenorientierung. In: Zeitschrift für das gesamte Kreditwesen, Jg. 58, H. 15, S. 784–789.

Berger, A. N.; Miller, N. H.; Petersen, M. A.; Rajan, R.; Stein, J. C. (2005): Does function follow organizational form? Evidence from the lending practices of large and small banks. In: Journal of Financial Economics, Jg. 76, S. 237–269.

Berger, A. N.; Udell, G. F.(1990): Collateral, Loan Quality, And Bank Risk. In: Journal of Monetary Economics, Jg. 25, H. 1, S. 21–42.

Berger, A. N.; Udell, G. F.(1995): Relationship Lending and Lines of Credit in Small Firm Finance. In: The Journal of Business, Jg. 68, H. 3, S. 351–381.

Berger, A. N.; Udell, G. F.(2002): Small Business Credit Availability and Relationship Lending: The Importance of Bank Organisational Structure. In: The Economic Journal, Jg. 112, H. 477, S. F32-F53.

Berger, A. N.; Udell, G. F.(2006): A More Complete Conceptual Framework for SME Finance. In: Journal of Banking and Finance, Jg. 30, H. 11, S. 2945–2966.

Berlin, M.; Mester, L. (1998): On the Profitability and Cost of Relationship Lending. In: Journal of Banking and Finance, Jg. 22, H. 6-8, S. 873–897.

Besanko, D.; Kanatas, G. (1993): Credit Market Equilibrium with Bank Monitoring and Moral Hazard. In: The Review of Financial Studies, Jg. 6, H. 1, S. 213–232.

Besanko, D.; Thakor, A. V. (1987a): Collateral and Rationing: Sorting Equilibria in Monopolistic and Competitive Credit Markets. In: International Economic Review, Jg. 28, H. 3, S. 671–689.

Besanko, D.; Thakor, A. V. (1987b): Competitive Equilibrium in the Credit Market Under Asymmetric Information. In: Journal of Economic Theory, Jg. 42, H. 1, S. 167–182.

Bester, H. (1985): Screening vs. Rationing in Credit Markets with Imperfect Information. In: The American Economic Review, Jg. 75, H. 4, S. 850–855.

Bester, H. (1987a): Die Anreizfunktion von Kreditsicherheiten. In: Schneider, D. (Hg.): Kapitalmarkt und Finanzierung. In München vom 15.–17. Sept. 1986. Berlin: Duncker & Humblot, S. 225–236.

Bester, H. (1987b): The Role of Collateral in Credit Markets with Imperfect Information. In: European Economic Review, Jg. 31, S. 887–899.

Bester, H. (1994): The Role of Collateral in a Model of Debt Renegotiation. In: Journal of Money, Credit and Banking, Jg. 26, H. 1, S. 72–86.

Bester, H.; Hellwig, M. *(1987):* Moral Hazard and Equilibrium Credit Rationing: An Overview of the Issues.In: Bamberg, G.; Ballwieser, W. (Hg.): Agency theory, information, and incentives.Berlin: Springer, S. 135–166.

Betzin, J.; Henseler, J. (2005): Einführung in die Funktionsweise des PLS-Algorithmus.In: Bliemel, f.; Eggert, A.; Fassott, G.; Henseler, J. (Hg.): Handbuch PLS-Pfadmodellierung. Methode, Anwendung, Praxisbeispiele. Stuttgart: Schäffer-Poeschel, S. 49–69.

Bharath, S.; Dahiya, S.; Saunders, A.; Srinivasan, A. (2007): So What Do I Get? The Bank's View of Lending Relationships.In: Journal of Financial Economics, Jg. 85, H. 2, S. 368–419.

Bhattacharya, S.; Thakor, A. V. (1993): Contemporary Banking Theory. In: Journal of Financial Intermediation, Jg. 3, S. 2–50.

Binks, M. R.; Ennew, C. T. (1997): The Relationship Between U.K. Banks and Their Small Business Customers.In: Small Business Economics, Jg. 9, H. 2, S. 167–178.

Binks, M. R.; Ennew, C. T.; Reed, G. V. (1992): Information Asymmetries and the Provision of Finance to Small Firms. In: International Small Business Journal, Jg. 11, H. 1, S. 35–46.

Black, f.; Scholes, M. (1973): The Pricing of Options and Corporate Liabilits.In: The Journal of Political Economy, Jg. 81, H. 3, S. 637–654.

Blackwell, D. W.; Winters, D. B. (1997): Banking Relationships and the Effect of Monitoring on Loan Pricing. In: The Journal of Financial Research, Jg. 20, H. 2, S. 275–289.

Bliemel, f.; Eggert, A.; Fassott, G.; Henseler, J. (2005): PLS-Pfadmodellierung: Mehr als eine Alternative zur Kovarianzstrukturanalyse. In: Bliemel, f.; Eggert, A.; Fassott, G.; Henseler, J. (Hg.): Handbuch PLS-Pfadmodellierung. Methode, Anwendung, Praxisbeispiele. Stuttgart: Schäffer-Poeschel, S. 9–16.

Bodenhorn, H. (2003): Short-Term Loans and Long-Term Relationships: Relationship Lending in Early America. In: Journal of Money, Credit and Banking, Jg. 35, H. 4, S. 485–505.

Bollen, K.; Lennox, R. (1991): Conventional Wisdom on Measurement: A Structural Equation Perspective. In: Psychological Bulletin, Jg. 110, H. 2, S. 305–314.

Bollen, K. A. (2007): Interpretational Confounding Is Due to Misspecification, Not to Type of Indicator: Comment on Howell, Breivik, and Wilcox (2007). In: Psychological Methods, Jg. 12, H. 2, S. 219–228.

Boot, A. W. A. (2000): Relationship Banking: What Do We Know? In: Journal of Financial Intermediation, Jg. 9, S. 7–25.

Boot, A. W. A.; Thakor, A. V. (1994): Moral Hazard and Secured Lending in an Infinetely Repeated Credit Market Game. In: International Economic Review, Jg. 35, H. 4, S. 899–920.

Boot, A. W. A.; Thakor, A. V. (2000): Can Relationship Banking Survive Competition? In: The Journal of Finance, Jg. 55, H. 2, S. 679–713.

Boot, A. W. A.; Thakor, A. V.; Udell, G. F.(1991): Secured Lending and Default Risk: Equilibrium Analysis, Policy Implications and Empirical Results. In: The Economic Journal, Jg. 101, S. 458–472.

Bortz, J.; Döring, N.; Bortz-Döring (2009): Forschungsmethoden und Evaluation. für Human- und Sozialwissenschaftler. 4., überarb. Aufl., Nachdr. Heidelberg: Springer-Medizin-Verl.

Boyd, J. H.; Prescott, E. C. (1986): Financial Intermediary-Coalitions. In: Journal of Economic Theory, Jg. 38, H. 2, S. 211–232.

Bradach, J. L.; Eccles, R. G. (1989): Price, Authority, and Trust: From Ideal Types to Plural Forms. In: Annual Review of Sociology, Jg. 15, S. 97–118.

Brick, I. E.; Palia, D. (2007): Evidence of Jointness in the Terms of Relationship Lending. In: Journal of Financial Intermediation, Jg. 16, S. 452–476.

Bromiley, P.; Cummings, L. L. (1995): Transactions Costs in Organizations with Trust. In: Bies, R. J.; Lewicki, R. J.; Sheppard, B. H. (Hg.): Research on Negotiation in Organizations. 5 Bände. Greenwich, Hampton Hill: JAI Press Inc., S. 219–247.

Bromiley, P.; Harris, J. (2006): Trust, transaction cost economics, and mechanisms. In: Bachmann, R.; Zaheer, A. (Hg.): Handbook of trust research. Cheltenham: Elgar, S. 124–143.

Brühl, R.; Horch, N.; Orth, M. (2009): Vertrauen und Controlling – Ein Spannungsverhältnis im Spiegel der Forschung. In: Reimer, M.; Krystek, U. (Hg.): Perspektiven des Strategischen Controllings. Festschrift für ProF.Dr. Ulrich Krystek. 1. Aufl. Wiesbaden: Gabler, S. 97–116.

Bruhn, M.; Georgi, D.; Hadwich, K. (2008): Customer equity management as formative second-order construct. In: Journal of Business Research, Jg. 61, H. 12, S. 1292–1301.

Buch, C. M. (2005): Distance and International Banking. In: Review of International Economics, Jg. 13, H. 4, S. 787–804.

Burghof, H.-P. (2000): Credit and Information in Universal Banking. In: Schmalenbach Business Review, Jg. 52, S. 282–309.

Burke, C. S.; Sims, D. E.; Lazzara, E. H.; Salas, E. (2007): Trust in leadership: A multi-level review and integration. In: The Leadership Quarterly, Jg. 18, H. 6, S. 606–632.

Butler, J. K., JR. (1991): Toward Understanding and Measuring Conditions of Trust: Evolution of a Conditions of Trust Inventory. In: Journal of Management, Jg. 17, H. 3, S. 643–663.

Carey, M.; Post, M.; Sharpe, S. A. (1998): Does Corporate Lending by Banks and Finance Companies Differ? Evidence on Specialization in Private Debt Contracting. In: The Journal of Finance, Jg. 53, H. 3, S. 845–878.

Carnap, R. (1966): Philosophical Foundations of Physics: An Introduction to the Philosophy of Science. New York: Basic Books, Inc.

Castaldo, S. (2007): Trust in market relationships. Cheltenham: Elgar.

Cenfetelli, R. T.; Bassellier, G. (2009): Interpretation of Formative Measurment in Information Systems Research. In: MIS Quarterly, Jg. 33, H. 4, S. 689–707.

Chakraborty, A.; Hu, C. X. (2006): Lending Relationships in Line-Of-Credit And Nonline-Of-Credit Loans: Evidence From Collateral Use in Small Business. In: Journal of Financial Intermediation, Jg. 15, H. 1, S. 86–107.

Chan, Y.-S. (1983): On the Positive Role of Financial Intermediation in Allocation of Venture Capital in a Market with Imperfect Information. In: The Journal of Finance, Jg. 38, H. 5, S. 1543–1568.

Chan, Y.-S.; Kanatas, G. (1985): Asymmetric Valuations and the Role of Collateral in Loan Agreements. In: Journal of Money, Credit and Banking, Jg. 17, H. 1, S. 84–95.

Chiles, T. H.; McMackin, J. F.(1996): Integrating Variable Risk Preferences, Trust; and Transaction Cost Economics. In: Academy of Management Review, Jg. 21, H. 1, S. 73–99.

Chin, W. W. (1998): The Partial Least Squares Approach to Structural Equation Modeling. In: Marcoulides, G. A. (Hg.): Modern Methods for Business Research. New Jersey: Lawrence Erlbaum Associates, S. 295–336.

Chin, W. W.; Marcolin, B. L.; Newsted, P. (2003): A Partial Least Squares Latent Variable Modeling Approach for Measuring Interactions Effects: Results from a Monte Carlo Simulation Study and an Electronic-Mail Emotion/Adoption Study. In: Information Systems Research, Jg. 14, H. 2, S. 189–217.

Chin, W. W.; Newsted, P. R. (1999): Structural Equation Modeling analysis with Small Samples Using Parital Least Squares. In: Hoyle, R. H. (Hg.): Statistical Strategies for Small Sample Research. [2. Dr.]. Thousand Oaks, Calif.: Sage Publ., S. 307–341.

Churchill, G. A., JR. (1979): A Paradigm for Developing Better Measures of Marketing Constructs. In: Journal of Marketing Research, Jg. 16, H. 1, S. 64–73.

Churchill, G. A., JR.; Peter, P. (1984): Research Design Effects on the Reliability of Rating Scales: A Meta-Analysis. In: Journal of Marketing Research, Jg. 21, H. 4, S. 360–375.

Cole, R. A. (1998): The importance of relationship to the availabilty of credit. In: Journal of Banking and Finance, Jg. 22, H. 6-8, S. 959–977.

Cole, R. A.; Goldberg, L. G.; White, L. J. (2004): Cookie Cutter vs. Character: The Micro Structure of Small Business Lending by Large and Small Banks. In: Journal of Financial and Quantitative Analysis, Jg. 39, H. 2, S. 227–251.

Coleman, J. S. (1988): Social Capital in the Creation of Human Capital. In: The American Journal of Sociology, Jg. 94, H. Supplement: Organizations and Institutions: Sociological and Economic Approaches to the Analysis of Social Structure, S. 95–120.

Coleman, J. S. (1990): Foundations of social theory. 1. paperback ed. Cambridge, Mass.: Belknap Press of Harvard Univ. Press.

Coltman, T.; Devinney, T. M.; Midgley, D. f.; Venaik, S. (2008): Formative versus Reflective Measurement Models: Two Applications of Formative Measurement. In: Journal of Business Research, Jg. 61, H. 12, S. 1250–1262.

Cook, J.; Wall, T. (1980): New work attitude measures of trust, organizational commitment and personal need non-fulfillment. In: Journal of Occupational Psychology, Jg. 53, H. 1, S. 39–52.

Corazzini, J. G. (1977): Trust as a Complex Multi-Dimensional Construct. In: Psychological Reports, Jg. 40, S. 75–80.

Corvoisier, S.; Gropp, R. (2009): Contestability, Technology and Banking. ZEW. (Discussion Paper No. 09-007). Online verfügbar unter ftp://ftp.zew.de/pub/zew-docs/dp/dp09007.pdf, zuletzt geprüft am 18.11.2009.

Costello, A. B.; Osborne, J. W. (2005): Best Practices in Exploratory Factor Analysis: Four Recommendations for Getting the Most From Your Analysis. In: Practical Assessment, Research & Evaluation, Jg. 10, H. 7, S. 1–9. Online verfügbar unter http://pareonline.net/pdf/v10n7.pdf, zuerst veröffentlicht: 16.06.2010.

Craswell, R. (1993): On the uses of "trust": comment on Williamson, "Calculativeness, Trust, and Economic Organization". In: Journal of Law and Economics, Jg. 36, H. 1, Part 2, S. 487–500.

Currall, S. C.; Inkpen, A. C. (2002): A Multilevel Approach to Trust in Joint Ventures. In: Journal of International Business Studies, Jg. 33, H. 3, S. 479–495.

Currall, S. C.; Inkpen, A. C. (2006): On the complexity of organizational trust: a multi-level co-evolutionary perspective and guidelines for future research. In: Bachmann, R.; Zaheer, A. (Hg.): Handbook of trust research. Cheltenham: Elgar, S. 235–246.

Currall, S. C.; Judge, T. A. (1995): Measuring Trust between Organizational Boundary Role Persons. In: Organizational Behavior and Human Decision Processes, Jg. 64, H. 2, S. 151–170.

Dacin, M. T.; Ventresca, M. J.; Beal, B. D. (1999): The Embedded Of Organizations: Dialogue & Directions. In: Journal of Management, Jg. 25, H. 3, S. 317–356.

Das, T. K.; Teng, B.-S. (1998): Between Trust and Control: Developing Confidence in Partner Cooperation in Alliances. In: Academy of Management Review, Jg. 23, H. 3, S. 491–512.

Das, T. K.; Teng, B.-S. (2001): Trust, Control, and Risk in Strategic Alliances: An Integrated Framework. In: Organization Studies, Jg. 22, H. 2, S. 251–283.

Das, T. K.; Teng, B.-S. (2004): The Risk-Based View of Trust: A Conceptual Framework. In: Journal of Business and Psychology, Jg. 19, H. 1, S. 85–116.

Dasgupta, P. (1988): Trust as a Commodity. In: Gambetta, D. (Hg.): Trust. Making and breaking cooperative relations. Oxford, UK, Cambridge, Mass., USA: B. Blackwell, S. 49–72.

D'Auria, C.; Foglia, A.; Reedtz, P. M. (1999): Bank Interest Rates and Credit Relationships in Italy. In: Journal of Banking and Finance, Jg. 23, S. 1067–1093.

Degryse, H.; Ongena, S. (2005): Distance, Lending Relationships, and Competition. In: The Journal of Finance, Jg. 60, H. 1, S. 231–266.

Degryse, H.; van Cayseele, P. (2000): Relationship Lending within a Bank-Based System: Evidence from European Small Business Data. In: Journal of Financial Intermediation, Jg. 9, H. 1, S. 90–109.

Dei Ottati, G. (1994): Trust, interlinking transactions and credit in the industrial district. In: Cambridge Journal of Economics, Jg. 18, H. 6, S. 529–546.

Dempster, A. P.; Laird, N. M.; Rubin D. B. (1977): Maximum Likelihood from Incomplete Data via the EM Algorithm. In: Journal of the Royal Statistical Society. Series B (Methodological), Jg. 39, H. 1, S. 1–38.

Dennis, S. A.; Mullineaux, D. J. (2000): Syndicated Loans. In: Journal of Financial Intermediation, Jg. 9, H. 4, S. 404–426.

Deutsch, M. (1958): Trust and suspicion. In: The Journal of Conflict Resolution, Jg. 2, H. 4, S. 265–279.

Deutsch, M. (1960): The Effect of Motivational Orientation upon Trust and Suspicion. In: Human Relations, Jg. 13, S. 123–139.

Deutsch, M. (1973): The resolution of conflict. Constructive and destructive processes. New Haven: Yale Univ. Press.

Deutscher Sparkassen- und Giroverband (2007a): Märkte 2006. Berlin. Online verfügbar unter http://www.sparkassen-finanzgruppe.de/owx_medien/media13/1350.pdf, zuletzt geprüft am 02.11.2010.

Diamond, D. W. (1984): Financial Intermediation and Delegated Monitoring. In: The Review of Economic Studies, Jg. 51, H. 3, S. 393–414.

Diamond, D. W. (1991): Monitoring and Reputation: The Choice between Bank Loans and Directly Placed Debt. In: The Journal of Political Economy, Jg. 99, H. 4, S. 689–721.

Diamontopoulus, A. (2005): The C-OAR-SE procedure for scale development in marketing: A comment. In: International Journal of Research in Marketing, Jg. 22, H. 1, S. 1–9.

Diamontopoulus, A.; Reynolds, N.; Schlegelmilch, B. (1994): Pretesting in Questionnaire Design: the Impact of Respondent Characteristics on Error Detection. In: Journal of the Market Research Society, Jg. 36, H. 4, S. 295–313.

Diamontopoulus, A.; Riefler, P.; Roth, K. P. (2008): Advancing formative measurement models. In: Journal of Business Research, Jg. 61, H. 12, S. 1203–1218.

Diamontopoulus, A.; Siguaw, J. A. (2006): Formative Versus Reflective Indicators in Organizational Measure Development: A Comparison and Empirical Illustration. In: British Journal of Management, Jg. 17, H. 4, S. 263–282.

Diamontopoulus, A.; Winklhofer, H. (2001): Index Construction with Formative Indicators: An Alternative to Scale Development. In: Journal of Marketing Research, Jg. 38, H. 2, S. 269–277.

DiMaggio, P.; Louch, H. (1998): Socially Embedded Consumer Transactions: For What Kinds Of Purchases Do People Most Often Use Networks? In: American Sociological Review, Jg. 63, H. 5, S. 619–637.

Dirks, K. T. (1999): The Effects of Interpersonal Trust on Work Group Performance. In: Journal of Applied Psychology, Jg. 84, H. 3, S. 445–455.

Dirks, K. T.; Ferrin, D. L. (2001): The Role of Trust in Organizational Settings. In: Organization Science, Jg. 12, H. 4, S. 450–467.

Dirks, K. T.; Ferrin, D. L. (2002): Trust in Leadership: Meta-Analytic Findings and Implications for Research and Practice. In: Journal of Applied Psychology, Jg. 87, H. 4, S. 611–628.

Doney, P. M.; Cannon, J. P. (1997): An Examination of the Nature of Trust in Buyer-Seller Relationships. In: Journal of Marketing, Jg. 61, S. 35–51.

Doney, P. M.; Cannon, J. P.; Mullen, M. R. (1998): Understanding the Influence of National Culture on the Development of Trust. In: Academy of Management Review, Jg. 24, H. 3, S. 601–620.

Dyer, J. H.; Chu, W. (2000): The determinants of trust in supplier-automaker relationships in the U.S., Japan, and Korea. In: Journal of International Business Studies, Jg. 31, H. 2, S. 259–285.

Dyer, J. H.; Chu, W. (2003): The Role of Trustworthiness in Reducing Transactions Costs and Improving Performance: Empirical Evidence from the U.S., Japan, and Korea. In: Organization Science, Jg. 14, H. 1, S. 57–68.

Eberl, M. (2006): Formative und reflektive Konstrukte und die Wahl des Strukturgleichungsverfahrens. In: Die Betriebswirtschaft, Jg. 66, H. 6, S. 651–668.

Eckey, M.; Schäffer, U. (2004): Zur erfolgreichen Gestaltung der Kontrolle von Mehrheitsbeteiligungen in börsennotierten Management-Holdings als Aufgabe des Controllings. European Business School. Oestrich-Winkel. (European Business School Working Papers on Management, 14). Online verfügbar unter http://www.ebs.edu/cms/fileadmin/redakteur/funkt.dept.accountin/working%20papers/WPebs14.pdf, zuletzt geprüft am 15.09.2010.

Eckey, M.; Schäffer, U. (2006): Kontrolle von Mehrheitsbeteiligungen in börsennotierten Management-Holdings. In: Zeitschrift für Planung und Unternehmenssteuerung, Jg. 17, H. 3, S. 251–280.

Edwards, J. R.; Bagozzi, R. P. (2000): On the Nature and Direction of Relationships Between Constructs and Measures. In: Psychological Methods, Jg. 5, H. 2, S. 155–174.

Efron, B.; Tibshirani, R. J. (1993): An Introduction to the Boostrap. 1. Aufl. New York; London: Chapman & Hall.

Eggert, A.; Fassott, G.; Helm, S. (2005): Identifizierung und Quantifizierung mediierender und moderierender Effekte in komplexen Kausalstrukturen. In: Bliemel, f.; Eggert, A.; Fassott, G.; Henseler, J. (Hg.): Handbuch PLS-Pfadmodellierung. Methode, Anwendung, Praxisbeispiele. Stuttgart: Schäffer-Poeschel, S. 101–116.

Eisenhardt, K. M. (1989): Agency Theory: An Assessment and Review. In: The Academy of Management Review, Jg. 14, H. 1, S. 57–74.

Elsas, R. (2001): Die Bedeutung der Hausbank. Eine ökonomische Analyse. 1. Aufl. Wiesbaden: Dt. Univ.-Verl. [u.a.].

Elsas, R.; Krahnen, J. P. (1998): Is Relationship Lending Special? Evidence from Credit-file Data in Germany. In: Journal of Banking and Finance, Jg. 22, H. 10-11, S. 1283–1316.

Elsas, R.; Krahnen, J. P. (2003): Collateral, Relationship Lending, and Financial Distress: An Empirical Study on Financial Contracting. Universität Frankfurt am Main. CAREFIN-Centre for Applied Research in Finance. Online verfügbar unter http://www.finance.uni-frankfurt.de//wp/461.pdf, zuletzt geprüft am 30.09.2010.

Ennew, C. T.; Binks, M. R. (1996): Good and bad customers: the benefits of participating in the banking relationship. In: International Journal of Bank Marketing, Jg. 14, H. 2, S. 5–13.

Ensminger, J. (2001): Reputations, Trust, and the Principal Agent Problem. In: Cook, K. S. (Hg.): Trust in society. New York, NY: Russell Sage Foundation, S. 185–201.

Enticott, G.; Boyne, G. A.; Walker, R. M. (2009): The Use of Multiple Informants in Public Administration Research: Data Aggregation Using Organizational Echelons. In: Journal of Public Administration Research and Theory, Jg. 19, H. 2, S. 229–253.

Erlei, M.; Leschke, M.; Sauerland, D. (2007): Neue Institutionenökonomik. 2., überarb. und erw. Aufl. Stuttgart: Schäffer-Poeschel.

Ernst, H. (2001): Erfolgsfaktoren neuer Produkte. Grundlagen für eine valide empirische Forschung. 1. Aufl. Wiesbaden: Dt. Univ.-Verl. [u.a.].

Ernst, H. (2003): Ursachen eines Informant Bias und dessen Auswirkungen auf die Validität empirischer betriebswirtschaftlicher Forschung. In: Zeitschrift für Betriebswirtschaft, Jg. 73, H. 12, S. 1249–1275.

Ewert, R.; Schenk, G.; Szczesny, A. (2000): Determinants of Bank Lending Performance in Germany. In: Schmalenbach Business Review, Jg. 52, H. 4, S. 344–362.

Fama, E. F.(1980): Agency Problems and the Theory of the Firm. In: The Journal of Political Economy, Jg. 88, H. 2, S. 288–307.

Fama, E. F.(1985): What's Different About Banks? In: Journal of Monetary Economics, Jg. 15, S. 29–39.

Fama, E. f.; Jensen, M. C. (1983a): Agency Problems And Residual Claims. In: Journal of Law and Economics, Jg. 26, H. 2, S. 327–349.

Fama, E. f.; Jensen, M. C. (1983b): Separation of Ownership And Control. In: Journal of Law and Economics, Jg. 26, H. 2, S. 301–325.

Fang, E.; Palmatier, R. W.; Scheer, L. K.; Li, N. (2008): Trust at Different Organizational Levels. In: Journal of Marketing, Jg. 72, H. xxx, S. 80–98.

Fassott, G. (2006): Operationalisierung latenter Variablen in Strukturgleichungsmodellen: Eine Standortbestimmung. In: Zeitschrift für betriebswirtschaftliche Forschung, Jg. 58, S. 67–88.

Fassott, G.; Eggert, A. (2005): Zur Verwendung formativer und reflektiver Indikatoren in Strukturgleichungsmodellen: Bestandsaufnahme und Anwendungsempfehlungen. In: Bliemel, f.; Eggert, A.; Fassott, G.; Henseler, J. (Hg.): Handbuch PLS-Pfadmodellierung. Methode, Anwendung, Praxisbeispiele. Stuttgart: Schäffer-Poeschel, S. 31–47.

Faul, F. (2009): G*Power. 3.1.2. Aufl.: Institut für Experiementelle Psychologie, Heinrich Heine Universität DüsseldorF.Online verfügbar unter http://www.psycho.uni-duesseldorf.de/abteilungen/aap/gpower3/, zuletzt geprüft am 14.05.2010.

Faul, F.; Erdfelder, E.; Buchner, A.; Lang, A.-G. (2009): Statistical power analyses using G*Power 3.1: Tests for correlation and regression analyses. In: Behavior Research Methods, Jg. 41, H. 4, S. 1149–1160.

Faul, F.; Erdfelder, E.; Lang, A.-G.; Buchner, A. (2007): G*Power 3: A flexible statistical power analysis program for the social, behavioral, and biomedical sciences. In: Behavior Research Methods, Jg. 39, H. 2, S. 175–191.

Ferrary, M. (2003): Trust and Social Capital in the Regulation of Lending Activities. In: Journal of Socio-Economics, Jg. 31, S. 673–699.

Fields, L. P.; Fraser, D. R.; Berry, T. L.; Byers, S. (2006): Do Bank Relationships Still Matter? In: Journal of Money, Credit and Banking, Jg. 38, H. 38, S. 1195–1209.

Fischer, K. (1990): Hausbankbeziehungen als Instrument der Bindung zwischen Banken und Unternehmen. eine theoretische und empirische Analyse. Universität Bonn. Bonn.

Fishman, A. (2009): Financial Intermediaries as Facilitators of Information Exchange Between Lenders and Reputation Formation by Borrowers. In: International Review of Economics and Finance, Jg. 18, H. 2, S. 301–305.

Fisman, R.; Khanna, T. (1999): Is trust a historical residue? Information flows and trust levels. In: Journal of Economic Behavior and Organization, Jg. 38, S. 79–92.

Fornell, C.; Bookstein, F.L. (1982): Two Structural Equation Models: LISREL and PLS Applied to Consumer Exit-Voice Theory. In: Journal of Marketing Research, Jg. 19, H. 4, S. 440–452.

Fornell, C.; Larcker, D. F.(1981): Evaluating Structural Equation Models with Unobservable Variables and Measurement Error. In: Journal of Marketing Research, Jg. 18, H. 1, S. 39–50.

Franke, G.; Hax, H. (1999): Finanzwirtschaft des Unternehmens und Kapitalmarkt. 4., neu bearb. und erw. Aufl. Berlin: Springer-Verlag (Springer-Lehrbuch).

Fukuyama, F. (1995): Trust. The social virtues and the creation of prosperity. New York, NY: Free Press.

Furubotn, E. G.; Richter, R. (1991): The New Institutional Economics: An Assessment. In: Furubotn, E. G.; Richter, R. (Hg.): The new institutional economics. A collection of articles from the Journal of Institutional and Theoretical Economics. Tübingen: Mohr, S. 1–34.

Gambetta, D. (1988): Can We Trust Trust? In: Gambetta, D. (Hg.): Trust. Making and breaking cooperative relations. Oxford, UK, Cambridge, Mass., USA: B. Blackwell, S. 213–237.

Gerecke, U. (1998): Soziale Ordnung in der modernen Gesellschaft. Ökonomik – Systemtheorie – Ethik. Tübingen: Mohr.

Gigerenzer, G. (2001): The Adaptive Toolbox. In: Gigerenzer, G.; Selten, R. (Hg.): Bounded Rationality. The Adaptive Toolbox. 1. MIT Press paperback ed. Cambridge, Mass.: MIT Press, S. 37–50.

Gigerenzer, G.; Selten, R. (2001): Rethinking Rationality. In: Gigerenzer, G.; Selten, R. (Hg.): Bounded Rationality. The Adaptive Toolbox. 1. MIT Press paperback ed. Cambridge, Mass.: MIT Press, S. 1–12.

Gilbert, D. U. (2007): Vertrauen als Gegenstand der ökonomischen Theorie. Ausgewählte theoretische Perspektiven, empirische Einsichten und neue Erkenntnisse. In: Zeitschrift für Management, Jg. 2, H. 1.

Gill, A. S.; Flaschner, A. B.; Shachar, M. (2006): Factors that affect the trust of business clients in their banks. In: International Journal of Bank Marketing, Jg. 24, H. 6, S. 384–405.

Goddard, J.; Molyneux, P.; Wilson, J. O. S.; Tavakoli, M. (2007): European Banking: An Overview. In: Journal of Banking and Finance, Jg. 31, H. 7, S. 1911–1935.

Golden, B. R. (1992): The Past Is the Past-Or Is It? The Use of Retrospective Accounts as Indicators of Past Strategy. In: Academy of Management Journal, Jg. 35, H. 4, S. 848–860.

Götz, O.; Liehr-Gobbers, K. (2004): Analyse von Strukturgleichungsmodellen mit Hilfe der Partial-Least-Squares(PLS)-Methode. In: Die Betriebswirtschaft, Jg. 64, H. 4, S. 714–738.

Graham, J. W.; Schafer, J. L. (1999): On the Performance of Multiple Imputation for Multivariate Data With Small Sample Size. In: Hoyle, R. H. (Hg.): Statistical Strategies for Small Sample Research. [2. Dr.]. Thousand Oaks, Calif.: Sage Publ., S. 1–29.

Granovetter, M. (1973): The Strength of Weak Ties. In: The American Journal of Sociology, Jg. 78, H. 6, S. 1360–1380.

Granovetter, M. (1985): Economic Action and Social Structure: The Problem of Embeddedness. In: The American Journal of Sociology, Jg. 91, H. 3, S. 481–510.

Granovetter, M. (2005): The Impact of Social Structure on Economic Outcomes. In: The Journal of Economic Perspectives, Jg. 19, H. 1, S. 33–50.

Grayson, K.; Ambler, T. (1999): The Dark Side of Long-Term Relationships in Marketing Services. In: Journal of Marketing Research, Jg. 36, H. 1, S. 132–141.

Green, S. B. (1991): How Many Subjects Does It Take To Do A Regression Analysis? In: Multivariate Behavioral Research, Jg. 26, H. 3, S. 499–510.

Greenbaum, S. I.; Kanatas, G.; Venezia, I. (1989): Equilibrium Loan Pricing Under the Bank-Client Relationship. In: Journal of Banking and Finance, Jg. 13, H. 2, S. 221–235.

Grunert, J.; Norden, L.; Weber, M. (2005): The Role of Non-Finanical Factors in Internal Credit Ratings. In: Journal of Banking and Finance, Jg. 29, H. 2, S. 509–531.

Grunwald, W. (1995): Wie man Vertrauen erwirbt: Von der Misstrauens- zur Vertrauensorganisation. In: io Management Zeitschrift, Jg. 64, H. 1/2, S. 73–77.

Gudergan, S. P.; Ringle, C. M.; Wende, S.; Will, S. (2008): Confirmatory Tetrad Analysis in PLS Path Modeling. In: Journal of Business Research, Jg. 61, H. 12, S. 1238–1249.

Guinot, C.; Latreille, J.; Tenenhaus, M. (2001): PLS Path Modelling and Multiple Table Aalysis. Application to the Cosmetic Habits of Women in Ile-de-France. In: Chemometrics and Intelligent Laboratory Systems, Jg. 58, H. 2, S. 247–259.

Gujarati, D. (2004): Basic econometrics. With software disk package. 4th ed. New York, London: McGraw-Hill.

Gulati, R. (1995): Does Familiarity Breed Trust? the Implications of Repeated Ties for Contractual Choice in Alliances. In: Academy of Management Journal, Jg. 38, H. 1, S. 85–112.

Günterberg, B.; Wolter, H.-J. (2002): Unternehmensgrößenstatistik 2001/2002. Daten und Fakten. Institut für Mittelstandsforschung. Bonn. (IfM-Materialien, 157). Online verfügbar unter http://www.ifm-bonn.org/index.php?id=352, zuletzt geprüft am 27.05.2010.

Günther, T.; Grüning, M. (2000): Einsatz von Insolvenzprognoseverfahren bei der Kreditwürdigkeitsprüfung im Firmenkundenbereich. In: Die Betriebswirtschaft, Jg. 60, H. 1, S. 39–59.

Hair, J. f.; Anderson, R. E.; Tatham, R.; Black, W. C. (1998): Multivariate Data Analysis. 5. Aufl. London et al.: Prentice Hall, Inc.

Harhoff, D.; Körting, T. (1998): Lending relationships in Germany – Empirical evidence from survey data. In: Journal of Banking and Finance, Jg. 22, H. 10-11, S. 1317–1353.

Hart, O. (1990): Is "Bounded Rationality" an Important Element of a Theory of Institutions? In: Journal of Institutional and Theoretical Economics, Jg. 146, H. 4, S. 696–702.

Hart, O. (1995): Firms, Contracts, and Financial Structure. Paperback ed. Oxford: Clarendon Press.

Hartmann-Wendels, T.; Pfingsten, A.; Weber, M. (2007): Bankbetriebslehre. Vierte, überarbeitete Auflage. Berlin, Heidelberg: Springer-Verlag Berlin Heidelberg (Springer-11775 /Dig. Serial]).

Haubrich, J. G. (1989): Financial Intermediation, Delegated Monitoring, and Long-Term Relationships. In: Journal of Banking and Finance, Jg. 13, H. 1, S. 9–20.

Hauswald, R.; Marquez, R. (2006): Competition And Strategic Information Acquisition In Credit Markets. In: The Review of Financial Studies, Jg. 19, H. 3, S. 967–1000.

Hawke, A.; Heffernan, T. (2006): Interpersonal liking in lender-customer relationships in the Australian banking sector. In: International Journal of Bank Marketing, Jg. 24, H. 3, S. 140–157.

Heine, B.-O.; Hirsch, B.; Hufschlag, K.; Lesch, M.; Meyer, M.; Müller, R.; Paefgen, A.; Pieroth, G. (2006): Zur Modellierung ökonomischer Akteure mit begrenzten kognitiven Fähigkeiten – Anleitung zu einer problemspezifischen Ausdifferenzierung des Homo oeconomicus. WHU. Vallendar. (WHU-Forschungspapier, 110).

Hellwig, M. (1981): Bankruptcy, Limited Liability, and the Modigliane-Miller Theorem. In: The American Economic Review, Jg. 71, H. 1, S. 155–170.

Hellwig, M. (1988): Kreditrationierung und Kreditsicherheiten bei asymmetrischer Information: Der Fall des Monopolmarktes. In: Krümmel, H.-J.; Rudolph, B. (Hg.): Bankpolitik, finanzielle Unternehmensführung und die Theorie der Finanzmärkte. Festschrift für Hans-Jacob Krümmel zur Vollendung des 60. Lebensjahres. Berlin: Duncker & Humblot, S. 135–162.

Hellwig, M. (1989): Asymmetric Information, Financial Markets, And Financial Institutions. In: European Economic Review, Jg. 33, H. 2/3, S. 277–285.

Helper, S. (1990): Comparative Supplier Relations in the U.S. and Japanese Auto Industries: An Exit/Voice Approach. In: Business and Economic History, Jg. 19, S. 153–162.

Henseler, J.; Ringle, C. M.; Sinkovics, R. R. (2009): The Use of Partial Least Squares Path Modeling in International Marketing. In: Advances in International Marketing, Jg. 20, S. 277–319.

Herrmann, A.; Huber, f.; Kressmann, F.(2006): Varianz- und kovarianzbasierte Strukturgleichungsmodelle – Ein Leitfaden zu deren Spezifikation, Schätzung und Beurteilung. In: Zeitschrift für betriebswirtschaftliche Forschung, Jg. 58, H. 1, S. 34–66.

Hirsch, B. (2007): Controlling und Entscheidungen. Zur verhaltenswissenschaftlichen Fundierung des Controllings. Tübingen: Mohr Siebeck.

Höck, C.; Ringle, C. (2007): Analyse der Zufriedenheit von Besuchern moderner Multifunktionsarenen. In: Marketing ZFP, Jg. 29, H. 3, S. 183–195.

Hoetker, G. (2007): The Use of Logit and Probit Models in Strategic Management Research: Critical Issues. In: Strategic Management Journal, Jg. 28, H. 4, S. 331–343.

Hoffrage, U.; Reimer, T. (2004): Models of Bounded Rationality: The Approach of Fast and Frugal Heuristics. In: Managemenr Revue, Jg. 15, H. 4, S. 437–459.

Homann, K.; Suchanek, A. (2005): Ökonomik. Eine Einführung. 2., überarb. Aufl. Tübingen: Mohr Siebeck.

Homburg, C. (2000): Kundennähe von Industriegüterunternehmen. Konzeption – Erfolgsauswirkungen – Determinanten. 3., aktualisierte Aufl. Wiesbaden: Gabler.

Homburg, C.; Giering, A. (1998): Konzeptualisierung und Operationalisierung komplexer Konstrukte – Ein Leitfaden für die Marketingforschung. In: Hildebrandt, L.; Homburg, C. (Hg.): Die Kausalanalyse. Ein Instrument der empirischen betriebswirtschaftlichen Forschung. Stuttgart: Schäffer-Poeschel, S. 111–146.

Homburg, C.; Hildebrandt, L. (1998): Die Kausalanalyse: Bestandsaufnahme, Entwicklungsrichtungen, Problemfelder. In: Hildebrandt, L.; Homburg, C. (Hg.): Die Kausalanalyse. Ein Instrument der empirischen betriebswirtschaftlichen Forschung. Stuttgart: Schäffer-Poeschel, S. 15–43.

Homburg, C.; Krohmer, H. (2008): Der Prozess der Marktforschung: Festlegung der Datenerhebungsmethode, Stichprobenbildung und Fragebogengestaltung. In: Herrmann, A.; Homburg, C.; Klarmann, M. (Hg.): Handbuch Marktforschung. Methoden, Anwendungen, Praxisbeispiele. 3., vollst. überarb. und erw. Aufl. Wiesbaden: Gabler, S. 22–51.

Hommel, U.; Schneider, H. (2003): Financing the German Mittelstand. In: EIB Papers, Jg. 8, H. 2, S. 53–90.

Hoshi, T.; Kashyap, A.; Scharfstein, D. (1990): The Role Of Banks In Reducing The Costs Of Financial Distress In Japan. In: Journal of Financial Economics, Jg. 27, H. 1, S. 67–88.

Hoshi, T.; Kashyap, A.; Scharfstein, D. (1991): Corporate Structure, Liquidity, And Investment: Evidence From Japanese Industrial Groups. In: The Quarterly Journal of Economics, Jg. 106, H. 1, S. 33–60.

Hosmer, L. T. (1995): Trust: The Connecting Link Between Organizational Theory and Philosophical Ethic. In: Academy of Management Review, Jg. 20, H. 2, S. 379–403.

Howell, R. D.; Breivik Einar; Wilcox, J. B. (2007a): Is Formative Measurement Really Measurement? Reply to Bollen (2007) and Bagozzi (2007). In: Psychological Methods, Jg. 12, H. 2, S. 238–245.

Howell, R. D.; Breivik Einar; Wilcox, J. B. (2007b): Reconsidering Formative Measurement. In: Psychological Methods, Jg. 12, H. 2, S. 205–218.

Howorth, C.; Moro, A. (2006): Trust within Entrepreneur Bank Relationships: Insights from Italy. In: Entrepreneurship Theory and Practice, Jg. 30, H. 4, S. 495–517.

Howorth, C.; Moro, A. (2010): Trustworthiness and interest rates: an empirical study of Italian SMES. In: Small Business Economics, Jg. Online First.

Hoyle, R. H.; Kenny, D. A. (1999): Sample Size, Reliability, and Tests of Statistical Mediation. In: Hoyle, R. H. (Hg.): Statistical Strategies for Small Sample Research. [2. Dr.]. Thousand Oaks, Calif.: Sage Publ., S. 195–222.

Huber, f.; Herrmann, A.; Meyer, f.; Vogel, J.; Vollhardt, K. (2007): Kausalmodellierung mit Partial Least Squares. Eine anwendungsorientierte Einführung. Wiesbaden: Betriebswirtschaftlicher Verlag Dr. Th. Gabler | GWV Fachverlage GmbH Wiesbaden.

Hulland, J. (1999): Use of Partial Least Squares (PLS) in Strategic Management Research: A Review of Four Recent Studies. In: Strategic Management Journal, Jg. 20, H. 2, S. 195–204.

Hunt, S. D.; Sparkman, R. D., JR.; Wilcox, J. B. (1982): The Pretest in Survey Research: Issues and Preliminary Findings. In: Journal of Marketing Research, Jg. 19, H. 2, S. 269–273.

Institut für Mittelstandsforschung (2002b): KMU-Definition des Instituts für Mittelstandsforschung. IfM. Bonn. Online verfügbar unter http://www.ifm-bonn.org/index.php?id=89, zuletzt geprüft am 14.05.2010.

Jacobusse, G. (2005): WinMICE User's Manual. 29. April 2005. Online verfügbar unter http://web.inter.nl.net/users/S.van.Buuren/mi/hmtl/mice.htm, zuletzt geprüft am 12.05.2010.

Jaffee, D. M.; Russell, T. (1976): Imperfect Information, Uncertainty, And Credit Rationing. In: The Quarterly Journal of Economics, Jg. 90, H. 4, S. 651–666.

James, C. (1987): Some Evidence on the Uniqueness of Bank Loans. In: Journal of Financial Economics, Jg. 19, H. 2, S. 217–235.

James, H. S., JR. (2002): The Trust Paradox: a Survey of Economic Inquiries into the Nature of Trust and Trustworthiness. In: Journal of Economic Behavior and Organization, Jg. 47, S. 291–307.

Janowicz, M.; Noorderhaven, N. (2006): Levels of inter-organizational trust: conceptualization and measurement. In: Bachmann, R.; Zaheer, A. (Hg.): Handbook of trust research. Cheltenham: Elgar, S. 264–279.

Jarvis, C. B.; MacKenzie, S. B.; Podsakoff, P. M. (2003): A Critical Review of Construct Indicators and Measurement Model Misspecification in Marketing and Consumer Research. In: The Journal of Consumer Research, Jg. 30, H. 2, S. 199–218.

Jeffries, F.L.; Reed, R. (2000): Trust and Adaption in Relational Contracting. In: The Academy of Management Review, Jg. 25, H. 4, S. 873–882.

Jensen, M. C. (2003): Paying People to Lie: the Truth about the Budgeting Process. In: European Financial Management, Jg. 9, H. 3, S. 379–406.

Jensen, M. C.; Meckling, W. H. (1976): Theory of the Firm: Managerial Behavior, Agency Costs and Ownership Structure. In: Journal of Financial Economics, Jg. 3, H. 4, S. 305–360.

John, G.; Torger, R. (1982): The Reliability and Validity of Key Informant Data from Dyadic Relationships in Marketing Channels. In: Journal of Marketing Research, Jg. 19, H. 4, S. 517–524.

Johnson-George, C.; Swap, W. C. (1982): Measurement of Specific Interpersonal Trust: Construction and Validation of a Scale to Assess Trust in a Specific Other. In: Journal of Personality and Social Psychology, Jg. 43, H. 6, S. 1306–1317.

Jonsson, S. (2008): Industry-embedded financial decision making. The case of a fashion firm. In: International Journal of Bank Marketing, Jg. 26, H. 1, S. 42–56.

Judd, C. M.; Kenny, D. A. (1981): Process Analysis: Estimating Mediation in Treatment Evaluations. In: Evaluation Review, Jg. 5, H. 5, S. 602–619.

Kane, E. J.; Malkiel, B. G. (1965): Bank Portfolio Allocation, Deposit Variability, And The Availability Doctrine. In: The Quarterly Journal of Economics, Jg. 79, H. 1, S. 113–134.

Kee, H. W.; Knox, R. E. (1970): Conceptual and methodological considerations in the study of trust and suspicion. In: The Journal of Conflict Resolution, Jg. 14, H. 3, S. 357–366.

Kenny, D. A.; Kashy, D. A.; Bolger, N. (1998): Data Analysis in Social Psychology. In: Gilbert, D. T.; Fiske, S. T.; Lindzey, G. (Hg.): The Handbook of Social Psychology. 4. Aufl. 2 Bände. Boston, New York: McGraw-Hill; Distributed exclusively by Oxford University Press, Bd. 1, S. 233–265.

Krafft, M.; Götz, O.; Liehr-Gobbers, K. (2005): Die Validierung von Strukturgleichungsmodellen mit Hilfe des Partial-Least-Squares (PLS)-Ansatzes. In: Bliemel, f.; Eggert, A.; Fassott, G.; Henseler, J. (Hg.): Handbuch PLS-Pfadmodellierung. Methode, Anwendung, Praxisbeispiele. Stuttgart: Schäffer-Poeschel, S. 71–86.

Kumar, N.; Stern, L. W.; Anderson, J. C. (1993): Conducting Interorganizational Research Using Key Informants. In: Academy of Management Journal, Jg. 36, H. 6, S. 1633–1651.

Kürsten, W. (2000): Die Beziehung zwischen Kapitalgeber und Kapitalnehmer. In: Hagen, J. von; Stein, J. H. von (Hg.): Geld-, Bank- und Börsenwesen. Handbuch des Finanzsystems. 40., völlig überarbeitete Auflage. Stuttgart: Schäffer-Poeschel, S. 160–186.

Langlois, R. (1990): Bounded Rationality and Behavioralism: A Clarification and Critique. In: Journal of Institutional and Theoretical Economics, Jg. 146, H. 4, S. 691–695.

Larson, A. (1992): Network Dyads in Entrepreneurial Settings: A Study of the Governance of Exchange Relationships. In: Administrative Science Quarterly, Jg. 37, S. 76–104.

Law, K. S.; Wong, C.-S. (1999): Multidimensional Constructs in Structural Equation Analysis: An Illustration Using the Job Perception and Job Satisfaction Constructs. In: Journal of Management, Jg. 25, H. 2, S. 143–160.

Law, K. S.; Wong, C.-S.; Mobley, W. H. (1998): Toward a Taxonomy of Multidimensional Constructs. In: Academy of Management Review, Jg. 23, H. 4, S. 741–755.

Lehmann, B. (2008): How Good Is „Good“ ? – Making Better Use of Subjective Information in Bank Internal Credit Scoring Systems. Bibliothek der Universität Konstanz. Online verfügbar unter http://www.ub.uni-konstanz.de/kops/volltexte/2008/5771/, zuletzt geprüft am 16.02.2009.

Lehmann, E.; Neuberger, D. (2001): Do Lending Relationships Matter? Evidence from Bank Survey Data in Germany. In: Journal of Economic Behavior and Organization, Jg. 45, S. 339–359.

Lehmann, E.; Neuberger, D.; Räthke, S. (2004): Lending to Small and Medium-Sized Firms: Is There an East-West Gap in Germany? In: Small Business Economics, Jg. 23, H. 1, S. 23–39.

Leland, H.; Pyle, D. H. (1977): Informational Asymmetries, Financial Structure, and Financial Intermediation. In: The Journal of Finance, Jg. 32, H. 2, S. 371–387.

Lewicki, R. J.; Bunker, B. B. (1995a): Trust in Relationships. A Model of Development and Decline. In: Bunker, B. B.; Rubin Jeffrey Z. (Hg.): Conflict, cooperation, and justice. Essays inspired by the work of Morton Deutsch. 1. ed. San Francisco: Jossey-Bass Publ., S. 133–173.

Lewicki, R. J.; Bunker, B. B. (1996b): Developing and Maintaining Trust in Work Relationships. In: Kramer, R. M.; Tyler, T. R. (Hg.): Trust in organizations. Frontiers of theory and research. 1. Auflage. Thousand Oaks, Calif.: Sage Publ., S. 114–139.

Lewicki, R. J.; McAllister, D. J. (1998): Trust and Distrust: New Relationships Realities. In: Academy of Management Journal, Jg. 23, H. 3, S. 438–458.

Lewis, D. J.; Weigert, A. (1985): Trust as a Social Reality. In: Social Forces, Jg. 63, H. 4, S. 967–985.

Liang, H.; Saraf, N.; Hu, Q.; Xue, Y. (2007): Assimilation of Enterprise Systems: The Effect of Institutional Pressures and the Mediating Role of Top Management. In: MIS Quarterly, Jg. 31, H. 1, S. 59–87.

Liberti, J. M. (2006): How Does Organizational Form Matter? Distance, Communication and Soft Information. Annual Meeting of the American Finance Association. Online verfügbar unter http://papers.ssrn.com/sol3/papers.cfm?abstract_id=686544, zuletzt geprüft am 23.11.2009.

Lindenberg, S. (1991): Die Methode der abnehmenden Abstraktion: Theoriegesteuerte Analyse und empirischer Gehalt. In: Esser, H.; Troitzsch, K. G. (Hg.): Modellierung sozialer Prozesse. Neuere Ansätze und Überlegungen zur soziologischen Theoriebildung ; ausgewählte Beiträge zu Tagungen der Arbeitsgruppe „Modellierung sozialer Prozesse“ der Deutschen Gesellschaft für Soziologie. Bonn: Informationszentrum Sozialwiss., S. 29–78.

Lindner-Lehmann, M.; Lehmann, E.; Neuberger, D. (1998): Kreditvergabe der Banken an kleine und mittelständische Unternehmen. Ergebnisse einer schriftlichen Befragung deutscher Banken. Universität Rostock, Wirtschafts- und Sozialwissenschaftliche Fakultät, Lehrstuhl für Volkswirtschaftslehre, Geld und Kredit. Online verfügbar unter http://129.3.20.41/eps/fin/papers/0501/0501006.pdf, zuletzt aktualisiert am 27.05.2010.

Little, R. J.; Rubin, D. B. (1987): Statistical analysis with missing data. New York: Wiley.

Lohmöller, J.-B. (1989): Latent variable path modeling with partial least squares. Heidelberg: Physica-Verl.

Longhofer, S. D.; Santos Joao A. C. (2000): The Importance of Bank Seniority for Relationship Lending. In: Journal of Financial Intermediation, Jg. 9, H. 1, S. 57–89.

Luhmann, N. (1988): Familiarity, Confidence, Trust: Problems and Alternatives. In: Gambetta, D. (Hg.): Trust. Making and breaking cooperative relations. Oxford, UK, Cambridge, Mass., USA: B. Blackwell, S. 94–107.

Luhmann, N. (2000): Vertrauen. Ein Mechanismus der Reduktion sozialer Komplexität. 4. Aufl. Stuttgart: Lucius & Lucius.

Lui, S. S.; Ngo, H.-y. (2004): The Role Of Trust And Contractual Safeguards On Cooperation In Non-Equity Alliances. In: Journal of Management, Jg. 30, H. 4, S. 471–485.

Lummer, S. L.; McConnell, J. J. (1989): Further Evidence on the Bank Lending Process and the Capital-Market Response to Bank Loan Agreements. In: Journal of Financial Economics, Jg. 25, H. 1, S. 99–122.

Luo, Y. (2001): Antecedents and Consequences of Personal Attachement in Cross-Cultural Cooperativ Ventures. In: Administrative Science Quarterly, Jg. 46, H. 2, S. 177–201.

Macaulay, S. (1963): Non-Contractual Relations in Business: A Preliminary Study. In: American Sociological Review, Jg. 28, H. 1, S. 55–67.

MacCallum, R. C.; Browne, M. W. (1993): The Use of Causal Indicators in Covariance Structure Models: Some Practical Issues. In: Psychological Bulletin, Jg. 114, H. 3, S. 533–541.

Machauer, A.; Weber, M. (1998): Bank Behavior Based on Internal Credit Ratings of Borrowers. In: Journal of Banking and Finance, Jg. 22, H. 10-11, S. 1355–1383.

MacKenzie, S. B.; Podsakoff, P. M.; Jarvis, C. B. (2005): The Problem of Measurement Model Misspecification in Behavioral and Organizational Research and Some Recommended Solutions. In: Journal of Applied Psychology, Jg. 90, H. 4, S. 710–730.

MacKinnon, D. P.; Fairchild, A. J.; Fritz, M. S. (2007): Mediation Analysis. In: Annual Review of Psychology, Jg. 58, S. 593–614.

Madill, J.; Feeney, L.; Riding, A.; Haines, G. H., JR. (2002): Determinants of SME owners' satisfaction with their banking relationships: a Canadian study. In: International Journal of Bank Marketing, Jg. 20, H. 2, S. 86–98.

Malhotra, D.; Murnighan, J. K. (2002): The Effects Of Contracts On Interpersonal Trust. In: Administrative Science Quarterly, Jg. 47, H. 3, S. 534–559.

Matthes, A. (2007): Die Wirkung von Vertrauen auf die Ex-Post-Transaktionskosten in Kooperation und Hierarchie. Wiesbaden: Deutscher Universitäts-Verlag | GWV Fachverlage GmbH Wiesbaden (Springer-11775 /Dig. Serial]).

Mattsson, J. (1993): How Bank Loan Officers Evaluate Persons Applying for Credit. In: International Journal of Bank Marketing, Jg. 11, H. 2, S. 25–34.

Mayer, C. (1988): New Issues in Corporate Finance. In: European Economic Review, Jg. 32, H. 5, S. 1167–1189.

Mayer, R. C.; Davis, J. H.; Schoorman, F.D. (1995): An Integrative Model of Organizational Trust. In: Academy of Management Review, Jg. 20, H. 3, S. 709–734.

McAllister, D. J. (1995): Affect- and Cognition-Based Trust as Foundations for Interpersonal Cooperation in Organizations. In: Academy of Management Journal, Jg. 38, H. 1, S. 24–59.

McCabe, K. A.; Rigdon, M. L.; Smith, V. L. (2003): Positive Reciprocity And Intentions In Trust Games. In: Journal of Economic Behavior and Organization, Jg. 52, H. 2, S. 267–275.

McEvily, B.; Perrone, V.; Zaheer, A. (2003): Trust as an Organizing Principle. In: Organization Science, Jg. 14, H. 1, S. 91–103.

McEvily, B.; Zaheer, A. (2006): Does trust still matter? Research on the role of trust in inter-organizational exchange. In: Bachmann, R.; Zaheer, A. (Hg.): Handbook of trust research. Cheltenham: Elgar, S. 280–300.

Memmel, C.; Schmieder, C.; Stein, I. (2007): Relationship Lending – Empirical Evidence for Germany. (Discussion Paper Series 2: Banking and Financial Studies, 14/2007). Online verfügbar unter http://www.bundesbank.de/download/bankenaufsicht/dkp/200714dkp_b.pdf, zuletzt geprüft am 29.09.2009.

Meyer, M. (2005): Akteursmodell und ökonomischer Ansatz – Eine Verhältnisbestimmung. WHU. Vallendar. (WHU-Forschungspapier, 106).

Meyer, M.; Heine, B.-O. (2005): Motivation und Einordnung des „Akteursmodells“ – Überlegungen zur Integration von Anreizen und Kognition in der betriebswirtschaftlichen Forschung. WHU. Vallendar. (WHU-Forschungspapier, 105).

Millon, M. H.; Thakor, A. V. (1985): Moral Hazard and Information Sharing: A Model of Financial Information Gathering Agencies. In: The Journal of Finance, Jg. 40, H. 5, S. 1403–1422.

Misztal, B. A. (1998): Trust in modern societies. The search for the bases of social order. Reprinted. Cambridge, U.K: Polity Press.

Mizruchi, M. S.; Stearns, L. B. (2001): Getting Deals Done: The Use of Social Networks in Bank Decision-Making. In: American Sociological Review, Jg. 66, H. 5, S. 647–671.

Mizruchi, M. S.; Stearns, L. B.; Marquis, C. (2006): The Conditional Nature of Embeddedness: A Study Of Borrowing By Large U.S. Firms. In: American Sociological Review, Jg. 71, H. 2, S. 310–333.

Möllering, G. (2002): Hinein ins Vertrauen!? Eine konstruktive Kritik zum betriebswirtschaftlichen Vertrauensverständnis. In: Zeitschrift für Führung und Organisation, Jg. 71, H. 2, S. 81–88.

Möllering, G. (2005): The Trust/Control Duality. An Integrative Perspective On Positive Expectations Of Others. In: International Sociology, Jg. 20, H. 3, S. 283–305.

Möllering, G. (2006): Trust. Reason, routine, reflexivity. 1. ed. Amsterdam: Elsevier.

Möllering, G. (2006): Trust, Institutions, Agency: Towards a Neoinstitutional Theory of Trust. In: Bachmann, R.; Zaheer, A. (Hg.): Handbook of trust research. Cheltenham: Elgar, S. 355–376.

Mookherjee, D.; Png Ivan (1989): Optimal Auditing, Insurance, and Redistribution. In: The Quarterly Journal of Economics, Jg. 104, H. 2, S. 399–415.

Moorman, C.; Zaltman, G.; Desphande, R. (1992): Relationships Between Providers and Users of Market Research: The Dynamics of Trust Within and Between Organizations. In: Journal of Marketing Research, Jg. 29, H. 2, S. 314–328.

Nahapiet, J.; Ghoshal, S. (1998): Social Capital, Intelectual Capital, and the Organizational Advantage. In: The Academy of Management Review, Jg. 23, H. 2, S. 242–266.

Nooteboom, B. (2003): The Trust Process. In: Nooteboom, B. (Hg.): The trust process in organizations. Empirical studies of the determinants and the process of trust development. Cheltenham: Elgar, S. 16–36.

Nooteboom, B.; Berger, H.; Noorderhaven, N. G. (1997): Effects of Trust and Governance on Relationals Risk. In: Academy of Management Journal, Jg. 40, H. 2, S. 308–338.

Nutt, P. C. (1986): Tactics of Implementation. In: Academy of Management Journal, Jg. 29, H. 4.

Paul, D. L.; McDaniel, R. R. (2004): A Field Study of the Effect of Interpersonal Trust on Virtual Collaborative Relationship Performance. In: MIS Quarterly, Jg. 28, H. 2, S. 183–227.

Pavlou, P. A.; El Sawy, O. A. (2006): From IT Leveraging Competence to Competitive Advantage in Turbulent Environments: The Case of New Product Development. In: Information Systems Research, Jg. 17, H. 3, S. 198–227.

Peng, C.-Y. J.; Lee, K. L.; Ingersoll, G. M. (2002): An Introduction to Logistic Regression Analysis and Reporting. In: The Journal of Educational Research, Jg. 96, H. 1, S. 3–14.

Petersen, M. A. (2004): Information: Hard and Soft. Juli 2004. Kellog School of Management, Northwestern University. Online verfügbar unter http://www.kellogg.northwestern.edu/faculty/petersen/htm/papers/softhard.pdf, zuletzt geprüft am 25.11.2009.

Petersen, M. A.; Rajan, R. G. (1994): The Benefits of Lending Relationships: Evidence from Small Business Data. In: The Journal of Finance, Jg. 49, H. 1, S. 3–37.

Petersen, M. A.; Rajan, R. G. (1995): The Effect of Credit Market Competition on Lending Relationships. In: Quarterly Journal of Economics, Jg. 110, H. 2, S. 407–443.

Petersen, M. A.; Rajan, R. G. (2002): Does Distance Still Matter? The Information Revolution in Small Business Lending. In: The Journal of Finance, Jg. 57, H. 8, S. 2533–2570.

Petter, S.; Straub, D.; Rai, A. (2007): Specifying Formative Constructs in Information Systems Research. In: MIS Quarterly, Jg. 31, H. 4, S. 623–656.

Picot, A. (1991): Ökonomische Theorien der Organisation – Ein Überblick über neuere Ansätze und deren betriebswirtschaftliches Anwendungspotenzial. In: Ordelheide, D.; Rudolph, B.; Büsselmann, E. (Hg.): Betriebswirtschaftslehre und ökonomische Theorie. Stuttgart: Poeschel, S. 143–170.

Podsakoff, N. P.; Shen, W.; Podsakoff, P. M. (2006): The Role of Formative Measurement Models in Strategic Management Research: Review, Critique, and Implications for Future Research. In: Ketchen, D. J.; Bergh, D. D. (Hg.): Research Methodology in Strategy and Management. 1. Aufl.: Emerald Group Pub (3), Bd. 3, S. 197–252.

Podsakoff, P. M.; MacKenzie, S. B.; Lee, J.-Y.; Podsakoff, N. P. (2003a): Common Method Bias in Behavioral Research: A Critical Review of the Literature and Recommended Remedies. In: Journal of Applied Psychology, Jg. 88, H. 5, S. 879–903.

Podsakoff, P. M.; MacKenzie, S. B.; Podsakoff, N. P.; Lee, J.-Y. (2003b): The Mismeasure of Man(agement) and its Implications for Leadership Research. In: The Leadership Quarterly, Jg. 14, H. 6, S. 615–656.

Podsakoff, P. M.; Organ, D. W. (1986): Self-Reports in Organizational Research: Problems and Prospects. In: Journal of Management, Jg. 12, H. 4, S. 531–544.

Portes, A.; Sensenbrenner, J. (1993): Embeddedness and Imigration: Notes On The Social Determinants Of Economic Action. In: The American Journal of Sociology, Jg. 98, H. 6, S. 1320–1350.

Püthe, T. (2009): Mittelständische Unternehmen und Genossenschaftsbanken. Eine empirische Analyse der Wirkung ökonomischer und verhaltenswissenschaftlicher Faktoren. 1., Aufl. Frankfurt am Main: Lang.

Rai, A.; Patnayakuni, R.; Seth, N. (2006): Firm Performance Impacts of Digitally Enabled Supply Chain Integration Capabilities. In: MIS Quarterly, Jg. 30, H. 2, S. 225–246.

Rajan, R. G. (1992): Insiders and Outsiders: The Choice between Informed and Arm's-Length Debt. In: The Journal of Finance, Jg. 47, H. 4, S. 1367–1400.

Ramakrishnan, R. T. S.; Thakor, A. V. (1984): Information Reliability and a Theory of Financial Intermediation. In: The Review of Economic Studies, Jg. 51, H. 3, S. 415–432.

Rapoport, A. (1962): Experimental Games: A Review. In: Behavioral Science, Jg. 7, H. 1, S. 1–37.

Reinartz, W.; Haenlein, M.; Henseler, J. (2009): An Empirical Comparison of the Efficacy of Covariance-Based and Variance-Based SEM. In: International Journal of Research in Marketing, Jg. 26, H. 4, S. 332–344.

Reinartz, W.; Krafft, M.; Hoyer, W. D. (2003): Measuring the Customer Relationship Management Construct and Linking it to Performance Outcomes. INSEAD. (INSEAD Working Paper Series, 2003/02/MKT).

Reinartz, W.; Krafft, M.; Hoyer, W. D. (2004): The Customer Relationship Management Process: Its Measurement and Impact on Performance. In: Journal of Marketing Research, Jg. 41, H. 3, S. 293–305.

Repetto, A.; Rodriguez, S.; Valdes, R. O. (2002): Bank Lending and Relationship Banking: Evidence From Chilean Firms. Universidad de Chile. Centro de Economía Aplicada. (Documentos de Trabajo, 146). Online verfügbar unter http://www.webmanager.cl/prontus_cea/cea_2002/site/asocfile/ASOCFILE120030326124438.pdf, zuletzt geprüft am 30.09.2010.

Rieskamp, J.; Gigerenzer, G. (2002): Heuristics for Social Interactions: How to Generate Trust and Fairness. Indiana University. Bloomingtion. (Presented at a colloquium at the Workshop in Political Theory and Policy Analysis). Online verfügbar unter http://www.indiana.edu/~workshop/papers/rieskamp040802.pdf, zuletzt geprüft am 08.10.2010.

Ring, P. S.; van de Ven, A. H. (1992): Structuring Cooperative Relationships Between Organizations. In: Strategic Management Journal, Jg. 13, H. 7, S. 483–498.

Ring, P. S.; van de Ven, A. H. (1994): Developmental Process of Cooperative Interorganizational Relationships. In: Academy of Management Review, Jg. 19, H. 1, S. 90–118.

Ringle, C.; Wende, S.; Will, A. (2005): Smart PLS. 2.0 (beta): University of Hamburg.

Ringle, C.; Boysen, N.; Wende Sven; Will, A. (2006): Messung von Kausalmodellen mit dem Partial-Least-Squares-Verfahren. In: Das Wirtschaftsstudium, Jg. 35, H. 1, S. 81–87.

Ringle, C. M. (2004a): Gütemaße für den Partial Least Squares-Ansatz zur Bestimmung von Kausalmodellen. Herausgegeben von ProF.Dr. K.-W. Hansmann. Universität Hamburg. (Industrielles Management, Arbeitspapier, 16). Online verfügbar unter http://www.econbiz.de/archiv/hh/uhh/iindustrie/guetemasse_pls-ansatz_kausalmodelle.pdf, zuletzt geprüft am 13.09.2010.

Ringle, C. M. (2004b): Messung von Kausalmodellen. Ein Methodenvergleich. Herausgegeben von ProF.Dr. K.-W. Hansmann. Universität Hamburg. (Industrielles Management, Arbeitspapier, 14). Online verfügbar unter http://www.econbiz.de/archiv/hh/uhh/iindustrie/messung_kausalmodelle.pdf, zuletzt geprüft am 10.09.2010.

Ringle, C. M.; Spreen, F.(2007): Beurteilung der Ergebnisse von PLS-Pfadanalysen. In: Das Wirtschaftsstudium, Jg. 36, H. 2, S. 211–216.

Ripperger, T. (1998): Ökonomik des Vertrauens. Analyse eines Organisationsprinzips. Tübingen: Mohr Siebeck.

Romo, f.; Schwartz, M. (1995): The Structural Embeddedness Of Business Decisions: The Migration Of Manufacturing Plants in New York State, 1960 To 1985. In: American Sociological Review, Jg. 60, H. 6, S. 874–907.

Ross, S. A. (1973): The Economic Theory of Agency: The Principal's Problem. In: The American Economic Review, Jg. 63, H. 2, S. 134–139.

Rossiter, J. R. (2002): The C-OAR-SE procedure for scale development in marketing. In: International Journal of Research in Marketing, Jg. 19, H. 4, S. 305–335.

Rotter, J. B. (1967): A new scale for the measurment of interpersonal trust. In: Journal of Personality, Jg. 35, H. 4, S. 651–665.

Rotter, J. B. (1971): Generalized Expectancies for Interpersonal Trust. In: American Psychologist, Jg. 26, H. 5, S. 443–452.

Rousseau, D. M.; Sitkin, S. B.; Burt, R. S.; Camerer, C. (1998): Introduction to Special Topic Forum: Not so Different After All: A Cross-Discipline View of Trust. In: Academy of Management Journal, Jg. 23, H. 3, S. 393–404.

Rubin, D. B. (1977): Formalizing Subjective Notions About the Effect of Nonrespondents in Sample Surveys. In: Journal of the Amercian Statistical Association, Jg. 72, H. 359, S. 538–543.

Rubin, D. B. (1987): Multiple Imputation for nonresponse in surveys. New York, NY: Wiley.

Rubin, D. B. (1996): Multiple Imputation After 18+ Years. In: Journal of the Amercian Statistical Association, Jg. 91, H. 434, S. 473–489.

Rudolph, B. (1982): Können die Banken ihre Kreditsicherheiten „vergessen"? In: Kredit und Kapital, Jg. 15, S. 317–340.

Rudolph, B. (1984): Kreditsicherheiten als Instrumente zur Umverteilung und Begrenzung von Kreditrisiken. In: Zeitschrift für betriebswirtschaftliche Forschung, Jg. 36, H. 1, S. 16–43.

Rust, R. T.; Zahorik, A. J. (1993): Customer Satisfaction, Customer Retention, and Market Share. In: Journal of Retailing, Jg. 69, H. 2, S. 193–215.

Sandefur, R. L.; Laumann, E. O. (1998): A Paradigm for Social Capital. In: Rationality and Society, Jg. 10, H. 4, S. 481–501.

Saparito, P. A. (2001): Three Dimensions of Trust in Bank-Small Firm Relationships: Instrument Development and Preliminary Examination of the Production of Trust by Various Organizational Structures. Rutgers University. Babson College. Online verfügbar unter http://www.babson.edu/entrep/fer/XVII/XVIIA/XVIIA.htm, zuletzt geprüft am 31.05.2010.

Saparito, P. A.; Chen, C. C.; Sapienza, H. J. (2004): The Role of Relational Trust in Bank-Small Firm Relationships. In: Academy of Management Journal, Jg. 47, H. 3, S. 400–410.

Saparito, P. A.; Gopalakrishnan, S. (2009): The Influence of Communication Richness, Self-Interest, and Relational Trust on Banks' Knowledge About Firms Within the Small-Cap Debt Finance Markets. In: IEEE Transactions on Engineering Management, Jg. 56, H. 3, S. 436–447.

Sarstedt, M.; Wilczynski, P. (2009): More for Less? A Comparison of Single-Item and Multi-Item Measures. In: Die Betriebswirtschaft, Jg. 69, H. 2, S. 211–227.

Schafer, J. L.; Graham, J. W. (2002): Missing Data: Our View of the State of the Art. In: Psychological Methods, Jg. 7, H. 2, S. 147–177.

Schafer, J. L.; Olsen, M. K. (1998): Multiple Imputation for Multivariate Missing-Data Problems: A Data Analyst's Perspective. In: Multivariate Behavioral Research, Jg. 33, H. 4, S. 545–571.

Schäffer, U. (2008): Management Accounting & Control Scales Handbook. Wiesbaden: Deutscher Universitäts-Verlag | GWV Fachverlage GmbH Wiesbaden (Springer-11775 /Dig. Serial]).

Schäffer, U.; Willauer, B. (2002): Kontrolle, Effektivität der Planung und Erfolg von Geschäftseinheiten – Ergebnisse einer empirischen Erhebung. In: Zeitschrift für Planung, Jg. 13, H. 1, S. 73–97.

Scherone, C. (2010): Lending Relationships and Information Rents: Do Banks Exploit Their Information Advantages? In: The Review of Financial Studies, Jg. 23, H. 3, S. 1149–1199.

Schlicht, E. (1990): Rationality, Bounded or not, and Institutional Analysis. In: Journal of Institutional and Theoretical Economics, Jg. 146, H. 4, S. 703–719.

Schmidt, R. H.; Terberger, E. (1996): Grundzüge der Investitions- und Finanzierungstheorie. 3., vollst. neu bearb. und wesentlich erw. Aufl. Wiesbaden: Gabler (Gabler Lehrbuch).

Schmidt-Mohr, U. (1997): Rationing Versus Collateralization in Competitive and Monopolistic Credit Markets With Asymmetric Information. In: European Economic Review, Jg. 41, H. 7, S. 1321–1342.

Scholderer, J.; Balderjahn, I. (2006): Was unterscheidet hare und weiche Strukturgleichungsmodelle nun wirklich? Ein Klärungsversuch zur LISREL-PLS-Frage. In: Marketing ZFP, Jg. 28, H. 1, S. 57–70.

Schoorman, F.D.; Mayer, R. C.; Davis, J. H. (2007): An Integrative Model of Organizational Trust: Past, Present, And Future. In: Academy of Management Review, Jg. 32, H. 2, S. 344–354.

Schulz, E. (2000): Die Finanzierung von Existenzgründungen. Eine informationsökonomische Analyse. Frankfurt am Main: Lang.

Schurr, P. H.; Ozanne, J. L. (1985): Influences on Exchange Processes: Buyers' Preconceptions of a Seller's Trustworthiness and Bargaining Toughness. In: The Journal of Consumer Research, Jg. 11, H. 4, S. 939–953.

Schwab, D. P. (1980): Construct Validity in Organizational Behavior. In: Research in Organizational Behavior, Jg. 2, S. 3–43.

Scott, J. A. (2004): Small Business and the Value of Community Financial Institutions. In: Journal of Financial Services Research, Jg. 25, H. 2-3, S. 207–230.

Scott, J. A. (2006): Loan Officer Turnover and Credit Availability for Small Firms. In: Journal of Small Business Management, Jg. 44, H. 4, S. 544–562.

Seal, W. B. (1998): Relationship Banking and the Management of Oranisational Trust. In: International Journal of Bank Marketing, Jg. 16, H. 3, S. 102–107.

Segbers, K. (2007): Die Geschäftsbeziehung zwischen mittelständischen Unternehmen und ihrer Hausbank. Eine ökonomische und verhaltenswissenschaftliche Analyse. 1. Aufl. Frankfurt am Main: Lang.

Selnes, f.; Sallis, J. (2003): Promoting Relationship Learning. In: Journal of Marketing, Jg. 67, H. 3, S. 80–95.

Selten, R. (1990): Bounded Rationality. In: Journal of Institutional and Theoretical Economics, Jg. 146, H. 4, S. 649–658.

Selten, R.; Tietz, R. (1980): Zum Selbstverständnis der experimentellen Wirtschaftsforschung im Umkreis von Heinz Sauermann. In: Zeitschrift für die gesamte Staatswissenschaft, Jg. 136, H. 1, S. 12–27.

Seppänen, R.; Blomqvist, K.; Sundqvist, S. (2007): Measuring Inter-Organizational Trust – a Critical Review of the Empirical Research in 1990-2003. In: Industrial Marketing Management, Jg. 36, H. 2, S. 249–265.

Serva, M. A.; Benamati, J.; Fuller, M. A. (2005): Trustworthiness in B2C E-Commerce: An Examination of Alternative Models. In: The Database for Advances in Information Systems, Jg. 36, H. 3, S. 89–108.

Shapiro, S. (1987): The Social Control of Impersonal Trust. In: The American Journal of Sociology, Jg. 93, H. 3, S. 623–658.

Sharpe, S. A. (1990): Asymmetric Information, Bank Lending, and Implicit Contracts: A Stylized Model of Customer Relationships. In: The Journal of Finance, Jg. 45, H. 4, S. 1069–1087.

Sheppard, B. H.; Sherman, D. M. (1998): The Grammars of Trust: A Model and General Implications. In: Academy of Management Journal, Jg. 23, H. 3, S. 422–437.

Shrout, P. E.; Bolger, N. (2002): Mediation in Experimental and Nonexperimental Studies: New Procedures and Recommendations. In: Psychological Methods, Jg. 7, H. 4, S. 422–445.

Simon, H. A. (1955): A Behavioral Model Of Rational Choice. In: The Quarterly Journal of Economics, Jg. 69, H. 1, S. 99–118.

Simon, H. A. (1956): Rational Choice And The Structure of The Environment. In: Psychological Review, Jg. 63, H. 2, S. 129–138.

Simon, H. A. (1959): Theories Of Decision-Making In Economics and Behavioral Science. In: The American Economic Review, Jg. 49, H. 253-283.

Simon, H. A. (1978): Rationality as Process and as Product of Thought. In: The American Economic Review, Jg. 68, H. 2, S. 1–16.

Sitkin, S. B.; Roth, N. L. (1993): Explaining The Limited Effectiveness Of Legalistic “Remedies” For Trust/ Distrust. In: Organization Science, Jg. 4, H. 3, S. 367–392.

Sjögren, H. (1994): Long-Term Financial Contracts in the Bank-Orientated Financial System. In: Scandinavian Journal of Management, Jg. 10, H. 3, S. 315–330.

Smith, J. B.; Barclay, D. W. (1997): The Effects of Organizational Differences and Trust on the Effectiveness of Selling Partner Relationships. In: Journal of Marketing, Jg. 61, H. 1, S. 3–21.

Sorg, M. (2007): Rationalitätssicherung durch Banken in mittelständischen Unternehmen. Eine empirische Untersuchung der Einflussfaktoren und Auswirkungen. Wiesbaden: Deutscher UniversitSts-Verlag | GWV Fachverlage GmbH Wiesbaden.

Spence, M. (1973): Job Market Signaling. In: Quarterly Journal of Economics, Jg. 87, H. 3, S. 355–374.

Spremann, K. (1987): Zur Reduktion von Agency-Kosten. In: Schneider, D. (Hg.): Kapitalmarkt und Finanzierung. In München vom 15.–17. Sept. 1986. Berlin: Duncker & Humblot, S. 341–350.

Spremann, K. (1990): Asymmetrische Information. In: Zeitschrift für Betriebswirtschaft, Jg. 60, H. 5/6, S. 561–586.

Stein, J. C. (2002): Information Production and Capital Allocation: Decentralized versus Hierarchical Firms. In: The Journal of Finance, Jg. 57, H. 5, S. 1891–1921.

Stiglitz, J. E.; Weiss, A. (1981): Credit Rationing in Markets with Imperfect Information. In: The American Economic Review, Jg. 71, H. 3, S. 393–410.

Streb, J.; Bolzico, J.; Druck, P.; Henke, A. R. J.; Escudero, W. S. (2002): Bank Relationships: Effect on the Availability and Marginal Cost of Credit for Firms in Argentina. Universidad del CEMA. (Documentos de Trabajo, 216). Online verfügbar unter http://www.ucema.edu.ar/publicaciones/doc_trabajo.html?l=246#tablestart, zuletzt geprüft am 30.09.2010.

Tenenhaus, M.; Vinzi, V. E.; Chatelin, Y.-M.; Lauro, C. (2005): PLS Path Modeling. In: Computational Statistics & Data Analysis, Jg. 48, H. 1, S. 159–205.

Terberger, E. (1987): Der Kreditvertrag als Instrument zur Lösung von Anreizproblemen. Fremdfinanzierung als Principal/Agent-Beziehung. Heidelberg: Physica-Verl.

Thadden, E.-L. von (2004): Asymmetric Information, Bank Lending and Implicit Contracts: The Winner‘s Curse. In: Finance Research Letters, Jg. 1, H. 1, S. 11–23.

Townsend, R. M. (1979): Optimal Contracts and Competitive Markets with Costly State Verification. In: Journal of Economic Theory, Jg. 21, H. 2, S. 265–293.

Uzzi, B. (1996): The Sources and Consequences of Embeddedness for the Economic Performance of Organizations: The Network Effect. In: American Sociological Review, Jg. 61, H. 4, S. 674–698.

Uzzi, B. (1997): Social Structure And Competition In Interfirm Networks: The Paradox Of Embeddedness. In: Administrative Science Quarterly, Jg. 42, H. 1, S. 35–67.

Uzzi, B. (1999): Embeddedness in the Making of Financial Capital: How Social Relations and Networks Benefit Firms Seeking Financing. In: American Sociological Review, Jg. 64, H. 481-505.

Uzzi, B.; Gillespie, J. J. (1999): Interfirm Relationships And The Firm's Financial Capital Structure: The Case of the Middle Market. In: Research in Sociology of Organizations, Jg. 16, S. 107–126.

Uzzi, B.; Lancaster, R. (2003): Relational Embeddedness And Learning: The Case Of Bank Loan Managers And Their Clients. In: Management Science, Jg. 49, H. 4, S. 383–399.

Uzzi, B.; Lancaster, R. (2004): Embeddedness And Price Formation In The Corporate Law Market. In: American Sociological Review, Jg. 69, H. 3, S. 319–344.

van Buuren, S.; Boshuizen, H. C.; Knook, D. L. (1999): Multiple Imputation of Missing Blood Pressure Covariates in Survival Analysis. In: Statistics in Medicine, Jg. 18, H. 6, S. 681–694.

van Buuren, S.; Oudshoorn, K. (1999): Flexible Multivariate Imputation by MICE. TNO Prevention and Health. Online verfügbar unter http://web.inter.nl.net/users/S.van.Buuren/mi/docs/rapport99054.pdf, zuletzt geprüft am 06.05.2010.

van de Ven, A. H.; Ring, P. S. (2006): Relying on trust in cooperative inter-organizational relationships. In: Bachmann, R.; Zaheer, A. (Hg.): Handbook of trust research. Cheltenham: Elgar, S. 144–164.

Wallenburg, C. M. (2004): Kundenbindung in der Logistik. Eine empirische Untersuchung zu ihren Einflussfaktoren. Bern: Haupt.

Weber, M.; Krahnen, J. P.; Voßmann, F.(1999): Risikomessung im Kreditgeschäft: Eine empirische Analyse bankinterner Ratingverfahren. In: Zeitschrift für betriebswirtschaftliche Forschung, Jg. 41, S. 117–142.

Weiber, R.; Mühlhaus, D. (2010): Strukturgleichungsmodellierung. Eine anwendungsorientierte Einführung in die Kausalanalyse mit Hilfe von AMOS, SmartPLS und SPSS. Berlin: Springer.

Weinstein, D. E.; Yafeh, Y. (1998): On the Costs of a Bank-Centered Financial System: Evidence from the Changing Main Bank Relations in Japan. In: The Journal of Finance, Jg. 53, H. 2, S. 635–672.

Wetzels, M.; Odekerken-Schröder, G.; van Oppen, C. (2009): Using PLS Path Modeling for Assessing Hierarchical Construct Models: Guidelines and Empirical Illustration. In: MIS Quarterly, Jg. 33, H. 1, S. 177–195.

Wilcox, J. B.; Howell, R. D.; Breivik, E. (2008): Questions about Formative Measurement. In: Journal of Business Research, Jg. 61, H. 12, S. 1219–1228.

Williamson, O. E. (1993): Calculativeness, Trust, and Economic Organization. In: Journal of Law and Economics, Jg. 36, H. 1, Part 2, S. 453–486.

Wilson, B.; Henseler, J. (2007): Modeling Reflective Higher-Order Constructs Using Three Approaches with PLS Path Modeling: A Monte Carlo Comparison. Herausgegeben von M. Thyne, K. R. Deans und J. Gnoth. Department of Marketing, School of Business, University of Otago. (Australian and New Zealand Marketing Academy Conference. 3rd-5th December). Online verfügbar unter smib.vuw.ac.nz:8081/WWW/ANZMAC2007/.../BWilson_2.pdf, zuletzt geprüft am 04.06.2010.

Wilson, E. J. (1995): Research Design Effects on the Reliability of Rating Scales in Marketing: An Update on Churchill and Peter. In: Advances in Consumer Research, Jg. 22, S. 360–365.

Winton, A. (1995): Delegated Monitoring and Bank Structure in a Finite Economy. In: Journal of Financial Intermediation, Jg. 4, H. 2, S. 158–187.

Witt, P.; Rode, V. (2005): Corporate Brand Building in Start-Ups. In: Journal of Enterprising Culture, Jg. 13, H. 3, S. 273–294.

Wold, H. (1982): Soft Modeling, The Basic Design and Some Extensions. In: Jöreskog, K. G.; Wold, H. (Hg.): Systems Under Indirect Observation. Causality, Structure, Prediction. Amsterdam, New York, Oxford: North-Holland Publ. (139), Bd. 139, S. 1–54.

Wong, P. S. P.; Cheung, S. O. (2005): Structural Equation Model of Trust and Partnering Success. In: Journal of Management in Engineering, Jg. 21, H. 2, S. 70–80.

Woodward, D.; Woodward, T. (2001): The Efficacy Of Action At A Distance As A Control Mechanism in the Construction Industry When A Trust Relationship Breaks Down: An Illustrative Case Study. In: British Journal of Management, Jg. 12, H. 4, S. 355–384.

Zaheer, A.; McEvily, B.; Perrone, V. (1998): Does Trust Matter? Exploring the Effects of Interorganizational and Interpersonal Trust on Performance. In: Organization Science, Jg. 9, H. 2, S. 141–159.

Zand, D. E. (1972): Trust and Managerial Problem Solving. In: Administrative Science Quarterly, Jg. 17, H. 2, S. 229–239.

Zayer, E. (2007): Verspätete Projektabbrüche in F&E. Eine verhaltensorientierte Analyse. Wiesbaden: Deutscher UniversitSts-Verlag | GWV Fachverlage GmbH Wiesbaden.

Zhang, P.; Li, N.; Sun, H. (2006): Affective Quality and Cognitive Absorption: Extending Technology Acceptance Research. In: Sprague, R. H. (Hg.): Proceedings of the 39th Annual Hawaii International Conference on System Sciences. 4–7 January 2006, Kauai, Hawaii ; abstracts and CD-ROM of full papers. Los Alamitos, Calif.: IEEE Computer Society, S. 1–11.

Ziane, Y. (2004): Nombre de banques et relations de crédit. Une approche empirique. In: Revue économique, Jg. 55, H. 3, S. 419–428.

Zimmer, P. (2000): Commitment in Geschäftsbeziehungen. Wiesbaden: Dt. Univ.-Verl. [u.a.].

Zintl, R. (1989): Der Homo Oeconomicus: Ausnahmeerscheinung in jeder Situation oder Jedermann in Ausnahmesituationen? In: Analyse und Kritik, Jg. 11, H. 1, S. 52–69.

Zucker, L. G. (1977): The Role of Institutionalization in Cultural Persistence. In: American Sociological Review, Jg. 42, S. 726–743.

Zucker, L. G. (1986): Production of Trust: Institutional Sources of Economic Structure, 1840-1920. In: Research in Organizational Behavior, Jg. 8, S. 53–111.

Quellenverzeichnis

Gesetz über das Kreditwesen (Kreditwesengesetz – KWG), in der Fassung vom 9. September 1998 (BGBl. I S.2776), zuletzt geändert durch Artikel 2 des Gesetzes vom 22. Juni 2011 (BGBl. I S. 1126), online verfübar unter http://www.gesetze-im-internet.de/bundesrecht/kredwg/gesamt.pdf, zuletzt geprüft am 23.08.2011.

Gesetz über die öffentlichen Sparkassen (Sparkassengesetz – SpkG) in Bayern, in der Fassung vom 4. Mai 1942, Neubekanntmachung vom 1. Oktober 1956 (Nr. 21 des Gesetz- und Verordnungsblattes vom 5. November 1956, S. 187), zuletzt geändert durch § 15 des Gesetzes vom 27. Juli 2009 (GVBl S. 400), online verfügbar unter http://by.juris.de/by/gesamt/SparkG_BY.htm, zuletzt geprüft am 23.08.2011.

Mindestanforderungen an das Risikomanagement (MaRisk), Rundschreiben 15/2009 vom 14.08.2009 der Bundesanstalt für Finanzdienstleistungsaufsicht (BaFin), online verfügbar unter http://www.bundesbank.de/download/bankenaufsicht/pdf/marisk/090814_rs.pdf, zuletzt geprüft am 02.11.2010.

Verordnung über die Organisation und den Geschäftsbetrieb der Sparkassen (Sparkassenordnung – SpkO) in Bayern, in der Fassung vom 21. April 2007 (GVBl S. 332, BayRS 2025-1-1-I), zuletzt geändert durch § 4 des Gesetzes vom 22. Juli 2008 (GVBl S. 461), online verfügbar unter http://by.juris.de/by/gesamt/SparkO_BY_2007.htm, zuletzt geprüft am 23.08.2011.

Schriften zum Controlling, Finanz- und Risikomanagement

Herausgegeben von Prof. Dr. Andreas Brieden, Prof. Dr. Thomas Hartung, Prof. Dr. Bernhard Hirsch und Prof. Dr. Andreas Schüler

Band 1 Patrick Siklóssy: Vergleich der Durchführungswege der betrieblichen Altersversorgung aus Eigentümer- und Arbeitnehmersicht. 2009.

Band 2 Simon Krotter: Performance-Messung, Erwartungsänderungen und Analystenschätzungen. Theoretische Konzeption und empirische Umsetzung. 2009.

Band 3 Hans-Jürgen Straßer: DCF-Bewertung von Versicherungsunternehmen. 2009.

Band 4 Bernhard Christian Kübler: Risk Classification by Means of Clustering. 2010.

Band 5 Benjamin Asche: Jahresabschlussanalyse und Bilanzpolitik von Schaden-/Unfallversicherern. Änderungen aufgrund von IFRS 4 Phase II Insurance Contracts: ED/2010/8. 2012.

Band 6 Matthias Schoen: Vertrauen und Kreditentscheidungen. Eine empirische Analyse zum Einfluss von Vertrauen in Kreditbeziehungen zwischen öffentlichen Banken und kleinen und mittelständischen Unternehmen. 2013.

www.peterlang.de